作者在佐治亚州普伦斯市
与美国前总统卡特及夫人
合影（2000年4月）

作者在莫斯科与俄罗斯前议
长哈斯布拉托夫院士合影
（1995年10月）

作者在厦门大学留影
（2003年10月）

作者参加全国高校纪念中国经济改革开放30周年理论与实践研讨会留影（2008年11月）

作者在法国凡尔赛宫留影（2015年）

作者与中国经济规律研究会部分领导同志合影（2009年1月）（前排左起：陈德华、杨时旺、项启源、胡钧、刘方棫；后排右起：毛立言、程恩富、杨圣明、文魁及作者）

郭飞文选（上卷）

The selected works of Guo Fei

——经济理论与经济改革重大问题研究

经济科学出版社
Economic Science Press

图书在版编目（CIP）数据

郭飞文选：经济理论与经济改革重大问题研究：全 2 卷/郭飞著.
—北京：经济科学出版社，2016.7
ISBN 978 - 7 - 5141 - 7078 - 8

Ⅰ.①郭… Ⅱ.①郭… Ⅲ.①中国经济 – 经济体制改革 – 文集
Ⅳ.①F121 – 53

中国版本图书馆 CIP 数据核字（2016）第 156579 号

责任编辑：范　莹
责任校对：杨　海
责任印制：李　鹏

郭飞文选

——经济理论与经济改革重大问题研究（上下卷）

郭　飞　著

经济科学出版社出版、发行　新华书店经销

社址：北京市海淀区阜成路甲 28 号　邮编：100142

总编部电话：010 – 88191217　发行部电话：010 – 88191522

网址：www. esp. com. cn

电子邮箱：esp@ esp. com. cn

天猫网店：经济科学出版社旗舰店

网址：http://jjkxcbs. tmall. com

北京中科印刷有限公司印装

710 × 1000　16 开　47.75 印张　750000 字

2016 年 7 月第 1 版　2016 年 7 月第 1 次印刷

ISBN 978 - 7 - 5141 - 7078 - 8　定价：180.00 元

（图书出现印装问题，本社负责调换。电话：010 – 88191502）

（版权所有　侵权必究　举报电话：010 – 88191586

电子邮箱：dbts@ esp. com. cn）

郭飞同志是我国经济学界的著名学者，《郭飞文选——经济理论与经济改革重大问题研究》荟萃了他30年来有代表性的科研论文，反映了他不断探索、砥砺成长的思想轨迹。我认为，该书具有以下三个主要特点。

一、坚持"以人民为中心"的马克思主义政治经济学的根本立场。为什么人的问题是根本的问题。习近平总书记指出："以人民为中心"是马克思主义政治经济学的根本立场。该书从论文选题、问题分析到研究结论，都力求从维护和增进我国最广大人民的根本利益出发，从促进我国经济发展和社会进步出发，而不囿于某一阶级、某一阶层和某一利益群体的局限。在当今世界多极化、经济全球化、中国经济体制发生深刻变化的大背景下，人民内部不同群体的利益多元分化，意识形态领域的斗争尖锐复杂，阶级和阶层分析也要跟进。但是，真正做到这一点并不容易。我认为，以劳动人民为主体的全体人民为中心，这才是一切有良知的学者从事真正的科学研究并对社会做出贡献必备的先决条件。

二、贯彻理论与实际相结合的方针，深入研究我国改革发展中的重大经济理论与现实问题。 理论与实际相结合，既是马克思主义的优良学风，也是搞好科学研究的根本途径。改革开放以来，我国在建立与完善社会主义市场经济体制和经济发展方面遇到的问题前所未有，面临的风险与挑战不断出现。郭飞同志努力运用马克思主义政治经济学的立场、观点和方法，认真借鉴国内外的经验教训并注重吸收西方经济学中的有益成分，围绕我国所有制结构改革、国企改革与发展、个人收入分配制度改革、劳动就业体制改革、积极合理安全有效地利用外资，以及逐步缩小居民财产差距等社会高度关注的重大经济理论与现实问题，进行了长期、系统和深入的研究。紧扣当代中国经济改革与经济发展的脉搏，直面重大的理论与现实问题进行不懈探索，是他进行科学研究从而也是贯穿该书的一个特点。

三、勇于理论创新，积极建言献策，奋力承担经济理论工作者的光荣使命。 马克思指出：哲学家们只是以不同的方式解释世界，而问题在于改变世界。作为当代中国的经济理论工作者，无论是进行理论研究或对策研究，贵在创新管用。郭飞同志治学严谨，善于思考，勇于进行理论创新和对策创新。他提出马克思主义政治经济学特别是社会主义政治经济学的研究对象是生产方式及其发展规律的观点，"三个有利于"的根本标准是我国确立和完善社会主义初级阶段所有制结构的基本理论依据的观点，社会主义市场经济中按劳分配计量尺度的观点，"要素财富论"是我国现阶段实行按生产要素分配的重要理论基础等观点，对促进我国经济理论研究不断深入起到了重要的积极作用。他提出我国应努力构建以自主创新为基点五位一体（以创新获技术、以竞争获技术、以引进获技术、以市场换技术、以优惠换技术）的技术进步基本路径格局的对策建议，应加快实施中外企业所得税"两税合一"以及在过渡期内仍实行一定的税收优惠的对策建议，应对国企高管薪酬标准的上限做出规定的对策建议，应实施以人为本的"适度就业"等对策建议，在国内产生了较大影响。当然，他提出的有些观点和对策建议，仍需作进一步研究与深入探讨。

总之，《郭飞文选──经济理论与经济改革重大问题研究》具有较高的学术水平和应用价值。我愿将此书推荐给广大读者，以促进马克思主义政治经济学的创新与发展，将中国特色社会主义伟大事业不断推向前进。

刘国光

2016 年 3 月 18 日于中国社会科学院

总目录
Total directory

第六部分　附录

上卷目录
Volume directory

第一部分

中国所有制结构改革和
国有企业改革与发展

深化中国所有制结构改革的若干思考[*]

胡锦涛总书记在中共十七大报告中重申并强调指出，要"坚持和完善公有制为主体、多种所有制经济共同发展的基本经济制度，毫不动摇地巩固和发展公有制经济，毫不动摇地鼓励、支持、引导非公有制经济发展"。[①] 这既是对改革开放以来我国所有制结构改革基本经验的正确总结，也为我国深化所有制结构改革指明了方向。本文对我国所有制结构改革中的三个关键问题略抒己见，以抛砖引玉，推动我国所有制结构改革不断深化与完善。

一、妥善处理所有制结构中主体与辅体的相互关系，坚持和完善公有制为主体、多种所有制经济共同发展的基本经济制度

我国现有的经济成分包括五种类型的所有制。一是全民所有制（或全民所有制经济），二是集体所有制（或集体所有制经济），三是个体经济，四是私营经济，五是外资经济。前两种属于公有制或社会主义经济，后三种属于私有制或非社会主义经济。[②] 个体经济是劳动者的私有制，既不姓"社"，也不姓"资"。私营经济是境内资本主义私有制，外资经济属于境外资本主义私有制。进一步概括，我国当前存在社会主义公有制、资本主

---

　* 原载《中国社会科学》2008 年第 3 期。
　① 胡锦涛：《高举中国特色社会主义伟大旗帜　为夺取全面建设小康社会新胜利而奋斗》，载于《人民日报》2007 年 10 月 25 日。
　② 严格考察，我国现有的外资经济中也包括来自境外的非资本主义私有制经济。因后者在外资经济中所占的比重很小，本文在分析外资经济的经济性质时不予考察。此外，随着我国经济体制改革的不断深入，混合所有制企业越来越多。混合所有制不具独立的所有制性质，在资本主义国家和社会主义国家中都存在。笔者认为，社会主义市场经济条件下混合所有制的性质，应运用发展的马克思主义政治经济学的观点作具体的分析和界定。

义私有制和个体所有制。

以公有制为主体、多种所有制经济共同发展，是《宪法》规定的我国现阶段的基本经济制度或所有制结构。① 其中，社会主义公有制经济居主体地位，非公有制经济居辅体地位。我国确立并实行这一基本经济制度来之不易。新中国成立初期，国有经济曾做出重大的历史性贡献。它不仅支撑了我国经济的发展，使我国在较短时期内形成了工业化的初步基础，还有力地促进了社会稳定，提高了我国在世界上的地位。② 然而，在进入社会主义初级阶段以后的较长时期中，我们脱离生产力的实际状况，片面追求所有制结构的公有化和高级化。1975 年，在我国工业总产值中，全民所有制工业占81.1%，集体所有制工业占 18.9%；在社会商品零售总额中，全民所有制商业占 55.7%，集体所有制商业占 42.2%，个体商业仅占 0.1%。③ 这种公有制"一统天下"的所有制结构，妨碍了生产力的迅速发展和人民生活水平的提高。改革开放以来，我国不断改革所有制结构，对非公有制经济的地位和作用的认识逐步深化。1982 年，中共十二大报告提出："鼓励劳动者个体经济在国家规定的范围内和工商行政管理下适当发展，作为公有制经济的必要的、有益的补充"。④ 1987 年，中共十三大报告提出：私营经济"是公有制经济必要的和有益的补充"；"中外合资企业、合作经营企业和外商独资企业，也是我国社会主义经济必要的和有益的补充。"⑤ 1993 年，党的十四届三中全会通过的《中共中央关于建立社会主义市场经济体制若干问题的决定》中提出："必须坚持以公有制为主体、多种经济成分共同发展的方针。"⑥ 1997 年，中共十五大报告提出："非公有制经济是我国社会主义市场经济的重要组成部分。对个体、私营等非公有制经济要继续鼓励、引导，

---

① 《中华人民共和国宪法修正案》，见中共中央文献研究室编：《十五大以来重要文献选编》（上），人民出版社 2000 年版，第 808 页。
② 江泽民著：《论社会主义市场经济》，中央文献出版社 2006 年版，第 104 页。
③ 根据中华人民共和国国家统计局编：《中国统计年鉴（1996）》提供的相关数据计算。
④ 中共中央文献研究室：《十二大以来重要文献选编》（上），人民出版社 1986 年版，第20～21 页。
⑤ 中共中央文献研究室编：《十三大以来重要文献选编》（上），人民出版社 1991 年版，第 32 页。
⑥ 中共中央文献研究室编：《十四大以来重要文献选编》（上），人民出版社 1996 年版，第520 页。

使之健康发展。"① 2002 年，中共十六大报告提出："坚持和完善公有制为主体、多种所有制经济共同发展的基本经济制度。第一，必须毫不动摇地巩固和发展公有制经济。……第二，必须毫不动摇地鼓励、支持和引导非公有制经济发展。"② 在我国社会主义初级阶段，所有制结构从公有制经济扩展到非公有制经济；非公有制经济从个体经济扩展到私营和外资经济，其地位和作用从"必要补充"上升到"重要组成部分"；公有制为主体、多种所有制经济共同发展从"方针"提升到"基本经济制度"，这是我们党依据现阶段所有制结构的客观实际，对马克思主义社会主义社会所有制理论的重大发展。

在我国现阶段，为什么要确立和完善公有制为主体、多种所有制经济共同发展的基本经济制度或所有制结构？笔者认为，从根本上说来，这是我国现阶段迅速发展生产力的客观需要，也是我国社会主义社会基本性质的必然要求。邓小平提出的"三个有利于"（即有利于发展社会主义社会的生产力、有利于增强社会主义国家的综合国力、有利于提高人民的生活水平）的根本标准，③ 不仅是我国改革开放总的指导方针，也是我国确立和完善公有制为主体、多种所有制经济共同发展的所有制结构的基本理论依据。

笔者认为，邓小平提出的"三个有利于"的根本标准，其核心是生产力标准，但决不囿于生产力标准。在"三个有利于"的根本标准中，生产力是指"社会主义社会"的生产力，综合国力是指"社会主义国家"的综合国力，"有利于提高人民生活的水平"则是社会主义社会发展生产力和增强综合国力的出发点和归宿。因此，坚持"三个有利于"的根本标准，内在地包含了坚持社会主义社会基本性质的客观要求。④ 综观"三个有利于"的根本

---

① 中共中央文献研究室编：《十五大以来重要文献选编》（上），人民出版社 2000 年版，第 22 页。

② 中共中央文献研究室编：《十六大以来重要文献选编》（上），中央文献出版社 2005 年版，第 19 页。

③ 《邓小平文选》第 3 卷，人民出版社 1993 年版，第 372 页。

④ 坚持我国经济的社会主义基本性质，这是邓小平多年来反复强调的一个基本观点。例如，邓小平指出：我们"是搞社会主义的四个现代化，不是搞别的现代化。我们采取的所有开放、搞活、改革等方面的政策，目的都是为了发展社会主义经济。"（《邓小平文选》第 3 卷，第 110 页）

标准，贯穿和体现了"人民的利益高于一切"这一社会主义社会的最高价值标准。① 胡锦涛总书记强调指出："必须以服从最广大人民的根本利益为最高衡量标准"，"建设中国特色社会主义的根本目的是不断实现好、维护好、发展好最广大人民的根本利益"，② 这与"三个有利于"根本标准的实质是完全一致的。

用"三个有利于"的根本标准来衡量，我国现阶段的多种所有制经济既有与之一致的方面，也有与之矛盾的方面。先考察社会主义公有制经济。一方面，社会主义全民所有制与社会化大生产是相适应的，社会主义集体所有制一般是与生产社会化程度较低的生产力水平相适应的，从而社会主义公有制在其采取有效实现形式的条件下，与我国现阶段主体生产力状况是相适应的，有利于增强我国综合国力和提高人民生活水平。另一方面，我国现阶段的社会主义公有制在资金、技术、管理、劳动力安置等方面还不能将国内外可以利用的生产要素都充分有效地利用起来，全民所有制和集体所有制在实现形式上也存在某些缺陷，从而与"三个有利于"的根本标准又存在一定的矛盾。再考察非公有制经济。一方面，我国现阶段的非公有制经济在发展生产、促进技术进步、活跃市场、扩大就业、满足人民生活需要等方面发挥着重要作用，从而与"三个有利于"的根本标准有一致的方面。但另一方面，作为资本主义经济，私营经济、外资经济固有的矛盾并未消除，其唯利是图、剥削劳动者以及由个体经济的分散性、狭隘性、盲目性等导致的负面经济效应也显而易见，外资经济达到一定规模后对我国经济安全和基本经济制度也构成某种威胁，从而又与"三个有利于"的根本标准存在矛盾。

在我国现阶段，如何在所有制结构总体上兴利抑弊，最大限度地体现"三个有利于"的根本标准？如何妥善处理公有制经济与非公有制经济的相互关系，使两者相互促进，统一于建设中国特色社会主义的伟大实践？笔者认为，关键是要坚持社会主义公有制的主体地位，不断探索、发展和完善公有制的有效实现形式。这是因为：（1）根据马克思主义的基本观点，社会的

---

① 郭飞：《正确认识和把握"三个有利于"的根本标准》，载于《中国教育报》1999 年 1 月 13 日。

② 胡锦涛：《在"三个代表"重要思想理论研讨会上的讲话》，见中共中央文献研究室编：《十六大以来重要文献选编》（上），中央文献出版社 2005 年版，第 364 页。

基本性质是由占统治地位的生产关系决定的。社会主义公有制是社会主义生产关系的基础和核心。只有坚持社会主义公有制的主体地位，才能为坚持和完善社会主义生产关系奠定基础，进而保证我国社会主义社会的基本性质。（2）坚持社会主义公有制的主体地位，不仅是实现最广大人民根本利益和共同富裕的制度基础，也是支配和影响其他所有制经济为社会主义服务的决定性条件。（3）坚持社会主义公有制的主体地位，发挥国有经济的主导作用，必须不断探索、发展和完善公有制的有效实现形式。在社会主义市场经济条件下，就是要探索、发展和完善既能体现社会主义公有制的本质，又能与市场经济实行对接的充满活力、富有效率的多样化的实现形式，从而促进生产力的迅速发展。这需要在国内外激烈的经济竞争中，通过社会主义的改革开放来逐步实现。改革开放以来，我国总体上妥善处理了所有制结构中主体与辅体的相互关系，逐步确立并实行了公有制为主体、多种所有制经济共同发展的基本经济制度，不断探索并初步采用了与市场经济结合的公有制的有效实现形式，取得了举世瞩目的巨大成就。从 1979 年到 2007 年，我国国内生产总值年均增长速度超过 9.7%。目前，我国经济总量（GDP）居世界第四位，进出口贸易总额居世界第三位，外汇储备居世界第一位，综合国力大幅提升。我国农村居民人均纯收入由 1978 年的 133.6 元增至 2007 年的 4140元，城镇居民人均可支配收入由 1978 年的 343.4 元增至 2007 年的 13786元。[①] 实践证明，坚持走基于公有制为主体多种所有制经济共同发展的中国特色社会主义道路，是我国现阶段实现国家富强、民族振兴、人民幸福的唯一正确的道路。坚持和完善社会主义初级阶段的基本经济制度，既不能忽视或排斥辅体，否则会犯"左"的错误；也不能放弃或颠倒主体，否则会犯右的错误。苏东剧变后一些国家在生产力、综合国力、人民生活水平等方面出现的历史大倒退，其根本的经济制度原因就在于放弃或改变了社会主义公有制的主体地位，实行以资本主义私有制为主体的所有制结构。

毫不动摇地巩固和发展作为主体的公有制经济，毫不动摇地鼓励、支持和

---

① 中华人民共和国国家统计局编：《中国统计年鉴（2006）》，中国统计出版社 2006 年版，第347 页；中华人民共和国国家统计局：《中华人民共和国 2007 年国民经济和社会发展统计公报》，载于《经济日报》2008 年 2 月 29 日。

引导作为辅体的非公有制经济发展，这是我国在社会主义初级阶段必须坚持的基本方针。邓小平指出："一个公有制占主体，一个共同富裕，这是我们所必须坚持的社会主义的根本原则。"① 然而，一段时期以来，在国内忽视或否定非公有制经济辅体地位的"左"的干扰仍有表现的同时，受新自由主义、历史虚无主义等错误思潮的影响，某些人仍在坚持否定公有制主体地位的种种错误观点。对此，我国理论界已有不少学者撰文进行了有力的批评。② 近来，有些人打着"改革"的旗号，片面引用或歪曲错解马克思的观点，为坚持"私有化"的错误主张寻找理论根据。本文在此仅举两例，并略作评析。

其一，谢韬、辛子陵在《炎黄春秋》2007 年第 6 期发表了《试解马克思重建个人所有制的理论与中国改革》一文，笔者已发表论文与之进行商榷。③ 笔者的基本观点是：（1）马克思关于重建个人所有制的重要论述，从狭义来看就是建立消费资料个人所有制，从广义来看就是建立生产资料的社会所有制或社会主义全民所有制。（2）谢韬等人把资本主义股份公司混同于社会主义全民所有制，是对马克思股份公司理论和重建个人所有制重要论述的错解。（3）所有制的实现形式可以相对地区分为制度、财产组织形式和经营方式三个层次。在社会主义社会中，不能笼统地谈论股份制的所有制性质，必须联系与股份制相结合的特定所有制在制度层次的实现形式（即特定所有制的特征）及其比重来具体地加以分析。在社会主义社会，既有社会主义股份公司，也有资本主义股份公司，还有其他性质的股份公司，不可一概而论。（4）联系谢韬在《炎黄春秋》2007 年第 2 期发表的《民主社会主义模式与中国前途》一文的基本观点，不难看出，他实质上主张实行资本主义私有制为主体的所有制结构。

其二，《炎黄春秋》2007 年第 10 期发表了《关于私有化的一点思考》一文（以下简称《私文》）。《私文》先是引证了马克思的一段著名论述："无论哪一个社会形态，在它所能容纳的全部生产力发挥出来以前，是决不会灭亡

---

① 《邓小平文选》第 3 卷，人民出版社 1993 年版，第 111 页。

② 吴易风：《关于非国有化、民营化和私有化》，载于《当代经济研究》1999 年第 10 期；卫兴华：《警惕"公有制为主体"流于空谈》，载于《经济学动态》2005 年第 11 期；何干强：《关于维护公有制主体地位的十个理论是非问题》，载于《中国社会科学内刊》2007 年第 1 期；刘国光、杨承训：《坚持基本路线必须澄清错误思潮》，载于《经济学动态》2007 年第 5 期等。

③ 郭飞：《坚持我国所有制结构改革的正确方向——与谢韬、辛子陵商榷》，载于《当代经济研究》2007 年第 10 期。

的；而新的更高的生产关系，在它的物质存在条件在旧社会的胎胞里成熟以前，是决不会出现的。"① 而后，《私文》抛出了两个基本观点：（1）"人类社会的发展经过了原始社会、奴隶社会、封建社会，现正处于资本主义社会阶段，都是私有制。"（2）"私有制是发挥人的积极性的一个带根本性的问题。"在我国经济体制改革中，我们不应当再回避这个问题，"这是个带有根本性的问题"。换言之，我国经济体制改革应实行私有化。

对于《私文》的基本观点，笔者有四点看法：一是马克思的这段经典论述正确阐明了生产力对生产关系的决定作用。在马克思这段话的前面，他还论述了生产关系对生产力的反作用以及经济基础对上层建筑的决定作用："社会的物质生产力发展到一定阶段，便同它们一直在其中运动的现存生产关系或财产关系（这只是生产关系的法律用语）发生矛盾。于是这些关系便由生产力的发展形式变成生产力的桎梏。那时社会革命的时代就到来了。随着经济基础的变更，全部庞大的上层建筑也或慢或快地发生变革。"② 马克思主义的唯物史观在社会实践中不断丰富和发展，这是我们正确认识和具体处理生产力与生产关系、经济基础与上层建筑辩证关系的重要理论基础。二是《私文》引证马克思的那段话，实际上是暗指我国和苏东一些国家当时尚不具备进行社会主义革命、建立社会主义经济制度的生产力条件。对此，国际国内曾展开过多次论战。我国著名学者徐崇温对经济文化较不发达国家究竟能否跨越资本主义充分发展阶段（或马克思所说的"通过资本主义制度的卡夫丁峡谷"③）而进入社会主义社会的问题进行了深入研究。他认为：既然特定的主客观条件促成了俄、中等国的社会主义革命，革命胜利后经济文化又获得了快速发展，那就说明资本主义制度的卡夫丁峡谷并不是不可跨越的障碍；但这种跨越又不是无条件地适用于一切不发达国家；同时，应将在一定条件下可以跨越的资本主义制度的卡夫丁峡谷和在任何条件下都不可超越的生产社会化严格区分开来。④ 笔者

---

① 《马克思恩格斯选集》第 2 卷，人民出版社 1995 年版，第 33 页。
② 《马克思恩格斯选集》第 2 卷，人民出版社 1995 年版，第 32～33 页。
③ 《马克思恩格斯选集》第 3 卷，人民出版社 1995 年版，第 765 页。
④ 徐崇温：《不发达国家建设社会主义的世纪性难题》，载于《中国社会科学院研究生院学报》1996 年第 3 期。

同意他的基本看法。三是《私文》认为原始社会也是私有制社会，这违背基本的历史常识。《私文》认为人类社会现正处于资本主义社会阶段，闭口不谈早已崭露头角的社会主义社会，其目的之一是否定我国自 20 世纪 50 年代中期以来已进入社会主义初级阶段。这不仅有悖于我国社会主义初级阶段的基本国情，也与我们党的基本观点相抵触。中共十三大报告明确指出："我国从五十年代生产资料私有制的社会主义改造基本完成，到社会主义现代化的基本实现，至少需要上百年时间，都属于社会主义初级阶段。"① "我国正处在社会主义的初级阶段。这个论断，包括两层含义：第一，我国社会已经是社会主义社会。我们必须坚持而不能离开社会主义。第二，我国的社会主义社会还处在初级阶段。我们必须从这个实际出发，而不能超越这个阶段。"② 四是私有制经济作为我国社会主义初级阶段所有制结构的重要组成部分，在我国仍有相当的发展空间。然而，我国鼓励、支持和引导作为辅体的非公有制经济发展，是以巩固和发展作为主体的公有制经济为前提的，决不是要放弃或改变公有制经济的主体地位，实行以资本主义经济为主体的私有化。如果搞私有化，将我国的所有制结构蜕变为资本主义社会的所有制结构，"在我国人口众多、社会生产力水平很低的情况下，只能使大多数人重新陷入极其贫困的状态。这种资本主义，只能是原始的、买办式的资本主义，只能意味着中国各族人民再度沦为外国资本和本国资产阶级的双重奴隶。"③ 这不仅违背我国现阶段主体生产力发展的客观要求，违背最广大人民的根本利益，也使共产党执政和社会主义上层建筑丧失了经济基础，从而是绝对不能得逞的。我们要"既坚定不移地进行改革开放，又坚定不移地坚持中国共产党领导、坚持社会主义，坚决排除各种错误思潮、错误倾向的干扰，始终沿着正确方向前进。"④

笔者认为，在今后世界格局长期处于"西强东弱"和我国全面参与经

---

① 中共中央文献研究室编：《十三大以来重要文献选编》（上），人民出版社 1991 年版，第 12 页。

② 中共中央文献研究室编：《十三大以来重要文献选编》（上），人民出版社 1991 年版，第 9 页。

③ 江泽民：《在庆祝中华人民共和国成立四十周年大会上的讲话》，见中共中央文献研究室编：《十三大以来重要文献选编》（中），人民出版社 1991 年版，第 615 页。

④ 胡锦涛：《继续把改革开放伟大事业推向前进》，载于《求是》2008 年第 1 期。

济全球化的大背景下，在我国非公有制经济已有迅速发展并在国民经济中占有相当比重的格局下，在国内外某些人打着"改革"的旗号以形形色色的私有化观点误导我国所有制结构改革并造成负面影响的情况下，真正实现公有制经济特别是国有经济与市场经济的有效结合，坚持和加强社会主义公有制的主体地位，这是我们面临的重大历史课题和艰巨任务。从经济层面分析，这是我国经济体制改革成败的关键，是我国能否实现社会和谐和全面建成小康社会的关键，也是我们能否在国际风云变幻中坚持和发展中国特色社会主义伟大事业的关键。

二、公有经营性净资产在社会经营性净资产中不仅要有量的优势，也要有质的优势

中共十五大报告指出："公有制的主体地位主要体现在：公有资产在社会总资产中占优势；国有经济控制国民经济命脉，对经济发展起主导作用。……公有资产占优势，要有量的优势，更要注重质的提高。"[①] 当前，社会上一个颇有争议的重大问题在于，我国公有资产在社会总资产中是否还具有量的优势？[②]

对于中共十五大报告中提出的上述资产概念，我国政府有关部门并无明确的解释，理论界也无统一的口径。在经济实践和理论研究中，与此相关的资产概念可以有不同的理解。从微观来看，资产概念有广狭之分。从广义来看，"资产是指企业过去的交易或者事项形成的、由企业拥有或者控制的、预期会给企业带来经济利益的资源。"[③] 换言之，资产等于负债加所有者权益。这是会计学中的资产概念，也是通常使用的资产概念。从狭义来看，资产是指所有者权益或净资产。有学者提出，狭义国有资产即国

---

① 中共中央文献研究室编：《十五大以来重要文献选编》（上），人民出版社2000年版，第21页。
② 我国经济学界对此问题存在两种不同的观点。杨圣明、周隆滨认为，尽管近年来非公有制经济发展较快，但我国目前公有资产在社会总资产中仍占优势地位（参见王雪冬、黎焰：《中国历史唯物主义学会等团体学习研讨胡锦涛总书记"6·25"讲话》，载于《马克思主义研究》2007年第10期）。赵华荃则认为，我国非公有制资产比重已超过公有制（参见赵华荃：《坚持公有制为主体的基本经济制度之我见》，载于《马克思主义研究》2006年第11期）。
③ 《企业会计准则（2006）》，经济科学出版社2006年版，第2页。

有资本，是指资产负债表右方下半部分的"所有者权益"。[①] 从宏观来看，资产概念也有广狭之分。从广义来看，资产包括经营性资产、行政事业性资产和资源性资产；从狭义来看，资产仅指经营性资产。

笔者认为，中共十五大报告中采用的上述资产概念有两个基本维度，一是从宏观经济角度；二是从生产资料所有制角度。也就是说，其采用的资产概念，是在宏观经济的范围内，将资产作为生产资料所有制的主要表现形式之一，[②] 用以衡量社会主义公有制在我国所有制结构中的比重和地位，以明确我国社会的基本经济性质。按照这种理解，第一，其资产应包括不含负债的经营性净资产。第二，其资产也包括资源性资产。资源性资产是能给人类带来收益与财富的自然资源。我国《宪法》第九、第十条规定："矿藏、水流、森林、山岭、草原、荒地、滩涂等自然资源，都属于国家所有，即全民所有；由法律规定属于集体所有的森林和山岭、草地、荒地、滩涂除外。""城市的土地属国家所有。农村和城市郊区的土地，除由法律规定属于国家所有的以外，属于集体所有；宅基地和自留地、自留山，也属于集体所有。"[③] 我国《宪法》规定的上述自然资源分别属于社会主义全民所有制和集体所有制，对其开发利用可以形成的资源性资产当然应属于资产范畴。第三，其资产可以不包括行政事业性资产。尽管行政事业性资产也有所有制问题，[④] 但一般说来，它不属于我们通常所说的生产资料所有制范畴。当今世界，各国都有数量不等且日益增多的国有或公有的行政事业性资产，这并不能成为区分不同社会经济制度的重要依据。

① 潘岳主编：《中国国有经济总论》，经济科学出版社 1997 年版，第 29 页。

② 在商品经济条件下，衡量某种所有制在某一国家某一时期所有制结构中所占的比重或地位，资产的数量与质量仅是其主要表现形式之一。按照马克思的观点，生产资料所有制从广义来看实质上是生产关系体系，它不仅包括生产资料的归属，也包括奠基其上的人与人之间在生产、流通、分配等过程中的经济关系。因此，笔者认为，在社会主义社会中，衡量社会主义公有制是否占主体地位，除了考察公有资产在社会总资产中是否具有数量优势和质量优势以及国有经济是否掌握国民经济命脉并对经济发展起主导作用之外，还必须考察在整个社会的生产、流通、分配等过程中，社会主义经济关系是否占主体地位。

③ 《中华人民共和国宪法》，见中共中央文献研究室编：《十二大以来重要文献选编》（上），人民出版社 1986 年版，第 221 页。

④ 截至 2006 年末，我国行政事业单位国有净资产为 5.31 万亿元（参见孙勇：《全国行政事业单位国有资产总额超过 8 万亿元》，载于《经济日报》2008 年 1 月 24 日）。

综上所述，笔者认为，中共十五大报告采用的用以比较的资产概念，从广义来看包括经营性净资产和资源性资产，从狭义来看仅指经营性净资产。笔者认为，采用这两种口径进行资产的量化比较虽各有理据，但其核心应指经营性净资产。第一，经营性净资产是直接进入生产和流通过程、在创造和实现社会财富的过程中发挥重大作用且在通常情况下盈利的资产，是广义资产中最重要、最活跃的部分；资源性资产则作为尚未使用（或消费）的生产资料没有进入现实的生产和流通过程。第二，经营性净资产在物质表现上包括生产工具。按照马克思主义的观点，生产工具在生产资料中起着最重要的作用，它既是社会生产力发展水平最主要的标志，也是区分经济发展不同时代的主要标志。第三，在中共十五大报告面世之前，我国官方或经济界比较不同所有制成分在国民经济中所占的比重，一般都是采用产出率比重（如在工业总产值、农业总产值、国内生产总值中所占比重）和销售率比重（即在社会商品零售总额中所占比重）方面的数据。这些数据的统计口径与经营性净资产的统计口径在统计对象上虽有不同，但也有统计范围和内在逻辑的相似性。

由于受到种种限制，国家统计局从未完整公布过我国上述两种口径的资产数据。在我国既有的制度性安排下，资源性资产全部归全民或集体所有。[①] 因此，从广义角度来看，我国公有资产在社会总资产中具有毋庸置疑的量的绝对优势。而从狭义角度来看，我国目前公有经营性净资产在社会经营性净资产中是否还具有量的优势？

以下是笔者收集的五组权威或有代表性的数据。

第一组数据：根据 2005 年国务院第一次全国经济普查领导小组办公室、中华人民共和国国家统计局公布的《第一次全国经济普查主要数据公报（第一号）》，截至 2004 年末，在我国第二、第三产业全部企业法人单位的实收资本总额 18.2 万亿元中，国家、集体、个人、港澳台、外商投入的资本分别占 48.1%、7.9%、28%、7.3% 和 8.7%。其中，国家、集体

---

① 根据有关部门负责人披露的初步预测和核算数据，我国依据《宪法》界定的国有资源性资产潜在价值约为 128 万亿元（参见关开伟：《国资局要求强化资源性国资管理》，载于《经济日报》1995 年 3 月 28 日）。

资本共计为 10.1 万亿元，占 56%。①

第二组数据：2006 年，在我国国有企业及规模以上非国有工业企业净资产（所有者权益）中，国有及国有控股工业企业为 5.8656 万亿元，占 47.53%；在我国建筑业净资产中，国有和集体建筑企业共计为 0.358 万亿元，占 28.34%。②

第三组数据：截至 2006 年末，我国国有或国有控股的非金融类企业的总资产和净资产已分别达到 29 万亿元和 12.2 万亿元。③

第四组数据：1979～2006 年，我国累计实际使用外商直接投资总额为 6918.97 亿美元。④ 2007 年，我国实际使用外商直接投资金额为 748 亿美元。⑤ 两者之和为 7666.97 亿美元。

第五组数据：截至 2007 年 6 月末，按登记注册类型划分，我国内资企业（在此包括国有企业、集体企业、股份合作企业、联营企业、有限责任公司、股份有限公司，它们基本上属于公有或公有控股企业——笔者注）注册资本为 18.4 万亿元，外商投资企业注册资本为 1 万亿美元（其中，外方出资额为 8070.8 亿美元），私营企业注册资本为 8.3 万亿元，个体工商户资金数额为 7034.7 亿元。⑥

上述五组数据，或者是覆盖面不全，或者是统计口径欠精确（精确的统计口径应为经营性净资产或所有者权益），从而难以全面准确地进行经营性净资产的量化比较。笔者认为，统计不同经济类型的经营性净资产，应正确把握实收资本、注册资本、外商直接投资与现有经营性净资产的联

---

① 中华人民共和国国家统计局：《第一次全国经济普查主要数据分报（第一号）》，载于《经济日报》2005 年 12 月 7 日。

② 根据中华人民共和国国家统计局编：《中国统计年鉴（2007）》提供的相关数据计算。

③ 袁祥：《国有资产法草案保障国有资产安全》，载于《光明日报》2007 年 12 月 24 日。笔者迄今未见正式公布的我国国有金融类企业（含国有银行、保险、证券企业）净资产的权威数据，但其数量不可小视。其中，仅 2007 年成立的国有独资的中国投资有限责任公司的注册资本金就高达 2000 亿美元。

④ 中华人民共和国国家统计局编：《中国统计年鉴（2007）》，中国统计出版社 2007 年版，第 742 页。

⑤ 中华人民共和国国家统计局：《中华人民共和国 2007 年国民经济和社会发展统计公报》，载于《经济日报》2008 年 2 月 29 日。

⑥ 国家工商总局办公厅统计处：《2007 年上半年全国工商行政管理统计基本情况》（上），载于《中国工商管理研究》2007 年第 8 期。

系与区别。统计国有经营性净资产，应在国务院国资委通常公布的国有企业（实际上是国有工商企业）经营性净资产数据的基础上，既加入国有金融类企业经营性净资产的数据，也加入国有行政事业单位占有、使用并通过各种形式转化为经营性净资产的数据。统计公有经营性净资产，不仅应包括国有经营性净资产的全面数据，也应包括集体所有制（含城镇集体所有制和农村集体所有制）经营性净资产的全面数据。基于上述认识和已有的某些不完整的数据，笔者认为，我国目前公有经营性净资产在社会经营性净资产中，仍具有一定的量的优势。

近些年来，我国公有经营性净资产在绝对数量明显增长的同时相对比重却明显下降，[①] 非公有经营性净资产在绝对数量快速增长的同时相对比重也明显上升。笔者认为，我国所有制结构出现这种一降一升的明显反差，其经济原因至少包括以下五个方面。

1. 公有企业特别是国有企业为经济体制转轨付出了双重成本。首先，国有企业为自身改革付出了巨大成本，主要表现是历史包袱和社会负担成本。由于我国特定的历史条件和发展道路，国有企业长期形成了人多、债多、社会负担重等诸多问题。1995～2006年，国有企业职工人数由7544.1万降至2615.7万，[②] 其安置和分流成本大概不亚于上万亿元。我国1985年开始对国有企业实行"拨改贷"（即经营性基本建设投资由原来财政拨款改为银行贷款）等措施，导致"七五""八五"时期主要靠银行贷款搞起来的国有生产性基建和技改项目缺乏自有资本金，债台高筑。在传统经济体制下，国有企业承担了大量的社会性职能，创办了很多医院、学校、幼儿园和其他公共福利设施。其资产大约占国有企业固定资产的15%；国有企业每年用于职工的社会保障、医疗卫生、住房、教育、文化

---

① 以我国工业为例。根据中华人民共和国国家统计局编：《中国统计年鉴（2007）》提供的相关数据，1998～2006年，我国国有及国有控股工业企业净资产（或所有者权益）由26759.22亿元增至58656.37亿元，上升了119.2%；但其在全部国有及规模以上非国有工业企业净资产中的比重，则由1998年的67.84%降至2006年的47.53%。同期集体工业企业净资产的数据尚缺。

② 引自中华人民共和国国家统计局编：《中国统计年鉴（1996）》，第96页；《中国统计年鉴（2007）》，第132页。

体育等方面的费用支出，大约占企业全年管理费用的50%。① 在国企改革过程中，逐步剥离"企业办社会"的职能，已经并将继续付出巨大的成本。其次，国有企业在较长时期中付出了高税负成本，客观上导致经济利益的转移，为其他企业特别是非公有制企业迅速发展提供了有利条件。据原国家经贸委统计，1980～1993年，我国国有企业的平均税负为86%，不仅显著高于国外30%～40%的税负水平，② 也明显高于国内其他内资企业和外资企业的税负水平。1994年我国内资企业所得税税率统一后，以国有企业为重点的内资企业所得税税率仍明显高于外资企业所得税税率。根据我国企业所得税税源调查资料测算，内资企业所得税平均实际税负为25%左右，外资企业所得税平均实际税负为15%左右。③ 尽管我国政府对国有企业采取了减免某些债务等优惠措施，但国有企业为经济体制转轨付出的巨大双重成本，必然在相当程度上影响国有企业的资本扩大、技术创新、经济效益和市场竞争力，从而影响国有经济的发展。

2. 公有企业特别是国有企业中主要由以权谋私、权钱交易和管理漏洞引起的资产流失。"左手倒右手，公有变私有"，这方面的案例并非罕见。中央关于国有企业实行公司制股份制改革等基本方针是正确的，国家有关部门也出台了《企业国有产权转让管理暂行办法》等相关规定，国企改制取得了重大成果。但是，在国企改制过程中确实出现了较为明显的国有资产流失问题。在管理层收购或经营者持股的过程中，有的"自卖自买，暗箱操作"，"以国有产权或实物资产作为其融资的担保，将收购风险和经营风险全部转嫁给金融机构和被收购企业"。④ 在企业国有产权转让的过程中，"有的财务审计不严，资产评估不实，虚构虚增成本，转移企业资产；

---

① 中央财经领导小组办公室主编：《〈中共中央关于国有企业改革和发展若干重大问题的决定〉学习辅导讲座》，人民出版社、经济科学出版社1999年版，第5～6页。

② 舒志军：《国有企业改革若干问题简述》，载于《经济学动态》1996年第3期。

③ 金人庆：《关于〈中华人民共和国企业所得税法〉（草案）的说明》，载于《经济日报》2007年3月9日。2008年1月1日起，我国实行新的企业所得税法，统一内外资企业所得税（但在过渡期内对部分外商直接投资企业仍保留一定程度的税收优惠）。这一重大举措有利于我国内外资企业进行公平竞争。

④ 国务院国有资产监督委员会研究室：《坚持国企改革方向 规范推进国企改制》，载于《人民日报》2004年9月29日。

有的产权转让不规范，不透明，低估贱卖国有资产；一些地方甚至出现内外勾结、违规审批、隐匿转移、侵占私吞国有资产的违法违纪行为。"① 许多城镇和乡村的集体企业在改制过程中也存在类似问题。在改制过程中公有资产的流失规模无法精确计算，有学者估计仅国有资产流失就至少在 2 万亿元以上。② 其中，有不少流失的公有资产摇身一变，便以非公有制企业的面目粉墨登场。

3. 体制、机制等缺陷对公有制经济特别是国有经济发展的负面影响。作为社会主义大国，我国从长期形成的计划经济体制转变为社会主义市场经济体制，这是人类社会中史无前例的改革实践和伟大创举，也是艰巨复杂的体制创新和管理创新过程。其间，没有现成的成功经验可供借鉴，传统经济体制、机制和观念的惯性在发生作用，国内不同利益群体的激烈博弈和反复较量，致使公有制经济在与市场经济结合的过程中必然会遇到种种阻力、困难和问题。出资人缺位，政企不分，政资不分，建立健全企业经营者的激励与约束机制，完善公司治理结构，国有经济布局和结构的战略性调整，社会保障制度的建立与完善等，这些问题或目标并不能在短期内得到解决或实现。这些因素都在一定程度上制约了公有制经济特别是国有经济的发展。

4. 外商直接投资持续大量增加。引进外资是我国实行改革开放的一项重大决策。1993～2007 年，我国已连续 15 年成为吸收外商直接投资最多的发展中国家。目前，我国实际使用外商直接投资累计已超过 7600 亿美元，这一变量必然引起我国非公有经营性净资产在社会经营性净资产中所占比重的重大变化。

5. 许多非公有制企业具有"低成本优势"。私营经济和外资经济作为资本主义经济，其剥削性质是毋庸置疑的。在正常情况下，私营企业和外资企业（在此指外商独资企业和外资控股的中外合资等企业）支付给职工的工资应大体相当于劳动力的价值或价格。然而，在我国劳动力市场（特

---

① 国务院国有资产监督委员会研究室：《坚持国企改革方向 规范推进国企改制》，载于《人民日报》2004 年 9 月 29 日。

② 杨承训：《论国有经济的数量底线与质量》，载于《经济学动态》2005 年第 7 期。

别是中、低端劳动力市场）严重供过于求的条件下，许多私营和外资企业支付给职工的工资明显低于劳动力的价值或价格。2004 年以来，我国东南沿海部分地区出现的"民工荒"，其主要原因就是工资水平太低。[①] 不仅如此，不少非公有制企业劳动条件较差，对其职工不缴或少缴社会保险费（包括基本养老保险费、基本医疗保险费、失业保险费等）、违规延长职工劳动时间、变相克扣和拖欠职工工资、偷工减料、偷漏骗税，从而大幅度地降低成本和增加利润，迅速扩大了资本规模。

笔者认为，在上述五个方面的经济原因中，既有合理因素，也有不合理因素；既有合法因素，也有非法因素；既有境内因素，也有境外因素。其中的不合理或违法因素所反映的问题，有的已经解决，有的正在解决，有的则尚未引起有关方面的重视或没有采取切实可行的解决方案。限于篇幅，本文对此不拟专门探讨，旨在引起我国政府有关部门和理论界对此问题的高度重视和认真研究，并采取切实有效的对策，以巩固和完善我国公有制为主体、多种所有制经济共同发展的基本经济制度。由此，我们呼请国家统计局等有关部门积极采取有力措施"摸清家底"，定期向社会公布我国不同经济类型在经营性净资产方面的相关数据，为党和政府科学决策以及有关人员进行科学研究提供全面可靠的数据。

从长远来看，公有资产在社会总资产中还应具有质的优势。这实际上是更为重要的方面。公有资产在社会总资产中具有质的优势，主要表现为公有经营性净资产在社会经营性净资产中具有质的优势，这可以从与经营性净资产密切相关的生产力和生产关系两个方面来加以分析和考察。

从生产力的角度看，公有经营性净资产不仅应有布局结构的优势，还应具有素质、效益和竞争力的优势。也就是说，公有经营性净资产不仅应在关系国家安全和国民经济命脉的重要行业和关键领域占控制地位，而且在总体上还应有更高的技术素质、管理素质、盈利水平和竞争力。笔者认为，对于后者而言，既可以进行宏观比较，也可以在同一行业或部门内对公有制企业与其他所有制企业进行企业之间的微观比较；进行比较的主要指标应是净资产收益率（税后利润总额/平均净资产总额×100%）和总资

---

① 国务院研究室课题组：《中国农民工调研报告》，中国言实出版社 2006 年版，第 204 页。

产贡献率（利润总额＋税金总额＋利息支出/平均资金总额×100%）。此外，比较的指标还应包括成本费用利润率、产品优质率、名牌产品率、科技创新率、降能降耗率、排污减量率、资源循环利用率、安全生产率、职工权益维护、消费者满意度、企业信誉度（诚信等级）以及承担其他社会责任的状况等。① 根据国务院国资委提供的数据，2003～2006 年，我国国有企业户数减少了 20.7%，但国有资产总额增长了 45.7%，销售收入增长了 50.9%，实现利润增长了 147.3%，上缴税金增长了 72%。同期，国务院国资委履行出资人职责的中央企业的资产总额、净资产总额、销售收入、实现利润和上缴税金分别增长了 46.5%、49.7%、85.3%、155.5% 和 91.5%，净资产收益率和总资产报酬率分别提高了 5.1% 和 2.9%。② 2007 年，我国有 16 家中央企业入围美国《财富》杂志公布的世界 500 强，比 2003 年增加了 10 家。2007 年，我国国有企业实现利润总额和上缴税金分别为 1.62 万亿元和 1.57 万亿元，与 2006 年相比分别增长 31.6% 和 20%，双创历史新高；销售利润率为 9%，成本费用利润率为 10%，净资产利润率为 14%，经济运行态势继续改善。③ 可见，近年来我国国有企业的改革与发展取得了较大成绩，明显提升了国有经营性净资产的素质和效益。

从生产关系的角度看，公有经营性净资产质的优势不仅体现在公有制或公有资本控股的企业中劳动者应在或大或小的范围内拥有对生产资料的平等所有权，而且也体现在劳动者在生产经营活动中应具有当家做主的权利，并凭借（或主要凭借）其所提供的有效劳动成果的数量和质量获得合理的报酬，充分发挥其积极性、主动性和创造性。综合生产力和生产关系两个方面，公有经营性净资产质的优势，应集中表现在与公有经营性净资产相联系的社会主义经济能够创造出高于资本主义经济的劳动生产率。列宁曾经指出："劳动生产率，归根结底是使新社会制度取得胜利的最重要

---

① 杨承训、张新宁：《"国企低效"：颠倒事实的私有化悖论》，载于《海派经济学》2006 年第 3 期。

② 国务院国资委研究室：《国有企业改革发展取得显著成就》，载于《经济日报》2007 年 7 月 12 日。

③ 孙勇：《去年国有企业实现利润 1.62 万亿元》，载于《经济日报》2008 年 1 月 24 日。

最主要的东西。"① 当然，我国公有经营性净资产从总体上真正体现出质的优势，就国内而言尚有某些明显的差距，就国际而言则任重道远（参见表1）。

表1　　　　　　　　入围世界500强的中、美、日若干企业

基本经济指标对比（2005年）　　　　　单位：百万美元

位次	企业名称	所属国家	营业额	利润额（税后）	资产额	股东权益	雇员人数（人）	人均营业额	人均利润额（税后）	人均资产额	净资产收益率（%）
1	埃克森美孚公司	美国	339938	36130	208335	111186	83700	4.061	0.432	0.243	32.50
23	中国石油化工集团公司	中国	98785	2668	90438	30876	730800	0.135	0.004	0.124	8.64
14	花旗集团公司	美国	131045	24589	1494037	112537	303000	0.432	0.081	4.931	21.85
199	中国工商银行	中国	29167	4114	799741	31405	361623	0.081	0.011	2.212	13.10
168	新日本制铁	日本	34502	3038	38501	14220	46143	0.748	0.066	0.834	21.36
296	上海宝钢集团	中国	21501	1395	26523	14881	92682	0.232	0.015	0.286	9.37
8	丰田汽车	日本	185805	12120	243506	89502	285977	0.650	0.042	0.851	13.54
470	中国一汽集团	中国	14511	116	13308	1874	137175	0.106	0.001	0.098	6.19

资料来源：根据中华人民共和国国家统计局编：《国际统计年鉴（2006～2007）》提供的相关数据计算整理。

三、优化国有经济布局和结构，进一步发挥国有经济的主导作用

对国有经济布局和结构实施战略性调整，推进国有资本向关系国家安全和国民经济命脉的重要行业和关键领域集中，是我国深化国有企业改革、增强国有经济活力、控制力和影响力的一项重大举措，已经取得了明显的成效。胡锦涛总书记在中共十七大报告中提出：要"优化国有经济布局和结构"。② 笔者认为，党中央和国务院做出的相关决定和战略部署是正确

---

① 《列宁选集》第4卷，人民出版社1995年版，第16页。

② 胡锦涛：《高举中国特色社会主义伟大旗帜　为夺取全面建设小康社会新胜利而奋斗》，载于《人民日报》2007年10月25日。

的，在贯彻落实中央有关精神的过程中，应更加重视并妥善处理以下三个问题：

第一，正确认识和把握我国与资本主义国家在国有经济布局方面的特殊性，合理规划并不断优化我国国有经济布局。社会主义国家和资本主义国家都存在国有经济。在市场经济条件下，资本主义国家与社会主义国家在国有经济布局方面存在显著的区别，其根本原因在于两者的国有经济具有不同的性质、比重和功能。资本主义国家的国有经济是国家垄断资本主义或国家资本主义的经济形式，在国民经济中所占的比重较低，[①] 其基本功能是维持社会化大生产和市场经济的正常运行，为私人垄断资本攫取高额利润服务，巩固和发展资本主义制度。因此，资本主义国家的国有经济布局相对较窄，一般局限于非竞争性领域，即所谓"市场失效"的领域。根据表2提供的相关数据，笔者认为，资本主义国家的国有经济布局可概括为明显小于、大体等于、略大于非竞争性领域三种情况。美国的国有经济大体分布在邮政业，属于第一种情况；澳大利亚的国有经济大体分布在铁路、民航、电力、邮政、通讯等非竞争性领域，属于第二种情况；法国、芬兰、西班牙等国的国有经济则不仅分布在非竞争性领域，也分布在钢铁、汽车等竞争性领域，属于第三种情况。即使属于第三种情况，其国有经济在竞争性领域的分布也相当有限。衡量国有经济的参与度或其在国民经济中所占的比重，国际上通常采用国内生产总值（GDP）比重、投资比重和劳动力比重三大指标，[②] 有学者综合采用这三大指标对20世纪80年代世界范围内国有经济的参与度进行过计算，得出的基本数据是：在市场经济工业国，国有经济在基础设施部门占75%左右，在矿业和制造业部门占25%以下，在建筑业、商业和个人服务业近于零，在农业为零；在一般发展中国家，国有经济在上述部门分别占75%左右、50%左右、25%以下和近于

---

① 据有关资料介绍，20世纪80年代末期，工业化国家国有经济增加值占GDP的比重不足10%。在西方发达国家中，法国国有经济增加值占GDP的比重最高，1990年为10%；美国国有经济增加值占GDP的比重最低，尚不足1%（参见国家统计局课题组：《对国有经济控制力的量化分析》，载于《统计研究》2001年第1期）。

② 世界银行政策研究报告：《官办企业问题研究——国有企业改革的经济学和政治学》，中国财政经济出版社1997年版，第186～189、194～209页。

零。[1] 这些数据也与笔者的上述概括基本吻合。而在社会主义市场经济条件下，国有经济是社会主义全民所有制的经济形式，在国民经济中占有较大或重要比重，不仅具有基础服务、支柱构筑、流通调节、技术示范、社会创利等功能，[2] 还有巩固和发展社会主义经济和政治制度、消除两极分化、实现共同富裕等功能。[3] 因此，社会主义国家的国有经济布局相对较宽，不仅包括非竞争性领域，而且包括相当广泛的竞争性领域。

表2　　　　部分资本主义国家国有资产占部门比重（1990 年前后）　　单位：%

国家	钢铁	造船	汽车	采煤	铁路	民航	电力	煤气	邮政	通讯	银行
澳大利亚	0	0	0	0	100	75	100	0	100	100	—
奥地利	100	—	—	100	100	52	50	100	100	100	10
加拿大	0	0	0	0	75	0	100	0	100	25	—
芬兰	90	—	100	—	100	70	—	100	100	100	—
法国	100	—	40	100	100	100	100	100	100	100	—
德国	0	25	0	—	100	60	—	0	100	100	—
意大利	60	—	—	—	100	75	75	80	100	100	40
日本	0	0	0	0	66	0	0	0	—	46	0
西班牙	60	90	10	50	100	100	30	100	100	100	12
瑞典	40	75	0	—	100	—	—	0	100	100	—
瑞士	0	—	—	—	100	30	—	—	100	100	—
土耳其	75	—	23	100	100	85	—	100	100	100	—
英国	0	0	0	100	100	0	40	0	100	20	0
美国	0	0	0	—	—	—	—	—	100	0	0

资料来源：童计莒：《国有经济——经济发展的控制性力量》，载于《经济日报》2000 年 11 月 20 日。

---

[1]　贺若先：《中国国有经济部门：分布变动和效率》，载于《经济研究》1991 年第 12 期。
[2]　程恩富：《资本主义和社会主义怎样利用股份制——兼论国有经济的六项基本功能》，载于《经济学动态》2004 年第 10 期。
[3]　马建堂、黄达、林岗等著：《世纪之交的国有经济改革研究》，经济科学出版社 2000 年版，第 89～90 页。

中国是发展中的社会主义国家，在市场经济条件下国有经济的合理布局分为两块：一块是国有经济需占控制地位的领域；① 另一块是国有经济不需占控制地位的领域。从广大人民根本利益和国民经济全局出发，从经济文化比较落后的国家实现工业化和现代化的特殊要求出发，从经济上赶超资本主义发达国家的艰巨任务出发，我国国有经济需要控制（含完全控制、绝对控制、相对控制三种基本形式）关系国家安全和国民经济命脉的重要行业和关键领域。党的十五届四中全会通过的《关于国有企业改革和发展若干重大问题的决定》中提出："国有经济需要控制的行业和领域主要包括：涉及国家安全的行业，自然垄断的行业，提供重要公共产品和服务的行业，以及支柱产业和高新技术产业中的重要骨干企业。"② 2006 年12 月，在国务院转发的国资委《关于推进国有资本调整和国有企业重组的指导意见》中，将"自然垄断的行业"调整为"重大基础设施和重要矿产资源"。③ 可见，我国国有经济需占控制地位的领域，既包括非竞争性领域，也包括经济安全性产业（如国防工业、银行业、重要能源资源供应产业、支柱产业）、发展战略性产业（如高新技术产业）等相当一部分竞争性领域，后者是关系国家安全和国民经济命脉的竞争性领域。笔者认为，国有经济在关系国家安全和国民经济命脉的相当一部分竞争性领域中占控制地位，是我国与资本主义国家在国有经济布局方面的主要区别。当然，我国关系国家安全和国民经济命脉的竞争性领域的范围，可以根据国民经济的实际状况和发展需要适时进行调整。中共十五大报告指出，在国有经济不需占控制地位的领域（也可称之为一般竞争性领域），国有经济"可

---

① 笔者认为，应将社会主义国家国有经济需占控制地位的领域与已占控制地位的领域有所区分。从社会主义国家国有经济的性质、比重和功能出发，高新技术产业无疑是国有经济需占控制地位的领域。然而，我国国有经济目前在该领域总体上并不占控制地位。但是，这并不能阻挡我国积极实施自主创新战略，大力加强国有或国有控股高新技术企业的实力，加快建设创新型国家的步伐。

② 中共中央文献研究室编：《十五大以来重要文献选编》（中），人民出版社 2001 年版，第1008 页。

③ 李予阳、冯其予：《进一步推动国有经济布局和结构战略性调整——国资委负责人就〈关于推进国有资本调整和国有企业重组的指导意见〉答记者问》，载于《经济日报》2006 年 12 月19 日。

以通过资产重组和结构调整，以加强重点，提高国有资产的整体质量。"①
笔者认为，我国在优化国有经济布局和结构的过程中，应把握好两条基本
的政策底线：（1）不能将国有经济需占控制地位的领域缩小（或大体缩
小）到非竞争性领域，从而与资本主义国家（特别是某些发达资本主义国
家）的国有经济布局相混同；（2）在国有经济不需占控制地位的一般竞争
性领域，不能强行要求国有企业全部退出。某些国有或国有控股企业具有
竞争优势和良好的发展前景，仍可在这些领域中做强做大；而一些规模小、
效益差的国有企业则可实行资产重组、依法转让或逐步退出。我国国有经
济的合理布局，本质上不同于某些人关于在竞争性领域实行"国退民进"
的主张。后者实质上是套用一些发达资本主义国家国有经济的布局模式，
企图误导我国国有经济布局和结构调整，使我国经济最终坠入"私有化"
陷阱。

中国国有经济在实现国家宏观调控目标中具有重要作用。其重要原因
在于，随着中国对外开放的不断扩大与深化，世界市场的波动与震荡对中
国经济运行与发展的影响也明显增大，需要以国有经济为主要支柱在结构
与总量上加强对本国经济自主发展的全局统筹与合规控制。著名经济学家
刘国光认为，中国国有经济还负有从经济基础上保障社会正义和公平的社
会责任。国家既要保障在公益服务、基础设施、重要产业的有效投资，也
要为解决就业问题在劳动密集领域进行多种形式的投资和运营。国家更要
保障非竞争性领域和竞争性领域国有企业的健康发展，充分发挥其在稳定
和增加就业、初次分配实现公平、保障社会福利与提供公共服务等方面的
主导作用，增强国民收入再分配和实行转移支付的经济实力。② 中国政府
有关部门应根据社会主义市场经济的基本特点，抓紧研究并科学细化国有
经济需占控制地位的行业和领域，慎重出台相应的产业和企业目录。总之，
我们既要避免传统经济体制下国有经济布局战线过长、力量分散等弊端，
又要实行区别对待、有进有退、进而有为、退而有序、合理流动的正确方

---

① 中共中央文献研究室编：《十五大以来重要文献选编》（上），人民出版社 2001 年版，第
21 页。

② 刘国光：《关于分配与所有制关系若干问题的思考》，载于《高校理论战线》2007 年第
10 期。

针，从整体上增强国有经济的活力、控制力和影响力，进一步发挥国有经济的主导作用。

第二，不许某些人滥用"反垄断"的名义，干扰和破坏国有经济对关系国家安全和国民经济命脉的重要行业和关键领域实行控制。垄断行业是中国国有经济最集中和控制力最强的领域。垄断行业中的主要大型骨干企业几乎都是国有企业中的中央企业。① 当前，垄断行业改革已成为国有企业改革的一个重点。在深化垄断行业改革的过程中，首先，必须区分行政垄断、自然垄断和经济垄断，明确反对和打破滥用行政垄断是我国当前垄断行业改革的一项重要任务。滥用行政垄断是指行政机关和法律、法规授权的具有管理公共事务职能的组织滥用行政权力排除、限制竞争的种种行为和方式。② 反对和打破滥用行政垄断，并不是一概反对和废除行政垄断，更不是否定行政机关和法律、法规授权的相关组织通过行政手段正确行使管理公共事务的职能。其次，对于经济垄断，要区分垄断结构和垄断行为。垄断结构相对于竞争结构，属于市场结构范畴。市场结构是指某一市场上企业数量多少和企业规模大小。而垄断行为则相对于竞争行为，属于市场行为范畴。市场行为是指企业在市场中的产品开发、定价、渠道安排、促销以及企业的横向、纵向或混合的扩张行为。垄断结构并不必然排斥和限制竞争，与垄断行为没有必然联系，不属于通常反垄断的范围。③ 从中国社会主义市场经济的客观实际出发，国有经济在关系国家安全和国民经济命脉的重要行业和关键领域占控制地位，并不是反垄断的矛头指向。我国《反垄断法》第七条明确规定："国有经济占控制地位的关系国民经济命脉和国家安全的行业以及依法实行专营专卖的行业，国家对其经营者的合法经营活动予以保护。"④ 真正属于反垄断范围的对象，应是搞垄断协议、滥用市场支配地位等垄断行为。再次，必须区分自然垄断行业的自然垄断性业务与非自然垄断性业务。自然垄断性业务（如电力行业中的高压输电和

① 张卓元：《在坚持和完善基本经济制度实践中形成各种所有制经济平等竞争、相互促进新格局》，见本书编写组编著：《十七大报告辅导读本》，人民出版社2007年版，第169页。
② 《中华人民共和国反垄断法》第三十二至三十七条，载于《经济日报》2007年8月31日。
③ 戚聿东等著：《中国经济运行中的垄断与竞争》，人民出版社2004年版，第176~181页。
④ 《中华人民共和国反垄断法》，载于《经济日报》2007年8月31日。

低压配电等）具有网络性、规模经济、范围经济和普遍服务性等特征，必须由国家统一经营；而非自然垄断性业务（如电力行业中的电力设备供应、电力生产和供应等）则可以适当引入市场机制，允许包括外资在内的非公有制经济参与竞争，以提高效率，改善服务。当然，在深化垄断行业改革的过程中，无论对国有企业或非国有企业都应切实加强政府监管和社会监管，同时将某些利润丰厚的垄断性行业中由非企业贡献因素获得的超额利润收归国有。

第三，加快国有大型企业健全与完善现代企业制度的步伐，打造一批具有国际竞争力的国有或国有控股的大型企业或企业集团。发挥国有经济的主导作用，固然有赖于众多中小国有企业的有力支撑并在其专业化分工的基础上组成企业集群和产业链，但关键是在关系我国国家安全和国民经济命脉的重要行业和关键领域，打造一批拥有自主知识产权和知名品牌、具有较强或一定国际竞争力的国有或国有控股的大型企业或企业集团，使它们在国民经济特别是在企业集群和产业链中发挥核心作用。为此，要深化国有大型企业的公司制股份制改革。除极少数涉及国家安全的企业、必须由国家垄断经营的企业和专门从事国有资产经营管理的公司以外，国有大型企业可从自身实际出发，适度稳妥地引入国内外有实力的战略投资者，逐步改制为国有资本控股多元股东的股份公司。① 要继续推进中央企业董事会试点工作，积极探索并实施董事会的合理结构，切实加强董事会的制度建设，规范董事会运作，健全外部董事和外部监事制度，实行企业决策权与执行权适当分离和董事会选聘、考核、奖惩经营管理者，加快形成股东会、董事会、经理层和监事会各负其责、协调运转、有效制衡的公司治理结构。要突出主业，强强联合，加快中央企业之间、中央企业和地方国

---

① 国有大型企业引入国内外有实力的战略投资者，根本目的是不断发展和壮大自己，更好地发挥在国民经济中的中坚作用。因此，国有大型企业在引入有实力的战略投资者（特别是境外战略投资者）的过程中，应具有清醒的战略思维和正确的运作策略，防止对方实施股权控制或非股权控制（含技术控制、经营管理控制等）。我国应建立健全相关法律法规，为国有大型企业顺利开展此项工作提供重要保障。

有企业之间的优化重组，适度调整中央企业的户数规模。① 省、市国资委也要积极扶持和壮大其履行出资人职责的国有或国有控股的大型企业或企业集团。应根据国家需要与财力可能，主要由中央政府出资，在关系国家安全和国民经济命脉的重要行业和关键领域新建一些国有或国有控股的大型企业或企业集团。要大力实施自主创新战略，大幅增加研发投入，促进研发与生产紧密结合，着力突破并掌握具有自主知识产权的核心技术和关键技术。政府应积极协调多方力量，以实施国家重大科技专项为牵引，带动国有或国有控股大型企业或企业集团研发、制造、应用整体水平的明显跃升。要强化管理，苦练内功，精简机构，完善劳动、人事和分配三项制度改革，建立国有资本经营预算制度，规范产权交易市场和股权转让程序，防止国有资产流失。有条件的国有或国有控股的大型企业或企业集团应根据自身优势，创新对外投资和合作方式，在研发、生产、销售等方面积极开展国际化经营，加大实施"走出去"战略的步伐。要配套深化国有资产管理和国家行政、科技、财税、投资等领域的体制改革，抓紧制定并出台《国有资产法》等相关法律法规。② 与此同时，放开搞活国有中小企业，使其在国民经济特别是在企业集群和产业链的整合与运营中进一步发挥积极作用。

---

① 中央企业是我国国有企业的国家队，是质与量的统一。一方面，根据我国近年来的实际，适当减少中央企业的户数有利于单个中央企业做强做大，提高其国际竞争力；另一方面，无论从当前或长远来看，中央企业都应保持必要的数量规模，以发挥其在国民经济中的中流砥柱作用。著名经济学家刘国光已明确提出了我国中央企业的数量规模问题（参见刘国光：《关于分配与所有制关系若干问题的思考》，载于《高校理论战线》2007 年第 10 期），应引起国家有关部门的高度重视和认真研究，并采取相应的积极对策。此外，笔者建议：应在国务院国资委监管的中央企业中根据净资产规模、税前利润、竞争实力及在国民经济中的重要程度等因素设两类企业，一类企业由国务院国资委直接授权对其占有和支配的国有资产进行投资和运营；二类企业则由国务院国资委直接授权的国有资产经营管理机构对其进行投资和运营。

② 项启源认为，生产关系的主体是人而不是物，建议制定《国有经济管理法》（参见《围绕〈反垄断法〉展开的争论说明了什么——访中国社会科学院马克思主义研究院顾问项启源》，载于《马克思主义研究》2007 年第 10 期）。

坚持我国所有制结构改革的正确方向[*]
——与谢韬、辛子陵商榷

胡锦涛总书记 2007 年 6 月 25 日在中央党校发表的重要讲话中强调，要坚持和完善公有制为主体、多种所有制经济共同发展的基本经济制度，这既是对改革开放以来我国所有制结构改革基本经验的正确总结，也为我国沿着中国特色社会主义道路不断完善所有制结构指明了方向。谢韬在《炎黄春秋》2007 年第 2 期发表了《民主社会主义模式与中国前途》一文后，又在该刊第 6 期上与辛子陵联合发表了《试解马克思重建个人所有制的理论与中国改革》（以下简称《试解》）一文。在《试解》一文中，谢韬等人错解马克思在《资本论》第一卷中关于重建个人所有制的重要论述，为其兜售的民主社会主义（苏东剧变以后已改为社会民主主义）模式的所有制结构寻找理论根据，企图误导我国所有制结构改革，将我国引向资本主义道路。本文对谢韬等人在《试解》一文中鼓吹的主要错误观点及其实质进行评析。

一、马克思关于重建个人所有制重要论述的含义与实质

马克思在《资本论》第一卷中关于重建个人所有制的重要论述，是马克思社会主义所有制理论的重要内容。从狭义来看，它是指建立消费资料的个人所有制；从广义来看，它是指建立生产资料的社会所有制和消费资料的个人所有制，即建立社会主义全民所有制。

马克思在《资本论》第一卷中指出：资本主义私有制是对以个体劳动为基础的私有制的否定，而资本主义私有制在其发展的过程中又必然导致

---

* 原载《当代经济研究》2007 年第 10 期。

对自身的否定。"这种否定不是重新建立私有制，而是在资本主义时代的成就的基础上，也就是说，在协作和土地及靠劳动本身生产的生产资料的共同占有的基础上，重新建立个人所有制。"①

对马克思关于重建个人所有制的重要论述，国内外学术界长期以来都存在不同的理解。我认为，正确理解马克思关于重建个人所有制的重要论述，关键在于正确理解马克思的两个提法：

一是正确理解马克思论述的重建个人所有制的生产资料所有制基础，即"土地及靠劳动本身生产的生产资料的共同占有"。长期以来，许多学者通常都将此理解为公有制或社会主义公有制，人民出版社出版的《资本论》第一卷的中译本 1972 年版和《马克思恩格斯选集》第 3 卷的中译本 1972 年版中的相关内容也是这样翻译的。然而，根据人民出版社出版的《资本论》第一卷中译本 2004 年版和《马克思恩格斯选集》第 3 卷的中译本 1995 年版的译文，原来翻译或理解的公有制（或社会主义公有制）应进一步准确理解为"社会所有制"或社会主义全民所有制。因为，在《资本论》第一卷中译本 2004 年版中，马克思在重建个人所有制的论述之后进一步指出："以个人自己劳动为基础的分散的私有制转化为资本主义私有制，同事实上已经以社会的生产经营为基础的资本主义所有制转化为社会所有制比较起来，自然是一个长久得多、艰苦得多、困难得多的过程。前者是少数掠夺者剥夺人民群众，后者是人民群众剥夺少数掠夺者。"② 显然，马克思在后一段论述中用"社会所有制"的提法替代了"土地及靠劳动本身生产的生产资料的共同占有"的提法。这种替代，既表明在马克思看来两者是同一内容的不同表述，同时也是马克思对前一个提法的进一步概括。在《反杜林论》中，恩格斯在解释马克思关于重建个人所有制的重要论述时，也使用了"社会所有制"的概念。恩格斯指出："靠剥夺者而建立起来的状态，被称为以土地和靠劳动本身生产的生产资料的社会所有制为基础的个人所有制的恢复。"③ 尽管马克思在其著作中对社会主义所有

---

① 《资本论》第一卷，人民出版社 2004 年版，第 874 页。
② 《资本论》第一卷，人民出版社 2004 年版，第 874～875 页。
③ 《马克思恩格斯选集》第 3 卷，人民出版社 1995 年版，第 473 页。

制有不尽相同的提法，但他的基本思想是实行社会所有制或社会主义全民所有制。例如，在著名的《共产党宣言》中，马克思和恩格斯指出：生产资料社会所有制，就是将生产资料"变为公共的、属于社会全体成员的财产"。① 再如，在《论土地国有化》一文中，马克思指出：在社会主义社会中，"生产资料的全国性的集中将成为由自由平等的生产者的各联合体所构成的社会的全国性的基础"。② 我认为，综观马克思在其著作中关于社会主义所有制的论述，采用社会所有制（或社会主义全民所有制）的提法，比采用公有制或社会主义公有制的提法更能准确体现马克思关于社会主义所有制的思想。

二是正确理解马克思论述的个人所有制的对象，即其是指什么内容的个人所有制。对此，恩格斯在《反杜林论》中有相当明确的权威解释："对任何一个懂德语的人来说，这也就是说，社会所有制涉及土地和其他生产资料，个人所有制涉及产品，那就是涉及消费品。"③

由上可见，马克思关于重建个人所有制的重要论述，从狭义来看就是建立消费资料个人所有制，从广义来看（联系马克思在"重新建立个人所有制"前的一句话）就是建立生产资料的社会所有制和消费资料的个人所有制。简言之，通常所说马克思关于重建个人所有制的重要论述，实质上就是阐明建立社会所有制或社会主义全民所有制。在社会主义全民所有制条件下，由于社会财富的一切源泉还没有充分涌流、劳动者的劳动能力存在重大差别、劳动还仅仅是谋生手段等原因，消费资料的按劳分配及其个人所有制就成为一种历史的必然。《资本论》第一卷问世8年之后，马克思在其撰写的《哥达纲领批判》一书中对此作了进一步的阐述。马克思指出：在共产主义第一阶段即以生产资料公有为基础的社会中，"除了自己的劳动，谁都不能提供其他任何东西，另一方面，除了个人的消费资料，没有任何东西可以转化为个人的财产"。④ 马克思还指出："每一个生产者，在作了各项扣除以后，从社会领回的，正好是他给予社会的。他给予社会

---

① 《马克思恩格斯选集》第1卷，人民出版社1995年版，第287页。
② 《马克思恩格斯选集》第3卷，人民出版社1995年版，第130页。
③ 《马克思恩格斯选集》第3卷，人民出版社1995年版，第473页。
④ 《马克思恩格斯选集》第3卷，人民出版社1995年版，第303~304页。

的，就是他个人的劳动量。……他从社会领得一张凭证，证明他提供了多少劳动（扣除他为公共基金而进行的劳动），他根据这张凭证从社会储存中领得一份耗费同等劳动量的消费资料。他以一种形式给予社会的劳动量，又以另一种形式领回来。"① 在这里，马克思不仅明确提出了社会主义社会消费资料的个人所有制，而且还明确提出并论述了社会主义社会公有制基础上个人消费品分配的基本原则——按劳分配原则。

二、谢韬等人对马克思重建个人所有制重要论述的错解及实质

谢韬等人在《试解》一文中，表面上把马克思关于重建个人所有制论述的作用抬得很高。他们说："重建个人所有制，对社会主义国家来说，是一个行之则一言可以兴邦，违之则一言可以丧邦的大问题。"然而，他们对马克思关于重建个人所有制的重要论述却存在根本的错解。

谢韬等人在《试解》一文中说，到写《资本论》第三卷的时候，由于股份公司的出现，使马克思找到了重建个人所有制的形式，"这就是股票"。他们还采用偷换概念的手法，引用了恩格斯一段实质上是阐释生产资料社会所有制和消费资料个人所有制的话，来论证股票或股份制体现了所谓"社会所有与个人所有的统一，公有制与私有制的统一，生产资料与生活资料的统一"，体现了马克思所说的重建个人所有制的性质。实际上，谢韬等人的这种说法与马克思关于股份公司的理论和重建个人所有制的重要论述大相径庭。

在《资本论》第三卷中，马克思对自由竞争资本主义时期的股份公司及其性质有过许多论述。马克思指出：股份公司具有两个特点：（1）私人资本采取了社会资本（即"直接联合起来的个人的资本"）的形式。（2）资本所有权与经营权相分离。"实际执行职能的资本家转化为单纯的经理，别人的资本的管理人，而资本所有者则转化为单纯的所有者，单纯的货币资本家。"② 因此，股份公司"是资本再转化为生产者的财产所必需的过渡

---

① 《马克思恩格斯选集》第 3 卷，人民出版社 1995 年版，第 304 页。
② 《资本论》第三卷，人民出版社 2004 年版，第 495 页。

点，不过这种财产不再是各个互相分离的生产者的私有财产，而是联合起来的生产者的财产，即直接的社会财产。另一方面，这是再生产过程中所有那些直到今天还和资本所有权结合在一起的职能转化为联合起来的生产者的单纯职能，转化为社会职能的过渡点。"① 然而，在股份公司中，"劳动也已经完全同生产资料的所有权和剩余劳动的所有权相分离"，②股份公司"还是局限在资本主义界限之内"，"并没有克服财富作为社会财富的性质和作为私人财富的性质之间的对立，而只是在新的形态上发展了这种对立"。③ 可见，在马克思看来，资本主义国家股份公司尽管存在部分质变，但其基本性质仍然是资本主义的。恩格斯也持有这种观点，他在《反杜林论》中还进一步指出："无论转化为股份公司，还是转化为国家财产，都没有消除生产力的资本属性。……资本关系并没有被消灭，反而被推到了顶点。"④ 既然马克思把自由竞争资本主义时期的股份公司看成是资本主义性质的股份公司，把重建个人所有制实质上等同于建立社会主义全民所有制，那么资本主义股份公司又怎能成为马克思找到的重建个人所有制的实现形式呢？谢韬等人把资本主义股份公司混同于社会主义全民所有制，是对马克思股份公司理论和重建个人所有制重要论述的错解。

即使在社会主义社会中，用发展的马克思主义观点来考察，股份制也并不必然等于社会主义公有制，更不必然等于社会主义全民所有制。中共十五大报告指出："股份制是现代企业的一种资本组织形式，有利于所有权与经营权的分离，有利于提高企业和资本的运作效率，资本主义可以用，社会主义也可以用。"⑤ 所有制的实现形式可以相对地区分为制度、财产组织形式和经营方式三个层次。在社会主义社会中，不能笼统地谈论股份制的所有制性质，必然紧密联系与股份制相结合的特定所有制在制度层次的实现形式（即特定所有制的特征）来具体地加以分析。根据马克思主义经典作家的论述和社会主义经济实践，广义社会主义公有制的基本特征大体

---

①② 《资本论》第三卷，人民出版社 2004 年版，第 495 页。

③ 《资本论》第三卷，人民出版社 2004 年版，第 499 页。

④ 《马克思恩格斯选集》第 3 卷，人民出版社 1995 年版，第 629 页。

⑤ 中共中央文献研究室编：《十五大以来重要文献选编》（上），人民出版社 2000 年版，第 22 页。

上可以概括为三条：（1）生产资料公有；（2）劳动者在生产经营中拥有充分的当家做主的权利；（3）对个人收入实行按劳分配。我认为，在社会主义社会中，衡量或判断某一股份公司是否属于社会主义公有制（或社会主义公有制企业），根本标准是上述三条。其中，第一条是核心，第二、第三条也不可或缺。符合或基本符合上述标准的股份公司就是社会主义股份公司，否则就不是社会主义股份公司。在社会主义股份公司中，既有以社会主义全民所有制为基础（或主要基础）的股份公司，也有以社会主义集体所有制为基础（或主要基础）的股份公司。简言之，在社会主义社会的股份公司中，既有社会主义股份公司，也有资本主义股份公司，还有其他性质的股份公司，不可一概而论。前些年，国内就有人散布股份制即是公有制的片面观点，以模糊或混淆不同股份公司的所有制性质。今天，谢韬等人则走得更远，竟然把股份制等同于社会主义全民所有制，这在理论上和实践中都难以立足。

应该指出，谢韬等人在《试解》一文中把我国现阶段存在的私有制经济说成是"社会主义经济的组成部分"，这种观点同样是不正确的。我国现阶段的私有制经济包括个体经济、私营经济和外资经济。个体经济是劳动者的私有制经济，既不姓"社"，也不姓"资"；私营经济实质上是境内民族资本主义经济；外资经济一般是境外资本主义经济。它们在发展生产、满足需要、促进就业、增加税收等方面具有重要的积极作用，是我国现阶段所有制结构和市场经济的重要组成部分，但不属于社会主义经济。我国现行《宪法》明确规定："社会主义经济制度的基础是生产资料的社会主义公有制。"① 迄今为止，我国社会主义公有制只有社会主义全民所有制和社会主义集体所有制两种基本类型。谢韬等人把非公有制经济说成是社会主义经济，不仅违背了科学社会主义的基本原理，也不符合我国《宪法》的有关规定。

马克思关于重建个人所有制的重要论述，实质上是阐明以社会所有制（或社会主义全民所有制）取代资本主义私有制。谢韬等人"试解"马克

---

① 中共中央文献研究室编：《十二大以来重要文献选编》（上），人民出版社1986年版，第220页。

思重建个人所有制理论，并不是主张全面建立社会主义全民所有制。他们在《试解》一文中似乎也承认我国现阶段必须存在一部分全民所有制企业（或国有企业），但却将社会主义国家传统经济体制的弊端和多种原因导致的经济建设遭受的重大挫折统统归咎于社会主义全民所有制，将社会主义全民所有制经济（或社会主义国有经济）说的一无是处，是什么"政府垄断生产资料"，"名义上属于全民实际上人民没份的占有方式"，遭到了"制度性失败"，注定要"被历史淘汰"，等等。那么，谢韬等人"试解"马克思重建个人所有制理论的真实目的究竟是什么呢？在谢韬撰写的《民主社会主义模式与中国前途》一文中，他不加掩饰地竭力鼓吹"只有民主社会主义才能救中国"，"构成民主社会主义模式的是民主宪政、混合私有制、社会市场经济、福利保障制度。"而在《试解》一文中，谢韬等人却有所顾忌，遮遮掩掩，但还是露出一些真面目。他们宣称："社会自然演进的结果是混合经济，是所有制多元化。"他们还说："马克思说的重建个人所有制，这就是民主社会主义道路。"且不说马克思关于重建个人所有制的论述与民主社会主义的思想体系和发展道路存在本质的区别，仅从谢韬等人的上述言论就可以充分看出他们竭力推销的是民主社会主义模式及其混合私有制的所有制结构。进一步分析，所谓民主社会主义模式中的所有制结构——混合私有制的具体形态又是如何呢？根据我国著名学者徐崇温对此进行研究提供的相关数据，在被称为实行民主社会主义模式的典型国家——瑞典，95%的生产资料掌握在100个大家族手中，17个资本集团支配着国民经济命脉，仅占人口总数0.2%的人口控制着全部股票的2/3，仅占人口总数5%的富翁约占全部财富的1/2以上。① 显而易见，这是典型的以资本主义私有制为主体的所有制结构。我国现阶段实行的是公有制为主体多种所有制经济共同发展的基本经济制度。谢韬等人闭口不谈社会主义公有制的主体地位，闭口不谈社会主义全民所有制经济的主导作用，以"试解"马克思重建个人所有制理论为名，行错解马克思重建个人所有制理论、鼓吹民主社会主义模式中混合私有制的所有制结构之实，企图误导

---

① 转引自刘国光、杨承训：《坚持基本路线必须澄清错误思潮》，载于《经济学动态》2007年第5期。

我国所有制结构改革，将我国社会主义初级阶段的所有制结构蜕变为资本主义国家的所有制结构，将社会主义中国引向资本主义道路，这就是问题的实质。

我们并不否认瑞典等实行民主社会主义模式的资本主义国家存在某些马克思所说的"新社会因素"，并不否认这些国家在国民收入再分配和社会福利保障等方面有不少值得我们学习和借鉴的东西。但是，中国的经济、政治、文化条件和历史传统不同于瑞典等资本主义国家。当代中国的基本国情，决定了中国在经由新民主主义社会之后，只能走社会主义道路，不能走资本主义道路。中国在社会主义初级阶段，可以容许资本主义经济有相当程度的发展，但决不容许资本主义经济由重要组成部分变为所有制结构的主体，决不容许社会主义公有制为主体的所有制结构蜕变为资本主义私有制为主体的所有制结构。苏东剧变后一些国家在生产力、综合国力、人民生活水平等方面出现的历史大倒退，[①] 其根本的经济制度原因就在于放弃或改变了社会主义公有制的主体地位，实行以资本主义私有制为主体的所有制结构。这一沉痛的历史教训我们必须牢牢汲取。邓小平指出："一个公有制占主体，一个共同富裕，这是我们所必须坚持的社会主义的根本原则。"[②] 在 1992 年南方谈话中，邓小平强调指出："不坚持社会主义，不改革开放，不发展经济，不改善人民生活，只能是死路一条。"[③] 在这里，邓小平把坚持社会主义道路视为立国之本。历史和现实已经并将继续证明：只有社会主义能够救中国，只有中国特色社会主义能够发展中国。我们要继续坚持所有制结构改革的正确方向，毫不动摇地巩固和发展作为主体的公有制经济，毫不动摇地鼓励、支持和引导作为辅体的非公有制经济发展，奋力开拓中国特色社会主义伟大事业的新局面。

---

① 仅以俄罗斯的 GDP 为例。1997 年俄罗斯的 GDP 仅相当于 1990 年的 61.9%。1998～2003 年，俄罗斯的 GDP 以年均 6.7% 的速度增长；假设以此速度发展，俄罗斯直到 2009 年才能达到 1990 年的 GDP 水平（参见王振中：《转型或改革所产生的两种衰退现象值得深入研究》，载于《海派经济学》2006 年第 2 期，第 97～98 页）。

② 《邓小平文选》第 3 卷，人民出版社 1993 年版，第 111 页。

③ 《邓小平文选》第 3 卷，人民出版社 1993 年版，第 370 页。

区分社会主义初级阶段基本经济制度
与社会主义基本经济制度刍议[*]

依据马克思主义政治经济学，对于某一社会或某种特定性质的基本经济制度的内容，至少可以有三种界定：一是把它界定为一定的生产资料所有制、人们在经济活动中的地位与相互关系以及由此决定的分配制度；二是把它界定为一定的生产资料所有制以及与之相适应的分配制度；三是把它界定为一定的生产关系的基础即一定的生产资料所有制或生产资料所有制结构（简称所有制结构）。中共十五大报告和我国新修改的《宪法》中有关基本经济制度的提法，是从生产资料所有制或生产资料所有制结构的角度使用的，本文也在同一意义上使用基本经济制度范畴。

笔者认为，社会主义初级阶段基本经济制度与社会主义基本经济制度并不完全等同。社会主义初级阶段基本经济制度是社会主义公有制为主体、多种所有制经济共同发展，而社会主义基本经济制度则是社会主义公有制。前者是社会主义初级阶段存在的基本经济制度，后者则是社会主义性质的基本经济制度；前者是社会主义初级阶段的所有制结构，后者则是社会主义初级阶段所有制结构的主体。近几年来，国内某些同志混淆社会主义初级阶段基本经济制度和社会主义基本经济制度，把非公有制经济说成是社会主义基本经济制度。对此，笔者不能苟同。

其一，社会主义经济是市场经济，而实行市场经济则必须发展多种所有制经济，因而"非公有制经济是社会主义经济的不可缺少的组成部分。"笔者认为，这种看法是不正确的，其主要症结在于把实行市场经济的所有制基础与社会主义经济的所有制基础混为一谈。市场经济是市场在资源配置中起主要作用的商品经济。市场经济不是基本经济制度的范畴，而是经

---

* 原载《经济学动态》1999 年第 11 期。

济运行机制和经济体制的范畴。市场经济既可以与私有制相结合，也可以与公有制相结合；而社会主义经济的基础则只能是社会主义公有制。我国现行《宪法》明确规定：我国"社会主义经济制度的基础是生产资料的社会主义公有制"。① 中共十五大报告也明确指出："我国是社会主义国家，必须坚持公有制作为社会主义经济制度的基础"。② 非公有制经济虽然不属于社会主义经济，但却是我国现阶段基本经济制度的辅体。如果说包括资本主义私有制在内的我国现阶段的非公有制经济也属于社会主义经济，从而属于社会主义基本经济制度，那么，社会主义经济与资本主义经济又如何区分呢？早在原始社会末期就存在的个体经济是否也属于社会主义经济呢？

其二，中共十五大报告提出"要坚持和完善社会主义公有制为主体、多种所有制经济共同发展的基本经济制度"，因而非公有制经济也属于社会主义基本经济制度的范畴。笔者认为，这种看法也是不正确的，其症结在于把社会主义初级阶段基本经济制度混同于社会主义基本经济制度。前述的引文出自中共十五大报告中关于社会主义初级阶段经济纲领的论述，显然是从所有制结构的角度阐明社会主义初级阶段基本经济制度，而不是指社会主义基本经济制度。作为佐证，中共十五大报告在另一处明确指出："公有制为主体、多种所有制经济共同发展，是我国社会主义初级阶段的一项基本经济制度"。③我国新修改的《宪法》也明确规定："国家在社会主义初级阶段，坚持公有制为主体、多种所有制经济共同发展的基本经济制度"。④

其三，中共十五大报告和我国新修改的《宪法》中都有非公有制经济是我国"社会主义市场经济的重要组成部分"的提法，因此，我国现阶段的非公有制经济也属于社会主义经济。笔者认为，这种看法仍不妥当。一

---

① 中共中央文献研究室编：《十二大以来重要文献选编》（上），人民出版社1986年版，第220页。

②③ 中共中央文献研究室编：《十五大以来重要文献选编》（上），人民出版社2000年版，第20页。

④ 中共中央文献研究室编：《十五大以来重要文献选编》（上），人民出版社2000年报，第808页。

方面，无论是中共十四大、十五大报告或是我国新修改的《宪法》，所使用的"社会主义市场经济"的提法实质上都是就社会主义社会市场经济的总体和基本性质而言的，从而非公有制经济可以是"社会主义市场经济的重要组成部分"，但并不属于科学意义上的社会主义经济。著名经济学家卫兴华认为："广义的社会主义市场经济指以公有制为主体的多种经济成分共同发展的市场经济。就是说，非公有制经济成分的市场行为，也纳入了社会主义市场经济的范畴之中。虽然从市场主体来看，非公有制经济是非社会主义性质的经济，但从市场机制与资源配置的角度看，多种经济成分的经济会形成统一的市场。市场机制没有'社'、'资'的区分。根本不存在社会主义市场机制配置社会主义经济资源，而非社会主义市场机制配置非社会主义经济资源问题。"① 这种看法颇有见地。另一方面，中共十五大报告和我国新修改的《宪法》中关于非公有制经济是我国"社会主义市场经济的重要组成部分"的提法，实质上是根据改革开放20年来的实践对非公有制经济在我国现阶段国民经济中的地位和作用的重新审视和正确定位。中共十五大报告指出：我国现阶段的个体、私营等非公有制经济对于"满足人们多样化的需要，增加就业，促进国民经济的发展有重要作用。"田纪云副委员长在九届人大二次会议上所作的《关于中华人民共和国宪法修正案（草案）的说明》中指出：对《宪法》第十一条所做的修改（即删去个体经济、私营经济"是社会主义公有制经济的补充"的提法，增加"在法律规定范围内的个体经济、私营经济等非公有制经济，是社会主义市场经济的重要组成部分"等提法），"进一步明确了个体经济、私营经济等非公有制经济在我国社会主义市场经济中的地位和作用，有利于个体经济、私营经济等非公有制经济的健康发展。"②

其四，"三个有利于"是判断姓"社"姓"资"的标准，我国现阶段的非公有制经济符合"三个有利于"的根本标准，因而也属于社会主义经济。笔者不同意这种看法。第一，联系前后文来看，邓小平提出的"三个有利于"的根本标准，首先和直接是针对判断改革开放得失成败的标准而

---

① 引自《太原日报》1994年4月11日。
② 引自《人民日报》1999年3月10日。

言的，并不是作为判断姓"社"姓"资"的标准。中共十四大报告明确指出："三个有利于"是判断各方面工作是非得失的根本标准。中共十五大报告也重申了类似的提法。第二，符合"三个有利于"根本标准的经济成分，并不一定都姓"社"。例如，我国现阶段存在的外资经济，尽管就其基本方面来说符合"三个有利于"的根本标准，但它姓"资"不姓"社"。邓小平明确提出：我国境内的"外资是资本主义经济"①。认为我国现阶段存在的外资经济等非公有制经济符合"三个有利于"的根本标准，就将其与社会主义经济画等号，这是混淆了经济作用与经济性质的区别。第三，在"三个有利于"的根本标准中，固然包含对于社会或国家性质的限定，但并不包含对于什么是社会主义、什么是资本主义的界定。因此，"三个有利于"不是判断姓"社"姓"资"的标准，我国现阶段的非公有制经济也不属于社会主义经济。

其五，马克思曾有过重建"个人所有制"的提法，因而"对公有制的认识应当更新"，劳动者个人所有制也属于公有制。笔者认为，这是一种误解。马克思在《资本论》第一卷中曾经指出：资本主义私有制是对以个体劳动为基础的私有制的否定，而资本主义私有制在其发展的过程中又必然导致对自身的否定。"这种否定不是重新建立私有制，而是在资本主义时代的成就的基础上，也就是说，在协作和土地及靠劳动本身生产的生产资料的共同占有的基础上，重新建立个人所有制。"② 在这里，关键是要正确理解马克思的最后一句话。对此，恩格斯是这样解释的：所谓在土地及靠劳动本身生产的生产资料的共同占有的基础上重建个人所有制，是指重建以"生产资料的公有制为基础的个人所有制"。"对任何一个懂德语的人来说，这就是，公有制包括土地和其他生产资料，个人所有制包括产品即消费品。"③ 尽管我国理论界对马克思关于重建"个人所有制"的提法在理解上存在明显的差异，但我认为恩格斯的解释是具有权威性的，也是很有说服力的。这可以从马克思的其他一些著作，特别是从《资本论》第一卷

---

① 《邓小平文选》第 2 卷，人民出版社 1994 年版，第 235 页。
② 《马克思恩格斯全集》第 23 卷，人民出版社 1972 年版，第 832 页。
③ 《马克思恩格斯选集》第 3 卷，人民出版社 1972 年版，第 170 页。

出版 8 年以后他撰写的著名的《哥达纲领批判》一书中得到佐证。马克思在《哥达纲领批判》中指出：刚刚从资本主义社会中产生出来的"共产主义社会"（在此指我们通常所说的社会主义社会）是"以共同占有生产资料为基础的社会"①；在这个社会中，"除了个人的消费资料，没有任何东西可以成为个人的财产。"② 由上可见，马克思所说的重建"个人所有制"实质上是建立生产资料的社会主义公有制和消费品（即生活资料）的"个人所有制"，并不是建立生产资料的劳动者个人所有制即我们通常所说的个体经济。尽管中共十五大报告拓宽了社会主义公有制的含义，将其界定为"不仅包括国有经济和集体经济，还包括混合所有制经济中的国有成分和集体成分"，但它也并不包含劳动者个人所有制。

其六，以公有制为主体、多种所有制经济共同发展的所有制结构是社会主义的，因而"这种社会的性质也是社会主义的"。"社会主义不能完全等同于公有制经济，也包括非公有制经济。"不难看出，这种提法的论证逻辑是从所有制结构的基本性质推论出社会性质，以社会性质来反证所有制结构中不同的所有制具有同一性质，实际上是以在所有制结构中占统治地位的所有制的性质来替代居于非统治地位的所有制的性质。笔者认为，这种提法和论证都有不妥之处。首先，某一所有制的性质与其所处的某一社会的基本性质不一定等同。在不同社会中，所有制结构可以分为单一和多元两种基本类型。在单一所有制结构中，所有制的性质与该社会的性质是同一的；在多元所有制结构中，只有占统治地位的所有制的性质与该社会的基本性质是同一的，而居于非统治地位的所有制的性质则与该社会的基本性质并不一致。通常我们说我国现阶段的社会性质是社会主义的，这是就社会的基本性质而言的，从经济角度看，归根结底是由于社会主义公有制在所有制结构中占主体地位。辩证唯物主义告诉我们，世界上的任何事物都有多方面的质，而"事物的性质主要地是由取得支配地位的矛盾的主要方面所规定的。"③ 但是，决不能由我国现阶段社会的基本性质引申出

---

① 《马克思恩格斯选集》第 3 卷，人民出版社 1972 年版，第 10 页。
② 《马克思恩格斯选集》第 3 卷，人民出版社 1972 年版，第 11 页。
③ 《毛泽东著作选读》（上册），人民出版社 1986 年版，第 163 页。

非公有制经济也属于社会主义经济的结论，如同不能得出资本主义社会中的个体经济属于资本主义经济的结论一样。其次，在社会主义初级阶段，非公有制经济虽然不属于社会主义经济，但却是我国现阶段所有制结构和市场经济的重要组成部分。社会主义初级阶段存在的非公有制经济与剥削阶级占统治地位的社会中存在的非公有制经济在外部条件和基本作用等方面迥然不同。在社会主义初级阶段，非公有制经济是在占主体地位的社会主义公有制经济的制约和社会主义国家的引导、监督和管理之下生存和发展的，其客观作用的基本方面是有利于发展社会主义社会的生产力，有利于增强社会主义国家的综合国力，有利于提高人民的生活水平。中共十五大报告指出："一切符合'三个有利于'的所有制形式都可以而且应该用来为社会主义服务。"① 我们要从现阶段的国情特别是从现阶段生产力的实际状况出发，最大限度地调动一切积极因素，坚持两个"坚定不移"（即坚持以社会主义公有制为主体坚定不移，坚持多种所有制经济共同发展坚定不移），进一步调整和完善所有制结构，以促进我国现阶段宏伟战略目标的早日实现。

---

① 中共中央文献研究室编：《十五大以来重要文献选编》（上），人民出版社2000年版，第20页。

坚持和完善我国基本经济制度[*]

党的十六届三中全会通过的《中共中央关于完善社会主义市场经济体制若干问题的决定》（以下简称《决定》），是指导我国完善社会主义市场经济体制的纲领性文件。《决定》强调要坚持和完善我国基本经济制度，并对如何完善我国基本经济制度提出了明确要求。深入学习和认真贯彻《决定》的有关精神，对于我国完善社会主义市场经济体制，继续沿着中国特色社会主义道路胜利前进，具有极为重大而深远的意义。

一、我国基本经济制度是符合国情的正确选择

社会主义公有制为主体、多种所有制经济共同发展，这是载入《宪法》的我国现阶段的基本经济制度。这一基本经济制度植根于我国国情，是我国社会主义现代化建设不断取得胜利的根本制度保证。

1. 我国基本经济制度符合我国现阶段的基本国情。我国正处于并将长期处于社会主义初级阶段。一方面，社会主义的本质要求我国必须坚持公有制为主体，以实现最广大人民的根本利益和共同富裕；另一方面，总体上水平低、多层次和不平衡的生产力状况，则要求我国必须在公有制为主体的条件下发展多种所有制经济。在我国现阶段，坚持以公有制为主体与促进非公有制经济发展不可偏废，两者统一于社会主义现代化建设的伟大实践。

2. 我国基本经济制度是总结我国社会主义建设正反两方面经验的必然选择。我国在进入社会主义初级阶段以后的较长时期中，由于受"左"倾思想影响和对马克思主义经典作家关于社会主义社会所有制结构理论的教

* 原载《中国教育报》2003 年 12 月 3 日。

条主义理解，所有制结构演变总的趋向是"一大二公三纯"。资本主义经济被"斩尽杀绝"，个体经济则被视为异端而加以排斥。其结果，不仅阻碍了生产力的迅速发展，也使人民生活水平长期徘徊不前。在"文化大革命"后期，由于多种因素的共同作用，国民经济竟濒临崩溃的边缘。党的十一届三中全会以来，我国不断调整所有制结构，逐步确立了以公有制为主体、多种所有制经济共同发展的基本经济制度，人均国民生产总值翻了两番以上，生产力、综合国力和人民生活水平显著提高。在东欧剧变、苏联解体、世界社会主义运动处于低潮的形势下，我国社会主义航船劈波斩浪，继续前进；当世界经济陷入低迷之际，我国经济持续高速增长，"一花独秀"。实践证明，我国实行以公有制为主体、多种所有制经济共同发展的基本经济制度是强国富民的正确选择。

3．我国基本经济制度是建成社会主义现代化强国的根本制度保证。目前，我国正处于历史发展的新起点。到 2020 年，我国将全面建成小康社会；到 2050 年，我国将建成社会主义现代化强国。实现上述宏伟目标，我国需要具备经济、政治、文化等多方面的条件，其中最根本的经济制度条件则是坚持公有制为主体、多种所有制经济共同发展。与我国现阶段生产力状况相适应，我国的社会主义公有制在与市场经济相结合的过程中将不断丰富和完善自己的有效实现形式，在改革与发展中进一步成长壮大；我国的非公有制经济将会在现有的基础上有较大的发展，并在促进经济增长、扩大社会就业、活跃城乡市场、增加财政收入等方面发挥更大的作用。因此，坚持和完善我国基本经济制度，是实现我国现阶段第三步战略目标的必由之路。

二、巩固和发展公有制经济，推行公有制的多种有效实现形式

社会主义公有制是我国基本经济制度的主体。坚持和完善我国基本经济制度，必须巩固和发展社会主义公有制经济。为此，应主要做好三项工作。

1．坚持公有制的主体地位，充分发挥国有经济的主导作用。坚持公有制的主体地位，必须把握好两条：（1）既要保持公有资产在社会总资产中

占优势，更要增强公有资产的素质和活力。增强公有资产的素质和活力，要体现在产业属性、技术构成、科技含量、规模经济、资本增殖能力和市场竞争力等方面。（2）国有经济控制国民经济命脉，对经济发展发挥主导作用。国有经济对经济发展发挥主导作用，主要体现在控制力上，即能够控制国民经济和经济制度的发展方向、经济运行的整体态势和重要的稀缺资源。为了增强国有经济的控制力，充分发挥其主导作用，必须完善国有资本有进有退、合理流动的机制，加快调整国有经济的布局和结构。在关系国家安全和国民经济命脉的重要行业和关键领域，国有经济应占支配地位；在其他行业和领域，国有企业则可通过资产重组和结构调整，在市场公平竞争中优胜劣汰。同时，必须继续实行"抓大放小"的方针。积极扶持和发展具有国际竞争力的国有控股、控技术、控品牌的大公司和大企业集团，放开搞活国有中小企业。

2. 积极推行以股份制为主的公有制的有效实现形式。股份制（在此指有限责任公司和股份有限公司）是现代企业的一种资本组织形式，是现代市场经济发展的必然趋势。不能笼统地说股份制是公有还是私有，关键要看控股权掌握在谁手中。股权控制分为绝对控股和相对控股。国有资本和集体资本控股的股份公司具有明显的公有性。我国经济体制改革的实践证明，股份制可以成为公有制的有效实现形式：（1）股份制有利于所有权与经营权分离，提高企业和资本的运作效率；（2）股份制实现了资本的社会监督与企业内部监督的有机结合，有利于维护投资者权益；（3）股份制能较好地体现现代企业制度具有的"产权清晰、权责明确、政企分开、管理科学"的基本特征，有利于公有企业转换经营机制，成为独立的法人实体和真正的市场主体；（4）股份制有利于放大公有资本特别是国有资本的功能，增强国有资本的控制力、影响力和带动力；（5）股份制有利于公有资本流动重组，实现保值增值，提高公有资本特别是国有资本的整体质量。《决定》提出要"使股份制成为公有制的主要实现形式"，这既反映了我们党对社会主义市场经济条件下公有制有效实现形式在认识上的深化，也是我们党根据新时期的历史任务作出的重大决策，必将有力地推动公有制经济的巩固和发展。在实行股份制改革的过程中，一要防止"刮股风"，一哄而上；二要因时因地因企制宜，决不能以股份制成为公有制的主要实现形式为由排斥公有制其他有效的实现形式；三要充分发挥市场机制的作用，不搞"拉郎配"；四要搞好资产评估和产权界定，决不容许打着股份制的旗号侵吞公有财产；五要改变某些已经实行公司制改造的国有控股企业国有股权过于集中的状况，广泛吸收社会资本、境外资本参股，真正实现投资主体多元化，促进企业转换经营机制。

3. 建立健全国有资产管理和监督体制，完善公司法人治理结构。改革与完善国有资产管理体制，已成为当前深化国有企业改革的关键环节。为此，一要实行政资分开（即政府公共管理职能和国有资产出资人职能分开），由国有资产管理机构代表国家依法履行出资人职责，并通过完善授权经营制度，实现出资人层层到位；二要实行政企分开（即所有者职能和经营者职能分开），国有资产管理机构主要对所出资企业的负责人、重大事项和国有资产实施管理，不能直接干预企业的生产经营活动，企业成为自负盈亏、自主经营的市场主体和法人实体；三要建立国有资本经营预算制度和企业经营业绩考核体系，积极探索国有资产监管和经营的有效形式。建立规范的公司法人治理结构，是建立现代企业制度的核心。为此，要进一步规范公司股东会、董事会、监事会和经营管理者之间的责权利关系，重在探索、规范和完善企业领导人员的聘任、激励和约束机制；要充分发挥企业党组织的政治核心作用，坚持党管干部原则与市场选聘企业经营管理者的机制相结合；要全心全意地依靠职工群众，积极探索现代企业制度条件下实行职工民主管理的有效途径，努力维护职工的合法权益。

三、大力发展和积极引导非公有制经济

非公有制经济是我国基本经济制度的重要组成部分。坚持和完善我国基本经济制度，必须鼓励、支持和引导非公有制经济健康发展。为此，应主要做好三项工作。

1. 消除限制非公有制经济发展的体制性障碍。为此，一要解放思想，转变对非公有制经济的歧视性观念。应坚持"三个有利于"的根本标准，消除长期形成的对于私有制经济的种种偏见，正确认识非公有制经济在我国现阶段国民经济中的重要作用。二要建立健全维护私有财产权和其他正

当权益的法律法规，依法保护依靠诚实劳动和合法经营形成的私有财产，创造非公有制经济与公有制经济相互促进、共同发展的法制环境。三要放宽市场准入制度。凡是我国已向外资开放或承诺开放的投资领域，都应向国内非公有资本开放；凡是国家法律法规未禁入的基础设施、公用事业及其他行业和领域，都应允许非公有资本进入。四要改革带歧视性的政府部门审批制度，为非公有制经济提供良好的行政服务。五要消除政策歧视，使非公有制企业在投融资、税收、土地使用和对外贸易等方面与其他企业享受同等待遇。

2. 非公有制企业要提高素质，健康发展。改革开放以来，我国非公有制经济发展迅速。目前，我国非公有制经济对国内生产总值的贡献率约为1/3，并已成为扩大就业的主渠道。然而必须看到，在经济全球化和科技进步不断加快的形势下，我国非公有制经济既存在难得的机遇，也面临巨大的压力。我国非公有制经济中的个体、私营经济整体素质仍然较低，产品质量不高，市场竞争力不强，发展后劲不足。与此同时，商业欺诈、掺杂使假、偷税漏税、行贿回扣、克扣工资、使用童工、污染环境、违反安全规定进行生产等问题在一些个体经济和私营企业中仍较为严重。对此，个体经营者和私营企业应立足于提升自身素质，在依法经营、照章纳税、保护职工合法权益的同时，积极推进现代企业制度建设，努力采用先进技术，不断提高经营管理水平，增强产品和企业的竞争力。有条件的非公有制企业还可以参与国有企业的股份制改造或资产重组，在市场经济的风浪中做强做大。

3. 改进对非公有制企业的服务和监管。政府有关部门要切实转变职能，理顺与非公有制企业的关系，重在服务，依法监管。为此，要不断健全促进非公有制企业持续健康发展的法制与政策环境，建立健全信用服务体系和违约惩戒制度，规范发展各类自律性中介组织，为非公有制企业提供有效服务。与此同时，要促进非公有制企业遵规守法，合法经营。

四、建立健全现代产权制度

市场交换的实质是市场主体之间的产权交换，现代产权制度是现代市场经济的基石。坚持和完善我国基本经济制度，完善社会主义市场经济体制，必须建立健全现代产权制度。

产权主要是指财产权或财产权利，是所有制的实现形式。现代意义上的产权，是指自然人、法人对各类财产的所有权及占有权、使用权、收益权和处置权等权利，包括物权、债权、股权、知识产权及其他无形财产权等。其中，以所有权为核心并由所有权衍生出来的占有权、使用权、收益权和处置权等权利是产权的内容，以物权为基础发展形成的债权、股权、知识产权与无形财产权是产权的类型；无论是物权、债权、股权、知识产权或无形财产权，都有相应的所有、占有、使用、收益和处置等权利。所有权、占有权、使用权、收益权和处置权既可以统一于一个主体，也可以相互分离或局部组合。股份制产生以后，产权不仅包括法律上的财产所有权，还包括企业的法人财产权（即由于经营属于财产所有者的财产而享有的对其财产占有、使用及一定限度内的收益和处置权利）。现代产权制度，是与社会化大生产和现代市场经济相适应的关于产权界定、运营、保护等的一系列体制安排和法律规定的总称。《决定》在我们党的纲领性文件中第一次提出"要建立健全现代产权制度"，并用"归属清晰、权责明确、保护严格、流转顺畅"来概括现代产权制度的基本内容和特征，这是重大的理论创新。不仅如此，它还具有重大的实践意义。因为，现代产权制度如同股份制一样，都是人类文明发展的重大成果，资本主义可以用，社会主义也可以用。我国建立健全现代产权制度，有利于改善企业资本组织形式，构建现代企业制度；有利于维护公有财产权和私有财产权，推动混合所有制经济的发展，巩固和发展我国基本经济制度；有利于调动投资者、经营者、劳动者创业、创新和创造性劳动的积极性，规范市场主体行为，形成良好的信用基础和市场秩序。

建立健全现代产权制度，应主要做好四项工作：（1）根据谁投资、谁所有的原则，依法依规理清产权属性。要切实维护国家、集体和个人各方权益，既要防止国有资产和集体资产流失，也要避免私人资产受损。（2）把产权明晰化作为深化国有企业改革的重点和突破口。既要明晰国有资产出资人的责权利关系，也要明晰作为法人实体和市场主体的国有企业的责权利关系，还要明晰国有控股企业多元产权主体各自的责权利关系。

（3）规范发展产权交易市场，完善产权交易规则和监管制度，推动产权有序流转。（4）健全保护产权的法律法规，依法保护各类产权不受侵犯。在市场经济尚不成熟的我国建立健全现代产权制度，无疑是一项艰巨复杂的系统工程。然而，只要我们坚持党在社会主义初级阶段的基本路线和基本纲领，勇于创新，艰苦奋斗，就一定能在建立健全现代产权制度的基础上不断完善社会主义市场经济体制，开社会主义制度与市场经济有效结合之先河。

必须坚持社会主义公有制的主体地位[*]

在我国社会主义初级阶段，必须适应生产力的实际状况，适当发展个体经济、私营经济和外资经济等非公有制经济成分。然而，这决不是否定社会主义公有制的主体地位，更不是要实行"私有化"。坚持社会主义公有制的主体地位，是我国发展国民经济和进行经济体制改革所必须遵循的一条基本原则。

一

社会主义公有制是社会主义经济的本质特征，是社会主义生产关系的基础。首先，社会主义公有制实现了劳动者在社会或集体范围内对生产资料的平等关系，使劳动者由昔日的雇佣奴隶一跃而为生产资料的主人。其次，社会主义公有制改变了生产的社会性质，使其由资本家攫取最大限度的剩余价值的手段变为满足人民日益增长的物质文化需要的手段。再次，社会主义公有制使整个国民经济联结成根本利益一致的统一整体，在国家掌握了国民经济的命脉和拥有必要的物质手段的条件下，为在整个社会大体上保持国民经济的有计划按比例发展提供了巨大的可能性和现实性，从而能够避免资本主义生产的无政府状态和经济危机。最后，社会主义公有制铲除了剥削者"不劳而获"和劳动者"劳而不获"的经济根源，决定了对个人消费品实行按劳分配原则，从而极大地调动了广大劳动者生产建设的积极性。因此，只有坚持社会主义公有制的主体地位，才能为坚持和完善社会主义生产关系奠定基础，进而保证我国社会主义社会的基本性质。否则，社会主义生产关系就会被架空，成为无源之水、无本之木，我国社

* 原载《金融科学》1991 年第 4 期。

会的基本性质就会改变。应该指出，国内外的敌对势力从经济上颠覆社会主义制度，无一不把其主要矛头对准社会主义公有制，这种情况在当前尤为突出。它从反面证明了我们坚持社会主义公有制的极端重要性。当然，坚持社会主义公有制的主体地位，是就整个国民经济而言的，在不同的经济领域和地区，由于其经济发展程度和技术特点并非整齐划一，因而各种所有制所占的比重可以有所不同。

二

社会主义公有制适合我国生产力的基本性质，促进了我国生产力的迅速发展和人民生活的显著改善。在我国现阶段，社会主义公有制大体包括全民所有制和集体所有制两种基本形式。全民所有制是与社会化大生产相适应的，集体所有制则可以兼容若干不同层次的生产力。新中国成立以来，我国无论是在经济建设还是在改善人民生活方面都取得了举世瞩目的重大成就。1953～1989 年，我国工业总产值年均增长 11.7%，农业总产值年均增长 3.6%，国民生产总值年均增长 7%，国民收入年均增长 6.8%，这样高的经济发展速度在世界上是名列前茅的。旧中国积累起来的工业固定资产原值仅 124 亿元，而新中国靠人民的艰苦奋斗积累起来的工业固定资产原值到 1989 年已达到 12474 亿元，增长近百倍。1989 年，我国的粮食、棉花、布、肉类以及原煤产量均居世界首位，钢和原油产量也分别由 1949 年的第 26 和第 27 位跃居到 1989 年的世界第 4 位。目前，我国已经建立起独立的、门类比较齐全的工业体系和国民经济体系，在航天技术、核技术、生物工程等高科技领域的某些方面达到了世界先进水平。我国国民生产总值由 1949 年居世界的第 40 多位跃升到当今的第 8 位，综合国力则由 1949 年居世界的第 13 位跃升到现在的第 6 位。尽管我国居民收入仍然较低，但人均收入已由 1952 年的 76 元上升到 1990 年的 720 元，而我国人民在健康状况、营养水平、平均寿命等生活质量的主要标准方面，则已接近或达到了中等收入国家的水平。取得上述重大成就的因素固然很多，但最根本的经济制度因素则是我国建立和发展了社会主义公有制。历史唯物主义认为，衡量一种所有制的优劣，关键是看其是否能够适应生产力的性质，是否能够推动生产力迅速发展。我国四十多年来在经济建设和改善人民生活方面取得的重大成就，初步而有力地证明了社会主义公有制适合我国生产力的基本性质，只有社会主义能够救中国，只有社会主义能够发展中国。

在认识社会主义公有制与我国现阶段生产力的相互关系时，我们必须做以下三点区分：

1. 必须把由于我们在工作中的失误造成的经济建设的重大挫折与社会主义公有制严格区分开来。新中国成立以来，尽管我国在经济建设方面总的来看成就巨大，但也曾几次遭受重大挫折。例如，我国在 20 世纪 50 年代末期开展的"大跃进"实质上是"大冒进"，最终导致了经济的"大衰退"，严重挫伤了广大劳动群众建设社会主义的积极性。再如，"文化大革命"期间，我国经济建设的正常秩序遭到了严重破坏，经济损失达数千亿元，并且贻误了世界新技术革命的良机。然而，导致上述经济挫折的原因并不在于社会主义公有制，而主要在于我们的指导思想上出现了重大失误。前者是由于对国情和社会主义建设的客观经济规律缺乏认识，在胜利面前犯了骄傲自满和急于求成的错误；后者则是由于当时党的最高领导人对社会主义初级阶段的主要矛盾的认识出现了严重偏差，混淆了是非界限和敌我界限，加之林彪、"四人帮"的干扰破坏所致。显而易见，这些特定时期上层建筑领域中存在的严重问题与社会主义公有制毫不相干。而当党依靠自身力量纠正了错误之后，社会主义建设事业则又大踏步地继续前进了。

2. 必须把社会主义公有制的主体地位与需要调整的部分严格区分开来。在进入社会主义初级阶段以后较长时间内，由于受"左"倾思想影响和对马克思主义经典作家关于社会主义社会所有制结构理论的教条主义理解，我国所有制结构演变的总趋向是"一大二公三纯"。不仅把私营经济和国家资本主义经济打入"冷宫"，而且还排挤和取消个体经济，限制和削弱集体所有制经济，急于实行从小集体到大集体和从集体所有制到全民所有制的"升级换代"，并且以此为条件来发展全民所有制经济。1975 年，在我国工业总产值中，全民所有制工业占 83.2%，集体所有制工业占 16.8%；在社会商品零售总额中，全民所有制商业占 90.2%，集体所有制商业占 7.7%，个体商业仅占 0.1%。实践证明，这种清一色的公有制结构不能很好地适应我国现阶段多层次、不平衡、总体水平较低的生产力，不利于最大限度地调动国内外方方面面的积极因素，加速我国的社会主义现代化建设。因此，我国自党的十一届三中全会以来一直在进行所有制结构的调整，使公有制比重明显降低，非公有制比重显著上升，所有制结构趋向多元化和合理化。目前，在我国工业总产值中，全民所有制工业占56.1%，集体所有制工业占35.7%，个体工业占4.7%，其他所有制工业占3.4%；在社会商品零售总额中，全民所有制商业占38.5%，集体所有制商业占35.7%，个体和私营商业占17.5%。随着经济体制改革的不断深入，我国的所有制结构还将得到进一步的完善。然而，调整和完善所有制结构绝不是改变社会主义公有制的主体地位。正如我国国民经济和社会发展十年规划和第八个五年计划纲要中所阐明的那样，我们要"继续坚持以公有制为主体，适当发展其他经济成分，形成适合我国现阶段生产力水平的所有制结构"。

3. 必须把我国传统经济体制中存在的弊端与社会主义公有制严格区分开来。传统经济体制与社会主义公有制既有联系，也有区别。社会主义公有制和按劳分配共同构成社会主义基本经济制度，而传统经济体制则是我国长期以来试图按照社会主义基本经济制度的要求逐步建立起来的具体经济制度。我国社会主义建设正反两方面的实践表明，传统经济体制中的某些部分能够体现社会主义基本经济制度的要求，而另外一些部分则程度不同地偏离了社会主义基本经济制度。毫无疑问，传统经济体制中偏离社会主义基本经济制度的部分与社会主义公有制无关。前几年，国内某些顽固坚持资产阶级自由化立场的人攻击社会主义公有制是"现代生产力发展的桎梏"，断言全民所有制企业注定是无人负责、吃"大锅饭"、效率低下，鼓吹只有"私有化"才是"根本出路"。我认为这种观点是极其错误的。

就全民所有制企业的效率（即劳动生产率）而言，我们并不否认我国目前全民所有制企业劳动生产率的绝对水平从总体上看明显低于西方发达国家的资本主义企业。但是，造成这种状况的原因是复杂的，并不能归咎于社会主义公有制。第一，劳动生产率的高低离不开历史基础。我国是在半殖民地半封建社会的废墟上经过新民主主义进入社会主义社会的，劳动生产率水平与西方发达国家相比本来就存在着很大的差距。18世纪中叶，当资本主义英国兴起产业革命的高潮时，我国仍滞留在男耕女织的手工劳动状态；而今，当西方发达资本主义国家正在经历规模空前、影响深远的新技术革命的时候，我国则面临着完成传统的产业革命和迎接世界新技术革命的双重历史性挑战。在劳动生产率方面达到和超过发达资本主义国家的水平，就我国整体来说，必然需要一个较长的历史过程；即使对于物质技术基础相对先进的全民所有制企业而言，在较短的历史时期也不可能一蹴而就。第二，劳动生产率的高低也受种种现实因素的制约。撇开我国传统经济体制中的弊端等因素不谈，我国有 11 亿人口，每年新增人口 0.16 亿，这种异常沉重的人口负担不仅制约整个国民经济的发展，同时也掣肘全民所有制企业劳动生产率的提高。为了缓解就业压力，促进社会稳定，许多全民所有制企业在安排就业时仍不得不采取"三个人的活五个人干"的办法；为了保证已有和新增人口的物质文化生活水平不断提高，国家和全民所有制企业不得不从全民所有制企业创造的净产值中提取较大比例作为消费基金，从而势必影响全民所有制企业劳动者的技术装备水平和固定资产的更新改造，不利于劳动生产率和经济效益的提高。第三，考察劳动生产率不仅要看绝对水平，还要看增长速度。新中国成立四十多年来，我国全民所有制工业企业的劳动生产率大约以年均 4.5% 的速度增长，大大超过了西方发达国家年均 2% ~ 3% 的增长速度。第四，我国已有一批全民所有制企业创造了较高的劳动生产率。例如，1988 年，首钢按国际市场钢材比价计算的人均年劳动生产率已达到 1.83 万美元，比西德克罗克纳钢铁公司、英钢联和法国龙西诺钢铁公司的人均年劳动生产率 1.7 万美元、1.48 万美元和 0.86 万美元分别高出 8% ~ 113%，与世界闻名的西德克虏伯等钢铁公司的劳动生产率水平旗鼓相当。1989 年，首钢小型轧钢厂的劳动生产率达到了人均年产 1504 吨，比美国努克轧钢厂还高，成为世界之最。可见，把全民所有制企业和效率低画等号是不符合实际的。社会主义公有制决定了社会主义经济制度内在的具有明显优越于资本主义经济制度的动力机制、资源配置机制和利益调节机制。从历史和发展的观点看问题，只要深化改革，加强管理，切实依靠科技进步，聚精会神地搞经济建设，全民所有制企业终将会创造出普遍高于资本主义企业的劳动生产率。

至于全民所有制企业在一定范围和一定程度上存在的无人负责和吃"大锅饭"等现象，其根源在于传统经济体制的弊端，而不在于社会主义公有制本身。我们进行经济体制改革的目的，并不是要取消全民所有制，也不是要改变社会主义公有制的主体地位，而是要兴利除弊，促进生产力更快地发展。1981～1990年，我国国民生产总值年均增长9%，不仅大大超过世界各国同期国民生产总值年均2.8%的增长速度，也明显高于我国1953～1978年国民生产总值年均6.1%的增长速度。事实雄辩地证明，坚持社会主义公有制的主体地位，坚持社会主义的改革开放，社会主义经济就必然充满生机和活力。难怪在当今世界社会主义制度面临尖锐挑战和严峻考验的形势下，连断言"共产主义大失败"的布热津斯基也不得不承认："中国共产主义的改革很可能取得成功"，"只有中国目前的发展似乎才预示着共产主义的复兴"。

如果放弃社会主义公有制的主体地位，甚至变社会主义公有制为资本主义私有制，即实行所谓"私有化"，那么，第一，全国绝大多数人民决不会答应。因为，将无数革命先烈为之浴血奋战、全国人民几十年辛勤劳动积累起来的社会主义公有财产蜕变为资本主义私有财产，是从根本上违背绝大多数人的根本利益和愿望的。就此而言，"私有化"道路在中国是行不通的。第二，"私有化"倘若得逞于一时，"在我国人口众多、社会生产力水平很低的情况下，只能使大多数人重新陷入极其贫困的状态。这种资本主义，只能是原始的、买办式的资本主义，只能意味着中国各族人民再度沦为外国资本和本国剥削阶级的双重奴隶"。[①] 近年来，某些原来的社会主义国家的经济政治制度发生了剧变，其经济状况不仅未见好转，反而每况愈下，广大劳动人民的生活和就业条件明显恶化，进步势力受到迫害和镇压，各种丑恶现象重新抬头并迅速蔓延，社会矛盾加剧，局势动荡不安。面对这些触目惊心的事实，我们无疑可以从中获得某些有益的启示。

三

坚持社会主义公有制的主体地位，是支配和影响其他经济成分为社会

[①] 江泽民：《在庆祝中华人民共和国成立四十周年大会上的讲话》，载于《人民日报》1989年9月30日。

主义服务的决定性条件。马克思指出："在一切社会形式中都有一种一定的生产支配着其他一切生产的地位和影响，因而它的关系也支配着其他一切关系的地位和影响。这是一种普照的光，一切其他色彩都隐没其中，它使它们的特点变了样。"① 在社会主义初级阶段，社会主义公有制经济就是这种"普照的光"，支配和影响着其他所有制经济。个体经济和私营经济在现阶段的存在和一定程度的发展具有客观必然性，它们对社会主义经济发展的作用具有二重性。一方面，它们作为私有制经济，具有资本主义自发倾向。许多个体户和私营企业主在其经营活动中掺杂使假，缺斤短两，偷税漏税，程度不同地损害消费者和国家的利益。另一方面，在社会主义公有制占主体地位的条件下，它们从经营的范围、规模、方式到原料来源、销售价格、收费标准等方面都要受到社会主义公有制经济的巨大影响和制约，都要受到社会主义国家有关部门的监督和管理，因而，它们是从属于社会主义经济并为社会主义事业服务的，在发展社会生产、方便人民生活、扩大劳动就业等方面具有不可缺少的积极作用。所以，只有坚持社会主义公有制为主体，同时运用经济、行政、法律等手段加强管理和引导，才能有效地限制它们的消极作用，充分发挥其积极作用，引导它们沿着有利于社会主义经济的方向发展，使之成为社会主义经济必要和有益的补充。

综上所述，坚持社会主义公有制的主体地位，是我们在现阶段须臾不能离开的胜利法宝，是我国实现社会主义现代化和共同富裕的必由之路。当然，为了更好地坚持社会主义公有制的主体地位，我们必须采取切实有效的措施真正搞活搞好国有大中型企业，进一步强化全民所有制的主导作用，继续调整和完善社会主义公有制的内部结构和外部结构。

---

① 《马克思恩格斯选集》第 2 卷，人民出版社 1972 年版，第 109 页。

大胆探索和采用公有制的有效实现形式[*]

江泽民同志在中共十五大报告中强调指出："公有制实现形式可以而且应当多样化。一切反映社会化生产规律的经营方式和组织形式都可以大胆利用。要努力寻找能够极大促进生产力发展的公有制实现形式。"江泽民同志的精辟论述，不仅标志着我们党对社会主义的认识产生了新的飞跃，而且对于我们大胆探索和采用公有制的多样化的有效实现形式，不断发展与壮大社会主义公有制经济，把有中国特色社会主义事业全面推向 21 世纪，具有极为重要的指导意义。

一、"三个有利于"是探索和采用公有制有效实现形式的根本标准

邓小平同志提出的"三个有利于"，不仅是衡量一切工作是非得失的根本标准，也是探索和采用公有制有效实现形式的根本标准。"三个有利于"具有完整丰富的科学内涵，以其作为我们探索和采用公有制有效实现形式的根本标准，具有极强的针对性和极为重要的指导意义。

第一，坚持"三个有利于"，核心就是要坚持生产力标准。历史唯物主义认为，人类社会的发展是一个由自身内部规律所支配的"自然历史过程"，生产力是决定人类社会物质生活状况并制约人类社会的政治、精神生活的基础。列宁指出："只有把社会关系归结于生产关系，把生产关系归结于生产力的高度，才能有可靠的根据把社会形态的发展看做自然历史过程。"[①] 在"三个有利于"中，把有利于发展生产力置于首位，科学地揭

---

* 原载《中国教育报》1997 年 10 月 3 日。
① 《列宁选集》第 1 卷，人民出版社 1972 年版，第 8 页。

示了发展生产力是增强综合国力和提高人民生活水平的基础，实质上就是坚持了生产力标准。江泽民同志强调"要努力寻找能够极大促进生产力发展的公有制实现形式"，同样也是坚持了生产力标准。按照生产力标准来探索和采用公有制的有效实现形式，就必须从我国现阶段生产力的实际状况出发，而不能从脱离生产力状况的主观愿望出发。凡是有利于发展生产力的公有制实现形式，就积极采用；凡是有利于极大促进生产力发展的公有制实现形式，就优先采用；凡是不利于生产力发展的公有制实现形式，就坚决摒弃。决不能脱离生产力的实际状况，搞公有制实现形式的简单化和凝固化；更不能"唯意志论"盛行，搞"一大二公"的"穷过渡"。

第二，坚持"三个有利于"，就是要坚持实践标准。实践的观点是辩证唯物论的认识论之第一的和基本的观点。"生产力""综合国力""人民生活水平"都与人们的实践活动紧密联系，都是可以进行衡量与比较的内容丰富的客观实在，而不是扑朔迷离与捉摸不定的东西。坚持以"三个有利于"作为探索和采用公有制有效实现形式的根本标准，就必须大胆探索，勇于实践，以实践结果作为检验公有制形式是否有效的试金石。既不要拘泥于对马克思主义经典作家关于社会主义公有制实现形式的教条主义理解，也不要迷信或简单照搬外国模式，更不要把某一时期较为有效的公有制实现形式绝对化。要尊重群众的首创精神，尊重群众的意愿和选择。生气勃勃、丰富多彩、不断发展的公有制的有效实现形式不是来自书本，而是源于亿万人民群众伟大的创造性实践。

第三，坚持"三个有利于"，还必须坚持社会主义社会基本制度。应该指出，在生产力前面加上"社会主义社会"，在综合国力前面加上"社会主义国家"，这都是对于社会性质或国家性质的一种限定。否则，有利于发展生产力和增强综合国力的适用范围就会相当宽泛。而"有利于提高人民的生活水平"，作为社会主义社会发展生产力和增强综合国力的出发点和归宿，则既反映了社会主义生产目的的客观要求，也是社会主义经济制度优越性的集中体现。因此，"三个有利于"也内在地包含了坚持社会主义社会基本制度的要求。坚持以"三个有利于"作为探索和采用公有制有效实现形式的根本标准，就是要努力搞清楚"什么是社会主义、怎样建设社会主义"。既不要把本来姓"社"的东西错误地判定为姓"资"而加以排斥，也不要把那些既可为"资"所用又可为"社"所用的反映社会化生产规律的经营方式和组织形式错误地加以排斥。既要解放思想，又要实事求是，在坚持社会主义公有制为主体的前提下，积极探索和采用公有制的多样化的有效实现形式。

二、股份制和股份合作制是我国现阶段公有制可以采用的重要和有效的实现形式

在我国现阶段，坚持以"三个有利于"为根本标准，探索和采用公有制的有效实现形式，实质上就是要探索和采用适应社会主义市场经济发展要求的公有制的实现形式，即探索和采用既能体现社会主义公有制的本质，又能与市场经济实行对接的公有制的实现形式。一种所有制可以有多种实现形式，不同的所有制也可以采取相同或类似的实现形式。股份制和股份合作制，是我国现阶段公有制重要和有效的实现形式。

股份制产生于 17 世纪，19 世纪中叶以后在资本主义社会得到了广泛的发展，目前在世界大多数国家仍方兴未艾。股份制（在此指有限责任公司和股份有限公司）的主要优点是：（1）能够实现融资渠道的社会化与多样化，从而加速资本集中和生产集中，"是发展现代社会生产力的强大杠杆"。[①]（2）能够兼容不同的生产资料所有制，使本来相互竞争甚至完全对立的所有制组成利益共同体，既相互制衡，又共同合作。（3）通过建立股东会——董事会——经理——监事会等科学的治理结构和实行有限责任制度，一则实现了所有权与经营权的分离，有利于提高企业和资本的运作效率；二则实现了资本的社会监督与企业内部监督的有机结合，有利于维护投资者的权益；三则减少了投资风险和经营风险，从而较好地体现了现代企业制度所具有的"产权清晰、权责明确、政企分开、管理科学"的基本特征。股份制作为现代企业的一种资本组织形式，是人类文明发展的重大成果，资本主义可以用，社会主义也可以用。我国是发展中的社会主义国家，资金短缺的状况和多种所有制经济并存的格局将长期存在；特别是要

---

① 《马克思恩格斯全集》第 12 卷，人民出版社 1962 年版，第 610 页。

革除传统经济体制下国有企业产权不清、权责不明、政企不分、管理制度不够科学和投资主体单一等弊端，实行股份制应成为我国国有大中型企业建立现代企业制度的基本形式。从试点情况来看，国有大中型企业改制为股份有限公司或有限责任公司，一般都取得了国有资产明显增值、生产总量稳定增长、经济效益逐步提高的良好效果。当然，无论是由国有投资主体或公有投资主体组建的股份公司，还是由国家和集体控股的股份公司，都应在经营方向、分配制度、职工地位、党的作用等方面程度不同地体现出社会主义企业的特征。

我国20世纪80年代以来兴起的股份合作制是人民群众在改革中的伟大创造，其发展势头极为强劲。我国目前的股份合作制企业一般具有四个特点：（1）职工既是企业的劳动者，又是企业的出资人，实现了劳动合作与资本合作的有机统一。劳动合作是基础，资本合作采取了股份的形式。（2）企业实行民主管理，职工享有平等权利。职工股东大会是企业的权力机构，实行一人一票的表决方式。（3）企业实行董事会领导（或由职工股东大会直接选聘）的总经理负责制。（4）按劳分配与按股分红相结合。职工的工资和奖金体现按劳分配，企业的税后利润在扣除公基金和公益金之后，实行按股分红或按股分红与按劳分红相结合。总体来看，股份合作制既不同于股份制，也不完全等同于合作制，它是采取了股份制一些做法的合作经济。我国现行《宪法》明确规定：城乡各种形式的合作经济"都是社会主义劳动集体所有制经济"。因此，股份合作制是社会主义市场经济中集体经济的一种新的组织形式。

实践证明，股份合作制是我国现阶段具有旺盛生命力的新的公有制实现形式。一是股份合作制有利于促进生产力的发展。实行股份合作制，适合于我国许多小企业和一些中型企业生产力的发展水平，不仅能够开辟一条新的融资渠道，而且能够通过联股联心，转换企业经营机制，进一步调动职工的生产积极性，从而提高企业的凝聚力和市场竞争力。二是股份合作制符合现代企业制度的改革方向。股份合作制企业实行投资——产权——受益对称的原则，出资人以出资额为限对企业债务承担有限责任，建立权责明确的组织机构，努力实施科学管理。这有利于促进政企分开，使企业成为真正的法人实体和市场竞争主体。三是股份合作制有利于缓解就业压力，增加财政收入，促进共同富裕，维护社会稳定。可见，股份合作制符合"三个有利于"的标准，为我国许多国有小企业和集体所有制企业探索并采用公有制有效实现形式，提供了广阔的空间。当然，我国目前的股份合作制仍很不规范和完善，应积极支持和引导，有许多问题（如经营者与职工之间的持股差距如何掌握才算适度，怎样处理好按劳分配与按股分红的关系，是否应设集体股与国家股等）尚需在实践中继续探索并逐步加以解决。

必须指出，在探索和采用公有制有效实现形式的过程中，应妥善解决好两个问题。一是要防止把股份制和股份合作制绝对化，一哄而上。股份制和股份合作制可以成为我国现阶段公有制的两种重要的有效实现形式，但并不排斥因企制宜，采用改组、联合、兼并、租赁、承包经营等其他形式。实行股份制和股份合作制要从实际出发，在尊重群众的意愿和结合本行业、本企业特点的基础上稳步推进，切忌"刮股风"、下指标、搞"拉郎配"。二是要防止国有资产流失。在社会主义市场经济条件下，出售、转让国有资产是国有资产流动的一种形式。国有资产流动不等于流失，不流动也并非不流失。然而，在我国国有企业改制过程中确实存在着不容忽视的国有资产流失问题。这包括两种情况：一是显性流失，主要表现为损公肥私，化公为私，挥霍与侵吞国有资产；二是隐性流失，主要表现为低价折股、低价出售等。为使国有资产流失减少到最低限度，应大力提高国有企业领导者的政治和业务素质，进一步健全相关的法律法规，积极引入公平竞争的市场机制，切实把好资产评估关、产权界定关、产权转让收入的收缴和使用关，并加大对蚕食和损害国有资产行为的惩处力度。

三、加快推进国有大中型企业的改革和发展

国有大中型企业是我国国民经济的骨干。能否搞好国有大中型企业，关系到我国经济能否持续快速健康地向前发展，关系到我国经济体制改革能否取得成功，关系到我国社会主义制度的兴衰成败。江泽民同志在中共十五大报告中提出：要"力争到本世纪末大多数国有大中型骨干企业初步建立现代企业制度，经营状况明显改善，开创国有企业改革和发展的新局

面。"为此，关键在于对国有企业实施战略性改组，努力抓好国有大中型企业的两个根本性转变和两个文明建设。具体说来，应主要抓好以下五方面的工作：

（一）结构优化。要着眼于搞好整个国有经济，对国有大中型企业实施战略性改组。首先，要优化国有大中型企业的布局结构。必须尽快改变我国国有大中型企业战线太长、力量较分散和存在不合理的重复建设等状况，通过国有资产的流动、重组和优化，使国有大中型企业相对集中于关系国民经济命脉的重要行业和关键领域，从而既控制了国民经济命脉，又提高了国民经济的整体素质和效益。其次，要优化国有大中型企业的组织结构。必须逐步改变我国许多国有大中型企业规模偏小、"大而全"、"中而全"的状况，通过联合、兼并和重点扶持，实施大企业、大集团战略，提高生产集中度和专业化水平，形成规模经济效益。与此同时，要优化国有大中型企业的产品结构，积极扶持其符合市场需要的名优产品、深加工产品、高附加值产品和畅销品的生产。

（二）制度创新。要按照建立现代企业制度的要求，对国有大中型企业实行规范的公司制改革。除少数生产某些特殊产品和承担某些特殊任务的企业应由国家独资经营、适合于建立国有独资公司以外，绝大多数企业都应组建为具有多元投资主体的有限责任公司和股份有限公司。支柱产业和基础产业中的骨干企业，国家要控股并吸收非国有资金入股。实行公司制改革，要进一步明确国家和企业的权利和责任，着重于促进政企分开和转换企业经营机制，使企业真正成为适应市场的法人实体和竞争主体。应该强调指出，在国民经济的重要行业和关键领域，组建以国有大型企业为核心、以市场和产业政策为导向、以主导产品为龙头、以资本为纽带的跨地区、跨行业、跨所有制和跨国经营的大企业集团，既是增强国有经济的竞争力和控制力的重要途径，也是优化经济结构、振兴民族经济的重大举措，应在试点工作的基础上按照国家的有关规定积极加以推进。

（三）强化管理。经营管理不善是目前不少国有大中型企业效益不好的重要原因。全面加强国有大中型企业的经营管理，关键是要建设好企业的领导班子，特别是要建设好 1000 家国有大企业的领导班子。第一，要选用坚持社会主义方向、素质高、善管理、作风正的人当一把手，要组建开拓、团结、民主、正派的领导班子。同时，要充分发挥党组织的政治核心作用。第二，要全心全意地依靠工人阶级。这既是社会主义企业管理的一项基本原则，也是我们党搞好国有大中型企业的一条基本方针，必须坚定不移地贯彻执行。要切实加强民主管理，充分发挥职工代表大会的民主评议和监督作用。第三，必须认真学习和采用国内外先进的管理经验和管理方法，以质量效益为中心，在提高产品质量和"三率"（即市场占有率、资金利润率、劳动生产率）上狠下功夫。第四，要切实加强企业文化建设。一句话，要在实践中不断探索符合市场经济规律和我国国情的企业领导体制和组织管理制度，建立和健全决策、执行和监督体系，形成有效的激励和制约机制。

（四）技术进步。改革开放以来，国有大中型企业的技术改造虽然取得了显著的成绩，但也面临着严峻的形势。为了加快技术进步，促进经济增长方式的根本性转变，国有大中型企业亟待实现四大转变：（1）从重基建、轻技改向抓基建、重技改转变；（2）从重引进、轻创新向抓引进、重创新转变；（3）从轻开发、低转化向重开发、高转化转变；（4）技改投资主体从国家为主向企业为主转变。为此，要进一步树立"技术兴企""贵在创新"的观念，积极鼓励与引导企业和社会的资金更多地投向技术改造，建立和完善企业的技术开发机构，实行产学研相结合，逐步建立起以企业为主体、以市场为导向，以产品为龙头、以效益为中心、以管理为基础的新产品开发和技术创新机制。

（五）配套改革。（1）建立有效的国有资产管理、监督和营运体制。要通过建立规范的国有资产管理部门、国有资产运营机构和法人企业三个层次的委托代理关系，实行政府的社会经济管理职能与资产所有者职能的分离，国有资产管理与国有资产经营职能的分离，国家终极所有权与企业法人财产权的分离，以解决国有资产"责任主体缺位"的问题，实现国有资产的保值增值。同时，要按照精简、统一、效能的原则，积极稳妥地推进政府机构改革。（2）建立社会保障体系。要实行社会统筹和个人账户相结合的养老、医疗保险制度，完善失业保险和救济制度，提供最基本的社会保障。对国有大中型企业的下岗职工，要通过"政府领导、企业引导、职工主导"的方式，依靠社会各方面的力量，积极推进再就业工程。

（3）深化财税体制改革。要公平税负，逐步统一内外资企业所得税，制止乱收费、乱罚款和各种摊派，为国有大中型企业创造平等竞争的经济环境。

（4）加快对外经济贸易体制的改革。要完善代理制，扩大国有大中型企业的外贸经营权；要积极合理有效地利用外资，逐步对外商投资企业实行国民待遇；要完善和实施涉外经济贸易的法律法规，积极参与区域经济合作和全球多边贸易体系。要继续推进计划、投资、流通、金融、分配等领域的体制改革。与此同时，要把经济体制改革与政治体制改革以及加强党风廉政建设等有机地结合起来。

社会主义公有制与股份制若干问题探讨[*]

《经济学动态》2004 年第 1 期和第 4 期先后发表了厉以宁教授和钱津研究员、项启源研究员和于金富教授的两组争鸣文章，读后受益匪浅。围绕社会主义市场经济条件下公有制的实现形式进行深入探索和理论创新，不仅关系到我国公有制经济的改革方向和现代企业制度的建设，而且关系到我国经济体制改革的成败和世界社会主义运动的前景。本文对此问题提出若干不甚成熟的看法，意在抛砖引玉，与各位同仁共同探讨。

一、广义社会主义公有制的内涵和基本特征

所有制在此是指生产资料所有制。生产资料所有制的含义有广狭之分。狭义的生产资料所有制，是指生产资料归谁所有；广义的生产资料所有制，大体相当于通常所说的生产关系。马克思指出："私有制不是一种简单的关系，也决不是什么抽象概念或原理，而是资产阶级生产关系的总和（不是指从属的、已趋没落的，而正是指现存的资产阶级私有制）。"① 近年来，国内有的学者将广义的生产资料所有制表述为：人们"对生产资料占有、使用、处置并获得收益等一系列经济权利和经济利益关系的总和"。② 我认为，在广义生产资料所有制的内涵中，所有关系不可缺少，且非常重要。因此，广义的生产资料所有制，也可进一步表述为：人们对生产资料所有、占有、使用、处置并获得收益等一系列经济权利和经济利益关系的总和。本文使用的社会主义公有制范畴，一般是指广义的生产资料社会主义公

  * 原载《经济学动态》2004 年第 7 期。
  ① 《马克思恩格斯全集》第 4 卷，人民出版社 1958 年版，第 352 页。
  ② 本书编写组编著：《〈中共中央关于完善社会主义市场经济体制若干问题的决定〉辅导读本》，人民出版社 2003 年版，第 26 页。

有制。

根据马克思主义经典作家的论述和社会主义经济实践，社会主义公有制的基本特征大体可以概括为三条：

（一）生产资料公有

马克思主义创始人运用辩证唯物主义和历史唯物主义方法，依据对资本主义生产方式的基本矛盾的科学分析，揭示了社会主义社会必然取代资本主义社会的客观规律。尽管他们对与社会化大生产相适应的社会主义社会的所有制的论述不尽相同，但总的思路是生产资料归全社会所有。恩格斯指出：社会主义要实现"由社会占有全部生产资料"。① 然而，社会主义国家的经济实践突破了马克思主义创始人的预见，社会主义公有制主要采取了生产资料归全民所有（即全民所有制）和生产资料归劳动群众集体所有（即集体所有制）两种基本类型。② 我国《宪法》明确规定：我国"社会主义经济制度的基础是生产资料的社会主义公有制，即全民所有制和劳动群众集体所有制。"典型和规范形态的全民所有制和集体所有制，体现了劳动者在或大或小的范围内对生产资料具有平等的所有权。

（二）劳动者在生产经营活动中拥有充分的当家做主的权利

马克思指出："社会化的人，联合起来的生产者，将合理地调节他们和自然之间的物质变换，把它置于他们的共同控制之下"。③ 由于联合起来的劳动者与生产资料实行直接结合，没有剥削阶级插手其间，劳动者的劳动既不同于奴隶劳动和农奴劳动，也不同于雇佣劳动，而是转变为自主联合劳动。劳动者之间本质上是平等互助的关系，同时也存在竞争的关系。劳动者不仅是企业的主人，也成为社会的主人。

（三）对个人收入实行按劳分配

由于生产资料归全民或集体所有，因而生产资料所有权已不构成一部

---

① 《马克思恩格斯选集》第 3 卷，人民出版社 1972 年版，第 321 页。
② 在南斯拉夫，社会主义公有制曾采取过社会所有制形式。
③ 《马克思恩格斯全集》第 25 卷，人民出版社 1974 年版，第 926 页。

分人攫取另一部分人剩余劳动的手段，也不构成企业内部劳动者之间存在收入差别的依据。然而，由于社会主义社会的生产力水平尚未达到相当的高度，也由于劳动者仍具有劳动力的个人所有权，劳动对于绝大多数劳动者来说仅仅是谋生的手段，加之劳动存在着重大的差别，从而必然要对劳动者实行按劳分配。按劳分配即是在对劳动者创造出来的新产品作了各项必要的扣除之后，按照劳动者向社会提供的有效劳动的数量和质量进行分配。按劳分配是对剥削和平均主义的双重否定，体现了国家利益、集体（企业）利益和劳动者个人利益三者之间的正确结合。在社会主义市场经济条件下，按劳分配具有许多新特点。但是，按劳分配实现形式和实现程度的相对性并不是对按劳分配原则的否定，而是社会主义市场经济条件下按劳分配的必然结果。

笔者认为，衡量或判断是否属于社会主义公有制（或社会主义公有制企业），根本标准是上述三条。其中，第一条是核心，另外两条也不可或缺。符合或基本符合上述标准的就是社会主义公有制（或社会主义公有制企业），否则就不是社会主义公有制（或社会主义公有制企业）。由于迄今为止世界上出现或现存的社会主义国家大多是在经济比较落后的基础上建立和发展起来的（其中有些国家甚至还没有经历资本主义充分发展的历史阶段），也由于社会主义国家在其发展进程中必然要充分吸收和利用人类社会特别是发达资本主义国家的一切文明成果，因而社会主义公有制的发展和完善必然是相当漫长的历史过程，社会主义公有制的实现形式也必然是多样化和不断发展变化的。

二、股份制与所有制

经过二十多年的社会主义经济体制改革实践和理论研讨，股份制与所有制的相互关系本来已经比较清楚了。然而，如同过去在较长时期内有些人把股份制等同于资本主义私有制一样，近年来又有一些人把股份制直接等同于社会主义公有制。后者不是把资本主义国家的股份制直接等同于社会主义公有制，而是把我国现阶段的股份制直接等同于社会主义公有制，其实质是把股份制混同于社会主义公有制。因此，必须对股份制与所有制的关系作进一步的探讨。

任何事物都是内容和形式的统一。笔者认为，所有制的实现形式可以相对地区分为制度、财产组织形式和经营方式三个层次。钱津研究员提出，就制度层次而言，同一所有制可以有多样化的实现形式，而不同的所有制不会有相同的实现形式。[①] 笔者认为，这种观点是颇有见地和符合实际的。例如，在我国现阶段，社会主义公有制可以表现为全民所有制和劳动群众集体所有制，而不会表现为个体经济和私营经济。当然，就制度层次而言，将不同的所有制不会有相同的实现形式，进一步理解或表述为不同的所有制不会有完全相同或基本相同的实现形式，则似乎更为妥切。此外，所有制的实现形式还可以区分为财产组织形式和经营方式两个层次。财产组织形式包括独资、合资和各类资本相互融合（如股份制）等形式；经营方式则包括直接经营和间接经营两种基本方式。就财产组织形式和经营方式而言，同一所有制可以采取多种实现形式，不同的所有制也可以采取相同或大体相同的实现方式。我们党近年来反复强调："公有制实现形式可以而且应当多样化"，[②] "一切反映社会化生产规律的经营方式和组织形式都可以大胆利用"[③]，要"推行公有制的多种有效实现形式"[④]，其实质在于，要充分发挥社会主义公有制和市场经济各自的优点，积极探索和大力推行能够与市场经济接轨并促进生产力迅速发展的社会主义公有制在财产组织形式和经营方式层次上的多样化的实现形式。

股份制是社会化大生产和市场经济的产物，是人类文明发展的重大成果。经过几百年的发展和完善，股份制在世界上仍具有相当旺盛的生命力。股份制作为现代企业的一种资本组织形式和投资者的一种间接经营方式，或者说作为所有制在资本组织形式和经营方式层次上的一种实现形式，资本主义可以用，社会主义也可以用。不能笼统地谈论股份制的所有制性质，

---

① 钱津：《当前所有制研究需要澄清的若干问题》，载于《经济学动态》2004年第1期。

②③ 江泽民：《高举邓小平理论伟大旗帜，把建设有中国特色社会主义事业全面推向二十一世纪》，见中共中央文献研究室编：《十五大以来重要文献选编》（上），人民出版社2000年版，第21页。

④ 《中共中央关于完善社会主义市场经济体制若干问题的决定》，见中共中央文献研究室编：《十六大以来重要文献选编》（上），人民出版社2005年版，第466页。

必须联系与股份制相结合的特定所有制在制度层次的实现形式即特定所有制的特征来具体地加以分析。

股份制并非必然等同于社会主义公有制。马克思指出：股份公司具有两个特点：（1）私人资本采取了社会资本（即"直接联合起来的个人的资本"）的形式。（2）资本所有权与经营权相分离。"实际执行职能的资本家转化为单纯的经理，即别人的资本的管理人，而资本所有者则转化为单纯的所有者，即单纯的货币资本家。"① 因此，股份公司"是资本再转化为生产者的财产所必需的过渡点，不过这种财产不再是各个互相分离的生产者的私有财产，而是联合起来的生产者的财产，即直接的社会财产。另一方面，这是所有那些直到今天还和资本所有权结合在一起的再生产过程中的职能转化为联合起来的生产者的单纯职能，转化为社会职能的过渡点。"② 然而，在股份公司内，"劳动也已经完全同生产资料的所有权和剩余劳动的所有权相分离"；③股份公司"还是局限在资本主义界限之内"，它"并没有克服财富作为社会财富的性质和作为私人财富的性质之间的对立，而只是在新的形态上发展了这种对立"。④ 由上可见，马克思认为，资本主义国家的股份公司属于资本主义性质。第二次世界大战以后，资本主义国家的股份公司出现了许多新特点，如股权控制由原来个人（家族）持股为主转变为法人（尤其是机构）持股为主，等等。然而，只要是私人资本家、资本家集团或资本主义企业掌握了股份公司的全部股权或主要股权，公司员工仍处于雇佣劳动者的地位，员工获得的全部收入或基本收入仅仅相当于劳动力的价值，那么，这种股份公司就仍然属于资本主义的股份公司。在我国现阶段，只要股份公司的全部股权或主要股权由外资经济或私营经济（无论表现为私人资本还是法人资本）所掌握，公司员工处于或基本处于雇佣劳动者的地位，员工收入仅相当或大体相当于劳动力的价值，那么，这种股份公司也同样属于资本主义股份公司。

股份制也并非必然等同于资本主义私有制。我国经济体制改革的实践

---

① 《马克思恩格斯全集》第 25 卷，人民出版社 1974 年版，第 493 页。
②③ 《马克思恩格斯全集》第 25 卷，人民出版社 1974 年版，第 494 页。
④ 《马克思恩格斯全集》第 25 卷，人民出版社 1974 年版，第 497 页。

已经初步证明，社会主义公有制完全可以采取股份制作为自己的有效实现形式：（1）股份制有利于所有权和经营权的分离，提高企业和资本的运作效率；（2）股份制实现了资本的社会监督与企业内部监督的有机结合，有利于维护投资者的权益；（3）股份制能较好地体现现代企业制度具有的"产权清晰、权责明确、政企分开、管理科学"的基本特征，有利于公有企业转换经营机制，成为独立的法人实体和真正的市场主体；（4）股份制有利于放大公有资本特别是国有资本的功能，增强国有资本的控制力、影响力和带动力；（5）股份制有利于公有资本流动重组，实现保值增值，提高公有资本特别是国有资本的整体质量。目前，我国绝大多数重点国有企业已经初步完成了股份制改造。《中共中央关于完善社会主义市场经济体制若干问题的决定》（以下简称《决定》）提出：要"大力发展国有资本、集体资本和非公有制资本等参股的混合所有制经济，实现投资主体多元化，使股份制成为公有制的主要实现形式。"① 这既反映了我们党在对社会主义公有制与市场经济相结合的主要形式的认识上达到了新的高度，也是我们党根据新时期的历史任务作出的重大决策。我理解，《决定》提出的"使股份制成为公有制的主要实现形式"，主要包括三点内容：（1）从财产组织形式和经营方式来看，社会主义公有制应主要采取股份制形式。此外，社会主义公有制还可以采取其他实现形式，如对极少数特殊的国有企业（如某些军工、造币等企业）仍采取国有国营形式，对一些劳动群众集体所有制企业实行股份合作制等。（2）作为社会主义公有制主要实现形式的股份制，主要是指有限责任公司和股份有限公司。《中华人民共和国公司法》第二条规定，该法所称的公司是指依法在我国境内设立的有限责任公司和股份有限公司。目前，我国已实行股份制改造的国有大中型骨干企业，大部分采取了有限责任公司和股份有限公司的形式。（3）作为社会主义公有制在股份制中的实现形式，从狭义产权角度考察包括四种。第一种是全部由公有产权（或国有资本，或集体资本，或国有资本与集体资本）构建的股份公司中的公有产权；第二种是公有产权绝对控股（公有产权比重超

---

① 中共中央文献研究室编：《十六大以来重要文献选编》（上），中央文献出版社2005年版，第466页。

过 50%）的股份公司中的公有产权部分；第三种是公有产权相对控股（在一定条件下公有产权比重等于或低于 50%）的股份公司中的公有产权部分；第四种是区别于前三种的公有产权参股的股份公司中的公有产权部分。我认为，衡量一个股份制企业是否属于社会主义公有制企业，应结合社会主义公有制的基本特征来全面加以考察。然而，如果仅从狭义产权角度划分企业的所有制性质，上述第一种股份制企业是社会主义公有制企业，第二种股份制企业大体上属于社会主义公有制企业，第三种股份制企业的性质尚待进一步研究，① 第四种股份制企业则不属于社会主义公有制企业。

厉以宁教授认为，在社会主义市场经济中，没有国家投资的公众持股企业也属于公有制企业。公众持股分为公众直接持股和公众间接持股。公众直接持股是指个人直接投资于股份制企业，公众间接持股是指公众投资于各种公共投资基金或加入社会保障基金，而由公共投资基金或社会保障基金再投资于股份制企业。② 于金富教授不仅赞同上述观点，甚至提出："公众股份制是我国现阶段一种公有制主要实现形式"。③ 我认为，这种观点值得商榷。

所谓公众持股企业，顾名思义，无非是指股权直接或最终归自然人所有且股权离度分散化的企业。在这种类型的股份制企业中，假定股东绝大多数都是劳动者，劳动者拥有绝大多数股份，并且没有公有资本或资本家相对控股，那么，这种类型股份制企业的性质则既不属于社会主义公有制，也不属于资本主义私有制，而是属于劳动者的个人所有制。它与社会主义公有制的主要区别在于：（1）从股权的性质来看，法律承认股权归自然人或个人所有。无论是公众直接投资或间接投资形成的股份制企业，均是如此。如同银行的居民存款，可以由银行放贷或进行其他投资，但其所有权

---

① 相对控股固然对股份公司的人事任免和经营决策具有控制作用，但从股权比重和资产收益来看已不占主体地位。而在相对控股的前提下，股票控制额所占的比重也有多种情况。当前，发达资本主义国家某些股份公司的股票控制额所占的比重已降为百分之几。倘若社会主义国家的某些股份公司也出现了类似情况，那么，即使公有资本相对控股，除了在社会上能起到增加公有资本控制力的作用之外，从整体上看则难以认定这些股份公司是社会主义股份公司。

② 厉以宁：《论新公有制企业》，载于《经济学动态》2004 年第 1 期。

③ 于金富：《公众股份制是我国现阶段一种公有制主要实现形式》，载于《经济学动态》2004 年第 4 期。

则归众多的存款者个人而非银行。（2）从股权的数量来看，就公司内部而言，不同的股东之间存在着持股多少的差别；就整个社会而言，不同的社会成员之间存在着是否持股和持股多少的差别。（3）持股者一般并不在持股公司工作，从而持股者所获得的股息和红利收入一般属于资产（或资本）收入。它与资本主义私有制的主要区别在于：（1）股东的绝大多数都是劳动者，股权的绝大部分都归劳动者所有。（2）股息和红利主要表现为劳动者的非劳动收入。如果这种类型的公众持股企业数量较多且在国民经济中占有相当的比重，劳动者又在不同的公众持股企业交叉持股，那么，许多作为劳动者的股东所获得的股息和红利收入，在某种程度上则是他们劳动所创造的一部分新价值的转化形式。（3）对于绝大多数作为劳动者的股东而言，股息和红利收入仅是他们个人收入的次要部分。基于上述分析，我认为应冲破在股份公司性质上非"资"即"社"的思维定式，承认社会主义市场经济条件下的某些符合或基本符合上述条件的股份公司实际上是属于劳动者个人所有制性质的股份公司。当然，这种类型的股份公司在所有制性质上与通常所说的个体经济也有所区别：（1）前者是复合形态的劳动者个人所有制，后者则是独立形态的劳动者个人所有制；（2）前者的绝大多数股东是公司外部的劳动者，后者的所有者则是经济体内部的劳动者；（3）前者除纳税和对所有者支付股息和红利之外，还要将净产值中的一部分以薪酬的形式支付给公司经营者和员工；后者则除了纳税之外，其余的净产值统归个体所有者。因此，这种类型的股份公司，也可以进一步界定为具有复合的劳动者个人所有制性质的股份公司。

三、资本扬弃与社会主义公有制

马克思在其经济著作特别是在《资本论》第三卷第二十七章中，提出了著名的资本扬弃的思想，这对我们正确认识社会主义公有制具有重要意义。

扬弃在德语中包含抛弃、克服、保留和提高的意思。作为哲学范畴，扬弃是指在事物发展变化的过程中，抛弃或克服其中的消极因素，保留或发扬其中的积极因素。国内有的学者认为，可以把马克思阐述的资本扬弃理解为"由资本内在矛盾及其相互作用引起的资本不断发展、变化的运动"。①

马克思把资本主义国家的股份公司看成"资本主义生产方式在资本主义生产方式本身范围内的扬弃"②，是资本"消极"的"扬弃"③。据此，我们也可以把马克思论述的资本的消极扬弃引申理解为资本主义所有制的部分质变。按照这种理解，结合资本主义国家生产力与生产关系辩证发展的历史过程，我们可以大体清晰地勾画出资本主义所有制形式发展变化的基本脉络。资本主义所有制的最初形式是资本家个人所有制。随着生产力社会化的发展，当单个资本无力创建和经营大企业时，由许多单个资本联合投资形成的股份资本便应运而生。股份资本是资本的集体所有形式，是资本社会化的初级形式。随着生产社会化的进一步发展，极少数处于优势地位的大股份企业为了调节生产和控制市场，获取垄断高额利润，便逐渐联合形成私人垄断资本。私人垄断资本是资本的集团所有形式，是资本社会化的较高形式。在生产社会化高度发展的条件下，资本主义国家不得不承担起一部分对资本主义经济的组织和调控的职能，进而出现了由国家垄断资本和私人垄断资本融合而成的国家垄断资本主义。国家垄断资本是资本的国家所有形式，是资本社会化在国家范围内的最高形式。由单个资本发展到股份资本，由股份资本发展到私人垄断资本，由私人垄断资本再发展到国家垄断资本，这是在不断发展的社会化的生产力推动下资本主义所有制形式自行扬弃的历史轨迹，是"资本主义生产方式"向"新的生产方式"转化的一系列的"过渡形式"或"过渡点"。19世纪50年代，马克思曾经指出：股份资本是"导向共产主义"的"最完善的形式"。④ 19世纪80年代，恩格斯则进一步指出："无论是转化为股份公司和托拉斯，还是转化为国家财产，都没有消除生产力的资本属性。……资本关系并没有被消灭，反而被推到了顶点。但是在顶点上是要发生变革的"。⑤ 尽管资本

---

① 高峰等著：《发达资本主义国家的所有制研究》，清华大学出版社1998年版，第303页。
② 《马克思恩格斯全集》第25卷，人民出版社1974年版，第495～496页。
③ 《马克思恩格斯全集》第25卷，人民出版社1974年版，第498页。
④ 《马克思恩格斯〈资本论〉书信集》，人民出版社1976年版，第131页。
⑤ 《马克思恩格斯选集》第3卷，人民出版社1972年版，第436页。

社会化形式的演变并没有改变资本主义所有制的本质，但它离社会主义公有制已不是越来越远，而是越来越近了。此外，第二次世界大战以后，发达资本主义国家出现了某些新变化：（1）许多股份公司的股票持有者由相对集中转变为高度分散，不少职工持有本公司一定数量的股票；（2）某些资本主义企业也允许工人在一定程度上参加管理；（3）不少国家的财政支出已逐渐占到国内生产总值 1/3 到 1/2 的比重，其用于社会公共事业支出（主要指文化教育和医疗卫生事业支出和社会保障支出）的比重已逐渐占到财政支出的一半以上。① 无论从微观经济或宏观经济的角度看，这些新变化都并没有改变资本主义国家的基本经济性质，但它们已经属于资本主义社会孕育的"新社会因素"。②

马克思把资本主义国家的合作工厂看成是资本的"积极"的"扬弃"。③ 在《资本论》第三卷中，马克思指出："工人自己的合作工厂，是在旧形式内对旧形式打开的第一个缺口，……资本和劳动之间的对立在这种工厂内已经被扬弃，……这种工厂表明，在物质生产力和与之相适应的社会生产形式的一定的发展阶段上，一种新的生产方式怎样会自然而然地从一种生产方式中发展并形成起来"。④ 在马克思起草的《国际工人协会成立宣言》中，他指出："我们说的是合作运动，特别是由少数勇敢的'手'独立创办起来的合作工厂。对这些伟大的社会试验的意义不论给予多么高的估价都是不算过分的。工人们不是在口头上，而是用事实证明：大规模的生产，并且是按照现代科学要求进行的生产，在没有利用雇佣工人阶级劳动的雇主阶级参加的条件下是能够进行的；他们证明：为了有效地进行生产，劳动工具不应当被垄断起来作为统治和掠夺工人的工具；雇佣劳动，也像奴隶劳动和农奴劳动一样，只是一种暂时的和低级的形式，它注定要让位于带着兴奋愉快心情自愿进行的联合劳动"。⑤ 显然，马克思在以上论述中是把工人自己创办并自己管理的合作工厂视为"一种新的生产方式"，

① 项怀诚主编：《领导干部财政知识读本》，经济科学出版社 1999 年版，第 47 页。
② 《马克思恩格斯选集》第 3 卷，人民出版社 1972 年版，第 379 页。
③ 《马克思恩格斯全集》第 25 卷，人民出版社 1974 年版，第 498 页。
④ 《马克思恩格斯全集》第 25 卷，人民出版社 1974 年版，第 497～498 页。
⑤ 《马克思恩格斯选集》第 2 卷，人民出版社 1972 年版，第 132～133 页。

视为取代雇佣劳动的"联合劳动"的雏形。

当然，马克思在《资本论》第三卷的另一处也曾指出："资本主义的股份企业，也和合作工厂一样，应当被看做是由资本主义生产方式转化为联合的生产方式的过渡形式"。① 这是否意味着资本主义国家的合作工厂也和资本主义股份公司一样，都是资本主义私有制的表现形式呢？我们的看法是否定的。其一，从马克思的主要论述来看。如前所述，马克思把合作工厂看成是"一种新的生产方式"；他还说过："要解放劳动群众，合作劳动必须在全国内发展"。② 其二，从实际情况来看。经过一个半世纪以来的发展，资本主义国家的合作制（含合作工厂和合作社，有些学者则把合作工厂划在合作社之内）经济已达到一定的规模。目前，美国仅合作工厂的产值就约占非农企业产值的5%。③ 1996年，国际合作社联盟第23届代表大会修订了合作社的基本原则，主要归纳为六条：（1）自愿入社；（2）民主管理；（3）限制股金红利，坚持互助性质；（4）向社员分配盈利余额，避免某些人中饱私囊；（5）对社员进行合作社教育；（6）在各个合作社之间发展合作。④ 无论是资本主义国家的合作社运动，还是社会主义国家的合作社运动，都是以这六条作为指导原则的。我国有的学者将合作社与资本主义股份公司作了比较，指出两者在所有者的资格限制、生产目的、管理原则、分配原则等方面是根本不同的，进而认为："资本主义社会中的合作制经济，就其所有制形式来说，是劳动人民集体所有制"。⑤ 国内另有一些学者大体上也持这种观点。⑥ 其三，换一个角度来理解马克思的那段论述。马克思所讲的资本主义生产方式，是就整个社会的基本经济性质而言，这并不排除在局部领域或个别环节发生根本质变；马克思所讲的"联合的生产方式"，实际上指的是全社会劳动者（或全体社会成员）共同拥

---

① 《马克思恩格斯全集》第25卷，人民出版社1974年版，第498页。
② 《马克思恩格斯选集》第2卷，人民出版社1972年版，第133页。
③ 李琮著：《当代资本主义的新发展》，经济科学出版社1998年版，第432页。
④ 吴大琨主编：《当代资本主义：结构·特征·走向》，上海人民出版社1991年版，第139页。
⑤ 吴大琨主编：《当代资本主义：结构·特征·走向》，上海人民出版社1991年版，第138～139页。
⑥ 高峰主编：《现代资本主义的经济关系和运行特征》，南开大学出版社2000年版，第153～196页；李琮著：《当代资本主义的新发展》，经济科学出版社1998年版，第431～432页。

有生产资料的生产方式，而不是指部分劳动者对生产资料实行个人所有与集体所有相结合的生产方式。因此，将资本主义国家的合作工厂或合作社界定为大体属于社会主义公有制的一种基本类型——劳动群众集体所有制，这在逻辑上也是说得通的。

略论改革开放以来我国对社会主义公有制理论的新发展[*]

马克思主义政治经济学是马克思主义的重要组成部分，是"马克思的理论最深刻、最全面、最详尽的证明和运用"。^① 改革开放以来，我国坚持以人民利益为中心，以解放和发展生产力为主线，既不走封闭僵化的老路，也不走改旗易帜的邪路，不断提炼和总结中国特色社会主义经济实践的规律性成果，努力开拓当代中国马克思主义政治经济学的新境界。其中的主要瑰宝之一，便是立足中国国情对社会主义公有制理论的重大创新与发展。

所有制理论是马克思主义政治经济学的核心内容。马克思主义的创始人基于对资本主义生产方式的深入研究，科学揭示了社会主义公有制必然取代资本主义私有制这一人类社会发展的客观规律。苏联东欧社会主义国家和改革开放前的我国，已经将社会主义公有制从科学预见变为现实，建立起全民所有制（或国有制）和集体所有制这两种社会主义公有制的基本类型。传统计划经济体制下的社会主义公有制在历史上曾发挥了巨大的积极作用，但也存在严重缺陷和渐趋明显的弊端。笔者认为，改革开放以来我国对马克思主义的社会主义公有制理论的创新与发展，主要表现在四个方面。

一、提出社会主义初级阶段基本经济制度的观点

传统观点认为，社会主义社会的所有制结构是单一的社会主义公有制结构。苏联在进入社会主义社会以后，实行清一色社会主义公有制的所有

---

* 原载《毛泽东邓小平理论研究》2016 年第 1 期。
① 《列宁选集》第 2 卷，人民出版社 1995 年版，第 428 页。

制结构。1937 年，苏联社会主义经济成分在工业总产值中占 99.8%，在农业总产值中占 98.5%，在商品零售额中占 100%，在国民收入中占 99.1%。① 我国在进入社会主义社会以后的较长时期内，也大体实行清一色社会主义公有制的所有制结构。从 20 世纪 50 年代后期至改革开放以前，我国所有制结构的演进趋势是"一大二公三纯"，不仅将私营经济和国家资本主义经济打入"冷宫"，还排挤甚至取消个体经济。1975 年，在我国工业总产值中，全民所有制工业占 83.2%，集体所有制工业占 16.8%；在社会商品零售总额中，全民所有制商业占 90.2%，集体所有制商业占 7.7%，个体商业仅占 0.1%。实践证明，这种清一色公有制的所有制结构，不利于充分调动国内外的积极因素，有碍于生产力的迅速发展和人民生活水平的显著改善。

马克思指出："无论哪一个社会形态，在它所能容纳的全部生产力发挥出来以前，是决不会灭亡的；而新的更高的生产关系，在它的物质存在条件在旧社会的胎胞里成熟以前，是决不会出现的。"② 改革开放之初，我们党重新审视当代中国的基本国情和历史方位，提出了我国正处于并将长期处于社会主义初级阶段的科学论断。在此基础上，我国努力遵循生产关系必须适应生产力状况这一根本经济规律，不断改革和完善所有制结构。中共十二大报告提出：劳动者个体经济是公有制经济的必要和有益的补充。中共十三大报告提出：私营经济、"三资企业"（即中外合资企业、合作经营企业和外商独资企业），也是我国公有制经济必要的和有益的补充。党的十四届三中全会通过的《中共中央关于建立社会主义市场经济体制若干问题的决定》提出：坚持以公有制为主体多种经济成分共同发展的方针。全国人大九届二次会议通过的《中华人民共和国宪法修正案》规定：我国"在社会主义初级阶段，坚持公有制为主体、多种所有制经济共同发展的基本经济制度"。③ 我国提出并实行社会主义初级阶段的基本经济制度（或

---

① 江流、陈之骅主编：《苏联演变的历史思考》，中国社会科学出版社 1994 年版，第 27～28 页。

② 《马克思恩格斯选集》第 2 卷，人民出版社 1995 年版，第 33 页。

③ 中共中央文献研究室编：《十五大以来重要文献选编（上）》，人民出版社 2000 年版，第 808 页。

所有制结构），突破了传统计划经济体制下社会主义社会公有制"单一论"的理论和实践局限，为我国在坚持社会主义基本性质前提下充分发挥公有制经济和非公有制经济的活力和积极作用奠定了良好的基础。伴随改革实践的发展，我国对公有制经济、公有制主体地位和国有经济主导作用的认识也不断深化。中共十五大报告提出："公有制经济不仅包括国有经济和集体经济，还包括混合所有制经济中的国有成分和集体成分。公有制的主体地位主要体现在：公有资产在社会总资产中占优势；国有经济控制国民经济命脉，对经济发展起主导作用。这是就全国而言，有的地方、有的产业可以有所差别。公有资产占优势，要有量的优势，更要注重质的提高。国有经济起主导作用，主要体现在控制力上。"① 对于关系国家安全和国民经济命脉的重要行业和关键领域，国有经济必须占支配地位。

二、提出社会主义公有制可以与市场经济相结合从而实行社会主义市场经济的观点

市场经济是市场在资源配置中发挥主要作用的商品经济。传统观点认为：商品经济是与私有制相联系的经济范畴，社会主义社会不存在私有制，没有商品生产和商品交换，从而也就没有商品经济；市场经济是与资本主义商品经济相联系的经济范畴，社会主义社会不存在资本主义商品经济，资源配置由计划调节，从而更不存在市场经济。斯大林根据其领导的苏联社会主义经济建设的实践，认为在社会主义社会中还存在商品生产和商品交换，其所有制依据不在于私有制，而在于社会主义公有制的两种基本形式（或基本类型）——全民所有制和集体所有制；社会主义商品生产是特种商品生产，不会发展为资本主义商品生产。这无疑是对传统观点的重大突破。然而，斯大林的社会主义商品经济观点是不彻底的。他认为：在社会主义社会中，全民所有制经济内部交换的生产资料不是商品，价值规律对社会主义生产不起调节者的作用，并力图加速实现由商品经济向非商品

---

① 中共中央文献研究室编：《十五大以来重要文献选编（上）》，人民出版社2000年版，第21页。

经济的过渡。

改革开放以来，我国先是确立了社会主义商品经济理论。我国马克思主义经济学者普遍认为：在社会主义社会中，社会分工的存在和发展，是社会主义商品经济存在的一般前提；而社会主义公有制采取全民所有制和集体所有制两种基本类型，特别是全民所有制经济内部各企业是具有独立经济利益的法人实体和市场竞争主体，则是社会主义商品经济存在的根本原因。这就从社会主义公有制的典型形式——社会主义全民所有制经济内部揭示出商品关系存在的根据，从而为社会主义商品经济理论奠定了坚实的基础。党的十二届三中全会通过的《中共中央关于经济体制改革的决定》明确提出：社会主义经济是"公有制基础上的有计划的商品经济。商品经济的充分发展，是社会经济发展的不可逾越的阶段，是实现我国经济现代化的必要条件。①中共十三大报告提出：必须把计划工作建立在商品交换和价值规律的基础上。尔后，我国学界和政界在原有基础上对社会主义市场经济问题进行了深入探讨，进一步提出了社会主义市场经济理论。邓小平指出："计划多一点还是市场多一点，不是社会主义与资本主义的本质区别。计划经济不等于社会主义，资本主义也有计划；市场经济不等于资本主义，社会主义也有市场。计划和市场都是经济手段。"②中共十四大报告明确提出：我国经济体制改革的目标是建立社会主义市场经济体制，明确概括了社会主义市场经济体制的三条基本特征。③我国提出并大力发展社会主义市场经济，是对社会主义公有制理论的重大创新，具有重大的现实意义和深远的历史意义。

---

① 中共中央文献研究室编：《十二大以来重要文献选编（中）》，人民出版社1986年版，第568页。

② 《邓小平文选》第3卷，人民出版社1993年版，第373页。

③ 笔者认为，在社会主义公有制内部，不仅在两种公有制基本类型之间，还是在同一公有制基本类型内部的不同企业之间，都存在经济利益的差别性，这是公有制与市场经济兼容性的基础。然而，社会主义公有制内部还存在经济利益的一致性，这又是与市场经济相矛盾的。因此，社会主义公有制与市场经济既相互兼容，也相互矛盾。社会主义公有制与市场经济相结合从而实行社会主义市场经济，实质上是既要充分发挥社会主义公有制的优越性，又要充分发挥市场机制的长处，以利于迅速发展生产力和不断提高人民生活水平，巩固和发展社会主义经济制度。

三、提出与市场经济相结合的社会主义公有制有效实现形式的观点

在人口众多的社会主义大国，从传统计划经济体制转变为社会主义市场经济体制，这是人类社会前所未有的深刻变革。其成败的关键，在于能否探索并实行与市场经济相结合的社会主义公有制的有效实现形式。从理论和实践的角度分析，我国对此实现了四个重大突破。

一是对社会主义公有制及其实现形式进行了细分，明确提出应探索并实行公有制的有效实现形式。中共十五大报告提出："公有制实现形式可以而且应当多样化。一切反映社会化生产规律的经营方式和组织形式都可以大胆利用。要努力寻找能够极大促进生产力发展的公有制实现形式。"①这表明我们党已将社会主义公有制及其实现形式相对地区分为社会主义公有制一般、社会主义公有制特殊（或社会主义公有制基本类型，即全民所有制和集体所有制）、经营方式和组织形式，四者之间既有联系也有区别。前两者是所有制范畴；后两者不是所有制范畴。社会主义公有制及其基本类型，应实行能够极大促进生产力发展的经营方式和组织形式。

二是明确提出国有企业应建立和完善与市场经济相结合的社会主义现代企业制度。我国提出国有企业所有权和经营权可以适当分离，是自主经营、自负盈亏、自担风险、自我约束、自我发展的商品生产者和经营者；国有企业改革的方向，是建立和完善社会主义现代企业制度。在社会主义现代企业制度中，不仅要体现市场经济国家现代企业制度中"产权清晰、权责明确、政企分开、管理科学"的共性，而且要体现国有企业中社会主义公有制、党的领导、工人阶级主人翁地位的个性。②

---

① 中共中央文献研究室编：《十五大以来重要文献选编（上）》，人民出版社2000年版，第21～22页。

② 对于我国国有企业建立的现代企业制度，时任国务院副总理的吴邦国曾在中央企业工委工作会议上明确提出：我国国有企业要建立的现代企业制度，不是一般意义上的市场经济国家的现代企业制度，而是有中国特色的现代企业制度。一要坚持公有制与市场经济的有机结合，二要坚持党对国有企业的领导，三要坚持工人阶级的主人翁地位（参见韩振军、王彦田：《中央企业工委工作会议在京召开　朱镕基重要批语》，载于《人民日报》2000年2月28日）。笔者认为，这种阐释明确了我国国有企业通过改革要建立和完善的现代企业制度是社会主义现代企业制度。

三是明确提出应使股份制成为公有制的主要有效实现形式。中共十五大报告提出："股份制是现代企业的一种资本组织形式，有利于所有权和经营权的分离，有利于提高企业和资本的运作效率。资本主义可以用，社会主义也可以用。不能笼统地说股份制是公有还是私有，关键看控股权掌握在谁手中。国家和集体控股，具有明显的公有性，有利于扩大公有资本的支配范围，增强公有制的主体作用。"① 党的十六届三中全会通过的《中共中央关于完善社会主义市场经济体制若干问题的决定》进一步提出：要适应经济市场化不断发展的趋势，进一步增强公有制经济的活力，"使股份制成为公有制的主要实现形式"。② 这表明我们党已经突破了股份制与资本主义私有制相联系的历史和理论的局限，在探索市场经济中社会主义公有制的主要有效实现形式方面从认识上达到了新的高度。在经济体制改革的实践中，我国国有企业建立现代企业制度采取了国有独资、国有资本控股等公司制股份制形式，城镇和农村集体所有制则采取了股份制、股份合作制、合作社等形式。

四是明确提出与市场经济相结合的国有资产管理体制改革的基本框架。在深入探索和借鉴国际有益经验的基础上，我国提出：应科学划分所有者和经营者的边界，在国家所有、分级代表的前提下，努力构建政企分开、政资分开的国有资本所有者管理层、国有资本投资运营层、企业经营层三个层次的经营性国有资产（通常称为国有资产）授权经营体制。上述重大突破，为我国实行社会主义公有制与市场经济的有效结合，找到了符合国情并具有重大国际意义的现实路径。

四、提出正确处理社会主义初级阶段公有制经济与非公有制经济相互关系的观点

在社会主义初级阶段，公有制经济与非公有制经济既有相互矛盾的一

---

① 中共中央文献研究室编：《十五大以来重要文献选编（上）》，人民出版社 2000 年版，第22 页。

② 中共中央文献研究室编：《十六大以来重要文献选编（上）》，中央文献出版社 2004 年版，第 466 页。

面，也有相互促进的一面。非公有制与生产力之间，既有相适应的一面，也有相矛盾的一面。如何正确处理公有制经济与非公有制经济的相互关系，是一个贯穿社会主义初级阶段的重大理论与实践问题。改革开放以来，我国在实践中不断探索，逐渐形成了较为成熟的理论观点。一方面，在我国现阶段的所有制结构中，坚持以公有制为主体，非公有制为辅体。坚持公有制的主体地位，既是迅速发展生产力、巩固共产党的执政地位、坚持中国特色社会主义道路的经济基石，也是全国人民共享发展成果、最终实现共同富裕的制度性保证。同时，个体、私营、外资等非公有制经济在促进创新、经济增长、扩大就业、增加税收等方面具有重要作用，是社会主义市场经济中的重要组成部分。另一方面，依法保护各种所有制经济平等竞争，共同发展。党的十八届三中全会通过的《中共中央关于全面深化改革若干重大问题的决定》提出："公有制经济财产权不可侵犯，非公有制经济财产权同样不可侵犯。国家保护各种所有制经济产权和合法利益，保证各种所有制经济依法平等使用生产要素、公开公平公正参与市场竞争、同等受到法律保护，依法监管各种所有制经济"。[①] 基于上述认识，我们党提出了"两个毫不动摇"（即毫不动摇巩固和发展公有制经济，毫不动摇鼓励、支持、引导非公有制经济发展）的方针，推动中国特色社会主义经济在国际风云变幻中持续健康地向前发展。改革开放37年来，我国经济年均增长速度接近10%，现已成为全球第二大经济体（按美元计算）；广大人民的生活状况有了相当显著的改善，正从总体小康向全面小康不断迈进；我国的综合国力和国际地位大幅提高。

此外，《中共中央关于全面深化改革若干重大问题的决定》提出："国有资本、集体资本、非公有资本等交叉持股、相互融合的混合所有制经济，是基本经济制度的重要实现形式，有利于国有资本放大功能、保值增值、提高竞争力，有利于各种所有制资本取长补短、相互促进、共同发展"。[②] 如同股份制是中性的经济范畴一样，混合所有制也是中性的经济范畴，资本主义和社会主义都可以用。然而，在具体的混合所有制企业中，必然由

---

① ② 中共中央文献研究室编：《十八大以来重要文献选编（上）》，中央文献出版社2014年版，第515页。

某种所有制占主体或控股地位，从而决定了该企业的基本经济性质。混合所有制是我国现阶段基本经济制度的重要实现形式，并不是主要形式，更不是唯一形式。发展混合所有制经济就大的方向而言是双向的，既允许国有资本等公有资本向非公有企业投资，也允许非公有资本向公有企业（国家另有规定的国有独资企业除外）投资。坚持我国现阶段的基本经济制度，妥善处理公有制经济与非公有制经济的相互关系，应鼓励和支持公有资本特别是国有资本更多地向非公有企业投资，更多地参股控股非公有企业。我国还允许混合所有制企业实行员工持股，形成资本所有者和劳动者的利益共同体。

实践是理论的源泉，理论是实践的指南。马克思主义的社会主义公有制理论必将随着实践的发展而发展，并在指引中国特色社会主义经济不断取得新成就的进程中发挥更大的作用。

中国国有企业改革：理论创新与实践创新[*]

国有企业是中国特色社会主义的重要支柱，是中国人民根本利益和综合国力的基石。改革开放35年来，作为中国经济体制改革重头戏的国有企业改革，经历了气势磅礴、跌宕起伏、不断创新的光辉历程。中国国有企业改革的理论创新与实践创新，不仅为继续深化国有企业改革和推进中国特色社会主义伟大事业奠定了坚实基础，也为世界社会主义事业的伟大复兴提供了重要动力与宝贵经验。

一、性质创新

国有企业，就其基本性质而言是社会主义全民所有制企业。新中国的国有企业，不同于资本主义国家的国有企业，它"是社会主义全民所有制经济"。① 无论是在传统计划经济体制时期，还是在改革开放以来直至社会主义市场经济体制条件下，《中华人民共和国宪法》规定的我国国有企业（或国有企业资本）的这一性质都没有任何改变。②

＊ 原载《马克思主义研究》2014年第4期。本文中的国有企业，一般是指我国纯粹意义上的全民所有制企业；在我国国有企业实行公司制股份制改革以后，也包括国有控股企业。而国有企业资本，在社会主义市场经济条件下则包括国有独资企业、国有控股企业和国有参股企业中的全部国有资本。

① 《中华人民共和国宪法》，见中共中央文献研究室编：《十二大以来重要文献选编》（上），人民出版社1986年版，第220页。

② 必须指出，改革开放以来特别是近些年来，我国国有企业的基本性质受到国内外某些势力的强烈冲击与反复侵蚀。在国外，以新自由主义学说为理论依据的"华盛顿共识"的鼓吹者与践行者，旨在包括我国在内的体制转轨国家中推行私有化，企图改变我国国有企业的基本性质。在国内，极少数人通过鼓吹各种谬论与采取多种途径，或者要"分光"、"卖光"国有企业，使国有企业化为乌有；或者要将绝大部分国有企业改制为非公有制企业（特别是资本主义企业）；或者在国有企业改制或改革的过程中实行官商勾结，中饱私囊，蚕食与削弱国有企业。

然而，从生产关系（或经济关系）角度考察，改革开放以来我国国有企业的性质确实发生了相当显著的变化，即从传统计划经济体制时期国家行政机构的附属物，转变为社会主义市场经济中独立的法人实体和市场主体。

在传统计划经济体制时期，既由于在实践中基本沿袭苏联全民所有制企业模式，也由于在理论上将所有权与经营权混为一谈，我国国有企业几乎没有经营自主权。在经济决策方面，权力高度集中在国家手里，企业处于无权的地位；在经济调节方面，全部或几乎全部由自上而下的指令性计划安排，市场不能发挥应用的作用；在经济利益方面，片面强调国家的统一利益，忽视企业和劳动者的差别利益；在经济组织方面，政企不分，政资不分，企业只是国家行政机关的附属物或"算盘珠"。尽管国有企业在我国传统计划经济体制时期也发挥了重要的积极作用，但日本东京大学教授小宫隆太郎一语中的：我国传统计划经济体制下的国有企业，不是真正意义上的"企业"。[①]

改革开放以前，我国和苏联与东欧国家的一些经济学家，都曾对社会主义全民所有制企业是否具有商品生产者的地位问题进行过有益的探讨。改革开放初期，蒋一苇率先提出振聋发聩的"企业本位论"，为社会主义国家全民所有制企业具有商品生产者的地位奠定了理论基础。他提出，社会主义社会不但不能取消商品生产，还应大力发展商品生产。经济体制改革的核心，就是要把国家作为基本经济单位，进行内部的统一管理、统一核算的"国家本位"，改变为以企业为基本经济单位，在国家统一领导和监督下，实行独立经营、独立核算的"企业本位"。[②] 1984 年 10 月，党的十二届三中全会通过的《中共中央关于经济体制改革的决定》，不仅明确提出社会主义经济是"公有制基础上的有计划的商品经济"，"商品经济的充分发展，是社会经济发展的不可逾越的阶段，是实现我国经济现代化的

[①] 周叔莲、张冀湘著：《重建社会主义企业》，中国社会科学出版社 1990 年版，第 2 页。

[②] 蒋一苇：《企业本位论刍议》，载于《经济管理》1979 年第 6 期；《企业本位论》，载于《中国社会科学》1980 年第 1 期。

必要条件";① 还明确提出"所有权同经营权是可以适当分开的",应使全民所有制企业"真正成为相对独立的经济实体,成为自主经营、自负盈亏的社会主义商品生产者和经营者,具有自我改造和自我发展的能力,成为具有一定权利和义务的法人"。② 这些精辟论断,表明中国共产党已经明确提出社会主义经济具有商品经济性质,全民所有制企业是自主经营、自负盈亏、自我改造、自我发展的社会主义商品生产者和经营者。这是对传统的社会主义经济理论的重大突破,初步确立了社会主义商品经济理论。③ 1987年10月,中共十三大报告提出:要"按照所有权经营权分离的原则,搞活全民所有制企业";"这决不会改变企业的全民所有制性质,只会使企业更加生气蓬勃,使公有制经济的优越性得到充分发挥"。④ 1992年10月,中共十四大报告提出,我国经济体制改革的目标是建立社会主义市场经济体制。1993年11月,党的十四届三中全会通过的《中共中央关于建立社会主义市场经济体制若干问题的决定》明确提出:"建立现代企业制度,是发展社会化大生产和市场经济的必然要求,是我国国有企业改革的方向";现代企业制度的基本特征是产权清晰、权责明确、政企分开、管理

---

① 中共中央文献研究室编:《十二大以来重要文献选编》(中),人民出版社1986年版,第568页。

② 中共中央文献研究室编:《十二大以来重要文献选编》(中),人民出版社1986年版,第565~566页。

③ 社会主义商品经济理论是社会主义市场经济理论的基础。确立社会主义商品经济理论,关键在于正确揭示社会主义公有制经济内部特别是社会主义全民所有制经济内部商品关系存在的原因。改革开放以来,我国经济学界对社会主义经济内部商品关系存在的原因进行了深入探讨。较为流行的观点认为:在社会主义社会中,社会分工的存在和发展,是社会主义商品经济存在的一般前提;社会主义公有制采取全民所有制和集体所有制两种基本类型,特别是全民所有制经济内部各个企业是具有独立经济利益的法人实体和市场主体,则是社会主义商品经济存在的根本原因。也有学者认为:社会主义商品经济的存在,一是由于社会分工,二是由于企业物质利益的差别。企业物质利益的差别既可以由财产关系决定,也可以由劳动差别决定。社会分工决定了企业之间需要进行劳动交换,企业物质利益的差别则决定了相互之间必须实行等价补偿和等价交换的原则即商品经济原则。前者是社会主义商品经济存在的条件,后者是社会主义商品经济存在的根本原因(参见谷书堂、宋则行主编:《政治经济学(社会主义部分)》,陕西人民出版社1988年版,第101页)。

④ 中共中央文献研究室编:《十三大以来重要文献选编》(上),人民出版社1991年版,第27~28页。

科学。① 2003 年 10 月，党的十六届三中全会通过的《中共中央关于完善社会主义市场经济体制若干问题的决定》提出，要建立"归属清晰、权责明确、保护严格、流转顺畅"的现代产权制度，构建现代企业制度的重要基础。②

在我国国有企业改革的实践中，先后经过了扩大企业自主权、推行经营承包责任制和初步建立现代企业制度等阶段。凤凰涅槃，终成正果。2013 年 11 月，党的十八届三中全会通过的《中共中央关于全面深化改革若干重大问题的决定》指出，我国"国有企业总体上已经同市场经济相融合"。③ 我国国有企业在全民所有制基本性质不变的前提下与市场经济实现了有机结合，由原来的国家行政机构的附属物，变成了独立的法人实体和市场主体。

二、功能创新④

在传统计划经济体制时期，我国国有经济不仅是国民经济的主导，而且逐渐成为城市经济和国民经济的主体。⑤ 国有企业不仅从事生产和流通，

---

① 中共中央文献研究室编：《十四大以来重要文献选编》（上），人民出版社 1996 年版，第 520～524 页。对于我国国有企业建立的现代企业制度的特征，时任国务院副总理的吴邦国曾在中央企业工委工作会议上明确提出：我国国有企业要建立的现代企业制度不是一般意义上的市场经济国家的现代企业制度，而是有中国特色的现代企业制度。一要坚持公有制与市场经济的有机结合，二要坚持党对国有企业的领导，三要坚持工人阶级的主人翁地位（参见韩振军、王彦田：《中央企业工作会议在京召开　朱镕基作重要批语》，载于《人民日报》2000 年 2 月 28 日）。笔者认为，这种阐释正确揭示了我国国有企业要建立的现代企业制度与西方发达市场经济国家建立的现代企业制度之间的联系与区别。

② 中共中央文献研究室编：《十六大以来重要文献选编》（上），中央文献出版社 2005 年版，第 467 页。

③ 《中共中央关于全面深化改革若干重大问题的决定》，载于《光明日报》2013 年 11 月 16 日。

④ 功能的基本含义之一是功效、作用（参见夏征农主编：《辞海》，上海辞书出版社 2001 年版，第 685 页）。本文在此使用的功能一词与作用同义。

⑤ 1978 年，在我国工业总产值中，国有企业占 77.6%，集体企业占 22.4%；在社会商品零售总额中，国有企业占 54.6%，集体企业占 43.3%；在工农业总产值中，农业占 24.8%（其中也包括国有农、牧、渔场等的农业产值），轻工业占 32.4%，重工业占 42.8%；在国家财政收入中，国有单位占 86.8%，集体单位占 12.7%，个体经济占 0.5%（引自中华人民共和国国家统计局编：《中国统计年鉴（1993）》，中国统计出版社 1993 年版，第 25～26 页）。

还承担了许多"企业办社会"的职能（如修建企业职工住房，兴办幼儿园、中小学、职工培训学校及医院，负责离退休职工养老与富余人员的费用等，本文称之为"企社不分"）。从生产关系的角度看，国有经济（即全民所有制经济）已成为我国社会主义制度的主要经济基础。改革开放35年来，我国国有经济状况和所有制结构都发生了相当显著的变化。与此相适应，我国国有经济由"主体"向"主导"转变，国有企业由"企社不分"向"企社分离"转变。国有企业初步实现了功能创新。

1982年12月，五届全国人大五次会议通过的《中华人民共和国宪法》明确规定：国有经济"是国民经济中的主导力量"。① 1997年9月，中共十五大报告提出："国有经济控制国民经济命脉，对经济发展起主导作用"。② 1999年9月，党的十五届四中全会通过的《中共中央关于国有企业改革和发展若干重大问题的决定》提出："国有企业是我国国民经济的支柱。发展社会主义社会的生产力，实现国家的工业化和现代化，始终要依靠和发挥国有企业的重要作用。"③ "包括国有经济在内的公有制经济，是我国社会主义制度的经济基础，是国家引导、推动、调控经济和社会发展的基本力量，是实现广大人民群众根本利益和共同富裕的重要保证。"④ "国有经济在关系国民经济命脉的重要行业和关键领域占支配地位，支撑、引导和带动整个社会经济的发展，在实现国家宏观调控目标中发挥重要作用"。⑤ 国有企业要"分离企业办社会的职能，切实减轻国有企业的社会负担"。⑥ 党的十八届三中全会通过的《中共中央关于全面深化改革若干重大问题的决定》提出，国有企业是"推进国家现代化、保障人民共同利益的重要力量"；"必须以规范经营决策、资产保值增值、公平参加竞争、提高

---

① 《中华人民共和国宪法》，见中共中央文献研究室编：《十二大以来重要文献选编》（上），人民出版社1986年版，第220～221页。

② 中共中央文献研究室编：《十五大以来重要文献选编》（上），人民出版社2000年版，第21页。

③④ 中共中央文献研究室编：《十五大以来重要文献选编》（中），人民出版社2001年版，第1004页。

⑤ 中共中央文献研究室编：《十五大以来重要文献选编》（中），人民出版社2001年版，第1008页。

⑥ 中共中央文献研究室编：《十五大以来重要文献选编》（中），人民出版社2001年版，第1016页。

企业效率、增强企业活力、承担社会责任为重点，进一步深化国有企业改革"；"国有资本投资运营要服务于国家战略目标，更多投向关系国家安全、国民经济命脉的重要行业和关键领域，重点提供公共服务、发展重要前瞻性战略性产业、保护生态环境、支持科技进步、保障国家安全"。①

纵观改革开放以来我国《宪法》和中共中央重要文献中关于国有企业功能的相关论述，大体可以概括为六点：（1）强调国有经济是我国社会主义制度的主要经济基础；（2）强调国有经济必须控制关系国家安全和国民经济命脉的重要行业和关键领域，在国民经济中发挥主导作用；（3）强调国有经济在实现国家宏观调控目标和共同富裕中的重要作用；（4）强调国有企业具有资产保值增值、提供公共服务、发展重要前瞻性战略性产业、支持科技进步、保护生态环境、保障国家安全等功能；（5）强调国有企业必须分离举办社会事业的功能；（6）强调国有企业在实现国家工业化和现代化进程中的重要作用。

关于社会主义市场经济条件下国有企业的功能，我国经济学界还提出了一些富有新意、饶有价值的观点。程恩富提出：国有经济在社会主义市场经济条件下具有基础服务、支柱构筑、流通调节、技术示范、社会创利、产权导向六大功能。② 王钦提出：我国社会主义市场经济体制下的国有企业，就是要作为国有经济的支柱力量和重要载体，去解决三类市场失灵：（1）发达国家普遍面临的市场失灵（如公共产品的提供、自然垄断行业产品和服务的提供，宏观调控职能的发挥以及国家安全的保证）；（2）转轨国家遇到的市场失灵（如建立社会保障体系等"制度变迁"成本）；（3）发展中国家遇到的市场失灵（如实现国家主导下的"经济赶超"战略）。③ 马建堂等提出：我国国有经济除具有实现社会公共目标、控制自然垄断行业和特殊行业、弥补市场缺陷、实现宏观调控目标等基于市场经济需要的一般功能之外，还应具有基于社会主义基本政治经济制度需要的特

---

① 《中共中央关于全面深化改革若干重大问题的决定》，载于《光明日报》2013年11月16日。

② 程恩富：《资本主义和社会主义怎样利用股份制——兼论国有经济的六项基本功能》，载于《经济学动态》2004年第10期。

③ 吕政、黄速建主编：《中国国有企业改革30年研究》，经济管理出版社2008年版，第195～196页。

殊功能。[①] 卫兴华系统提出国有经济功能（或重要作用）的七个方面：
（1）国有经济与其他公有制经济是社会主义经济制度的基础，是实现社会主义本质即大力发展生产力、消灭剥削和消除两极分化、达到共同富裕的制度安排；（2）国有经济是我国国民经济的主导力量，它保证社会主义国家的整体利益和长远利益，保证经济社会发展的社会主义方向；（3）国有经济是我国社会主义市场经济中国家进行宏观调控、克服市场失灵的物质手段；（4）国有经济是保证我国经济独立自主和国家安全，应对国内外重大突发事件的物质手段；（5）国有经济是实现重大科技创新、科技兴国、实现国家现代化、应对国际竞争的坚强力量；（6）国有经济是增强我国经济实力、国防实力和民族凝聚力的重要力量；（7）以国有经济为核心的公有制经济，是共产党执政的经济基础。[②]

笔者认为，对于我国社会主义市场经济条件下国有企业功能的探讨和界定，至少应该包括三点。一是社会主义市场经济条件下国有企业的功能，从根本上说来取决于国有企业的性质。国有企业作为全民所有制企业，其产权归属决定了其必须集中和首要体现社会主义国家利益。国有企业在社会主义市场经济条件下的经济属性，首先和本质上是社会主义全民所有制性质，然后才是独立的法人实体和市场主体。二是社会主义市场经济条件下国有企业的功能，必须与我国社会主义初期阶段不同时期的国情及国有企业的实际状况相适应。既不应超前，也不能滞后。三是界定社会主义市场经济条件下国有企业的功能，可以从多维视角进行探讨和概括。既可以从生产力的角度，也可以从生产力与生产关系的统一即生产方式的角度，还可以从社会有机体基本要素——生产力、生产关系（经济基础）与上层建筑的角度；既可以从整体的角度，也可以从个体的角度，还可以从分类监管的角度等。着眼于建设中国特色社会主义的伟大事业，从社会有机体基本要素的角度正确界定国有企业（或国有经济）的功能，无疑是最全面和最深刻的。而从分类监管角度正确界定不同国有企业的功能，也必须立

---

① 马建堂、黄达、林岗等著：《世纪之交的国有企业改革研究》，经济科学出版社 2000 年版，第 89 ~ 90 页。

② 卫兴华：《中国特色社会主义经济制度的理论是非需要澄清——兼谈怎样正确理解邓小平南方谈话中关于"社"与"资"、"公"与"私"的论述》，载于《政治经济学评论》2012 年第 3 期。

足于全局和长远，使其具有科学性、合理性、现实性与可操作性。① 对此，有待于我们在深化国有企业改革的实践中继续探索。

三、形式创新

改革开放 35 年来，我国国有企业改革初步实现了形式创新。这既体现在从"国营企业"到"国有企业"这一称谓上的变化，也体现在一部分原国有事业单位转变为国有或国有资本控股企业，其更体现在我国国有企业由传统计划经济体制时期的国营企业，转变为初步建立现代企业制度的国有独资或国有资本控股公司。

在传统计划经济体制时期和改革开放初期，我国全民所有制企业通常被称为国营企业，这与当时全民所有制企业所有权与经营权两权合一的状况是相适应的。随着改革开放不断深入，全民所有制企业两权分离的实践推动了企业形式的转变。中共十四大报告将全民所有制企业由"国营企业"改称为"国有企业"，② 准确表达了全民所有制企业的所有权特征。1993 年 3 月，八届全国人大一次会议通过了《中华人民共和国宪法修正案》，正式以"国有企业"取代"国营企业"，并以法律形式将这一称谓固定和明确起来。③

在传统计划经济体制时期和改革开放以来的较长时期内，我国国有科

---

① 从分类监管角度界定不同国有企业的功能，我国政府部门和经济学界存在不同观点。刘纪鹏认为，我国国有企业应区分为公益性和盈利性国有企业；张政军认为，我国国有企业应划分为三类，第一类是完全商业化或市场化的国有企业，第二类是商业化运营但有一定战略利益的国有企业，第三类是以产业、社会、文化、公共政策等目标为主的有特殊职能的国有企业；李锦认为，我国国有企业应划分为完全公益、完全盈利、公益为主盈利为辅、盈利为主公益为辅四类（参见刘青山：《分类监管：国企改革下一个突破口》，载于《国企》2013 年第 7 期）。2013 年 12 月，上海市委市政府在《关于进一步深化上海国资改革促进企业发展的意见》中，将不同国有企业的功能划分为竞争类企业（以市场为导向，以企业经济效益最大化为主要目标，兼顾社会效益）、功能类企业（以完成战略任务或政府重大专项任务为主要目标，兼顾经济效益）和公共服务类企业（以确保经济正常运行和稳定、实现社会效益为主要目标，引入社会评价）三种基本类型。

② 中共中央文献研究室编：《十四大以来重要文献选编》（上），人民出版社 1996 年版，第 19 页。

③ 中共中央文献研究室编：《十四大以来重要文献选编》（上），人民出版社 1996 年版，第 209 页。

研机构、设计单位和文化单位都属于国有事业单位。随着科技体制和文化体制改革的不断深化，我国对许多国有应用型科研机构和设计单位以及有面向市场能力的公益型科研机构实行企业化转制，① 对文化产业中国有经营性文化单位实行转企改制，有力地促进了我国技术创新、科技成果转化和文化生产力的发展。

改革开放以来，我国一直在实践中积极探索全民所有制的有效实现形式。② 我国国有企业改革先是从转变经营方式入手，经历了扩大企业自主权、推行经营承包责任制等阶段，逐步向转变财产组织形式的公司制股份制改革迈进。③ 中共十三大报告提出："改革中出现的股份制形式，包括国家控股和部门、地区、企业间参股以及个人入股，是社会主义企业财产的一种组织形式，可以继续试行。"④ 中共十四大报告提出："股份制有利于促进政企分开、转换企业经营机制和积聚社会资金，要积极试点，总结经验，抓紧制定和落实有关法规，使之有秩序地健康发展。"⑤ 中共十五大报告提出："公有制实现形式可以而且应当多样化。一切反映社会化生产规律的经营方式和组织形式都可以大胆利用。要努力寻找能够极大促进生产力发展的公有制实现形式。股份制是现代企业的一种资本组织形式，有利于所有权和经营权的分离，有利于提高企业和资本的运作效率，资本主义可以用，社会主义也可以用。不能笼统地说股份制是公有还是私有，关键看控股权掌握在谁手中。国家和集体控股，具有明显的公有性，有利于扩大公有资本的支配范围，增强公有制的主体作用。"⑥ 党的十五届四中全会

---

① 《中共中央、国务院关于加强技术创新，发展高科技，实行产业化的决定》，见中共中央文献研究室编：《十五大以来重要文献选编》（中），人民出版社2001年版，第938～939页。

② 笔者认为，所有制的实现形式可以相对地区分为所有制基本类型、财产组织形式和经营方式三个层次（参见郭飞：《社会主义公有制与股份制若干问题探讨》，载于《经济学动态》2004年第7期）。

③ 国有企业公司制股份制改革，主要是指国有企业通过改革，转变为符合《中华人民共和国公司法》规定的国有独资公司和国有控股多元股东的有限责任公司和股份有限公司。

④ 中共中央文献研究室编：《十三大以来重要文献选编》（上），人民出版社1991年版，第28页。

⑤ 中共中央文献研究室编：《十四大以来重要文献选编》（上），人民出版社1996年版，第21页。

⑥ 中共中央文献研究室编：《十五大以来重要文献选编》（上），人民出版社2000年版，第21～22页。

通过的《中共中央关于国有企业改革和发展若干重大问题的决定》提出："国有经济的作用既要通过国有独资企业来实现，更要大力发展股份制，探索通过国有控股和参股企业来实现。"① 党的十六届三中全会通过的《中共中央关于完善社会主义市场经济体制若干问题的决定》提出："大力发展国有资本、集体资本和非公有制资本等参股的混合所有制经济，实现投资主体多元化，使股份制成为公有制的主要实现形式。需要由国家资本控股的企业，应区别不同情况实行绝对控股或相对控股。"② 截至 2012 年末，我国 83% 以上的国有企业实行了公司制股份制改革，初步建立了现代企业制度。③ 2012 年末，我国国有控股上市公司有 953 家，占 A 股上市公司总数的 38.5%；国有控股上市公司市值达 13.71 万亿元，占 A 股上市公司总市值的 51.4%。④ 实践证明，国有企业实行公司制股份制改革，转变为国有独资公司和国有控股产权多元的股份公司，可以实现国有企业与市场经济的有机结合，有利于充分发挥国有经济的主导作用，是国有企业在我国现阶段促进生产力发展的有效实现形式。

党的十八届三中全会通过的《中共中央关于全面深化改革若干重大问题的决定》提出："国有资本、集体资本、非公有资本等交叉持股、相互融合的混合所有制经济，是基本经济制度的重要实现形式，有利于国有资本放大功能、保值增值、提高竞争力，有利于各种所有制资本取长补短、相互促进、共同发展。允许更多国有经济和其他所有制经济发展成为混合所制经济。"⑤ 从微观角度考察，混合所有制经济实际上是一企多制，其涵

---

① 中共中央文献研究室编：《十五大以来重要文献选编》（中），人民出版社 2001 年版，第 1007～1008 页。

② 中共中央文献研究室编：《十六大以来重要文献选编》（上），中央文献出版社 2005 年版，第 466 页。

③ 根据国务院国资委编委会编：《中国国有资产监督管理年鉴（2013）》提供的相关数据计算。

④ 本书编写组编著：《〈中共中央关于全面深化改革若干重大问题的决定〉辅导读本》，人民出版社 2013 年版，第 79～80 页。

⑤ 《中共中央关于全面深化改革若干重大问题的决定》，载于《光明日报》2013 年 11 月 16 日。

盖范围大于一企多制的股份制企业。① 从坚持"三个有利于"的根本标准与完善我国现阶段基本经济制度出发，我国国有企业改革中除在涉及国家安全的少数国有企业和国有资本投资公司、国有资本运营公司必须采取国有独资公司之外，积极发展国有资本控股（含绝对控股和相对控股两种类型或绝对控股、优势控股和有效控股三种类型）的混合所有制企业，不断探索混合所有制企业员工持股的有效途径和办法，必将进一步完善国有企业的实现形式，增强国有经济活力、控制力和影响力。

四、体制创新

国有企业改革实质上是产权制度改革。② 国有企业改革不仅涉及形式创新，更涉及体制即内容的创新。③ 从横纵的角度看，国有企业改革既涉及企业与企业之间横向经济体制的变化，也涉及国家与企业、企业与职工纵向经济体制的变化；从内外的角度看，国有企业改革既涉及企业内部经济体制（或企业管理体制）的变化，也涉及企业外部经济体制（在此指国家

---

① 混合所有制经济是指不同性质的资本联合、融合或参股而形成的经济成分，一般采取股份制的资本组织方式。它以社会中存在多种所有制经济成分为前提，通过各类性质的产权在市场中以多种形式自主流动和重组形成，并适应竞争的需要不断变化资本结构（参见本书编写组编著：《〈中共中央关于完善社会主义市场经济体制若干问题的决定〉辅导读本》，人民出版社 2003 年版，第 480～481 页）。

② 产权主要是指财产权或财产权利。从产权本身看，它是以财产所有权为主体的一系列财产权利的总和，包括占有、使用、收益和处分等权利；从财产类型看，它是包括物权、债权、股权和知识产权等在内的一系列财产权利的总和。产权最基本的内涵是财产所有权，它是法律加以认定和维护的最高占有权或法律上的所有权，它决定着其他权利。使用、收益和处分权是产权实际运行中的行为权利，是实际上的占有权。在现代市场经济条件下，财产的所有权和经营权即最高占有权和实际占有权是可以分开的，即通过一定的途径，不具有财产所有权的法人和自然人，在一定时间和一定程度内对不属于自己的财产有使用、收益和处置的权利（参见本书编写组编著：《〈中共中央关于完善社会主义市场经济体制若干问题的决定〉辅导读本》，人民出版社 2003 年版，第 480～481 页）。产权中的所有权、占有权、使用权、收益权和处置权既可以统一于一个主体，也可以相互分离或局部组合（参见郭飞著：《新世纪中国经济重大问题研究》，经济科学出版社 2010 年版，第 126 页）。

③ 任何事物都是形式与内容的统一。本文论述中将国有企业改革区分为形式创新与体制（或内容）创新，仅具有相对的意义。

与企业的经济体制即国有资产管理体制）的变化。① 改革开放 35 年来，我国国有企业由政企不分、排斥竞争、缺乏激励、行政隶属的国营企业旧体制向建立与完善现代企业制度和建立健全政企分开、政资分开、授权经营的国有资产管理新体制转变。国有企业改革初步实现了体制创新。

1978 年 10 月，四川省在重庆钢铁公司等 6 家企业率先进行了国有企业扩大经营自主权的改革试点。1979 年 7 月，国务院颁布了关于扩大企业自主权、实行利润留成等政策文件，并选择首都钢铁公司等 8 家企业进行试点，在全国范围内拉开了国有企业改革的帷幕。随后，通过实行经济责任制、利改税、拨改贷等途径，对国有企业进行了初步的扩权让利的改革。国有企业开始摆脱国家行政机构附属物的地位，从生产型向生产经营型转变，劳动、人事、分配制度也逐渐变革。然而，这种改革并没有摆脱传统计划经济体制时期国有企业管理体制的基本框架。

1986 年 12 月，国务院颁发《关于深化企业改革　增强企业活力的若干规定》，明确提出深化改革要围绕企业经营机制进行，并提出要积极探索股份制、租赁制、资产经营责任制、承包经营责任制等形式。1988 年 2 月，国务院颁布《全民所有制工业企业承包经营责任制暂行条例》，其主要内容是"两包一挂"，即包上缴国家利润，包技术改造任务，工资总额与经济效益挂钩。1992 年 7 月，国务院颁布《全民所有制工业企业转换经营机制条例》，强调国有企业转换企业经营机制的目标是成为依法自主经营、自负盈亏、自我发展、自我约束的商品生产和经营单位，成为独立享有民事权利和承担民事义务的企业法人，并且明确规定企业具有 14 项经营自主权。从而，国有企业的承包经营责任制得到了较快发展，企业内部的决策、激励和约束机制也发生了明显变化，还形成与发展了一批国有企业集团。然而，国有企业仍旧不能成为"四自"的法人实体和市场主体。其根本症结在于，实行承包经营责任制并没有赋予国有企业与市场经济接轨

---

① 我国国有资产既包括经营性国有资产，也包括资源性国有资产和行政事业性国有资产。限于本文的研究对象，文中的国有资产管理体制一般是指经营性国有资产管理体制。

的法人财产权①，不仅无法真正实现两权分离和自负盈亏，而且还必然导致"内部人控制"、企业行为短期化和合同约束软化。

《中共中央关于建立社会主义市场经济体制若干问题的决定》指明我国国有企业改革的方向是建立现代企业制度。该《决定》提出：国有企业中的"国有资产所有权属于国家，企业拥有包括国家在内的出资者投资形成的全部法人财产权，成为享有民事权利、承担民事责任的法人实体"；"企业以其全部法人财产，依法自主经营、自负盈亏，照章纳税，对出资者承担资产保值增值的责任"；"企业在市场竞争中优胜劣汰，长期亏损、资不抵债的应依法破产"；"建立科学的企业领导体制和组织管理制度，调节所有者、经营者和职工之间的关系，形成激励和约束相结合的经营机制"。② 该《决定》还提出："国有企业实行公司制，是建立现代企业制度的有益探索。规范的公司，能够有效地实现出资者所有权与企业法人财产权的分离，有利于政企分开、转换经营机制，企业摆脱对行政机关的依赖，国家解除对企业承担的无限责任；也有利于筹集资金，分散风险。"③《中共中央关于国有企业改革和发展若干重大问题的决定》提出："对国有大中型企业实行规范的公司制改革。公司制是现代企业制度的一种有效组织

---

① "法人财产权"于1993年在中共中央文件中首次出现。我国经济学界对法人财产权的理解不尽相同。一种观点认为，法人财产权是指法人拥有的财产权利，它本身是一个边界可伸缩、属性不确定的概念。在不同的产权结构下，法人财产权各有不同的内涵。法人财产权是否包含（归属）所有权，要由具体条件决定，主要看所有制主体与企业的关系。当国有产权主体有必要同别的所有制主体在资金上融合，或合资组织新的企业，它就只能同其他出资者一样成为股东之一，企业就会与包括国家在内的出资者相分离，成为拥有所有权的独立法人；当国家根据《公司法》授权某些大型国有独资公司行使资产所有者的权利时，公司也拥有企业资产的所有权。除此之外的国有企业成为法人，实行所有权和经营权适当分开，法人财产权就不包括所有权（参见吴宣恭：《论法人财产权》，载于《中国社会科学》1995年第2期）。另一种观点则认为，法人财产权是以公司法人享有的对企业财产的权利，不是单个自然人对财产的权利；法人财产权不同于所有权，公司法人不是也不可能是企业财产的所有者，所有者是对企业进行投资的出资者和所有权主体，法人财产权是由所有权派生，经国家有关法律认可并保护的权利；法人财产权的实质，是在资产的委托代理关系下发生的由代理人（机构）掌握的对他人或社会的资产（出资者资产）的支配权（参见刘诗白著：《主体产权论》，经济科学出版社1998年版，第294页）。

② 中共中央文献研究室编：《十四大以来重要文献选编》（上），人民出版社1996年版，第523～524页。

③ 中共中央文献研究室编：《十四大以来重要文献选编》（上），人民出版社1996年版，第524页。

形式。公司法人治理结构是公司制的核心。要明确股东会、董事会、监事会和经理层的职责，形成各负其责、协调运转、有效制衡的公司法人治理结构。"① 1993 年 12 月 29 日，《中华人民共和国公司法》正式颁布，尔后又经过多次修改或修订。该法紧密结合我国国情，为我国规范公司法人治理结构，保护公司、股东和债权人合法权益，推进国有企业实行公司制股份制改革，提供了坚实的法律依据。在国有企业内部经济体制改革的实践中，我国还在适度稳妥地引进国内外有实力的战略投资者、建立外部董事制度、企业经营者市场化选聘制度、外派董事会制度以及正确处理公司法人治理结构与企业党组织和工会的关系等方面进行了有益的探索，并取得了可喜的进展。

改革开放 35 年来，我国国有资产管理体制改革在实践中不断探索与创新。在传统计划经济体制时期和改革开放初期，我国国有资产管理体制的最大特点是高度集中，政企不分，政资不分。《中共中央关于经济体制改革的决定》明确提出了全民所有制企业所有权与经营权适当分离的改革思路，突破了将国有企业所有权与国家行政机构直接经营混为一谈的传统观念。1987 年，全国首个从事国有资产管理的政府专门机构——深圳市投资管理公司宣告成立。1988 年，国务院决定组建国家国有资产管理局，代表国务院专司国有资产管理职能。这是我国从地方政府到中央政府将国有资产所有者职能与社会经济管理职能分离的最初尝试。

《中共中央关于建立社会主义市场经济体制若干问题的决定》提出："对国有资产实行国家统一所有、政府分级监管、企业自主经营的体制。按照政府的社会经济管理职能和国有资产所有者职能分开的原则，积极探索国有资产管理和经营的合理形式和途径。加强中央和省、自治区、直辖市两级政府专司国有资产管理的机构。"② 1993 年，上海成立了市国有资

---

① 中共中央文献研究室编：《十五大以来重要文献选编》（中），人民出版社 2001 年版，第 1012 页。

② 中共中央文献研究室编：《十四大以来重要文献选编》（上），人民出版社 1996 年，第 526 页。

产管理委员会，构建起"两级管理、三个层次"的国有资产管理体制。①

1998 年，国家国有资产管理局被撤销，其原职能并入财政部。《中共中央关于国有企业改革和发展若干重大问题的决定》明确提出："要按照国家所有、分级管理、授权经营、分工监督的原则，逐步建立国有资产管理、监督、营运体制和机制，建立与健全严格的责任制度。国务院代表国家统一行使国有资产所有权，中央和地方政府分级管理国有资产，授权大型企业、企业集团和控股公司经营国有资产。要确保出资人到位。"② 尽管该《决定》仍提出由国务院代表国家统一行使国有资产所有权，但其在中共中央文件中首次提出了"授权经营"，明确了国有资产运营主体，强调国有资产出资人到位，对推动我国国有资产管理体制改革具有重要意义。

2002 年，中共十六大报告提出："建立中央政府和地方政府分别代表国家履行出资人职责，享有所有者权益，权利、义务和责任相统一、管资产和管人、管事相结合的国有资产管理体制。关系国民经济命脉和国家安全的大型国有企业、基础设施和重要自然资源等，由中央政府代表国家履行出资人职责。其他国有资产由地方政府代表国家履行出资人职责。中央政府和省、市（地）两级地方政府设立国有资产管理机构"。③ 2003 年，国务院成立了国有资产监督管理委员会（简称国务院国资委）；随后，全国各省、市（地）两级政府陆续组建了国资委，分别代表国家对中央企业的国有资产（不含金融企业国有资产）和地方的经营性国有资产履行出资人职责。从而，我国从中央到地方实现了政府的社会经济管理职能与国有资产所有者职能相分离，出资人所有权与企业法人财产权相分离。2003 年

---

① 所谓"两级管理"，是指市政府对区县政府综合授权，由市、区县两级政府对其所辖企业的国有资产行使出资者权利。所谓"三个层次"，其最高层次是上海市国有资产管理委员会（作为上海市国家资产所有权的总代表，负责管理全市国有资产），中间层次是上海市国有资产运营主体（主要包括在原主管局基础上组建的国有控股公司、授权经营国有资产的企业集团公司和国有资产存量较大的部分区县国有资产管理部门），最低层次是中间层次机构全资、控股或参股的企业（参见刘树成、吴太昌主编：《中国经济体制改革 30 年研究》，经济管理出版社 2008 年版，第 44 页）。

② 中共中央文献研究室编：《十五大以来重要文献选编》（中），人民出版社 2001 年版，第 1012 页。

③ 中共中央文献研究室编：《十六大以来重要文献选编》（上），中央文献出版社 2005 年版，第 20 页。

5 月 27 日，国务院公布了《企业国有资产监督管理暂行条例》。2008 年 10 月 28 日，《中华人民共和国企业国有资产法》正式公布，并于 2009 年 5 月 1 日起施行。由此，我国国有资产管理体制的基本框架和法规体系初步形成，国有资产管理体制改革进入新阶段。

中共十七大报告提出：要"完善各类国有资产管理体制和制度。"① 随着我国体制改革的不断深入，一部分原有行政事业性国有资产和资源性国有资产也转化为经营性国有资产，并纳入经营性国有资产管理体制。《中共中央关于全面深化改革若干重大问题的决定》提出：要"改革国有资本授权经营体制，组建若干国有资本运营公司，支持有条件的国有企业改组为国有资本投资公司。"② 这是在坚持国家所有、分级代表的原则和政企分开、政资分开改革方向的前提下，对我国国有企业改革实践中曾经出现和理论界曾经提出的国有资产管理体制三层架构的重新肯定和升华，进一步明确了我国国有资产管理体制的改革方向。

五、布局创新

在传统计划经济体制时期和改革开放以后的较长时期中，我国国有企业分布过宽，力量分散，整体素质不高。为更好地发挥国有经济的主导作用，积极推进产业结构调整和所有制结构改革，我国国有企业在改革中逐步实行了"有进有退、合理流动"的布局创新。

中共十五大报告明确提出："要从战略上调整国有经济布局。对关系国民经济命脉的重要行业和关键领域，国有经济必须占支配地位。在其他领域，可以通过资产重组和结构调整，以加强重点，提高国有资产的整体质量。"③ 在此，已将国有经济布局划分为必须占支配地位的行业和领域与不必占支配地位的行业和领域（即"其他领域"）。《中共中央关于国有企业

---

① 中共中央文献研究室编：《十七大以来重要文献选编》（上），中央文献出版社 2009 年版，第 20 页。

② 《中共中央关于全面深化改革若干重大问题的决定》，载于《光明日报》2013 年 11 月 16 日。

③ 中共中央文献研究室编：《十五大以来重要文献选编》（上），人民出版社 2000 年版，第 21 页。

改革和发展若干重大问题的决定》进一步提出：调整国有经济布局，要"坚持有进有退，有所为有所不为"；"国有经济需要控制的行业和领域主要包括：涉及国家安全的行业，自然垄断的行业，提供重要公共产品和服务的行业，以及支柱产业和高新技术产业中的重要骨干企业"。①笔者认为，该《决定》中"有进有退"中的"退"，决不意味着国有经济从必须占支配地位的行业和领域之外的其他领域中完全退出，更不意味着国有经济完全退出竞争性领域。一方面，该《决定》明确规定：国有经济在不必占支配地位（或不需要控制）的其他行业和领域，可以通过资产重组和结构调整，集中力量，加强重点，提高国有经济的整体素质。另一方面，即使是国有经济必须占支配地位（或需要控制）的行业和领域，也必然包括相当一部分竞争性领域。笔者在经过对比研究后认为，从社会主义市场经济条件下国有经济的性质、比重和功能考察，社会主义国家的国有经济与发达资本主义国家的国有经济相比，前者布局相对较宽，不仅包括非竞争性领域，而且包括相当广泛的竞争性领域。国内极少数人主张国有经济应完全退出竞争性领域，实际上是企图误导我国国有经济的布局调整，使我国经济最终坠入"私有化"陷阱。②

《中共中央关于完善社会主义市场经济体制若干问题的决定》提出："完善国有资本有进有退、合理流动的机制，进一步推动国有资本更多地投向关系国家安全和国民经济命脉的重要行业和关键领域，增强国有经济的控制力。"③ 2004 年，国务院国资委相关人员根据国有企业在国民经济中的地位和作用，将国务院国资委监管的中央企业在国有经济必须占支配地位（或需要控制）的关系国家安全、国民经济命脉的重要行业和关键领域的分布细化为两类。第一类为直接关系国家安全、国民经济命脉的重要行业和关键领域，主要分布在：（1）涉及国家安全的产业，包括军工、重要物资储备、军品贸易等；（2）垄断（含管制性垄断和自然垄断）产业，

---

① 中共中央文献研究室编：《十五大以来重要文献选编》（中），人民出版社 2001 年版，第 1008 页。

② 郭飞：《深化中国所有制结构改革的若干思考》，载于《中国社会科学》2008 年第 3 期。

③ 中共中央文献研究室编：《十六大以来重要文献选编》（上），中央文献出版社 2005 年版，第 466 页。

包括电信、电网行业等；（3）提供重要公共产品和服务的产业，包括发电、民航等；（4）重要自然资源开发产业，包括石油、石化、天然气、煤炭、黄金、盐业等。第二类为间接关系国家安全、国民经济命脉的重要行业和关键领域，主要分布在：（1）支柱产业的重要骨干产业，包括冶金、技术装备、汽车、建筑、房地产、建材、化工等；（2）科技产业，包括电子信息、生物医药、科研等。①

　　2006年12月，国务院办公厅转发了国务院国资委《关于推进国有资本调整和国有企业重组的指导意见》。国务院国资委根据中央精神，对所监管的中央企业进行了"四个优化""四个集中"的布局调整。② 中央企业之间、中央企业和地方国有企业之间、地方国有企业之间的优化重组步伐明显加快。国务院国资委监管的中央企业由2003年的196家减至目前的113家。与此同时，我国根据国民经济发展的需要，投资新建了大型国有或国有资本控股公司。例如，2007年9月，我国新建了注册资本高达2000亿美元国有独资的中国投资有限责任公司；2008年5月，我国新建了注册资本高达190亿元国有资本控股的中国商用飞机有限责任公司。此外，围绕做强做优、培育具有国际竞争力的世界一流企业的目标，国务院国资委所属中央企业大力实施转型升级、科技创新、国际化经营、人才强企、和谐发展"五大战略"，取得了相当显著的成效。

---

①　参见国务院国资委编委会编：《中国国有资产监督管理年鉴（2004）》，中国经济出版社2004年版，第42页。应该指出，国务院国资委相关人员对关系国家安全、国民经济命脉的重要行业和关键领域的细分中尚未包括金融业，这与国务院国资委监管的中央企业不包括国有金融企业有关。笔者认为，尽管就整个金融业而言，其是否属于关系国家安全、国民经济命脉的重要行业和关键领域尚待进一步研究；但金融业中至少是银行业，绝对属于关系国家安全、国民经济命脉的重要行业和关键领域。

②　"四个优化"，即优化国有经济在国民经济行业和区域的分布、在产业内部的分布、在企业业务领域的分布以及在企业内部的分布。"四个集中"，即国有资本向关系国家安全、国民经济命脉的重要行业和关键领域集中，向技术先进、结构合理、机制灵活、核心竞争力强的大公司大企业集团集中，向具有市场竞争力的优势行业集中，向中央企业主业集中（参见国务院国资委编委会编：《中国国有资产监督管理年鉴（2004）》，中国经济出版社2004年版，第43页）。

六、结构创新

在传统计划经济体制时期和改革开放以后的较长时期中，我国国有企业数量过多，企业平均规模偏小。[①] 为优化国有企业组织结构，增强国有经济活力、控制力和影响力，我国国有企业改革逐步实行了"抓大放小"的结构创新。

1995 年 9 月，党的十四届五中全会通过的《中共中央关于制定国民经济和社会发展"九五"计划和二〇一〇年远景目标的建议》提出，"要着眼于搞好整个国有经济"，对国有企业实施战略性改组；"要以市场和产业政策为导向，搞好大的，放活小的，把优化国有资产分布结构、企业组织结构同优化投资结构有机地结合起来"。[②] 中共十五大报告重申：国有企业改革要"抓好大的，放活小的"。[③]《中共中央关于国有企业改革和发展若干重大问题的决定》明确提出："坚持'抓大放小'。要着力培育实力雄厚、竞争力强的大型企业和企业集团，有的可以成为跨地区、跨行业、跨所有制和跨国经营的大企业集团。要发挥这些企业在资本营运、技术创新、市场开拓等方面的优势，使之成为国民经济的支柱和参与国际竞争的主要力量。"[④]"放开搞活国有中小企业。要积极扶持中小企业特别是科技型企业，使它们向'专、精、特、新'的方向发展，同大企业建立密切的协作关系，提高生产的社会化水平。要从实际出发，继续采取改组、联合、兼并、租赁、承包经营和股份合作制、出售等多种形式，放开搞活国有小企

---

① 在传统计划经济体制时期更不待言，即使在 1998 年，我国国有企业每户平均资产为 5663 万元（参见刘树成、吴太昌主编：《中国经济体制改革 30 年研究》，经济管理出版社 2008 年版，第 52 页）。

② 中共中央文献研究室编：《十四大以来重要文献选编》（中），人民出版社 1997 年版，第 1496 页。

③ 中共中央文献研究室编：《十五大以来重要文献选编》（上），人民出版社 2000 年版，第 23 页。

④ 中共中央文献研究室编：《十五大以来重要文献选编》（中），人民出版社 2001 年版，第 1010 页。

业，不搞一个模式。"① 从力求搞好每一个国有企业到"着眼于搞好整个国有经济"，从"抓大放小"到抓好大型国有企业和国有企业集团、放开搞活国有中小企业，我国国有企业改革中结构创新的思路更加清晰和正确，既显著增强了国有企业的活力，也明显提高了国有企业的资本配置效率。2012 年末，我国国有企业已减至 15.2 万户，每户平均拥有的净资产（所有者权益）增至 22453 万元，国有大型企业从业人员占国有企业从业人员总数的 59%。②

改革开放以来，中国国有企业改革既有掣肘于传统计划经济体制的尴尬，也有敢为天下先的突破；既有壮士断腕的悲壮，也有举世瞩目的辉煌。经过 35 年的改革，中国国有企业成功开创了社会主义大国全民所有制与市场经济实现有机结合之先河，在世界社会主义经济体制改革史上写下了浓墨重彩的辉煌篇章。这是中国共产党领导中国人民特别是国有企业广大职工的伟大创造。我国国有企业将改革与发展相结合，推进体制创新、技术创新和管理创新，转方式调结构促升级，取得了巨大的经济成就。2002 ~ 2011 年，我国国有企业营业收入由 8.53 万亿元增至 39.2 万亿元，年均增长 18.5%；实现利润由 3786.3 亿元增至 2.58 万亿元，年均增长 23.8%；上缴税金由 6960.4 亿元增至 3.45 万亿元，年均增长 19.5%。③ 2003 ~ 2012 年，我国国有企业净资产（所有者权益）由 7.14 万亿元增至 34.09 万亿元。④ 一批国有大型企业已经成长为世界知名企业。2013 年，在进入美国《财富》杂志世界 500 强的中国 85 家内地企业中，国有企业有 78 家，占 92%；其中，中石化、中石油集团公司分别名列第四、第五位。

当然，我国国有企业改革中也存在一些不容忽视的重要问题：（1）一部分国有大型企业公司制股份制改革进展缓慢，国有企业中的小、微企业数量偏多；（2）国有资产管理体制和公司法人治理结构尚未完善；（3）国

---

① 中共中央文献研究室编：《十五大以来重要文献选编》（中），人民出版社 2001 年版，第 1010 页。

② 根据国务院国资委委员会编：《中国国有资产监督管理年鉴（2013）》提供的数据计算整理。

③ 本书编写组编著：《十八大报告辅导读本》，人民出版社 2012 年版，第 122 ~ 123 页。

④ 引自国务院国资委委员会编：《中国国有资产监督管理年鉴（2004）》和《中国国有资产监督管理年鉴（2013）》，中国经济出版社 2004 年、2013 年版。

有企业有中国特色的市场化职业经理人制度尚未真正形成；（4）不少国有企业（特别是国有金融企业和部分央企）高管薪酬和职务消费过高或偏高；（5）一些国有企业中职工的主人翁地位有所削弱；（6）不少国有企业仍有大量的历史包袱，"企社分离"的任务较重；（7）在国有经济必须占支配地位（或需要控制）的行业和领域中，有的行业和领域非公有制经济进入的门槛过高，有的行业和领域国有经济则未占支配地位。国企改革，任重道远。只要我国国有企业改革继续沿着社会主义市场经济的正确方向前进，中国国有企业的未来将会更加辉煌。

试论搞活搞好国有大中型企业的基本途径[*]

当前，我国经济体制改革已进入攻坚阶段，如何搞活搞好国有大中型企业的问题显得非常尖锐和突出。一方面，国有企业特别是国有大中型企业是我国国民经济的支柱，是我国社会主义制度的主要基础；另一方面，国有企业特别是国有大中型企业面临着"政企分开难""资产流动难""转换机制难""自我积累难""甩掉包袱难""清偿债务难"等诸多困难，国有经济在国民经济中的比重下滑较快，国有企业的经济效益状况堪忧。我国要建立社会主义市场经济体制，探索公有制与市场经济相结合的有效途径，关键在于搞活搞好国有企业特别是国有大中型企业。而西方国家的政治家和某些经济学家则断言，中国经济非走私有化道路不可。[①] 在这种情况下，能否搞活搞好国有大中型企业，实质上关系到中国经济能否持续、快速、健康地向前发展，关系到中国经济体制改革能否取得成功，关系到中国社会主义基本制度的兴衰成败。这既是当代中国的难题，也是当代世界的难题，是我们在新旧世纪之交面临的国际性难题。

笔者认为，搞活搞好国有大中型企业，主要依靠转机建制，强化管理，科技进步，政企分开，配套改革，扶优汰劣。其中，内因三条，外因三条，内外因素结合进行。

一、转机建制

国有大中型企业改革的方向是建立现代企业制度。党的十四届三中全

＊ 原载《金融科学》1996 年第 4 期。

① 西方国家的政治家和某些经济学家持有这种观点，除了政治因素之外，还由于他们认为公有制与市场经济相结合尚无成功的先例。当然，有的西方经济学家也认为：尽管私有制与市场经济相结合已得到证实，但公有制能否与市场经济相结合则不能"伪证"。

会通过的《中共中央关于建立社会主义市场经济体制若干问题的决定》（以下简称《决定》）指出，现代企业制度的基本特征是：（1）产权关系明晰，企业中的国有资产所有权属于国家，企业拥有包括国家在内的出资者投资形成的全部法人财产权，成为享有民事权利、承担民事责任的法人实体。（2）企业以其全部法人财产，依法自主经营，自负盈亏，照章纳税，对出资者承担资产保值增值的责任。（3）出资者按投入企业的资本额享有所有者的权益，即资产受益、重大决策和选择管理者等权利。企业破产时，出资者只以投入企业的资本额对企业债务负有限责任。（4）企业按照市场要求组织生产经营，以提高劳动生产率和经济效益为目的，政府不直接干预企业的生产经营活动。企业在市场竞争中优胜劣汰，长期亏损、资不抵债的应依法破产。（5）建立科学的企业领导体制和组织管理制度，调节所有者、经营者和职工之间的关系，形成激励和约束相结合的经营机制。笔者认为，在我国建立社会主义市场经济体制的微观基础——现代企业制度的过程中，要注意把握好两个问题。

一是必须以公有制为主体。这是社会主义市场经济区别于资本主义市场经济的根本标志，是消灭剥削、消除两极分化、最终实现共同富裕的物质基础，是加强民族团结、实现国泰民安的必要前提。对此，我们不能有丝毫的动摇。何谓"以公有制为主体"？党的十四届三中全会通过的《决定》指出："公有制的主体地位主要体现在国家和集体所有的资产在社会总资产中占优势，国有经济控制国民经济命脉及其对经济发展的主导作用等方面。"[1] 这就清楚地告诉我们：公有制的主体地位，不仅要体现在量的方面，即公有资产在社会总资产中占据优势地位；而且要体现在质的方面，即国有经济控制国民经济命脉并对经济发展发挥主导作用。近年来，国内有些同志认为，国有经济的范围要大幅度地缩小，仅仅局限于基础产业和关键性的公益事业；国有经济占国民经济中的比重应大幅度降低。对于这种观点，笔者不能苟同。笔者并不否认对国有经济的范围及所占比重应结合实际情况作进一步的调整，但笔者认为，国有经济不仅要在基础产业和

---

[1] 中共中央文献研究室编：《十四大以来重要文献选编》（上），人民出版社1996年版，第526页。

非竞争性产业中发挥主要作用，而且也要在关系国计民生和国家长远发展的竞争性产业中发挥主要作用。一句话，国有经济要在关系国民经济命脉的重要部门和关键领域居于支配地位。具体来说，国有经济发挥主要作用的领域大体应该包括社会公共基础设施部门（如邮政、电讯、交通、港口、大型水利工程等），基础工业部门（煤炭、电力、石油、钢铁、有色金属业等），高新技术产业、国防工业和对国民经济起调控作用的产业（如金融业）等部门。如果把国有经济发挥主要作用的领域仅仅局限在基础产业和某些关键性的公益事业部门，或者把国有经济占国民经济的比重压得很低，那就与某些市场经济比较发达的资本主义国家大体相同了，从而无法控制国民经济的命脉并对经济发展发挥主导作用，无法体现社会主义市场经济的重要特点。

二是股份公司（在此指有限责任公司和股份有限公司）是我国建立现代企业制度的典型和重要的资本组织形式，并不是唯一的形式。随着改革开放的不断深入，人们的思想获得了极大的解放。现在，那种认为国有企业实行股份制就是搞私有化的人的确不多了。有关资料表明，在已经改组成股份有限公司的 371 家企业中，国有股占 33.8%，法人股占 45.2%，个人股占 19.4%，外资股占 1.6%，而法人股中的绝大部分都是公有股。从股权结构来看，国有股和具有公有制性质的法人股在绝大多数股份有限公司中仍占显著的优势。可是，我国近几年来又流行着一种新的观点，似乎建立现代企业制度唯一的财产组织形式就是股份制，只有实行股份制才能搞活搞好国有大中型企业。我们认为这种看法并不全面。固然，股份公司是经济发展和人类文明的产物，能够较好地体现现代企业制度的内涵，是国有大中型企业建立现代企业制度的一种可供选择的形式。但是，股份公司毕竟有其特定的适用范围。因此，党的十四届三中全会通过的《决定》指出："现代企业按照财产构成可以有多种组织形式。国有企业实行公司制，是建立现代企业制度的有益探索。"[1]"具备条件的国有大中型企业，单一投资主体的可依法改组为独资公司，多个投资主体的可依法改组为有

---

① 中共中央文献研究室编：《十四大以来重要文献选编》（上），人民出版社 1996 年版，第 524 页。

限责任公司或股份有限公司。"① "生产某些特殊产品的公司和军工企业应由国家独资经营，支柱产业和基础产业中的骨干企业，国家要控股并吸收非国有资金入股，以扩大国有经济的主导作用和影响范围。实行公司制不是简单更换名称，也不是单纯为了筹集资金，而要着重于转换机制。"②

经过两年多的努力，我国在国有企业建立现代企业制度的试点工作已经全面展开并取得了初步的成效。但是，应该看到，在社会主义国有企业建立现代企业制度，这是人类社会前所未有的伟大试验，我们在这方面的探索还是初步的和不够成熟的，有许多难点和重点问题并没有真正得到解决。我们既要解放思想，大胆试验，又要避免"刮风"，一哄而上。因此，笔者认为，在当前和今后的一段时期，国务院和各省、市、自治区确定的2000多家建立现代企业制度的试点单位的工作应该加快进行；而对于多数国有大中型企业来说，应把转换经营机制作为一项基础性工作抓紧抓好。在转换企业经营机制方面，尤为重要的是把竞争机制引入到企业内部，继续进行并努力搞好三项制度改革。国有大中型企业如果不砸碎"铁饭碗"，推倒"铁交椅"，打破"大锅饭"，就没有出路。

二、强化管理

管理也是生产力。可是，我国目前有许多国有大中型企业并未充分调动起这一生产力。一方面，企业的基础管理有所削弱。有些企业劳动无考核，物耗无定额，质量无检验，设备无人管，生产无核算，大量生产能力被闲置浪费。武汉东风造纸厂由于管理混乱，1年就从阴沟里流走纸浆几百吨，价值近百万元，30年的时间等于白白流走了1座造纸厂。另一方面，企业管理没有实现从生产型管理向经营型管理的转变，患了"市场不适应症"。有人形容是"脑子没有装上市场，眼睛没有盯上市场，办法没有针对市场，遇到困难不是找市场而是找市长"。1994年6月，国家有关

---

① 中共中央文献研究室编：《十四大以来重要文献选编》（上），人民出版社1996年版，第524页。

② 中共中央文献研究室编：《十四大以来重要文献选编》（上），人民出版社1996年版，第524～525页。

部门对 2000 多家亏损的国有企业进行了调查，结果是政策性亏损占 9.9%，宏观原因亏损占 9.2%，因经营管理不善造成的亏损占 81.71%。1995 年，国家统计局主办的 ETO 系统（企业追踪观测系统）的问卷调查表明，亏损的国有企业的领导者认为，这些企业目前亟需解决的问题是注入资金、银行债务停息挂账、加强内部管理、开发新产品、资产重组、技术改造、改变产权关系、减免税和建立健全社会保障制度。[①] 有人估算，我国的国有企业如果在质量管理、成本管理、资金管理、营销管理、员工管理等方面分别跃上一个小台阶（即质量合格率提高 5%，成本下降 5%，资金周转加快 5%……），国有企业的整体经济效益就将增长 20%～30%。可见，国有企业特别是国有大中型企业强化管理大有文章可做。向管理要质量，向管理要市场，向管理要效益，这是许多国有大中型企业都可以采取的成本最低收效极大的措施。

强化企业管理，首先要选好厂长（经理），配好领导班子。大量的事实证明，在大体相同的宏观条件下，企业的兴衰成败取决于厂长的素质和领导班子的状况。据天津、山西、沈阳等地的调查材料，因厂长素质不高、领导班子内耗而导致亏损的企业约占亏损企业的 40% 左右。而连续 6 年亏损总额高达 6490 万元的山西大众机械厂，在 1992 年 8 月调整了厂领导班子，任命了一名思想开拓、敢干务实的新厂长以后，仅用 4 个月就扭亏为盈。由此可见，一个平庸的经营者，可以使一家灿若明珠的企业毁于一旦；而一个优秀的经营者，则可能使一家濒临倒闭的企业起死回生。

如何选好厂长（经理）？笔者认为，一是要明确选用厂长（经理）的标准。在市场经济中，市场竞争说到底是人才竞争，企业竞争从一定意义上说是厂长（经理）竞争。必须转变在传统经济体制下形成的所谓"听话""服管""顺手"等旧的用人标准以及庸俗的搞人情、拉关系的做法，敢于任命坚持社会主义方向、事业心强、不谋私利、勇于开拓、善于管理的人。谁能治厂兴企、扭亏为盈，谁就当厂长；不行就下来。二是要明确任免厂长（经理）的程序。在传统经济体制下，厂长由上级主管部门任免，企业没有自主权。即使厂长干得再好，如果得罪了上级领导，也得被

---

① 王立群：《国有企业扭亏任重道远》，载于《经济日报》1996 年 7 月 30 日。

撤换。这种纵向的厂长任免机制应该尽快改变。在建立现代企业制度以后，股份公司的经理只能由董事会聘任或解聘，不能由股东会或上级党政部门直接任免。这样，才能使经理对董事会负责，最终按照所有者的意愿行事。三是要通过建立经营者的资格认证制度、竞争机制、监督机制和奖罚机制等途径，逐步形成一支职业化的社会主义企业家的队伍，为选择优秀的经营者提供丰富的人才资源。当然，除了选好厂长（经理）之外，还要选好书记。厂长（经理）和书记要各司其职，善于团结和带领一班人，齐心协力地搞好企业的改革和发展大业。

强化企业管理，必须全心全意依靠工人阶级。全心全意依靠工人阶级，是我们党搞好国有大中型企业的一条基本方针，是社会主义企业管理的一项基本原则。然而，我国近几年在这一重大问题上却出现了严重的混乱。有些同志把提高国有企业经营者的地位同工人阶级的主人翁地位割裂开来甚至对立起来，这当然是不正确的。而有些同志以建立劳动力市场为由，竭力散布国有企业劳动者的劳动力也是商品的观点，从根本上否定工人阶级当家做主的民主权利，否定国有企业全心全意依靠工人阶级的必要性，这更是一种理论上的倒退。我们认为：劳动力资源是通过计划还是通过市场进行配置，是属于经济运行机制的浅层次问题；而劳动力是否商品，则属于直接关联基本经济制度和基本政治制度的深层次问题；在我国建立劳动力市场以后，不仅纯粹的社会主义公有制企业中劳动力不是商品，而且社会主义公有制占主体的企业中劳动力本质上也不是商品①。我国《全民所有制工业企业法》规定："国家保障职工的主人翁地位，职工的合法权益受法律保护""企业通过职工代表大会和其他形式，实行民主管理。"国有企业改革本质上是社会主义制度的自我完善，工人阶级主人翁的地位和作用只能加强，而不能削弱。

强化企业管理，还必须认真实习和采用国内外先进的管理经验和管理方法。发达资本主义国家的企业管理，既有与雇佣劳动的剥削制度相联系的一面，也有体现现代化大生产普遍规律的一面。国有大中型企业同样是建立在社会化大生产的基础之上，对于发达资本主义国家企业管理中体现

---

① 郭飞：《社会主义劳动力非商品论》，载于《经济研究参考》1995 年第 9 期。

现代化大生产普遍规律的先进经验和方法，无疑应该认真学习和吸收。与此同时，也应重视学习和推广我国国有企业在实践中探索和总结出来的行之有效的管理经验和管理方法（如鞍钢的"两参一改三结合"、武钢的"质量效益"管理制度、宝钢的"标准成本管理法"和邯钢的"模拟市场核算、实行成本否决"的管理经验等）。应该指出，国内先进企业的管理经验和管理方法，是植根于中国大地的成功的企业管理之道，不仅更容易学，而且也颇见成效。

三、科技进步

科学技术是第一生产力，是经济和社会发展的首要推动力量，是国家强盛的决定性因素。在当今发达国家中，科学技术对经济增长的贡献率一般达到60%~80%，而我国目前仅占30%左右。我国国有大中型企业的关键设备，达到和接近国际先进水平的仅占15%；我国国有大中型企业中，经过比较全面的技术改造的只占20%。我国工业技术水平与发达国家相比，大约落后15~20年。《中共中央、国务院关于加速科学技术进步的决定》中指出："搞好国有大中型企业，调整产业结构，提高劳动生产率和经济效益，加快产品的更新换代，提高产品质量和市场竞争力，必须把科技进步作为关键措施。"

大力推进国有大中型企业的科技进步，应主要解决好四个问题：

1. 加大技术改造的力度。我国相当一部分国有大中型企业都是本世纪五六十年代建立起来的。长期以来，由于利税上缴过多，重生产、轻改造，导致设备陈旧，工艺老化，产品几十年一贯制。在向市场经济转轨的过程中，面对非国有企业和国外企业的尖锐挑战，不进行技术改造，拿不出新产品，在市场上就没有竞争力。"不搞技改是等死"。此言虽然尖刻，却是一语中的。北京第一机床厂近几年来累计投资2.8亿元大搞技术改造，成绩斐然。该厂目前已能生产包括NC铣床和超重型龙门铣床在内的先进机床，产品遍布全国各地区、各行业并远销世界50多个国家和地区，1995年11月还荣获美国机械工程制造协会颁发的"工业领先奖"。该厂的经验值得借鉴。然而，由于多种原因，我国许多国有大中型企业的技改力度仍然不大。尤为令人惊讶的是，我国国有经济中技改投资占固定资产投资的比重，竟由 80 年代末的 30% 以上降至 1994 年的 25%，这种状况亟须改变。

2. 既要引进先进技术，又要重视消化创新。我国国有大中型企业在引进国外先进技术方面存在诸多问题，例如引进的硬件多，软件少；中等技术多，高新技术少；重复引进，等等。其中很重要的问题是，我们对引进技术的消化不够，创新就更不够。以消化而论，根据国外经验，引进技术费用与研究、配套费用之比一般应为 1:6～1:7，而我国则除沿海个别地区达到这一比例外，多数地区仅为 1:2～1:3。如果不能尽快地消化引进的先进技术并加以创新，就只会永远在外国先进技术的后面爬行，始终充当外国公司的销售市场。因此，要鼓励国有大型企业建立技术开发中心，加强科研院所、高等院校和国有大中型企业之间的联合，促进对引进技术的消化吸收，增强自主开发和创新能力。目前，国家经贸委已决定组织实施"技术创新工程"，拟在 300 户重点国有企业率先建立技术中心，并首批选择 20 户企业进行试点，这是一个良好的开端。

3. 主要依托现有企业搞好技术改造。依托现有企业搞技术改造，与新建同样企业相比，具有投资少、周期短、效益高的特点。燕山石化公司将生产能力由年产 30 万吨乙烯改造为 45 万吨，产量增加 15 万吨，仅投资 28 亿元，用了 28 个月；而新建 1 个年产 14 万吨乙烯的企业，则要投资 60 亿～70 亿元，建设周期为 4～5 年。当然，依托现有企业搞内涵式的扩大再生产，并不排除国家根据需要新建一批关系国计民生的具有较高技术起点和较好经济效益的重大项目。

4. 技术改造的投资主体要由政府为主向企业为主转变。这既是建立社会主义市场经济体制的客观要求，也是转变经济增长方式的重要途径。然而，当前不少国有大中型企业的经济效益滑坡，技改资金严重匮乏，单靠企业自身力量进行技术改造确实勉为其难。在此情况下，国家有必要对国有大中型企业的技术改造采取倾斜政策。一是应专设国有大中型企业重大技术改造基金，并列入国家预算，以集中财力重点扶持一批领导班子好、转换经营机制好、市场前景好的国有大中型骨干企业搞好技术改造。二是应逐步提高技术改造贷款在新增固定资产投资贷款中的比重。三是每年应增加一定额度的财政拨款用于国有大中型企业技术改造的贷款贴息。当然，国有大中型企业要奋发自强，主要依靠企业多渠道地筹集技改资金。

四、政企分开

政企不分是传统经济体制的根本弊端。实现政企分开，既国有大中型企业建立现代企业制度的迫切要求，也是经济体制改革的一个重点和难点。

实现政企分开，政府是矛盾的主要方面。就基本任务而言，即是要把政府的社会经济管理职能和国有资产所有者职能区分开来，把国有资产的所有权和经营权区分开来，政府对企业的管理由指令性计划为主转变为以经济和法律手段为主，企业成为自主经营、自负盈亏、自我发展、自我约束的法人实体和市场竞争主体。

实现政企分开，转变政府职能，关键是搞好国有资产管理体制的改革。国有资产管理体制改革总的原则是"国家统一所有，政府分级监管，企业自主经营"。为此，我国已经提出并正在努力建立三个层次的国有资产管理和监督体系。第一个层次是国有资产的行政管理机构①。其主要职能是：（1）制定并贯彻国有资产的占有、使用、处置的法规制度。（2）组织清产核资、产权登记、产权界定、资产评估等基础管理工作。（3）汇总国有资产的信息，建立企业财产统计报告制度，并纳入国家统计体系。（4）制定国有资产保值增值指标体系，从整体上考核国有资产经营状况。（5）建立并管理国有资产经营组织。（6）对非盈利性的国有资产进行授权管理。（7）在国务院规定的职权范围内会同有关部门协调解决国有资产产权纠纷。第二个层次是从事国有资产经营的组织（如国有投资公司、国有资产经营公司、国有资产控股公司等），它们受托作为国有资产所有者的代表对生产经营性企业进行持股、控股并对国有股进行买卖。其主要职能是：（1）筹集资金，开展投资和产权转让业务。（2）派代表参与对投资企业的

---

① 国内有一种观点认为，我国目前的国有资产管理局隶属于财政部，难以起到理论界所设想的国有资产管理委员会应起到的作用。因此，建议国有资产管理局与国家经贸委成立国家国有资产管理委员会。

管理。（3）研究并制定公司的发展战略。（4）对子公司的发展方向、发展战略、投资重点等进行指导，并在信息、市场开发、政策咨询、职工培训等方面提供服务。（5）根据其投资方式和数量，从企业获取相应的资金收益。（6）通过向国家上交部分资产收益、保证资产增值等形式承担对国家的经济责任。（7）参与对破产企业财产及债务的清理，维护国家利益。第三个层次是生产经营性企业中的国有资产代表。按照《公司法》和《国有企业财产监督管理条例》等有关规定，对于没有进行公司化改造的国有企业来说，国有资产的管理职能主要由外部的国有资产监督机关和企业内部的监事会承担；对于国有独资公司来说，公司内部的国有资产管理职能由董事会和监事会承担；对于国家控股、参股的股份公司来说，公司内部国有资产的管理职能由政府授权部门或国有资产经营公司派入的股东代表承担。当然，国有资产管理体制改革的上述框架会随着实践的发展而不断完善。

实现政企分开，还必须在转变政府职能、改革国有资产管理体制的同时，按照精简、统一、效能的原则，积极稳妥地推进政府机构改革。要加强政府的综合经济管理部门，将其逐步建设成为职能统一、具有权威的宏观调控部门。专业经济管理部门要将国有资产监管职能、社会经济管理职能、行业协调服务职能分开，逐步改组为不具有政府职能的经济实体，或改为国家授权经营国有资产的单位和自律性的行业管理组织。对政府的其他部门也要进行合理调整。

五、配套改革

搞活搞好国有大中型企业，从外部条件看，除了实行政企分开之外，配套改革涉及方方面面。笔者认为，在今后的一段时期内，重点是要加快社会保险制度和对外经济贸易体制的改革。

社会保险制度包括养老保险、失业保险、医疗保险等方面的内容，是社会保障制度的核心。纵观我国18年来的经济体制改革，社会保险制度的改革长期严重滞后，极大影响了整个经济体制改革的进程。党的十四届三中全会通过的《中共中央关于建立社会主义市场经济体制若干问题的决定》，勾画了我国社会保险制度改革的基本框架。党的十四届五中全会通过的《中共中央关于制定国民经济和社会发展"九五"计划和 2010 年远景目标的建议》则要求，在"九五"期间，"要加快养老、失业和医疗保险制度改革。"当前的一个突出问题是，相当一部分国有大中型企业由于经济效益低下，拿不出足够资金参加养老、失业和医疗保险制度的社会统筹，从而使职工和离退休人员处于窘迫的境地，并且已经构成经济发展和社会生活中的不安定因素。国内有学者提出，应从现有国有资产中划出一定比例作为社会保障专项基金，重点解决国有企业的社会保险基金问题。笔者认为，这一建议不无道理。首先，我国的国有企业在传统经济体制下长期实行的是低工资制，职工的生、老、病、死、残全部由企业统包统管，企业的社会保险基金全部采用现收现支方式，并没有预留储蓄。这就是说，在传统经济体制下国有企业应预留储蓄的相当大的一部分社会保险基金事实上早已转化为利润和国有资产。其次，在经济体制转轨的较长时期中，国有企业的税负过重，非国有企业则税负过轻。据国家经贸委的统计，1980～1993 年，国有企业的平均税负为 86%，大大高于国外企业 30%～40% 的税负水平[①]。1994 年税制改革前，国有大中型企业的所得税税率为 55%，私营企业的所得税税率为 35%，乡镇企业的平均所得税税率仅为 20% 左右，"三资企业"的所得税税率只有 15%，且乡镇企业、"三资企业"还享有 3～5 年的减免税优惠。从一定意义上说，改革开放以来非国有经济的迅猛发展，是靠加重国有企业特别是国有大中型企业的税负、减轻非国有企业的税负，从而弱化国有企业的积累和发展机制来实现的。第三，我国目前拥有国有资产总量（不包括矿藏等资源性国有资产）5 万多亿元，估计"九五"期间每年国有资产净增约为 5000 亿元。即使政府在今后一段时期中每年从国有产权价值中拿出 500 亿元设立社会保障专项基金，国有资产年净增量也在 4500 亿元左右。过去，在传统经济体制下是"寅吃卯粮"。现在，向市场经济体制转轨中"补欠账"，买安定，求发展，应视为利国利民之策。当然，国有大中型企业职工的社会保险基金，应由国家、企业和个人三方面合理负担。要在职工工资水平提高的基础上，逐步提高个人的缴费水平。到本世纪末，个人负担的社会保险费用大体达到本人收

---

① 舒志军：《国有企业改革若干问题简述》，载于《经济学动态》1996 年第 3 期。

入的 6% ~ 8%，某些发达城市的个人缴费比例可达到 10% 左右。同时，要进一步拓宽就业渠道，积极开发劳动者的职业技能，充分发挥政府、企业、劳动者和社会各方面的积极性，重点解决国有大中型企业富余职工的分流安置问题。

加快和深化对外经济贸易体制改革已成为当务之急。这方面涉及的问题很多，在此重点提及利用外资与保护和发展民族工业的问题。截至 1995 年底，我国共引进外资 1333 亿美元（不含贷款），注册"三资企业"23.4 万户；近年来，外商投资占全国固定资产投资总额的 20% 左右，"三资企业"进出口总额占全国进出口总额的 39.1%①。毫无疑问，我国在引进外资工作中取得了较大成绩。然而，我国在大规模引进外资的过程中也出现了一些引起人们日益关注的严重问题。一是引进外资的结构不合理。截至 1994 年，"三资企业"中外商投资额在 1000 万美元以上的企业不到 3%，绝大部分是 500 万美元以下的中小企业；95% 以上的外资都投向沿海地区，投向中西部地区的外资仅占 3.1%。二是外商选择我国行业排头兵进行合资甚至控股，使内技术开发能力下降，部分国货名牌被挤出市场。我国有些部门和行业的外资比重相当大，在某种程度上已经起到了垄断和控制的作用。我国的一些大型国有企业与外商合资后由外商控股。例如，我国最大的轴承厂——哈尔滨轴承厂，外商控股 51.6%；我国最大的印刷机械厂——上海人民机械厂，外商控股 60%；香港中策公司董事长黄鸿年在短短两年中，投资 33 亿元人民币，以"合资嫁接"方式把国内不同行业和地区的百余家国有企业成批改建为 35 家中外合资公司，每家公司都由中策公司控股 51% 以上，黄鸿年担任董事长②。同时，在中外合资的过程中，普遍存在高估外商设备的价格、低估中方资产（特别是无形资产）的问题，从而造成国有资产的严重流失。三是某些行业的大部分市场已由外商控股的合资企业占领，而出让市场并没有换回先进技术和增加出口能力。四是各地政府竞相采取优惠政策使外商投资获得了"超国民待遇"，加剧了与国有企业特别是国有大型企业的不平等竞争。五是外资企业的偷、漏

---

① 引自《经济日报》1996 年 6 月 20 日。
② 张问敏等编：《中国经济大论战》，经济管理出版社 1996 年版，第 135 页。

税现象突出。对此，我国应在认真总结经验教训的基础上，采取包括改革对外经济贸易体制在内的种种有效措施，继续扩大对外开放，不断提高利用外资水平，促进民族工业的发展。第一，国务院似应成立国家外资管理委员会，以制定利用外资的发展战略和规划，建立科学的外资质量评价体系，加强对引进外资的宏观管理和综合协调。第二，要调整对外资的优惠政策，逐步对外商投资企业实行国民待遇。吸引外资主要靠有吸引力的市场和优越的投资环境，靠健全的法制和高效的管理。应将过去对外资的普遍优惠政策改变为有选择的优惠政策，积极引导外资参与能源、交通、农业等基础性项目的建设和老企业的技术改造，更多地流向中西部地区。应尽快统一内外资企业的所得税，进一步规范税制，为中外企业创造平等竞争的条件。第三，要按照国际惯例，尽快制定符合中国特点的外资并购的法律法规，在关系国民经济命脉的某些重点行业应禁止或限制外资进入且不允许外商收购、兼并国有骨干企业或进行控股。第四，要认真实施《国有资产评估管理办法》，防止外资并购和中外合资过程中国有资产的流失。第五，要运用国际经济通则，合理与适度地保护国内市场。特别是要采取有力的反倾销手段，保护民族工业的发展。

此外，还必须进行经济体制其他方面的配套改革，并将经济体制改革与政治体制改革有机地结合起来。

六、扶优汰劣

在市场经济条件下，企业有生有死，优胜劣汰，这是客观规律。美国每年要诞生一百多万个公司，同时要淘汰几十万个公司。其中，新的小企业在两三年后一般要被淘汰掉2/3。企业被淘汰之后，其资产很快就通过各种途径流向好的企业。我国国有企业改革在较长时间内没有充分重视和利用淘汰机制，力图把每个企业都搞活，对扭亏无望甚至资不抵债的企业也要尽力"抢救"，其结果是"少数企业死不了，多数企业活不好"。这种思路违背市场经济规律，必须坚决改变。

首先，要着眼于搞好整个国有经济，正确实施"抓大放小"的方针。江泽民在党的十四届五中全会上的讲话中指出："积极推进国有企业改革，集中力量抓好大型国有企业，对一般小型国有企业进一步放开放活"。国家经贸委提出：要抓好 1000 户国有大中型重点企业，首先要着重抓好其中的 300 户企业，壮大其实力。这 300 户重点企业虽然户数不多，但资产总额占全国预算内工业企业的 46.4%，销售收入占 52%，利税收入占 67%。这些企业是国有经济的龙头，是国有经济的重中之重。要真抓实干，通过多种途径抓好这些重点企业，进而带动其他的一大批企业，更好地发挥国有经济的主导作用和整体优势。与此同时，要放开搞活国有小型企业。必须明确，放开搞活国有小型企业绝不是一放了之，更不是一卖了之，而是要因地、因行业制宜，选择适合企业生产力水平和自身特点的形式，不搞"一刀切"。李鹏总理在八届人大四次会议所作的《政府工作报告》中指出："放活国有小企业，可以区别不同情况，采取改组、联合、兼并、股份合作制、租赁、承包经营和出售等形式。从一些地方的实践看，国有小企业经过改革改组，绝大部分仍然是国有经济或者集体经济，即不同形式的公有经济，出售给私营企业或个人的是少数。"

其次，要提倡规模经济，引导和推进企业兼并。我国在适合大规模生产的产业中，企业"小""散""多"的状况相当突出。1994 年，我国汽车年产 140 万辆，而拥有的汽车厂却有 130 多家，80% 的厂家年产量不足 1000 辆，年产超过 5 万辆的汽车厂仅有 6 家，年产超过 10 万辆的汽车厂仅有 3 家。按照目前的国际标准，单个汽车企业的最小经济规模为 40 万 ~ 60 万辆。在当今世界，汽车年产量超过百万辆的企业已有 12 个，其产量之和约占全球汽车总产量的 77%。再如，世界上炼油企业生产规模年均 500 万吨，最大的炼油厂年产 3000 万吨，而我国 116 个炼油企业平均规模为 167 万吨。在可以实行规模经济的产业中搞"小而全""中而全"，很难降低成本，增加盈利，不断采用先进技术，在国内外的竞争中取胜。我国像宝钢、长虹电视集团那样的能与西方跨国公司相抗衡的"航空母舰"确实太少了。在世界 500 家最大的工业企业中，我国作为拥有 12 亿人口的泱泱大国尚无一席之地。小炮艇打不赢现代海战，更不用说机帆船和小舢板了。为此，我们必须把兼并的号角吹得更响，推动国有存量资产的重组和优化，推动国有大中型企业取得规模效益。我们不仅要搞强兼并弱，而且要搞强强兼并。在兼并中，要坚持自愿有偿的原则，不搞"拉郎配"；要对国家财产负责，不能借兼并之名，行赖债之实；要努力得到广大职工的理解和支持。近几年来，哈尔滨市搞跨地区、跨行业、跨所有制的企业兼并较有成效。截至 1995 年 10 月，该市 188 户企业兼并了 231 户企业，有 3 亿元资产、278 万平方米场地、68 万平方米厂房得到了优化重组，3 万名职工得到了妥善安置。当然，对那些长期亏损、资不抵债、扭亏无望的企业，则必须依法破产①。

最后，要重视和实施"名牌战略"。经济竞争集中表现为市场竞争，市场竞争集中表现为品牌竞争。一个地区或国家，要对本地区或本国的市场"守得住"，对外地区或外国的市场"打得进"，主要靠名牌产品。"市场是海，质量是船，名牌是帆"，形象地揭示了质量与名牌的内在联系和名牌在市场竞争中的重要性。在外国名牌产品大举进入我国市场并对我国民族工业和国有大中型企业构成巨大威胁的严峻形势下，我国必须正确实施"名牌战略"，以此作为振兴民族经济的必由之路。企业要有创名牌的战略，国家和各级政府要有用名牌和扶持名牌的战略。对于后者，国家和各级政府一是要正确运用国际经济通则，适度保护国内市场；二是要对制造地方名牌产品特别是国家名牌产品的企业给予资金上的支持和政策上的优惠；三是要大力宣传国货名牌，合理引导人民消费；四是要进一步整顿市场秩序，加大打击假冒伪劣商品的力度。

本文中的六条因素在内容上难免有所交叉，但都具有各自相对的独立性。在内外因关系上，我们认为以内因为主，重在"练内功"。这六条又可以进一步概括为深化改革（第一、第四、第五条）、强化管理（第二、第六条）与科技进步。其中，深化改革是根本前提，强化管理是基础，科技进步是关键。

搞活搞好国有大中型企业，是当代中国人民责无旁贷的历史重任，是中国经济体制改革的攻坚战。这是一个充满痛苦和希望的自我扬弃的过程，是烈火熔金的过程。只要党和国家的政策措施得当，只要国有企业职工群策群力，奋起自救，中国的国有大中型企业终将走出低谷，再现辉煌！

---

① 1996 年 7 月，国家经贸委和中国人民银行联合下发了《关于试行国有企业兼并破产中若干问题的通知》，这对于部分国有企业的兼并破产工作无疑是一个强有力的推动。

关于国有大中型企业布局
调整与强化管理的思考[*]

　　当代社会主义制度的命运，社会主义制度在历史上的命运，在较大程度上与中国社会主义制度的命运密切相关。建设有中国特色社会主义的伟大事业能否持续健康地向前发展，取决于国内外的诸多因素。从国内来看，关键因素之一是要搞好国有大中型企业的改革与发展。

　　在一个长期实行计划经济体制的社会主义大国建立起市场经济体制，这在人类社会中是前所未有的伟大创举。建立社会主义市场经济体制，就是既要发挥社会主义经济制度的优越性，又要发挥市场经济运行机制的长处，其实质在于解决公有制与市场经济的有效结合问题，其重中之重、难中之难在于解决国有企业与市场经济的有效结合问题。改革开放以来，我国把国企改革特别是国有大中型企业的改革作为整个经济体制改革的中心环节，在解决国有企业与市场经济的有效结合问题上不仅从理论上有明显的突破，而且在实践中也有较大的进展。国有企业经营机制和管理体制发生了深刻的变化，国有经济的布局和结构调整取得了积极的进展，国有经济的总体实力进一步增强。一批国有和国有控股企业在改革中焕发出新的生机，在市场竞争中逐步成长壮大。然而，要真正解决好国有企业与市场经济的有效结合问题，充分发挥国有经济的主导作用，构建较为完善的社会主义市场经济体制，任务仍十分艰巨。近几年来，笔者围绕搞好国有大中型企业的改革与发展问题发表过一些论文，^① 其基本思路可以归纳为结

---

　　* 原载《金融科学》1999 年第 4 期，对原文的标题有所调整。
　　① 郭飞：《试论搞活搞好国有大中型企业的基本途径》，载于《金融科学》1996 年第 4 期；《东方社会主义大国的正确抉择》，载于《金融科学》1997 年第 4 期；《大胆探索和采用公有制的有效实现形式》，载于《中国教育报》1997 年 10 月 3 日；《企业技改亟待四个转变》，载于《金融时报》1997 年 5 月 18 日等。

构优化、体制创新、强化管理、技术进步和配套改革。而这五条又可以进一步概括为深化改革、强化管理和技术创新三条。其中，深化改革是前提，强化管理是基础，技术创新是关键。限于篇幅，笔者在此仅对其中的两个问题进一步发表看法。

一

国有大中型企业是国有企业的核心和主干，其布局与国有经济布局紧密联系。近几年来，国内某些人或者直截了当，或者隐晦其词，竭力主张国有经济应退出竞争性领域（以下简称"退出论"）。持"退出论"者认为：所谓竞争性领域，是指"投资以盈利为目的"的领域，实际上是指那些非垄断好赚钱的部门；国有经济应"退出竞争性领域"，把竞争性领域让给非国有企业；国家只应经营基础项目（包括"铁路、公路、码头、水库、堤坝、电站、电讯等"）和公益性项目（包括"国防设施及教育、文化、卫生、体育、环境保护设施等"）。对于"退出论"，笔者并不赞同。笔者在过去撰文评论的基础上重申三个观点：

第一，"退出论"实际上是照搬发达资本主义国家的做法。在发达资本主义国家，国有经济是国家垄断资本主义性质的经济形式，归根结底是为垄断资产阶级的全局和长远利益服务的。因此，这些国家的国有经济一般只是在所谓"市场失效"的领域（包括不赚钱或必然亏损的公益性行业和投资大、周期长、外部效益较为明显的基础设施等部门，即私人资本不愿进入或无力进入的领域）中发挥作用，而竞争性部门（即基本上不存在进入与退出障碍、以盈利为经营目标的部门）则由私人企业所盘踞。可见，主张"退出论"并不是某些人的"新发明"，只不过是套用了发达资本主义国家国有经济的布局模式。

第二，"退出论"不符合我国的国情。我国是社会主义国家，国有经济是我国现阶段社会主义全民所有制经济的必然表现形式，是我国国民经济的支柱。从社会化大生产和市场经济的一般规律出发，我国的国有经济与发达资本主义国家的国有经济在布局上必然有某些相似之处；但是，从社会主义国家的全局和长远利益出发，从一个经济文化比较落后的国家实现工业化和现代化的特殊历史要求出发，我国的国有经济与发达资本主义国家的国有经济在布局上也必然存在明显的不同之处。如果我国的国有经济从包括汽车、机械、电子、建筑等支柱产业在内的竞争性部门全部撤出，那么，社会主义国民经济的独立性和完整性将无法保证，社会主义国家宏观调控的基础和作用将严重削弱，最终则必然滑入私有化的陷阱。

第三，应深入贯彻中共十五大和十五届四中全会精神，合理调整我国国有经济布局。在传统的计划经济体制下，我国的国有经济在国民经济的几乎所有领域（除农业等部门外）一统天下，导致国有经济战线过长、力量分散、资源配置不尽合理等弊端，既不利于充分调动非国有经济的积极性，又削弱了国有经济对某些重要部门的控制力，从而有碍于提高国民经济的整体素质。中共十五大报告指出："要从战略上调整国有经济布局。对关系国民经济命脉的重要行业和关键领域，国有经济必须占支配地位。在其他领域，可以通过资产重组和结构调整，以加强重点，提高国有资产的整体质量。"十分明显，这是把国有经济分布的领域划分为两大块：一块是国有经济必须占支配地位的领域，即"关系国民经济命脉的重要行业和关键领域"。根据江泽民总书记 1999 年 8 月 12 日在东北和华北地区国有企业改革和发展座谈会上的讲话精神，关系国民经济命脉的"关键领域"至少包括金融、铁路、电信、航空、石油、电力等部门，"重要行业"至少包括能源、交通、邮电等基础部门和冶金、石化、化工、汽车、机械、电子等重要原材料行业和支柱产业。党的十五届四中全会通过的《关于国有企业改革和发展若干重大问题的决定》则进一步指出："国有经济需要控制的行业和领域主要包括：涉及国家安全的行业，自然垄断的行业，提供重要公共产品和服务的行业，以及支柱产业和高新技术产业中的重要骨干企业。"毫无疑问，国有经济必须占支配地位的部门中必然包括某些竞争性部门；与此同时，某些公益性和基础设施部门也并非不允许非国有经济进入。另一块则是"其他领域"。即使在这些领域中，国有经济也不是全部撤出，而是要通过资产重组和结构调整，以加强重点，提高国有资产的整体素质。应该强调指出，我国是世界上最大的发展中国家，建立和实行的是社会主义市场经济体制。社会主义市场经济体制不仅要充分发挥市场对资源配置的基础性作用，而且也要加强宏观调控。为了顺利实现我国经济体制和经济增长方式的两个"根本性转变"和现阶段的经济发展战略目标，我国应在尊重企业自主权和市场竞争规律的前提下，加大对国有经济布局的宏观调控力度。首先，国家应成立专司国有经济布局调整的领导机构，进一步明确界定近期我国关系国民经济命脉的关键领域和重要行业的具体范围，避免无谓的争论和别有用心的误导。其次，政府应进一步明确规定在上述范围内的哪些部门必须由国有经济独家垄断，哪些部门可以通过国有独资企业、国有控股和参股企业发挥作用而占支配地位。再次，国家应实行"有进有退、有所为有所不为"和"抓大放小"的方针，紧密结合产业结构的优化升级和所有制结构的调整完善，从宏观经济政策和调控手段上进一步扶持和加强处于关系国民经济命脉的关键领域和重要行业的实力雄厚、竞争力强的国有及国有控股的大型企业和企业集团，充分发挥它们在资本营运、技术创新、市场开拓等方面的优势，使之成为国民经济的支柱和参与国际竞争的主要力量；与此同时，帮助某些国有企业从一部分竞争性部门和其他部门中逐步退出。

二

"管理是企业永恒的主题"。[①] 在当今世界，任何一个优秀的企业无不伴有成功的管理。良好的体制固然可以为管理提供有效的制度框架和活动空间，但也丝毫不能取代管理。通常所说的国有大中型企业"钱从哪里来、人往哪里去、货往哪里销、负担怎么减"等难点问题，在很大程度上也是管理问题。目前，不少国有大中型企业经济效益不佳，经营管理不善是重要或主要原因。全面加强国有大中型企业的经营管理，至少应做好以下四个方面的工作：

1. 建设好企业的领导班子，关键是选好用好一把手。俗话说："兵熊熊一个，将熊熊一窝。"大量事实证明，选好用好企业的一把手至关重要。吉林化纤（集团）有限公司在 14 年中企业资产增长近百倍，职工工资增

---

① 江泽民：《坚定信心 深化改革 开创国有企业发展的新局面》，载于《经济日报》1999年 8 月 13 日。

长约10倍，成功的诀窍之一是有一个有本事的当家人——付万才。付万才有一句名言："企业领导一要干净，二要干事。"实际上，在付万才身上所体现的是知难而进、不断进取的精神，是深化改革、开拓市场、加强管理、注重技术创新和提高产品质量及改善服务的意识和思路，是从严治厂、真抓实干、艰苦奋斗的行动，是廉洁自律、与群众同甘共苦的作风。付万才不愧为新时期国有大中型企业经营管理者的楷模。我国现在抓的512家国有重点企业，关键因素之一在于选好用好这些企业的一把手。这不仅关系到我国国有大中型企业的命运，也关系到我国社会主义制度的命运。而要真正选好用好国有大中型企业的一把手，根本之点在于要探索、规范和完善适应社会主义市场经济要求的国有企业经营者的培养、选拔、管理、考核、监督的办法，强化激励和约束机制。为此，一是要使企业经营者走职业化、市场化之路，由委任制为主转变为双向选择、竞争聘任制为主；二是选聘企业经营者不能仅靠董事会、监事会以及党委会作为决策主体，还应充分发挥职代会的作用；三是要按照《公司法》的有关规定建立起决策、经营和监督机构，既充分发挥企业经营者的作用，又对其权力进行合理和有效的约束；四是对企业经营者实行由基本年薪和绩效年薪制（对于上市公司法人代表的绩效年薪可引入一定比例的股票期权）和风险财产抵押制度，真正把经营者的利益与所有者的利益、企业职工的利益紧紧地"捆"在一起，并实现经营者短期利益与长期利益的正确结合；五是建立和健全企业经营者业绩考核制度和决策失误追究制度，实行企业领导人员任期经济责任审计，对于违法违规等人为因素给企业造成重大经济损失的要依法追究其责任，并不得继续担任领导职务；六是尽快建立企业经营者的正规培训制度和科学评价机制。与此同时，要组建一个好的领导班子，充分发挥党组织的政治核心作用。

2. 要全心全意地依靠职工群众。在国有大中型企业中，职工群众是主人翁，而不是"主人空"。凡是改革和发展搞得好的国有大中型企业，其基本经验之一就是"以人为本"，充分发挥了职工群众的主人翁作用。江泽民总书记最近强调指出："要全心全意地依靠职工群众，切实尊重职工的主人翁地位，充分发挥职工群众的积极性、主动性和创造性，发挥工会和职工代表大会在民主决策、民主管理、民主监督中的作用。"① 这对于搞好国有大中型企业的改革和发展具有很强的针对性和重大的指导意义。

3. 必须认真学习和采用国内外先进的管理经验和管理方法。资本主义国家的企业管理已有几百年的历史，某些符合社会化大生产和市场经济规律的先进管理经验和管理方法值得我们认真学习和借鉴。例如，某些资本主义国家的机床厂家实行的"哑铃型"管理模式（即重视产品开发，重视产品销售和售后服务，以总装为主，实行专业化生产），就比我国机床厂家长期实行的"橄榄型"管理模式（即忽视产品开发，忽视产品销售和售后服务，"小而全"，"大而全"，以生产普通产品为主）更有竞争力。1990~1995 年，我国国产机床在国内机床市场上所占的份额由 70% 陡降为 30%，企业管理模式的落后是主要原因。以先进的"哑铃型"管理模式取代落后的"橄榄型"管理模式，对搞好我国国有大中型企业来说具有极为重要的意义。而邯钢实行的"模拟市场核算、实行成本否决"的管理方法，在我国国有企业推广后也产生了良好的示范效应。学习和采用国内外先进的管理经验和管理方法，全面加强企业的经营管理，要以质量效益为中心，在提高产品质量和"三率"（即市场占有率、资金利润率和劳动生产率）上狠下功夫。当前，除了要加强企业发展战略研究和搞好风险管理之外，应突出抓好成本管理、资金管理和质量管理。不久前，国家经贸委在全国国有企业推广了"亚星"经验。山东潍坊亚星集团实行购销比价管理，五年来仅物资采购就节支 7092 万元，其采购成本与国内同行业厂家相比平均低 8 个百分点左右。有人算过一笔账：如果全国国有大中型工业企业降低采购成本 2~3 个百分点，一年即可增加效益约 500 亿元，比 1998年国有和国有控股工业企业全年实现的利润总和还要多。可见，"管理出黄金"，国有大中型企业强化管理仍有很大的潜力。

4. 切实加强企业文化建设。企业文化也是一种无形资产。企业文化对企业职工具有导向、凝聚、激励、规范等功能，是企业兴衰成败的重要制约因素。东风汽车公司锐意进取，"视今天为落后"，这种企业文化是富有

---

① 江泽民：《坚定信心　深化改革　开创国有企业发展的新局面》，载于《经济日报》1999年 8 月 13 日。

特色的;贵阳桥梁厂重视提升人的素质,申明"人品与产品同在",这种企业文化也是值得推广的;而柳州建筑机械厂呕心沥血铸名牌,弘扬"山羊精神",这种企业精神值得大力提倡。毫无疑问,合理布局,强化管理,必将极大地推动国有大中型企业的改革与发展,从而有力地促进有中国特色社会主义的伟大事业。

发展混合所有制经济与国有企业改革[*]

　　党的十八届三中全会通过的《中共中央关于全面深化改革若干重大问题的决定》提出："国有资本、集体资本、非公有资本等交叉持股、相互融合的混合所有制经济，是基本经济制度的重要实现形式，有利于国有资本放大功能、保值增值、提高竞争力，有利于各种所有制资本取长补短、相互促进、共同发展。允许更多国有经济和其他所有制经济发展成为混合所制经济。"

　　在中共中央重要文件中，早已提出了发展混合所有制经济的思想。1993 年，党的十四届三中全会通过的《中共中央关于建立社会主义市场经济体制若干问题的决定》提出："随着产权的流动和重组，财产混合所有的经济单位越来越多，将会形成新的财产所有结构"。1999 年，党的十五届四中全会通过的《中共中央关于国有企业改革和发展若干重大问题的决定》提出："国有资本通过股份制可以吸引和组织更多的社会资本，放大国有资本的功能，提高国有经济的控制力、影响力和带动力。国有大中型企业尤其是优势企业，宜于实行股份制的，要通过规范上市、中外合资和企业互相参股等形式，改为股份制企业，发展混合所有制经济，重要的企业由国家控股"。2003 年，党的十六届三中全会通过的《中共中央关于完善社会主义市场经济体制若干问题的决定》提出："大力发展国有资本、集体资本和非公有制资本等参股的混合所有制经济，实现投资主体多元化，使股份制成为公有制的主要实现形式。"从提出使股份制成为公有制的主要实现形式，到提出混合所有制经济是基本经济制度的重要实现形式，这是中国共产党重要的理论创新，同时也为坚持和完善我国现阶段的基本经济制度指明了重要路径。

＊ 原载《光明日报》2014 年 4 月 2 日。

什么是混合所有制经济？从已有权威的经济学教材或辞典上，恐怕找不到专门词条，更找不到相关释义。在国内影响颇大的许涤新主编的《政治经济学辞典》中，有对"混合经济论"的解释。所谓"混合经济"（Mixed Economy），实质上是指公私混合经济。该观点最早由英国著名经济学家凯恩斯提出。凯恩斯在其《就业、利息和货币通论》一书中极力主张资本主义国家的政府对经济进行干预，扩大政府职能，"让国家的权威与私人的策动力互相合作"。凯恩斯在美国的追随者之一汉森比较系统地解释了"混合经济"的含义。他认为，19世纪末期以后大多数资本主义国家已不再是单一的纯粹的私人资本主义经济，而是同时存在着"社会化"的公共经济，因而成为公私"混合经济（或"双重经济"Dual Economy）。所谓社会化的公共经济在生产上是指国有企业，在收入和消费上是指公共卫生、房租低廉的住宅和社会安全与福利开支等。凯恩斯的另一个追随者——美国著名经济学家萨缪尔逊，在他编撰的《经济学》教科书中也一再论述混合经济，并认为这是资本主义国家发展的必然趋势。

对于混合所有制经济，国内有一种较为权威的观点认为：混合所有制经济是指不同性质的资本联合、融合或参股而形成的经济成分，一般采取股份制的资本组织方式。它以社会中存在多种所有制经济成分为前提，通过各类性质的产权在市场中以多种形式自主流动和重组形成，并适应竞争的需要不断变化资本结构。笔者认为，对于混合所有制经济，既可以从宏观角度考察，即指整个社会（或国家）存在多种所有制经济；也可以从微观角度考察，即指一企多制。《中共中央关于全面深化改革若干重大问题的决定》等中共中央重要文献中提出的发展混合所有制经济，是侧重于微观角度。从坚持"三个有利于"的根本标准与完善我国现阶段基本经济制度出发，我国国有企业改革中除在涉及国家安全的少数国有企业和国有资本投资公司、国有资本运营公司必须采取国有独资公司之外，积极发展国有资本控股（含绝对控股和相对控股）的混合所有制经济，不断探索混合所有制企业员工持股的有效途径和办法，建立健全现代企业制度和公司法人治理结构，必将进一步完善国有企业的实现形式，增强国有经济活力、控制力和影响力。

目前，在我国有些行业和领域中，非国有资本进入的门槛过高，影响其积极作用的发挥。李克强总理在十二届人大二次会议所作的《政府工作报告》中提出：要制定非国有资本参与中央企业投资项目的办法，在金融、石油、电力、铁路、电信、资源开发、公共事业等领域，向非国有资本推出一批投资项目；实施铁路投融资体制改革，在更多领域放开竞争性业务，为民间资本提供大显身手的舞台。笔者认为，在不少行业和领域中，更多地发展国有资本控股的混合所有制经济，充分调动国有资本和非国有资本的积极性，有利于促进生产力快速发展，有利于不同所有制资本取长补短、相互促进，有利于坚持和完善我国现阶段的基本经济制度。此外，我国国有小微企业数量偏多，生产集中度不高。截至 2012 年末，我国国有企业（含国有控股企业）共有 151820 户（约为 15.2 万户），其中小微企业有 115159 户（约为 11.5 万户），约占国有企业总数的 75.9%；而小微企业的从业人员为 546.5 万人，约占国有企业从业人员总数的 14%。笔者认为，根据《中共中央关于全面深化改革若干重大问题的决定》相关精神，对于我国不少国有小微企业而言，既可以在与国有大中型企业之间或在小微企业之间以及在与集体所有制企业之间实行资本重组，从而巩固和发展公有制经济；也可以在避免国有资产流失和维护职工合法权益的前提下，由非公有制经济并购、控股或参股，从而促进其他所有制经济与公有制经济共同发展。

笔者认为，混合所有制经济同股份制一样，都属于中性的概念，并未表明某一社会所有制结构或某一企业经济制度的基本属性。对于混合所有制经济，资本主义可以用，社会主义也可以用。我国是社会主义国家，现阶段的基本经济制度是公有制为主体多种所有制经济共同发展。《中共中央关于全面深化改革若干重大问题的决定》提出混合所有制经济是我国现阶段基本经济制度的重要实现形式，并未提出其是我国现阶段基本经济制度的唯一实现形式或主要实现形式，这是颇费斟酌和较为稳妥的。要警惕和避免有人打着发展混合所有制经济的招牌，背离社会主义市场经济的正确方向，妄图蚕食和侵吞国有资产，削弱国有经济的主导作用，改变公有制的主体地位，将中国经济引入歧途。

第二部分

培育发展劳动力市场与扩大就业

略论社会主义劳动力市场[*]

　　我国于 20 世纪 70 年代末兴起的改革大潮，至今已形成不可逆转的恢宏磅礴之势。改革的洪流猛烈地冲击着一切阻碍生产力发展的旧体制和旧观念，极大地改变着社会的物质面貌和精神面貌。随着我国劳动管理体制改革的不断深入，迫切需要提出并建立社会主义劳动力市场。

　　我认为，社会主义劳动力市场是指与社会主义公有制经济相联系的劳动力的市场运行方式及其形成的社会关系。社会主义劳动力市场本质上不同于资本主义劳动力市场，其根本特点在于劳动力不是商品，劳动力的供需双方不是商品买卖关系。国内有一种观点认为：社会主义公有制经济中的劳动力也是商品；只有承认劳动力是商品，才能实现劳动力资源的市场化配置。我认为这种观点未必妥当。首先，认为社会主义公有制经济中的劳动力是商品，在理论和实践上都难以自圆其说。一方面，按照马克思主义经典作家的观点，劳动力成为商品的基本条件之一是劳动者丧失生产资料，而社会主义公有制经济中的劳动者则在或大或小的范围内都是生产资料的主人。生产资料共同所有固然不同于单个人所有，但对劳动者来说也并不是"一无所有"。否则，社会主义公有制岂不变成了"虚空所有制"或非劳动者所有制？另一方面，如果承认社会主义公有制经济中的劳动力是商品，那么，根据商品交换的基本原则即等价交换原则，劳动者的工资就只能是劳动力价值或价格的转化形式。首先，按劳动力价值分配是资本主义分配的一个原则，它与社会主义的按劳分配原则在前提、性质、数量和作用等方面都存在着根本的区别。两者既不能等同，也不能并存于社会主义公有制经济中。其次，劳动力是否商品，也并不是能否实现劳动力资源市场化配置的先决条件。在资本主义经济中，劳动力是商品，固然可以

---

　　* 原载《中国劳动科学》1993 年第 11 期。

通过市场来配置劳动力资源。在社会主义经济中，劳动力不是商品，然而，只要劳动者具有择业自主权，企业具有用人自主权，也同样可以实现劳动力资源的市场化配置。我国劳动管理体制改革的初步实践已经证明了这一点。

社会主义劳动力市场与资本主义劳动力市场既存在着本质区别，也有某些相同之处：（1）都存在简单劳动力市场与复杂劳动力市场、有形的劳动力市场与无形的劳动力市场、地方的劳动力市场与全国的劳动力市场；（2）供求、工资、竞争等市场机制在配置劳动力资源中都发挥着基础性作用；（3）劳动力市场对于微观经济运行中的劳动力具有联系功能、刺激功能、信息传导功能、价值分配功能和优化选择功能，对于宏观经济运行中的劳动力则具有调剂功能。我国现阶段存在着多种经济成分，从而也就存在着多元化的劳动力市场。在经济实践中，社会主义劳动力市场往往与其他性质的劳动力市场交织并存。然而，这并不影响我们在理论分析中将它与后者剥离开来。

我认为，明确提出并建立社会主义劳动力市场，具有重要的理论意义和实践意义。

第一，"社会主义劳动力市场"这一范畴更为准确和规范。较长时期以来，我们普遍采用"劳务市场"的提法。近几年来，国内有的学者则提出并初步论证了"劳动市场"和"劳动资源市场"这两个极为近似的范畴。我认为，采用这三个范畴固然可以回避社会主义公有制经济中劳动力是否是商品问题的争论，但都不够妥贴。一是它们都把市场上并不存在的事物作为市场调节的对象。"劳务市场"范畴中的"劳务"，无论是在马克思主义经济学或是在西方经济学中，都是指向消费者或其他需求者直接提供活劳动服务；"劳动市场"或"劳动资源市场"范畴中的劳动，也都是指活劳动，而不是指物化劳动。劳动者提供的活劳动服务和活劳动不同于劳动力。前者是现实的生产要素，后者则是潜在的生产要素。在调节劳动力资源供求关系的市场上，并不存在通常所指的活劳动服务或活劳动，而只存在着劳动力。二是"劳务"发挥作用的主要领域是第三产业，从而"劳务市场"范畴无法包容调节第一产业和第二产业劳动力供求的市场关系。三是采用"劳务市场"范畴难以与国际通用的有关范畴实行对接。国际上通用的有关范畴用英文表示是 labour market，其中的 labour 一词有劳动、劳动力、劳动者等多种含义。国内有的专家认为，将 labour market 译成"劳动力市场"较为准确。而"劳务市场"译成英文则是 labour service market，无论从内容到文字都与 labour market 有明显的区别。因此，我认为，如能采用"社会主义劳动力市场"这一范畴，则既可以避免社会主义公有制经济中劳动力商品论之嫌，又能与国际上通用的有关范畴接轨，并且名副其实。当然，"社会主义劳动力市场"范畴只能涵盖社会主义社会中劳动力市场的主体，而决不等于后者的全部。

第二，社会主义劳动力市场是社会主义社会市场体系中极为重要的组成部分。社会主义社会的市场体系，应是全方位和统一开放的市场体系。既不能只有商品市场而无要素市场，也不能仅有客观生产要素市场而没有劳动力市场。在市场配置对社会其他经济资源都发挥基础性作用的条件下，作为社会最重要和最宝贵资源的劳动力，当然也不能游离于市场配置的范围之外。建立社会主义劳动力市场，不仅可以健全社会主义社会的市场体系，更好地发挥市场配置资源的基础性作用，同时也从一个侧面鲜明地体现出社会主义市场体系的特点。

第三，建立社会主义劳动力市场，是我国劳动管理体制改革的基本方向。长期以来，我国实行以对城镇劳动力"统包统配"为主要特点的传统的劳动管理体制。这种高度集权的劳动管理体制虽然对保证就业和经济建设也起过积极的作用，但是，它脱离我国社会主义初级阶段的国情，以行政配置取代市场配置，不仅铸造了职工的"铁饭碗"，而且往往导致企事业单位需要的人"进不来"、不需要的人又"出不去"等弊端，从而不利于劳动力资源的优化配置。我国传统的劳动管理体制，是以事实上否认劳动者具有劳动力的个人所有权和否认全民所有制企业具有经营自主权为前提的，这是传统的经济理论和计划经济体制的必然产物。而建立社会主义劳动力市场，则是以承认劳动者具有劳动力的个人所有权从而具有择业自主权、全民所有制企业具有经营自主权从而具有用人自主权为前提的，从而是与社会主义市场经济理论以及建立社会主义市场经济体制的要求相适应的。我国劳动管理体制改革的目标，应该是建立和完善以社会主义劳动力市场为主体的多元化的劳动力市场，既充分发挥市场在配置劳动力资源中的基础性作用，又积极发挥计划的优点以弥补市场手段的不足。只有这样，才能从根本上革除传统的劳动管理体制的积弊，实现整个社会劳动力资源的优化配置，从而促进我国经济体制改革的不断深入和国民经济又快又好地发展。

经过 15 年的改革，我国的社会主义劳动力市场已见雏形。全民所有制企业日益广泛推行的劳动合同制，国家机关试行的公务员招聘制和事业单位普遍实行的专业技术人员聘任制，以及为社会主义公有制单位牵线搭桥的"工人交流中心"和"人才交流中心"等，已经标志着我国在建立社会主义劳动力市场方面所取得的初步和可喜的进展。然而，我国社会主义劳动力市场的发育程度严重滞后。今后，我们应加大就业和社会保障制度改革的力度，进一步疏通与拓展劳动力的供需渠道，切实加强和完善劳动法制建设，逐步构建以社会主义劳动力市场为主体的"国家宏观调控、城乡协调发展、企业自主用人、个人自主择业、市场调节供求、社会提供服务"的多元化劳动力市场的新格局。

社会主义公有制经济中劳动力性质问题探讨[*]

　　随着社会主义市场经济体制的逐步确立和劳动力市场的培育与发展，我国理论界和实际部门围绕社会主义公有制经济中劳动力的性质问题展开了新一轮的热烈讨论。在讨论中大体形成了两种根本对立的观点：一种观点认为，在社会主义公有制经济中劳动力是商品；另一种观点则认为，社会主义公有制经济中劳动力不是商品。笔者认为，社会主义公有制经济中劳动力是否是商品，实质上是一个涉及基本经济制度乃至基本政治制度的重大原则问题。本文对此略陈管见，以抛砖引玉，推动对这一问题讨论的不断深入。

一

　　社会主义公有制经济中劳动力是否是商品，关键要看是否具备劳动力成为商品的经济条件。

　　按照马克思的观点，劳动力虽然与人类社会共存，但并非天然就是商品。劳动力成为商品，"是已往历史发展的结果，是许多次经济变革的产物，是一系列陈旧的社会生产形态灭亡的产物"。[①] 劳动力成为商品必须具备两个条件：（1）劳动者必须有人身自由，具有劳动力的个人所有权。（2）劳动者丧失生产资料和生活资料，从而既没有发挥自己劳动力的物质条件，也没有其他手段能够维持生存。前者形成劳动者把劳动力当作商品出卖的可能性，后者形成劳动者把劳动力当作商品出卖的必要性，二者结合则形成劳动力成为商品的必然性。

---

　　[*] 原载《金融科学》1993 年第 4 期。
　　[①]《马克思恩格斯全集》第 23 卷，人民出版社 1972 年版，第 192 页。

主张社会主义公有制经济中劳动力是商品的同志认为，社会主义社会中劳动者仍然具有劳动力的个人所有权。对此，笔者并无异议。然而，他们却从生产资料所有制的角度提出了两个典型的似乎是截然相反的论据，试图论证社会主义公有制经济中劳动力也是商品。对此，笔者不能苟同。

其一，社会主义公有制并不等于劳动者个人所有，劳动者个人对于生产资料仍是"一无所有"。

笔者认为，这种提法的根本症结在于否认社会主义公有制是劳动者与生产资料直接结合或劳动者拥有生产资料的一种形式。根据历史唯物主义观点，劳动者与生产资料的直接结合或劳动者拥有生产资料，无非有两种基本类型：一种是生产资料公有制（例如原始社会公有制、社会主义公有制、共产主义公有制），另一种则是劳动者个体所有制。生产资料公有制固然不同于劳动者个人所有，但对于劳动者来说也并非"一无所有"。在社会主义社会中，无论是全民所有制还是集体所有制，都是在或大或小的范围内体现了组合为社会或组合为集体的各个劳动者对于生产资料的平等的所有权关系。如果社会主义公有制对于劳动者竟是"一无所有"的话，那么，它岂不变成了"虚空所有制"或非劳动者所有制？显然，这种提法站不住脚。当然，我国目前的社会主义公有制特别是全民所有制仍很不成熟，需要在实践中不断探索其有效的实现形式。

其二，劳动者拥有一定的生产资料，劳动力也可以成为商品。例如，在资本主义社会中，有的劳动者拥有一定的土地和农机具，他们既通过市场出卖劳动力，又利用工余时间经营农业，在当今发达国家的资本主义股份公司中，某些工人也拥有本公司的股票，等等。这种提法，实际上是否认资本主义私有制是劳动力成为商品的基本经济条件。

笔者认为，这种提法也有失偏颇。首先，在资本主义社会中，某些既拥有一定生产资料又向资本主义企业出卖劳动力的所谓"兼业户"的存在，固然表明这些劳动者在生产资料方面并非一贫如洗，却并不表明他们是资本主义企业的所有者。相对于他们出卖劳动力的资本主义企业而言，他们在生产资料方面仍然是"一无所有"。其次，发达资本主义国家中某些工人确实拥有本公司的股票，这种情况并不表明他们与资本家在生产资料所有制方面已经处于平等地位，更不表明他们是股份公司的真正占有者。

一方面，第二次世界大战以后，尽管发达资本主义国家中持股人数在总人口中呈上升趋势（例如，1985年，美国持股人数约占总人口的20%；1986年，英国和日本的持股人数分别占总人口的12%和20%），但是，普通职工持股量占本公司股票总额的比重仍然很低（例如，日本东芝电气公司的每个工人都拥有该公司的股票，只是其总和仅占该公司股票总额的1%）。因此，从本质上看，只有资本家或资本家集团，才是资本主义股份公司的真正所有者。另一方面，占有股票决不等于占有生产资料，也不等于按所持股票额占有相应的生产资料。众所周知，资本主义股份公司是由董事会直接控制的，而董事会最终又是由持有股票控制额的大股东或大股东集团主宰的。因此，只有成为大股东的资本家或成为大股东集团的资本家集团才是资本主义股份公司的真正占有者。此外，还应进一步指出：对于资本主义股份公司来说，它们大量发行小额股票的真实目的，绝不是为了把公司的财产和权力分散给广大的职工和居民，而是为了筹集资金并降低股票控制额的比重，从而加强垄断资本和金融寡头的实力和统治；对于普通职工来说，他们持有小额股票的实际意义，不过是获取一定的股利收入并承担投资风险。笔者认为，如果全面和客观地考察当代资本主义国家工人阶级的经济状况，就不难得出这样的结论：无论从资本主义企业内部或从整个资本主义社会来看，无论从发展中资本主义国家或从发达资本主义国家来看，工人阶级仍旧处于丧失或基本丧失生产资料的境地，马克思在19世纪中叶所揭示的劳动力成为商品的基本经济条件依然存在。

如果抛开资本主义私有制这一根本条件，必然会得出只要劳动者具有劳动力的个人所有权就能使劳动力成为商品的结论。近年来，在关于社会主义公有制经济中劳动力是否商品的讨论中，某些同志已经提出了这种观点。笔者认为，劳动者具有劳动力的个人所有权，是简单商品经济、资本主义商品经济和社会主义商品经济共有的现象；而劳动力成为商品，则是资本主义商品经济特有的现象。固然，如果没有劳动者对劳动力的个人所有权，劳动力便不能成为商品；但是，如果没有资本主义私有制，劳动力也不能成为商品。与劳动者具有劳动力的个人所有权相比，资本主义私有制则是劳动力成为商品更为基本的条件。社会主义公有制从本质上区别于资本主义私有制，因而社会主义经济中的劳动力不是商品。

二

社会主义公有制经济中劳动力是否是商品，不仅取决于生产条件（即生产资料和劳动力）所有制，而且取决于劳动者在劳动过程中的地位，或者说取决于劳动的特定的社会性质。

劳动的社会性质是由以生产资料所有制为基础的劳动力与生产资料的结合方式决定的，它决定人们在经济活动的一切过程和一切方面的相互关系的本质。在生产资料归非劳动者所有的条件下，劳动力与生产资料采取了间接结合的方式，劳动者在劳动过程中处于被生产资料所有者支配的附属地位。在生产资料归劳动者所有的条件下，劳动力与生产资料的结合采取了直接结合的方式，劳动者处于主体地位，真正成为劳动过程的主人。

在资本主义社会中，劳动者既不像奴隶那样是"主人之物"，也不像农奴那样是"主人之人"，而是经济意义上的个人劳动力的所有者。然而，由于劳动者丧失或基本丧失生产资料，则被迫把自身的劳动力当作商品卖给占有生产资料的资本家，并为资本家生产剩余价值。劳动力与生产资料结合的这种特殊方式，决定了资本主义劳动是雇佣劳动。劳动者从主体降为客体，劳动隶属于资本。正如马克思指出的那样："资本主义时代的特点是，对工人本身来说，劳动力是归他所有的一种商品的形式，他的劳动因而具有雇佣劳动的形式。"[1] 尽管第二次世界大战以后发达资本主义国家工人阶级的经济状况确有明显的改善，但是，他们作为雇佣劳动者的经济地位并没有发生根本的变化。

与雇佣劳动相反，社会主义劳动则是自主劳动。在社会主义经济中，生产资料归全社会所有或归集体所有，劳动者具有个人劳动力的自主权。尽管劳动力与生产资料的结合往往也要以市场作为中介，但是，社会主义劳动是建立在平等关系基础上具有共同目标和共同利益的联合劳动，是劳动者自主决定生产资料的使用和劳动的具体方式并共同占有全部成果的劳动。劳动者摆脱了剥削阶级的压迫和控制，跃升为整个劳动过程的主人。

---

① 《马克思恩格斯全集》第 23 卷，人民出版社 1972 年版，第 193 页。

通过改革，首钢职工目前已拥有以决策权为核心的包括知情权、监督权、选择权、分配权、生活福利自治权、受教育权在内的七项权利，[①] 就是社会主义公有制经济中劳动者当家作主的生动体现。可见，劳动力商品是与雇佣劳动相联系的范畴，而劳动者的主人翁地位则与自主劳动密不可分。如果劳动力是商品，则劳动者就不是主人；如果劳动者是主人，则劳动力就不是商品。那种认为在社会主义公有制经济中劳动者是主人与劳动力是商品可以相容的观点，不仅在理论逻辑上自相矛盾，而且在实践中也对不上号。

在此还须指出，无论是从当代西方管理思想演变的趋势或是从生产力标准的角度看，把社会主义公有制经济中的劳动力说成是商品都是一种理论上的倒退。纵观西方管理思想从科学管理理论到行为科学的发展，其中心脉络就是愈益重视人在生产中的作用，强调人是生产的首要因素，员工是企业的主体，诱导管理者要"以人为本"，善于发挥人的积极性，满足人的自尊心、归属感和自我实现等方面的需要。例如，被西方国家普遍推崇的第二次世界大战以后日本管理思想的宗旨就是要培养职工对企业的"家族感情"，激发职工对企业的"效忠"意识。尽管资本主义国家中工人阶级的劳动力确实是商品，但是，几乎所有的资产阶级政治家、企业家和理论家却对此讳莫如深，避而不谈。相反，他们竭力鼓吹"劳资和谐""共存共荣"。其之所以如此，一则是为了掩盖资产阶级与工人阶级之间的经济对立，麻痹工人阶级的阶级意识，从而维护资本主义制度的长治久安；二则是在一定程度上顺应了社会发展潮流，视劳动者由经济人而为社会人，以"调动"或"激发"劳动者的积极性和创造性。而作为联合国主管劳动和社会事务的一个专门机构——国际劳工组织（我国是其 166 个会员国之一），则一直反对把劳动力视为商品。例如，该组织 1919 年通过的《国际劳动宪章》中明确指出："在法律上、事实上，人的劳动（Labour 也可译为劳动力）不应视为商品"。尤为令人费解的是，我国社会主义公有制经济中的劳动力本来就不是商品，长期以来广大职工又一直接受当家作主的

---

① 中国社会科学院经济研究所课题组研究报告：《建设社会主义现代企业制度的有益探索——首钢改革与发展的理论思考》，第 97~99 页。

思想教育，并且程度不同地享有主人翁的权利，而某些同志却偏要张冠李戴，给他们的劳动力扣上商品的帽子。由此推论，必然会把本属于同一阶级的企业领导人和广大职工肢解为"雇主"和"雇工"，即劳动力的买者和卖者。邓小平指出："革命是解放生产力，改革也是解放生产力。"① 在生产力诸要素中，人是最革命、最活跃的因素。真正的改革理论，应是能充分调动广大职工积极性并推动生产力迅速发展的理论。社会主义就是"要把人的劳动力从它作为商品的地位解放出来"。② 而某些主张社会主义公有制经济中劳动力是商品的同志却硬要把已经解放出来的劳动力重新降低到商品的地位。可以肯定，社会主义公有制经济中的几亿劳动者并不能从中受到鼓舞，社会主义公有制企业的活力也不会由此得到增强，中国的社会主义性质甚至会因此受到国内外人士的怀疑。一句话，社会主义劳动力商品论的客观作用恰恰与提出这种观点的某些同志的"善良"愿望截然相反。

三

社会主义公有制经济中劳动力是否是商品，还必须联系分配方式来加以考察。

分配方式是生产关系的重要方面，它本质上是由生产条件所有制决定的。在资本主义经济中，由于生产资料归资本家所有和劳动力成为商品，从而决定了资本主义分配方式就是按资分配和按劳动力价值分配的统一。在社会主义经济中，由于生产资料公有制和劳动者具有劳动力的个人所有权，从而决定了社会主义的分配方式必然是按劳分配。

某些主张社会主义经济公有制中劳动力是商品的同志认为，按劳动力价值分配实质上就是按劳分配（可称之为"等同论"）。笔者认为，这种观点并不正确。

按劳动力价值分配与按劳分配确有某些相似之处：（1）它们都以劳动

---

① 《邓小平文选》第 3 卷，人民出版社 1993 年版，第 370 页。
② 《马克思恩格斯选集》第 3 卷，人民出版社 1972 年版，第 240 页。

者提供有效劳动作为必要的前提。（2）它们都以商品经济作为载体，从而价值规律和供求关系对这两种分配都发生作用和影响。（3）它们都以货币作为实现分配的媒介。然而，按劳动力价值分配与按劳分配是两种根本不同的分配方式。姑且不说两者在经济前提、体现的经济关系和客观作用等方面大相径庭，即使就数量界限而言，两者的区别也是相当明显的。按劳动力价值分配是受资本主义基本经济规律制约的分配方式。尽管这种分配也包含着历史和道德的因素，但一般来说，其上限是生产与再生产劳动力所必需的生活资料的价值和学习训练费用，其下限则是维持劳动者"身体所必不可少的生活资料的价值"。① 无论资本主义经济中劳动者的实际收入发生怎样的变化，它都不会超越劳动力价值规律的"雷池"，都不会从净产品中获得更多的东西。第二次世界大战以后，主要受规模空前的第三次科技革命对劳动生产率巨大促进作用的影响，发达资本主义国家工人的实际工资确实有了显著的增长。但是，其工资收入占国民收入的比重则趋向下降，而剩余价值率却呈现上升趋势。例如，从 1947～1986 年，美国剩余价值生产部门职工的净收入总额（V）从 838.74 亿美元增至 13424.5 亿美元，提高到 15 倍。然而，其占新创造的价值总额（V + M）的比重却由原来的 47.78% 下降到 45.31%；与此同时，美国剩余价值生产部门的剩余价值率却由 109.29% 上升为 120.69%。② 正如马克思早已指出的那样："劳动价格的提高被限制在这样的界限内，这个界限不仅使资本主义制度的基础不受侵犯，而且还保证资本主义制度的规模扩大的再生产。"③ 而按劳分配则是受社会主义基本经济规律制约的分配方式，它不受劳动力价值量的限制，"扩大到一方面为社会现有的生产力（也就是工人的劳动作为现实的社会劳动所具有的社会生产力）所许可，另一方面为个性的充分发展所必要的消费的范围"。④ 在社会主义初级阶段，我国公有制单位职工的收入普遍明显低于发达资本主义国家职工的收入，其根源在于多种因素导

---

① 《马克思恩格斯全集》第 23 卷，人民出版社 1972 年版，第 196 页。

② 吴大琨等著：《当代资本主义：结构·特征·走向》，上海人民出版社 1991 年版，第 279、260 页。

③ 《马克思恩格斯全集》第 23 卷，人民出版社 1972 年版，第 681 页。

④ 《马克思恩格斯全集》第 25 卷，人民出版社 1974 年版，第 990 页。

致的劳动生产率相差悬殊。如果是在同一时间的同一企业，如果是按照市场经济的要求将劳动者的个人收入货币化、工资化和显性化，将应由劳动者个人向社会缴付的福利保险等费用包括在个人消费基金之内，加之比较劳动者通过各种途径从社会消费基金中获得的一切，那么，按劳分配所得无疑会明显超过按劳动力价值分配所得，其根本原因则在于前者排除了资产阶级的剥削。

有的同志则认为，尽管按劳动力价值分配不同于按劳分配，但是，两者却可以在社会主义公有制和劳动力是商品的前提下"共存一堂"，即以"市场成交时议定的劳动力价格"为起点，"根据企业的经济效益和职工的劳动贡献"实行按劳分配（可称为"兼容论"）。笔者认为，这种观点也值得商榷。

首先，这种观点在理论上难以自圆其说。既然承认是社会主义公有制，那么，劳动力就不能成为商品，也就不存在按劳动力价值分配。既然承认劳动力是商品，也就不存在社会主义公有制和按劳分配。其次，这种观点在实践中也无法兑现。如果是按照市场上成交的劳动力价格分配，那就排除了按劳分配；反之，如果是按劳分配，那就排除了按劳动力价值分配。在纯粹的社会主义公有制经济中，客观上要求实行按劳分配而不是按劳动力价值分配。当然，在我国现实经济生活中，也确有按劳分配与按劳动力价值分配"共存一堂"的情况。但是，它只存在于某些合资或合作经营企业，这些企业二重的所有制（社会主义公有制和资本主义私有制）关系决定了对于劳动者二重的分配（按劳分配和按劳动力价值分配）关系。

四

社会主义公有制经济中劳动力是否是商品，本质上取决于社会的基本经济制度。然而，主张社会主义公有制经济中劳动力是商品的同志却认为，劳动力商品与劳动力市场之间具有内在的必然联系。用他们的话来说，即只有承认劳动力是商品，才能建立劳动力市场；而建立劳动力市场，则意味着承认劳动力具有商品的属性。在我国经济体制逐步转换的新的历史条件下，如何正确把握培育和发展劳动力市场与社会主义劳动力非商品论的内在一致性，尚需我们对劳动力市场的特点和内涵作进一步的探讨。

首先，劳动力市场与其他商品市场或要素市场存在显著的区别。其主要特点是：（1）在其他商品市场或要素市场上，商品或要素一经出售，则无论是其所有权、支配权还是使用都立即转移到购买者手中；而劳动力则不能脱离其载体——劳动者而独立存在，从而即使在资本主义劳动力市场上，劳动者出卖了自己的劳动力以后，劳动力的所有权也并没有转移，真正转移的只是其支配权与使用权。马克思指出："劳动力所有者就必须始终把劳动力只出卖一定时间，因为他要把劳动力一下子全部卖光，他就出卖了自己，就从自由人变成奴隶，从商品所有者变成商品。他作为人，必须总是把自己的劳动力当做自己的财产，从而当做自己的商品。而要做到这一点，他必须始终让买者只是在一定期限内暂时支配他的劳动力，使用他的劳动力，就是说，他在让渡自己的劳动力时不放弃自己对它的所有权。"① （2）在其他商品市场或要素市场上，供求双方只是在流通领域中发生关系；而劳动力的需求方——经营者在取得劳动力的支配权与使用权以后，仍然需要通过劳动力的供方——劳动者来消费劳动力，从而不仅在流通领域而且在整个生产过程中都始终存在劳动力供求双方的关系问题。因此，即使是西方国家的资产阶级学者也认为，劳动力市场既不同于其他要素市场，更不同于一般的商品市场。

其次，对于劳动力市场这个范畴可以从一般和特殊两个角度来理解与使用。劳动力市场一般，是指商品经济条件下通过劳动力供求双方的双向选择配置劳动力资源的一种机制，或者说是指商品经济条件下配置劳动力资源的市场运行方式及其形成的社会关系。《中共中央关于建立社会主义市场经济体制若干问题的决定》中所说的要"形成用人单位和劳动者双向选择、合理流动的就业机制"，以"开发利用和合理配置人力资源"，实质上就是阐释劳动力市场一般的内涵。劳动力市场特殊，在此是指资本主义劳动力市场与社会主义劳动力市场。资本主义劳动力市场是资本主义基本经济制度与劳动力市场一般相结合，社会主义劳动力市场则是社会主义基本经济制度与劳动力市场一般相结合。社会主义劳动力市场与资本主义劳

---

① 《马克思恩格斯全集》第23卷，人民出版社1972年版，第190～191页。

动力市场的本质区别在于劳动力不是商品。有人提出：只有劳动力成为商品，才能实现劳动力资源的市场配置。笔者认为，这种说法并不全面。在资本主义经济中，劳动力是商品，固然可以通过市场来配置劳动力资源。在社会主义经济中，劳动力并不是商品，但是，只要劳动者具有择业自主权，企业具有用人自主权，同样也可以通过市场来配置劳动力资源。党的十一届三中全会以来，我国国有企业的劳动力资源配置逐步由传统经济体制下的"统包统配"向劳动者和企业之间的"双向选择"转变。实现这种转变的前提条件是确立劳动者和国有企业的市场主体地位，而不是劳动力成为商品。因此，劳动力市场一般是属于劳动力资源配置方式的浅层次的经济关系，无姓"资"与姓"社"之分；而劳动力是否是商品则属于联系基本经济制度的深层次的经济关系。社会主义公有制经济中劳动力不是商品，实质上与培育和发展社会主义劳动力市场并不矛盾。

综上所述，笔者认为社会主义公有制经济中劳动力不是商品。不仅纯粹的社会主义公有制经济中劳动力不是商品，而且社会主义公有制占主体的经济单位中劳动力本质上也不是商品。毫无疑问，我国资本主义经济中的劳动力具有商品的性质，但是，它与资本主义国家中的劳动力商品也有明显的区别。其一，这些企业的劳动者是全民资产（即国有资产）的所有者和国家的主人，可以通过多种途径分享全民资产的利益，并依法享有比较充分的政治权利。其二，这些企业的劳动者具有转入社会主义企业之后成为企业主人的可能性。因此，在社会主义市场经济体制条件下，我们既要认清社会主义经济中的劳动力与资本主义经济中的劳动力的本质区别，也不能把社会主义国家中资本主义经济中的劳动力与资本主义国家中的劳动力完全混为一谈。

五

建设有中国特色的社会主义，必然包括建设有中国特色的劳动力市场。我国劳动力市场是在改革传统的高度集中的计划经济体制的过程中日益崛起的。如同我国经济文化的发展很不平衡一样，当前我国劳动力市场的发育也很不平衡。从区域角度考察，我国劳动力市场的发育程度是城市高于乡村，沿海高于内地，中部地区高于西部地区。从所有制角度考察，我国劳动力市场的作用程度是私有企业高于公有企业，集体所有制企业高于全民所有制企业（全民所有制企业中的新职工又高于老职工）。这种劳动力市场发育不平衡的状况在较长时期内无法从根本上改观。

笔者认为，有中国特色的劳动力市场至少应具备两个重要特点：

1. 社会主义劳动力市场为主体。社会主义劳动力市场是与社会主义公有制经济相联系的劳动力市场。社会主义劳动力市场与资本主义劳动力市场的根本区别在于劳动力不是商品，劳动力的供求双方不是商品买卖关系。在我国现阶段，社会主义劳动力市场应在劳动力市场体系中居主体地位。这既是由社会主义公有制在所有制结构中的主体地位决定的，也是与按劳分配在个人收入分配方式中的主体地位和工人阶级在公有制单位与社会中的主人翁地位相适应的。如果否定社会主义劳动力市场在劳动力市场体系中的主体地位，也就抹杀了社会主义社会劳动力市场体系与资本主义社会劳动力市场体系的本质区别，从而否定了社会主义市场体系的一个重要特点。

2. 国家对劳动力市场的宏观调控范围广，力度强。其所以如此，一是由于我国的劳动力资源严重供过于求，劳动力的就业形势极为严峻。据有关部门测算，我国目前农村剩余劳动力已达 1.2 亿人，预计到 20 世纪末将高达 2 亿人；我国城镇 1993 年失业人数将逼近 500 万人大关，考虑到国有企业大约有 15%～30% 的冗员，今后一段时期将会有更多的人进入失业大军；我国城镇在今后若干年内每年将新增待业人员 500 万～750 万人。目前，我国来势凶猛的"民工潮"已进入全方位大规模流动的新阶段。据估计，我国已有 6000 万～7000 万的农民进入城市，70% 左右在本省（区）城市，30% 左右跨省（区）流动。这既有利于改变城市某些行业中"有活没人干"的局面，进一步活跃城市经济，同时也加剧了城市在就业、住房、交通、供水、治安、计划生育等方面的困难，并带来了农村中精壮劳动力外流、"穆桂英"与"老黄忠"挂帅等一系列问题。对此，政府有关方面决不可掉以轻心，必须强化宏观调控的手段和措施，逐步健全以职业介绍、就业训练、失业保险、劳服企业为主的劳动就业服务体系。否则，社会的巨大震荡和动乱将不可避免。二是由于我国是社会主义国家，对劳动力市场的宏观调控最终应比资本主义国家更好。我们应在充分发挥市场机制的基础性作用的前提下，综合运用计划、法律、统计信息及必要的行政手段，监督、调节和规范劳动力市场的运行，以逐步实现劳动力资源供求的总量平衡和结构合理，促进经济和社会的发展。所以，我国劳动力市场决不是放任自流的劳动力市场，而应该是国家实施有效宏观调控的统一开放、竞争有序的劳动力市场。

关于我国劳动力市场若干问题的思考[*]

改革开放以来，我国劳动力市场悄然出现并逐步发展。《中共中央关于建立社会主义市场经济体制若干问题的决定》中明确提出："要改革劳动制度，逐步形成劳动力市场。"本文拟就我国建立劳动力市场的客观必然性、当前我国劳动力市场发育状况与主要特征、培育与发展我国劳动力市场需要解决的主要问题作一初步的探讨。

一、我国劳动力市场的建立与发展是社会主义市场经济发展的客观要求

1. 实现我国现阶段劳动力资源的合理配置，要求建立与发展劳动力市场

我国社会主义初级阶段的根本任务是发展生产力，把我国建设成为富强、民主、文明的社会主义现代化国家。基于我国的国情和国内外社会主义经济建设的经验教训，我们确立了社会主义市场经济体制这一经济体制改革的目标模式。社会主义市场经济体制，就是要使市场在社会主义国家宏观调控下对资源配置起基础性作用。与此相适应，必须建立全方位的统一开放的市场体系。既不能只有商品市场而无要素市场，也不能仅有客观生产要素市场而无劳动力市场。在市场配置对社会其他经济资源都发挥基础性作用的条件下，作为社会最重要和最宝贵资源的劳动力，当然不能游离于市场配置的范围之外。而我国传统的计划经济体制下对城镇劳动者实行的以"统包统配"和固定工制度为主要特征的劳动用工制度，虽然对保证劳动就业和社会安定曾发挥过积极的作用，但是，它统得过死，包得过多，能进不能出，"一次分配定终身"，严重妨碍了劳动力资源的合理配

---

* 原载《教学与研究》1995 年第 1 期。

置。例如，20世纪80年代中期的一项调查表明，上海专业技术人员由于工作安排不当或工作条件不理想而不能发挥作用的占6.8%，只能发挥部分作用的占55.6%。可见，建立与发展劳动力市场，是我国现阶段优化劳动力资源配置、迅速发展生产力的必由之路。

2. 确立企业和劳动者的市场主体地位，要求建立与发展劳动力市场

在我国传统的计划经济体制下，国有企业既不是真正的法人实体，也不是市场主体，而只是国家行政机构的"附属物"，并没有用工自主权；而国有企业的劳动者，实际上不能自由支配自身的劳动力。与此同时，农业劳动生产率的严重低下和我国实行的城乡分割的户籍管理和招工制度，则又把广大农民牢牢地"拴"在农村。在这种情况下，自然谈不上建立劳动力市场的问题。而建立社会主义市场经济体制，则要求冲破传统经济体制的樊篱，既确立企业的法人实体地位，又确立职工作为劳动力所有者的地位，从而使企业和劳动者都成为平等的市场主体，通过劳动力市场进行"双向选择"。一方面，企业作为用人主体，具有按照生产经营需要的工作岗位特点，选择必要数量、相应素质劳动力的权利；另一方面，劳动者作为就业主体，则可以根据自身的素质、意愿和工资信号选择工作单位，具有支配自身劳动力的权利。从而，确立企业和劳动者的市场主体地位，建立与发展劳动力市场，是社会主义市场经济体制的题中应有之义。

3. 强化社会主义社会的动力机制，要求建立与发展劳动力市场

社会主义社会应该具有更为完善的动力机制，这是社会主义社会劳动生产率最终超过资本主义社会劳动生产率的重要基础。然而，在我国传统的计划经济体制下，"统包统配"和固定工制度铸造了"铁饭碗"，"低工资、广补贴、泛福利"导致了"大锅饭"，非但没有强化反而弱化了社会的动力机制。"铁饭碗"和"大锅饭"貌似公平，却以牺牲效率为代价，不仅隐藏了大量的"在职失业"，而且也严重挫伤了广大劳动者的生产积极性，从而造成社会资源的巨大浪费。据前些年的典型资料计算，国有工业企业职工每周平均实际工时为40.66小时，占制度工时（48小时）的

84.7%；有效工时为 19.2～28.8 小时，仅占制度工时的 40%～60%。[①] 而如果建立与发展劳动力市场，充分发挥供求、竞争、工资、风险等市场机制的作用，让劳动者竞争合适的岗位，企业挑选合适的劳动力，使工资不仅反映劳动者的劳动贡献或劳动力价值，也反映供求关系，则不仅能充分调动广大劳动者的生产积极性，也会极大地提高企业的用人效益，从而促进社会经济运行的高效化。在此情况下，尽管失业人员在所难免，但也无非是将"隐性失业"转化为"显性失业"，并具有劳动力"蓄水池"和"压力器"的双重作用，其正面效应明显大于负面效应。所以，建立与发展劳动力市场，也是强化社会主义社会动力机制的重要途径。

二、我国当前劳动力市场的发育状况及主要特征

我国劳动力市场的培育与发展是与我国所有制结构和劳动制度的改革相伴而行的。16 年来，随着我国劳动力市场从传统劳动制度的外围向中心推进，劳动力市场主体的形成从供给主体向需求主体推移，我国的劳动力市场已经初步形成。

1. 非国有企业及其职工的市场主体地位基本落实，国有企业及其职工的市场主体地位尚未全面确立。非国有企业在用人方面基本上不受行政干预，其劳动力市场需求主体的地位已经形成。但是，非国有企业行为缺乏规范，使用童工，合同虚设，劳动环境恶劣，克扣或无故拖欠工人工资等情况时有发生。国有企业及其职工的市场主体地位尚未落实到位，其主要表现是：（1）企业招工中仍被迫接受一定比例的统包统配人员（目前约占其新增就业量的 30%），富余人员还不能引入社会安置。（2）企业工资分配的自主权尚未完全落实，目前仅有 5% 左右的企业能够在"两个低于"（即企业工资总额增长幅度低于经济效益增长幅度、职工实际平均工资增长幅度低于劳动生产率增长幅度）的原则下自主决定工资总额。（3）在大多数企业中，职工仍受"身份"的限制，不能平等地竞争就业岗位。

[①] 汪海波：《中国企业的劳动、工资和社会保险制度改革》，载于《中国工业经济研究》1994 年第 6 期。

（4）目前实行劳动合同制的职工仅占总数的30%左右。（5）工会的独立性较差，在保障职工合法权益中未能充分发挥作用。

2. 劳动力市场机制开始发挥作用，但仍存在明显的分割和扭曲。一方面，企业之间、劳动者之间的竞争初步展开，劳动者跨越所有制和区域的流动逐渐增多，工资受供求制约并调节劳动力流向的作用日益显著。另一方面，由于受各种"身份"（干部与工人、固定工与合同工、不同所有制职工、城镇职工与农民工）及其待遇差别的制约，我国劳动力的流动率仍然很低（1992年城镇劳动力的流动率仅为2.7%），不仅低于劳动力市场发达的国家（如美国制造业80年代初劳动力的流动率为12%～36%），而且也低于某些劳动力市场欠发达的国家（如基本实行终身雇佣制的日本1985年的劳动力流动率为13%）。[①] 国有单位的相当一部分劳动者则处于想流动而流不动的境地。

3. 劳动力市场秩序在抓紧建立，但仍存在许多空白和难点。16年来，我国的劳动法制建设取得了显著的进展。特别是1994年7月出台的《中华人民共和国劳动法》，结束了长期以来依靠松散法规和行政规章规范与调整劳动关系的历史，标志着我国劳动法制建设跃上了一个新台阶。但是，我国的劳动法规仍很不健全。《劳动合同法》《就业促进法》《最低工资法》等重要法律尚未出台，地方法规不完备且具有保护主义色彩，城乡法规不衔接，行业、部门、所有制之间法规不协调，监察手段也跟不上。

4. 政府对劳动领域的宏观调控尚不规范。我国已经废除了传统计划经济体制下某些与劳动力市场建设不相适应的调控内容和手段，但在目前对劳动领域的宏观调控仍具有混合的性质。有些调控办法是在国有企业自我约束机制不健全的条件下采用的（如控制国有企业工资增长水平），有些调控措施是为了保护劳动力市场发育环境相对宽松所必要的（如限制农村劳动力进城就业的规模），也有些调控方式则明显具有规范的调控劳动力市场的色彩（如控制失业率）。由于不少调控措施都是过渡性的，因而真正适应社会主义市场经济体制要求的对劳动领域实行宏观调控的内容和方式尚需继续探索。

[①] 王爱文：《我国劳动力市场发育状况评估》，载于《中国劳动科学》1994年第6期。

5. 就业服务体系和社会保险体系逐步建立。截至 1993 年末，我国在
28 个省、自治区、直辖市建立职业介绍机构 1.8 万个（其中劳动部门建立
1.5 万个）；建立技工学校 4477 所，各类就业训练中心 2525 个；建立劳动
就业服务企业 20 万个，从业人员达 915 万，吸纳失业人员和富余职工
119.6 万人。1993 年，全国有 618 个市县实行基本养老金计发办法改革，
涉及国有企业职工 2500 万人；有 7336 万职工和 1628 万离退休人员参加退
休费用社会统筹；有 3100 个企业（50 万人）实行企业补充养老保险；有
6000 个企业（70 万人）实行个人储蓄性养老保险；有 53.2 万个企业
（7924 万人）参加失业保险。① 然而，我国目前的就业体系和社会保险体
系从覆盖范围到工作方式仍不能适应需要。

与发达的市场经济国家相比，我国目前的劳动力市场具有两个主要
特征：

1. 我国的劳动力市场发育处于初级形态。一方面，我国的劳动力市场
发育不平衡。从劳动力市场主体的角度考察，我国劳动力供给主体的确立
程度高于劳动力需求主体的确立程度。从所有制角度考察，我国劳动力市
场机制的作用程度是私有企业高于公有企业，集体所有制企业高于全民所
有制企业（全民所有制企业中的新职工又高于老职工）。从区域角度考察，
我国劳动力市场的发育程度是城市高于乡村、沿海高于内地、东部中部地
区高于西部地区。另一方面，我国的劳动力市场具有分割性和规则的非一
致性。不同企业、不同区域、不同身份的劳动者之间劳动力市场的运行规
则不一致或不协调，从而妨碍了我国劳动力的自由流动。尽管我国劳动力
市场姗姗来迟，但其发展速度较快，具有明显的"后发优势"。

2. 以社会主义劳动力市场为主体。社会主义劳动力市场是与社会主义
公有制经济相联系的劳动力市场。社会主义劳动力市场与资本主义劳动力
市场的根本区别在于劳动力不是商品，劳动力的供求双方不是商品买卖关
系。我国劳动力市场体系中以社会主义劳动力市场为主体，这既是由社会
主义公有制在所有制结构中的主体地位决定的，也是与按劳分配在个人收

---

① 劳动部、中华人民共和国国家统计局：《关于 1993 年劳动事业发展的公报》，载于《经济
日报》1994 年 4 月 27 日。

入分配制度中的主体地位和工人阶级在公有制单位与社会中的主人翁地位相适应的。根据我国工商局的最新统计，1994 年 6 月，我国私营企业和个体经济从业人员分别为 500.8 万人和 3183.5 万人，二者合计约占全社会从业人员 60590 万人（1993 年）的 6%。[①] 如果把外商独资企业和某些基本属于资本主义性质的中外合资或合作经营企业的从业人员包括在内，我国目前非公有制经济中从业人员至多不超过全社会从业人员的 7% 或 8%。虽然我国社会主义劳动力市场远未成熟，但它已经成为我国劳动力市场的主体。这既对我国搞好劳动领域的宏观调控提出了更高的要求，同时也为我国尽可能地减少劳动力市场发展中的经济与社会的代价提供了某种可能。

三、培育与发展我国劳动力市场需要解决的主要问题

1. 劳动力资源总量严重供过于求。目前，我国人口已达 12 亿，社会劳动力资源超过 7 亿，实际剩余劳动力约为 1.5 亿（其中包括农村剩余劳动力 1.2 亿，国有单位的 2000 余万冗员，城镇失业人员约 500 万等）。此外，如果根据我国 1989～1993 年人口的年均增长率（约 1.3%）和我国就业人员占社会总人口的比重（约 50%）推算，我国今后一段时期每年还将净增待业人员 750 万。[②] 这种劳动力资源总量严重供过于求的状况，必然加剧劳动者之间的就业竞争，不利于改善劳动者的劳动条件和工资待遇，并且严重妨碍社会安定。对此，必须加强国家对劳动力总量和工资总量的宏观调控，建立健全新的社会保障体制，确立并实现工会在保护职工合法权益中应有的地位和作用，尽量缓解劳动力市场供求严重失衡给劳动者造成的负面影响。

2. "劳动歧视"（或称"劳动力市场歧视"）明显存在。其主要表现是：（1）城乡就业的体制壁垒。城乡劳动者在就业的机会、范围、期限、待遇等方面存在明显的差别。例如，城市企事业单位招收的"农民工"往

---

① 根据《北京晚报》1994 年 9 月 25 日和中华人民共和国国家统计局编：《中国统计摘要（1994）》提供的相关数据计算。

② 根据中华人民共和国国家统计局编：《中国统计摘要（1994）》提供的相关数据计算。

往局限于某些"苦、脏、累、险、粗"的工种。(2) 就业安置中的特权因素。例如,某些干部利用职权优先安排自己的亲属。(3)"双轨"劳动制度并存。在没有实行全员劳动合同制的国有单位中,固定工与合同工在待遇上厚此薄彼,造成不少摩擦。(4) 女职工的合法权益得不到充分保障。例如,某些企业从微观经济效益出发,缩小招收女职工的范围和数量,不执行女工保护的有关经济补偿规定,在"优化劳动组合"中大量精简女职工,等等。根据我国总工会女工部 1992 年的问卷调查,被编余下岗的女职工占下岗职工总数的 66%,而我国城镇女职工则仅占城镇职工总数的 38%。[①] 我国的"劳动歧视"成因复杂,既有体制、特权等方面的原因,也有生产力方面的原因。它有悖于劳动力市场的运行规则,不利于最大限度地调动劳动者的积极性。对此,必须依靠发展生产力和健全并贯彻有关法律制度来逐步加以解决。

3. 养老保险和失业保险制度不够完善。社会保障是社会运行和发展的内在的稳定器。我国劳动力市场的培育与发展,要求建立多层次的社会保障体系,特别是建立和完善养老保险和失业保险制度。根据有关部门预测,我国将在 2000 年进入世界老龄化国家的行列。我国在养老保险方面存在三个问题。一是养老保险制度的覆盖面不宽。目前,我国法定的养老保险制度主要是在国有企业中实行,城镇区、县以上集体所有制企业和外商投资企业参照执行,其他企业还没有实行法定的养老保险制度,特别是广大农民仍然没有摆脱传统的家庭老模式。二是养老保险基金的筹集渠道狭窄,国家和企业负担过重。目前,我国养老保险费用几乎全由国家和企业负担,这与日本等西方国家职工养老金由个人、企业、国家三方共同负担无疑具有明显的区别。三是目前普遍采用的养老金一般计发方法不够科学。例如,现行的基本养老金一般是以标准工资为计发基数,而标准工资仅占全部工资 55% 左右,以此为基数计发的养老金待遇偏低。我国在失业保险方面存在的主要问题是覆盖面窄,保障水平低。截至 1993 年底,我国参加失业保险的职工有 7924 万人(基本限于国有企业),分别占我国职工人数

---

① 陆恒钧:《劳动妇女需要平等竞争的劳动环境》,载于《中国劳动科学》1994 年第 3 期。

（15040 万人）的 52.7% 和从业人数（60590 万人）的 13%。[①] 根据国家有关规定，失业人员第一年可以领取相当于原标准工资60% ~ 75% 的救济金，第二年则只能领取相当于原标准工资 50% 的救济金。而失业人员享受救济期满后如何维持生活的问题，仍然悬而未决。尽管《中共中央关于建立社会主义市场经济体制若干问题的决定》为建立和完善适合我国国情的养老保险和失业保险制度指明了方向，但是，真正落到实处仍任重道远。

[①] 根据劳动部、中华人民共和国国家统计局：《关于 1993 年劳动事业发展的公报》和中华人民共和国国家统计局编：《中国统计摘要（1994）》提供的相关数据计算。

关于科技人员最佳流向及其机制的探讨[*]

允许、促进和实现科技人员在全国范围内的合理流动，是加速我国社会主义现代化建设的重要条件。为了进一步改革我国人才管理体制，充分发挥科技人员的潜能和作用，本文仅就科技人员流动的若干问题进行初步探讨。

一、科技人员流动的客观必然性

所谓科技人员流动，从广义来说，既可以包括科技人员在不同地区或不同部门的工作单位变动，也可以包括科技人员在单位内部工作岗位的变动。本文论述的科技人员流动，仅指科技人员在国内不同地区或不同部门的工作单位变动，因为这种流动是科技人员流动的实质和核心。

在社会主义社会，科技人员流动具有客观必然性。

1. 按比例分配智力劳动规律要求科技人员流动

按比例分配智力劳动规律从属于按比例分配社会劳动规律，是任何以社会分工为基础的社会生产中都发生作用的生产力规律。按比例分配智力劳动规律的基本含义是按照生产的客观需要把一定数量和质量的智力劳动分配到各个生产领域，使之与生产资料相结合，以形成现实的生产力，从而成为实现社会生产按比例发展的一个基本因素。在社会主义社会中存在着脑体差别，按比例分配智力劳动规律主要是通过按比例地分配科技人员的形式实现的，从而要求科技人员必须流动。一方面，对科技人员的需求会不断变化。社会主义生产是社会化大生产。在社会化大生产中，随着科

＊ 本文由郭飞撰写，王景田、李守衡、鞠万洲同志参加了讨论和修改，其主要内容载于《人才研究》1987 年第 4 期。

学技术的发展和社会消费结构的变化，国民经济结构必然会不断地发生变化。与之相适应，科技人员在就业结构上就必然会发生变化。另一方面，科技人员的供给也会不断变化。撇开科技人员的数量增减不论，有的科技人员由于精力不足或能力欠佳，不能胜任原来单位的工作，应该调配到低层次的单位；有的科技人员则由于相反的情况应该调到更能发挥作用的高层次单位，等等。简言之，由于供求关系的不断变化，按比例分配智力劳动规律客观上要求科技人员必须流动。

2. 全面发展的原则也要求科技人员流动

马克思认为，适应现代工业的技术基础，劳动者应该获得全面的发展。因为，"机器生产不需要像工场手工业那样，使同一些工人始终从事同一种职能，从而把这种分工固定下来。"[①] "现代工业通过机器、化学过程和其他方法，使工人的职能和劳动过程的社会结合不断地随着生产的技术基础发生变革。这样，它也同样不断地使社会内部的分工发生革命，不断地把大量资本和大批工人从一个生产部门投入另一个生产部门。因此，大工业的本性决定了劳动的变换、职能的更动和工人的全面流动性。"[②] 马克思还认为，消灭把人固定在某一活动范围或某一职业上的旧式分工，消灭城乡、工农、脑体之间的对立，实现劳动者的全面发展，是实现共产主义的前提条件之一。

在社会主义社会，仍然存在着旧式分工和三大差别。但是，社会化大生产和社会主义公有制已经为劳动者的全面发展提供了一定的可能性。在我国，有些科技人员根据自己的能力和兴趣已经选择了更能发挥作用的新职业，正在逐步实现一专多能；也有些科技人员利用业余时间积极从事"第二职业"，从而朝着全面发展的方向迈出了可喜的步伐。此外，随着新技术革命带来的综合趋势日益明显，不仅要求科技人员全面发展，同时也必将促进科技人员的流动。

3. 对理想的工作和生活条件的追求，促使科技人员流动

工作条件和生活条件是科技人员不可或缺的两大基本条件。这两个条

---

① 《马克思恩格斯全集》第23卷，人民出版社1972年版，第461页。
② 《马克思恩格斯全集》第23卷，人民出版社1972年版，第533～534页。

件，都直接或间接地制约着科技人员作用的发挥和个人价值的实现。如果其他条件相同，科技人员发挥作用的程度与他们工作和生活条件的理想程度成正比。因此，即使从经济观点来看，科技人员追求理想的工作和生活条件也不无道理。

工作条件主要包括工作安排、科技装备与群体结构。目前，我国科技人员专业不对口的问题已经基本解决，但因工作安排不当或科技装备较差、群体结构不佳造成科技人员不能充分发挥作用的问题则远未解决。据调查，目前上海专业技术人员主要由于工作条件不理想而发挥部分作用的占 55.6%，不能发挥作用的占 6.8%。这个问题如果不能在现单位得到妥善解决，势必引起一部分科技人员向工作条件比较理想的单位流动。

生活条件主要包括工资待遇、住房状况以及地理环境。生活条件说到底就是物质利益。马克思指出："人们奋斗所争取的一切，都同他们的利益有关。"① 社会主义制度是为人民谋福利的制度，社会主义生产目的是满足人们日益增长的物质文化生活需要。在社会主义制度下，如同广大劳动群众追求幸福美满的生活是天经地义的一样，广大科技人员追求理想的生活条件也是无可非议的。当然，我国绝大多数科技人员对于生活条件并不抱有不切实际的幻想，但他们也决不愿做"苦行僧"。党的十一届三中全会以来，我国科技人员的生活条件总的来说已有明显改善。但是，目前相当一部分中、初级科技人员的生活条件特别是住房条件仍然较差，"身居斗室""三代同堂"甚至"两户同堂"者并不少见。一些科技人员要求流动，并不在于现有的工作条件不理想，而在于接收单位提供了较为优厚的生活条件。

此外，政策环境和人际关系也是不容忽视的重要条件。有些单位政策不落实，横向和纵向的人际关系都很紧张，使科技人员感到压抑、苦闷和烦恼，进而也会产生调动单位的念头。

4. 具有劳动力的个人所有权，使科技人员可以流动

在社会主义制度下，科技人员作为劳动者具有劳动力的个人所有权。这既有理论依据，也有实践依据。马克思在《哥达纲领批判》一书中指

---

① 《马克思恩格斯全集》第 1 卷，人民出版社 1956 年版，第 82 页。

出，在社会主义社会中，"处于私人地位的生产者"① 所提供的劳动还是"自己的劳动"，② 社会必须"默认不同等的个人天赋，因而也就默认不同等的工作能力是天然特权"。③ 在这里，马克思所说的"个人天赋"和"工作能力"就是指劳动力；而社会承认处于私人地位的生产者的"自己的劳动"，默认不同等的工作能力是"天然特权"，实质上也就是说劳动者具有劳动力的个人所有权。我国目前实行的劳动合同制和专业技术职务聘任制，事实上都是以承认劳动力的个人所有权为前提的。苏联和东欧某些社会主义国家长期实行允许劳动力自由流动的政策，则更是承认劳动力个人所有权的明显表现。

劳动力的所有权和支配权是密切相关的。既然社会主义制度下劳动力归个人所有，国家就应该承认并保障科技人员具有充分的选择工作单位的自主权，这是科技人员可以流动的必要前提。

二、科技人员的最佳流向

我们认为，实现科技人员和生产资料在国内的最佳配置，就是科技人员的最佳流向。当然，在现实生活中，所谓最佳流向往往是相对的。这可以从两方面看。一方面，由于我国地域辽阔，地区城乡之间经济文化的发展很不平衡，信息不够灵敏，人才管理机构重叠，新中国成立以来的许多历史遗留问题又交错其中，因而要实现绝对意义上的最佳配置难度很大，只能力求实现条件允许范围内的最佳配置。另一方面，如果出现了条件相同的科技人员多于某合适单位需求的情况，供求机制就会把多余的科技人员引向其他单位。这样，虽然就微观而言没有全部实现最佳配置，但是从宏观来看，还是实现了最佳配置。

对科技人员的最佳流向作这样的规定，根本着眼点在于遵循效益最大化原则。如前所述，科技人员只有与生产资料相结合，才能形成现实的生

---

① 《马克思恩格斯选集》第 3 卷，人民出版社 1972 年版，第 10 页。
② 《马克思恩格斯选集》第 3 卷，人民出版社 1972 年版，第 11 页。
③ 《马克思恩格斯选集》第 3 卷，人民出版社 1972 年版，第 12 页。

产力。但是，科技人员与生产资料可以有多种配置方式，从而可以产生极不相同的经济效益。我们先假定在科技人员与生产资料的数量和质量不变的前提下有 A、B、C、D、E 五种不同的配置方式，再假定这五种配置方式所产生的经济效益分别是 1、2、3、4、5，那么，产生经济效益 5 的 E配置方式是最佳配置方式，实现最佳配置方式的流向是最佳流向。实际上，科技人员的最佳流向不过是按比例分配智力劳动规律的一种最佳表现方式。

必须指出，科技人员的最佳流向与合理流向并不完全相同。为了弄清两者之间的关系，我们应对科技人员的合理流向作进一步的探讨。

在过去较长时期，人们对科技人员的合理流向众说纷纭，颇多歧义。自 1983 年 7 月《国务院关于科技人员合理流动的若干规定》颁布以后，许多同志都认为科技人员的合理流向就是"从城市到农村；从大城市到中小城市；从内地到边远地区；从科技人员富余的部门和单位，到科技力量薄弱而又急需加强的部门和单位"。我们认为，这种认识有一定的片面性。第一，从城市到农村，从大城市到中小城市，从内地到边远地区，都是从区域流向角度提出规定，并没有明确地从更好地发挥科技人员作用的角度提出要求。而区域流向最终应该服从于更好地发挥科技人员作用这个根本目的。据此，我们并不否认某些科技人员应该按照上述的地域流向流动，这有利于充分发挥他们的作用，逐步改变我国科技人员的地理分布极不合理的状况。但是，如果另一些科技人员由于种种原因按照上述的地域流向流动，到新单位以后发挥的作用反而不如过去，那就不能认为这种流向是合理的。同样，从更好地发挥作用的角度看问题，我们也并不否认某些科技人员应该从农村流向城市，从中小城市流向大城市，从边远地区流向内地。例如，十年内乱期间，有些工科大学毕业生因解决两地生活或所谓政治问题被分配到县属企业。在那里，他们的作用长期得不到充分发挥。可是，如果把他们调整到专业对口而又急需人才的国家重点建设项目或城市大工厂去，则会出现龙腾虎跃的另一番景象。因此，笼统和绝对地反对"孔雀东南飞"和"一江春水向东流"，笼统和绝对地否定所谓"逆向流动"，都是不妥当的。第二，所谓"从科技人员富余的部门和单位，到科技力量薄弱而又急需加强的部门和单位"，虽然就部门和单位流向而论，原则上是正确的，但落实到具体的科技人员，则又不一定正确。因为按照这种流向流动的科技人员，其作用并不一定都能得到更好的发挥。

基于这种认识，我们认为，所谓科技人员的合理流向，对于第一次参加工作的科技人员来说，应该是能够发挥其专长或主要专长的流向；对于已经工作了一段时间、要求调动工作单位的科技人员来说，则不仅要求专业对口，而且还要求能够更好地发挥作用。这种提法与1986年7月国务院发出的《关于促进科技人员合理流动的通知》中所强调的"鼓励科技人员向急需人才的行业和单位流动，向更能发挥作用的岗位流动"的基本精神是一致的，所不同的只是前者比后者更为准确和具体。

由上可见，科技人员的合理流向包括最佳流向，但不等于最佳流向。假定某科技人员在原单位发挥作用为2，到新单位发挥作用为3，那么，他的流向就属于合理流向。可是，如果在此期间还有最好的可以发挥作用为5的单位需要他，那么他只有调到这后一个单位才算是最佳流向。因此，我们认为，在有关科技人员合理流动的理论探讨中，不仅应该提出"合理流向"范畴并进一步科学规定其内涵，而且还应提出"最佳流向"这一新范畴。在实际工作中，我们不仅应该积极创造条件，支持和鼓励科技人员按照合理流向流动，而且应该更进一步，支持和鼓励他们按照最佳流向流动。只有这样，我们才能在条件允许的限度内使广大科技人员人尽其才，才尽其用，取得理想的经济效益。只有这样，我们才能充分发挥科技人员的内在潜力，缓解我国科技人员严重供不应求的矛盾。也只有这样，我们才能进一步调动广大科技人员的积极性和创造性，加速我国社会主义现代化建设的进程。当然，由于人才资源是当今世界上一切资源中最宝贵的资源，因而在科技人员流向问题上，国家、集体和科技人员三者之间，不同的地区、部门和企业之间在基本利益一致的前提下仍然存在着种种非对抗性矛盾，这需要我们按照"全国一盘棋"和"统筹兼顾"的方针来妥善地加以解决。

三、实现科技人员最佳流向的机制

为促使科技人员尽可能地按照最佳流向流动，我们应该根据国情，采取并运用一系列相互配套的经济、行政、法律和思想政治工作等机制。

1. 计划机制。我国现阶段的主体经济是社会主义经济。社会主义经济需要计划协调。对于关系国计民生的重要经济部门和企业，我们不仅要有计划地分配生产资料，而且要有计划地调配科技人员。但是，由于我国计划工作水平的限制和劳动力个人所有权的存在，这种计划调配应该是粗线条和有弹性的。首先，各级政府主管部门应把主要精力放在对科技人员供求状况及其变动趋势的调查研究和预测上，努力掌握和运用科技人员的供求规律，制定出比较合理的科技人员供需计划和平衡计划。其次，国家应通过控制各个地区、部门和大中型企业科技人员的编制，并根据工资、津贴和奖金等参数，指导和影响科技人员按照最佳流向流动。最后，国家对大、中专毕业生应实行在充分尊重本人志愿前提下的统一分配制度，并允许他们在工作一定时期之后进行流动，从而打破"一次分配定终身"的人才管理制度。

2. 市场机制。社会主义经济是商品经济。科技人员的劳动力虽然不是商品，但也可以通过科技人才交流中心等市场形式来进行流动和调节。在科技人才交流的市场上，供求、竞争、工资等市场机制必将充分发挥作用。特别是工资机制，它作为不同单位经济效益和需求关系的指示器，对科技人员流向的调节尤为显著。市场调节虽然比较灵敏，但也存在着某种盲目性。因此，国家要加强对科技人才交流市场的指导、管理和监督，努力通过多种渠道掌握和传递科技人员的供求信息，从而把宏观控制和市场调节有机地结合起来。随着我国社会主义商品经济的不断发展和人才管理权限的逐步下放，科技人员的流量肯定会有所增大，市场机制的作用无疑会明显增强。这是保持科技队伍充满活力的有效机制。

3. 合同机制。社会化大生产既要求科技人员相对稳定，也要求科技人员有一定的流动。劳动合同是劳动者与用人单位确立劳动关系、明确双方权利和义务的协议。实行劳动合同制，既能保证劳动者有选择职业和单位的自由，从而促进劳动力的流动，又能约束劳动者在合同期内履行应尽的劳动义务和职责，从而保证劳动力的相对稳定。我国目前在一些单位开始实行的专业技术职务聘任制，实质上也是劳动合同制的一种形式。鉴于目前在某些单位出现的借"聘任制"之名、行"任命制"之实所产生的种种弊端，我们建议应把专业技术职务聘任制改成专业技术职务合同制，这种合同可以是定期或不定期的。这样，可以真正体现合同双方的平等权利，既有利于科技人员选择合适的职业和单位，又有利于用人单位惜才、用才和护才，从而真正发挥广大科技人员在社会主义建设中的骨干作用。

4. 法律机制。实行科技人员按照合理流向特别是按照最佳流向流动，必须有法律保障。在不少单位，科技人员虽有劳动力的个人所有权，但却难以流动，甚至遭到刁难和打击，其根本原因是我国至今尚未制定出保护科技人员合理流动的法律。这对于改革传统的人才管理体制和加速社会主义现代化建设都是极为不利的。为此，我们呼吁国家有关部门尽快立法，允许和保护科技人员按照合理流向特别是按照最佳流向进行流动。当然，这可能会导致科技人员大量流入条件好的地区和单位，从而在一段时期内使条件差的地区和单位科技人员的供需矛盾更加尖锐。但是，解决矛盾的办法并不是"因噎废食"，而是要"因势利导"。一方面，国家要在可能的条件下多拨专款支援有发展前途的落后地区；另一方面，条件差的地区和单位应尽可能地对科技人员在工资、奖金、住房和子女就业等问题上实行比较优惠的待遇，以稳定和吸引科技人员在那里安居乐业；同时，还要动员社会上各方面的力量，通过大办地方教育或委托培养等方式，积极解决人才不足的问题。

5. 思想政治工作机制。科技人员的流动有合理与不合理之分。思想政治工作应该成为促进其合理流动、抑制其不合理流动的重要手段。应该通过思想政治工作，使一些部门和单位的领导同志能够正确处理国家利益与局部利益之间的关系，以国家利益为重，支持和鼓励科技人员到祖国最需要的地方去。而对于科技人员提出的不合理的流动要求，也不要采取硬卡的做法，而要有的放矢地做好多方面的工作，使他们安心在现单位继续工作。这就是说，要教育广大干部真正做到尊重知识、尊重人才，进一步落实知识分子政策，通过解决具体问题，努力为广大科技人员排忧解难。要使那些存在思想问题的科技人员坚持四项基本原则，正确处理国家需要和个人利益之间的关系，正确处理与领导、同事之间的关系，谦虚谨慎，加强团结，艰苦奋斗，为实现"四化"建功立业。此外，还要进一步提高职工的思想觉悟，从而为广大科技人员充分发挥聪明才智创造更为有利的社会环境。

中国失业：现状、特征与对策[*]

人均资源短缺与劳动力总量相对过剩，是我国现阶段的一个基本国情。近年来，随着我国经济体制改革的不断深入和经济增长方式的逐步转变，我国的失业问题日益凸显并已引起全社会的高度关注，已构成对我国今后经济发展和社会稳定的尖锐挑战。本文对我国失业的现状、特征与对策略抒己见，与理论界和实际部门的同志共同探讨。

一、中国失业的基本现状

在国内诸多的相关著述中，对我国失业现状的评估有较大分歧，其基本原因在于所引用数据的统计口径不同。目前，我国针对失业现状大体上有三种统计口径。

1. 城镇登记失业人数和城镇登记失业率。城镇登记失业人数是指有非农业户口，在一定的劳动年龄内（16 岁以上及男 50 岁以下，女 45 岁以下），有劳动能力，无业而要求就业，并在当地就业服务机构进行求职登记的人员。[①] 2002 年，我国城镇登记失业人数为 770 万人，城镇登记失业率为 4%。[②] 这种统计口径最窄，与国际上流行的对失业人口和失业率的统计口径存在很大出入。它既没包括持农村户口的城乡失业人员，也没包括尚未与原单位解除劳动关系的城镇下岗人员，还没包括城镇居民中尚未登记的失业人员。此外，它对失业人员劳动年龄的限制过于苛刻。国外在失

---

†

[*] 原载《经济学动态》2003 年第 11 期，发表时论文标题和内容有所调整。

[①] 中华人民共和国国家统计局人口和就业统计司等编：《中国劳动统计年鉴（2000）》，中国统计出版社 2000 年版，第 623 页。

[②] 中华人民共和国国家统计局编：《中国统计摘要（2003）》，中国统计出版社 2003 年版，第 38 页。

业登记中对劳动年龄一般没有上限规定，我国规定的退休年龄一般为男 60 岁，女 55 岁。显然，以城镇登记失业人数和城镇登记失业率来评估我国的失业状况，不仅大大缩小了我国失业人口的统计范围，严重低估了我国的失业规模和失业程度，而且也无法正确地进行国际比较。

2. 城镇调查失业人口和城镇调查失业率。城镇调查失业人口的基本定义是：16 岁以上，有劳动能力，调查周内未从事有收入的劳动（具体是指劳动时间不到 1 小时），当前有就业的可能（具体是指如有工作，两周内可以上班）并正以某种方式寻找工作的人员。[①] 这个定义突破了登记制度和户籍制度的局限，把城镇常住人口中登记与未登记的失业人员、有城镇户口和没有城镇户口的失业人员以及城镇下岗人员都包括进来，同时对失业者的劳动年龄也没有上限规定，与国际上对失业人口和失业率的统计口径较为一致。但是，我国的城镇调查失业人口和城镇调查失业率仅限于城镇常住人口，抽样调查的样本数量又十分有限（约占城镇常住人口总户数的不到千分之一），从而不能完全准确地反映我国的失业规模和失业程度。

3. 真实失业人口和真实失业率。有些学者在对我国失业现状的研究中采用了真实失业人口和真实失业率的概念。按照他们的计算，1998 年我国城镇实际失业人员为 1540 万～1600 万人，乡镇企业实际失业人员约为 1700 万人，农业剩余劳动力为 1.5 亿～1.6 亿人，三者之和为我国真实失业人口（为 1.82 亿～1.93 亿人）；在当年我国从业人员总数为 69957 万人的情况下，则我国的真实失业率为 26.0%～28.25%。[②] 这种统计口径的最大优点是全口径（即覆盖了城镇和农村），但它也包含了我们通常所说的冗员或隐性失业人员。我国有的学者在估算城镇实际失业率时也明确提出，它应相等于登记失业率、下岗率和实际隐蔽失业率之和。[③] 然而，隐性失业毕竟不是显性失业，它是"一个生产单位所雇佣的劳动者数量（或所使

---

① 国家发展和改革委员会宏观经济研究院课题组：《当前我国的就业形势和对策》，载于《经济学动态》2003 年第 5 期。

② 郭定中：《当前我国失业人口问题的现状、成因分析与对策》，载于《教学与研究》2002 年第 2 期。

③ 厉以宁、董辅礽、韩志国主编：《中国经济跨世纪的主题和难题》，经济科学出版社 1999 年版，第 258 页。

用的劳动数量）超过为达到某一经济目标所必要的数量，而该生产单位又没有对这部分多余的劳动者（或劳动数量）作其他用途的配置，让其在生产单位内部存在下去"。① 尽管研究隐性失业人口对探讨我国体制转轨过程中企业改革、产业结构调整的途径以及我国失业规模的前景具有重要意义，但若将其包括在失业人员的范围之内则明显高估了我国真实失业人口和真实失业率。

笔者认为，上述三种统计口径各有作用。然而，研究我国失业状况最主要或最基本的统计口径应是国际上普遍接受的失业人口和失业率的概念。按照国际劳工组织推荐的标准，失业人员是指在劳动年龄内（16 周岁以上），有劳动能力，在一定时期内未从事有收入劳动，当前有就业可能并以某种方式正在寻找工作的人员。② 而国际上较为流行的失业率则等于失业人数／（失业人数 + 从业人数）。③尽管我国从 1994 年起正式使用了"失业"（其定义与国际上流行的失业的定义基本相同）和"失业率"的概念，但迄今为止，我国有关部门从未发布过按此口径统计的全国失业人口和失业率；就连既不完整也不系统的城镇调查失业人口和城镇调查失业率的数据，也仅限于政府有关部门内部使用。毫无疑问，这对于真实了解我国失业现状并制订相应的对策造成了诸多不便。因此，按照国际流行口径定期发布我国的失业人口和失业率，已成为我国劳动和统计部门亟待做好的一项重要工作。

二、中国当前失业的基本特征

笔者认为，我国当前失业主要具有五个基本特征：

1. 城镇登记失业率不断攀升，城镇实际失业人口创新中国成立以来最高峰。我国当前的失业问题集中表现在城镇。根据国家统计局公布的数字，我国城镇登记失业率（过去称待业率）最高的是 1952 年（13.2%）。然

---

① 袁志刚、陆铭著：《失业经济学》，立信会计出版社 1998 年版，第 28 页。
②③ 曾培炎主编：《领导干部宏观经济管理知识读本》，人民出版社 2002 年版，第 271、284 页。

而，当时我国城镇登记的失业人口（过去称待业人口）仅有 376.6 万人。[①]1981 年，我国城镇登记失业率为 3.8%，1985 年降至 1.8%。[②]1986～1995年，我国城镇登记失业率在 2%～2.9% 徘徊。[③] 1996 年，我国城镇登记失业率达到 3%，1997～2000 年均为 3.1%[④]，2001 年陡升至 3.6%，2002年达到 4%[⑤]，今年上半年升为 4.2%。[⑥] 我国计划将今年城镇登记失业率控制在 4.5% 以内。[⑦] 如果城镇登记失业率与城镇失业率相等，则我国当前城镇的失业问题并不突出。问题在于，我国公布的城镇登记失业率明显低于城镇失业率。2002 年末，我国城镇登记失业人口为 770 万[⑧]，国有企业下岗未实现再就业职工约为 410 万人[⑨]；其他下岗职工约为 200 万人[⑩]；仅此三项之和即为 1380 万人。按照国家有关部门实际使用的城镇就业人员的数字计算，我国 2002 年城镇失业率约为 7.2%。如果再考虑到我国城镇登记失业的劳动年龄限制和尚未登记的失业人员，扣减城镇下岗失业人员中的隐性就业人员，我国 2002 年城镇失业率在 9% 左右。根据国际上较为流行的划分标准，失业率在 7%～8% 为失业问题突出型，9% 以上为失业问题严峻型。不难看出，我国当前城镇失业问题已相当严峻，城镇实际失业人口达到了新中国成立以来的最高峰。

进一步分析，我国城镇在今后一段时期中每年约新增劳动力 1000 万人，农村有数亿剩余劳动力需要向城镇转移，城镇下岗失业人员在原有基

①② 中华人民共和国国家统计局编：《中国统计年鉴（1993）》，中国统计出版社 1993 年版，第 119 页。

③④ 中华人民共和国国家统计局编：《中国统计年鉴（1993）》，中国统计出版社 1993 年版，第 119 页；《中国统计年鉴（1996）》，中国统计出版社 1996 年版，第 114 页；《中国统计年鉴（2001）》，中国统计出版社 2001 年版，第 107 页。

⑤ 中华人民共和国国家统计局编：《中国统计摘要（2003）》，中国统计出版社 2003 年版，第 42 页。

⑥ 冯蕾：《增加就业的黄金时机》，载于《光明日报》2003 年 8 月 15 日。

⑦ 曾培炎：《关于 2002 年国民经济和社会发展计划执行情况与 2003 年国民经济和社会发展计划草案的报告》，载于《经济日报》2003 年 3 月 21 日。

⑧ 中华人民共和国国家统计局编：《中国统计摘要（2003）》，中国统计出版社 2003 年版，第 42 页。

⑨ 中华人民共和国国家统计局：《中华人民共和国 2002 年国民经济和社会发展统计公报》，载于《经济日报》2003 年 3 月 1 日。

⑩ 国家发展和改革委员会宏观经济研究院课题组：《当前我国的就业形势和对策》，载于《经济学动态》2003 年第 5 期。

础上还将有明显的增加，国家机关、事业单位人事制度改革中的分流人员和复转军人也需要安置。我国正面临城镇新增劳动力就业、农民进城打工、下岗失业人员再就业和国家机关、事业单位分流人员以及复转军人安置"四头碰"的局面，无论是城镇实际失业人口或城镇失业率都可能大幅度上升。

2. 总量矛盾、结构矛盾与素质矛盾并存。我国劳动力供求的总量矛盾相当突出。就农业而言，我国目前约有从业人员 3.2 亿人，而我国的耕地面积约有 19.5 亿亩，每个农业劳动力平均耕种 6 亩多地。① 目前，美国、加拿大、法国、德国、澳大利亚等国农业人口不到该国人口总量的 5%，而每个农业劳动力平均耕地面积则高达 160 ~ 1700 亩。② 假定我国农业劳动力总量不再增长，从近期来看，如果按照每个劳动力平均耕种 10 亩地的标准，那将有 1.3 亿以上的农业剩余劳动力需要向农村中的非农产业和城镇转移；从中期来看，如果按照每个农业劳动力平均耕种 22.5 亩地的标准（即日本 1999 年达到的水平）③，那将有 2.3 亿以上的农业剩余劳动力需要转移；从长期来看，如果按照每个劳动力平均耕种 50 亩地的标准（即南美洲国家 1999 年达到的水平），那将有 2.8 亿以上的农业剩余劳动力需要转移。④就城镇而言，我国目前每年大约新增就业岗位 800 万人，这还不够满足城镇每年新增约 1000 万劳动力的求职需要。我国"十五"计划纲要规定，2001 ~ 2005 年每年拟转移农村剩余劳动力约 800 万人，实际上恐怕不止此数。如果再加上尚未实现再就业的下岗失业人员和国家机关、事业单位的分流人员，我国城镇今后若干年内每年工作岗位的缺口在 2500 万左右，城镇失业率为 12% 左右。

与此同时，我国劳动力供求的结构矛盾和素质矛盾也相当突出。1999年 10 月，教育部公布了 44 所直属高校 1999 年本专科生一次就业率情况。截至 1999 年 5 月底（各校上报计划时间），总体一次就业率达到 82%，其中本科生一次就业率为 85%，专科生一次就业率为 54%；按学科门类统计

---

① 中华人民共和国国家统计局编：《中国统计摘要（2003）》，中国统计出版社 2003 年版，第 3、44 页。

②③④ 朱之鑫主编：《国际统计年鉴（2002）》，中国统计出版社 2002 年版，第 223 页。

就业率哲学为 75.98%，经济学为 74.11%，法学为 69.49%，教育学为 87.88%，文学为 74.05%，历史学为 80.09%，理学为 85.54%，工学为 85.64%，农学为 84.75%，医学为 92.08%。[①] 在我国现有的 7000 万产业工人中，初级工占 60%，中级工占 35%，高级工、高级管理人员和高级工程技术人员则明显缺乏。[②] 据劳动和社会保障部 2002 年第 4 季度的调查，全国 89 个城市劳动力市场中求人倍率（岗位需求量与求职劳动者的比例）最大的是高级技师，达到 2.24:10。[③] 目前，我国仅数控机床的操作工就缺 60 万人。杭州汽轮机厂需要 260 名数控技工，参加了十余场招聘会，月薪提到 6000 元，还是招不到合适的人。[④]与此形成鲜明对照的是，我国也有相当一部分劳动力则因素质较差而失业或难以就业。例如，1998～1999 年，我国约有 57% 和 54.7% 的城镇下岗职工只有初中以下学历。[⑤]

3. "需求瓶颈"、"体制瓶颈"与"观念瓶颈"并存。我国劳动者就业不仅受到"需求瓶颈"的制约，而且也受到"体制瓶颈"和"观念瓶颈"的制约。我国农民进城打工，除了遇到找工作这一根本关卡之外，还遇到了户籍制度、社会保障制度、子女入学、购房限制等关卡。而后几道关卡（特别是户口关卡）不解决，他们则或者是在非市民的待遇下苦撑竭蹶，或者是返回农村重操旧业或在农村从事其他行业。而"观念瓶颈"对于一部分劳动者的就业影响也是显而易见的。我国城镇有相当一部分下岗失业人员并不是根本找不到工作，而是不愿意干苦活儿、累活儿、"伺候人"和收入低的活儿。我国高校毕业生的就业率去年约为 76%，今年约为 70%，近百万名大学毕业生暂时未能就业。[⑥] 某些专业的大学生供过于求固然是原因之一，但基本原因则是相当一部分大学生的择业标准脱离实际。我国高校许多毕业生对经济发达的大中城市和收入较高的部门或单位趋之若鹜，而对"老、少、边、穷"地区或收入偏低的部门或单位则较少问

---

① 劳动和社会保障部劳动科学研究所：《2002 年：中国就业报告》，中国劳动社会保障出版社 2003 年版，第 131 页。

② 谢伏瞻：《当前的就业压力与增加就业的途径》，载于《管理世界》2003 年第 5 期。

③④ 冯蕾：《培训出人才》，载于《光明日报》2003 年 6 月 25 日。

⑤ 胡鞍钢主编：《全球化挑战中国》，北京大学出版社 2002 年版，第 220 页。

⑥ 邢兆远：《转换视角天高地阔》，载于《光明日报》2003 年 5 月 19 日。

津。国家急需人才的单位没有多少大学毕业生愿意去，而多数大学毕业生愿意去的单位又基本上不缺人，不少大学生的择业标准和实际需要严重错位，从而出现了"就业难"和"招聘难"并存的尴尬局面。

4. 隐性失业与隐性就业并存。隐性失业并非计划经济的专利。然而，在我国传统经济体制下，隐性失业状况确实相当严重，"三个人的活儿五个人干"就是其真实写照。在我国经济体制转轨的过程中，国家机关和企事业单位的隐性失业人员已"蒸发"了相当一部分，但仍有一部分尚未"蒸发"。在今后相当长时期内，我国的隐性失业主要表现在农村。我国农民就业很不充分，通常使用的农村剩余劳动力概念不过是农村隐性失业者的另一种表达方式。随着入世后竞争的日益加剧，我国经济体制改革必将继续向纵深发展，经济增长方式转变也将加速进行，在此情况下，国有单位将有上千万的劳动者由隐性失业转化为显性失业，城乡集体经济特别是农业集体经济中将有数亿劳动者从隐性失业逐渐转化为显性失业，并积极寻找新的工作岗位。与此同时，我国还存在着一定数量的隐性就业，即劳动者与生产资料表面上呈现分离状态，但实际上劳动者通过市场调节或多或少地参与社会劳动并取得收入。我国目前的隐性就业人员主要是一部分"下岗""失业"人员和提前退休人员。由于这部分劳动者的就业不在政府的有效管理之内，因而从数量上无法精确统计。但是，典型调查和直接观察表明，我国城镇隐性就业人员的数量也并非微不足道。由上可见，我国存在的隐性失业掩盖了劳动力供过于求的程度，降低了失业率；而我国同时存在的隐性就业则不仅使隐性就业者多捞了好处，而且还模糊了失业与就业的界限，"膨胀"了失业率。

5. 高增长与高失业并存。按照传统经济理论，经济增长率高低与失业率高低存在着替代关系，即高增长往往与低失业相伴，低增长常常与高失业为邻。例如，美国 1993 年经济增长率降为 2.2%，[①] 失业率则升至

---

① 中华人民共和国国家统计局编：《中国统计年鉴（1996）》，中国统计出版社 1996 年版，第 815 页。

6.9%[①]；1999 年经济增长率升为 4.2%，失业率则降至 4.2%。[②] 而我国，尽管自 20 世纪 80 年代中期以来保持了年均 9.44% 的经济增长速度，[③] 但是城镇登记失业率则从 1985 年的 1.8% 跃升到 2002 年的 4%，城镇实际失业率目前已高达 9% 左右，出现了高增长与高失业并存的局面。根据有关数据（见表 1），1998～2000 年，在笔者列举的 12 个发达和发展中国家中，高增长与高失业并存比较明显的国家只有法国，而法国的高增长（年均增长约 3.4%）也只是相对于同期的其他体制发达国家而言；同样，根据有关数据（见表 2），1998～2000 年，在笔者列举的 7 个体制转轨国家中，高增长与高失业并存比较明显的是波兰，而波兰的高增长（年均增长约 4.3%）也只是相对于同期的其他体制转轨国家而言，与我国同期的年均增长速度（约 7.6%）尚有较大差距。可以认为，我国近年来高增长与高失业并存的现象在当今世界上是颇为少见的。我国目前正处于工业化中期阶段，经济体制改革、经济增长方式转变和经济结构调整，市场化、工业化、城镇化和现代化进程，都为我国经济持续高速增长提供了巨大的动力和广阔的空间。然而，经济体制改革和以技术进步为主要支撑的经济增长方式转变，又使我国长期存在的人均资源不足、居民消费率低下与劳动力总体素质不高、劳动力总量明显过剩的矛盾凸显出来，使传统经济体制下严重存在的隐性失业逐渐转化为显性失业。不仅如此，我国当前的高失业还伴有来势猛、覆盖面广（从年龄看，40～50 岁现象与 20～30 岁现象并存；从单位看，国家机关、事业单位、企业以及农民中的下岗失业人员并存；从层次看，高级、中级、初级人员并存）、后劲大和持续时间长等特征。

---

① 刘燕斌主编：《面向新世纪的全球就业》，中国劳动社会保障出版社 2000 年版，第 2、175 页。

② 中华人民共和国国家统计局编：《中国统计年鉴（2001）》，中国统计出版社 2001 年版，第 883、882 页。

③ 根据中华人民共和国国家统计局编：《中国统计年鉴》相关年份提供的有关数据计算。

表 1   1998～2000 年部分发达国家与发展中国家的

经济增长率（GDP 增长率）与失业率   单位：%

国别	指标	1998 年	1999 年	2000 年
日本	经济增长率	-1.0	0.7	2.2
	失业率	4.1	4.7	4.7
加拿大	经济增长率	3.9	5.1	4.4
	失业率	8.3	7.6	6.8
美国	经济增长率	4.3	4.1	4.1
	失业率	4.5	4.2	4.0
法国	经济增长率	3.5	3.0	3.6
	失业率	11.8	11.7	10.0
德国	经济增长率	2.0	1.8	3.0
	失业率	9.7	8.8	7.9
英国	经济增长率	3.0	2.1	3.0
	失业率	6.1	6.0	5.5
意大利	经济增长率	1.8	1.6	2.9
	失业率	11.7	11.4	10.5
韩国	经济增长率	-6.7	10.9	9.3
	失业率	6.8	6.3	4.1
阿根廷	经济增长率	3.8	-3.4	-0.8
	失业率	12.8	14.1	15.0
泰国	经济增长率	-10.5	4.4	4.6
	失业率	3.4	3.0	2.4
马来西亚	经济增长率	-7.4	6.1	8.3
	失业率	3.2	3.4	3.1
墨西哥	经济增长率	5.0	3.6	6.6
	失业率	2.3	1.7	1.6

资料来源：根据朱之鑫主编：《国际统计年鉴（2002）》（中国统计出版社 2002 年版）提供的相关数据整理。

表2　　　　　　　　　1998～2000 年部分体制转轨国家的
经济增长率（GDP 增长率）与失业率　　　　单位:%

国别	指标	1998 年	1999 年	2000 年
俄罗斯	经济增长率	-4.9	5.4	9.0
	失业率	13.3	13.4	11.4 *
白俄罗斯	经济增长率	8.3	3.4	5.8
	失业率	2.3	2.1	2.1
乌克兰	经济增长率	-1.9	0.2	5.9
	失业率	11.3	11.9	11.7
波兰	经济增长率	4.8	4.1	4.1
	失业率	10.5	13.9	16.1
保加利亚	经济增长率	3.5	2.4	5.8
	失业率	14.1	15.7	16.4
匈牙利	经济增长率	4.9	4.5	5.2
	失业率	7.8	7.0	6.4
罗马尼亚	经济增长率	-4.8	-1.2	1.8
	失业率	6.3	6.8	7.1

注：* 引自劳动和社会保障部编：《中国积极的就业政策》，中国劳动社会保障出版社 2003 年版，第 187 页。

资料来源：根据朱之鑫主编：《国际统计年鉴（2002）》（中国统计出版社 2002 年版）提供的相关数据整理。

三、缓解中国失业的基本对策

胡锦涛总书记在今年 8 月召开的全国再就业工作座谈会上明确提出了"经济发展和扩大就业并举"的新的发展战略。这一发展战略，符合经济发展的一般规律，是立足我国国情作出的正确抉择。深刻领会和全面贯彻这一发展战略，对于我国在促进经济发展的同时充分调动各方面的力量切实做好就业和再就业工作，最大限度地缓解失业压力，切实维护社会稳定，不断提高广大人民的生活水平，具有重大的现实意义和深远的历史意义。

在今后较长时期内，实施经济发展和扩大就业并举的新战略，实行积

极的就业政策，是缓解我国不断增长的就业压力的根本。为此，笔者认为，
应主要抓好八项工作：

1. 大力发展第三产业。这是我国扩大就业的主要途径。其一，第三产
业增长的就业弹性明显大于第二产业。20 世纪 90 年代，我国第二产业增
加值每增长 1 个百分点平均增加就业岗位 17 万个，而第三产业增加值每增
长 1 个百分点平均增加就业岗位则高达 85 万个。①其二，第三产业已成为
我国近年来扩大就业的主力军。1990 ~ 2002 年，我国第一产业从业人员减
少 2044 万人，第二产业从业人员净增 1924 万人，第三产业从业人员净增
9111 万人。②其三，倚重发展第三产业扩大就业前景广阔。2002 年，我国
第三产业从业人员占全部从业人员的比重为 28.6%，③而发达国家近年来一
般为 60% ~ 70%，印度、马来西亚等发展中国家也达到了 50% 左右。④
2002 年，我国人均 GDP 已逼近 1000 美元。国际经验表明，人均 GDP 达到
1000 美元是第三产业加速发展的转折点。1992 ~ 2002 年，我国第三产业
从业人员所占比重每提高 1 个百分点，可以平均增加就业岗位 908 万人。⑤
据此测算，如果我国第三产业从业人员所占比重提高到 50%，就可创造 2
亿多个就业岗位。在发展第三产业中，大力发展社区服务业是拓展就业空
间的新亮点。我国目前社区服务业就业份额仅占 3.9%，大大低于许多发
达国家（20% ~ 30%）和发展中国家（12% ~ 18%）的水平。即使将我国
社区服务业的就业份额提高到 12%，也可增加约 2000 万个就业岗位。⑥

长期以来，我国第三产业发展缓慢。改革开放以来，我国第三产业发
展速度明显加快，但与世界各国的平均水平或同等收入水平的国家相比，
仍然明显滞后。其现实原因主要有三：（1）我国第一、第二产业较为落
后，城镇化进程缓慢，这是我国第三产业发展滞后的物质基础；（2）我国

---

① 吴邦国：《以"三个代表"重要思想为指导　切实做好下岗失业人员再就业工作》，载于
《经济日报》2003 年 2 月 24 日。

②③ 中华人民共和国国家统计局编：《中国统计摘要（2003）》，中国统计出版社 2003 年版，
第 44 页。

④ 吴邦国：《以"三个代表"重要思想为指导　切实做好下岗失业人员再就业工作》，载于
《经济日报》2003 年 2 月 24 日。

⑤ 根据中华人民共和国国家统计局编：《中国统计摘要（2003）》提供的相关数据计算。

⑥ 杨宜勇：《社区就业：中国城市就业新的增长点》，载于《光明日报》2002 年 6 月 11 日。

不少居民的消费观念陈旧，不敢"用明天的钱圆今天的梦"，第三产业中许多行业的服务质量也有待提高，这是我国第三产业发展滞后的制约因素；（3）我国对非公有制经济进入领域和享受待遇的种种不公平限制，则是我国第三产业发展的政策障碍。因此，我国应在继续努力发展实体经济的同时，不断加快城镇化进程，进一步更新消费观念，提高服务质量，允许非公有制经济进入法律法规未禁入的公用事业、某些基础设施部门等第三产业，并在投融资、税收、土地使用和对外贸易等方面与公有制企业享受同等待遇，从而为经济发展与扩大就业创造有利条件。

2. 积极发展非公有制经济、中小企业和劳动密集型企业。一方面，从就业的所有制结构考察，私营、个体等非公有制经济已逐渐成为我国增加就业的主渠道。2002 年与 1991 年相比，在我国城镇从业人员中，国有和集体所有制单位净减约 0.6 亿人，而私营、个体等其他所有制经济则净增约 1.3 亿人。[①]近几年来，我国实现再就业的原国有企业下岗职工中有 68%从事私营、个体经济。另一方面，从就业的企业规模结构考察，中小企业是吸纳劳动力的主要场所。中小企业不仅能以较少的投资提供较多的工作岗位，而且有利于活跃经济和改善整个社会的收入分配状况。在发达国家，企业中 90% 以上的从业人员在中小企业就业；在我国，企业中 75% 以上的从业人员在中小企业就业。我国的私营、个体等非公有制经济大多集中在中小企业和劳动密集型企业。因此，积极发展私营、个体等非公有制经济，积极扶持和适度发展中小企业和劳动密集型企业，对于我国拓宽就业门路和缓解就业压力，具有十分重要的作用。

3. 保持较高的经济增长速度。经济增长是扩大就业的长久动力和重要源泉。目前，我国 GDP 每增长 1 个百分点，大约可增加非农产业就业岗位90 万个。[②]据权威部门预测，我国在 21 世纪前 20 年有可能保持年均7.18% 的经济增长速度。如果这一增长速度能够实现，那么即使按照目前的就业弹性系数，我国每年也可解决约 650 万劳动力（约相当于我国城镇每年新增劳动力的近 3/5）的就业问题，到 2020 年则又可创造近 1.2 亿个

---

① 根据中华人民共和国国家统计局编：《中国统计摘要（2003）》提供的相关数据计算。

② 曾培炎主编：《领导干部宏观经济管理知识读本》，人民出版社 2002 年版，第 271、284 页。

就业岗位。因此，我们应在充分发挥市场对资源配置的基础性作用、进一步激发企业活力的同时，综合与灵活运用各种宏观调控手段，正确把握宏观调控的方向和力度，促进国民经济的持续快速增长。

4. 有条件的国有大中型企业应通过多种方式分流安置富余人员。有偿解除劳动关系仅是分流富余人员的一种方式，但须十分慎重。武钢、宝钢、一汽等一批国有大中型企业不是简单地把富余人员推向社会，而是通过主辅分离，辅业转制，分流安置富余人员，取得了良好的效果。它们的经验和做法，对于其他有条件的国有大中型企业具有借鉴意义和推广价值。

5. 树立"大就业"和职业平等的观念，实行灵活多样的就业方式。在整个社会特别是在城镇劳动者中应进一步转变就业观念：（1）转变狭隘的就业观念，树立不仅在正规部门工作是就业，而且在非正规部门（国际劳动局把非正规部门划分为三种类型，即微型企业、家庭型企业和独立从业者）工作也是就业；不仅在相对固定的全日制单位工作是就业，而且从事非全日制、临时性、季节性等灵活形式的工作也是就业的"大就业"观念；（2）摒弃把职业分为高低贵贱、三六九等的错误观念，树立劳动光荣、职业平等的正确观念；（3）摒弃"等、靠、要、怨"等消极态度，树立自谋职业、自主创业的进取精神。在国外，灵活就业包括非全日制就业、临时就业（含短期就业、季节就业、承包就业、传呼就业、独立就业等）和派遣就业（含雇用型派遣就业和登记型派遣就业）三种类型，在劳动力就业中占有相当的比重。1997年，英国和荷兰仅非全日制就业就分别占有23.2%和37.9%的比重。①我国应进一步挖掘潜力，实行灵活多样的就业形式，同时努力维护劳动者的合法权益。

6. 发展教育事业，加强职工培训，提高劳动者的素质和能力。针对我国劳动力供求中明显存在的总量、结构和素质矛盾，我国除了要进一步实行严格的计划生育政策和积极的就业政策之外，关键在于继续把教育摆在优先发展的战略地位，增加投入，深化改革，根据社会和市场的需求大力发展教育事业。这样，既可以从总体上提高劳动者的素质，将沉重的人口负担逐渐转化为人力资源优势，防止和减少结构性失业；也可以通过就学

---

① 刘燕斌主编：《面向新世纪的全球就业》，中国劳动社会保障出版社2000年版，第2、175页。

替代和延迟新增劳动力进入劳动力市场的时间来缓解新增劳动力的就业压力。2002 年，我国高等教育的毛入学率为 14%①，如果到 2020 年能将此比例提高到 30%，那么我国劳动力资源的劳动参与率就可以下降 3 个百分点，从而减缓约 2500 万个劳动力就业。与此同时，我国要大力加强职业培训：（1）组织下岗失业人员进行再就业培训，将工作重点由基本生活保障转变为就业保障；（2）充分发挥行业协会、行业组织和企业的作用，对企业职工进行新知识、新技术、新工艺培训，培养大批技术工人，提高职工的劳动能力和创新能力；（3）面向城市初高中毕业生普遍开展职业培训，提高青年劳动者的就业和创业能力；（4）广泛利用现代通信技术面向西部地区和广大农村开展远程再就业培训、劳动预备制培训和职业资格培训。

7. 构建和完善城乡统一、竞争有序的劳动力市场。一方面，应根据各地实际情况积极推进户籍制度改革，逐步打破传统经济体制下导致城乡劳动力市场分割的户籍壁垒，使城乡劳动者在全国统一的劳动力市场上平等竞争。这既是加速农村剩余劳动力转移和城镇化进程的重要措施，也是国民待遇内化和全面建设小康社会的客观要求。另一方面，应积极培育劳动力市场中介组织，不断改善公共职业介绍服务机构的设施和手段，努力实现就业服务体系的制度化、专业化和社会化。此外，应充分利用我国劳动力资源丰富的优势，大力发展对外劳务输出，以缓解国内巨大的就业压力。

8. 实行优惠政策，提供资金支持，健全社会保障制度。我国面临的就业和再就业工作任务十分艰巨。从中长期来看，农村剩余劳动力转移和新增劳动力就业是最大的难点；从短期来看，城镇下岗失业人员的再就业是重点和难点。从教育战线来看，努力做好高校毕业生的就业工作，提高高校毕业生的就业率是一个工作重点。我国要继续实行劳动者自主择业、市场调节就业和国家促进就业相结合的方针，充分发挥政府在促进就业和再就业中的巨大作用。近年来，中央和地方政府相继出台了一系列促进就业和再就业的优惠政策，关键在于落实。要全面落实鼓励包括高校毕业生在内的新增劳动力和下岗失业人员自谋职业、自主创业和灵活就业等方面的

---

① 陈至立：《切实落实教育优先发展战略地位》，见本书编写组编著：《十六大报告辅导读本》，人民出版社 2002 年版，第 323 页。

政策，全面落实鼓励企业吸纳下岗失业人员再就业的政策，全面落实鼓励国有企业挖掘内部潜力分流安置富余人员的政策，全面落实对有特殊困难人员实行再就业援助的政策。同时，要切实增加对就业与再就业的资金投入。除中央和地方政府已经出台的相关税费减免、社保补贴、岗位补贴、小额贷款等资金扶持措施要不折不扣地落实到位以外，建议中央和地方政府利用国债或预算收入划拨一定数量的专项资金，推行公共就业工程计划，专门扶持城镇居民中就业和再就业的弱势群体，使其由享受"低保"待遇的生活保障转向就业保障。最近，上海正式启动了"万人就业项目"，计划在两年内"购买"近 20 万个工作岗位，以扶助当地就业能力较弱的下岗失业人员就业。①这一扶危济困的"惠民"举措在有条件的地方可适当推广。此外，我国要进一步完善社会保障制度，为全社会的失业人员和合理流动人员构筑安全网。对此，应主要抓好两项工作：（1）社会保障不仅要覆盖城镇的国有单位和非国有单位，而且要从城镇逐步覆盖到农村全体公民。（2）较大幅度地扩充社会保障资金。我国社会保障制度改革一直受到社会保障资金严重不足的巨大困扰。为了扭转这种局面，一要调整财政支出结构，将社会保障支出占财政支出的比重由近年来的 10% 左右逐步提高到 20% 左右；二要借鉴发达市场经济国家的做法，适时开征社会保险（障）税；三要通过变现部分国有资产、发行社会保障债券和彩票以及社会保障基金的投资运营等方式，多渠道地筹措社会保障资金。

---

① 吴凯：《上海"购买"岗位扶助失业者》，载于《经济日报》2003 年 9 月 17 日。

我国当前失业六大特征[*]

劳动是财富之父，就业是民生之本。近年来，我国的失业问题日益凸显并引起整个社会的高度关注。党和政府适时提出了经济发展和扩大就业并举的新战略，大力实行积极的就业政策，取得了显著的成效。然而，必须看到，我国今后较长时期内的就业形势相当严峻；就业问题如同"三农"问题一样，仍将是今后长期困扰我国经济运行和社会发展的"两大症结"之一。当前，我国失业具有以下六大特征。

一、城镇失业人员达到较大规模

我国失业集中表现为城镇失业。根据国家统计局公布的数字，我国城镇登记失业率（过去称待业率）最高的是1952年（13.2%），但当时城镇登记的失业人口（过去称待业人口）仅有376.6万人。1985年，我国城镇登记失业率为1.8%。1986~1995年，我国城镇登记失业率在2%~2.9%徘徊。1996年，我国城镇登记失业率达到3%，1997~2000年均为3.1%，2001年陡升至3.6%，2003年和2004年均达到4.3%。2005年，我国城镇登记失业率计划控制在4.6%以内。如果城镇登记失业率与城镇失业率相等，则我国当前城镇的失业问题并不突出。问题在于，我国公布的城镇登记失业率明显低于城镇失业率。目前，我国城镇登记失业人员是指持有非农业户口，在一定的劳动年龄内（16岁以上及男50岁以下，女45岁以下），有劳动能力，无业而要求就业，并在当地就业服务机构进行求职登记的人员。这种统计口径比国际流行的失业人员的统计口径要窄。就城镇而言，它既没包括持农村户口的城镇失业人员，也没包括尚未与原

---

　* 原载《中国改革报》2005年1月31日。

单位解除劳动关系的城镇下岗人员，还没包括城镇居民中尚未登记的失业人员，同时对失业人员的劳动年龄也有上限规定。2004年9月底，我国城镇登记失业人员为821万人，已经达到了新中国成立以来的最高峰；如果再加上各类企业下岗人员，加上受年龄限制和由于其他原因尚未登记的城镇失业人员，扣减城镇下岗失业人员中的隐性就业人员，我国城镇的实际失业人员已达到较大规模，城镇失业率也达到较高水平。

进一步分析，我国城镇在今后一段时期中每年约新增劳动力1000万人，农村有数亿剩余劳动力需要向城镇转移，城镇下岗失业人员在原有基础上还将有所增加，国家机关、事业单位人事制度改革中的分流人员和复转军人也需要安置。我国正面临城镇新增劳动力就业、农民进城打工、下岗失业人员再就业和国家机关、事业单位分流人员以及复转军人安置"四头碰"的局面，无论是城镇失业人口或城镇失业率都可能明显上升。

二、总量矛盾、结构矛盾与素质矛盾并存

我国劳动力供求的总量矛盾相当突出。就农业而言，我国目前约有从业人员3.2亿，而我国的耕地面积约有19.5亿亩，每个农业劳动力平均耕种6亩多地。目前，美国、加拿大、法国、德国、澳大利亚等国农业人口不到该国人口总量的5%，每个农业劳动力平均耕地面积则高达160~1700亩。假定我国农业劳动力总量不再增长，从近期来看，如果按每个劳动力平均耕种10亩地的标准，那将有1.2亿以上的农业剩余劳动力需要向农村中的非农产业和城镇转移；从中期来看，如果按每个农业劳动力平均耕种22.5亩地的标准（即日本1999年达到的水平），那将有2.3亿以上的农业剩余劳动力需要转移；从长期来看，如果按每个劳动力平均耕种50亩地的标准（即南美洲国家1999年达到的水平），那将有2.8亿以上的农业剩余劳动力需要转移。根据一般的提法，我国近几年每年城镇需要安排就业的劳动力约有2400万（包括1000万新增劳动力、800万失业人员和600万各类企业下岗人员），而年度所能提供的就业岗位仅为1000万左右，从而存在1400万的就业缺口。实际上，这种估算口径尚未包括农村剩余劳动力转移这一巨大变数。我国《国民经济和社会发展第十个五年计划纲要》规

定，2001～2005 年每年拟转移农业劳动力约 800 万人。如果考虑到每年转移的农村剩余劳动力，我国在今后较长时期内的城镇就业缺口将会更大。

与此同时，我国劳动力供求的结构矛盾和素质矛盾也相当明显。就结构矛盾而言，我国目前的职业匹配矛盾较为突出。有关部门近期对部分城市的调查表明，在岗位空缺数比求职人数多的职业中，北京的美容美发人员为 18:1，天津的采购人员为 9:1，重庆的机械电气工程设备安装工为 8:1；在岗位空缺数比求职人数少的职业中，天津的机动车驾驶员为 1:31，沈阳的行政业务人员为 1:8，保险业务员为 1:10。我国目前仅数控机床的操作工就缺 60 万人。此外，我国还出现了全国范围的"技工荒"和局部范围的"民工荒"。根据对全国 113 个城市劳动力市场的监测数据分析，2004 年第二季度，各技术等级的劳动者在劳动力市场上普遍供不应求，无锡市高、中、初级工的需求与应聘人数之比分别为 4.8:1、1.5:1 和 1.7:1。"民工荒"主要发生在珠三角、闽东南、浙东南等加工业聚集地区，目前缺工数量在 10% 以上，尤其缺乏 18～25 岁的年轻女工和有一定技能的熟练工。就素质矛盾而言，最为典型的是我国技术工人的层次结构很不合理。我国现有技术工人中，初级技工占 61.5%，中级技工占 35%，高级技工占 3.5%；而在发达国家，高级技工所占比例则高达 30%～40%。

三、"需求瓶颈"与"体制瓶颈"并存

我国劳动者就业不仅受到"需求瓶颈"的制约，而且也往往受到"体制瓶颈"的困扰。"体制瓶颈"在此是指不利于劳动者就业和再就业的制度、机制、政策和规定等。从社会层面来看，我国绝大多数地区仍实行城乡分割的户籍制度以及与城镇户籍制度相联系的最低生活保障制度和子女入学等制度，这对进城打工的农民来说无疑是一种明显的限制。即使是某些大学毕业生异地求职，户籍也往往成为重要关卡。从企业（或单位）层面来看，劳动合同制度的缺失和不规范，薪酬制度的严重扭曲，农民工的基本养老、医疗、失业、工伤等社会保险制度的"缺位"等，乃是劳动者特别是农民进城就业的巨大障碍。有关调查表明，我国近来在某些沿海地区惊现的"民工荒"，其主要原因并不是劳动力匮乏，而是工资低、待遇

差、用工不规范、劳动者权益受到损害。换言之，主要是"体制瓶颈"所致。以工资为例。有关数据表明，珠三角农民工在 12 年中月薪仅提高了 68 元，若剔除物价上涨因素，实际工资反而有所下降。尽管世界其他国家都不同程度地存在束缚劳动者就业的"体制瓶颈"，但我国束缚劳动者就业特别是束缚农村剩余劳动力进城就业的"体制瓶颈"尤为严重和顽固，必须通过深化改革、完善法制和发展经济来逐步加以破除。

四、非自愿失业与选择性失业并存

目前，我国失业人员大多属于非自愿失业。这些人具有劳动能力，愿意接受现行工资水平，但就是无业可就。在某些资源枯竭型城市和年龄较大、学历偏低的失业人员中，这种情况相当普遍。然而，也确有一部分失业人员属于选择性失业。所谓选择性失业，是指某些具有劳动能力的人并非不愿就业，也不是无业可就，而是挑肥拣瘦并在一定时期内处于失业状态。作为一种特殊的失业类型，选择性失业在我国近年来毕业的某些大学生中表现得尤为突出。2002～2004 年，我国高校毕业生的就业率均为70% 左右，有上百万名大学毕业生未能及时就业。这些未及时就业的大学毕业生被称为"毕业漂族"。其中，少数是进行复习准备考研的，大部分则处于选择性失业的境地。实际上，我国受高等教育的人数占全国总人数的比重仅为 5%，大大低于美国的 35% 和日本的 23%；我国培养出来的大学毕业生并没有出现绝对过剩。在我国中、西部地区和许多基层单位，大学毕业生作为宝贵的人才资源仍相当缺乏。山东某县人事局长坦言：回到我们这里的本科毕业生就业不成问题，多数还可以挑到较好的工作；专科生不挑不拣都能找到工作。某些大学毕业生尚未就业，其主要症结在于择业观念相对滞后，择业标准明显偏高，从而造成"就业难"与"招聘难"并存的尴尬局面。

五、隐性失业与隐性就业并存

隐性失业并非计划经济的专利。然而，在我国传统经济体制下，隐性失业状况确实相当严重，"三个人的活儿五个人干"就是其真实写照。在我国经济体制转轨的过程中，国家机关和企事业单位的隐性失业人员已"蒸发"了相当一部分，但仍有一部分尚未"蒸发"或有待"蒸发"。在今后相当长的时期内，我国隐性失业主要表现在农村。我国农民就业很不充分，通常使用的农村剩余劳动力概念不过是农村隐性失业者的另一种表达方式。随着入世后的竞争日益加剧，我国经济体制改革必将继续向纵深发展，经济增长方式转变也将加速进行。在此情况下，不仅国有单位还将有上千万劳动者由隐性失业转化为显性失业，而且城乡集体经济特别是农业集体经济中也将有数亿劳动者从隐性失业逐渐转化为显性失业，并积极寻找新的工作岗位。与此同时，我国还存在一定数量的隐性就业，即劳动者与生产资料表面上呈现分离状态，但实际上劳动者通过市场调节或多或少地参与了社会劳动并取得收入。我国目前的隐性就业人员主要是一部分"下岗""失业"人员和提前退休人员。有人估计，在我国城镇目前登记的失业人员中，约有 300 万人处于隐性就业状态。隐性失业掩盖了劳动力供过于求的程度，降低了失业率；而隐性就业则模糊了失业与就业的界限，"膨胀"了失业率。

六、经济高增长与城镇高失业并存

按照传统的经济理论，经济增长率高低与失业率高低存在着替代关系，即高增长往往与低失业相伴，低增长常常与高失业为邻。例如，美国 1993 年经济增长率降为 2.2%，失业率则升至 6.9%；1999 年经济增长率升为 4.2%，失业率则降至 4.2%。在我国，尽管自 20 世纪 80 年代中期以来保持了年均 9.44% 的经济增长速度，但是城镇登记失业率则从 1985 年的 1.8% 升至 2003 年的 4.3%；由于城镇失业率明显高于城镇登记失业率，从而我国出现了经济高增长与城镇高失业并存的局面。1998～2001 年，在美国、日本、阿根廷等 12 个发达和发展中国家中，高增长与高失业并存比较明显的国家只有法国，而法国的高增长（年均增长约 3.2%）也只是相对于同期的其他发达国家而言；在俄罗斯、波兰等 7 个体制转轨国家中，高增长与高失业并存比较明显的是保加利亚，而保加利亚的高增长（年均增长约3.8%）也只是相对于同期的其他体制转轨国家而言，均与我国同期的年均增长速度（约7.65%）有较大差距。可以认为，我国近年来经济高增长与城镇高失业并存的现象在当今世界上是颇为少见的。我国目前正处于工业化中期阶段，经济体制改革、经济增长方式转变和经济结构调整，市场化、工业化、城镇化和现代化进程，都为我国经济持续高速增长提供了巨大动力和广阔空间。然而，经济体制改革和以技术进步为主要支撑的经济增长方式转变，又使我国长期存在的人均资源不足、居民消费率低下与劳动力总体素质不高、劳动力总量明显过剩的矛盾凸显出来，使传统经济体制下严重存在的隐性失业逐渐转化为显性失业。不仅如此，我国当前的城镇高失业还伴有来势猛、覆盖面广、后劲大和持续时间长等特征。

大学毕业生就业难与选择性失业[*]

大学毕业生是宝贵的人才资源，是我国全面建设小康社会的一支重要生力军。近年来，随着 1999 年以来我国高校大幅扩招后的大学生相继毕业，社会上大学毕业生"就业难"的呼声不绝于耳。2002 年和 2003 年，我国高校毕业生的就业率分别为 76% 和 70%，共有约 120 万名大学毕业生未能及时就业。今年，我国高校毕业生的就业率计划达到或超过 70%，估计仍有几十万毕业生不能及时就业。尽管我国高校毕业生就业率的统计口径尚欠规范，但我国高校近年来毕业生实际就业率持续偏低，则是不争的事实。这种情况，并不表明我国大学毕业生绝对过剩。在美国和日本，受过高等教育的人数占全国总人数的比重分别为 35% 和 23%，而我国则仅占 5%。显然，我国的大学毕业生不是太多了，而是太少了。即便某些高校个别专业培养出来的毕业生超过了该专业岗位的实际需要，那也只是相对过剩而非绝对过剩。笔者认为，所谓大学毕业生"就业难"，主要有两方面的表现：其一，近年来我国高校毕业生的增长速度大大超过了社会新提供的较为"理想"的工作岗位的增长速度，从而导致大学毕业生的就业竞争加剧，获取同一岗位的难度与过去相比明显增大；其二，某些大学毕业生在择业方面"高不成、低不就"，陷入了"选择性失业"的怪圈。

经济学上有一种划分：自愿失业和非自愿失业。自愿失业一般是指具有劳动能力的人不愿就业，有业不就，从严格意义上说并不属于失业的范畴；而非自愿失业则是指具有劳动能力的人愿意就业，却无业可就。笔者在此论及的"选择性失业"，既不完全等同于自愿失业，因为这些人有强烈的就业愿望，且在积极地寻找工作；也不完全等同于非自愿失业，因为这些人并非无业可就，而是挑肥拣瘦，宁可失业也不"屈尊就嫁"。简言

*　原载《人民日报》2004 年 10 月 21 日。

之，"选择性失业"是指具有劳动能力的人在择业过程中因主动放弃某一或某些就业机会而在一定时期内处于失业的状况。

在我国经济体制转轨的过程中，"选择性失业"在社会许多群体中都并不罕见，但在当今某些大学毕业生中则尤为突出。总体来看，大学毕业生中的"选择性失业"于已于国都不利。就大学毕业生而言，"选择性失业"的弊端主要有三：（1）它意味着在从学校迈向社会的起始阶段遭受"重创"，其对个人心理和成长道路的负面影响不可低估；（2）十几年的寒窗苦读"壮志未酬"，较高的人力资本投入尚无回报，早已成人却未能自食其力；（3）韶华流逝，后续的大学毕业生越来越多，择业难度有增无减。当然，在实际生活中也确有个别大学生在冲出"选择性失业"的低谷之后，最终找到了较为可心的工作，利益大于代价。但是，这种情况毕竟极为少见，故不在本文的讨论范围之内。就国家而言，一部分大学生"选择性失业"与某些单位的"缺岗"现象和低素质员工的"顶岗"现象并存，既造成了人才浪费，不利于优化配置整个社会的人才资源，也不利于提高企业和社会经济效益。

某些大学毕业生的"选择性失业"，其原因是多方面的。从主观原因来看，一部分大学毕业生择业观念和择业预期严重脱离实际。目前，我国高校毛入学率已达到了 17%，高等教育已由原来的精英教育转变为大众教育，高教大众化带来的就业大众化的趋势十分明显。在这种情况下，某些大学毕业生仍固守"精英择业"的理念，不愿接受"大众就业"的现实。不仅如此，某些大学生还缺乏辩证思维，试图在条件尚不具备的情况下实现对地区或单位选择的"一步到位"。由此，必然导致某些大学毕业生择业预期明显偏高。2002 年的一项调查表明，上海地区大学生初次就业的工资价位在月薪 1500～2000 元，而该地区大学毕业生的预期工资则在月薪 2000～4000 元。2003 年春季的一项调查表明，首都部分高校应届毕业生中首选在北京就职的竟高达 74.8%，而选择在中部和西部各省就职的则仅占 1.4% 和 0.6%。有的大学毕业生甚至还提出了"三非"标准，即非大城市不去，非大公司不去，非外企不去。笔者认为，择业观念明显滞后，择业预期与现实需求严重错位，乃是造成某些大学毕业生"选择性失业"的根本原因。

从客观原因来看，家庭、学校和社会也负有一定的责任。近年来走出校门的大学毕业生，不少都是在较为优越的环境中成长起来的独生子女。许多家长望子成龙，盼女成凤，助长了某些大学毕业生盲目攀高的心态。许多高校特别是某些名牌高校的思想教育和就业指导很不到位，使一些本科学子仍经常沉迷于"天之骄子"的幻觉之中。此外，我国高校毕业生的就业服务网络很不完善，供求双方的信息明显不对称，这也使某些大学毕业生对实际情况不甚了了，从而难以找准个人的工作定位。

笔者认为，要从根本上改变某些大学毕业生"选择性失业"的尴尬局面，显著提升我国高校毕业生的就业率，更好地实施人才强国战略，我们应着重做好以下三项工作：

1. 学校、家长、社会多管齐下，引导大学生树立正确的人生观、价值观和择业观。目前，我国高校毕业生80%集中在大中城市就业，在县城及县城以下就业的约为15%，在农村就业的不足4%，就业分布极不合理。即使在大中城市，高校毕业生也相对集中在国家机关、事业单位和大公司；而在许多中小企业中，人才匮乏现象仍较突出。要帮助大学毕业生正确地认识自我，认识职业，认识社会。"识时务者为俊杰"。大学毕业生要审时度势，调整心态，把握好标准，努力寻求社会利益与个人利益的汇合点，到祖国最需要的地方去，到最能够发挥个人聪明才智的地方去，艰苦奋斗，建功立业。对于许多大学毕业生来说，先就业、后择业、再创业不失为一种明智的选择。

2. 努力创建有利于大学生就业的社会环境。首先，要进一步完善有利于大学毕业生就业和创业的政策框架体系，不断推进相关人事、劳动用工、户籍管理、社会保障制度改革，积极鼓励大学毕业生"下移"、"西移"、灵活就业和自主创业。其次，要抓紧构建完善的"全程化、全员化、专业化、信息化"的高校毕业生就业服务体系。近期内，应尽快实现大学毕业生就业服务网络的国家、地方、高校三级联网，尽快实现高校毕业生就业市场与各类人才市场、劳动力市场的联网贯通，为高校毕业生就业打造透明、全面、方便、快捷的信息平台。

3. 逐步提高大学毕业生的就业能力。要切实加强对各类人才市场的短期预测和长期预测，以就业为导向，按照宽口径、厚基础、灵活专业方向的要求，不断调整高等学校的学科和专业结构，优化人才培养结构。要积极推动高校与社会的密切结合，不断探索多元化、开放型的人才培养模式。要大力加强对大学生的就业指导和创业教育。总之，高校要努力培养出更多更好的具有创新精神和实践能力的大学毕业生，以适应蓬勃发展的社会主义现代化建设的客观需要。

以人为本与适度就业*

　　就业是民生之本，安国之策。坚持以人为本的科学发展观，构建社会主义和谐社会，需要处理好方方面面的关系，其中包括处理好劳动就业关系。然而，近年来在我国城镇中经常可以看到两种极端或畸形的现象。有一部分职工属于"过累族"。他们起早贪黑，加班加点，严重超负荷，个别人甚至过度劳累而死。广东省总工会不久前进行的调查显示，52.4%的进城务工人员每天工作超过 8 小时，5.7%的调查对象根本没有休息日。2001 年，深圳某厂工人金文超，在 46 小时内工作 35 小时后猝然死去。今年 1 月，清华大学 36 岁的博士后焦连伟和 46 岁的教授高文焕在 4 天之内相继离世，在很大程度上也与长期劳累有关。随后，59 岁的著名画家陈逸飞和 51 岁的著名力学家顾元宪也因劳累过度而溘然长逝。另有一部分失业、"早退"和"内退"人员则属于"过闲族"。他们苦于有劳动能力却无用武之地，失意烦躁，有些人抑郁生病，有些人则以打扑克和搓麻将来消磨时光。

　　同样具有劳动能力和劳动愿望，"过累族"与"过闲族"形成了巨大反差。如果"过累族"与"过闲族"的人数微乎其微，那倒也无关紧要；可现实状况是"过累族"与"过闲族"的人数在城镇劳动力总数中占有不容忽视的比重，且有持续上升的势头，这就不能不引发人们的高度关注和深入思考。固然，市场经济会加剧竞争，在岗职工的紧张劳作与一些人的失业在所难免。但是，过度使用劳动力与过度闲置劳动力不仅对劳动者无益，而且还对构建社会主义和谐社会形成了重大威胁。胡锦涛总书记指出：必须坚持以人为本，始终把最广大人民的根本利益作为党和国家工作的根本出发点和落脚点，在经济发展的基础上不断满足人民群众日益增长的物

＊ 原载《光明日报》2005 年 8 月 23 日。

190

质文化需要，促进人的全面发展。为此，笔者认为应进一步明确提出并大力促进适度就业。

提起适度就业，人们往往会想到充分就业。其实，两者并不等同。充分就业的最初含义是社会上不存在"非自愿失业"（即工人愿意按现行工资受雇于雇主而找不到工作）。现在，人们通常使用的充分就业，一般是指在存在失业的市场经济条件下就业的理想状态，它往往与较高的就业率或较低的失业率相联系。有些经济学家提出，失业率不超过 3% ～4% 即可视为充分就业。我国政府于 2004 年 4 月公布的《中国的就业状况和政策》白皮书中，也把"努力实现社会就业比较充分，将失业率控制在社会能够承受的范围内"，确定为 2020 年我国解决就业问题的总体目标。笔者在此提出的适度就业，不仅包含适度的就业率（或就业率意义上的充分就业），同时也包含适度的劳动年龄和劳动时间等。它是一个全方位衡量或反映劳动者就业状况的概念。

适度就业首先是一种理念。这种理念的基点是以人为本，尊重劳动，共建和谐。具体来说，就是既要较为充分合理地利用劳动力资源，又要考虑劳动者的收入状况和承受能力，还要兼顾劳动者的休息、学习、娱乐和健康状况，也要维护社会的安定与和谐。实质上，它是从就业理念的角度体现出人民群众局部利益与整体利益、当前利益与长远利益在市场经济条件下的正确结合，体现出效率与公平的辩证统一。

将适度就业的理念用于指导宏观、微观经济管理和经济体制改革的实践，适度就业也可以成为一项原则。在这个层面上，它不仅要求将失业率控制在较低的水平，同时也对劳动年龄、劳动时间、家庭就业人员数量等设有相应的限制（有的方面设有上限和下限，有的方面则只设下限）。其上限不得突破国家或部门（行业）的相关规定（如我国在业职工每周工作时间应控制在 40 小时之内，经协商同意后延长劳动时间每月不得超过 36 小时），其下限除国家法律法规相关规定（如我国劳动年龄最低不得小于 16 岁）以外，应不低于劳动者及其赡养的家庭成员的经济承受能力（例如，在一个由两人或两人以上组成的家庭中，应至少确保一个有劳动能力的家庭成员就业）。当然，适度就业原则的内容不是一成不变的。就劳动时间来说，随着生产力的迅速发展和人类本身以及劳动制度的不断进步，许多国家都出现了劳动者每周工作时间逐渐缩短的趋势。新中国成立以后，在业职工长期实行每周 48 小时工作制，1994 年改为每周 44 小时工作制，1995 年又进一步调整为每周 40 小时工作制。同时，适度就业原则的适用范围也具有相对性。就我国目前而言，它主要适用于国家机关、社会团体、企事业单位中的广大劳动者，而这些单位中的极特殊人员在某些方面（如劳动年龄的上限）则可以例外。此外，如果从结果的角度来看，适度就业还可以视为多侧面体现劳动者良好就业的一种状态。

在我国今后较长时期内，积极倡导与大力促进适度就业，可以从政府、企业（单位）、劳动者个人三个层面采取以下主要举措。

1. 就政府而言，主要是做好两方面的工作。一方面，应正确实施经济发展和扩大就业并举的新战略，实行更为积极的就业政策，千方百计地降低失业率。其中，除了要大力发展第三产业、积极发展非公有制经济和中小企业、努力保持较高的经济增长速度和大力发展教育事业之外，重要途径之一就是大力发展灵活就业。灵活就业包括非全日制就业、临时就业和派遣就业三种基本类型，在我国有广阔的发展空间。2004 年，我国城镇灵活就业人员已达 5000 万人。笔者认为，适应某些求职者的实际情况和客观需要，在我国某些制造业和服务业中，也可以在一定范围内实行半天工作制。半天工作制是非全日制就业的一种重要形式，原来一个人的工作岗位改由两个人分担，工资成本并未增加，就业机会却净增 100%。当然，对于局部实行职工半天工作制、为缓解社会就业压力作出"额外"贡献的企业，政府应通过税收优惠等措施加以扶持。在我国高校和某些科研机构中，对于某些未到或已到退休年龄、体力欠佳但仍有余勇可贾且单位需要的高层次专业技术人员，也可以试行类似的工作制度。此外，政府应通过购买公益性就业岗位等方式，帮助夫妻双失业且难以自谋职业的家庭至少解决一个就业岗位。另一方面，政府应在立法机关抓紧修订《劳动法》和尽快出台《促进就业法》等法律法规的基础上，加大执法力度，切实维护劳动者的劳动权、休息权等合法权益。

2. 就企业（单位）而言，应挖掘潜力，遵纪守法，多管齐下。首先，除濒临或已关闭破产的国有企业之外，国有单位应尽可能通过转岗分流或企业实行主辅分离、辅业改制等途径安排富余人员。应规范并尽量减少

"早退"或"内退"人员，尽量少用买断工龄的方式裁减员工，尽量避免将失业人员推向社会。武钢 1993 年以来将钢铁从业人员从 12 万人减至 1.4 万人，其中从主体剥离 7 万多人到非钢产业，没有把一家下属亏损企业推向社会。这种"顾全大局、内部消化"的做法值得借鉴和推广。其次，应切实杜绝某些企业违规延长职工劳动时间和非法使用童工的现象。可将某些企业的"两班制"调整为"三班制"，不仅遵守了国家关于职工劳动时间的规定，还有利于吸纳更多的劳动者就业。目前，我国仅在私营企业、外资企业和乡镇企业工作的职工人数约为 1.9 亿人。在这些企业中，如能通过严格执行国家关于职工劳动时间的规定净增 10% 的就业机会，那就可以增加 1900 万个就业岗位，大体相当于我国城镇两年中新增就业岗位（每年 900 万个左右）之和。某些生师比超标的高等院校应按国家有关规定调整人员结构，增加教师数量，切实提高教育质量和维护教师身体健康。再次，某些企业可以酌情采用"四一"工作计划。"四一"工作计划即职工工作满 4 年后，可以休假 1 年，而后仍回原单位工作。在职工工作的四年中，每月只领取工资的 80%，另外 20% 的薪金加复利成为第五年的收入来源。由于四年工资五年付清，个人所得税也相应减少。职工在一年休假中可以进行学习、旅游或从事其他活动。从而，既可以增加 25% 的就业机会，也可以消除或缓解"职业倦怠症"，使职工保持创新的活力。"四一"工作计划在加拿大较为流行，并取得了显著成效。我国与加拿大在国情方面虽有不同，但从长远来看，某些具备条件的大企业和高科技企业借鉴并采用"四一"（或"五一"）工作计划，无疑具有良好的前景。

3. 就劳动者个人而言，应根据不同情况区别对待。如果排除体制和管理性因素，属于"过累族"的劳动者大体有两种情况。一种情况是事业心极强、克己奉公的"工作狂"。对于这些先进人物，单位和社会应在褒扬其高尚精神的同时，吁请他们珍视生命，劳逸结合，以防未老先衰，英年早逝。另一种情况是为追求个人目标或为维持家庭基本生计而透支生命的"拼命三郎"。对于这些劳动者，社会应吁请他们克服短视行为，爱惜和保重身体，并对其中的生活特殊困难者提供必要的救助。而对于"过闲族"来说，社会则应创造条件，通过多种途径帮助他们转变观念，增长技能，找准在市场经济中实现个人价值的正确方位，努力实现再就业、自谋职业或自主创业。

社会主义公有制经济中劳动力性质讨论综述[*]

近年来，随着社会主义市场经济体制目标的确立和劳动力市场的培育与发展，国内理论界和实际部门围绕社会主义公有制经济中劳动力的性质问题展开了新一轮的热烈讨论。本文将涉及的主要问题及不同观点综述如下。

一、劳动力成为商品的条件

一种观点认为，马克思关于劳动力成为商品的两个条件的论点依然有效。然而，在社会主义公有制经济中，是否仍存在劳动力成为商品的条件？对此，有的同志认为，社会主义公有制经济中仍然存在劳动力成为商品的经济条件：（1）劳动者对自己的劳动力具有法律上的自由支配权，可以将它一次又一次地出卖。（2）社会主义公有制并不等于生产资料归劳动者个人占有。根据系统论的观点，系统的质有别于其中个体的质。就劳动者个体而言，他对于生产资料仍处于"一无所有"的状态。^① 有的同志则认为，劳动力成为商品最根本的经济条件是劳动者丧失生产资料或资本主义私有制。在社会主义条件下，尽管劳动者具有劳动力的个人所有权，但是，公有制是劳动者在或大或小的范围内共同占有生产资料和产品，并不是"一无所有"制或"虚空所有"制。从而，社会主义公有制经济中的劳动力并不是商品。^② 也有的同志认为，社会主义公有制经济中的劳动者，从其作为社会主义生产关系的主体和生产资料的所有者来看，他的劳动力已不再

　＊　原载《中国工业经济研究》1994 年第 8 期。

　①　袁素：《社会主义市场经济体制下的劳动力是商品》，载于《学习与研究》1993 年第 9 期。

　②　卫兴华：《社会主义公有制经济中的劳动力不应是商品》，载于《学习与研究》1993 年第 11 期。

是商品；从其作为社会主义市场经济关系中发展着的生产力的主体要素来看，他的劳动力又必然要价值化，从而采取商品的形式。①

另一种观点认为，劳动力成为商品的决定性条件是劳动者具有劳动力的个人所有权。因为，只要劳动者具有劳动力的个人所有权，无论劳动者是否拥有生产资料，劳动力都可以成为商品。② 相反的观点则认为，资本主义社会中某些既拥有一定生产资料又向资本主义企业出卖劳动力的所谓"兼业户"的存在，固然表明这些劳动者在生产资料方面并非一贫如洗，但是，相对于他们出卖劳动力的资本主义企业而言，他们在生产资料方面仍然是"一无所有"。发达资本主义国家中某些工人确实拥有一定的股票及其他财产，但是，这并不表明他们与资本家在生产资料所有制方面已经"平起平坐"，更不表明他们是股份公司的真正占有者。因此，如果全面和客观地考察当代资本主义国家中工人阶级的经济状况，不难看出工人阶级仍旧处于丧失或基本丧失生产资料的境地，马克思揭示的劳动力成为商品的基本经济条件依然存在。如果抽掉资本主义私有制因素，把劳动力成为商品的经济条件实质上归结为劳动者具有劳动力的个人所有权，那么，就必然会模糊资本主义经济与社会主义经济的界限。③

还有一种观点认为，商品经济或市场经济是劳动力成为商品的经济条件。因为，只要是商品经济或市场经济，劳动力就必然成为商品，否则，商品经济或市场经济就是不完整的。④ 与此不同的观点则认为，商品经济或市场经济的存在与发展只是劳动力成为商品的一般前提条件，而不是劳动力成为商品的基本原因。商品经济在几个社会形态中都存在，而劳动力成为商品则是特定历史条件下的产物。正如马克思所指出的商品经济并不是资本主义经济的特点，而劳动力成为商品才是资本主义经济的特点。⑤

此外，也有的同志认为，社会主义经济中劳动力成为商品的经济条件

---

① 王珏：《关于社会主义经济中劳动力的商品性问题》，载于《学习与研究》1993 年第 10 期。
② 冯兰瑞：《关于中国劳动力市场的几个问题》，载于《改革》1993 年第 1 期。
③ 郭飞：《培育和发展劳动力市场若干问题探讨》，载于《高校理论战线》1994 年第 3 期。
④ 何伟：《建立劳动市场的构思》，载于《江西社会科学》1993 年第 5 期。
⑤ 卫兴华：《社会主义公有制经济中的劳动力不应是商品》，载于《学习与研究》1993 年第 11 期。

是：（1）不同质的劳动普遍存在。（2）社会依靠劳动力市场来配置劳动力。（3）劳动力的再生产主要通过个人方式实现。①

二、劳动力是否商品与劳动力市场

一种观点认为，劳动力商品与劳动力市场之间存在着内在的必然联系。一方面，只有承认劳动力是商品，才能建立劳动力市场，并通过市场配置劳动力资源；② 另一方面，承认并建立劳动力市场，就意味着承认劳动力具有商品的属性。③

另一种观点认为，不能简单地从培育和发展劳动力市场得出劳动力是商品的结论。④ 劳动力是否商品，关键是看劳动力与生产资料相结合的方式，以及劳动者在生产关系中所处的地位。在社会主义公有制经济中，劳动力的自由流动只是通过市场中介实现生产资料与劳动力的优化配置，并没有改变劳动者作为国家和所在企业主人的地位，因而体现的并不是劳动力商品买卖的关系。在私营企业和外商独资企业中，劳动者虽然仍是国家的主人，但都为资本家生产剩余价值，不能不处于受剥削的地位，从而使劳动力带有商品性。⑤

还有一种观点认为，对于劳动力市场范畴可以从狭义和广义两个角度来理解和使用。从狭义来看，市场是商品交换的场所和交换关系的总和，从而劳动力市场就只能是劳动力商品市场。长期以来，许多同志正是从狭义的角度来理解和使用劳动力市场范畴的。从广义来看，市场"是经济手段"，⑥ 从而劳动力市场也就是商品经济条件下配置劳动力资源的市场运行方式及其形成的社会关系。资本主义经济与社会主义经济同是商品经济，

---

① 宋建英：《试论社会主义劳动力商品》，载于《经济科学》1993 年第 1 期。

② 王仕元：《劳动力是商品——构建社会主义市场体系的必要一环》，载于《学习与研究》1993 年第 15 期。

③ 高尚全：《为什么要提出"劳动力市场"》，载于《经济日报》1993 年 11 月 19 日。

④ 卫兴华：《社会主义公有制经济中的劳动力不应是商品》，载于《学习与研究》1993 年第 11 期。

⑤ 项启源：《公有经济范围内劳动力不是商品》，载于《高校理论战线》1993 年第 5 期。

⑥ 《邓小平文选》第 3 卷，人民出版社 1993 年版，第 373 页。

都存在劳动力资源配置问题，从而也都可以存在劳动力市场。在资本主义经济中，劳动力是商品，自然可以通过市场来配置劳动力资源；在社会主义经济中，劳动力并不是商品，然而，只要劳动者具有择业自主权，企业具有用人自主权，同样可以通过市场来配置劳动力资源。① 为了便于与资本主义劳动力市场（或狭义劳动力市场）相区别，可以把与社会主义公有制经济相联系的劳动力的市场运行方式及其形成的社会关系称为社会主义劳动力市场。②

三、劳动力是否商品与按劳分配

一种观点认为，劳动力成为商品不仅与按劳分配不矛盾，而且还可以更好地实现按劳分配。有的同志认为，由于劳动者提供的实际劳动量与补偿劳动力价值的必要劳动量成正比，因此按劳分配实质上就是按劳动力价值分配。③ 也有的同志认为，按劳分配中的"劳"是指劳动力的价值，从而按劳分配也就是按劳动力价值分配。在市场经济中，劳动力商品的价值或价格表现为工资，它相当于马克思概括的 C + V + M 公式中的 V。④

与此相反的观点则认为，劳动力成为商品与按劳分配是不相容的。尽管按劳动力价值分配与按劳分配存在某些相似之处，但它们是根本不同的分配制度。两者不仅在分配的经济前提、体现的经济关系和分配的作用等方面存在本质的区别，而且在分配的数量界限上也迥然不同。按劳动力价值分配的价值量在劳动力进入生产过程以前就已经确定，它以劳动力的生产与再生产的必要费用为限；而按劳分配的价值量则是在作了各项必要的扣除之后所余产品的价值量，它在生产和交换之后才能确定，在数量上它冲破了劳动力价值的限制，"扩大到一方面为社会现有的生产力（也就是工人的劳动作为现实的社会劳动所具有的社会生产力）所许可，另一方面

---

① 郭飞：《培育和发展劳动力市场若干问题探讨》，载于《高校理论战线》1994 年第 3 期。
② 郭飞：《略论社会主义劳动力市场》，载于《中国劳动科学》1993 年第 11 期。
③ 陈承明：《按劳分配与劳动力商品的内在联系及其结合》，载于《学术月刊》1993 年第 12 期。
④ 王仕元：《劳动力是商品——构建社会主义市场体系的必要一环》，载于《学习与研究》1993 年第 15 期。

为个性的充分发展所必要的消费的范围"。① 在社会主义初级阶段，公有制企业中职工按劳分配的收入普遍明显低于发达国家资本主义企业中职工按劳动力价值分配的收入，其根源在于多种原因形成的劳动生产率相差悬殊。如果是在同一国家的同一企业，如果按照市场经济的要求将劳动者的个人收入货币化、显性化，将劳动者的福利保险等费用包括在个人消费基金之内，再加上比较劳动者通过各种途径从社会消费基金中获得的一切，那么，职工按劳分配所得无疑会明显超过按劳动力价值所得，其根本原因在于前者排除了资产阶级的剥削。②

还有一种观点认为，按劳分配与按劳动力价值分配并不等同，但是，两者却可以在社会主义公有制和劳动力是商品的前提下"共存一堂"：以"市场成交时议定的劳动力价格"为起点，"根据企业的经济效益和职工的劳动贡献"实行按劳分配。③ 有的同志则指出，这种观点在理论上难以自圆其说，在实践中也无法兑现。在我国现实经济生活中，确有按劳分配与按劳动力价值分配"共存一堂"的情况。但是，它并不存在于纯粹的社会主义公有制经济中，而是存在于某些合资或合作经营企业（例如某些中外合资或合作经营企业）中，后者两重的所有制（社会主义公有制和资本主义私有制）关系决定了对劳动者两重的分配（按劳分配和按劳动力价值分配）关系。④

四、劳动力是否商品与劳动者的主人翁地位

一种观点认为，劳动力成为商品与劳动者的主人翁地位并不矛盾。一是在社会主义条件下，劳动者既是公共所有的生产资料的主人，又是劳动力的出卖者，这两重身份是可以相容的。生产资料归全体劳动者公共所有，不属于任何劳动者个人所有。劳动者个人不等于劳动者整体。从而，劳动

---

① 《马克思恩格斯全集》第 25 卷，人民出版社 1974 年版，第 990 页。
② 郭鹏举：《略论公有制经济中劳动力不是商品》，载于《中国教育报》1993 年 12 月 8 日。
③ 胡培兆：《市场经济中的公有制与按劳分配》，载于《经济研究》1993 年第 4 期。
④ 郭鹏举：《略论公有制经济中劳动力不是商品》，载于《中国教育报》1993 年 12 月 8 日。

者作为个人可以将其劳动力商品卖给代表劳动者整体的国家或企业。① 二是在资本主义条件下，劳动者失去了对自己劳动力的支配权，变为雇佣工人，劳动力的个人所有权变质了；而在社会主义条件下，劳动者个人是向劳动者集体出卖自己的劳动力，并且参加民主管理，真正实现了劳动力的个人所有权。② 但也有的同志认为社会主义公有经济中劳动力成为商品，也就意味着社会主义企业与劳动者是一种雇佣的关系。不过，与资本主义雇佣劳动不同，社会主义的雇佣关系仅仅是一种市场关系，是社会主义的联合劳动对分散的个别劳动的雇佣。就总体劳动而言，它是通过劳动力市场实现劳动力优化配置的手段；就劳动者个体而言，它是实现劳动的平等权利的形式。③

相反的观点则认为，劳动力成为商品与劳动者的主人翁地位是根本对立的。其一，在社会主义公有经济中，工人阶级既是国家和社会的主人，也是生产资料和产品的主人。作为主人的地位和作为雇佣劳动者——劳动力商品出卖者的地位，是难以统一起来的。如果说公有制经济中每个劳动者把自己的劳动力商品出卖给其他劳动者，同时又购买其他劳动者的劳动力商品，实际上就等于说每个劳动者既是其他劳动者的雇工，同时又是其他劳动者的雇主。这在道理上是讲不通的。④ 其二，社会主义公有制经济中劳动者的主人翁地位，不仅包括劳动者对自身劳动力的所有权，更重要的是指劳动者在生产关系体系中有生产资料的平等所有权和当家做主的地位。如果把劳动者的主人翁地位简单地理解为劳动者具有劳动力的个人所有权，可以自由支配自身的劳动力，那么，这种"主人翁"地位对于资本主义经济中的劳动者来说则早已存在。其三，从经济学角度考察，劳动者对劳动力的个人所有权的"变质"似乎可以理解为劳动力的所有权归非劳动者所有。然而，即使在资本主义条件下，劳动力也是归劳动者个人所有，并不存在所谓"变质"问题。有的同志则进一步指出：资本主义经济中的

---

① 冯兰瑞：《关于中国劳动力市场的几个问题》，载于《改革》1993 年第 1 期。
② 高尚全：《为什么要提出"劳动力市场"》，载于《经济日报》1993 年 11 月 19 日。
③ 宋建英：《试论社会主义劳动力商品》，载于《经济科学》1993 年第 1 期。
④ 卫兴华：《社会主义公有制经济中的劳动力不应是商品》，载于《学习与研究》1993 年第 10 期。

劳动力确实是一种特殊商品，只是资产阶级政治家、企业家和经济学家不承认。在社会主义公有制确立以后，某些同志为什么要把劳动力看成是商品呢？① 建议这些同志到首钢、大庆等公有制企业去搞点调查研究，倾听一下广大工人群众对此问题的看法。②

---

① 项启源：《公有经济范围内劳动力不是商品》，载于《高校理论战线》1993 年第 5 期。
② 卫兴华：《劳动力进入市场和劳动力成为商品不是一码事》，载于《生产力之声》1993 年第 10 期。

第三部分

个人收入分配制度改革与合理缩小居民贫富差距

刍议按劳分配中的"劳"[*]

按劳分配既是社会主义经济的基本特征,也是我国社会主义初级阶段个人收入分配方式的主体。从理论和实践的结合上深入探讨按劳分配中的"劳"的基本内涵,对于建设有中国特色的社会主义经济具有重要意义。我读了何伟同志发表在《经济研究》1991 年第 10 期的《在有计划商品经济条件下实现按劳分配的两个问题》一文(以下简称《何文》),受益匪浅。然而,《何文》认为,马克思设想的按劳分配中的"劳"是抽象劳动,这种抽象劳动在社会主义商品经济条件下实质上是社会必要劳动。对此观点我持不同看法,在此略陈管见并向何伟同志请教。

一、马克思设想的按劳分配中的"劳"究竟是什么?

综观马克思关于按劳分配的论述,他并没有明确提出按劳分配中的"劳"就是社会平均劳动。但是,根据马克思按劳分配的理论逻辑,按劳分配中的"劳"实质上是社会平均劳动。首先,马克思论述的按劳分配中的"劳"不是个别劳动。因为,无论从马克思反复阐明的劳动价值论或从实际情况来看,以个别劳动时间作为计算尺度都无法准确衡量各个生产者提供劳动量的大小。一方面,生产者的劳动存在着脑力劳动与体力劳动、复杂劳动与简单劳动、熟练劳动与非熟练劳动、繁重劳动与非繁重劳动的差别,在相同的时间内从事不同劳动的生产者提供的劳动量可以相差很大。马克思指出:"一个人在体力或智力上胜过另一个人,因此在同一时间内提供较多的劳动"。[①] 另一方面,生产者的劳动态度也有好、中、差的区

---

[*] 原载《经济研究》1993 年第 2 期。
[①] 《马克思恩格斯选集》第 3 卷,人民出版社 1972 年版,第 11 页。

别，从而即使劳动时间相同，从事同一劳动的生产者提供的劳动量也可以迥然各异。其次，马克思论述的按劳分配中的"劳"也不是社会必要劳动。众所周知，"社会必要劳动时间是在现有的社会正常的生产条件下，在社会平均的劳动熟练程度和劳动强度下制造某种使用价值所需要的劳动时间"。① 由于社会必要劳动时间既取决于生产的主观条件，也取决于生产的客观条件，因而即使生产者的劳动具有社会平均的强度、熟练程度和繁杂程度，但由于各自与不同的客观生产条件相联系，其同量劳动所形成的社会必要劳动时间也必然不同。根据马克思的观点，按劳分配是以生产者共同占有生产资料即具有生产资料的平等所有权为前提，客观生产条件的差异不应导致个人消费品分配的差别，而只有主观生产条件的差异才可以导致个人消费品分配的差别，从而社会必要劳动也不是马克思论述的按劳分配中的"劳"。既然马克思论述的按劳分配中的"劳"既不是个别劳动，也不是社会必要劳动，那就只能是社会平均劳动。因为，社会平均劳动是抛开客观生产条件以后社会平均强度、熟练程度和繁杂程度的劳动，以社会平均劳动时间作为按劳分配的计量尺度，既能体现生产者在生产资料所有权上的平等地位，又能体现生产者向社会提供的劳动量的实际差别，符合马克思按劳分配学说的原意。这种理解还可以在《反杜林论》中得到佐证。恩格斯指出："社会一旦占有生产资料并且以直接社会化的形式把它们应用于生产，每一个人的劳动，无论其特殊用途是如何的不同，从一开始就成为直接的社会劳动。那时，一件产品中所包含的社会劳动量，可以不必首先采用迂回的途径加以确定；日常的经验就直接显示出这件产品平均需要多少数量的社会劳动。社会可以简单地计算出：在一台蒸汽机中，在一百公升的最近收获的小麦中，在一百平方米的一定质量的棉布中，包含着多少工作小时。"② 可以看出，他认为在社会主义社会中计量产品中所包含的社会劳动量，就是计量产品中所包含的社会平均劳动量，因而是以社会平均劳动时间作为计量尺度的。既然计量产品中所包含的劳动量要以社会平均劳动时间作尺度，那么，计量生产者提供的劳动量相应地也要以

---

① 《马克思恩格斯全集》第 23 卷，人民出版社 1972 年版，第 52 页。
② 《马克思恩格斯选集》第 3 卷，人民出版社 1972 年版，第 348 页。

社会平均劳动时间作为尺度。在此还须指出,《反杜林论》从一定意义上说是恩格斯和马克思合写的一部著作。从而可以断言,马克思对恩格斯在《反杜林论》中所阐明的观点是完全同意的。由上可见,尽管马克思在其著述中并没有明确提出按劳分配中的"劳"就是社会平均劳动,但他实质上是清楚的。

马克思设想的按劳分配中的"劳"并不是抽象劳动。对于抽象劳动这个经济范畴,我国经济学界长期以来就存在着广义和狭义的两种理解。无论按照哪一种理解,抽象劳动都难以准确体现马克思设想的按劳分配中"劳"的原意。从广义理解来看,抽象劳动作为撇开各种具体形式的抽象的无差别的人类劳动,是一个永恒的范畴。马克思指出:"劳动一般"就其作为抽象的简单的范畴来说,"表现出一种古老而适用于一切社会形式的关系的最简单的抽象。"① 就此而言,从质的角度看,采用抽象劳动这个经济范畴无法区分私有制商品经济中的劳动与马克思设想的社会主义社会中的劳动,无法区分社会必要劳动与社会平均劳动,从而也就无法解释尽管按劳分配中"通行的是商品等价物的交换中也通行的同一原则,即一种形式的一定量的劳动可以和另一种形式的同量劳动相交换",② 但是,按劳分配中体现的等量劳动相交换与以私有制为基础的商品经济中等价交换所体现的等量劳动相交换究竟在性质上有什么区别;从量的角度看,尽管马克思也曾把抽象劳动归结为每个普通人都能完成的简单劳动,③ 从而在理论上解决了将复杂劳动还原为简单劳动的问题,但是,即使是简单劳动,也有劳动强度大、中、小和劳动熟练程度高、中、低的差别,那么,抽象劳动究竟是指哪一种简单劳动?对此,马克思并没有进一步加以论述,我国理论界也缺乏深入的探讨。然而,如果把社会必要劳动时间视为抽象劳动的量化尺度,则显然与马克思设想的按劳分配中的"劳"的内涵有明显差别。从狭义理解来看,抽象劳动是指与商品经济相联系并形成价值实体的无差别的人类劳动,是一个历史的范畴。马克思指出:"表现在交换价

---

① 《马克思恩格斯选集》第2卷,人民出版社1972年版,第107页。
② 《马克思恩格斯选集》第3卷,人民出版社1972年版,第11页。
③ 《马克思恩格斯全集》第13卷,人民出版社1962年版,第19页。

值中的劳动是以分散的个人劳动为前提的。这种劳动要通过它采取与自身直接对立的形式，即抽象一般性的形式，才变成社会劳动。"① "抽象劳动属于一种社会关系"②。由于马克思设想的社会主义社会不存在商品经济，因而也就不存在与商品经济相联系的狭义的抽象劳动。所以，我认为把马克思设想的按劳分配中的"劳"归结为抽象劳动，不仅有悖于马克思著作的原意，而且对于从理论与实践的结合上深入探讨按劳分配中的"劳"的内涵并没有实质性的意义。

二、社会主义商品经济条件下按劳分配中的"劳"究竟是什么？

社会主义经济是公有制基础上的商品经济，而不是马克思原来设想的产品交换经济。社会主义商品经济条件下的按劳分配，必然具有商品经济的特点。这主要表现在：（1）由于社会主义联合劳动具有社会范围内的联合劳动和企业范围内的联合劳动两个最基本的层次，由于社会主义公有制企业是独立或相对独立的商品生产者和经营者，从而企业便成为按劳分配的主体。国家作为资产所有者和社会管理者，只能对全民所有制企业的按劳分配进行必要和合理的宏观调控。（2）企业范围的联合劳动并不直接等同于社会劳动，企业联合劳动能否转化以及转化为多少社会劳动要受到商品经济规律特别是价值规律的制约，从而企业通过销售商品所实现的社会劳动量还要以价值量即物化的社会必要劳动时间来衡量。（3）企业根据按劳分配原则发给生产者货币工资，生产者凭借货币工资去购买作为商品的个人消费品。其中，前一个过程是按劳分配的关键环节，后一个过程则既是按劳分配的最终完成，同时也是商品交换过程。尽管社会主义商品经济条件下的按劳分配具有上述主要特点，但我认为，应该把社会主义公有制企业外部的商品经济关系与社会主义公有制企业内部的按劳分配区分开来，前者影响分配的水平，后者决定分配的性质；应该在承认商品经济关系特别是承认价值规律对按劳分配具有重要制约作用的同时，从马克思主义经

---

① 《马克思恩格斯全集》第13卷，人民出版社1962年版，第22页。
② 《马克思恩格斯全集》第13卷，人民出版社1962年版，第25页。

典作家关于按劳分配的基本理论和我国按劳分配的基本实践的结合上，进一步探讨社会主义商品经济条件下按劳分配中的"劳"的内涵。

我认为，在社会主义商品经济条件下，全民所有制企业按劳分配中的"劳"首先是指社会平均劳动（即整个社会全民所有制企业范围内以有效劳动为基础的社会平均劳动），从而社会平均劳动时间就成为按劳分配的重要计量尺度，这是由全民所有制企业的根本性质决定的。社会主义全民所有制的性质决定了其不同企业的生产者具有生产资料的平等所有权，从而客观上要求排除各个企业由于人均占有生产资料的优劣多寡等非劳因素对生产者分配个人消费品的影响。在社会主义经济实践中，这表现为国家通过收缴税利等手段尽力排除制约社会必要劳动时间形成的种种客观生产条件的差异对各全民所有制企业净产值的影响，其主要包括：（1）尽力排除由国家通过"剥夺剥夺者"或直接投资等途径形成的企业人均占有固定资产的差异对企业净产值的影响；（2）尽力排除有利的自然资源和地理位置对企业净产值的影响；（3）尽力排除某些商品（如国有烟厂的卷烟）产销的垄断性因素和价格的政策性因素对企业净产值的影响。当然，排除客观生产条件的差异对各全民所有制企业净产值的影响也不是绝对的。这不仅由于在技术上难于精确计算，而且也由于国家有意对某些非劳因素作适当的保留（如国家对企业用自有资金进行投资带来的收益就不能全部提取，以鼓励企业自我积累和进行技术改造的积极性和主动性）。

除了社会平均劳动以外，全民所有制企业按劳分配中的"劳"还包括企业平均劳动（即以有效劳动为基础的企业平均劳动），从而企业平均劳动时间便成为全民所有制企业中按劳分配的另一重要计量尺度，这是由社会主义商品经济条件下全民所有制企业在按劳分配中的作用以及按劳分配的实现方式决定的。一方面，全民所有制企业是依法自主经营、自负盈亏、自我发展、自我约束的相对独立的商品生产者和经营者，具有充分的个人消费品分配的自主权。从而全民所有制企业便成为按劳分配的主体，企业平均劳动时间便成为全民所有制企业中按劳分配的又一重要计量尺度。采用企业平均劳动时间作为全民所有制企业按劳分配的重要计量尺度，既能排除企业内部客观生产条件的差异对生产者分配个人消费品的影响，又能体现不同企业生产经营状况和同一企业内部不同生产者劳动贡献的实际差别，从而有利于克服平均主义，更好地贯彻按劳分配原则。另一方面，国家先要以社会平均劳动时间作为计量尺度来衡量各个全民所有制企业的生产者通过主观努力对社会做出的贡献并在分配方面给予相应的体现，然后各个全民所有制企业再以企业平均劳动时间作为计量尺度来衡量企业内部各个生产者的实际贡献并给予相应的报酬。可见，全民所有制企业中按劳分配的"劳"并不是社会必要劳动，而是社会平均劳动与企业平均劳动的有机统一。

集体所有制企业的按劳分配与全民所有制企业的按劳分配有显著的区别。由于生产资料归集体所有，从而不同企业由于人均拥有生产资料的数量和质量的差别而形成的对企业净产值的影响是客观存在和不容排除的。它必然直接影响生产者的收入分配水平，使不同集体所有制企业之间"同工不同酬"的现象较之全民所有制企业更为触目。这种状况，一方面表明集体所有制企业按劳分配中的"劳"不包括社会平均劳动，另一方面也极易使人们产生集体所有制企业按劳分配中的"劳"即是社会必要劳动的错觉。但我认为，集体所有制企业按劳分配中的"劳"，同样不是社会必要劳动，而只是企业平均劳动。举例来说，假定某一集体所有制企业由于条件所限，为生产同一种产品要同时采用先进和落后两种机器。假定生产者甲使用先进机器，1小时可以制造5件产品；而生产者乙使用落后机器，1小时只能制造2件产品。为了分析的简便起见，假定这两种机器的折旧费和辅助材料费相同。在产品符合社会需要的情况下，生产者甲1小时创造的新价值是生产者乙的2.5倍。据此，能否断言生产者甲的劳动报酬就应是生产者乙的2.5倍？显然不能。因为，生产者甲创造的新价值之所以大大超过生产者乙，不仅源于生产技艺的差别，同时也源于生产工具的差别。根据按劳分配原则，后者的差别对于分配的影响应予剔除。换言之，如果集体所有制企业中按劳分配的"劳"是社会必要劳动从而其计量尺度是社会必要劳动时间的话，那就意味着同一集体所有制企业内部，在付出同样或大体相同的劳动代价的情况下，使用先进机器的生产者获得的收入可以大大超过使用落后机器的生产者，这等于变相承认企业内部实际使用生产资料的差异对生产者收入的影响，变相承认企业内部在生产资料所有权方面存在着不平等，从而既违背集体所有制企业的性质，也不符合按劳分配原则。因此，尽管就不同的集体所有制企业而言，人均拥有生产资料状况的差异对各个企业生产者按劳分配的水平影响较大；但是，就各个集体所有制企业内部的按劳分配而言，其 "劳" 的内涵则只能是企业平均劳动，而不是社会必要劳动。

综上所述，我认为，马克思设想的按劳分配中的 "劳" 实质上是社会平均劳动，其计量尺度是社会平均劳动时间；社会主义商品经济条件下按劳分配中的 "劳"，在全民所有制企业中是社会平均劳动与企业平均劳动的有机统一，在集体所有制企业中则是企业平均劳动，其计量尺度分别是社会平均劳动时间与企业平均劳动时间的有机统一和企业平均劳动时间。当然，在社会主义商品经济条件下，把全民所有制企业按劳分配的计量尺度归结为社会平均劳动时间与企业平均劳动时间的有机统一，把集体所有制企业中按劳分配的计量尺度归结为企业平均劳动时间，这不过是理论上的一种抽象，在实践中它无疑具有多样化的渐趋完善的表现形式。

全民企业工资改革目标模式新探[*]

工资改革是我国经济体制改革的重要组成部分。全民所有制企业的工资改革是我国企业工资改革的核心。为了推动经济体制改革由旧体制向新体制转换，加速建设具有中国特色的社会主义，有必要深入探讨并逐步确立全民所有制企业工资改革的目标模式。

一、马克思主义经典作家的按劳分配理论和社会主义国家全民企业的工资制度实践

马克思主义经典作家关于社会主义社会对个人消费品实行按劳分配的理论，一直是各社会主义国家建立和改革全民所有制企业工资制度的主要理论依据。各社会主义国家在将按劳分配理论付诸实践的过程中，由于受到多种因素的制约和影响，既有成功，也有失误。为确立既能促进生产力迅速发展，又符合社会主义基本方向，并且具有中国特色的全民所有制企业工资改革的目标模式，需要回顾马克思主义经典作家的按劳分配理论和社会主义国家（特别是我国）全民所有制企业的工资制度实践。

马克思主义经典作家关于按劳分配的理论，有一个长期形成和发展的过程。19 世纪杰出的空想社会主义者曾以不同方式程度不同地提出了未来社会实行按劳分配的思想因素。对此，马克思最初并不赞同。后来，马克思在深入研究资本主义经济制度的过程中，运用历史唯物主义观点，批判地继承了空想社会主义者关于按劳分配思想中的合理成分，创建了具有重大科学价值和实践意义的按劳分配理论。马克思按劳分配理论的基本内容，

---

* 本文系郭飞的经济学硕士学位论文，指导教师为曹序教授。本文的基本内容原载《经济研究》1989 年第 11 期和《社会科学战线》1988 年第 4 期。

大致可以概括为以下四点。

1. 按劳分配的内涵。按劳分配是指在以生产资料公有制为基础的社会主义社会中，在对社会总产品作了各项必要的扣除之后，按照每个劳动者向社会提供的有效劳动量分配消费品。马克思指出，在一个集体的以共同占有生产资料为基础的社会里，"每一个生产者，在作了各项扣除之后，从社会方面正好领回他所给予社会的一切。他所给予社会的，就是他个人的劳动量"。①

2. 社会主义社会实行按劳分配的客观必然性。首先，社会主义社会生产条件的分配，即生产资料的社会主义公有制和劳动者具有劳动力的个人所有权，是实行按劳分配的根本前提。马克思指出："消费资料的任何一种分配，都不过是生产条件本身分配的结果。而生产条件的分配，则表现生产方式本身的性质。例如，资本主义生产方式的基础就在于：物质的生产条件以资本和地产的形式掌握在非劳动者的手中，而人民大众则只有人身的生产条件，即劳动力。既然生产的要素是这样分配的，那么自然而然地就要产生消费资料的现在这样的分配。如果物质的生产条件是劳动者自己的集体财产，那么同样要产生一种和现在不同的消费资料的分配。"② 马克思还指出，在社会主义社会中，"默认不同等的个人天赋，因而也就默认不同等的工作能力是天然特权"。③ 这实质上是阐明了社会主义社会中劳动力归劳动者个人所有。其次，社会主义社会生产力仍不够发达，是实行按劳分配的物质前提。这主要表现在：人们奴隶般地服从分工的情形并没有消失，从而脑力劳动和体力劳动的对立也没有消失；④ 劳动还仅仅是谋生的手段；劳动者的个人能力还没有得到全面发展；集体财富的一切源泉还没有充分涌流，等等。

3. 按劳分配中的平等与不平等。按劳分配是在生产资料社会主义公有

① 《马克思恩格斯选集》第3卷，人民出版社1972年版，第10~11页。
② 《马克思恩格斯选集》第3卷，人民出版社1972年版，第13页。
③ 《马克思恩格斯选集》第3卷，人民出版社1972年版，第12页。
④ 对于马克思的这个提法，斯大林作了修正和发展。斯大林在《苏联社会主义经济问题》一书中指出，在社会主义社会中，脑力劳动与体力劳动之间的对立消失了，但仍存在着本质差别。我赞同斯大林的看法。

制基础上产生的分配方式，它同以往一切剥削社会的分配方式是根本对立的。按劳分配不承认任何阶级差别，其"平等就在于以同一的尺度——劳动——来计量"。① 因而，它是人类社会中分配制度的伟大变革。但是，按劳分配对于不同的劳动者来说，是一种不平等的权利。它既默认工作能力不同的劳动者基于劳动差别而形成的收入差别的合理性，同时也默认劳动成果相同的劳动者由于赡养人口的多寡而形成的生活水平差别的合理性。这表明实行按劳分配仍然存在着事实上的不平等。同共产主义的按需分配相比，它又存在着弊病。但是，这"在共产主义社会第一阶段，在它经过长久的阵痛刚刚从资本主义社会里产生出来的形态中，是不可避免的。权利永远不能超出社会的经济结构以及由经济结构所制约的社会的文化发展"。②

4. 按劳分配的实现模式。马克思设想的社会主义社会，是实行单一的生产资料社会主义公有制、没有商品货币关系、劳动者耗费的劳动直接表现为社会劳动的社会。与此相适应，按劳分配的实现具有三个明显的特点。第一，全社会是一个分配单位，社会对每个劳动者实行统一和直接的个人消费品分配。第二，以社会平均劳动时间为尺度确定劳动者的劳动在共同劳动中所占的份额，从而确定劳动者在消费品分配中所占的份额。在此有必要指出，国内许多学者认为马克思设想在社会主义社会中，计量劳动的尺度是劳动者的个别劳动时间或自然劳动时间，这种理解未必符合马克思的原意。③ 第三，采用"证书"或劳动券作为分配消费品的媒介。马克思指出，劳动者"从社会方面领得一张证书，证明他提供了多少劳动（扣除他为社会基金而进行的劳动），而他凭这张证书从社会储存中领得和他所提供的劳动量相当的一分消费资料"。④ 由此可见，马克思设想的社会主义社会按劳分配的实现模式实质上是产品经济条件下按劳分配的实现模式。

---

① 《马克思恩格斯选集》第3卷，人民出版社1972年版，第11页。

② 《马克思恩格斯选集》第3卷，人民出版社1972年版，第12页。

③ 张泽荣等著：《企业工资改革的理论、实践和目标》，四川省社会科学院出版社1987年版，第30～36页；王化凯：《个别劳动、社会必要劳动、社会平均劳动》，载于《襄阳师专学报》1987年第1期。

④ 《马克思恩格斯选集》第3卷，人民出版社1972年版，第11页。

恩格斯赞同马克思关于按劳分配的上述观点，并对社会主义社会中复杂劳动的分配问题作了新的补充："在私人生产者的社会里，训练有学识的劳动者的费用是由私人或其家庭负担的，所以有学识的劳动力的较高的价格也首先归私人所有……在按社会主义原则组织起来的社会里，这种费用是由社会来负担的，所以复杂劳动所创造的成果，即比较大的价值也归社会所有。工人本身没有任何额外的要求"。①

俄国十月社会主义革命的胜利，开创了人类社会历史的新纪元。列宁在领导俄国无产阶级和广大劳动人民进行社会主义革命和建设的伟大实践中，丰富和发展了马克思的按劳分配理论。

首先，列宁把马克思关于社会主义社会个人消费品的分配理论科学地概括为"按劳分配"，并且突出强调实行按劳分配的历史必然性，强调按劳分配是社会主义经济的一个基本特征。他指出："人类从资本主义只能直接过渡到社会主义，即过渡到生产资料公有和按每个人的劳动量分配产品。"②

其次，在按劳分配的内涵上，列宁除了坚持马克思阐明的按劳动量计算报酬的观点之外，还明确提出了按劳分配包括两个社会主义原则，即"不劳动者不得食"和"按等量劳动领取等量产品"，③从而进一步揭示了按劳分配原则反对剥削和反对平均主义的实质。

再次，在按劳分配的实现形式上，列宁认为仍然可以采取工资制和资金制。他指出，应该规定所有行业无条件地实行计件工资，在那些无法实行计件工资的工种中，实行奖励制。"在完全的共产主义制度下奖金是不允许的，但在从资本主义到共产主义的过渡时期，如理论推断和苏维埃政权一年来的经验所证实的，没有奖金是不行的"。④列宁还提出，应"使工资同产品的总额或铁路水路运输的经营总额等等相适应"。⑤

此外，在按劳分配的历史作用上，列宁不仅指出按劳分配是否定阶级

---

① 《马克思恩格斯选集》第3卷，人民出版社1972年版，第241页。
② 《列宁全集》第29卷，人民出版社1985年版，第178页。
③ 《列宁选集》第3卷，人民出版社1972年版，第252页。
④ 《列宁全集》第36卷，人民出版社1985年版，第89页。
⑤ 《列宁全集》第34卷，人民出版社1985年版，第170页。

剥削的重大步骤，而且指出按劳分配是发展社会主义生产、提高劳动生产率、克服资产阶级和小资产阶级的反抗以至最终消灭阶级的强有力的手段。

斯大林基本上坚持了马克思的按劳分配理论并做出了新贡献。针对 20 世纪 30 年代初苏联许多企业工资规定中抹煞熟练劳动与非熟练劳动、重劳动与轻劳动之间差别的情况，斯大林提出要坚决克服平均主义倾向。他强调指出，平均主义是马克思主义的敌人，社会主义决不可以在贫苦生活的基础上用稍许拉平各人物质生活状况的方法巩固起来。他还提出了"按照劳动的数量和质量"分配个人消费品的观点。[①] 尽管国内学术界对于这种观点至今仍褒贬不一，[②] 但它对反对分配中的平均主义具有不可抹煞的积极作用。

然而，如同世界上任何新生事物都是不完善的一样，苏联在将马克思主义经典作家的按劳分配理论付诸实践的过程中也存在着严重的缺陷。由于缺乏经验，也由于在很大程度上照搬马克思设想的按劳分配的实现模式，苏联逐步形成了以高度集中统一为特征的传统的全民所有制企业的工资制度。在这种工资制度下，工资政策、企业工资总额、职工工资的等级、标准以及升级办法均由国家统一规定。这种工资制度对建立社会主义分配关系和发展生产力虽然不无积极作用，但它无法根除平均主义的弊端，从而难以充分调动广大企业和劳动者的积极性。第二次世界大战后，一批新生的社会主义国家在全民所有制企业中或长或短地普遍照搬了苏联的工资模式，实行一竿子插到底的高度集中统一的工资制度，程度不同地存在着企业吃国家的"大锅饭"、职工吃企业的"大锅饭"的问题，妨碍了按劳分配原则的贯彻执行。在我国，既由于对社会主义经济的商品属性和本国国情缺乏明确的认识，也由于教条主义地对待马克思主义经典作家的按劳分配理论和苏联的工资模式，还由于平均主义的思想根深蒂固，使我们在全民所有制企业中建立并长期实行了一种既不完全符合马克思主义经典作家原意，又严重脱离我国国情的传统的工资模式，其主要表现和弊端有三。

第一，把全民所有制的所有企业当作一个分配单位，由国家行使直接

[①] 斯大林：《和美国罗易·霍华德先生的谈话》，载于《真理报》1936 年 3 月 5 日。
[②] 徐节文著：《论按劳分配》，中国社会科学出版社 1982 年版，第 160~168 页。

分配的职能。国家规定全国统一的工资标准、工资等级、升级时间、升级比例、升级办法、奖金数额，企业毫无自主权。企业盈利全部上缴，企业亏损国家补贴。这种无视企业存在的高度集中的分配体制，不仅造成政企不分，而且还抹煞了不同企业生产经营好坏的差别，必然导致企业吃国家的"大锅饭"。

第二，对工人实行八级工资制，对职员实行职务等级制，也难以准确反映职工提供并实现的劳动量的实际差别。从企业之间横向比较来看，由于全民所有制各企业的物质技术条件和经营管理水平有明显差异，因而，即使是同一等级的劳动者在同一时间内提供的劳动量及其实现程度也有较大的差别。从企业内部纵向比较来看，不同的工资等级主要是根据劳动者潜在的劳动技能制定的，既没有合理体现脑力劳动与体力劳动的差别，也往往与职工的劳动表现和劳动成果无关。这就必然造成在分配中干多干少一个样，干好干坏一个样，导致职工吃企业的"大锅饭"。

第三，以部门和企业在国民经济中的地位和作用以及隶属关系等来确定工资标准，重工业高于轻工业，中央企业高于地方企业，大型企业高于小型企业，这实际上是人为地制造"同工不同酬"，造成不合理的工资关系。

由上可见，我国全民所有制企业长期实行的传统的工资模式，是一种高度集中、排斥市场机制的工资模式，因而基本上是一种以产品经济为基础的分配模式。但是，社会主义经济是公有制基础上的商品经济。在社会主义商品经济条件下实行这种工资模式，其根本弊端是平均主义。它不仅严重妨碍按劳分配原则的贯彻落实，而且也不利于生产力的迅速发展。特别是在"大跃进"和"文化大革命"期间，在批判"资产阶级法权"的名义下，社会主义的按劳分配原则甚至被说成是资本主义和修正主义的东西，计件工资和奖金制度一再被取消，基本工资长期冻结。这种"左"的错误与传统工资模式的弊端互相结合，两度造成平均主义的恶性泛滥，极大地挫伤了广大企业和劳动者的积极性。因此，摒弃传统的工资模式，建立起既能促进生产力迅速发展，又能体现按劳分配原则的实质并且符合中国国情的全民所有制企业新的工资模式，就成为历史的必然。

党的十一届三中全会以来，我国进行了举世瞩目的经济体制改革。围绕全民所有制企业的工资改革，我们在理论和实践上都进行了有益的探索。理论方面阶段性的新成果主要反映在《中共中央关于经济体制改革的决定》和中共十三大报告的有关论述中。在实践方面，我们主要采取了三项改革措施。一是全民所有制企业中普遍实行了奖金不"封顶"、征收奖金税的政策，使奖金与企业经济效益联系起来。二是在一部分企业中试行了工资总额同经济效益挂钩的办法。根据这些企业生产经营的不同特点，分别将工资总额同企业上缴税利、产值、产量、实际工作量等指标挂钩浮动。三是扩大了企业在工资分配方面的自主权，允许企业根据实际情况选择适宜的分配形式和办法。这些改革措施，对于克服分配中的平均主义，调动企业和职工的积极性，改善企业经营管理和提高经济效益，都起到了积极的作用。但是，我国目前全民所有制企业的工资制度仍存在三个突出问题：（1）企业工资制度改革与价格、税收以及企业经营机制的改革不配套；（2）企业内部的工资关系未能理顺，分配中的平均主义倾向仍然比较严重。其主要表现是职工的死工资仍占很大比重，许多奖金实际是平均发放，成为变相的附加工资；（3）国家对企业工资的宏观调控不力。职工平均实际工资的增长幅度与劳动生产率的增长幅度相适应，这是工资增长必须遵循的一条原则。然而，1979～1986年，我国职工平均工资的增长幅度（扣除物价因素）已超过劳动生产率的增长幅度。特别是1984年，劳动生产率比上年增长7.84%，而职工平均工资却增长了14.65%，后者几乎相当于前者的2倍。这种工资增长超过劳动生产率增长的不正常状况，表明工资管理的宏观失控。

经济实践呼唤着深化改革并推动经济理论的发展。搞好全民所有制企业的工资改革，必须明确其目标模式。因此，深入探讨并逐步确立我国全民所有制企业工资改革的目标模式，已成为摆在我们面前的一项日益迫切的重要任务。

二、确立全民企业工资改革目标模式的基本原则

根据前述对马克思主义经典作家按劳分配理论和全民所有制企业工资制度实践的历史回顾，结合《中共中央关于经济体制改革的决定》和中共

十三大报告的有关精神，我认为探讨并确立全民所有制企业工资改革的目标模式，必须遵循效率和平等这两条基本原则。

1. 效率原则

效率原则在此是指经济效率原则。效率原则的基本含义是经济资源的合理配置及其作用尽可能充分地发挥。① 效率原则的一般表现方式是少投入，多产出。就此而言，它又类似于经济效益原则。效率原则是发展生产力的一个基本原则，因而客观地存在于各个社会并程度不同地发生作用。资本主义经济普遍注重效率原则，因而它在几百年内创造的巨大生产力，远远超过以往一切世代人类创造的全部生产力的总和。但是，以生产资料私有制为基础的生产无政府状态和不合理的分配制度，使资本主义经济中的微观经济效率特别是宏观经济效率受到了很大的限制。而社会主义经济则从本质上克服了资本主义经济的局限性，为效率原则充分发挥作用开辟了广阔的前景。

在确立全民所有制企业工资改革的目标模式中遵循效率原则，具有极为重大的意义。

首先，只有遵循效率原则，才能建立起促进生产力迅速发展的新的工资制度。工资制度就其内容而言属于分配关系从而属于生产关系。历史唯物主义认为，生产力决定生产关系；但是，生产关系对生产力也有反作用。衡量一种生产关系是否优越，最根本的标准是看其是否有利于生产力的迅速发展。能够适合生产力性质、推动生产力迅速发展的生产关系就是优越的生产关系；反之，就是不优越或不甚优越的生产关系。我们之所以要改革传统的全民所有制企业的工资制度，根本原因就在于它偏离或背离了效率原则，使企业吃国家的"大锅饭"，职工吃企业的"大锅饭"，从而阻碍了生产力的迅速发展。我们之所以要建立新的全民所有制企业的工资制度，根本目的就是要使它充分体现效率原则，打破两个"大锅饭"，从而促进生产力的迅速发展。在经过对新中国成立以来正反两方面实践的深刻反思

---

① 国内外有一种较为流行的观点认为，效率原则的内涵是经济资源的有效配置。我认为这种表述不够全面。经济资源的有效配置仅仅是经济资源尽可能充分地发挥作用的一个基本前提而不能代替后者本身。因此，我认为效率原则的基本内涵应该包括经济资源的有效配置及其作用尽可能充分地发挥这样既互相联系又互有区别的两方面内容。

之后，中共十三大报告明确指出："是否有利于发展生产力，应当成为我们考虑一切问题的出发点和检验一切工作的根本标准。"根据这一指导方针，把效率原则从而把有利于迅速发展生产力作为确立全民所有制企业工资改革目标模式的出发点和落脚点，乃是题中应有之义。

其次，只有遵循效率原则，才能加速四个现代化建设，完成社会主义初级阶段的根本任务。我国仍处于社会主义的初级阶段。社会主义初级阶段的主要矛盾是人民日益增长的物质文化需要同落后的社会生产之间的矛盾。社会主义初级阶段的根本任务是发展生产力。经过三十多年的社会主义建设，我国经济实力的确有了巨大的增长，教育科学文化事业也有了相当的发展。但是，我国的生产力发展水平不仅与发达资本主义国家相距甚大，就是在社会主义国家中也排位较后，人均国民生产总值则仍居世界后列，实现四个现代化的任务异常艰巨。在这种严峻的形势面前，为了摆脱贫困和落后，巩固和发展社会主义制度，我们尤其要把发展生产力作为全部工作的中心。发展生产力不仅要求在生产和流通领域讲求效率原则，同时也要求在分配原则、体制和方法上贯彻效率原则。恩格斯曾经指出："只要分配为纯粹经济的考虑所支配，它就将由生产的利益来调节。"[①] 因此，在确立全民所有制企业工资改革的目标模式中遵循效率原则，是我们加快"四化"建设、完成社会主义初级阶段根本任务的需要。

2. 平等原则

平等原则在此是指社会主义分配中的平等原则即按劳分配原则。按劳分配是社会主义经济的一个基本特征。全民所有制企业是社会主义企业，其工资改革不是要偏离而是要更好地坚持社会主义方向。因此，确立全民所有制企业工资改革的目标模式必须遵循按劳分配原则。

平等原则与效率原则实质上并不矛盾。长期以来，不少人把社会主义分配中的平等曲解为收入均等，进而认为平等原则与效率原则两者不能兼顾，是此消彼长的交替关系。这种观点在我国这样一个农民、小资产阶级传统意识浓厚，历史上农民运动"均贫富"思想影响深远，在战争年代的革命根据地中又实行过军事共产主义供给制的国家中，确实具有相当广泛

---

① 《马克思恩格斯选集》第 3 卷，人民出版社 1972 年版，第 240 页。

的社会基础。但是，这种观点无疑是错误的。首先，平等原则并不是收入均等。社会主义分配中的平等即是按劳分配，或者换句话说，"平等就在于以同一的尺度——劳动——来计量"。① 这种消费品分配中的平等权利，是平等的生产资料所有权的逻辑引申和必然表现，但它决不等同于收入均等。收入均等是小资产阶级追求的一种平等权利，它不否定私有制，但否定收入差别。而按劳分配则是无产阶级追求的一种平等权利，它否定私有制，否定剥削，但并不否定与劳动差别相适应的收入差别。因此，按劳分配从而社会主义分配中的平等原则与收入均等毫无共同之点。其次，在社会主义经济中，平等原则与效率原则是互相促进、相辅相成的。一方面，平等促进效率。实行按劳分配，必然会给具有不同劳动能力的人和具有不同生产经营条件的企业带来不同的收入，从而会使企业和劳动者为追逐自身利益而产生增加收入的内在冲动。这有利于提高企业和劳动者的技术水平和生产能力，改善企业的经营管理，从而促进经济资源的合理配置和充分发挥作用。另一方面，效率也促进平等。只有国家和企业都确立了效率目标从而把经济效益摆在首位之后，才能有力地促进劳动者技术素质和企业素质的提高，物质消耗和活劳动消耗的减少，生产力的迅速发展和社会财富的涌流。毫无疑问，这不仅有利于按劳分配在更高的物质基础上实现，而且还为最终实现共产主义分配中的事实上的平等——按需分配创造条件。

当然，平等原则与效率原则又不等同。就本文限定的含义而言，平等原则涉及的是生产关系，而效率原则涉及的则是生产力。在社会主义社会中，效率原则不仅是我们在公有制经济内部实行按劳分配制度的根本出发点，而且也是我们实行按经营成果分配收入和在一定范围内实行按资分配制度的根本出发点。

在确立全民所有制企业工资改革的目标模式中遵循平等原则，根本点在于坚持按劳分配原则的实质，而不拘泥于传统的理论模式和工资模式。如前所述，马克思主义经典作家阐明的按劳分配原则，是"不劳动者不得食"和按"等量劳动领取等量产品"的原则，是否定剥削和反对平均主义的原则，其实质是以有效劳动量为尺度分配个人消费品。对于坚持按劳分

---

① 《马克思恩格斯选集》第 3 卷，人民出版社 1972 年版，第 11 页。

配原则的实质这一点，我们不应有丝毫的怀疑和动摇。社会主义国家几十年来正反两方面的分配实践都没有而且也不可能否定按劳分配原则这一实质的正确性。但是，对于按劳分配的实现模式，我们则要结合本国的具体情况进行不断地探索和创造。实践表明，社会主义商品经济条件下的按劳分配与马克思原来设想的产品经济条件下的按劳分配有着显著不同的特点：

（1）按劳分配的主体是企业。马克思原来设想，社会主义联合劳动是全社会范围的联合劳动，全国是一个生产单位和分配单位，因而按劳分配的主体是国家。然而实践表明，由于社会主义联合劳动具有社会范围内的联合劳动和企业范围内的联合劳动两个最基本的层次，由于全民所有制企业是相对独立的商品生产者和经营者，因而企业便成为按劳分配的主体。只有以企业为主体实行按劳分配，才能体现不同企业生产经营好坏的差别，才能根据劳动者的实际贡献给予相应的报酬，进而硬化企业自负盈亏的责任，从物质利益方面充分调动企业和劳动者的积极性。当然，国家并非撒手不管，而是要以资产所有者和社会管理者的身份对全民所有制企业劳动者个人消费品的分配进行必要的宏观调控。

（2）按劳分配的计量尺度具有综合性。马克思原来设想，按劳分配的计量尺度只是社会平均劳动时间。然而实践表明，社会主义商品经济条件下全民所有制经济中的劳动计量必须结合采用企业平均劳动时间①（并不是企业自然劳动时间、也不仅仅是企业定额劳动时间）和社会平均劳动时间②这两把尺子。在企业内部，要区分脑力劳动和体力劳动、复杂劳动和简单劳动、熟练劳动和非熟练劳动、繁重劳动和非繁重劳动，以企业平均劳动时间为尺度衡量劳动者的实际贡献。在企业外部，则要采用社会平均劳动时间这把尺子来衡量企业的生产经营成果和对社会的贡献。一方面，由于社会主义经济是商品经济，因而企业的联合劳动并不等同于社会劳动，企业的经营成果还必须用价值即物化的社会必要劳动时间来衡量。另一方面，由于社会必要劳动时间是由劳动的主观条件和客观条件两个基本因素决定的，因而，即使各个企业生产者的劳动具有平均的强度和熟练程度，

---

① 指以有效劳动为基础的企业平均劳动时间。
② 在本文中指全民所有制经济中以有效劳动为基础的社会平均劳动时间。

但由于人均实际占有的生产资料的质量和数量的不同，其同量劳动所形成的社会必要劳动时间也必然不同。既然按劳分配是以劳动者享有平等的生产资料所有权为前提，那么毫无疑问，劳动者实际占有的生产资料的差别并不应该导致个人消费品分配的差别。因此，国家必然要采取种种措施尽量排除非劳因素，将社会必要劳动时间还原为社会平均劳动时间。所以，全民所有制经济中按劳分配的计算尺度，实质上是企业平均劳动时间与社会平均劳动时间的统一。有的同志把全民所有制经济中按劳分配的计量尺度归结为企业劳动时间与社会必要劳动时间的统一，[①] 或者在形式上归结为社会平均劳动时间与社会必要劳动时间的统一而在实质上归结为社会平均劳动时间，[②] 这些观点都未必妥当。

（3）按劳分配必须以货币为媒介。马克思原来设想，社会主义社会不存在商品和货币，劳动者只要从社会领取一张载明他提供的劳动数量的证书，就可以直接领到相应的个人消费品。然而实践表明，社会主义经济条件下的个人消费品也是商品，劳动者不能凭劳动证书直接领取消费品，而必须用分得的货币工资到市场上去购买自己需要的消费品，由于劳动者分得的货币是纸币，加之价格因素的作用，容易出现名义工资与实际工资的不一致。

（4）按劳分配的非纯性。马克思原来设想，按劳分配中完全排除了非劳因素对劳动者分配个人消费品的影响。然而实践表明，生产条件和供求关系等非劳因素对劳动者分配消费品的影响难以完全避免。因此，"等量劳动领取等量产品"的原则只能在企业内部大体和近似地实现；在不同的全民所有制企业之间，"同工不同酬"的现象必然存在，即使允许劳动力自由流动，其报酬差别也只能缩小，而不会完全消失。

（5）按劳分配原则的主体性。马克思原来设想，按劳分配原则是社会主义社会个人消费品分配的唯一原则。然而实践表明，按劳分配只是社会主义社会个人消费品分配中占主体地位的原则。一方面，社会主义社会中还存在着种种非公有制经济，在这些经济内部并不实行按劳分配原则；另

① 胡先来：《论全民所有制企业按劳分配的执行者》，载于《中国劳动科学》1988 年第 3 期。
② 王克忠：《"商品型"按劳分配与价值规律》，载于《中国社会科学》1988 年第 2 期。

一方面，即使在公有制经济例如在全民所有制经济内部，按劳分配也并不是个人消费品分配的唯一原则。除了按劳分配这一占主体地位的分配原则之外，全民所有制企业还存在着按经营成果分配收入的原则。按经营成果分配收入并不完全取决于经营中付出的劳动量，它还包含着相当一部分机会收益和风险收益，因而它与按劳分配是有明显区别的。而某些全民所有制企业为了集中更多的资金，向职工发行债券或股票，使职工凭债券获得利息收入，凭股票获得股息或红利收入，这就是按资分配原则在发生作用。当然，对劳动者的按资分配与对剥削者的按资分配有原则的区别。

社会主义商品经济条件下按劳分配的上述特点，是我们在探讨和确立全民所有制企业工资改革的目标模式时必须充分加以考虑的。我国传统的全民所有制企业的工资制度之所以存在严重弊端，其根本原因就在于忽视商品经济条件下按劳分配的特点，基本照搬马克思设想的产品经济条件下的按劳分配模式和苏联模式。这个教训非常深刻，必须引以为戒。但是，我们也决不能由此滑入另一个极端，即由于商品经济条件下的按劳分配与马克思设想的产品经济条件下按劳分配有着显著的区别而否定按劳分配原则的实质，否定按劳分配规律在社会主义商品经济中发挥作用的客观必然性。我认为，如果从理论上和实践上都否定按劳分配，那在事实上就不是纠正错误，而是改弦易辙，必将导致更大的错误。

近年来，理论界有一种影响较大的观点认为，在社会主义商品经济条件下，按劳分配就是按劳动力价值分配。我不同意这种观点。按劳分配与按劳动力价值分配确实存在的某些相似之处，主要表现在：（1）它们都以劳动者提供有效劳动作为必要的前提条件；（2）它们都以商品经济作为载体，从而价值规律和供求关系对这两种分配都发生作用和影响；（3）它们都以货币作为实现分配的媒介手段。但是，按劳分配与按劳动力价值分配是两种不同的分配制度，它们之间有着本质的区别，主要表现在：（1）分配的经济前提不同。按劳动力价值分配是以劳动者丧失生产资料、劳动力成为商品为前提；而按劳分配则是以劳动者成为生产资料的主人、劳动力归劳动者所有但又不是商品为前提。（2）体现的经济关系不同。按劳动力价值分配体现了资产阶级剥削无产阶级的关系；而按劳分配则体现了在生产资料平等所有权基础上劳动力个人所有权的经济实现关系。（3）分配的尺度不同。按劳动力价值分配以劳动力价值为尺度；而按劳分配则以有效劳动量为尺度。（4）分配量不同。按劳动力价值分配的价值量，在劳动力进入生产过程之前就已经确定，它以劳动力的生产与再生产的必要费用为限；而按劳分配的价值量则是在作了必要扣除之后所余产品的价值量，它在生产和交换之后才能确定，在相对量上不受劳动力价值量的限制，在绝对量上通常大于劳动力的价值，但也有等于或小于劳动力价值的情况。（5）分配的后果不同。按劳动力价值分配，其结果是在维持劳动力生产与再生产的同时，维护既有的资本主义剥削制度；而按劳分配，其结果则是在激发劳动者的积极性和提高劳动生产率的同时，巩固和发展社会主义经济制度。因此，按劳分配决不是按劳动力价值分配，两者是泾渭分明、混淆不得的。

除了效率和平等这两项基本原则之外，受社会主义社会的客观经济规律制约，改革全民所有制企业的工资制度还要继续贯彻劳动力补偿和避免收入过分悬殊等原则。应该指出，探索并确立全民所有制企业工资改革的目标模式是一项艰巨的系统工程，必须真正从我国的实际情况出发，始终遵循实事求是的原则。为此，除了必须深入调查研究、认真总结经验以外，很重要的是要在研究和借鉴外国工资模式的过程中，切莫忘记或忽视确立我国全民所有制企业工资改革目标模式的四个重要特点：第一，坚持社会主义基本方向；第二，企业是自主经营、自负盈亏的相对独立的商品生产者和经营者；第三，与建立以间接管理为主的宏观经济调节体系相适应；第四，我国生产力水平低，经济发展很不平衡，商品经济不发达，干部和群众的商品经济观念和心理承受能力普遍不强。上述第一个特点，决定了我国全民所有制企业工资改革的目标模式必然与西方国家的工资模式存在本质的区别。而后三个特点，则又决定了我国全民所有制企业工资改革的目标模式必然与其他社会主义国家的全民所有制企业工资模式有所区别。只要我们切实遵循上述原则，就可以逐步确立起既能促进生产力迅速发展，又符合社会主义基本方向，并且具有中国特色的全民所有制企业工资改革的目标模式。

三、全民企业工资改革的目标模式

围绕全民所有制企业工资改革的目标模式，国内近年来已展开了讨论并取得了一定的进展。我先对其中有代表性的观点略作评述，然后抛砖引玉，阐述我对全民所有制企业工资改革目标模式的新思路。

1. "市场型"工资模式。持这种观点的同志认为，工资改革的根本方向是开放劳动力市场，将市场机制引入工资决定。他们认为，工资是劳动力的价格，"应由市场供求决定"。①

我不同意这种观点。第一，社会主义全民所有制企业中的工资，本质上是由劳动者提供的劳动量决定（即由生产决定），但也受到市场制约。然而，决定作用和制约作用决不能等同。主张市场供求决定工资，实际上是主张"供求决定论"，它既否定了生产的决定作用，也无法说明在供求一致的条件下工资是如何决定的。第二，把全民所有制企业中的工资说成是劳动力的价格，实质是认为全民所有制企业中的劳动力是商品。然而，在全民所有制企业中，劳动者和生产资料相对于剥削制度而言是直接结合的，因而劳动者虽然具有劳动力的个人所有权，但却无须出卖劳动力，所以劳动力并不是商品，从而工资也并不是劳动力的价格而是按劳分配的报酬形式。第三，只有在资本主义经济中，劳动力才成为商品，从而工资才成为劳动力的价格。即使在这种情况下，工资也不是由市场供求关系决定，而是由劳动力价值决定。换言之，就资本主义工资而言，是劳动力价值规律起决定作用，而不是劳动力供求规律起决定作用，劳动力供求关系不过是影响工资围绕劳动力价值上下波动而已。由于"市场型"工资模式从根本上背离了按劳分配原则，因此它不能成为全民所有制企业工资改革的目标模式。

2. "挂钩型"工资模式。持这种观点的同志认为，在社会主义商品经济条件下，劳动计量分为国家对企业和企业对职工两个层次，因而工资分

---

① 中国经济体制改革研究所综合调查组：《改革：我们面临的挑战与选择》，载于《经济研究》1985 年第 11 期。

配也相应地分为两个层次，即先通过企业工资总额同本单位经济效益挂钩浮动，解决国家与企业的分配关系，然后再由企业自主安排内部对职工的分配。①

我认为，"挂钩型"工资模式有两个主要优点。第一，它把职工工资总额与企业经济效益联系起来，有利于克服企业之间的平均主义，是对传统工资制度的重大突破。第二，它有利于提高企业经济效益，增加国家和地方的财政收入。据统计，自 1985 年以来，实行工资总额同经济效益挂钩的企业，在产值、税利、劳动生产率等经济指标的增长方面，都好于没有实行挂钩改革的企业；而且，工资总额或平均工资的增长，一般都没有超过生产或劳动生产率的增长幅度。② 但是，"挂钩型"工资模式在体现效率原则和按劳分配方面也存在一些不足。第一，它由国家直接核定企业的挂钩指标、考核基数和工资浮动比例，实质上还是由国家给企业确定工资总额。这种方法不能使企业从根本上摆脱政权附属物的地位，同实行两权分离的原则相矛盾。第二，它采用企业工资总额与上缴税利挂钩的方法，不能充分体现按劳分配原则。从理论上讲，贯彻按劳分配原则，应该是企业工资总额与职工创造的净产值挂钩，而企业上缴的税利仅是职工创造的净产值的一部分。从实践中看，它一般实行纵向比较法，以当年上缴税利比上年的增加幅度按一定的浮动比例系数确定企业工资总额。由于各企业上年实际上缴税利水平和增加上缴税利的潜力差异很大，因而造成上缴税利基数低、增长潜力大的企业得益多，上缴税利基数高、增长潜力小的企业得益少。加之我国目前的价格体系很不合理，许多企业的经济效益难以得到正确衡量。在此情况下，实行企业工资总额与上缴税利挂钩的方法，"鞭打快牛"、苦乐不均的现象实难避免。第三，当企业经营不善、工资下浮时，国家仍然要以不同形式程度不同地承担"保底"责任，这同企业自负盈亏的原则是相悖的。因此，我认为"挂钩型"工资模式只宜作为转轨期间的一种过渡模式，不宜作为目标模式。

---

① 孙桢：《对企业工资改革目标模式等问题的意见》，载于《中国劳动科学》1987 年第 1 期。

② 国家经济体制改革委员会编：《中国经济体制改革十年》，经济管理出版社、改革出版社 1988 年版，第 538 页。

3. "分成制"模式。持这种观点的同志认为，"分成制"是与工资制完全不同的一种新的分配方式。"工资制度是一种与劳动者提供的劳动量、劳动成果以及企业的经营收入不联系，在劳动之前就已经确定并发生的且数量相对固定的分配方式；而分成制则是一种与劳动者提供的劳动量、劳动成果以及企业的经营收入相联系并随之浮动的分配方式，劳动者的劳动所得并不在劳动之前确定，而是在劳动之后根据企业经营收入和劳动者的劳动量直接分配。"因此，他们主张用分成制代替工资制"作为我国工资制度改革的目标"。①

我认为，"分成制"模式强调实行职工收入既同企业经济效益又同个人劳动成果紧密挂钩，这是完全正确的。几年来，我国全民所有制企业的工资改革正是朝着这个方向前进的。然而，如果把工资制度等同于固定工资制度，并把它看成是"资本主义经济特有的分配制度"，②这就未必妥当。首先，工资制度决非仅仅是固定工资制度。"工资制度是由支付工资的原则、形式、标准等构成的体系。"③固定工资只是其中的一种工资形式，并非唯一的工资形式。例如，与固定工资（死工资）相对应，还有奖金、浮动工资等活工资形式。其次，工资制度也并不直接等同于资本主义工资制度。不能否认，本来意义上的工资制度是资本主义的经济范畴，体现的是资本家和雇佣工人之间剥削与被剥削的关系。然而随着实践的发展，出现了社会主义工资制度。社会主义工资制度体现的是在国家、企业和劳动者个人三者利益根本一致的基础上按劳分配的经济关系，与资本主义工资制度有本质的区别。既然迄今为止在绝大多数社会主义国家的全民所有制企业中都实行社会主义工资制度，那么我们就决不能断言工资制度仅是资本主义经济特有的分配制度。因此，我认为"分成制"模式在理论上不够严密，也不适合作为全民所有制企业工资改革的目标模式。

4. "多元型"工资模式。持这种观点的同志认为，应该区别情况，建立多层次的全民所有制企业工资改革的目标模式。他们认为，对于在国民

---

① ② 张泽荣：《工资改革的新思路——用分成制代替工资制》，载于《中国劳动科学》1987年第6期。

③ 许涤新主编：《简明政治经济学辞典》，人民出版社1983年版，第19页。

经济中起决定作用的部门和企业，在工资分配上应由国家实行直接管理；对于大量的既受一定的指令性计划约束，又受市场调节的企业，可以实行工资总额与企业经济效益挂钩的方法，即在工资分配上由国家实行半直接管理；而对于某些完全放开、由市场调节生产经营的企业，在工资分配上则由国家实行间接管理。[①]

我认为，"多元型"工资模式的突出优点是区别对待，不搞"一刀切"。但是，这种工资模式在体现效率原则和按劳分配原则方面也不无缺陷。因为，它对企业工资实行的是以直接与半直接管理为主的宏观经济调控体系，与我国建立以间接管理为主的宏观经济调控体系这一经济体制改革的基本方向不相适应，从而难以避免传统体制下政企不分带来的种种弊端，压抑企业的生机和活力。因此，我认为"多元型"工资模式同样不适合作为我国全民所有制企业工资改革的目标模式。

5. "自主分配型"（或称"国家征税、自主分配型"）工资模式。这种工资模式最基本的特点是：对于绝大多数全民所有制企业，国家主要通过工资税收和工资立法进行宏观管理，企业在工资分配上有比较充分的权力。[②] 这种工资模式与前四种工资模式相比，无疑具有许多优点，在此不加赘述。目前，在国内关于全民所有制企业工资改革目标模式的讨论中，主张采用这种模式已成为占据主导地位的观点。但我认为，这种工资模式似有两点不足。第一，它虽强调了国家征税，但却没有明确国家有权适当分享全民所有制企业的税后利润。众所周知，在社会主义社会中，国家具有社会管理者和资产所有者二重身份。作为社会管理者，国家有权向全民所有制企业和其他企业无偿征收税赋；而作为资产所有者，国家则有权适当分享全民所有制企业的税后利润。无论是传统体制下的"以利挤税"还是近年来的"以税代利"，实质上都是在不同程度上混淆了国家对全民所有制企业的二重身份和二重分配关系。从建立符合社会主义商品经济发展要求的与企业经营机制相适应的企业财务体制来看，国家对全民所有制企

① 冯慧娟：《关于企业工资制度改革目标模式问题的讨论综述》，载于《劳动科学研究资料》1986 年第 10 期。

② 赵东宛：《关于我国的劳动工资制度改革》，载于《中国劳动科学》1987 年第 9 期。

业应该实行税利并存。① 第二，它没有从表述形式上鲜明体现出社会主义商品经济条件下实行按劳分配的根本特点（即职工工资同企业经济效益和个人劳动贡献紧密挂钩）。因此，我在基本同意"自主分配型"工资模式的前提下，将其更名为"上缴税利、自主分配、双紧挂钩型"工资模式，并加以补充和作出进一步的论证。

全民所有制企业的工资模式，主要涉及两方面的关系。一方面，涉及国家与企业之间的分配关系；另一方面，涉及企业对职工之间的分配关系。"上缴税利、自主分配、双紧挂钩型"工资模式，就是试图正确处理这两方面的经济关系、较好地贯彻效率原则和按劳分配原则的工资模式。

所谓"上缴税利"，就是国家以社会管理者和资产所有者的双重身份，通过收缴税利对全民所有制企业的工资分配水平进行必要而合理的宏观调控。其主要内容包括：（1）征收资源税、房产税和土地使用税等税赋。全民所有制企业净产值的形成，既有主观的因素，也有客观的因素。资源、房产和土地使用条件，是影响企业净产值形成的重要客观因素。通过征税尽量把这些客观因素形成的级差收入加以剔除，既有利于增加国家的财政收入，也有利于促进企业合理地使用国家的经济资源，还有利于企业之间的平等竞争和在全民所有制经济内部贯彻按劳分配原则。（2）征收流转税和所得税。流转税包括产品税、增值税和营业税等。流转税和所得税都是国家以社会管理者身份征收的税赋，既是我国税收和财政收入的主体，也是监督管理经济、促进国民经济协调发展的重要手段。因此，企业必须依法纳税。（3）实行所得税后部分利润上缴制度。在我国全民所有制企业中，国家以社会的名义拥有对企业生产资料的所有权，因而应该分享企业的一部分利润。这既是生产资料全民所有权的经济实现形式，也是增加财政收入、提高资产使用效率的重要措施。要根据全民所有制企业的不同经营方式，以不同形式适当分取企业税后利润。对实行股份制的全民所有制企业，可采用按股分红办法参与税后利润分配；对实行承包制的全民所有制企业，可以按照承包合同规定以承包费的形式参与税后利润分配；对实行租赁制的全民所有制企业，可以按照租赁合同规定以租赁费或租金的形

---

① 王丙乾：《财政工作和财政改革》，载于《红旗》1988年第1期。

式参与税后利润分配。（4）征收工资基金调节税和个人收入调节税。对于平均工资超过一定标准、资金积累率又低于一定标准的企业，要逐级累进征收工资基金调节税，税金从工资基金中列支。以此约束企业的短期行为，抑制消费基金膨胀，鼓励企业自我积累，增强后劲。同时，对那些收入较高、负担能力较强的人，要适当征收个人收入调节税，以避免收入过分悬殊，促进社会安定和经济发展。（5）征收社会劳动保险税。为统筹解决职工的病、退休和失业时的保障问题，国家应按一定比例向企业和职工征收社会劳动保险税，改变长期形成的单纯由企业"承包"职工劳动保险的局面。

所谓"自主分配"，就是企业在上缴税利和扣除积累基金以后，享有充分的工资分配自主权。其主要内容包括：（1）有权自行确定适合本企业生产发展的收入分配原则。随着所有制改革的深入，全民所有制企业中的非全民成分会占有一定的比重，经营方式也会趋向多样化。这种情况必然导致全民所有制企业收入分配原则的多元化。因此，各全民所有制企业有权在适合生产力发展的前提下实行以按劳分配为主体的多元化分配原则。（2）有权自行确定适合本企业生产情况的工资形式和工资标准。企业中不论采用哪种工资形式和工资标准，都要区分劳动者的不同岗位（生产岗位、技术岗位、经营管理岗位），区分脑力劳动和体力劳动、复杂劳动和简单劳动、熟练劳动和非熟练劳动、繁重劳动和非繁重劳动，并尽量采用复合指标对劳动者提供的有效劳动进行模拟计量，在此基础上扩大工资差距，拉开档次，使劳动者的工资上挂企业效益，下联个人劳绩。北京市革制品厂试行以岗位（职务）、技能、年功、区类、奖金、津贴 6 个单元组成的结构工资制和以基额、系数、常数计算各单元工资标准的定量体系，提供了企业内部工资改革的新鲜经验，其有益做法值得借鉴。（3）有权根据《全民所有制企业工资法》自行确定本企业的工资水平和增长速度。各全民所有制企业的经济效益和劳动者的实际贡献不会整齐划一，因而各自的工资水平及其增长速度也不应千篇一律。企业的工资水平和增长速度，从数量上看，主要取决于企业工资总额和职工人数这两个因素。从理论上讲，贯彻按劳分配原则，企业的工资总额应该与企业净产值挂钩。但是，结合社会主义商品经济的具体情况，我认为企业工资总额应该与企业上缴税利以后的净产值挂钩。正确实行这种挂钩的关键是如何确定平均收入率。平均收入率即是在积累与消费的比例比较适合的正常年景下，物质生产部门的全民所有制企业工资总额与上缴税利后净产值总额之比。《全民所有制企业工资法》中似应明确规定，各企业的工资总额原则上应等于上缴税利以后净产值乘以平均收入率，不得以滥发补贴和实物等形式变相扩大企业工资总额。这样，在企业职工人数不变的情况下，企业工资水平就与上缴税利后的净产值和企业劳动生产率成正比。从而，既可以贯彻多劳多得、少劳少得的按劳分配原则，打破企业之间的"大锅饭"；又能抑制消费基金膨胀，使职工的收入增长与企业劳动生产率增长相适应。有些全民所有制企业经营不善，甚至亏损，应设法通过多种途径确保按照《全民所有制企业工资法》的规定至少发给职工最低工资。连续半年开不出最低工资且又无法获得贷款的企业，国家应允许优势企业对其实行兼并，促进资产存量的重组和产业结构的优化。（4）有权根据《全民所有制企业法》自行确定企业中集体消费基金、工资储备基金、风险基金和补充养老保险基金各自所占的比例。我认为，工资储备基金要逐年积存，在数量上至少要相等于企业职工三年最低工资的总和。它既可以以丰补歉，也能确保在正常条件下职工平均工资逐年有所增加。风险基金主要用于补足企业亏损时不能完成的上缴税利，使企业真正做到自负盈亏。补充养老保险基金是企业通过保险公司建立的退休养老专项基金，其用途在于弥补社会统筹的职工退休基本养老保险基金和个人储蓄的养老保险基金之不足。

所谓"双紧挂钩"，是指职工工资既同企业经济效益又同个人劳动贡献紧密挂钩。这是"上缴税利、自主分配，双紧挂钩型"工资模式的核心。如前所述，国家通过收缴税利，既基本排除了影响企业净产值的级差收入，又相对满足了社会对企业的资金需要，在此基础上根据平均收入率实行企业工资总额与企业上缴税利后净产值挂钩的办法，就破除了企业之间的平均主义，使各企业联合劳动的实际贡献在分配上得到了体现；而企业通过自主分配，多劳多得，少劳少得，则破除了企业内部的平均主义，使每个职工的实际贡献在分配中也得到了体现。这样，就使职工工资同企业经济效益和个人劳动贡献紧密结合起来，即实现了"双紧挂钩"，从而较好地体现了按劳分配原则。在国内有些关于按劳分配的论著中，通常不是强调"双紧挂钩",而是泛泛谈论"两个挂钩",我认为这是不够的。挂钩程度有松紧之分,在社会主义商品经济条件下较好地贯彻按劳分配原则,应该是"双紧挂钩",而不是"双松挂钩"。全民所有制企业工资改革的目标模式,无论从内容还是从形式上,都应充分体现这一特点。否则,就既无法与传统的全民所有制企业工资模式从根本上区分开来,也无法与目前采用的一些过渡性工资模式明显地区分开来。当然,区分"双紧挂钩"和"双松挂钩"也应有进一步的量的规定,这有待于今后继续深入进行研究。必须指出,"上缴税利、自主分配、双紧挂钩型"工资模式只能覆盖绝大多数全民所有制企业。对于少数由国家直接管理的全民所有制公益性企业,其工资分配基本上应由国家统筹安排,但同时应给予企业适当的自主权,以有利于贯彻按劳分配原则。

不仅如此,"上缴税利、自主分配、双紧挂钩型"工资模式还间接体现了效率原则。这不仅表现在它通过收缴税利尽力排除级差收益从而为企业之间的平等竞争创造了条件,也不仅表现在它实行了富有活力的以按劳分配为主体的多元化分配原则,而且还表现在它有利于企业合理使用经济资源并正确处理积累与消费的关系,等等,从而能够促进微观经济效率和宏观经济效率的不断提高。此外,这一新的工资模式既不同于罗马尼亚等国的"利润分享型"工资模式,也不同于保加利亚等国的"参数调节型"工资模式,还不雷同于南斯拉夫的"总收入分配型"工资模式,从而具有鲜明的中国特色。

四、实现全民企业工资改革目标模式的基本条件

全民所有制企业的工资改革,与经济体制其他方面的改革具有内在的有机联系。因此,全民所有制企业的工资改革必须与其他改革综合配套进行。我认为,实现"上缴税利、自主分配、双紧挂钩型"工资模式,相对来说需要具备下述基本条件。

1. 企业拥有充分的工资分配自主权,并且形成互相制约的利益均衡机制

全民所有制企业是相对独立的商品生产者和经营者,必须具有充分的经营管理自主权。这既是增强企业活力的根本前提,也是国家实行间接宏

观控制的微观基础。全民所有制企业经营自主权中无疑应该包括工资分配自主权。否则，企业既不能切实承担自负盈亏的责任，也难以真正贯彻按劳分配原则，灵活地运用工资杠杆来充分调动广大职工的生产积极性。

党的十一届三中全会以来，随着我国经济体制改革的不断深入，全民所有制企业在工资奖金分配方面的自主权逐步扩大。国家对实行奖金同经济效益挂钩的企业，给予了奖金分配的自主权；对试行工资总额同经济效益挂钩的企业，在按规定提取的工资总额范围内，给予了更大的分配自主权；1986年，国家在安排企业增资指标时，又进一步采取了只控制新增工资总额，具体分配由企业自主的办法。此外，国家规定厂长有3%的晋级权。这些措施，为企业搞活内部分配创造了有利条件。企业也根据各自的生产特点，结合落实经济责任制，采取了多种分配形式和方法。但是，国家通过行政管理手段干预企业工资分配的脐带尚未完全割断，企业的工资分配自主权并没有很好落实。

企业拥有经营管理自主权以后，建立和完善互相制约的利益均衡机制就显得尤为重要。在任何社会，经济利益都是经济发展内在的根本动力。在社会主义制度下，国家、企业和劳动者三者利益从根本上说是一致的，但也存在明显的差别。建立和完善企业利益均衡机制的实质，就是要正确处理国家、企业和劳动者三者之间的经济利益关系，既避免重蹈传统经济体制下片面强调国家利益、忽视企业和劳动者利益的覆辙，也防止出现片面追求企业和劳动者利益、无视国家利益的错误倾向。

建立和完善企业的利益均衡机制，首先必须强化市场约束、预算约束和法律约束。要积极开展市场竞争，实行企业破产法制度，使企业根据价格信号和利率信号来确定自己的生产经营规模和投资方向。要硬化财政税收制度和银行信用制度，使企业做到确保上缴，歉收自补，并把税前还贷改为用企业留利还贷。要通过制定有关法律法规，促使企业保证产品质量和服务质量，不许乱涨价和变相涨价，以维护国家和消费者利益；促使企业把大部分留利用于生产发展和技术进步，并使职工平均实际工资奖金的增长幅度与劳动生产率的增长幅度相适应。其次，企业必须进一步健全对职工严格科学的劳动考核制度，切实贯彻按劳分配原则。总之，要采取各种有效途径和措施，使企业正确处理国家、企业和劳动者之间的经济利益关系，逐步实现生产与生活、积累与消费的良性循环。

2. 建立社会主义市场体系，价格关系基本理顺

建立社会主义市场体系，理顺价格关系，这既是我国经济体制改革的一项基本任务，也与全民所有制企业的工资改革密切相关。例如，由于我国目前尚未普遍形成真正的劳动力市场，从而缺乏一种能够促进劳动力合理流动的市场机制，致使许多全民所有制企业需要的人进不来，不需要的人又出不去，不仅造成人浮于事，效率低下，而且还使等量劳动获得等量报酬的原则难以通过市场供求关系的调节得到进一步的实现。再如，由于我国目前的价格体系很不合理，企业经济效益难以得到正确衡量，在此情况下实行工资总额同企业经济效益挂钩的办法，则难以较好地贯彻按劳分配原则。

社会主义的市场体系，不仅包括消费品和生产资料等商品市场，而且也包括资金、劳动力、技术、信息和房地产等生产要素市场。社会主义的市场体系还必须是竞争的和开放的。目前，我国的市场体系仍很不健全和完善：生产资料市场还很狭小；资金市场正在形成过程中，专业银行尚未企业化；劳动力市场发育滞后；竞争不充分，地区封锁和条块分割状况较为严重；社会总需求大于总供给的矛盾仍未缓解；市场机制尚不完善，价格扭曲的状况没有根本改变。显然，我们建立社会主义市场体系的任务还很艰巨。

在建立社会主义市场体系的过程中，我们必须积极稳妥地推进价格改革，理顺商品价格和各种生产要素价格。价格改革要同调整收入政策和实行工资改革相配合，使绝大多数职工的实际生活水平不致在改革中下降，并且随着生产的发展逐步提高。为此，国家除了继续坚持有计划有步骤地改革不合理的价格体系这一基本方针以及采取加强对物价的管理和监督等项措施之外，还应做到：（1）严格控制货币发行，避免货币供应量超经济增长。据测算，如果我国经济每年增长7%～8%，考虑到价格结构性调整的需要，则货币发行增长率以13%～15%为宜。前几年我国货币发行增长率每年都在20%以上，1984年甚至超过40%，这是造成物价大幅上涨的重要原因之一。（2）采取有力措施控制职工平均实际工资的增长速度，使其与劳动生产率的增长速度相适应。（3）要根据物价上涨水平和国家、企业的承受能力，给职工适当发放物价补贴。

3. 健全和完善财政税收制度和经济立法等宏观经济调控机制

建立和完善以间接管理为主的宏观经济调控体系，是我国经济体制改革的另一项基本任务。其中，健全和完善财政税收和经济立法等宏观经济调控机制，与全民所有制企业工资改革的关系尤为密切。几年来，我们虽然打破了国家对全民所有制企业实行统收统支、统负盈亏的传统财政体制，进行了利改税的第一步改革和第二步改革，改善了国家与企业之间的分配关系，但是，我国的财政税收制度还很不健全和完善。为与实现全民所有制企业工资改革的目标模式相配套，我国的财政税收制度还需要进一步改革，特别是要适当降低全民所有制企业所得税税率和实行所得税后分取利润制度。目前，我国对全民所有制大中型企业的所得税采用55%的固定比例税率，对全民所有制小型企业、饮食服务行业采用10% ~55%的八级超额累进税率。对全民所有制企业实行这种较高的所得税税率，固然有利于"国家拿大头"，但也存在着严重的问题。一是全民所有制企业的总体负担过重。据统计，全民所有制企业除缴纳流转税以外，仅缴纳所得税和调节税两项，约占实现利润的63.52%。加之国家又通过收缴能源基金、下达国库券等其他途径对企业留利进行附加分配，使国家和全民所有制企业的分配关系出现新的扭曲。1985年，全民所有制工业企业实缴所得税和调节税占企业实现利润的50.69%，比应缴数下降13%，就是企业不堪重负的一个预告。二是与中外合资或合作经营企业和在我国的外商独资企业所得税相比，全民所有制企业所得税税负过重。我国中外合资或合作经营企业所得税税率为30%，外商独资企业所得税税率为20% ~40%不等。不难看出，我国全民所有制大中型企业的所得税税率偏高，从而在竞争中处于明显的不利地位。三是与许多发展中国家相比，我国全民所有制企业所得税税率较高。例如，巴西的法人所得税税率是30%，菲律宾税率是25% ~35%，印度尼西亚税率是20% ~45%[1]。因此，我认为，适当降低全民所有制企业所得税税率（以税率为33%左右为宜），进一步理顺国家与企业

---

① 中国经济体制改革研究所编：《中国：发展与改革（1984—1985）》，中共党史资料出版社1987年版，第574页。

的经济利益关系，不仅有利于贯彻按劳分配原则，充分调动广大职工的生产积极性，而且也有利于增强企业自我改造和自我发展的能力，从长远来看对增加财政收入和促进国家经济发展更为有利。此外，应该加快步伐，取消奖金税和工资调节税，完善资源税和个人收入调节税，开征社会劳动保险税，实行所得税后分取利润制度，制定并实施《全民所有制企业工资法》等经济法，以健全和完善与全民所有制企业工资改革目标模式相适应的宏观经济调控机制。

4. 建立新型的社会保障制度

社会保障制度是经济发展和社会进步的产物。我国的社会保障制度是以国家为主体，依据法律规定通过国民收入的分配和再分配，对社会成员的生活权利给予保障的一种制度。三十多年来，我国的社会保障制度对于保障人民基本生活，促进社会安定和生产发展发挥了重要的作用。但是，我国现行的社会保障制度远远不能适应社会主义商品经济发展和企业工资改革的需要。就全民所有制企业而言，由于实行商品经济条件下的按劳分配模式，必然会引起国家与企业、企业与职工分配关系的深刻变化。而随着劳动力市场的开放和企业破产法的实施，则更需要有新的社会保障制度与之相配套。

改革现行的全民所有制企业的社会保障制度，主要应采取以下两项措施：（1）变"企业保障"为社会保障。目前，全民所有制企业的社会保障工作尚未社会化，职工的生、老、病、死、残，几乎完全由所在单位统包统管。特别是退休费由原单位开支，造成地区、单位之间负担畸轻畸重。据调查，上海平均3.8名在职职工要负担1名退休职工，而西藏、广西等地则是平均14名在职职工负担1名退休职工；有的企业在职职工和退休职工的比例甚至达到1:1。另外，企业的退休费普遍采取现收现付的方式，并不预留储蓄。今后，随着我国人口逐渐走向老龄化，退休费开支将会大幅度增加，单靠企业则难以负担。我认为，变企业保障为社会保障是大势所趋，社会保障基金应由国家、企业和职工三者合理分担，并应按一定比例预留储蓄，以备将来不时之需。（2）改进并完善退休金和医疗保险制度。我国全民所有制企业现行的职工退休金替代率较高，病假待遇过高，既体现不出劳动与不劳动的差别，不利于调动劳动者的积极性，也与我国现阶段生产力水平较低的状况不相适应。同时，职工医疗管理制度也很不完善，没有严格的开支标准和审核制度，加之社会上不良风气的影响，造成医疗费用和药品的严重浪费。我认为，应适当降低全民所有制企业职工的退休金替代率；职工病假时的工资额不应超过其正常工资额的70%；对职工的医疗开支应在区别情况的基础上规定不同的标准，超支者可考虑适当补助，节支者可规定适当提成。

中国个人收入分配：成就、问题与对策[*]

改革开放以来，特别是 20 世纪 90 年代以来，我国个人收入分配状况发生了巨大而深刻的变化。一方面，传统经济体制下的平均主义分配被逐步破除，广大居民的收入水平和生活状况得到显著改善；另一方面，权力寻租、部分垄断性行业不合理的高收入、利润侵蚀工资、贫富悬殊等问题也愈益突出，引起了广大群众的强烈不满和整个社会的高度关注。切实理顺个人收入分配关系，构建效率与公平相统一的橄榄型个人收入分配新格局，促进社会和谐稳定，是我们在建设社会主义现代化强国进程中长期面临的一项艰巨复杂的重要任务。

一、改革开放以来中国个人收入分配取得的显著成就

改革开放以前，我国长期实行的是"按劳分配"名义下的"大体平均、略有差别"的平均主义色彩浓厚的个人收入分配体制。[①] 在农村集体经济中，个人收入分配采取"评工记分"的形式。评工记分原本要体现按劳分配原则，但实际上逐渐演变为按劳动时间记分、按性别和年龄记分（如有些地方曾实行的"男十女八姑娘七"）和按政治表现记分，从而导致严重的平均主义和"同工不同酬"。在国有企业、国家机关和事业单位，则实行由中央有关部门统一制定的"一竿子插到底"的工资制度。这种工

  ＊ 本文系郭飞和王飞合作，由郭飞撰写，原载《马克思主义研究》2010 年第 3 期，发表时论文题目略有变动。本文引用的我国经济统计数据除特殊注明外，均来自中华人民共和国国家统计局编的相关年份的《中国统计年鉴》。
  ① 国内一种有较大影响的观点认为，1978 年中国居民收入的基尼系数在 0.16 ~ 0.17 之间，且"这样一种平均主义的分配格局在改革前的近 30 年的时间里是相对稳定的"（参见赵人伟、李实等主编：《中国居民收入分配再研究》，中国财政经济出版社 1999 年版，第 130 页）。

资制度的主要弊端是"低"（即工资水平低）、"平"（即工资分配中的平均主义十分严重）、"乱"（即工资标准多乱繁杂）、"死"（即工资管理体制集中过多，统得过死）①，其根本弊端是平均主义。与此同时，在城镇职工中实行广泛的补贴和福利制度。我国传统的个人收入分配体制，严重束缚了社会生产力的发展，影响了人民生活水平的提高，也玷污了社会主义的声誉。

改革开放以来，我国个人收入分配取得了举世瞩目的巨大成就，其主要表现在三个方面。

（一）与社会主义初级阶段公有制为主体、多种所有制经济共同发展的基本经济制度相适应，初步建立起按劳分配为主体、多种分配方式并存的个人收入分配制度

党的十一届三中全会前后，我们党拨乱反正，重申坚持按劳分配的社会主义原则，反对平均主义。中共十三大报告提出："社会主义初级阶段的分配方式不可能是单一的。我们必须坚持的原则是，以按劳分配为主体，其他分配方式为补充。"② 中共十五大报告进一步提出："把按劳分配与按生产要素分配结合起来""允许和鼓励资本、技术等生产要素参与收益分配"。③ 中共十六大报告明确提出："确立劳动、资本、技术和管理等生产要素按贡献参与分配的原则，完善按劳分配为主体、多种分配方式并存的分配制度。"④ 目前，我国受法律保护的个人收入分配方式大体可以概括为按劳分配、按生产要素分配、个体经济所得（或自劳自得）和福利收入四种。而按生产要素分配则是一种综合性的个人收入分配方式，它既包括资本主义分配方式（即对资本家的按资分配和对雇佣工人的按劳动力价值分

---

① 徐颂陶、刘嘉林、何宪等著：《中国工资制度改革》，中国财政经济出版社1989年版，第31~36页。

② 中共中央文献研究室编：《十三大以来重要文献选编》（上），人民出版社1991年版，第32页。

③ 中共中央文献研究室编：《十五大以来重要文献选编》（上），人民出版社2000年版，第24页。

④ 中共中央文献研究室编：《十六大以来重要文献选编》（上），中央文献出版社2005年版，第21页。

配），也包括按资金（或按资产）分配方式（即广大劳动者凭借股权、存款、债券等资产获得股息、红利、利息等），还包括由管理要素引致的机会收入和风险收入，以及由租赁房屋、转让技术或提供信息而获得的房租、技术收入和信息收入等。除福利收入外，从单一的按劳分配到按劳分配为主体多种分配方式并存，再到确立生产要素按贡献参与分配原则基础上的按劳分配为主体的多种分配方式，这是对马克思主义经典作家关于社会主义社会分配理论的重大发展。在个人收入分配制度所体现的效率与公平的相互关系上，党领导广大人民在实践中不断探索，在认识上逐步深化，并针对不同时期的问题和任务提出不同的要求。中共十三大报告提出："我们的分配政策，既要有利于善于经营的企业和诚实劳动的个人先富起来，合理拉开收入差距，又要防止贫富悬殊，坚持共同富裕的方向，在促进效率提高的前提下体现社会公平。"① 中共十四大报告明确提出："兼顾效率与公平"。② 党的十四届三中全会通过的《中共中央关于建立社会主义市场经济体制若干问题的决定》中提出："效率优先、兼顾公平"。③ 中共十六大报告提出："初次分配注重效率，发挥市场的作用，鼓励一部分人通过诚实劳动、合法经营先富起来。再分配注重公平，加强政府对收入分配的调节职能，调节差距过大的收入。"④ 中共十七大报告没有沿袭"效率优先、兼顾公平"的提法，明确提出："初次分配和再分配都要处理好效率和公平的关系，再分配更加注重公平"。⑤ 这实际上是回归到兼顾效率与公平的提法，同时更为全面准确地揭示了效率与公平在国民收入初次分配和再分配中的地位与作用。

---

① 中共中央文献研究室编：《十三大以来重要文献选编》（上），人民出版社 1991 年版，第 32 页。

② 中共中央文献研究室编：《十四大以来重要文献选编》（上），人民出版社 1996 年版，第 19 页。

③ 中共中央文献研究室编：《十四大以来重要文献选编》（上），人民出版社 1996 年版，第 520 页。

④ 中共中央文献研究室编：《十六大以来重要文献选编》（上），中央文献出版社 2005 年版，第 21 页。

⑤ 中共中央文献研究室编：《十七大以来重要文献选编》（上），中央文献出版社 2009 年版，第 30 页。

（二）与社会主义市场经济的改革方向相适应，初步建立起微观自主与宏观调控相结合的个人收入分配新体制

在我国农村集体经济中，普遍实行了以家庭联产承包为主的统分结合的双层经营体制，实行联系产量计算报酬的分配制度。在我国国有（含国有控股）企业和城镇、乡镇集体（含集体控股）企业中，企业拥有工资分配的自主权，职工收入主要与企业经济效益和个人劳动贡献挂钩（即实行"工效挂钩"），工资分配中的平均主义已荡然无存。国家机关、事业单位的工资制度经过1985年、1993年和2006年等几次重大改革，已较为健全和完善。目前，我国国家机关公务员实行统一的职务与级别相结合的工资制度，国有事业单位工作人员实行岗位绩效工资制度，较好地贯彻了按劳分配原则。在我国非公有制经济中，也实行了相应的个人收入分配体制。这些改革实践，是对社会主义社会个人收入分配体制的重大创新，具有巨大的现实意义和深远的历史意义。

与此同时，我国从实际出发，借鉴和吸收成熟市场经济国家的有益经验和做法，初步建立起个人收入分配的宏观调控机制。我国相继出台了一系列重要的法律法规，实行个人所得税制度、最低工资制度、对股票交易征收印花税制度、城镇职工住房公积金制度、城镇职工基本养老、医疗和失业保险制度，城乡居民最低生活保障制度，新型农村合作医疗制度，并开展新型农村社会养老保险试点。此外，我国还全面取消农业税，实行对农业的财政直接补贴，免除农村义务教育学杂费，对部分地区和行业实行工资指导线制度，以及实行年收入12万元以上居民纳税申报等制度。

（三）在劳动生产率大幅提高和社会生产力迅速发展的基础上，广大居民的收入状况得到显著改善

我国个人收入分配体制的深刻变革，极大地调动了广大劳动者和投资者的积极性，不仅为劳动生产率的巨大提高和社会生产力的快速发展奠定了重要基础，也促进了广大居民收入水平的不断提高。1978～2008年，全国城镇居民人均可支配收入从343元增至15781元；农民人均纯收入从134元增至4761元；农村贫困人口从2.5亿减少到4007万（2008年按农村贫困标准 1196 元测算）；城镇人均住宅建筑面积和农村人均住房面积大体上都翻了两番。现在，许多老百姓的"三大件"早已不是改革开放前的自行车、缝纫机和手表，也不是改革开放初期的彩电、冰箱和洗衣机，而是自有住房、汽车和电脑。胡锦涛总书记指出：改革开放以来的 30 年，"是我国城乡居民收入增长最快、得到实惠最多的时期"。① 我国广大居民的收入水平和生活状况，已经实现了从贫困向温饱再向总体小康的历史性跨越。

二、中国当前个人收入分配存在的主要问题

在我国个人收入分配体制实现巨大变革的过程中，既由于其他社会主义国家尚无改革的成功先例可供借鉴而备尝艰辛，也由于其深刻触动人们的物质利益而充满了不同阶级、不同阶层、不同群体之间的反复较量和激烈博弈。笔者认为，我国当前个人收入分配主要存在六大问题。

（一）权力寻租较为猖獗，黑色收入屡打不绝

寻租的经济学本义是指为维护既得经济利益，设法取得或维持垄断经济利益，或是对既得经济利益进行再分配的非生产性活动。② 权力寻租在此是指握有行政、经济等权力的官员或工作人员通过非法或不正当途径获取经济利益的行为。近些年来，尽管我国不断出台新的法律法规进行治理，但权力寻租行为却有增无减，愈演愈烈，且呈现出如下特点：

1. 权力寻租者的范围越来越广。"部门权力利益化，部门利益个人化，个人利益商品（货币）化"，已成为权力寻租者的"潜规则"。权力寻租者不仅包括某些握有行政、经济权力的政府官员和企事业单位负责人，甚至连某些握有非行政、经济权力的记者、编辑、教师和医生等也深陷其中。后者利用其特殊权力向需求方公开或变相索要"版面费""赞助费""红

---

① 胡锦涛：《在纪念党的十一届三中全会召开 30 周年大会上的讲话》，载于《光明日报》2008 年 12 月 19 日。

② 邹薇：《寻租与腐败：理论分析与对策》，载于《武汉大学学报（哲学社会科学版）》2007 年第 2 期。

包"等黑色收入。

2. 权力寻租者中官员的行政级别越来越高。2003～2007 年，我国司法机关就查处因权力寻租涉嫌犯罪的省部级以上干部 35 人。原中共中央政治局委员、上海市委书记陈良宇是新中国成立以来因滥用职权、收受贿赂而被查处的最高级别的官员之一。他违规挪用社保基金 10 亿元，违规擅自决定某国有企业低价转让股权（给企业造成直接经济损失 3.2 亿元），违规为其弟陈良军征用土地（给国家造成直接经济损失 3441 万元，间接经济损失 1.18 亿元），他本人则从中索取或受贿 239 万元。某些执法部门的高官竟知法犯法，顶风作案，大搞权力寻租。最近曝光的最高人民法院原副院长黄松有和浙江省原纪委书记王华元利用职务之便收受巨额钱款为他人谋取利益，即是典型的例证。

3. 权力寻租的租金规模越来越大。北京市交通局原副局长兼首都公路发展有限公司原党委书记、董事长毕玉玺，从 1994～2003 年收受巨额贿赂 6000 万元（从其家中搜出现金就高达 1000 万元）。中国石油化工集团原总经理、中国石油化工股份有限公司原董事长陈同海，从 1999～2007年 6 月，利用职务之便在企业经营、转让土地、承揽工程等方面为他人谋取利益，收受贿赂折合人民币 1.9573 亿元。在我国国有或集体企业改制的过程中，不少企业负责人内外勾结，大肆侵吞公有资产，导致了公有资产大量流失。

4. 权力寻租的方式越来越隐蔽。其重要方式之一是间接寻租，主要表现形式有三：一是权力寻租者作为甲方满足或实现了乙方提出的某种要求，乙方则通过丙方对甲方给予某种方式的"回报"；二是寻租者并非掌权者本人，而是掌权者的亲属或其身边工作人员，后者利用与掌权人的特殊关系获得了大量"租金"，有些人甚至变成了"超级富豪"；三是权力寻租者获得的非法收入由于规避查处等原因，大多落到了其亲属的名下。

权力寻租者攫取的非法收入，是我国当今社会中黑色收入的主体。此外，我国还有"黄"（经营色情行业）、"蓝"（海上走私）、"白"（贩卖毒品）、"黑"（组织生产假冒伪劣商品与制造、贩卖假币、开设赌场及偷骗税）等几种人，通过种种非法途径攫取了大量的黑色收入。

（二）部分垄断性行业不合理的高收入问题相当突出

本文在此所指的部分垄断性行业，是指我国广播电视、烟草、军工等某些带有浓厚行政垄断色彩的高收入行业和金融、水电、电信、石油、石化等某些兼具自然垄断与行政垄断性质的高收入行业。这些垄断性行业的高收入在较大程度上不是取决于其自身的贡献或绩效，而是取决于其对资源、市场的垄断与国家的政策保护。这些垄断性行业不合理的高收入，既是导致我国行业之间收入差距不断扩大的主要因素，也是我国当前收入分配不公的重要方面。其主要表现有二：

第一，行业平均收入明显偏高。2008 年，我国证券、银行和保险业职工年平均工资分别为 172123 元、62254 元和 41190 元，是当年全国各行业职工年平均工资 29229 元的 5.89 倍、2.13 倍和 1.41 倍。有学者根据调查数据撰文指出，2005 年，我国电力、电信、石油、金融、烟草等垄断性行业的职工约为 833 万人，不到全国职工总数的 8%，但其行业工资和工资外收入总额则估算为 1.07 万亿元，相当于当年全国职工工资总额的 55%。[1] 与此同时，部分垄断性行业企业之间及企业内部的收入差距也在明显扩大。在银行业，收入高的单位职工年均工资超过 100 万元，收入低的单位职工年均工资则在 4 万元以下。在石油行业，个别企业最高收入者与最低收入者的收入差距接近 100 倍。[2]

第二，行业内企业高管收入畸高。部分垄断性行业中的大中型企业大多是国有（或国有控股）企业。有些国企高管滥用工资分配自主权，利用国家有关法规与企业约束机制不健全等空隙，自定高额薪酬，与企业职工的收入差距越拉越大。2008 年，中国银行信贷风险总监詹伟坚的薪酬为 1181.1 万元。而作为非国企的中国平安保险公司董事长兼 CEO 马明哲，在 2007 年则领取了总计为 6621.1 万元的薪酬（含税前工资 489.1 万元和奖金 6132 万元），创下当年金融企业高管薪酬之最。必须指出，企业高管薪酬，通常只是其实际收入的一部分；企业高管掌控的金额较大的职务消

---

① 王小鲁：《灰色收入与居民收入差距》，载于《中国税务》2007 年第 10 期。

② 麻健：《采取新措施调控垄断行业工资收入》，载于《中国人力资源开发》2007 年第 11 期。

费，通常也有相当数量通过各种形式转化为其实际收入。

（三）利润侵蚀工资，劳动报酬在国民收入初次分配中占比过低

改革开放以后，我国企业改革中一度出现过工资侵蚀利润（即国民收入分配过分向职工倾斜）的问题。20 世纪 90 年代中期以来，我国企业中利润侵蚀工资的问题逐渐凸显，近些年来更有愈益严重之势。利润侵蚀工资主要有两种表现：

1. 压低职工（特别是农民工）工资，克扣和拖欠工资。压低职工工资在非国有企业特别是在非公有企业中较为常见，而把工资压得最低的乃是农民工工资。农民工工资普遍偏低的主要表现是：（1）工资标准较低。据调查，2004 年我国西部地区一些企业农民工的月均工资仅为 500 元左右。（2）同工不同酬的现象比较普遍。在不少单位中，农民工在同样岗位上工作，其工资仅为城镇职工工资的一半。（3）工资增长缓慢。20 世纪 90 年代以来，珠三角生产总值年均增速超过 20%，但当地农民工月工资在 12 年中仅增长 68 元。[1] 如果扣除物价上涨因素，实际工资很可能是负增长。（4）不少企业不给农民工缴纳"三险一金"（即基本养老、医疗、失业保险金和住房公积金）。（5）农民工劳动时间普遍明显超过《劳动法》的相关规定，并且得不到相应补偿。有关调查显示，不少地方农民工每天工作 11 个小时左右，每月工作 26 天以上。珠三角农民工每天工作 12 ~ 14 小时的占 46%，没有休息日的占 47%。而在应拿加班费的农民工中，从未拿过的占 54%，有时拿过的占 20%，76% 的人在节假日加班从未享受过国家规定的加班工资。此外，某些企业拖欠与克扣农民工工资的情况也比较严重。2004 年，北京建筑行业有 70 万农民工，被拖欠的工资总额竟高达 30 亿元，人均被拖欠工资 4000 余元。[2] 有些黑心企业主甚至将农民工工资据为己有携款潜逃，导致农民工爆发群体性事件。

2. 最低工资标准偏低。最低工资制度是国家为保障劳动者的基本生活和合法权益对劳动力市场的必要干预。我国实行最低工资制度已有十几年

---

[1] 国务院研究室课题组：《中国农民工调研报告》，中国言实出版社 2006 年版，第 204 页。

[2] 国务院研究室课题组：《中国农民工调研报告》，中国言实出版社 2006 年版，第 213 ~ 214 页。

的历史，各地的最低工资标准也经过多次调整，但目前存在的最大问题仍是标准偏低。首先，我国制定的最低工资标准没有涵盖"三险一金"。其次，我国最低工资标准与社会平均工资的比例明显低于世界平均水平。世界上大部分实行最低工资制度的国家，其最低工资标准与社会平均工资的比例一般在40%～60%。[1] 2008年，我国的最低工资标准则仅占社会平均工资的26.35%。[2] 再次，最低工资标准在实践中往往成为不少企业特别是某些私营企业对一般员工工资的执行标准，防止利润侵蚀工资的工具被扭曲利用为利润侵蚀工资的工具。此外，有些私营企业以实行计件工资为由拒绝执行最低工资标准，将职工工资水平压低到最低工资标准之下。

利润侵蚀工资的直接后果就是劳动报酬在国民收入初次分配中的占比偏低。2000～2007年，我国劳动者报酬在国民收入初次分配中的比重从51.4%降至39.7%。[3] 在市场经济成熟的国家，劳动报酬总额占国内生产总值的比重是比较高的（美国占70%左右，其他国家占54%～65%）。[4]1990～2007年，我国职工工资总额在国内生产总值中的比重也从15.32%降至10.78%。[5] 从全局和长远来看，劳动报酬在国民收入初次分配中占比过低对我国经济与社会发展极为不利。一是它表明劳动者的经济地位相对下降，从而弱化了按劳分配方式的主体地位，这与我国社会主义制度的基本性质是相悖的；二是它必然引起居民消费占GDP比重的下降，从而导致消费与投资的比例失调，不利于扩大国内消费需求和优化产业结构；三是它不利于国民经济持续平稳较快发展与构建社会主义和谐社会。

（四）城镇住房制度改革中低价出售公有住房助推城镇居民财产和收入分配差距急剧扩大

发轫于20世纪80年代的我国城镇住房制度改革目前仍在继续。我国

---

[1] 白暴力主编：《让城乡居民收入稳步增长》，人民出版社2008年版，第58页。

[2] 根据中华人民共和国国家统计局编：《中国统计年鉴（2009）》和人社部提供的相关数据计算。

[3] 俞肖云、肖炎舜：《我国收入分配的现状、问题、成因与对策》，载于《经济学动态》2009年第8期。

[4] 白暴力主编：《让城乡居民收入稳步增长》，人民出版社2008年版，第48页。

[5] 于桂兰、宋冬林：《我国劳动力价值实现程度与劳动争议关系的实证研究》，载于《马克思主义研究》2009年第6期。

城镇住房制度改革使城镇大部分居民拥有了自有房产，由商品房、经济适用房、限价房、公共租赁房、廉租房等构成的新的城镇住房体系初步建立，住宅业进而建筑业成为国民经济发展的重要引擎和支柱产业。但是，由于经验不足和缺乏周密设计，我国城镇住房制度改革在一段时期内较为混乱。笔者在此重点探讨我国城镇住房制度改革中的主要弊端——低价出售公有住房对我国收入分配差距产生的不利影响。

1. 出售公有住房的受惠面较窄。我国城镇住房制度改革实行租售并举，其中包括向职工出售公有住房。按照政策规定，可出售的公有住房主要包括已有的绝大部分公有住房和单位出资购买的经济适用房与商品房。然而进一步考察，具备出售公有住房条件的一般仅包括国家党政机关、绝大多数国有事业单位和经济效益好或过去建有公有住房的部分国有企业。经济效益差或过去没有自建公有住房的国有企业、一般的集体所有制企业基本上不具备向职工出售公有住房的条件，非公有制企业的职工以及进城打工的农民工就更没份了。城镇不少企业不仅无公有住房可供出售，甚至连偿还职工住房历史欠账的住房补贴都不发放。

2. 公有住房售价严重偏低。向职工出售的公有住房是可以上市交易的商品，应遵循市场经济中的价格形成机制。然而，各单位对已有公有住房的出售，普遍忽略了地理位置优劣这一房价形成的重要因素，基本忽略了住宅质量高低这一房价形成的另一重要因素；对已购经济适用房和商品房的出售，也是本着"就低不就高"的潜规则，寻找政策空隙或擅作决定低价售房。有学者通过专门调研得出的具体数据是：1995 年，我国 11 个省、市的商品房售价与公有住房售价之比，在北京为 7.99∶1，在湖北竟高达 22.2∶1，样本城市的平均比例是 7.69∶1。[①] 尽管商品房与向职工出售的公有住房并不完全等同，但由此形成的巨大价差所导致的巨额国有资产向私人房产的转化可见一斑。

3. 违规提高购房面积标准，重复购房、骗购房等混乱现象屡见不鲜。向职工出售公有住房，一般都是由主管部门按照职务或级别规定单位职工

---

① 赵人伟、李实、李思勤主编：《中国居民收入分配再研究》，中国财政经济出版社 1999 年版，第 542 页。

的购房面积标准。有些部门和单位在具体操作中较为规范，如党中央和国务院在京单位对职工购房面积有统一标准（如科级以下60平方米，正副科级70平方米，副处级80平方米，正处级90平方米，副司级105平方米，正司级120平方米等），在京事业单位也大体参照并执行了这一标准。但是，有些部门和单位在操作中并不规范，擅自大幅超标规定职工特别是领导干部的购房面积标准。此外，重复购房（即夫妻各按其职务或级别共购买两套或两套以上公有住房）、骗购房（即假离婚，分两套房，随后再复婚；或形式上未复婚，但保持实际的婚姻关系），以及"1 + 1 = 2购房"（即未登记结婚的单身男女各购1套公有住房，结婚后变成了一户两套房）等现象并非罕见。在较低或极低的售房价位下，多购1平方米的公有住房，就等于获利几百元甚至上万元；多购1套公有住房，就等于获利几万元甚至数百万元。不少单位出售公有住房实际上变成了按权力购房、按效益购房和按骗术购房。在城镇居民中，一户购得多套公有住房与几户中只有一户购得1套公有住房的扭曲现象并存。

我国城镇住房制度改革中向职工出售公有住房，使部分职工以较少价值量的金融资产转化为较大价值量的房产，既迅速提升了房产在其财产中的比重，也显著扩大了城镇居民的房产差距。根据中国社会科学院经济研究所的调查数据，1995～2002年，我国城镇居民人均财产总额从12385元增至46134元，实际增长率为236.8%，年均增长率为18.9%；人均房产从5412元增至29734元，实际增长率为396.3%，年均增长率为25.7%；人均房产在人均财产总额中所占的比重从43.7%增至64.39%。[1] 2002年，我国城镇居民人均财产最多的20%的人口拥有52.36%的房产，人均财产最少的20%的人口仅拥有1.52%的房产，两者的比例为34.45:1。[2] 在当今中国，房产已成为城镇居民财产构成中的最主要部分，城镇房产特别是大中城市房产的增值速度惊人。房产与个人收入是存量与流量的关系。房

---

[1] 李实、史泰丽等主编：《中国居民收入分配研究Ⅲ》，北京师范大学出版社2008年版，第270页。当然，同期城市居民人均房产增量中有一部分是由城市居民直接购买商品房或经济适用房引起的。

[2] 李实、史泰丽等主编：《中国居民收入分配研究Ⅲ》，北京师范大学出版社2008年版，第265页。

产可以转化为个人收入，个人收入也可以转化为房产。显而易见，向部分城镇职工低价出售公有住房，不仅导致了国有资产的惊人流失，也显著扩大了城镇居民内部与城乡居民之间的财产差距与收入差距。

（五）国家机关、事业单位新工资制度和退休人员养老金待遇存在某些明显缺陷

其一，就事业单位基本工资中的岗位工资而言，我国相关文件规定，只有中国科学院、中国工程院两院院士才能进入专业技术人员一级岗位。这意味着除了像于光远、李京文等极个别在"文化大革命"前获得中科院哲学社会科学学部委员或在"文化大革命"后获得中国工程院院士头衔的专家之外，其他所有高校和科研机构的文科专业（管理学除外）中的非常优秀的专家学者，统统不能进入一级教授（或研究员）岗位。[①] 这无疑是一个重大缺陷。这决不仅是 900 元工资差距的小问题，而是如何看待文科乃至整个社会科学的地位与作用、如何体现社会科学与自然科学同等重要的治国理念以及如何贯彻人才强国战略的大问题。2006 年，中国社会科学院参照两院院士的规格评出了学部委员和荣誉学部委员，本应享受与两院院士包括专业技术一级岗位工资等相同的待遇，但至今尚未落实。

其二，就事业单位的非基本工资——绩效工资和津贴、补贴而言，主要存在三个问题。一是绩效工资的依据——绩效难以准确量化。如高校教师公开发表 1 篇科研论文，究竟应以什么标准作为量化打分计酬的依据？具体说来，是以论文发表期刊的他刊影响因子和被引次数为标准，还是以论文发表的期刊级别为标准，或是以论文的质量为标准，抑或是以论文的学科与社会效益为标准，再抑或是以上述几种标准按一定的权重测算加总后的分数来衡量？如果对科研论文的质与量的关系处理不好，不仅会导致绩效工资失去正面的激励作用，还会催生大量的学术垃圾和学术腐败。二是绩效工资的主要（或重要）源头——我国事业单位的创收项目和创收渠道尚欠规范。在利益驱动下，有的高校在师生比严重失调的情况下继续扩

[①] 2009 年上半年，教育部、人社部已在中国人民大学文科专业进行了评聘一级岗位教授的试点，但此举尚未在其他高校和科研单位推行。

招，有的博导一年竟带了几十名博士生，质量滑坡，学位贬值，令人担忧；更有些公立医院将医生收入与医院收费挂钩，多开药，开贵药，小病大查，大病贵查，令患者叫苦不迭。三是我国不同事业单位（转企改制的事业单位除外）的津贴、补贴名目繁多，差距越来越大。例如，同在北京的事业单位，有些高校因创收能力强或隶属北京市人民政府管辖，其单位的教授每月得到的物价补贴为 1500 元左右，显著高于中国社会科学院研究员每月得到的物价补贴。

此外，国家机关与事业单位之间、事业单位与企业之间的退休金差别较大。一方面，国家公务员和事业单位职工之间的退休金差别相当明显。根据南京大学提供的数据（见表 1），2006 年工资制度改革以后，作为事业单位的南京大学与作为国家机关的江苏省政府相比，同级别（或职务）人员的年退休金相差几千元至几万元不等。在此应该指出：（1）表 1 中的南京大学职工的退休金中，还包括了相当一部分自筹资金（该校目前大约有 2500 名退休教师，每年自筹资金达 7000 多万元）。（2）按照国家规定的工资标准，教授的工资一般与司局级公务员的工资相对应（其中一级岗位教授的工资与正部级公务员的工资相对应，二级岗位教授的工资略低于副部级公务员的工资），副教授的工资则与正处级公务员的工资相对应。因此，表 1 中将教授、副教授的退休金分别与副处级、正科级公务员的退休金相比，并不妥当；若按国家规定的工资标准同级别相比，则两者之间退休金的差距会更大。

表 1　　　　　南京大学与江苏省政府同级别退休人员退休金比较

南京大学退休教职工	每月退休金金额（元）	退休级别	每月退休金金额（元）	二者年退休金收入差（元）
党委书记	4653	副省级	6970	27804
副校长	4180	副厅级	5568	16656
正处级职员	3255	正处级	5032	21324
教授	4346	副处级	4565	2628
副教授	3985	正科级	4225	2880

资料来源：王红茹：《事业单位退休金之争》，载于《中国经济周刊》2009 年第 19 期。

另一方面，事业单位职工退休金又明显高于国有企业职工退休金。我国企业和国家机关、事业单位实行不同的养老保险制度。由于退休前工资基数不同，实行的养老保险制度不同，相同级别（或职务）人员的退休金，国家机关和事业单位又明显高于企业。仅就事业单位和国有企业相比，相同级别（或职务）人员的退休金，前者为后者的 1.5 倍左右。

（六）个人收入差距持续显著扩大，全国的基尼系数逼近（或进入）危险区，部分社会成员贫富悬殊

改革开放以来，特别是 20 世纪 90 年代以来，我国个人收入差距总体上呈现显著扩大的态势。一是不同所有制单位职工工资差距明显扩大。1978 年，国有单位职工平均工资为 644 元，城镇集体单位职工平均工资为 506 元，两者的比例为 1.27∶1；2008 年，国有单位和城镇集体单位职工的平均工资分别为 30287 元和 18103 元，两者的比例扩大到 1.67∶1。二是不同行业职工工资差距显著扩大。1978 年，我国工资最高的行业为地质普查和勘探业，职工平均工资为 809 元；工资最低的行业为农、林、牧、渔、水利业，职工平均工资为 486 元，两者的比例为 1.66∶1。2008 年，我国工资最高的行业为金融业，职工平均工资为 61841 元；工资最低的行业为农、林、牧、渔业，职工平均工资为 12958 元，两者的比例扩大到 4.77∶1。三是不同地区个人收入差距持续扩大。其主要表现为各地区城镇居民人均收入差距、各地区农村居民人均纯收入差距和城乡居民收入差距均有明显扩大趋势。就城乡居民收入差距而言，1978 年，城镇居民人均可支配收入为 343.4 元，农村居民人均纯收入为 133.6 元，两者的比例为 2.57∶1；2009 年，城镇居民人均可支配收入为 17175 元，农村居民人均纯收入为 5153 元，两者的比例扩大为 3.33∶1。四是不同群体个人收入差距急剧扩大。从微观来看，非公有制经济中私营企业和"三资企业"中的雇主和雇工的收入差距悬殊，某些公有制企业中的高管人员薪酬与普通职工工资也相差几十倍甚至上百倍。从宏观来看，畸高收入群体与贫困群体的收入差距非常悬殊。目前，我国的千万富翁已有一定数量，亿元、十亿元乃至百亿元的富翁亦不罕见（根据《2009 福布斯中国富豪榜》公布的数据，位居榜首的大陆富豪王传福的个人资产总值高达 396 亿元）。2009 年末，我

国有 2347.7 万人城市居民得到政府最低生活保障，有 4759.3 万人农村居民得到政府最低生活保障，总计有 7107 万人生活在贫困线之下，约占全国总人口的 5.3%。必须指出，即使是笔者引用的来自国家统计局编的《中国统计年鉴》的具体数据，往往也带有较大程度的非真实性或局限性。一方面，由于国家统计局掌握居民收入状况的重要方式——居民家庭收支调查所选用的样本太少，尚不足以作为测量全国居民收入状况的基础依据；另一方面，对个人收入的调查和统计牵动着人们的利益神经，实际收入越低的透明度越高，实际收入越高的透明度越低，而形形色色的隐性收入特别是黑色收入则是统计部门无法调查清楚的。因此，笔者认为，要深入考察我国个人收入差距的实际状况，仅仅根据国家统计局公布的相关数据是远远不够的，必须进一步考察统计外收入，即考察统计外的货币收入（含"白""灰""黑"色货币收入）、实物收入（含显性实物收入和隐性实物收入）与福利收入。[①]

国际上通常采用基尼系数作为衡量个人收入分配差距是否适当的基本指标。尽管基尼系数反映的是个人收入分布的"均匀"或差异程度，而不是个人收入分配的"公平"或公正程度[②]；但是，国际上一般认为，基尼系数 0.3 ~ 0.4 为比较适当，0.4 ~ 0.5 为差距较大（即警戒线），0.5 以上为差距悬殊（即危险区）。

采用基尼系数来衡量我国个人收入差距，国内外学者普遍认为我国十余年来基尼系数不断攀升，明显偏高。岳希明、史泰丽、李实等根据中国社会科学院经济研究所 1995 年和 2002 年的住户调查数据，计算出我国当年的基尼系数分别为 0.458 和 0.461[③]；俞肖云、肖炎舜根据国家统计局提供的数据，计算出我国的基尼系数 1995 年为 0.39，2000 年为 0.402，2005 年为 0.447，2008 年为 0.466。[④] 陈宗胜、周云波根据南开大学经济

① 郭飞：《我国当前个人收入差距实证考察》，载于《经济学动态》1998 年第 5 期。
② 顾海兵：《基尼系数批判》，载于《经济理论与经济管理》2002 年第 3 期。
③ 李实、史泰丽等主编：《中国居民收入分配研究Ⅲ》，北京师范大学出版社 2008 年版，第 85 页。
④ 俞肖云、肖炎舜：《我国收入分配的现状、问题、成因与对策》，载于《经济学动态》2009 年第 8 期。

研究所的调查和估算，提出如果包括非法和非正常收入，1994年和1995年我国的基尼系数已分别达到0.511和0.517。[①] 这些数据在我国学术界具有相当的代表性和权威性。经济学家赵人伟指出：对于全国的基尼系数，概括起来可以分为以下三种不同的估计，即低估为0.4左右，中估为0.45左右，高估为0.5左右。如果撇开计算方法的差异，三种不同估计的差别是：第一种估计主要考虑货币收入，而较少考虑实物收入特别是补贴收入；第二种估计则是较多地考虑了货币收入和实物收入；第三种估计则不仅考虑了货币收入和实物收入，也考虑了非法收入和非正常收入。[②] 笔者认为，尽管近年来我国在建立农村居民低保制度、提高低收入者工资和健全社会公共福利等方面采取了一些新举措，使我国最低收入群体的收入水平有所提高，但我国最高收入群体的收入则主要由于财产性收入和经营性收入的双重叠加而增速更快。因此，赵人伟的上述概括仍较符合我国当前个人收入分配差距的实际状况。换言之，我国当前的基尼系数，若不考虑非法非正常收入，则是逼近了危险区（0.5）；若考虑非法非正常收入，则已经进入了危险区。

在此，笔者有必要强调四点。第一，我国在经济体制转轨过程中个人收入差距持续显著扩大，既有合法和合理的因素在发生作用，也有非法和不合理的因素在发生作用，并不能一概否定，否则就可能导致退回到平均主义分配的传统经济体制。第二，我国自20世纪90年代以来个人收入差距扩大的速度特别是部分社会成员之间贫富悬殊的程度是超乎寻常的。其所以超乎寻常，主要源于权钱交易、侵吞公有资产、非法经营、偷漏骗税等违法行为和经济体制转轨中的缝隙、漏洞与摩擦。第三，我国当前个人收入分配差距过大，在世界上已高居前列。根据世界银行《2005年世界发展报告》提供的数据，我国的基尼系数2001年为0.447，在其所列的134个国家或地区的基尼系数中高居第35位。我国的基尼系数不仅高于所有发达资本主义国家的基尼系数（例如，美国2000年为0.408，英国1999年

---

① 陈宗胜、周云波：《非法非正常收入对居民收入差别的影响及其经济学解释》，载于《经济研究》2001年第4期。

② 赵人伟：《对我国收入分配改革的若干思考》，载于《经济学动态》2002年第9期。

为 0. 360，日本 1993 年为 0. 249，德国 2000 年为 0. 283，法国 1995 年为 0. 327），也高于印度（1999～2000 年为 0. 325）、越南（1998 年为 0. 361）等发展中国家的基尼系数。[①] 第四，我国正处于社会主义初级阶段，力争在 21 世纪中叶建设成为富强、民主、文明、和谐的社会主义现代化强国。如果不从根本上理顺个人收入分配关系，扭转或遏制个人收入差距显著扩大的势头，则必然会对我国经济与社会的全面、协调和可持续发展与第三步宏伟战略目标的实现构成巨大威胁。

三、改善中国个人收入分配的基本对策

正确处理效率与公平的相互关系，保困、提低、扩中、调高、打非，显著提高劳动报酬在国民收入初次分配中的比重和居民收入在国民收入中的比重，努力构建"两头小、中间大"的收入分配新格局，切实维护社会和谐稳定，是我们长期面临的一项艰巨复杂的系统工程。笔者认为，我国应主要采取四项基本对策。

（一）以科学发展观为指导，又好又快地发展中国经济

发展是硬道理。把中国经济的蛋糕做好做大，是我国在初次分配中不断增加居民收入和在再分配中逐步缩小居民收入差距的物质基础。为此，一要加快转变经济发展方式，推动产业结构优化升级。要促进经济发展实现"三个转变"，即由主要依靠投资、出口拉动向依靠消费、投资、出口协调拉动转变，由主要依靠第二产业带动向依靠第一二三产业协同带动转变，由主要依靠增加物质资源消耗向主要依靠科技进步、劳动者素质提高和管理创新转变。二要大力加强自主创新，逐步提升我国经济在国际分工价值链中的地位。国际经济竞争通常区分为三个层次：第一层次为商品（或服务）质量与价格的竞争；第二层次为专利技术的竞争；第三层次为国际通行的技术标准的竞争。改革开放以来，我国经济虽然发展迅猛，但

---

① 世界银行：《2005 年世界发展报告》，清华大学出版社 2005 年版，第 258～259 页。2006～2009 年，世界银行各年发表的世界发展报告中均未发布世界不同国家基尼系数的新数据。

在国际经济竞争的层次格局中仍处于相当不利的境地。在第三层次的经济竞争中，我国企业基本上是无法涉足。在第二层次的竞争中，我国企业基本上是贴牌生产。我国纺织服装出口占世界纺织服装贸易总额的24%，但自主品牌不足1%，且没有一个世界名牌。我国彩电、手机、台式计算机等产品的产量虽居世界第一，但关键芯片依赖进口。我国企业不得不将每部手机售价的20%、计算机售价的30%、数控机床售价的20%~40%支付给国外专利持有者。[①] 在第一层次的竞争中，我国主要凭借劳动力成本低的比较优势，并且付出了高能耗、高物耗、高污染的巨大代价。可见，我国经济在国际分工价值链中基本处于低端的位置。为从根本上改变这种局面，我们必须大力实施自主创新战略，走中国特色自主创新道路，把增强自主创新能力贯彻到现代化建设的各个方面。三要继续实行扩大内需特别是扩大消费需求、稳定并提升外需等重大举措，促进我国经济持续平稳较快发展。就近期而言，对我国政府推出的一揽子经济刺激计划，应加强科学论证，优化投资结构，避免重复建设和兴建脱离实际、劳民伤财的"形象工程"与"政绩工程"；同时，要进一步激活和扩大民间投资，着力于促进实体经济的发展。

（二）深化与完善个人收入分配及相关领域的经济体制改革

1. 深化与完善企事业单位工资制度改革

（1）显著提高最低工资标准，全面落实最低工资制度。首先，应把"三险一金"纳入最低工资标准的涵盖范围。其次，应根据劳动生产率增长水平、消费品价格上升指数与社会平均工资增长率等因素，将各地最低工资标准年均提高15%左右。这样，我国最低工资标准与社会平均工资的比例在10年后大体可增至40%左右（即达到国际平均比例的下限）。最后，应加大最低工资标准的执法力度，依法追究拒不执行最低工资标准企业负责人的法律责任。

（2）健全与完善企业职工工资的正常增长机制与支付保障机制。应使公有制企业特别是国有企业职工工资增长水平与企业经济效益的增长速度

[①] 本书编写组编著：《十七大报告辅导读本》，人民出版社2007年版，第133页。

相适应，非公有制企业在正常经营条件下职工工资增长速度明显高于消费品价格增长速度。

（3）进一步规范国企高管的薪酬标准和职务消费。2009年9月，人社部、财政部、国资委等部委联合下发了《关于进一步规范中央企业负责人薪酬管理的指导意见》（以下简称《意见》），明确规定了央企负责人薪酬管理的基本原则和薪酬结构，应认真贯彻执行。笔者认为，除《意见》中明确规定的央企高管基本年薪与上年度央企在岗职工平均工资相联系、绩效年薪与实际经营业绩紧密挂钩之外，还应对央企高管薪酬的上限做出明确规定，并与上年度国企职工年均工资保持适当的比例关系。其一，央企高管本质上仍是国有企业的员工，与一般员工不同的是其受托担任央企高级管理者的角色。其二，央企高管薪酬可以显著高于本企业职工平均工资水平和国企职工平均工资水平，但也不能高得"离谱"。2004～2007年，国资委监管的央企高管年均薪酬分别为35万元、43万元、47.8万元和55万元。[1]2008年，我国国有企业职工平均工资为30780元。若央企高管年最高薪酬定为100万元，则相当于2008年国有企业职工年均工资的32.5倍，收入差距已经相当之大。其三，不能将我国央企高管薪酬标准与发达资本主义国家著名大企业高管薪酬标准做简单比较。按照马克思的经济理论，不同国家的工资差异，除制度、历史、道德等因素之外，劳动生产率差异也是极为重要的因素。我国某些国有大型企业虽已跻身世界500强，但职工人均劳动生产率与创利水平一般仅为发达资本主义国家著名大企业的几分之一或几十分之一。以人均创利水平为例。2006年，新日本制铁和宝钢集团人均税后年利润额分别为6.35万美元和1.78万美元，相差2.57倍；丰田汽车公司与中国一汽集团人均税后年利润额分别为4.69万美元和0.05万美元，相差约93倍。[2]笔者认为，从我国国情出发，兼顾效率与公平的原则，央企高管薪酬上限在近期内以每年不超过80万～100万元为宜。此外，还应从严控制所有国企高管的职务消费，并按国家有关规定规范国企高管的补充养老保险。

---

① 白天亮：《规范央企高管薪酬有了新期待》，载于《人民日报》2009年9月17日。
② 根据中华人民共和国国家统计局编：《国际统计年鉴（2008）》提供的有关数据计算。

（4）深化事业单位工资制度改革。一是应在全国高校、科研机构中设置文科专业技术人员一级岗位。条件从严掌握，报经教育部、中国社会科学院和人社部审批。二是扎实稳妥地推进事业单位绩效工资改革。搞好我国事业单位绩效工资改革，关键是在切实提高公益服务水平的前提下，突破一些政策和操作上的难点（如哪些类型的事业单位允许创收，哪些类型的事业单位不允许创收？哪些创收项目是合法合理的，哪些创收项目是不合法也不合理的？在国家全额或部分拨款的事业单位合法合理的创收中，究竟应有多大比重或规模可用于向职工发放绩效工资，单位向职工个人发放的绩效工资与其从国家财政获得的基本工资之间有无上限的比例控制？高校和科研单位科研成果的量化考核标准应如何科学确定？）国家有关部门应在事业单位绩效工资改革中先行试点，摸索经验，待条件成熟后再加以推广，切勿操切行事，煮"夹生饭"。此外，笔者建议事业单位目前按不同职务（或职称）发放的物价补贴不宜并入单位绩效工资总额再作二次分配；中央和地方财政应对中国社会科学院和各省社会科学院等公益性强、创收能力弱的事业单位实行绩效工资改革给予必要的补贴。

2. 深化与完善财税体制改革

（1）进一步完善个人所得税。我国目前的个人所得税存在两大弊端。一是实行分类征收，容易造成税源流失。二是中低收入者成为税源主体。有数据显示，我国中低收入者贡献了全部个人所得税的 65%；而在美国，占纳税人比例 5% 的富人则贡献了联邦个人所得税的 57.1%。[①] 对此，我国应将个人所得税制由分类所得税制逐步转变为综合与分类相结合的所得税制，大幅调高个人所得税的起征点，调整个人所得税的税率级距与税负水平，重点向高收入者征税。

（2）抓紧制定并适时开征物业税、遗产税和赠与税。在我国现行的税制体系中，真正意义上的财产税严重缺位。2003 年，《中共中央关于完善社会主义市场经济体制若干问题的决定》中明确提出：在条件具备时对不动产开征统一规范的物业税。然而，我国迄今尚未开征物业税。笔者认为，

---

① 闻媛：《我国税制结构对居民收入分配影响的分析与思考》，载于《经济理论与经济管理》2009 年第 4 期。

物业税作为一种世界上许多成熟市场经济国家业已实行多年的对财产存量课税的重要税种，不仅具有调节贫富差距的功能，也是国家税收的稳定而重要的来源，应创造条件尽早开征。当然，开征物业税尚须具备土地房屋产权明晰、房地产评估制度健全和评估人员充足等一系列前提或配套条件，也需要增强广大纳税人的心理和经济承受能力，还应对收入水平或住房价值在一定标准以下的城乡居民实行税收减免，这些因素在制定并开征物业税时应一并综合考虑。我国还应择机开征世界各国的通用税种——遗产税和赠与税。与此同时，我国应适当下调企业所得税税率，以妥善处理国家、企业与个人之间的分配关系。

（3）对部分垄断性行业的垄断收益征收特殊行业税。我国某些垄断性行业凭借其垄断地位获取超额利润，并将其相当大的一部分转化为经营者和职工不合理的高收入。对此，要引进竞争机制，打破经营垄断，强化政府对其产品和服务的价格监管，并通过征收特殊行业税等途径将其由非企业贡献因素获得的超额利润收归国有。

3. 深化与完善社会保障制度改革

（1）通过变现部分国有资产、提高国家预算中的社会保障支出比重等多种方式充实社会保障基金，特别是应把企业职工基本养老保险的个人账户做实。

（2）积极稳妥地推进国家机关、事业单位基本养老保险制度改革。前段时期我国在广东、上海等五省（市）进行事业单位职工养老金改革试点，其重要内容之一是将国家财政拨付的事业单位新退休人员的基本养老金明显下调，拟与企业退休人员的基本养老金保持一致。这种做法在约有3000万名职工的我国事业单位中已引起较大反响，笔者也有不同看法。一是根据物质利益规律和一般情况，基本养老金上调，当事人皆大欢喜；基本养老金下调，当事人大抵谁都不愿意。二是事业单位已退休职工的基本养老金不下调，新退休和将退休的职工基本养老金下调，势必导致事业单位新老退休人员的矛盾和事业单位部分职工对政府制定的相关政策产生不满情绪。三是与国家机关退休人员相比，事业单位退休人员的基本养老金明显偏低，本应上调；而国家机关退休人员的基本养老金又不在下调的"改革"之列，则必然导致已退休、新退休和未退休的事业单位人员的心态严重失衡。四是我国近年来财政收入高速增长（2009 年我国财政收入已高达近 7 万亿元），又拿出上万亿美元的外汇储备购买西方国家国债，恐怕每年决不差上百亿元来填补事业单位退休人员基本养老金的"缺口"。总体来看，无论通过何种方式，我国事业单位退休人员的基本养老金有上调的必要，无下调的依据。我国企业退休人员的养老金明显偏低，成因较为复杂。从 2005 年起，我国已连续六年提高企业退休人员的基本养老金标准，目前人均每月基本养老金为 1350 余元。今后，更应加大提高企业退休人员基本养老金的力度，使其与国家机关和事业单位退休人员基本养老金的差距逐步缩小。与此同时，要积极推进农村养老保险制度改革，不断完善城乡基本医疗保险制度。

（3）逐步较大幅度地提高城乡居民最低生活保障标准，切实保障贫困群体的基本生活。

（4）健全与完善多层次的住房保障体系，特别是应增加对城镇廉租房建设和棚户区改造的资金投入，完善城镇经济适用房、限价房、廉价房、廉租房制度，重点解决城市低收入家庭和农民工的住房困难。

此外，要增加资金投入，大力发展教育事业，特别是要加快发展以社会需求为导向的高等教育与职业教育，逐步将城乡义务教育年限由 9 年制增至 12 年制，不断提升全民族的科学文化和思想道德素质；要继续改革与完善我国劳动就业体制和户籍制度，实行更为积极的就业政策，广辟就业渠道，增加就业岗位，重点帮扶城市零就业家庭、失地农民工和未找到工作的大学生解决就业问题；要认真贯彻《企业国有资产法》及其相关规定，健全国有资产监管体系，防止国有资产流失；要严格执行国务院关于国家机关、事业单位、国有企业不设"小金库"的有关规定，杜绝国有资金"体外循环"，进一步铲除滋生腐败和收入分配不公的土壤；要加大财政向农村和中西部地区转移支付的力度，促进其经济发展和我国基本公共服务均等化；积极倡导与发展第三次分配（即慈善捐赠），充分发挥其对我国缩小个人收入分配差距、促进社会公平分配与和谐发展的重要作用①。

（三）加强法制和党风廉政建设，强化管理与监督，坚决取缔非法收入

一是健全与完善相关法律法规，加大惩戒力度。首先，应抓紧制定并出台《财产申报法》《监督法》等法律法规。作为在全民实施《财产申报法》的先导和反腐倡廉的重大步骤，可率先制定《官员财产申报法》，实施官员财产申报制度。官员财产申报制度又称为"阳光法案"，其宗旨是使官员不想贪、不敢贪和不能贪，目前已在世界九十多个国家中实行。我国不久前在浙江慈溪和新疆阿勒泰两个地区进行了官员财产申报的试点，在社会上引起了强烈的积极反响。当然，实施官员财产申报制度，还须与金融资产实名制、不动产登记制和公开制、官员违反财产申报制度的处罚制等相关制度协调配套。其次，要加大对经济犯罪的惩戒力度。有关研究表明，在中国和美国进行同等数额的商业贿赂，美国给予的处罚是中国的100倍②；中国腐败官员"平均只有3%的可能性入狱"，这使得腐败成为"一项十分有利可图且风险极小的活动"③。为进一步预防和打击经济犯罪，完善相关法律法规、加大惩戒力度势在必行。最后，要强化税收征管，特别要强化对畸高收入群体个人所得税的征管，对造假账、报假数、开假票据的会计人员和幕后操纵者要依法惩处，严厉打击权钱交易、侵吞公有资产、非法经营、偷漏骗税等违法行为。

二是加强党风廉政建设，深入持久地开展反腐败斗争。要继续坚持标本兼治、综合治理、惩防并举、注重预防的方针，完善惩治和预防腐败体系，拓展从源头上防治腐败的工作领域，牢牢抓住防止谋取非法利益这个

---

① 当代某些发达国家第三次分配的总量约占本国国内生产总值的 3%～5%。世界第二大富豪、美国投资家巴菲特已签署意向书，向比尔·盖茨夫妇创立并掌管的慈善机构捐献 375 亿美元，创下当今世界个人慈善捐款之最（参见冯小六：《实现第三次分配缩小贫富差距》，载于《中国经济与管理科学》2009 年第 3 期）。而我国 2007 年社会捐赠总规模为 790.98 亿元，仅占当年国内生产总值的 0.32%（参见樊慧霞：《促进我国社会捐赠事业发展的对策》，载于《现代经济探讨》2008 年第 10 期）。第三次分配在我国尚有较大的发展空间。

② 《跨国公司在华行贿十宗罪》，载于《人物周报》2009 年 9 月 10 日。

③ 《中国政府反腐败取得成果》，载于《参考消息》2009 年 9 月 6 日。

重点，着力建立健全防治腐败的长效机制。反腐倡廉，重点是领导干部。要深入贯彻党的十七届四中全会精神和胡锦涛总书记在十七届中央纪委五次全会上重要讲话精神，树立法律面前人人平等、制度面前没有特权、制度约束没有例外的意识，严肃查办领导干部中的滥用职权、贪污贿赂等案件，严肃查办严重侵害群众利益案件，严肃查办群体性事件和重大责任事故背后的腐败案件。要深入治理领导干部违规收受现金、有价证券、支付凭证、干股与违规违法收受房屋以及以赌博和交易等形式收受财物等腐败行为。对领导干部在购买公有住房中的以权谋私行为，也应采取有力措施加以纠正。

三是强化个人收入分配的制约与监督机制。要完善党政主要领导干部和国有企业领导人员经济责任审计，加强对财政资金和重大投资项目的审计，健全党内监督与党外监督相结合、专门机关监督和群众监督相结合的个人收入分配监督体系，充分发挥舆论监督作用。

（四）不断巩固和发展社会主义公有制经济，大力弘扬社会主义意识形态

邓小平指出："社会主义有两个非常重要的方面，一是以公有制为基础，二是不搞两极分化。"[①] 从传统的计划经济体制转变为社会主义市场经济体制，由于多种所有制经济共同发展和多种分配方式并存，个人收入差距在一定时期内明显扩大是不可避免的。笔者认为，从经济制度角度分析，社会主义公有制基础上与市场经济相结合的按劳分配，不会导致两极分化。而市场经济条件下的资本主义分配方式和自劳自得等分配方式，则必然趋向两极分化。税收政策、国家预算支出等宏观经济调控手段，只能调节市场经济条件下由非公有制因素导致的两极分化的速度和规模，并不能改变其两极分化的发展趋势。要避免整个社会出现两极分化，最终实现共同富裕，最根本的途径就是坚持社会主义公有制的主体地位，不断巩固和发展社会主义经济。为此，应重点抓好两项工作。一是充分发挥国有经济的主导作用。既要继续进行公司制股份制改革，加快国有企业健全与完善现代

---

① 《邓小平文选》第3卷，人民出版社1993年版，第138页。

企业制度的步伐，又要打造一批拥有自主知识产权和知名品牌、具有较强国际竞争力的国有（或国有控股）大型企业或企业集团，使其真正在关系国家安全和国民经济命脉的重要行业和关键领域占控制（包括完全控制、绝对控制和相对控制三种基本类型）地位。[①] 二是长期坚持农村基本经营制度，坚持农村土地的集体所有制性质。应从我国农村的实际情况出发，按照依法自愿有偿原则，健全土地承包经营权流转市场，适度发展多种形式的规模经营，积极探索农村集体经济的有效实现形式。决不容许以深化农村土地所有制改革为名，行土地私有化之实，将我国广大农民再次拖入两极分化的苦海。

与此同时，要大力弘扬社会主义意识形态。应以发展的马克思主义为核心，以社会主义、集体主义、爱国主义为主线，以"八荣八耻"的社会主义荣辱观为重点，切实加强社会主义精神文明建设，使广大人民进一步树立正确的世界观、人生观和价值观，为改善我国个人收入分配创造良好的思想文化氛围。

[①] 郭飞：《深化中国所有制结构改革的若干思考》，载于《中国社会科学》2008 年第 3 期。

中国居民财产差距悬殊的基本成因与对策*

改革开放以来，我国取得了举世瞩目的伟大成就。1979～2015年，我国国内生产总值年均增长速度近10%，创造了世界经济史上的奇迹；我国经济规模（按美元计算）已跃居世界第二位；我国广大人民的生活水平有了相当显著的提高，从总体小康向全面小康不断迈进；我国社会主义市场经济体制已经建立并不断完善；我国综合国力和国际地位均上了一个大台阶。然而毋庸讳言，我国仍存在某些不容忽视的深层次的重大问题，其中之一就是居民财产差距相当悬殊。① 最新的调查数据表明：2012年，我国排名在25%以下的家庭财产总量仅占全国家庭财产总量的1.2%，排名在50%以下的家庭财产总量仅占全国家庭财产总量的7.3%；而排名在顶端25%的家庭拥有全国家庭财产总量的79%，排名在顶端10%的家庭拥有全国家庭财产总量的61.9%，排名在顶端1%的家庭拥有全国家庭财产总量的34.6%。② 就当下1%的家庭财产占本国家庭财产总量的1/3以上而言，我国已与美国旗鼓相当。

我国家庭财产差距的基尼系数，1995年为0.45，2002年为0.55，2012年为0.73。③ 20世纪90年代中期以来，我国居民财产差距的变化速度如此之快，变化幅度如此之大，这在世界各国中都是极为罕见的，从而

---

* 原载《马克思主义研究》2015年第12期。

① 居民财产（即居民财富）与居民收入是既有联系也有区别的概念。一般认为，居民财产是某一时期归居民所有的不动产和动产的货币净值（或称居民净财产），属于存量概念。居民收入则是指居民在某一时期获得的工资性收入、经营性净收入、财产性收入与转移性收入等，不包括出售财物收入和借贷收入，属于流量概念。居民收入扣除交纳的个人所得税、社会保障支出等之后，形成居民可支配收入。居民财产与居民收入互为因果，相互促进。一方面，居民收入在扣除个人所得税、社会保障支出、消费支出等之后的结余，逐渐形成全部或部分的居民财产；另一方面，居民财产能够提升居民收入，如居民凭银行存款或债券可以获得利息等。

②③ 谢宇等著：《中国民生发展报告2014》，北京大学出版社2014年版，第30、42页。

逐渐引起我国各界人士的重视。我国学术界对此问题已进行了一些有价值的研究，例如李实等人撰写的《中国居民财产分布不均等及其原因的经验分析》（《经济研究》2005 年第 6 期），谢宇等著：《中国民生发展报告2014》（北京大学出版社 2014 年版）。本文在已有研究成果的基础上，深入探讨我国居民财产差距急剧扩大的基本成因，提出合理缩小我国居民财产差距的对策建议，促进中国特色社会主义伟大事业蓬勃健康地向前发展。

一、中国居民财产差距悬殊的基本成因

中国居民财产差距悬殊的形成并非朝夕之事，其成因错综复杂。笔者认为，中国居民财产差距悬殊的基本成因主要包括四个方面。

（一）新自由主义的严重侵蚀特别是私有化思潮的兴风作浪

新自由主义是在继承资产阶级古典自由主义经济理论的基础上，以反对和抵制凯恩斯主义为主要特征，适应国家垄断资本主义向国际垄断资本主义转变要求的理论思潮、思想体系和政策主张。其基本观点在经济理论上是自由化、私有化和市场化，在政治理论上是否定公有制、社会主义和国家干预，在战略和政策上是主张并推行以超级大国为主导的全球一体化即全球资本主义化。[①] 新自由主义在 20 世纪 80 年代中后期通过多种途径较大规模地传入我国，逐渐滋长蔓延并造成严重危害。尤其是新自由主义的核心——私有化及其政策主张，对马克思主义政治经济学（或马克思主义经济学，下同）和中国特色社会主义经济理论与中国特色社会主义经济，形成了强烈冲击和尖锐挑战：

1. 混淆社会主义经济与非社会主义经济、公有制经济与非公有制经济的界限，妄图将中国经济引向私有化的歧途。有人公然与我国《宪法》中关于"社会主义经济制度的基础是生产资料的社会主义公有制"的规定唱反调，提出"社会主义不能完全等同于公有制经济，也包括非公有制经

---

① 中国社会科学院"新自由主义研究"课题组：《新自由主义及其本质》，见何秉孟主编：《新自由主义评析》，社会科学文献出版社 2004 年版，第 4～5 页。

济"。也有人提出所谓"新公有制理论"。在所谓"新公有制"企业中，也包括纯粹由私人持股的股份公司。这种将非公有制经济与公有制经济相混同的观点，既违背马克思主义基本原理，也不符合当代实际。①

2. 给公有制特别是国有经济罗织莫须有的罪名，妄图颠覆公有制的主体地位与改变国有经济的主导作用。有人从"经济人"假设出发进行推论，认为公有制经济没有效率，只有私有制经济才有效率。有人罔顾新中国成立以来国有经济效率较高的历史事实，利用我国国有企业于20世纪90年代中后期在体制转型中遇到的困难，大肆散布国有经济"效率低下"等谬论。也有人反对国有经济控制国民经济命脉，诬蔑国有经济实行"垄断"，鼓吹"私有化是经济发展的灵丹妙药"②，甚至公然叫嚣："人间正道私有化"。③

3. 以反"左"为名或打着"改革"的旗号，试图将公有制特别是国企改革引向邪路。有人鼓吹在思想解放中要突破"公"与"私"的界限，在国企改革顺利推进的情况下提出应主要反"左"，而"左"的主要表现则在经济领域。这种观点的实质是将公有制的主体地位与国有经济的主导作用视为"左"的主要表现，应该根本改变。有人鼓吹公有制特别是国有制与市场经济水火不容，只有私有制才是市场经济的所有制基石，从而否定我国建立社会主义市场经济体制的正确方向。有人将社会主义国家的国有经济与资本主义国家的国有经济在性质、功能、布局等方面混为一谈，鼓吹我国国有经济在国民经济中所占的比重应大幅降低，并应退出一切竞争性领域（即所谓"国退民进"），从而沦为外国资本和国内非公有制经济的牟利工具。有人鼓吹国企改革应"靓女先嫁"，甚至主张把国有企业卖光，将国有资产全部量化到个人，实行彻头彻尾的国有经济私有化即整个国民经济的资本主义化。有人借发展混合所有制经济之机，片面和绝对化地反对国有资本"一股独大"，企图否定国有资本控股企业及其治理结构的合

---

① 项启源：《不能把股份制等同于公有制》，载于《经济学动态》2004年第4期。
② 查朱和：《关于我国经济私有化思潮的思考》，载于《马克思主义研究》2011年第4期。
③ 毛家书：《牢牢把握国有企业改革的正确方向——驳斥曹思源的"人间正道私有化"论》，载于《真理的追求》2000年第9期。

理性，大规模地稀释国有企业股权，使国企改革堕入"私有化"陷阱。①

4. 从基本经济理论方面进行渗透和猖狂进攻，与发展的马克思主义政治经济学争夺在经济意识形态领域的主导权和话语权。改革开放以来，以美国为首的少数资本主义国家变本加厉地对我国实施"西化""分化"图谋与"和平演变"战略。新自由主义较为迅速地占据了我国高校的经济学讲堂，其中影响最大的是萨缪尔森和科斯的经济自由主义理论和政策。西方主流经济学理论对许多大学生和硕博研究生的影响超过了中国特色社会主义经济理论。许多高校的马克思主义政治经济学课程和马克思主义政治经济学教师，则是逐渐处于被边缘化的境地。与此同时，在我国某些经济学权威期刊中，鼓吹新自由主义的文章大行其道；在我国中央和地方政府的某些重要"智库"或"智囊"中，新自由主义的信徒大有人在；某些主张私有化、完全市场化的人及其论著不断地获得各种"大奖"。② 著名经济学家刘国光指出："经济学界的反马克思主义、反社会主义，鼓吹私有化、自由化，已经形成一种社会势力。……他们在政界、经济界、学界、理论界都有支持者，有同盟军。他们有话语权的制高点。"③

必须指出，新自由主义特别是私有化思潮在我国遭到了坚决抵制和反击。党中央几届领导集体都旗帜鲜明地反对私有化。邓小平指出："社会主义有两个非常重要的方面，一是以公有制为主体，二是不搞两极分化。"④ 江泽民指出："我们干的是社会主义事业，国家经济的主体必然是公有制经济。"⑤ 胡锦涛指出：要"完善公有制为主体、多种所有制经济共同发展的基本经济制度"。⑥ 习近平指出："必须毫不动摇巩固和发展公有制经济，坚持公有制主体地位，发挥国有经济主导作用，不断增强国有经济活力、控制力、影响力。"⑦ 刘国光、程恩富、卫兴华、吴易风、项启

---

① 夏小林：《警惕反"国资一股独大"的陷阱》，载于《国企》2014年第9期。

② 刘思华：《略论埋葬新自由主义经济意识形态》，载于《海派经济学》2011年第4辑。

③ 刘国光著：《经济学新论》，社会科学文献出版社2009年版，第180~181页。

④ 《邓小平文选》第3卷，人民出版社1993年版，第138页。

⑤ 《江泽民论有中国特色社会主义（专题摘编）》，中央文献出版社2002年版，第50页。

⑥ 胡锦涛：《坚定不移沿着中国特色社会主义道路前进　为全面建成小康社会而奋斗》，载于《光明日报》2012年11月18日。

⑦ 《习近平谈治国理政》，外文出版社2014年版，第78页。

源、周新城、吴宣恭等国内著名马克思主义经济家和一些中青年马克思主义经济学者，也对新自由主义的实质、危害及国内私有化思潮进行了深刻揭露和有力批驳。当然，在"西强东弱"的国际格局尚未基本改变、世界社会主义事业处于低潮以及我国各种所有制在国民经济所占比重"公降私升"的态势还在继续的历史背景下，坚持中国社会主义公有制的主体地位，与新自由主义特别是私有化思潮进行富有成效的坚决斗争，仍是我们长期面临的一项艰巨任务。

（二）民族资产阶级的迅速崛起与极少数党政官员疯狂的权力寻租

民族资产阶级在我国民主革命时期并不强大，经过新中国成立后的社会主义改造，已经基本上退出了历史舞台。截至 1957 年末，通过改造转变为公私合营企业的从业人员有 239.7 万人，占原私营企业从业人员的 99.5%；工业产值为 206.3 亿元，占原私营企业产值的 99.8%；私营商业批发额、零售额则分别占社会商品批发总额、社会商品零售总额的 0.1% 和 2.7%。民族资产阶级绝大部分都转化为自食其力的劳动者。[①] 1966 年 9 月，我国对原资本主义工商业者停止支付定息，民族资产阶级的残余经济成分在我国已经绝迹。

改革开放以来，私营经济在我国从无到有，由小变大，民族资产阶级（即私营企业主）迅速崛起。我国的私营企业，就其财富积累方式或资本形成过程来说，大体可以概括为实业发展、科技进步、公有企业蜕变、投机致富和权力致富等五种类型。[②] 截至 2014 年底，我国私营企业共有 1546.4 万户，从业人员为 14390.4 万人。[③] 根据国家工商行政管理总局提供的数据，我国私营企业注册资本额 2004 年为 4.79 万亿元，2012 年则高达 31.1 万亿元。[④]

---

① 宗寒著：《两只眼看中国资产层》，红旗出版社 2012 年版，第 28～29 页。
② 宗寒著：《两只眼看中国资产层》，红旗出版社 2012 年版，第 67～92 页。
③ 中华人民共和国国家统计局编：《中国统计年鉴 2015》，中国统计出版社 2015 年版，第 98 页。
④ 转引自裴长洪：《中国公有制主体地位的量化估算及其发展趋势》，载于《中国社会科学》2014 年第 1 期。

目前，我国私营经济不仅达到了相当的规模，而且其顶尖人物的净资产数量也早已跨入了世界级富豪的行列。在《福布斯 2015 华人富豪榜》中，万达董事长王健林以 242 亿美元的净资产位居第三（在《福布斯 2015 全球富豪榜》中位居第二十九），马云、李河君、马化腾、李彦红则分别以净资产 227 亿美元、211 亿美元、161 亿美元和 153 亿美元位居第四、第五、第六、第八。[①] 不仅如此，在《福布斯 2015 全球富豪榜》中，中国内地的企业家有 213 人，连同中国香港、台湾等地的富豪，华人在全球亿万富豪总人数中的占比首次超过 20%，继续高居世界第二位。[②] 与此形成强烈反差的是，2014 年末，我国有 1880.2 万城市居民纳入政府最低生活保障，农村贫困人口有 7017 万（按农民年人均纯收入 2014 年 2800 元脱贫标准计算），总计有 8897.2 万人生活在贫困线之下，约占全国人口的 6.5%。[③] 如果按照世界银行的标准，我国现有两亿多人生活在贫困线之下。[④]

改革开放以前，我国广大党政干部是较为清廉的。经过党组织的长期培养教育和解放初期的"三反"运动[⑤]，特别是由于以毛泽东为首的党中央第一代领导集体的率先垂范，涌现出一批焦裕禄式的艰苦奋斗、勤政为民的好干部。"清清水、白白米"，"吃苦在前，享受在后"，"人民公仆"，正是我国当时许多党政干部的真实写照。改革开放以来，我国极少数党政干部在资本主义腐朽意识形态和生活方式的侵蚀面前败下阵来，信念丧失，

---

① 如果进行纵向对比，1947～1948 年，我国产业资本中的民族资本约有 24.66 亿元（许涤新、吴承明主编：《中国资本主义发展史》第 3 卷，社会科学文献出版社 2007 年版，第 552 页）；新中国成立前，我国民族资本在最高峰时也不过 70 多亿元（以 1936 年币值计算）（沙健孙主编：《中国共产党和资本主义、资产阶级》，山东人民出版社 2005 年版，第 31 页）。由此看来，我国当下民族资产阶级顶尖人物的个人净资产，可能已超过或接近解放前我国民族资本数量的总和。

② 必须指出，改革开放以来我国民族资产阶级发展的速度之快，规模之大，与其对雇工的剥削程度之高有密切关联。据有关材料披露，在许多私营企业中，私营企业主与雇工之间的收入差距相当悬殊。雇工规模在 10～30 人的，收入差距为 15～40 倍；31～50 人的，收入差距为 40～70 倍；51～100 人的，收入差距为 65～130 倍。参见中国社会科学院经济研究所收入分配课题组：《我国当前收入分配问题研究》，载于《管理世界》1997 年第 2 期。

③ 中华人民共和国国家统计局：《中华人民共和国 2014 年国民经济和社会发展统计公报》，载于《经济日报》2015 年 2 月 27 日。

④ 习近平：《在华盛顿州当地政府和美国友好团体联合欢迎宴会上的演讲》，载于《光明日报》2015 年 9 月 24 日。

⑤ 在"三反"运动中，石家庄市委原副书记刘青山、原天津地委书记张子善因贪污巨额公款被处以死刑，极大地震慑和教育了全国党政干部，并产生了深远的积极影响。

世界观、人生观、价值观发生蜕变，逐步成为社会主义共和国大厦的蛀虫和贪得无厌的腐败分子。他们将党和人民赋予的权力视为资本，大搞官商勾结、权钱交易，行贿受贿、买官卖官、疯狂掠夺和聚敛国家与人民的财富并窃为己有。已被揪出的周永康等大老虎，其违法行径令人发指。与某些位高权重的巨贪相比，我国"小官巨贪"现象亦不少见。① 据不完全统计，自 20 世纪 90 年代中期以来，我国外逃的党政干部、公安、司法和国家企事业单位高层管理人员，以及驻外中资机构外逃、失踪人员高达 16000 ~ 18000 人，携带款项约为 8000 亿元人民币。② 有学者估计，在我国国企改制过程中，由于官商勾结、权钱交易、低价贱卖和隐匿转移，仅国有资产流失就至少在 2 万亿元以上。③ 2010 年，笔者曾撰文指出：我国近些年来权力寻租具有四个特点：（1）权力寻租者的范围越来越广；（2）权力寻租者中官员的行政级别越来越高；（3）权力寻租的租金规模越来越大；（4）权力寻租的方式越来越隐蔽（其重要方式之一是间接寻租，主要表现为"曲线寻租"、"裙带寻租"和"血缘寻租"）。④ 随着以习近平为总书记的党中央正风肃纪、铁腕反腐、"打虎拍蝇"工作的不断深入，还将有相当一批贪官污吏被严厉查处乃至绳之以法。

（三）我国体制改革进程中的某些严重问题和明显缺陷

1. 较长时期内对国有企业的重税负和对非公企业的轻税负。国有企业是共和国的长子。在我国传统的计划经济体制下，国有企业的盈利几乎全部上交。改革开放以来的较长时期中，尽管国有企业在实行技术改造、剥离冗员和"企业办社会"职能等方面包袱沉重，但我国则继续对国有企业

---

① 例如，2014 年 5 月，在国家发改委能源局煤炭司原副司长（正处级）魏鹏远家中，起获的现金竟高达 2 亿多元。再如，辽宁省抚顺市国土资源局顺城分局原副局长（副科级）罗亚平，累计贪污受贿 3000 余万元人民币，另有 2800 余万元和 69 万美元的巨额财产来源不明，被称为辽宁省"级别最低、数额最大、手段最恶劣"的女贪官。

② 课题组：《我国腐败分子向境外转移资产的途径与监测方法研究》。http：// ishare. iask. si-na. com. cn/f/16290713. html. 2011 – 06 – 21。

③ 杨承训：《论国有经济数量底线与质量》，载于《经济学动态》2005 年第 7 期。

④ 郭飞、王飞：《中国个人收入分配改革：成就、问题与对策》，载于《马克思主义研究》2010 年第 3 期。

实行重税政策，而对非公有制经济特别是私营企业和"三资企业"却实行轻税政策。[①] 据原国家经贸委统计，1980～1993 年，国有企业平均税负为86%，大大高于国外企业 30%～40% 的税负水平。[②] 1994 年我国税制改革前，国有大中型企业的所得税税率为 55%，私营企业的所得税税率为35%，"三资企业"的所得税税率只有 15%，且享受 3～5 年的减免企业所得税待遇（即"两免三减半"）。1994 年，我国将内资企业所得税税率统一为 33%，但对"三资企业"则仍实行原有"超国民待遇"的低税率。直至 2008 年初，我国才将内外资企业所得税税率统一为 25%。

笔者认为，我国在改革开放之初的短时期内，为鼓励引进外资对"三资企业"实行一定程度的轻税政策或许是必要的；可是，在较长时期内对国有企业特别是对国有大中型企业仍实行重税政策，而对私营企业特别是"三资企业"却实行轻税政策，这不仅违背公平税负原则，也不利于坚持社会主义公有制的主体地位。换言之，我国改革开放以来较长时期内非公有制经济特别是外资经济的迅速发展，与其在税收政策方面享受"超国民待遇"有密切关联。此外，国有企业特别是国有大中型企业在照章纳税方面普遍表现较好，而不少非公有制企业在偷、漏、骗税方面较为突出，这也是众所周知的事实。

2. 低价出售乃至"零价赠送"国有企业问题较为突出。20 世纪 90 年代中后期，党中央提出了"要着眼于搞好整个国有经济"，"抓大放小"的正确方针。所谓"放小"，先是指放开搞活国有小企业，后来扩展为放开搞活国有中小企业。党中央强调："放小"应通过"改组、联合、兼并、租赁、承包经营、股份合作制、出售等多种形式"，"不搞一个模式"。[③] 然而，在国企改革实践中，某些党政官员、国企高管与一些非公企业老板相互勾结，权钱交易，暗箱操作，将私有化思潮转化为私有化暗流。他们公

---

① "三资企业"指外商独资企业、中外合资企业和中外合作经营企业。严格考察，"三资企业"并非都属于非公有制企业，也包括一部分国有资本控股、外资参股的企业等。本文在此论及的"三资企业"，特指我国"三资企业"中的境内外资本主义经济。

② 舒志军：《国有企业改革若干问题简述》，载于《经济学动态》1996 年第 3 期。

③ 中共中央文献研究室编：《十五大以来重要文献选编》（中），人民出版社 2001 年版，第1010 页。

然违反党中央的相关规定和国务院公布的《企业国有资产监督管理暂行条例》，竭力鼓吹并试图将国有中小企业"一卖了之"，导致不少国有中小企业低价出售、"半卖半送"、"名卖实送"乃至"零价赠送"，从而造成国有资产的巨大流失。根据 2007 年《中国第七次私营企业抽样调查数据分析综合报告》，在 465 万家私营企业中，有 64 万家源于改制、收购原国有或集体企业。在后者中，12% 由政府特定人购买，19.7% 由原企业领导层购买，20.4% 由原企业职工购买（但原企业经营者持大股），5.5% 为先托管后购买，7.4% 为"零收购"。在私营企业 7 万亿元的实收资本中，源自国有、集体的资产至少占 1/3（其中相当一部分是被低估、漏估、错估或不估、零估的）。在山东省进入产权交易中心的 307 家企业（含国有企业 265 家和集体企业 42 家）中，整体出售转让的有 251 家，占 82%。这些企业在评估前的总资产为 47.4 亿元，评估额为 53.7 亿元，出售收入则仅为 3.5 亿元，分别相当于前两者的 7.4% 和 6.5%。[1]"左手倒右手，公有变私有"。难以估算的巨量公有资产特别是国有资产，改头换面成为党政机关、国有企业某些腐败分子和私营企业、"三资企业"某些老板的"囊中之物"，急剧扩大了我国居民的财产差距。

3. 财产税很不健全，遗产税和赠与税尚未出台。财产税是国际通行的税收制度，也是国家财政收入的重要来源。长期以来，我国与调节居民贫富差距直接相关的财产税很不健全。其主要表现为：一是，尽管我国早已设置了房地产税，但对个人所有非营业用的房产则无论面积大小，均免征房产税。[2] 二是，我国尚未设置世界上某些国家早已设置的以纳税人全部财产为课税对象的一般财产税（选择性一般财产税或财产净值税）。三是，我国尚未设置市场经济国家普遍设置的赠与税和遗产税。新中国成立至改革开放之前，我国居民的财产差距较小，存在上述问题情有可原。但从 20 世纪 90 年代中期以来，我国居民财产差距持续急剧扩大，社会上对健全财产税（特别是尽早建立针对居民非营业用住房的房产税以及开征遗产税和赠与税）的呼声日益强烈。在此情况下，我国的相关税制仍踯躅不前或

---

① 宗寒著：《两只眼看中国资产层》，红旗出版社 2012 年版，第 79～82 页。
② 岳树民编著：《中国税制》，北京大学出版社 2010 年版，第 359～364 页。

"千呼万唤不出来"。笔者认为，这不能简单归因于我国缺乏经验和相关评估制度尚不健全，其中必然存在不同阶级、不同群体之间反复激烈的利益博弈。这也是导致我国在二十年左右的时间内个人收入差距和居民财产差距急剧拉大且这些差距在世界上名列前茅的一个重要因素。

4. 城镇住房制度改革中的主要弊端显著扩大了居民财产差距。20 世纪 90 年代我国城镇住房制度改革具有的某些积极作用不容否定。然而，我国当时的城镇住房制度改革存在相当明显的弊端，其集中表现为低价出售公有住房。一是，出售公有住房的受惠面较窄。实际上，真正具备出售公有住房条件的单位，一般仅包括党政机关、绝大多数国有事业单位和经济效益好或过去建有公有住房的部分国有企业；而城镇其他单位的职工则与购买公有住房无缘，甚至连国家规定的偿还职工住房历史欠账的住房补贴都拿不到。二是，公有住房售价严重偏低。向职工出售的公有住房可以上市交易，从而具有一般消费品和投资性商品的双重属性。各单位在出售公有住房的过程中，普遍忽略了地理位置优劣、住房质量高低等商品价格形成的重要因素，本着"就低不就高"的潜规则千方百计地寻找政策空隙或擅作决定低价售房。有关数据表明：1995 年，我国商品房售价与公有住房售价之比，在北京为 7.99∶1，在湖北竟高达 22.2∶1，11 个样本省、市的平均比例为 7.69∶1。[①] 三是，违规提高购房标准，重复购房、骗购房等乱象屡见不鲜。当今中国，房产已成为城镇居民财产构成中最主要的部分，城镇房产特别是大中城市房产的增值速度惊人。我国城镇住房制度改革中向部分城镇职工低价出售公有住房，不仅导致了国有资产的巨大流失，也显著扩大了城镇居民内部与城乡居民之间的财产差距与收入差距。[②]

5. 党风廉政建设形势严峻，官员财产申报和公示制度尚未出台。改革开放以来，我国在党风廉政建设方面虽然取得了一定的成效，但存在的问题也相当突出。2014 年 10 月，习近平在听取中央巡视工作领导小组的工作汇报时尖锐地指出："各地普遍存在管党治党失之于宽、失之于软，主

---

① 赵人伟等主编：《中国居民收入分配再研究》，中国财政经济出版社 1999 年版，第 542 页。

② 郭飞、王飞：《中国个人收入分配改革：成就、问题与对策》，载于《马克思主义研究》2010 年第 3 期。

体责任落实不力，监督责任落实不到位的问题。区域性腐败和领域性腐败交织，窝案串案增多；用人腐败和用权腐败交织，权权、权钱、权色交易频发；官商勾结和上下沟连交织，利益输送手段隐蔽、方式多样；有的公然对抗、妨碍组织审查，形成'拦路虎'"。① 反腐倡廉，从严治党，关系到党和国家的生死存亡。笔者认为，多年来我国在党风廉政建设方面取得的成效有限，腐败现象在较长时期内愈演愈烈，其重要原因之一是没有亮出官员财产申报和公示制度这把反腐利剑。官员财产申报和公示制度被公认为是"阳光法案"，其宗旨是促使官员不想贪、不敢贪和不能贪，世界上有近百个国家早已实行。在我国现行的《关于领导干部报告个人有关事项的规定》中，尽管也包括了报告收入、房产、投资等内容，但其覆盖面仅限于领导干部，且报告不等于申报，更不等于公示，并不具有公开性、透明性和相对于广大群众而言的可监督性。此外，我国对经济犯罪案件处罚过轻。有研究表明，目前在中美两国进行同等数额的商业贿赂，美国给予的处罚是中国的 100 倍。② 我国党风廉政建设方面存在的严重问题和相关法律法规不够健全，也是导致居民财产差距悬殊的重要原因。

（四）中国狭义所有制结构的巨大变化

所有制结构亦称生产资料所有制结构，一般是指某一社会中各种生产资料所有制所占的比重、地位及相互关系。本文中的所有制结构有广狭之分。在商品经济条件下，广义所有制结构中生产资料的资产表现形式包括通常所说的资源性资产和经营性净资产（尽管行政事业性净资产也有所有制问题，但一般认为它并不属于我们通常所说的生产资料所有制范畴。当今世界，各国都有数量不等的国有或公有的行政事业性净资产，但其不能成为区分不同社会经济制度的重要依据）；狭义所有制结构中生产资料的资产表现形式则仅包括经营性净资产。③

改革开放以来，我国所有制结构改变了传统计划经济体制时期公有制

---

① 中共中央纪律检查委员会、中共中央文献研究室编：《习近平关于党风廉政建设和反腐败斗争论述摘编》，中央文献出版社、中国方正出版社 2015 年版，第 24 页。
② 《跨国公司在华行贿十条罪》，载于《人物周报》2009 年 9 月 10 日。
③ 郭飞：《深化中国所有制结构改革的若干思考》，载于《中国社会科学》2008 年第 3 期。

经济一统天下的格局，非公有制经济从个体经济扩展到私营经济和外资经济，其地位和作用从"必要补充"上升到"重要组成部分"。我国《宪法》规定，以公有制为主体多种所有制经济共同发展，是我国社会主义初级阶段的基本经济制度或所有制结构。

改革开放伊始至 21 世纪初，我国所有制结构都是公有制为主体多种所有制经济共同发展，国内绝大多数人对此并无异议。然而，随着非公有制经济在我国的迅速发展，近些年来公有制经济在我国所有制结构中是否还占主体地位，社会上则是众说纷纭。从已发表的相关文献来看，学术界对此大体存在四种有代表性的观点。第一种观点认为，以经营性资产（注册资本）来衡量，以 55% ~ 60% 作为"公有资产占优势"的临界值，到2010 年，在社会总资产中，公有资产所占比重已由 2003 年的 57% 下降为27%，非公有资产所占比重则由 2003 年的 43% 上升为 73%，因而公有制经济的主体地位已经动摇或不复存在。[1] 第二种观点认为，衡量公有制在所有制结构中所占比重和地位的资产概念有广狭之分。从广义来看，我国公有资产在社会总资产中占有量的绝对优势；从狭义来看，截至 2006 ~2007 年，我国公有经营性净资产在社会经营性净资产中仍具有一定的量的优势。[2] 第三种观点认为，经营性资产只是生产资料的一部分，把资源性资产和经营性资产结合起来看，公有资产占社会总资产的 97.13%，从而公有资产在社会总资产中占有不可动摇的优势。[3] 第四种观点认为，以经营性资产来衡量，2012 年我国公有资产占全社会总资产的比重为 53%，从而公有制经济仍占主体地位。[4]

中共十五大报告指出："公有制的主体地位主要体现在：公有资产在社会总资产中占优势；国有经济控制国民经济命脉，对经济发展起主导作用。……公有资产占优势，要有量的优势，更要注重质的提高。"[5] 对于中共十

① 赵华荃：《关于公有制主体地位的量化分析和评价》，载于《当代经济研究》2012 年第 3 期。

② 郭飞：《深化中国所有制结构改革的若干思考》，载于《中国社会科学》2008 年第 3 期。

③ 郑志国：《怎样量化分析公有制的主体地位》，载于《当代经济研究》2012 年第 10 期。

④ 裴长洪：《中国公有制主体地位的量化估算及其发展趋势》，载于《中国社会科学》2014年第 1 期。

⑤ 中共中央文献研究室编：《十五大以来重要文献选编》（上），人民出版社 2000 年版，第21 页。

五大报告提出的资产概念，我国政府有关部门并无明确的解释，学术界也无统一的口径。笔者认为，首先，从生产资料所有制的角度，社会总资产中的资产不应仅限于经营性资产。生产资料既包括已使用的生产资料，也包括已存在但尚未使用（或消费）的生产资料。因此，生产资料的资产表现形式，不仅应包括经营性资产，也应包括资源性资产。其次，采用经营性资产来表述已使用并具有所有权的生产资料仍不够准确，应将其准确表述为经营性净资产。在会计学中，资产等于负债加所有者权益，净资产则仅指所有者权益。有学者主张采用经营性资产概念，并认为负债在一定程度上表明核心资产——经营性净资产控制经济资源的能力。这固然不无道理，但负债毕竟不是经营性净资产，正如借别人的钱不能归己所有一样。再次，对经营性净资产与资源性资产不能等量齐观。经营性净资产是直接进入生产和流通过程并在创造和实现社会财富的过程中发挥重大作用的资产，是社会总资产中最现实、最重要、最活跃的部分；而资源性资产则作为尚未使用（或消费）的生产资料并不进入现实的生产和流通过程。尽管部分资源性资产在一定条件下可以转化为经营性净资产，但从现实来看，社会总资产的核心应为经营性净资产。①

由于我国有关部门尚未发布各种所有制经营性净资产的权威数据②，也由于国内官方或学术界对衡量不同所有制经营性净资产的质的标准尚无统

---

① 近些年来我国围绕公有制经济在所有制结构中是否仍占主体地位的争论，从资产角度实质上主要是围绕公有经营性净资产在社会经营性净资产中是否仍占主体地位的争论，这在一定程度上佐证了笔者的上述观点。

② 在中华人民共和国国家统计局编：《中国统计年鉴2015》中，并没有各种所有制经营性净资产的完整数据。就连该年鉴所列出的企业（单位）登记注册的类型，也存在狭义理解和多种所有制相互交叉的情况。例如，将国有企业定义为仅指企业全部资产归国家所有，并按有关规定登记注册的非公司制的经济组织，不包括有限责任公司中的国有独资公司；而有限责任公司、联营企业、股份有限公司等包含了相当数量的国有独资企业、公有控股企业或在非公企业参股的公有经济成分。在国家工商行政管理总局编：《工商行政管理统计汇编》中提供的不同所有制企业资产衡量指标的"注册资本"，则又不等同于实收资本，更不等同于经营性净资产。在中华人民共和国国家统计局、国务院第三次全国经济普查领导小组办公室2014年12月16日公布的《第三次全国经济普查主要数据公报》（第一、二、三号）中，不仅没有各种所有制经营性净资产的相关数据，也没有各种所有制注册资本、实收资本的相关数据。在国务院国资委编：《中国国有资产监督管理年鉴》中，虽然提供了国有经营性净资产的相关数据，但并不包括应列为经营性净资产的国有企业在城镇第二、第三产业中经营所占用土地应折算的经营性净资产的相关数据。

一的口径，还由于几年前笔者的相关研究①，以及近年来在我国狭义所有制结构中"公降私升"的态势仍在继续，据此，笔者目前的基本观点是：从资产角度考察，就广义所有制结构而言，我国公有制经济占有毋庸置疑的绝对优势和主体地位，这是我国仍是社会主义国家最基本的经济依据；而就狭义所有制结构而言，我国公有制经济则可能大体接近（即略高于或略低于）占优势（或主体地位）的临界值（即占社会经营性净资产的51%）。笔者呼吁有关部门应及时准确地公布我国公有经营性净资产及其在社会经营性净资产中所占比重的权威数据，以引起党和政府的高度重视，并积极采取相关的正确措施。

生产资料所有制既是生产关系的基础，也直接决定分配方式。近些年来我国狭义所有制结构发生的巨大变化，直接导致分配方式也发生了相应的变化。我国《宪法》规定，我国现行的分配制度或分配方式是按劳分配为主体多种分配方式并存。然而，我国现行分配方式中按劳分配是否仍占主体地位，社会上则是见仁见智，莫衷一是。笔者认为，市场经济中公有制基础上的按劳分配，可以形成不同劳动者的收入差别与财产差别，但不会导致居民收入或居民财产的两极分化。而市场经济中资本主义私有制基础上的分配方式（按资分配和按劳动力价值分配）以及个体经济基础上的分配方式（自劳自得），则必然导致居民收入或居民财产的两极分化。税收、社会保障、转移支付等再分配手段，只能调节市场经济中由非公有制经济导致的居民收入或居民财产两极分化的速度和规模，并不能改变其两极分化的趋势。因此，我国近些年来狭义所有制结构的巨大变化，是导致我国居民财产差距悬殊的基础性原因。

二、合理缩小中国居民财产差距的对策建议

合理缩小中国居民的财产差距，关乎中国最广大人民的根本利益，关乎中国社会的和谐稳定，关乎中国特色社会主义事业的兴衰成败。笔者认为，合理缩小中国居民的财产差距，确保社会主义的光辉旗帜在神州大地

---

① 郭飞：《深化中国所有制结构改革的若干思考》，载于《中国社会科学》2008年第3期。

上高高飘扬，早日实现中华民族伟大复兴的中国梦，我国至少应在以下四个重要方面采取卓有成效的战略举措。

（一）切实加强马克思主义在意识形态领域的指导地位，深入批判新自由主义特别是私有化思潮

新自由主义在我国的迅速蔓延以及私有化思潮在我国的猖狂表现，是导致我国近些年来居民财产差距悬殊的重要原因。对于新自由主义的基本观点和政策主张，我们应继续深入揭露和批判其维护资本主义制度、反对社会主义制度的本质，阐明其对发展中国家、体制转轨国家经济与社会发展造成的严重危害。对于企图颠覆社会主义公有制的主体地位、将我国蜕变为资本主义国家的私有化思潮，我们必须继续给予深刻有力的批判。为此，我国必须切实加强马克思主义（特别是马克思主义政治经济学）在意识形态领域的指导地位和话语权。

1. 必须让真正的马克思主义者牢牢掌握我国意识形态重要阵地的领导权。在较长时期中，新自由主义和私有化思潮在我国较为猖獗，与我国意识形态领域的某些重要阵地被非马克思主义者甚至是反马克思主义者所控制直接相关，这一沉痛教训我们应认真汲取。我国主管意识形态工作的党政高级领导干部，中央和地方党报与行业大报、哲学社会科学权威或重要期刊、广播电视和出版单位以及社会科学院、党校、高校的领导干部，都应是坚定的马克思主义者。对于违背乃至公开反对四项基本原则，鼓吹或纵容散布资产阶级自由化观点特别是私有化谬论的负有重大责任的领导干部，应坚决实行"一票否决"制度，将其调离原工作岗位并进行严肃处理。

2. 必须大力加强对领导干部的马克思主义理论教育和高校马克思主义政治经济学课程建设。首先，应切实加强对领导干部特别是高中级领导干部的马克思主义理论教育。习近平指出："理想信念坚定，是好干部的第一位的标准，是不是好干部首先看这一条。如果理想信念不坚定，不相信马克思主义，不相信中国特色社会主义，政治上不合格，经不起风浪，这

样的干部能耐再大也不是我们党需要的好干部。"① 他强调："认真学习马克思主义理论，这是我们做好一切工作的看家本领，也是领导干部必须普遍掌握的工作制胜的看家本领。"② 为此，我国应深入开展对领导干部特别是高中级领导干部的马克思主义哲学、马克思主义政治经济学和中国特色社会主义理论体系的教育和培训。在教育和培训中，应大力弘扬理论联系实际的马克思主义学风，深化其对共产党执政规律、社会主义建设规律和人类社会发展规律的认识，坚定对马克思主义的信仰和对社会主义、共产主义的信念，牢固树立正确的世界观、权力观和事业观，增强宗旨意识和公仆意识，提高运用发展的马克思主义的立场、观点、方法分析问题和解决问题的能力，为全面建成小康社会、夺取中国特色社会主义伟大事业的新胜利提供坚强保障。

其次，应大力加强高校马克思主义政治经济学课程建设。高校是意识形态斗争的前沿阵地。国内外敌对势力对我国实行"和平演变"战略，集中表现为与中国共产党争夺青年。改革开放以来，我国高校马克思主义理论教育的课程建设经历了三次重大调整。尽管与时俱进地增加了"毛泽东思想和中国特色社会主义理论体系概论"等课程，但原本作为高校学生公共必修课且独立开设的马克思主义政治经济学课程却在"05方案"中被撤并了，原马克思主义政治经济学课程中的小部分内容被分别插入"马克思主义基本原理"等两门课程。即使在作为国家经济学基础人才培养基地的若干所重点高校经济学专业本科学生的课程设置中，马克思主义政治经济学课程的学分和课时也明显低于西方经济学。③ 而在许多高校经济、管理类专业本科学生的课程设置中，马克思主义政治经济学则或者被砍掉，或者被列为选修课，或者将其学分和课时大大压缩。马克思主义政治经济学是马克思主义的重要组成部分，是"马克思的理论最深刻、最全面、最详尽的证明和运用"。④ 笔者认为，应认真贯彻习近平关于学习和掌握马克思

---

① 《习近平谈治国理政》，外文出版社2014年版，第413页。
② 《习近平谈治国理政》，外文出版社2014年版，第404页。
③ 桑乃泉、王健：《政治经济学本科人才培养方案与课程设置的中外比较研究》，载于《南京财经大学学报》2005年第6期。
④ 《列宁选集》第2卷，人民出版社1995年版，第428页。

主义哲学和政治经济学的指示精神，将马克思主义哲学和政治经济学课程恢复为高校学生的公共必修课，使广大学生真正认识和掌握社会主义制度必然取代资本主义制度这一人类社会发展的客观规律，真正成为社会主义建设者和接班人，而不是成为"精致的个人主义者"，更不能成为社会主义制度的掘墓人。而在高校经济、管理类专业本科学生的课程设置中，应使马克思主义政治经济学的学分和课时明显超过西方经济学。高校教师在讲授西方经济学的过程中，应将介绍、批判与借鉴结合起来，决不能将西方经济学奉为圭臬，更不能以西方经济学来贬低、诋毁甚至攻击马克思主义政治经济学。应切实贯彻不久前中共中央办公厅、国务院办公厅印发的《关于进一步加强和改进新形势下高校宣传思想工作的意见》的相关精神，要制定实施马克思主义理论、新闻传播学、法学、经济学、政治学、社会学、民族学、哲学、历史学等相关专业教学质量的国家标准，统一使用马克思主义理论研究和建设工程专家编写的重点教材，增强高校学生的道路自信、理论自信和制度自信。与此同时，要切实加强对高校和社会上哲学社会科学报告会、研讨会、讲座、论坛等宣传阵地的管理，不给新自由主义和私有化等错误言论以传播渠道。

3. 必须认真抓好马克思主义理论特别是马克思主义政治经济学教学与研究人员的队伍建设。较长时期以来，马克思主义理论教学与研究人员的队伍建设受到明显削弱，马克思主义政治经济学教师与研究人员流失严重。应高度重视并继续抓好马克思主义理论研究和建设工程。应切实按照中央部署，认真实施马克思主义理论学科领航计划，重点建好一批马克思主义理论研究和建设的创新基地及有示范性影响的马克思主义学院，培养一批马克思主义理论的学科带头人，造就一批马克思主义理论的教育家，继续推进马克思主义理论教学、科研骨干的研修工作，不断吸收更好更多的信念坚定、学养深厚、能力较强的博士和硕士充实与壮大马克思主义理论教学与研究队伍。

（二）巩固和发展公有制经济，坚持社会主义公有制的主体地位

公有制是社会主义经济的本质特征，共同富裕是中国特色社会主义的根本原则。社会主义公有制是我国合理缩小居民财产差距、最终实现共同

富裕的经济基础。我们必须坚持社会主义公有制的主体地位，巩固和发展公有制经济，为中国特色社会主义伟大事业固本强基。

1. 必须坚持社会主义公有制为主体的根本原则和"两个毫不动摇"的方针，纠正某些领导干部"一手硬、一手软"的偏向。20世纪90年代中期以来，我国狭义所有制结构持续显著变化，"公降私升"的发展态势长期没有改变。其中，既有顺应生产力发展的因素，也有前文论及的其他因素，还有我国上至中央下至地方某些领导干部在思想和工作中的偏差因素。党中央强调：要坚持和完善社会主义初级阶段的基本经济制度，毫不动摇巩固和发展公有制经济，毫不动摇鼓励、支持、引导非公有制经济发展。笔者认为，对于党中央提出的"两个毫不动摇"的方针，必须给予正确的理解和贯彻。根据我国《宪法》的相关规定，我国现阶段的基本经济制度是公有制为主体，非公有制为辅体。坚持以公有制为主体，既是迅速发展生产力、巩固共产党的执政地位、坚持中国特色社会主义道路的经济基石，也是全国人民共享发展成果、最终实现共同富裕的制度性保证。"两个毫不动摇"的方针与坚持以公有制为主体是不可分割的。第一个"毫不动摇"和第二个"毫不动摇"，两者既不能等量齐观，也不能主辅颠倒，更不能以后者取代前者。然而，我国某些领导干部对于第一个"毫不动摇"，或者是不感兴趣，或者是口是心非，或者是心怀抵触，或者是畏葸不前；而对于第二个"毫不动摇"，则是正中下怀，全力以赴，甚至将"引导"二字也早已忘得一干二净。他们对非公有制经济发展中出现的种种违规违法行为不仅放任不管，而且大开"绿灯"。这种对"两个毫不动摇"方针"一手硬、一手软"的状况，往往同某些领导干部与非公企业老板实行官商勾结并从中牟利有关，必须采取多种措施加以根本改变。

2. 深化国有企业改革，实行创新驱动、制造强国战略和科学管理，做大做优做强国有经济。目前，我国绝大多数国有企业已经完成了公司制股份制改革。应在准确划分不同企业类别的基础上，加大集团层面公司制改革和董事会建设的力度，完善社会主义现代企业制度，健全协调运转、有效制衡的公司法人治理结构。混合所有制是国企改革的重要形式。应稳妥发展国有控股、参股的混合所有制，以利于国有资本放大功能、保值增值和提高竞争力。在国有企业发展混合所有制的过程中，要防止国有资产流失，防止外国资本垄断，防止非公资本单向参股控股，防止将混合所有制作为国企改革的唯一形式，防止削弱国有经济的主导作用。[1] 最近，《中共中央、国务院关于深化国有企业改革的指导意见》要求：坚持因地施策、因业施策、因企施策，宜独则独，宜控则控，宜参则参，不搞拉郎配，不搞全覆盖，不设时间表，成熟一个推进一个，依法依规，公开公正，杜绝国有资产流失。《国务院关于国有企业发展混合所有制经济的意见》强调：要分类分层推进国有企业混合所有制改革，坚持政府引导、市场运作，完善制度、保护产权，严格程序、规范操作，宜改则改、稳妥推进等四项基本原则。应完善各类国有资产管理体制改革。特别是应在总结我国经验和借鉴外国经验的基础上，科学界定国有资本所有权和经营权的边界，积极推进经营性国有资产管理体制（通常称为国有资产管理体制）改革，建立健全既符合我国国情又行之有效的国有资本授权经营体制。应通过重新组合、创新发展、政策扶持等途径，特别是通过国有大中型企业实行创新驱动、制造强国战略和科学管理，真正使国有经济在关系国家安全和国民经济命脉的重要行业和关键领域占控制地位[2]，充分发挥国有经济的主导作用。同时，我国国有大型企业应以资本为纽带，实行强强联合、优势互补，加快实施"走出去"战略的步伐，在积极参与经济全球化的过程中不断提高自身的国际竞争力。

3. 积极扶持城乡集体经济发展壮大。改革开放以来特别是近二十年来，我国城乡集体经济逐渐萎缩。这种状况的出现，既有正常与合理的因素，也有不正常和不合理的因素。不可否认，传统计划经济体制下我国集体经济特别是农村集体经济在体制机制等方面存在明显弊端，应该也必须进行改革；然而，在当今社会主义市场经济条件下，集体经济所占比重显著下降就一定适合我国现阶段的生产力状况吗？在当代发达资本主义国家

---

[1] 程恩富、谢长安：《论资本主义和社会主义的混合所有制》，载于《马克思主义研究》2015 年第 1 期。

[2] 据报道，在中国 28 个主要行业中，外国直接投资占多数资产控制权的已达到 21 个，每个已经开放行业的前五名几乎都由外资控制。引自程恩富、谢长安：《论资本主义和社会主义的混合所有制》，载于《马克思主义研究》2015 年第 1 期。

中，各种形式的合作经济组织即集体经济尚占有一定的比重且具有活力①；在我国江苏华西村、北京韩村河村等地，经过改革开放洗礼后的集体经济红红火火，充满生机。笔者认为，集体经济在社会主义中国并非"日薄西山"，而是前景广阔。立足中国特色社会主义伟大事业的战略高度，我国应继续探索适合生产力发展状况的城乡集体所有制的有效实现形式，积极扶持并不断壮大集体经济。我国应在尊重群众自愿的基础上，积极促进城镇集体经济的发展。我国应在坚持农村土地集体所有制的基础上，大力发展农业集体经营和合作经营，积极鼓励农村发展规模化、专业化、现代化的合作经济。

（三）深化财税、收入、社会保障制度改革，逐步缩小居民财产差距

1. 深化财税体制改革。其一，全面推开房产税。我国当前居民财产差距悬殊，就不动产而言主要表现为居民拥有房产差距悬殊。2012 年，房产占我国城镇和农村家庭财产比例的中位数分别在 80% 和 60% 左右。② 2002 年，我国城镇居民人均财产最多的 20% 的人口拥有 52.36% 的房产，人均财产最少的 20% 的人口仅拥有 1.52% 的房产，两者的比例为 34.45∶1。③ 2011 年我国开始在上海、重庆进行了对部分个人非营业性住房征收房产税的试点工作。2015 年 3 月，我国开始实施不动产登记制度。应在总结经验、完善政策的基础上适时在全国实行房产税制度。其二，尽早开征遗产税和赠与税。1990 年，国家税务总局在《关于今后十年间工商税制改革总体设想》中，提出了开征遗产税和赠与税的设想。1993 年 11 月，党的十四届三中全会通过的《关于建立社会主义市场经济体制若干问题的决定》中明确提出："适时开征遗产税和赠与税"。笔者认为，我国应在借鉴国际经验的基础上，冲破既得利益的藩篱，全面推出遗产税和赠与税。其三，探索并适时出台一般财产税。其四，继续调高个人所得税起征点，逐步实行综合与分类相结合的个人所得税制度。当然，无论是实施房产税、一般

---

① 李琮著：《当代资本主义的新发展》，经济科学出版社 1998 年版，第 432 页。
② 谢宇等著：《中国民生发展报告 2014》，北京大学出版社 2014 年版，第 85 页。
③ 李实、史泰丽等主编：《中国居民收入分配研究Ⅲ》，北京师范大学出版社 2008 年版，第 265 页。

财产税、遗产税和赠与税，还是完善个人所得税，都应建立个人收入和财产信息系统，健全财产登记制度。应正确处理公平与效率的相互关系，既要缩小贫富差距，也要促进经济发展，还要适应纳税人的承受能力，其关键在于合理确定课税起征点和级别税率。此外，我国应顺乎世界上多数国家企业所得税下调的大趋势，适当降低企业所得税税率，给企业不断增加职工工资提供较大空间；应对某些收入畸高的垄断性行业开征特殊行业税，将其由非企业贡献因素获得的超额利润收归国有；应进一步完善慈善捐赠优惠政策。

2. 深化收入分配和社会保障制度改革。其一，持续提高最低工资标准和城乡居民最低生活保障标准。其二，健全与完善企业工资指导线和企业工资集体协商制度，"着重保护劳动所得"，努力实现劳动报酬增长与劳动生产率提高同步，健全并完善企业工资决定和正常增长机制。其三，深化国企高管薪酬制度改革，建立与国企高管选任方式相匹配、企业功能性质相适应、经营业绩相挂钩的差异化薪酬分配制度，合理缩小国企高管与企业职工、国家机关事业单位相当人员的收入差距。其四，完善国家机关、事业单位工资制度改革，进一步提高基本工资所占比重，合理规范津贴补贴，定期（原则上每年或每两年）对基本工资标准进行适当调整。其五，逐步实现基础养老金全国统筹，健全国家机关、事业单位与企业退休人员基本养老金正常调整机制，逐步缩小各类同级退休人员的社会保障待遇差别。其六，健全农业补贴稳定增长机制，促进农民收入持续较快增长。其七，助力农村脱贫攻坚工程，重点增加对"老、少、边、穷"地区的转移支付，促进基本公共服务均等化，合理缩小不同地区的收入差别。其八，加大国家对城市保障性住房、棚户区改造和农村危房改造的投入力度，探索保障性住房建设、管理、分配的有效方式，重点解决城乡部分居民的住房困难。

（四）科学有效地惩治和预防腐败，坚决取缔非法收入

1. 落实党风廉政建设责任制，健全反腐倡廉法律法规。在党风廉政方面，党委负主要责任，纪委负监督责任，抓紧制定并实施相关的责任追究制度。改革党的纪律检查体制，强化上级纪委对下级纪委的领导，落实中央纪委向中央一级党和国家机构派驻纪检机构，改进中央和省市区对地方、部门、企事业单位的巡视制度，进一步贯彻落实新修订的《中国共产党纪律处分条例》。在健全反腐倡廉法律法规方面，除认真执行《中国共产党廉洁自律准则》等法律法规外，我国仍需做许多工作。笔者认为，基于国际经验与我国实际，亟须尽早出台并实行官员财产申报与公示制度。前几年，我国已在个别地方进行了试点，为实行官员财产申报与公示制度积累了一定的经验。笔者认为，实行官员财产申报与公示制度，主要难点在于来自既得利益集团的重重阻力。为此，可借鉴我国经济体制改革中"先易后难"和"先增量改革、后存量改革"的成功经验，先从基层做起，从拟提拔的干部做起，逐步扩展到相关规定所涉及的全体官员。

2. 加重对经济犯罪的惩罚力度，依法强化税收征管。应认真借鉴我国过去的成功经验和外国的有益做法，重新修订相关法律法规，显著加重对经济犯罪案件的惩治力度，大幅提高腐败官员和违法人员的犯罪成本。要重点查处权力集中、资金密集、资源稀缺等领域的大案要案，加大查办案件的工作力度，坚持"老虎""苍蝇"一起打，始终保持惩治腐败的高压态势。应强化对企业所得税特别是非公有制企业所得税的征管，强化对畸高收入群体个人所得税的征管，对造假账、报假账、开假发票的相关人员及幕后操纵者要依法惩处。应严厉打击权钱交易、侵吞公有资产、非法经营、偷漏骗税等违法行为，坚决取缔非法收入。

3. 强化对权力运行的公开和监督机制。《中共中央关于全面深化改革若干重大问题的决定》提出："让人民监督权力，让权力在阳光下运行，是把权力关进制度笼子的根本之策。"实践证明，权力公开透明利于防止腐败，暗箱操作易于滋生腐败。应进一步完善党务、政务和各领域办事公开制度，实行决策公开、管理公开、服务公开和结果公开。同时，应加强对党政机关和国有企事业单位领导干部的经济责任审计和离任审计，加强对财政资金和重大投资项目的审计，进一步健全民主监督、法律监督和舆论监督机制，有效运用和规范互联网监督。

中国低工资制度的阶段特征与中期对策[*]

新中国成立以来，我国一直实行低工资制度。低工资制度是一把"双刃剑"，它既提高了积累率，促进了我国经济长期较快发展；也严重挤压了居民消费，不利于转变传统的经济发展方式。本文对我国计划经济时期和体制转轨时期低工资制度的主要特征及其成因进行初步探讨，并提出"十二五"时期我国改革与完善低工资制度的对策建议。

一、中国计划经济时期低工资制度的主要特征与基本成因

（一）中国计划经济时期低工资制度的主要特征

1. 低工资与平均主义并存。在计划经济时期，我国国有单位和城镇集体经济中劳动者的工资水平相当低下。1956 年，在六类地区工作的国家机关一级（最高级）干部每月工资为 644 元，三十级（最低级）干部每月工资仅为 23 元；高校一级（最高级）教授每月工资为 345 元，十二级（最低级）教师每月工资仅为 62 元。1977 年，我国职工年均工资仅为 602 元。①

与此同时，我国工资制度中与"论资排辈"相联系的平均主义现象相当严重。一方面，在国有企业中，职工吃企业的"大锅饭"，企业吃国家的"大锅饭"；另一方面，在国有单位中，尽管不同职工的劳动技能（或工作能力）和实际贡献大相径庭，但只要知道某个职工的学历、工龄和单

---

* 本文系郭飞和王飞合作，由郭飞撰写，原载《教学与研究》2011 年第 12 期。本文论及的中国低工资制度中的低，可从两个角度进行比较：一是从劳动报酬占收入法国内生产总值比重或计时工资角度，与同期发达国家进行比较；二是从劳动报酬占收入法国内生产总值比重或计时工资角度，与劳动生产率或经济发展阶段相似的其他国家进行比较。

① 徐颂陶等著：《中国工资制度改革》，中国财政经济出版社 1989 年版，第 31～32 页。

位，就能大体猜测出其每月工资的数额。

2. 高度统一，缺乏弹性。在计划经济时期，我国几乎所有与工资分配相关的政策规定都由中央部门制定，实行以产品经济为基础的"一竿子插到底"的分配制度。每名职工工资收入构成中的标准工资、津贴乃至奖金，工资何时升级以及增资数量等，都由中央有关部门统一规定，从而形成"一二一、齐步走"的局面。

3. 低工资与高补贴、泛福利并存。在计划经济时期，与低工资形成鲜明反差的是我国职工的高补贴和泛福利。住房补贴、医疗补贴、蔬菜补贴、粮食补贴、水电补贴、燃气补贴、交通补贴等并不进入职工工资，统统以"暗补"形式出现，在实际生活中转化为低房租、低医疗费（除挂号费外，免费治疗）、低粮价、低菜价等。不少国家机关、企事业单位自办幼儿园、小学、中学、澡堂、医院等设施，形成"从摇篮到火葬场"的一条龙式的配套福利。

（二）中国计划经济时期低工资制度的基本成因

1. 生产力落后和劳动生产率低下。我国是在半殖民地半封建社会的废墟上经由新民主主义进入社会主义社会的。在计划经济时期，我国生产力水平虽有显著提升，但仍比较落后。1952 年，我国国内生产总值为 679 亿元，1978 年增至 3645 亿元。[①] 我国人均国内生产总值 1949 年为 125.35元，1978 年增至 378.67 元。[②] 1953 ~ 1977 年，我国劳动生产率（即实际国内生产总值与总就业人数之比）提高 122.2%，年均提高 3.1%。[③] 20 世纪 50 年代中后期，我国在生产关系变革方面急于"升级换代"，搞"一大二公三纯"；60 年代中期至 70 年代中期，我国"以阶级斗争为纲"，搞"无产阶级专政下继续革命"，都曾导致生产力水平出现严重停滞甚至倒退。

[①] 马建堂：《党领导我们在民族复兴大道上奋勇前进》，载于《经济研究》2011 年第 6 期。

[②] 中华人民共和国国家统计局编：《中国统计年鉴（2010）》，中国统计出版社 2010 年版，第 95 页。

[③] 根据中华人民共和国国家统计局国民经济综合统计司：《新中国五十年统计资料汇编》和中华人民共和国国家统计局编：《中国统计年鉴（2010）》提供的相关数据计算。

2. 经济建设指导思想出现严重偏差。在计划经济时期，我国经济建设指导思想存在明显误区。没有把不断提高广大人民的物质文化生活需要这一社会主义生产目的置于首位，而是片面强调经济增长的高速度，长期实行"高积累、低消费"的方针（见表1），过分强调依靠提高职工的思想觉悟，严重偏离甚至违背社会主义物质利益原则。

表1 　　　　　我国计划经济时期积累率与实际工资增长率比较

时段	平均积累率（%）	实际平均工资年递增率（%）	说明
"一五"时期	24.2	5.4	积累率最高为 43.8%（1959 年），最低为 10.4%（1962 年）
"二五"时期	30.8	-4.4	
1963～1965 年	22.7	7.2	
1966～1976 年	30.3	-0.7	

资料来源：徐颂陶等著：《中国工资制度改革》，中国财政经济出版社 1989 年版，第 33 页。

3. 高度集中的僵化的工资分配体制。20 世纪 50 年代中期，我国建立了与传统的计划经济体制相适应的国家机关、事业单位和全民所有制企业职工统一的工资制度。传统工资制度的建立初衷是试图贯彻按劳分配原则，在历史上也曾起到一定的积极作用。但是，主要由于其没有赋予国有企业、事业单位适当的工资分配自主权，缺乏对职工劳动数量与质量进行科学考核的手段，没有建立与劳动生产率提高和国民经济发展相联系的职工工资正常增长机制，使我国职工工资长期处于具有浓厚平均主义色彩的低水平状态。1953～1977 年，国有单位职工平均货币工资增长 35%，年均增长 1.2%；扣除同期物价上涨因素，职工年均实际工资递增率仅为 0.3%。[1] 我国计划经济时期的低工资制度，既不能较好地贯彻按劳分配原则，又不能充分调动广大职工建设社会主义的积极性和创造性，陷入了既缺乏公平又缺乏效率的怪圈。

---

① 徐颂陶等著：《中国工资制度改革》，中国财政经济出版社 1989 年版，第 31～32 页。

二、中国体制转轨时期低工资制度的主要特征与基本成因

（一）中国体制转轨时期低工资制度的主要特征

1. 总体的低工资与局部的不合理的高工资并存。改革开放以来，我国职工收入有了显著提高。从名义工资来看，我国职工平均工资 1978 年为 615 元，2010 年则达到 36539 元；扣除物价上涨因素，这一时期我国职工平均实际工资增长了 883%。[①] 然而，我国职工工资总体上仍属于低工资范畴。其中，有两种低工资状况尤其值得关注：一是在最低工资标准边缘徘徊的低工资。有些企业特别是一些民营企业，将职工工资标准锁定在最低工资标准或其上方附近，其实质是剥夺了相当一部分职工本应获得更高收入的权益；也有些私营企业通过种种方式将职工工资压低到最低工资标准之下。有关调查表明，人力资本较低的农民工工资往往难以达到最低工资标准，服务行业、私营企业、小企业中对最低工资标准的执行情况较差。[②] 二是由二元劳动力市场导致的同工不同酬的低工资。在同一单位干同样工作，"编制外人员"与"编制内人员"的收入竟相差数倍。如在某电力公司中，全民工、集体工、临时工的待遇并不一样。全民工和集体工除享有福利和奖金外，还另有绩效考核奖、购买公司三产股等优厚待遇。[③] 存在这两种低工资状况的主体是广大农民工和持有城市户籍的临时工。与此同时，我国金融等垄断性行业职工平均工资是其他行业职工平均工资的 2~3 倍，如果再加上住房、工资外收入等方面的差异，实际收入差距可能在 5~10 倍。[④]

2. 白色收入、灰色收入与黑色收入并存。所谓白色收入，是指职工获得的合法且受到社会监督的收入。所谓灰色收入，是指职工获得的介于合法与非法之间且游离于社会监督之外的收入。所谓黑色收入，是指某些人

[①] 根据中华人民共和国国家统计局编：《2011 中国统计摘要》提供的城镇单位就业人员平均实际工资的相关数据计算。

[②] 孙中伟、舒玢玢：《最低工资标准与农民工工资》，载于《管理世界》2011 年第 8 期。

[③] 课题组：《促进形成合理的居民收入分配机制研究》，载于《经济研究参考》2010 年第 25 期。

[④] 夏静：《分好"蛋糕"是大学问》，载于《光明日报》2010 年 10 月 18 日。

通过非法途径获得的收入。① 在计划经济时期，广大职工获得的收入都属于白色收入。改革开放以来，由于不少国有企业滥用工资分配自主权及某些机关、事业单位私设"小金库"，导致灰色收入在不少职工的收入构成中占有相当的比重。而某些人通过权力寻租、组织生产假冒伪劣商品与制造、贩卖假币及开设赌场等途径，攫取了相当数量的黑色收入。② 尽管对我国体制转轨时期灰色、黑色收入的规模无法精确估算，但其数额相当巨大则是不争的事实。某些人攫取的巨额黑色收入已成为导致我国贫富悬殊的极为重要的因素。

3. 广大职工的低工资与教育、医疗特别是住房制度改革引发的高支出并存。20 世纪 90 年代中期以来，我国相继推出了教育、医疗和住房制度改革等重大举措。在较长时期内，教育改革中的某些举措蜕变为较为普遍的大学高学费和中小学乱收费；医疗改革中的某些举措蜕变为较为普遍的"看病贵""看病悬"；住房制度改革中的某些举措蜕变为较为普遍的住房分配不公、国有资产惊人流失和城镇广大中低收入群体难以承受的高房价。在社会保障制度很不健全的情况下，广大职工的低工资无法应对上述改革导致的高支出，既严重抑制了居民的消费需求，也增加了社会的不和谐因素。

4. 贫富悬殊，两极分化。近 20 年来，我国个人收入差距持续急剧扩大。根据《2011 福布斯全球富豪排行榜》公布的数据，目前，全球亿万富豪共计 1210 名，中国大陆占 115 名；其中，大陆首富李彦宏的个人净资产高达 94 亿美元。2010 年末，我国有 2311.1 万城市居民得到政府最低生活保障，农村贫困人口为 2688 万，共有 4999.1 万人生活在贫困线之下，约占全国总人口的 3.7%。两者形成极为鲜明的反差。1978 年，我国居民收入的基尼系数约为 0.16 ~ 0.17。③ 当今，我国居民收入的基尼系数已高达 0.561，④ 不仅突破了国际公认的警戒线（0.4），而且进入了"危险区"

---

① 郭飞：《我国当前个人收入差距实证考察》，载于《经济学动态》1998 年第 5 期。
② 郭飞：《我国当前个人收入分配的主要问题与对策》，载于《教学与研究》2010 年第 2 期。
③ 赵人伟、李实等著：《中国居民收入分配再研究》，中国财政经济出版社 1999 年版，第 130 页。
④ 唐钧：《贫富差距：事实与原因》，载于《中国党政干部论坛》2010 年第 6 期。

（0.5）。根据世界银行公布的数据，我国近年来居民收入的基尼系数不仅高于所有发达资本主义国家，也高于印度、越南等发展中国家。① 如果说，在改革开放以来的较长时期中，尚有不少人认为我国并未达到贫富悬殊、两极分化的程度；那么，当下否定我国存在贫富悬殊、两极分化的人则微乎其微。近年来的相关调查表明，多数居民对我国近年来的收入分配状况严重不满。② 同时，我国居民的财产差距又明显超过收入差距。国外有评论认为："中国的财富天平正在朝错误方向倾斜。"③

（二）中国体制转轨时期低工资制度的基本成因

1. 劳动生产率较低，经济建设某些重要指导思想和经济发展方式尚未发生根本性转变。1979～2010 年，我国经济年均增速为 9.9%，是同期世界经济年均增速的 3 倍多。④ 1978～2009 年，我国劳动生产率提高 858.8%，年均增长 7.6%。⑤ 然而，我国劳动生产率仍较为低下。2008 年，埃克森美孚石油公司在世界 500 强企业中排名第二，人均营业额为 422.97 万美元，人均利润额为 43.19 万美元；中国石油化工集团公司在世界 500 强企业中排名第 9，人均营业额为 32.49 万美元，人均利润额仅为 0.31 万美元；前者人均营业额和人均利润额分别是后者的 13 倍和 139.3 倍。⑥ 长期以来，片面追求经济增长速度的观念在我国政府官员的头脑中普遍存在，"高积累、低消费"的传统做法在我国经济建设实践中不仅没有改变，反而更加严重。我国经济增长中消费需求的拉动作用不足，第一、第三产业的带动作用不足，科技进步、劳动者素质提高、管理创新的作用

---

① 郭飞：《我国当前个人收入分配的主要问题与对策》，载于《教学与研究》2010 年第 2 期。

② 俞肖云、肖炎舜：《我国收入分配的现状、问题、成因与对策》，载于《经济学动态》2009 年第 8 期；课题组：《促进形成合理的居民收入分配机制研究》，载于《经济研究参考》2010 年第 25 期。

③ 彭博新闻社网站：《中国财富天平向错误方向倾斜》，载于《参考消息》2010 年 8 月 17 日。

④ 马建堂：《党领导我们在民族复兴大道上奋勇前进》，载于《经济研究》2011 年第 6 期。

⑤ 根据中华人民共和国国家统计局国民经济综合统计司：《新中国五十年统计资料汇编》和中华人民共和国国家统计局编：《中国统计年鉴（2010）》提供的相关数据计算。

⑥ 根据中华人民共和国国家统计局编：《国际统计年鉴（2010）》提供的相关数据计算。

不足。我国许多产业和企业都集中在价值链的低端（即"微笑曲线"的中间环节），经济发展方式并未发生根本性转变。

2. 劳动力供求严重失衡且日益显性化，在利益博弈中广大劳动者处于弱势地位。改革开放以来，随着我国市场化进程的不断推进，传统经济体制下大量的"隐性失业"逐渐转化为显性失业。根据笔者的研究，2002年，我国城镇真实失业率约为9%，大大高于官方公布的城镇登记失业率（4%），属于国际划分标准中的失业问题严峻型。① 尽管我国有的地区在短期内也出现过"民工荒"，但其主要是工资过低或劳动力结构供求不平衡所致。我国劳动力总量明显供过于求的基本格局至今没有发生根本性变化。"十二五"时期，我国城镇每年需安排就业的劳动力约为2500万人，岗位缺口约在1300万以上；每年还需转移农业劳动力800万~900万人，就业总体形势依然较为严峻。我国有的私营企业曾挂出横幅："今天不拼命工作，明天就拼命找工作"。这是我国某些企业家心态和我国劳动力供求基本格局的真实反映。与此同时，我国许多单位特别是许多企业的工会组织形同虚设，有些地方政府官员遇到劳资纠纷时偏袒资方，在维护职工权益方面"不作为"或"少作为"。据相关资料介绍，有的省份在实行工资集体协商制度过程中举步维艰：（1）企业不愿谈，担心工资协商会损害企业利益；（2）员工不敢谈，担心提出协商要求会被企业解雇；（3）职工对工资法规和政策不熟悉，不会谈；（4）工会组织不健全，不能谈。其根本原因在于劳资双方地位不平等和博弈力量不对称。②

3. 利润、税收、资本积累侵蚀工资，劳动报酬占比过低，国民收入分配格局严重扭曲。20世纪90年代中期以来，我国劳动报酬在初次分配中的占比呈持续下降态势。1995~2007年，从收入法核算的国内生产总值来看，劳动报酬在初次分配中占比从51.4%持续降至39.7%，资本所得（固定资产折旧加营业盈余）占比则从36.3%持续升至46.1%，政府生产税净额占比也从12.3%增至14.2%。③ 在当今发达市场经济国家，劳动报

---

① 郭飞：《我国失业的五大特征与对策》，载于《经济学动态》2003年第11期。
② 课题组：《促进形成合理的居民收入分配机制研究》，载于《经济研究参考》2010年第25期。
③ 本书编写组编著：《〈中共中央关于制定国民经济和社会发展第十二个五年规划的建议〉辅导读本》，人民出版社2010年版，第210页。

酬在初次分配中占比平均在50%以上；这些国家在与我国现阶段相似的人均国内生产总值3000美元阶段，劳动报酬在初次分配中占比平均为50%左右。① 我国正处于工业化中后期阶段，劳动报酬在初次分配中占比长期持续下滑且降至40%以下，不仅在世界工业化进程中极为罕见，也与社会主义国家基本性质相悖。

4. 权力寻租，行业垄断，某些资源类产品价格过低。权力寻租在此是指握有行政、经济等权力的官员或工作人员通过非法或不正当途径获取经济利益的行为。② 权利寻租在我国体制转轨时期已较为普遍，租金规模也越来越大。杭州市原副市长许迈永和苏州市原副市长姜人杰利用职务便利，索取款物、侵吞国有资产或非法收受贿赂分别为19888.55万元和10865万元。③ 20世纪90年代中期以来，我国外逃的党政干部、公安、司法干部和国家事业单位、国有企业高层管理人员，以及驻外中资机构外逃、失踪人员高达16000~18000人，携带款项达8000亿元人民币。④ 权利寻租侵吞了国家、企业和人民的巨额财富，挤压了广大职工工资增长的空间。某些垄断性行业的畸高收入问题长期没有得到有效治理。此外，我国某些资源类产品价格过低。例如，我国石油、天然气、煤炭等重要能源的补偿费只有1%，而国外石油、天然气、矿产资源补偿费征收率一般为10%至16%。有学者指出，近些年来我国利润率高的行业，大多数或者是资源垄断性行业，或者是环境污染较为严重的行业。这些行业的回报率较高，重要原因之一是由于"产品高价、资源低价、环境无价"。从某种意义上说，其许多利益是在损害国家和公众利益的基础上获得的。⑤

5. 个人收入分配体制与机制存在严重缺陷。从宏观来看，一是国家对某些垄断性行业不合理的高收入缺乏有效的调节手段；二是国家机关、事业单位职工工资正常增长机制尚不完善。近些年来，我国国内生产总值年

---

① 刘树杰、王蕴：《合理调整国民收入分配格局研究》，载于《宏观经济研究》2009年第12期。

② 郭飞：《我国当前个人收入分配的主要问题与对策》，载于《教学与研究》2010年第2期。

③ 王逸吟、任生心：《许迈永、姜人杰已执行死刑》，载于《光明日报》2011年7月20日。

④ 课题组：《我国腐败分子向境外转移资产的途径与监测方法研究》（http://ishare. iask. si-na. com. cn/f/16290713. html. 2011 - 06 - 21）。

⑤ 蔡继明：《我国当前分配不公的成因和对策》，载于《中共中央党校学报》2010年第3期。

均增速为 10% 左右，财政收入年均增速为 20% 左右，但国家机关和事业单位许多职工的实际工资却不升反降（名义工资的增长速度远低于物价上涨速度）。不仅无法"共享"改革发展成果，还出现了较为明显的实际工资负增长。从微观来看，国家有关部门对某些国企高管薪酬过高问题始终拿不出广大群众可以接受的行之有效的解决办法。不少国企高管（特别是某些垄断性行业的国企高管）滥用企业工资分配自主权，自定高额薪酬，同时又压低一般员工工资。据广东省有关部门 2007 年的调查，有的国企高管在企业亏损情况下几年间获得几千万元甚至近亿元薪酬；有的上市国有保险公司一把手的年薪从上百万元到上千万元不等。① 这种怪象之所以出现，关键是国有企业的工资决定机制存在严重缺陷。从理论上说，国有企业拥有工资分配的自主权；国资委等相关部门作为国有企业所有者的代表，拥有对国有企业工资分配的调控权。从公司治理结构角度看，国有或国有控股公司的工资分配方案（含高管的年薪标准、职工基本工资标准及增长幅度等）都应由股份公司股东会通过、董事会决定并由职工代表大会通过，由企业高管负责实施且受监事会监督。如果国企高管的年薪实际上由其本人说了算，职工工资也由国企高管说了算，那么，就工资分配而言，国有企业岂不成了国企高管的私有企业？在国家相关部门"不作为""少作为"和许多国有或国有控股公司治理结构形同虚设、公司董事长与总经理同为一人的情况下，某些国企高管薪酬过高和不少国企职工工资较低的问题则无法从根本上得到解决。

三、中国低工资制度的历史走向与中期对策

（一）中国低工资制度的历史走向

新中国成立以来，我国实行的低工资制度具有二重作用。首先，我国低工资制度有一定的积极作用。一是明显提高了积累率，促进了我国经济长期较快发展。1953 ~ 1978 年，我国积累率年均为 31.1%；1979 ~ 2010

---

① 课题组：《促进形成合理的居民收入分配机制研究》，载于《经济研究参考》2010 年第 25 期。

年，我国积累率年均为 42.1%。① 在其他条件不变的情况下，我国若实行较高的工资制度，则较高的积累率和经济增长速度是不可能的。二是有利于吸引外商直接投资和民间投资，加快我国社会主义现代化建设。外商直接投资和民间投资的根本动机是追逐高利润率，而低工资制度则是其实现高利润率的重要手段。长期以来，我们经常把我国劳动力低成本作为参与国际经济竞争最突出的比较优势，这正反映了我国劳动者工资严重低下的冷峻现实。其次，我国低工资制度也有不容忽视的消极作用。一是严重挤压了消费特别是居民消费，不利于实现社会主义生产目的。我国消费率不断创出新低，已由 1978 年的 62.1% 降至 2009 年的 48%，明显低于国际平均水平。2006 年，日本消费率为 74.8%，美国为 86.2%；2007 年，德国消费率为 74.7%，越南为 71.8%；2008 年，韩国消费率为 69.8%，印度为 67.1%，俄罗斯为 63.7%。② 社会主义生产目的是不断满足人民日益增长的物质文化需要。我国长期以来实行"高积累、低消费"，实际上是"重生产、轻生活"的理念作祟。居民实际收入增长速度长期明显低于国民经济和劳动生产率增长速度，使社会主义制度在改善人民生活方面的优越性不能得到充分发挥，挫伤了广大劳动者建设社会主义的积极性和主动性。二是在较长时间内助长了粗放型经济增长方式，不利于我国实现经济发展方式的根本性转变。在劳动力成本和其他生产要素价格被严重压低的情况下，从微观经济到宏观经济都易于忽视实施自主创新战略和名牌战略，易于走高投入、低产出、低效益、高污染的经济发展老路，从而形成不合理的产业结构和消费结构。

斯德哥尔摩大学鲍威尔教授认为：这是一个两难的选择——工资过高会削弱企业的成本优势，工资太低则与体面劳动和尊严生活的方向相悖。找到两者的平衡点，堪称是一个"可比肩诺贝尔奖水平的难题"。③ 笔者认

① 根据中华人民共和国统计局国民经济综合统计司：《新中国五十年统计资料汇编》和中华人民共和国国家统计局编：《中国统计摘要（2011）》提供的相关数据计算。
② 根据中华人民共和国国家统计局编：《中国统计年鉴（2010）》和《国际统计年鉴（2010）》提供的相关数据整理。
③ 李克诚、沈靓：《富士康工资涨幅一周超十年：2000 元起薪破冰》，载于《东方早报》2010 年 6 月 8 日。

为，基于我国国情和现阶段的奋斗目标，低工资制度还不能迅速退出我国历史舞台。然而，必须采取得力措施，对我国现行低工资制度进行改革与完善。在总量上，应显著提高居民收入在国民收入中的比重，劳动报酬在初次分配中的比重，使居民收入增长与经济发展同步，劳动报酬增长与劳动生产率提高同步；在结构上，应本着保底、提低、扩中、调高的原则，使不同行业、不同群体的收入比例较为适当，尽快扭转个人收入差距不断扩大的趋势。从长远来看，为充分体现社会主义经济制度的优越性，更好地贯彻"以人为本"的科学发展观，推动我国经济发展方式实现根本性转变，顺应广大人民过上更好生活的新期待，我国应在劳动生产率提高和经济发展的基础上，最终甩掉低工资制度的帽子，逐步向可与国际上其他劳动生产率或经济发展阶段相似国家进行横向比较的中、高工资制度过渡。

（二）中国"十二五"时期改革与完善低工资制度的基本对策

1. 深化财税体制和资源产品类价格改革，调整国家、企业与个人的利益关系。一是适当降低企业所得税税率。改革开放以来，我国企业所得税税率经过多次调整，目前内外资企业所得税税率统一为 25%。针对近年来我国财政收入迅速增加、政府所得在国民收入初次分配中比重偏大等情况，笔者认为，似可在"十二五"时期将我国企业所得税税率下调至 23%。其一，企业所得税税率降低 2%，按目前情况大约每年减少企业所得税 1000多亿元（相当于 2010 年我国财政收入的 1/80），国家财政能够承受得起。其二，适当调低企业所得税税率，符合当今世界企业所得税改革的大趋势。20 世纪 80 年代以来，各国企业所得税改革最显著的特点是税率呈下降趋势，让利于企。而随着企业利润的不断增加，各国征缴的企业所得税额总体上却呈现上升趋势。[①] 其三，适当调低企业所得税税率，可为企业提高职工工资提供较大空间。其四，适当调低企业所得税税率，还有利于吸引外商直接投资。

二是继续调高个人所得税起征点，建立健全综合与分类相结合的个人所得税制度。今年我国对个人所得税进行了重大调整，免征额由 2000 元调

---

① 魏志梅著：《企业所得税改革国际趋势研究》，中国税务出版社 2010 年版，第 25～36 页。

至 3500 元，体现了为中低收入群体减税的制度设计。随着我国经济发展和居民收入不断增加，"十二五"时期似可将个人所得税免征额上调至 5000 元左右。此外，我国对高收入人群个人所得税征管中存在"灰色地带"，致使个人所得税沦为"工薪税"。我国 2009 年征缴的个人所得税总计为 3944 亿元，其中工资所得个税收入为 2483 亿元，占个人所得税总额比重约为 63%，工薪阶层成为个人所得税的实际纳税主体。① 而据《财富》杂志 2010 年报告提供的数字，中国内地千万富豪人数高达 87.5 万人，其在休闲上年人均消费 190 万元，亿万富豪在休闲上年人均消费 250 万元。据此匡算，我国富人应缴纳的个人所得税约在 8000 亿元以上，是我国 2009 年实际征缴个人所得税总额的两倍多。② 因此，应进一步加强对高收入人群的个税征管，使个人所得税的主要税源真正来自于高收入者。与此同时，我国个人所得税税制改革应借鉴世界上多数国家的有益做法，逐步向综合与分类相结合的税制（即将固定或经常所得作为综合所得按年计算征税，将资本所得和临时、偶然所得作为分类所得按次计算征税）转变。为此，应逐步创造条件，将个人身份证号码、社会保障号码、个人纳税号码三位一体，实现个人全部收入信息网络全覆盖和纳税人信息申报实名制。

三是对部分垄断性行业的垄断收益征收特殊行业税，提高国有资本收益上缴比例。对部分收入畸高的垄断性行业，应开征特殊行业税（可依据垄断与获利程度不同，设置若干档次的不同税率），将其由非企业贡献因素获得的超额利润收归国有。同时，应在目前对中央企业按 5% 和 10% 不同比例收取国有资本收益的基础上，扩大国有资本收益征缴企业范围，提高国有资本上缴比例，统一纳入公共财政。

四是适时推出财产税与赠与税，进一步完善并推广房产税。近年来，我国个人收入差距与居民财产差距互相促进，双双越过 0.5 的"危险区"。为体现社会公平与正义，有必要尽早推出财产税与赠与税。我国目前在个别城市试行的房产税，实际上是对作为不动产的房产征税，是个别财产税

---

① 中共中央宣传部理论局：《从怎么看到怎么办——理论热点面对面·2011》，学习出版社、人民出版社 2011 年版，第 29～30 页。

② 杨亮：《你该交多少税?》，载于《光明日报》2011 年 7 月 19 日。

的一种形式，应在取得经验并不断完善的基础上全面推开。

此外，应继续推进资源类产品价格改革，减少资源要素价格扭曲对收入分配的负面影响。应进一步完善我国资源税费制度，明显提高资源税费标准，合理调整资源税费在不同利益主体及其相关者之间的分配关系。

2. 建立健全职工工资正常增长机制，稳步实施我国居民收入十年倍增计划。一是持续大幅提高最低工资标准，切实做到企业（或单位）员工同工同酬。笔者在去年2月发表的论文中提出，应根据劳动生产率增长水平、消费品价格上升指数与社会平均工资增长率等因素，将各地最低工资标准年均提高15%左右。这样，我国最低工资标准与社会平均工资的比例在10年后大致可增至40%左右（即达到国际平均比例的下限）。[①] 去年，我国有30个省份提高了最低工资标准，平均增幅高达24%。今年上半年，浙江省已将最低工资标准提至每月1310元，成为全国之冠。我国"十二五"规划提出："十二五"时期，我国最低工资标准拟年均提高13%以上，绝大多数地区最低工资标准达到当地城镇从业人员平均工资的40%以上。可以认为，笔者去年年初提出的建议与我国政府今年公布的规划具有很高的契合度。与此同时，我国应建立健全相关法律法规，转变许多企事业单位存在的按员工身份进行分配的做法，切实做到同工同酬。

二是建立健全企业工资指导线和工资集体协商制度。企业工资指导线是政府对企业工资分配进行规范与调控，使企业工资增长符合经济和社会发展要求，促进生产力发展的企业年度货币工资水平增长幅度的标准线。企业工资指导线分为基准线、上线（预警线）和下线。北京市人社局不久前发布了2011年企业工资指导线，根据企业生产经营和经济效益的不同情况，规定基准线为提高10.5%，上线（预警线）为提高15.5%，下线为提高5%；经营亏损企业经与工会或职工代表协商后，工资可以零增长或负增长，但支付给劳动者的工资不得低于北京市最低工资标准。笔者认为，北京市人社局设定工资指导线的具体做法值得借鉴。然而，如何能使工资指导线由"软约束"变为"硬约束"，其作用范围也能覆盖全部非国有企业，亟须采取有效措施予以解决。工资集体协商制度是市场经济条件下完

---

① 郭飞：《我国当前个人收入分配的主要问题与对策》，载于《教学与研究》2010年第2期。

善企业工资管理制度、理顺企业内部分配关系、保障劳资双方合法权益、解决劳资矛盾和冲突的有效手段。应明确企业工会维护职工权利的主要内容是维护职工合理合规的工资权利，企业工会是代表职工与用人单位代表进行工资集体协商制度的主要依托。应通过舆论宣传、提高职工维权意识和加强立法与政策保障，逐步建立起以劳资双方平等协商为基础、体现企业和职工利益共享的工资决定机制。

三是进一步完善国家机关、事业单位职工工资正常增长机制。为此，笔者建议在国家机关、事业单位职工工资中增加由国家财政拨付的价格特殊津贴和经济发展津贴。价格特殊津贴即将职工的基本工资（如教师的岗位津贴和薪级工资）乘以上年度的消费品价格涨幅，经济发展津贴即将职工的基本工资乘以上年度国内生产总值增幅的1/2（在此主要考虑3个因素：①导致国内生产总值增量的因素中包括新增职工人数；②按照现行工资制度，国家机关职工一般每两年晋升一个工资档次，事业单位职工一般每年增加一级薪级工资；③国家有关部门将不定期地修订和提高国家机关、事业单位工资标准）。从而，不仅能够确保国家机关、事业单位职工的实际工资不会降低，还能确保其实际工资随国民经济发展而不断提高。

四是抓紧制定并实施我国居民收入（在此指居民实际购买力或居民实际收入）十年倍增计划。目前，我国已进入中等收入国家行列。笔者建议，我国应制定居民收入十年倍增计划（2011~2020年）。实现我国居民收入十年翻一番，既是我国显著提高"两个比重"（即劳动报酬在国民收入初次分配中的比重和居民收入在国民收入中的比重）的迫切需要，也是我国实施扩大内需战略特别是大力提振居民消费能力的迫切需要，还是我国转变经济发展方式、促进社会和谐稳定、顺利跨越"中等收入陷阱"的迫切需要。笔者认为，实现我国居民收入十年倍增，既有必要性，也有可能性。我国"十二五"规划提出，"十二五"时期国内生产总值拟年均增长7%。我国今年上半年国内生产总值增长9.6%，全年国内生产总值增速将大大超过7%。考虑到我国"十三五"时期国内生产总值增速可能有所下降，假定我国"十二五""十三五"时期国内生产总值年均增速为7%，假定在此期间我国居民收入年均增速同为7%（在实施过程中，可假定"十二五"时期居民收入年均增速为8%，"十三五"时期居民收入年均增速为6%），即可基本达到居民收入十年翻一番的目标。当然，我国居民收入十年倍增计划若能实行，并不等于我国不同行业、不同群体的个人收入都是同步增加。应区分不同行业和不同群体，使广大农民和城镇农民工等低收入群体以及低收入行业职工的收入以更快的速度增长。

3. 严格规范国企高管的薪酬标准和职务消费。2002年，我国开始推行国企高管年薪制，当时规定国企高管年薪不得超过该企业职工平均工资的12倍。近年来，在不少国有或国有控股企业中，这一上限已名存实亡。2009年9月，人社部、财政部、国资委等六部委联合下发了《关于进一步规范中央企业负责人薪酬管理的指导意见》，规定了央企负责人薪酬管理的基本原则和薪酬结构。对此，笔者基本赞同，但也提出了一些改进意见。[①] 笔者在此重申三点：（1）国企高管年薪不仅应与上年度该企业职工平均工资相联系，还应与上年度国企职工平均工资保持适当的比例关系；（2）应对国企高管（特别是央企高管）年薪的上限做出明确规定，近年内似以限定在80万~100万元为宜。不能"上不封顶"，高得"离谱"。（3）应将完善国企高管薪酬制度与规范补充养老保险、职务消费等制度协调配套。

4. 进一步完善国民收入再分配机制，大幅增加公共服务在财政支出中所占的比重，促进基本公共服务均等化。基本公共服务是政府通过实物转移方式调节收入分配最有力的手段。在我国现阶段，基本公共服务主要包括义务教育、公共卫生、社会保险、社会救助、公共就业服务、公共安全、保障性住房等。根据国际经验，在人均国内生产总值3000~10000美元阶段，公共服务在财政支出中所占的比重显著上升。2008年，我国教育、医疗和社会保障3项支出在财政支出中仅占37.7%，与人均国内生产总值3000~6000美元的其他国家相比低16.3%（其中，社会保障支出低10.3%，医疗支出低7.9%）。[②] 因此，在我国财政支出中，应大幅提升公共服务支出所占的比重；在公共服务支出中，应大幅提升社会保障支出所

---

① 郭飞：《我国当前个人收入分配的主要问题与对策》，载于《教学与研究》2010年第2期。
② 本书编写组编著：《〈中共中央关于制定国民经济和社会发展第十二个五年规划的建议〉辅导读本》，人民出版社2010年版，第214页。

占的比重。笔者建议：（1）2012～2015 年，对城镇和农村居民的低保标准年均提高 10%；（2）2012～2015 年，对企业离退休人员的基本养老金年均提高 10%；（3）2012～2015 年，对新农合和城镇居民医保的财政补贴标准年均提高 20%；（4）大幅提高农村中、小学教师的生活补贴标准；（5）建立健全高中、中专、高职、普通高校家庭经济困难学生国家资助制度；（6）对农村中小学实行免费午餐制度（所需费用从中央和地方财政预算的公共教育经费中拨付）；（7）应利用我国今后若干年内教育经费增加较快的契机，积极创造条件，逐步实行城乡十二年义务教育。此外，应加快构建以政府为主提供基本保障、以市场为主满足多层次需求的住房供应体系，逐步做到对城镇低收入住房困难家庭实行廉租住房制度，对中等偏下收入住房困难家庭实行公共租赁房保障；应积极稳妥地推进城镇化，切实维护农民工的合法权益，将农民工逐步纳入城镇就业、医疗、社保、住房和子女教育等基本保障制度；应加快发展慈善事业，积极培育慈善组织，完善公益性捐赠税收优惠政策，进一步发挥"第三次分配"在扶危济困、调节个人收入分配中的作用。

5. 大力加强党风廉政相关法律法规建设，实行官员财产申报和公示制度，狠狠打击并坚决取缔非法收入。改革开放以来特别是党的十三届四中全会以来，我国在党风廉政相关法律法规建设方面取得长足进展，但"前腐后继"状况依然存在，反腐败斗争形势相当严峻。笔者认为，"十二五"时期，我国似有必要推出三项重大举措。一是在惩治腐败方面施以严刑峻法。1933 年 12 月，中华苏维埃共和国中央执行委员会发布了《关于惩治贪污浪费行为》的训令，明确规定"贪污公款在 500 元以上者，处以死刑"。1952 年，石家庄市委原副书记刘青山、原天津地委书记张子善因贪污巨额公款被处以死刑，在社会上产生了深远的积极影响。有关研究表明，目前在中美两国进行同等数额的商业贿赂，美国给予的处罚是中国的 100倍。① 笔者认为，应认真借鉴我国过去的成功经验和外国的有益做法，紧密结合我国新的历史实际，重新修订相关法律法规，明显加重对经济犯罪案件的惩治力度，大幅提高腐败官员的犯罪成本，强力推进反腐倡廉建设。

---

① 《跨国公司在华行贿十条罪》，载于《人物周报》2009 年 9 月 10 日。

二是实行官员财产申报和公示制度。官员财产申报制度已在世界近百个国家实行，其宗旨是使官员不想贪、不敢贪和不能贪。我国尚未出台要求官员申报和公示财产的法律法规。我国现行的《关于领导干部报告个人有关事项的规定》中尽管也包括了报告收入、房产、投资等内容，但报告不等于申报，更不等于公示，不具有公开性、透明性和相对于广大群众而言的可监督性。我国 2009 年在浙江慈溪和新疆阿勒泰两地区分别进行了官员财产申报的试点，最近又在安徽青阳、庐江两县对拟提拔的正副科级干部进行了财产公示。笔者认为，实行官员财产申报和公示制度是大势所趋，我国应加快社会诚信和信息统计体系建设，尽早出台实行官员财产申报和公示的法律法规。为减少阻力，可借鉴经济体制改革中先增量改革、后存量改革的成功经验。具体说来，实行官员财产申报和公示制度，可率先从基层做起，从拟提拔的干部做起，逐步扩展到相关规定涉及的全体官员。三是大力压缩并公示中央与地方政府的"三公"经费支出，将节余经费转化为职工增资支出。

我国当前个人收入分配：
问题、成因与对策[*]

经过 14 年的改革，我国的个人收入分配体制发生了显著的变化：农村普遍实行了家庭联产计酬制，打破了原有的以"评工记分"为特征的平均主义分配体制；全民所有制企业恢复了奖励制度和计件工资制度，半数以上的全民所有制企业实行了"工效挂钩"的分配制度；国家机关和事业单位实行了与全民所有制企业不同的工资制度；国家允许非按劳分配方式的存在和国家职工利用业余时间从事第二职业，鼓励一部分人、一部分企业和一部分地区依靠诚实劳动和合法经营先富起来。总体来看，我国个人收入分配体制改革取得了很大进展，有力地推动了经济建设的发展和人民生活水平的提高。然而，毋庸讳言，我国当前的个人收入分配关系还没有理顺，仍然存在着诸多引人注目的深层次的问题。正确认识这些问题并积极探寻与实施有效对策，是加速建立与社会主义市场经济发展要求相适应的个人收入分配新体制的迫切需要。

一

当前，我国个人收入分配领域中的问题错综复杂，大体上可以用"乱、隐、平、高"四个字来概括。

所谓"乱"，主要是指全民所有制单位的工资分配关系中存在着不同程度的紊乱状况。其主要表现是：（1）相当一部分全民所有制企业在工资奖金发放方面竞相攀比，不提或少提折旧基金，挤占生产发展基金。有些企业在严重亏损的情况下，还照发工资和奖金。（2）不同行业全民所有制

———————————

* 原载《经济工作者学习资料》1993 年第 14 期。

单位职工的收入差距不合理地拉大（见表1）。从表1中可以看出，在国民经济12个部门中，全民所有制单位职工年均货币工资最高的是地质普查和勘探业，最低的则是农、林、牧、渔、水利业，两者的比例由1978年的1.65：1扩大到1991年的1.83：1；1991年，脑力劳动者比较集中的教育、科研、卫生、机关团体等部门的职工年均货币工资仍明显低于体力劳动者较为集中的交通运输业、邮电通讯业和建筑业。（3）国家机关、事业单位干部的工资水平明显低于全民所有制企业干部的工资水平。《国家机关事业单位工作人员工资法》课题组通过对江苏省部分单位的抽样调查表明，国家机关、事业单位干部的月均工资比企业干部低58元左右；如果按职务分类，则职务越高，工资差距越大（见表2）。而根据有关部门1990年对15个省、市、自治区约52万人的调查，国家机关、事业单位、企业干部年均工资分别为2117元、2121元和2584元，企业干部年均工资分别高于国家机关、事业单位干部年均工资22%和21%。如果将同等职务干部的年均工资加以比较，企业干部高于国家机关、事业单位干部大约20%～40%。[①]（4）职工实际工资增长速度与劳动生产率增长速度经常出现严重脱节。仅以工业部门为例，从1979～1991年，工业部门职工实际工资增长率与劳动生产率增长率相差5个百分点以上的年份有8年，相差10个百分点以上的年份有2年。其中，在1979年、1982年、1988年、1989年，二者都呈负相关的态势。1979年，在工业劳动生产率出现负增长的情况下，工业部门职工人均实际工资却增长了7.5个百分点，两者相差12.4个百分点；1988年，在工业劳动生产率增长13.2个百分点的情况下，工业部门职工人均实际工资却下降了0.2个百分点，两者竟相差13.4个百分点（见表3）。这种工资分配大起大落的无序状态，不仅对国民经济的均衡发展不利，而且对职工的生活和心理也产生了某种不良的影响。

---

① 中国社会科学院工资改革理论研究课题组：《国家机关、事业单位工资制度改革的基本思路和对策》，载于《经济研究》1992年第9期。

表 1　　　　　　　全民所有制单位分行业职工平均工资　　　　　　单位：元

行业分类	1978 年	1991 年	行业分类	1978 年	1991 年
农、林、牧、渔、水利业	492	1715	房地产管理、公用事业、居民服务和咨询服务业	626	605
				605	2417
工业	681	2627	卫生、体育和社会福利事业	566	2257
地质普查和勘探业	811	3132	教育、文化艺术和广播电视事业	670	2580
建筑业	756	2917	科学研究和综合技术服务事业	650	2355
交通运输、邮电通讯业	734	3042	金融、保险业	661	2277
商业、公共饮食、物资供销和仓储业	588	2199	国家机关政党机关和社会团体		
			合计	644	2477

资料来源：中华人民共和国国家统计局编：《中国统计年鉴（1992）》，中国统计出版社 1992 年版，第 134 页。

表 2　　　　　江苏省部分机关、事业、企业单位干部月均工资比较　　　单位：元

干部级别	分类	样本数	人均月工资
处（厂）长	机　关	137	210.76
	事　业	13	219.33
	企　业	44	346.77
副处（厂）长	机　关	312	198.05
	事　业	39	213.90
	企　业	41	302.06
科长	机　关	735	188.73
	事　业	80	199.62
	企　业	96	247.85
副科长	机　关	1156	169.96
	事　业	126	181.77
	企　业	159	227.31

续表

干部级别	分类	样本数	人均月工资
科办员	机　关	3614	147.36
	事　业	925	159.64
	企　业	616	207.16
正副教授	事　业	388	219.80
	企　业	60	296.61
讲　师	事　业	3089	197.00
	企　业	285	255.85
助　教	事　业	3662	163.96
	企　业	534	214.92
技术员	事　业	2940	142.17
	企　业	338	189.50
合　计	机　关	5954	160.97
	事　业	11262	169.70
	企　业	2173	223.07

资料来源：根据《管理世界》1992年第3期第124页提供的数据整理。

表3　　我国工业劳动生产率增长速度与工业职工实际工资平均增长速度比较 单位:%

年　份	工业劳动生产率增长速度	工业职工实际工资平均增长速度
1979	-4.9	7.5
1980	5.6	5.5
1981	-3.3	-1.8
1982	2.3	-0.3
1983	6.6	0.1
1984	9.5	17.6
1985	12.6	4.6
1986	3.0	7.8
1987	6.9	1.7
1988	13.2	-0.2
1989	4.8	-3.4
1990	5.3	8.7
1991	9.0	4.7

资料来源：中华人民共和国国家统计局编：《中国统计年鉴（1992）》，中国统计出版社1992年版，第63页。

　　所谓"隐"，是指个人隐性收入膨胀。个人隐性收入是与个人显性收入相对应的经济范畴，它是一种"说不准、扯不清、查不明、管不了"的个人收入，其最大的特点就是隐蔽性。近年来，国内谈论个人隐性收入的人多起来了，但对它包括的范围尚无统一的认识。我认为，个人隐性收入既包括隐性货币收入，也包括隐性实物收入。具体来说，个人隐性收入主要包括：（1）各种以集体消费或社会福利方式由个人获得的货币或实物收入。公款吃喝、公费旅游、接受"馈赠"的纪念品等均在此列。（2）各种"暗补"，即国家与企业对职工在"明补"之外支付的价格补贴、房租补贴等。从1979～1991年，我国财政支出中的价格补贴数额直线上升，总额高达3199.85亿元，① 其中相当大的部分都属"暗补"。与此同时，无法精确统计的房租补贴数额之大，也是众所公认的。（3）不纳入企业（单位）工资总额并逃避社会监督的各种"灰色收入"，在此主要指职工在企业（单位）工资总额之外从企业（单位）内外得到的现金和实物（交通费补贴、洗理卫生费、丧葬抚恤费、稿费、讲课费等除外）。（4）各种黑色收入，包括贪污盗窃、索贿受贿、偷逃税款等非法收入。据有关人士估计，我国每年由于价格双轨制形成的物资、资金和外汇的价差竟高达约4000亿元，这一巨额"租金"中的40%左右都落入了与权力有千丝万缕联系的各种"寻租者"手中。不久前，报界披露了海南薛根和等人贪污近4000万元，这是新中国成立以来检察系统受理的最大贪污案，令人触目惊心。在上述四种个人隐性收入中，前三种可称为弱隐性收入，因为人们在或大或小的范围内还能不同程度地察觉其存在；第四种则可称为强隐性收入，因为它在被"曝光"之前，是处于极端诡秘的"天知地知你知我知"的状态。尽管我国在实行改革开放以前就存在着以"暗补"为主要特征的个人隐性收入，尽管我国在价格、住房等制度改革的过程中正逐渐将某些"暗补"转化为"明补"，但是，近年来我国个人隐性收入急剧膨胀则是不可否认的事实。

　　所谓"平"，是指个人收入分配中存在的平均主义倾向。应当指出，

---

　　① 中华人民共和国国家统计局编：《中国统计年鉴（1992）》，中国统计出版社1992年版，第229页。

个人收入分配中的平均主义倾向目前在国家机关、事业单位和相当一部分全民所有制企业中的表现尤为显著：（1）国家机关、事业单位从 1985 年开始实行的以职务工资为主的结构工资制度缩小了工资差别，扩大了平均主义。其一，高级与低级工作人员标准工资的比例大大降低（见表4）。其二，同类人员同一职务的工资级差明显缩小，降低了提级增资的"诱力"（见表5）。其三，同类人员同一职务的工资"平台"颇大。就高等学校教授的工资而论，无论是一流大学还是三流大学的教授，无论是大学还是大专的教授，无论是任务饱满、名副其实还是任务"吃不饱"、名不副实的教授，无论是资历较深还是资历较浅的教授，只要是近几年新晋升的正教授，职务工资都挤在最低两档，高低相差不超过 10 元。这就无法体现不同水平、不同贡献、不同资历的教授在职务工资上的差别，从而严重弱化了职务工资的激励功能。（2）标准工资在职工工资结构中的比重逐渐降低，而名目繁多的辅助工资的比重则迅速上升。我国全民所有制工业企业标准工资在职工工资总额中的比重，已由 1978 年的 85.5% 降至 1990 年的57.8%。[①] 在某些全民所有制企业中，标准工资占职工工资总额的比重还不到一半，而辅助工资则成为工资结构的主体。奖金、津贴、补贴等辅助工资表面上因人因事而异，实际上是人人有份，基本平均。标准工资拉开的差距本来就不大，加之辅助工资中体现的平均主义分配倾向的猛烈冲击，难怪许多人惊呼：在国家机关、事业单位和相当一部分全民所有制企业中，工资"平台"变成了工资"平原"！如果进一步考察我国个人收入分配中平均主义倾向的特点，就会发现它在不同地区和不同经济领域中的作用强度有所不同：在城镇甚于农村，在国家机关和事业单位甚于全民所有制企业，在全民所有制同一单位内部甚于全民所有制不同单位之间，在辅助工资甚于标准工资，在实行计时工资的企业甚于实行计件工资的企业，在国家能够直接控制个人收入分配的领域甚于国家难以直接控制个人收入分配的领域，在物价涨幅较大的时期甚于物价较为平稳的时期。

---

① 中华人民共和国国家统计局人口和就业统计司等编：《中国劳动统计年鉴（1991）》，中国劳动出版社 1991 年版，第 330 页。

表 4   1985 年工资改革前后国家机关事业单位高级与低级工作人员标准工资比较

级别分类	工资改革前	工资改革后
科研单位实习研究员与研究员	1∶3.0	1∶2.0
医院医士与主任医师	1∶3.0	1∶2.2
中学三级教师与高级教师	1∶3.0	1∶1.8
大学助教与教授	1∶4.1	1∶2.1
国家机关办事员与司局长	1∶3.1	1∶1.6

资料来源：中华人民共和国国家统计局编：《统计资料》第 136 期。

表 5   1985 年工资改革前后国家机关同类人员职务工资等级与级差比较

职务	原工资制度		新工资制度	
	等级数	平均级数（元）	等级数	平均级差（元）
正（副）部长	5	28.8	9	19.44
正（副）局长	5	19.5	8	11.25
正（副）处长	6	14.17	8	8.13
正（副）科长	5	10.1	8	6.88

资料来源：徐颂陶等著：《中国工资制度改革》，中国财政经济出版社 1989 年版，第 73 页。

所谓"高"，并不是指我国居民人均收入的绝对水平或相对水平较高，而是特指我国近些年来愈益刺目的某些人不合法或不合理的高收入。其主要表现是：（1）某些"官倒"以权谋私，以权换钱，贪赃枉法，在短时期内鲸吞或聚敛了巨额财富。在这方面，首钢的管志诚之流并非罕见。（2）某些个体户、私营企业主、无照经营者和市场经纪人，依靠非法经营、坑蒙拐骗、偷税漏税和行贿拉拢等手段，在短时期内暴富。目前，我国的个体户和私营企业主偷漏税现象极为普遍，每年偷漏税金额数百亿元。上海赫赫有名的"沙法大王"吕某偷漏税达 31 万元；个体户王某在四川路、淮海路租借 10 个柜台，偷逃各种税费，一年获利 40 万元。据有关部门调查，这些个体户和私营企业主偷漏税的手法五花八门，包括匿报或少报经营收入、假订购销合同、发票上做手脚、造假账或假单据、以物易物各不入账等 7 大类 60 余种。（3）某些工程队的包工头和金融、房地产市场上的经纪人。哈尔滨市某建筑队的一名包工头，原来只是普通工人，当上包工头仅几年，就聚财几十万元，并利用金钱为非作歹。某些活跃于金融和房地产市场的交易人，炒买炒卖，投机钻营，翻手为云，覆手为雨，获利颇丰，偷税漏税，"×百万""×千万"等应运而生，有些人已成为"千万富翁"乃至"亿万富翁"。(4)"走穴"演员和组台"穴头"的高收入。前几年，有的"走穴"演员唱一支歌税后收入 4000～5000 元，说一段相声税后收入 1 万元，已是家喻户晓、妇孺皆知之事。不久前，《中国文化报》载文介绍有的名歌星每场演出的出场价已高达 2 万～3 万元，且价码还有上涨之势，真令人瞠目结舌。这些名歌星依靠特殊劳动获得较高收入，平民百姓并无意见。但是，他们与广大职工同属一国公民，同处公有制经济领域，却手捧"铁饭碗"、脚踩"走穴"船，唱一支歌便成为"万元户"，与广大职工较低水平的劳动收入形成巨大反差，已大大超过了广大职工的心理承受能力。

综上所述，我国当前个人收入分配领域中存在的主要问题可以概括为"乱、隐、平、高"，这与我国传统工资体制中存在的主要问题即"低、平、乱、死"是有明显区别的。固然，我国传统工资体制下也存在"隐"的问题，但并没有当前这样"多渠"和突出；我国当前国家机关、事业单位和相当一部分全民所有制企业的工资制度中也程度不同地存在着"死"的问题，但是，谁也无法否认，在这些单位职工的"死工资"以外，还存在着数量不等五花八门的"活工资"。如果再进一步加以概括，我国当前个人收入分配领域主要存在着平均主义和收入悬殊两大问题，其实质是个人收入分配不公平，即通常人们所说的社会分配不公。平均主义严重挫伤了广大劳动者的生产积极性，收入悬殊则更引起社会各界的普遍关注和强烈不满。社会分配不公不仅严重冲击和削弱了按劳分配的主体地位，而且也动摇了社会主义的价值观念和公有制的主体地位，并且直接导致公有制单位中许多业务骨干的非正常流失。这种状况倘若任其发展，社会主义宏伟大厦则将毁于一旦。

二

我国当前个人收入分配领域诸多问题的成因相当复杂，我认为大体可以归纳为三个方面。

首先，我国个人收入分配的宏观调控机制尚不健全，某些宏观调控手段和政策运用不力。（1）个人收入分配体制的改革缺乏统筹规划和综合配套，某些政策和措施不尽妥当。我国个人收入分配体制的改革，是一项牵动举国上下亿万人民切身利益的艰巨复杂的系统工程。要求在改革之初就制订出一套较为系统完善的个人收入分配体制改革方案未必现实，但是，缺乏长期的综合规划、"走一步看一步"也并非明智之举。我国只是在近年来才有人提出劳动、工资、社会保障制度改革的总体设计方案，而由国家有关部门制订的较为完整的个人收入分配体制改革方案至今尚未面世。在 20 世纪 80 年代全民所有制企业的工资改革中，往往是单项突进，缺乏综合配套。例如，在全民所有制企业社会保障制度改革严重滞后的情况下，我国在 1988 年就贸然提出要把全民所有制企业工资制度改革作为整个经济体制改革的重点。再如，在价格体系比较紊乱、财税体制改革尚未取得较大进展、试点企业经验不很成熟的条件下，我国就较大范围地推行了不规范和不完善的"工效挂钩"制度。尽管 20 世纪 80 年代末期我国一部分全民所有制企业实行的"工效挂钩"制度是朝着工资改革的正确方向迈出了极为重要的一步，但它在一段时期内不可避免地会出现"鞭打快牛"和苦乐不均的问题，从而弱化了改革效应。（2）我国尚未健全全民所有制企业和国家机关、事业单位的工资总量调控机制和工资正常增长机制。改革 14 年来，全民所有制企业工资总额的增长速度从总体上看并没有失控，但从年度来看它与劳动生产率增长速度的关系并没有理顺。国家机关、事业单位在实行结构工资制以后，也并没有建立起正常的工资增长制度。这种工资增长的不规范状态，在很大程度上归因于我国全民所有制单位工资宏观调控主体的"错位"。在国家直接控制的工资总额范围内，国家机关、事业单位和一部分尚未实行"工效挂钩"的全民所有制企业，职工是否增加工资以及增加多少工资，并不取决于国民收入和劳动生产率的变动情况，而是取决于财政状况。财政上日子好过就长工资，日子不好过就不长工资。劳动人事部门无权规划工资增长，真正说了算的是财政部门。这种工资调控的"财政主体"或"财政否决权"体制，在工资制度转轨、物价上涨和互相攀比的情况下，势必造成国家直接控制的范围内职工工资"过死"、难以直接控制的范围内职工标准工资外收入"横溢"的效应，即通常人们所说的"正门不开，边门大开"。（3）直接或间接与个人收入分配有关的法律法规很不健全。例如，我国实行第二步利改税以后，事实上是"以税代利"，混淆了国家对全民所有制企业的二重身份和二重分配关系。前些年，我国对国有大中型企业的所得税采用55%的固定比例税率，加之征收的各种基金和税费，约占这些企业实现税利的3/4以上，确实使它们负担过重，无论在产品价格竞争或个人收入分配方面都相对处于不利地位。从1992年起，我们计划用3年时间把国有大中型企业的所得税税率降到33%，取消对企业折旧基金征收的"两金"（即能源交通重点建设基金和预算调节基金），并逐步实行利税分流，以调整国家与国有大中型企业的分配关系，但这项工作还远未完成。再如，按照我国的现行税法，对全民所有制企业职工收入既征收工资调节税和奖金税，又征收个人收入调节税，这是对同一课税对象实行"双重征税"，既不符合国际惯例，也不利于提高全民所有制企业职工的收入水平。此外，我国迄今尚未制订并颁布《全民所有制企业工资法》《最低工资法》等十分必要的法律法规，个人财产和个人应税收入申报制度也久拖不设，这对于进一步理顺企业内部的个人收入分配关系和避免社会贫富差别过大都颇为不利。（4）双重体制并存造成的摩擦、碰撞和缝隙。目前，我国全民所有制企业的工资制度呈现一种"二元结构"。实行"工效挂钩"的企业职工工资正在逐步纳入"国家宏观调控、分级分类管理、企业自主分配"的新轨道，而没有实行"工效挂钩"的企业职工工资基本上仍由国家统一安排。这种状况极易诱发不同企业职工工资的攀比心理，形成工资增长中新的平均主义，从而侵蚀改革成果。而我国在一定时期内不得不实行的价格"双轨制"，又为某些"官倒"与"私倒"相互勾结大发不义之财，提供了可乘之机。（5）我国工商税务和社会监察部门力量薄弱，某些政府官员以权谋私。目前，我国工商管理、税务、统计、审计、监察等部门的工作人员从素质到数量都难以完全适应经济体制转轨的需要。据统计，上海基层税务干部人均管理200户个体户，沈阳基层税务干部人均管理200~600户个体户，管理者与被管理者比例严重失衡。加之缺乏必要的通讯和交通工具，在对众多的特别是某些配有摩托车、对讲机等先进工具的经营者的管理方面确实力不从心。尽管我国现行的个人收入调节税税法规定对居民获得的公司债券利息、股息和红利收入按比例税率20%征税，然而真正照章纳税者却是凤毛麟角。当然，这不仅有社会管理监督方面的问题，也有公民纳税意识的问题。至于某些执法人员有法不依、执法不严、执法犯法，某些政府官员以言代法、以权压法、徇私枉法、以权换钱，则更是屡见报端，时有耳闻，这无疑也是造成社会分配不公的重要因素。

其次，全民所有制企业、国家机关和事业单位工资分配机制的转换普遍尚未到位。就全民所有制企业而言，像首钢那样初步建立起具有自我激励和自我约束功能的工资分配机制的企业为数甚少，大多数企业在产权关系没有理顺、企业经营机制没有从根本上转变的情况下，尚未建立和健全激励功能与约束功能相统一的工资分配机制。后者大体上包括两种情况。一种情况是某些企业在处理国家、企业、职工三者之间的经济利益关系方面存在严重问题。这些企业或者是"保两头"（即保上缴利税费、保职工工资）、"挤中间"（即挤占企业生产发展基金、折旧基金等），或者是"挤两头"（即挤占国家、企业利益）、"保一头"（即保职工利益）。在这些企业中，确实存在国民收入分配过分向个人倾斜的问题，根本原因在于缺乏工资分配的内在约束机制。另一种情况是一部分企业基本上能够正确处理国家、企业、职工三者之间的经济利益关系，不存在国民收入分配过分向个人倾斜的问题，但是工资分配的激励机制尚待完善。目前，国家机关和事业单位的工资分配机制存在严重缺陷，适合国家机关和事业单位各自特点并能较好地体现按劳分配原则的新的工资分配机制尚未建立起来。20世纪80年代中期出台的国家机关、事业单位的结构工资制，本意是要突出职务工资的地位，使职工工资同其职务、责任和劳绩紧密地联系起来。可是，在事实上它却不加区别地对事业单位和国家机关实行了同样的工资制度。不仅都实行了以职务工资为主的结构工资制，而且工资标准中各档次的工资数额都完全相等；不仅对事业单位行政管理干部实行了与国家机关相同的工资标准，而且将专业技术人员的工资标准贴靠行政人员的工资标准。这种"官本位"色彩很浓的工资分配制度，降低了高级工作人员与低级工作人员标准工资的比例，缩小了工资级差，扩大了平均主义。对此，有学者称之为"取消供给制以来最具平均主义倾向的工资形式",[①] 这种看法不无道理。尽管近年来有关部门对国家机关、事业单位结构工资制的工资标准进行了"微调",但其基本格局并没有变化,工资分配的激励功能依然不足。某些事业单位为了弥补国家工资在功能上的缺陷和数量上的不足,通过创收在单位内部发放各种奖金和津贴,实行国家工资与单位奖金、津贴并存的工资分配双轨运行机制。然而,仅就这些单位发放的奖金和津贴而言,也并未完全跳出平均主义的窠臼。例如,某高校一系级单位在发放教师津贴时规定:教授、副教授、讲师和助教授课津贴标准分别是每课时 10 元、9 元、8 元和 7 元。诚然,这种做法拉开了"干与不干、干多干少"的收入差距,具有鼓励教师多承担教学任务的积极作用;但是,把教授和助教的课时津贴比例确定为 1.43∶1,不仅大大低于国家目前规定的教授与助教的最低职务工资的比例(3∶1),而且也明显低于教授与助教的最低标准工资的比例(2.1∶1),从而体现出一种平均主义分配的倾向。由上可见,全民所有制企业、国家机关和事业单位普遍没有建立和健全激励功能和约束功能相统一的适应社会主义市场经济发展要求的工资分配机制,也是我国当前社会分配不公的重要因素。

最后,平均主义思想的深刻影响。应当指出,平均主义思想在全民所有制单位中,无论是对领导或是对群众至今仍有较大影响。对于某些领导来说,制定工资调整方案时轻视激励功能,重视保障功能;不是大力破除平均主义,而是在"维护安定团结"的旗号下搞变相的平均分配。对于相当一部分群众来说,"上班拿工资,干活拿奖金",几乎成为一条"公理",仿佛奖金不是超额劳动的报酬,而是一种应该"利益均沾"的"人头费"。某些科技人员获得了专利或专项奖金,周围职工也硬要"啃骨头""喝汤",胁迫其必须有所"表示"。诸如此类的平均主义思想表现真是不胜枚举。现实生活不断地向人们提出一些值得深思的问题:为什么平均主义在遭到反复批判之后并没有"偃旗息鼓",而是还经常和大量地采取新的形式来顽强地表现自己?为什么在全民所有制单位特别是国家机关和事业单位的工资分配中平均主义的表现尤为突出?我认为,这不仅有历史和理论

---

① 刘国光主编:《体制变革中的经济稳定增长》,中国计划出版社 1990 年版,第 32 页。

方面的原因，更有现实体制的原因。从历史根源来看，我国经历了两千余年的封建社会，长期存在着汪洋大海般的小资产阶级。小资产阶级追求的个人收入分配中的平等权利在意识形态中的反映——平均主义的影响既深且广，它并不会随着我国进入社会主义初级阶段以后其阶级基础的基本丧失而立即退出历史舞台。这是作为思想意识的平均主义的相对独立性或滞后性。从理论根源来看，长期以来许多人受"左"的理论观点的影响，对社会主义分配中的平等权利和共同富裕的目标形成了一种扭曲的认识："既然在社会主义条件下生产资料归劳动人民共同占有，劳动群众成了生产和社会的主人，那么，全体社会成员应当平等享受由使用这些生产资料所带来的一切财富和成果；既然共同富裕是社会主义的根本目标，那么，人们之间在收入分配中所得到的份额就应大致相同。"① 实际上，这种认识是把按劳分配曲解为"收入均等"，把"共同富裕"曲解为"同步富裕"和"同等富裕"。这种伪社会主义的平均主义观念虽几经扫荡，但至今依然在一部分人的头脑中云遮雾罩。从现行体制来看，平均主义分配在某些改革力度较小的经济领域中仍继续肆虐。国家机关、事业单位和相当一部分全民所有制企业现行工资分配体制中的平均主义弊端，既是平均主义思想安身立命的土壤，同时又对这种思想在局部领域中兴风作浪起到了推波助澜的作用。作为思想意识的平均主义和作为体制现象的平均主义互为因果，相辅相成，这同样是导致社会分配不公的重要因素。当然，以上分析的宏观和微观方面的经济体制缺陷，乃是我国目前社会分配不公的基本原因。

三

为逐步缓解社会分配不公状况，充分发挥个人收入分配对经济发展和社会安定的促进作用，根本出路是通过深化改革，逐步建立起具有中国特色的适合社会主义市场经济发展需要的效率优先、兼顾公平的个人收入分

---

① 金喜在、胡希宁：《论平均主义分配的实质和运行特点》，载于《社会科学战线》1992 年第 3 期。

配新体制。为此，我认为应主要做好以下三方面的工作。

1. 进一步健全和强化个人收入分配的宏观调控体系。（1）国家有关职能部门要加强领导，统筹规划，密切协作，综合治理。国务院分配制度改革委员会、国家计委、国家体改委应进一步发挥协调和统筹整个社会个人收入分配体制改革的职能，个人收入分配体制改革的总体设计方案应尽快出台，覆盖整个社会的居民收入分配计划也应列入国民经济和社会发展计划。国家机关、事业单位和国家直接管理的全民所有制企业的工资改革和工资调整主要应由人事部和劳动部归口管理。（2）要逐步建立和健全全民所有制企业、国家机关和事业单位的工资总量调控机制和工资正常增长机制。适应建立社会主义市场经济体制的需要，国家对全民所有制企业工资调控的关键是合理控制企业工资总额。我国《全民所有制工业企业转换经营机制条例》规定："企业必须坚持工资总额增长幅度低于本企业经济效益（依据实现利税计算）增长幅度"的原则。我认为，全民所有制企业的工资总额与企业经济效益挂钩的原则是正确的。然而，以实现利税来衡量全民所有制企业的经济效益并进而确定企业工资总额，仍有一定的局限性。一方面，企业实现利税仅为企业净产值的一部分，它不能从价值上全面反映企业的劳动成果和经济效益；另一方面，我国目前的价格关系尚未完全理顺，实现利税多的企业并不一定就劳动贡献大、经济效益高，实现利税少的企业也并不一定就劳动贡献小、经济效益低。因此，我认为，在社会主义市场经济新体制确立以前，国家做出上述规定大体上是可行的，但是，仍应进一步完善全民所有制企业工资总额与经济效益挂钩的办法，将企业工资总额单一与实现利税挂钩改为与复合指标挂钩。当社会主义市场经济新体制建立以后，为了更好地贯彻按劳分配原则，国家似应明确规定全民所有制企业（极少数具有公益性质的全民所有制企业除外，下同）工资总额与企业上缴利税（对实行股份制的全民所有制企业来说，应该是企业上缴利税及扣减表现为利息、股息、红利等其他资产收入，下同）以后的净产值挂钩。正确实行这种挂钩的关键是确定合理的全民所有制企业平均工资率。我认为，全民所有制企业平均工资率应该是在积累与消费的比例较为适当的正常年景下，物质生产部门的全民所有制企业工资总额与上缴利税以后净产值总额之比。各全民所有制企业工资总额原则上应该等于上缴利税以后净产值乘以平均工资率。这样，在企业职工人数不变的情况下，企业工资水平就与上缴利税以后的净产值和企业劳动生产率成正比。从而，既可以贯彻多劳多得、少劳少得的按劳分配原则，打破企业之间的"大锅饭"；又能抑制个人消费基金膨胀，使职工的工资增长与劳动生产率增长相适应。国家机关和由国家财政全额拨款或差额拨款的事业单位的工资水平，应和全民所有制企业同类同级人员的平均工资水平大体相当，并建立起与国民收入和社会劳动生产率增长相适应的工资正常增长机制。（3）要大力推进财税改革，健全并完善各种相关的法律法规。要在全民所有制企业逐步实行"利税分流"，切实把国有大中型企业的所得税率降低到33%，使其在竞争中与其他经济类型的企业处于完全平等的地位。要取消全民所有制企业的奖金税和工资调节税、事业单位和集体企业的奖金税，统一归并为个人收入调节税。鉴于当前物价涨幅较大、公民纳税意识不强、社会监察管理部门力量薄弱等状况，似可适当调高个人收入调节税的起征点。要对扭亏无望的国有经营性亏损企业取消财政补贴。截至1992年底，我国城乡储蓄存款已高达11545亿元（其中大部分是定期储蓄），累计发行的股票、债券已高达3000亿元（其中相当一部分为居民购得），仅居民金融资产收入一年就高达约1000亿元，约占国民收入总额的5%以上。而在城乡储蓄存款中，个体户占有份额约为26%，[①]仅利息收入一年就高达约200亿元。因此，国家仅对股票、公司债券等金融资产的收入征税是远远不够的，可在适当时机出台对所有利息、股息、红利收入按比例征收个人收入调节税的新举措。为避免贫富差别过大，还应对高额馈赠、遗产收入开征高额馈赠税和遗产税。某些行业（例如外贸、金融、保险等行业）存在着"行业级差收益"，国家也应采取适当措施加以调节。随着社会保障制度的发展，不少发达国家已把社会保险税列为仅次于个人所得税的第二大税种，我国也应考虑在条件成熟的情况下适当开征社会保险税。为制约"倒爷"和防止商业利润过分膨胀，建议国家开征商业环节税，倒一次手纳一次税，倒多次手纳多次税。此外，应尽快制定并颁布《全民所有制工业企业工资法》《最低工资法》《济贫法》等法律法规。（4）要加强统计、

---

① 刘诗白：《国民收入分配中的 V 扩张》，载于《中国社会科学》1992 年第 5 期。

审计、监察体系建设，严格收入征管，制止收入流失。为此，一要提高待遇，充实队伍，增强素质；二要严格税收减免和优惠制度；三要统一纳税程序、纳税依据和凭证；四要尽快实施并逐步完善个人财产和个人应税收入义务申报制度；五要实行储税券制度，多征的税款退券付息，迟征的税款要收取滞纳金。总之，要通过健全和强化个人收入分配的宏观调控体系，保护合法收入，调节过高收入，取缔非法收入。

2. 深化全民所有制企业、国家机关和事业单位的工资制度改革，逐步建立起激励功能与约束功能相统一的新型工资分配制度。首先，要逐步建立起符合全民所有制企业、国家机关和事业单位各自特点的工资制度。全民所有制企业的工资改革，要根据国家"八五"计划和十年规划的要求，逐步实行"国家宏观调控、分级分类管理、企业自主分配"的体制。国家机关和事业单位要逐步建立起符合各自特点的以职务工资为中心的与全民所有制企业同类同级人员大体平衡的工资制度。国家机关要逐步实行公务员工资制度，执行国家统一规定的工资标准。事业单位可以根据资金来源的不同，实行多样化的工资分配模式。对于由国家财政全额拨款的事业单位，可以建立类似国家机关的工资分配运行机制。对于国家财政差额拨款、资金不足部分由社会集资或自筹解决的事业单位，可以建立工资分配的双轨运行机制。其次，要在全民所有制企业、国家机关和事业单位的工资改革中进一步贯彻按劳分配原则，拉开工资档次，扩大工资差距，调整工资结构。全民所有制企业应在继续改进和完善"工效挂钩"办法的基础上，根据本企业职工的劳动技能、劳动强度、劳动责任、劳动条件特别是实际贡献，自行确定职工的工资形式、工资标准和工资增长速度，使职工工资上挂企业效益，下联个人劳绩。在全民所有制企业、国家机关和事业单位中，要结合价格、住房和医疗制度改革，尽可能地把一部分福利补贴和供给制残余纳入到标准工资，改变职工收入分配中"低工资、广补贴、泛福利"的旧格局。要大大提高标准工资在工资结构中的比重，大大提高岗位技能工资和职务工资在标准工资中的比重，发放奖金要名副其实。最后，要严格财经纪律，净化分配渠道，限制并减少实物发放，逐步实现职工收入的货币化、工资化、规范化和透明化。对于在短时期内难以取消的实物分配，必须实施有效的法律、财务和群众监督。当然，全民所有制企业、国家机关和事业单位的工资改革，必须与劳动人事、社会保障制度等改革协调配套进行。在农业集体经济中，要进一步完善家庭联产计酬制，切实贯彻国务院关于农民负担不得超过上年人均纯收入5%的规定，制止各种违反法律法规的集资和摊派。

3．深入持久地开展反腐败斗争，增强税制观念，不断荡除平均主义思想的余毒。腐败既是我国当前社会分配不公的一个重要根源，也是广大群众反映最为强烈和最为痛恨的社会问题。利用职权贪污受贿、敲诈勒索、以权换钱等腐败行为比较集中地存在于某些权力机关和经济实体中，人数虽然不多，但为害甚大。惩治腐败不仅关系到改革开放和社会主义现代化建设能否顺利进行，而且关系到社会稳定和国家的生死存亡。因此，要坚持法律面前人人平等的原则，严肃认真地查处各种经济犯罪案件，不管涉及什么人，都要一查到底，依法惩治，并将大案要案公之于众；要加强党纪政纪教育，自上而下地推行廉政建设，健全各种法律制度和包括发动群众举报在内的监察制度，强化反腐败的措施和手段。此外，要在认真贯彻我国现阶段个人收入分配政策的同时，大力加强税制教育，增强公民纳税意识，并且通过深化改革、舆论宣传和深入细致的思想教育，将平均主义思想从中国大地上特别是从公有制经济领域中逐步驱除干净。

我国当前个人收入差距与对策研究[*]

改革开放以来，我国个人收入分配状况发生了显著变化。一方面，个人收入水平普遍有了较大幅度的提高；另一方面，个人收入差距明显扩大，部分社会成员贫富悬殊的问题相当突出。逐步理顺个人收入分配关系，使个人收入差距趋向合理，切实防止两极分化，关系到维护和增进绝大多数人民的根本利益，关系到经济发展和社会稳定，是我们在建立社会主义市场经济体制的过程中面临的极其艰巨的历史任务。

一

改革开放以前，我国长期实行高度集中的计划经济体制。主要由于传统分配体制和平均主义思想的束缚，从总体上看，我国是个人收入均等化程度很高的国家。有的学者指出，我国在改革前夕或改革之初，个人收入分配的基尼系数①低于世界上大多数发展中国家，城镇居民收入的基尼系数在 0.20 以下，农村居民收入的基尼系数在 0.21～0.24。

改革开放以来特别是近些年来，我国个人收入差距总体上呈现持续显著扩大的态势。笔者先根据有关的统计和调查数据，从以下四个侧面对此作梗概的描述。

1. 不同所有制经济单位职工工资差距明显扩大。1978 年，国有经济单

---

　*　原载《金融科学》1998 年第 2 期。本文引用的有关数据，均源自《中国统计年鉴（1997）》等国内公开出版的书籍和公开发行的报刊，在此不做具体注明。

　①　基尼系数（Gini Coefficient）是社会成员的总体收入分配状况与绝对平均分配状况的相对差距。此系数介于 0 与 1 之间，数值越小，表明社会成员之间的相对收入差距越小，反之则越大。国际上一般认为，基尼系数在 0.2 以下为绝对平均，0.2～0.3 为比较平均，0.3～0.4 为比较合理，0.4～0.5 为差距较大，0.5 以上为差距悬殊。

位职工平均工资为644元，城镇集体经济单位职工平均工资为506元，两者的比例为1.27:1；1996年，国有经济单位和集体经济单位职工的平均工资分别为6280元和4302元，两者的比例扩大到1.59:1。1985～1996年，国有经济单位和其他经济单位（不含城镇集体经济单位）职工平均工资的比例，已由1:1.18扩大到1:1.32。

2. 不同行业职工工资差距趋向扩大。我国工资最高的行业与工资最低的行业相比，职工平均工资的比例1978年为2.17:1，1985年为1.81:1，1994年为2.38:1，1996年为2.18:1。1996年，电力、煤气及水的生产和供应业职工的平均工资为8816元，金融保险业职工的平均工资为8406元，房地产业职工的平均工资为8337元，分列全国16个行业职工平均工资的第一、第二、第三位；而农、林、牧、渔业职工的平均工资则为4050元，排在各行业职工平均工资的末位。

3. 不同地区个人收入差距持续扩大。一是各地区城镇居民人均收入差距明显扩大。1992年，排在首位的广东省城镇居民人均可支配收入为3476.7元，排在末位的内蒙古城镇居民人均可支配收入则为1494.92元，两者的比例为2.33:1；1996年，排在首位的上海市城镇居民人均可支配收入为8178.48元，排在末位的甘肃省城镇居民人均可支配收入则为3353.94元，两者的比例扩大到2.44:1。二是各地区农村居民人均纯收入差距明显扩大。1978年，排在首位的上海市农村居民人均纯收入为290元，排在末位的河北省农村居民人均纯收入为91.5元，两者的比例为3.17:1；1996年，排在首位的上海市和排在末位的甘肃省农村居民人均纯收入分别为4846.13元和1100.59元，两者的比例扩大到4.40:1。三是城乡居民收入差距显著拉大。1978年，城镇居民人均生活费收入为316元，农村居民人均纯收入为133.6元，两者的比例为2.37:1；1997年，城镇居民人均可支配收入为5160元，农村居民人均纯收入为2090元，两者的比例扩大为2.47:1。

4. 不同群体个人收入差距急剧扩大。从企业内部来看，大体有两种情况。其一，私营企业和三资企业中的雇主和雇工的收入差距相当悬殊。在有些私营企业中，雇工规模在10～30人的，雇主与雇工的收入差距约为15～40倍；雇工规模在31～50人的，雇主与雇工的收入差距约为40～70

倍；雇工规模在 51～100 人的，雇主与雇工的收入差距为 65～130 倍。其二，公有制企业特别是国有企业经营者与职工在货币工资方面的差距一般并不算大。随着年薪制的推行，国有企业经营者与职工在货币工资方面的差距将明显扩大。从社会来看，畸高收入群体和贫困阶层的收入差距非常悬殊。目前，我国对畸高收入群体的人数和收入规模无法精确统计。根据有关人士的调查和估算，我国目前的百万富翁已经超过 100 万人，千万富翁已有一定数量，亿万富翁亦不罕见。畸高收入群体的人员主要是部分私营企业主和个体工商户，三资企业中的中方高级管理人员，股票证券交易中的获高利者，部分企业的承包经营者，歌星、影星、名模，某些市场经纪人和紧缺专业人才，以及收入颇高、来路不正的所谓"红、黄、蓝、白、黑"的 5 类人（"红"是指某些以权谋私、贪赃枉法的政府官员；"黄"是指经营色情行业的人；"蓝"是指违法进行海上走私的人；"白"是指贩卖毒品的人；"黑"主要是指组织生产假冒伪劣商品、坑害消费者的黑心人）。对畸高收入群体要具体分析，其致富途径有合法与违法之分、合理与不合理之别，不能笼统地一概否定。与畸高收入群体形成强烈反差的是我国城乡存在的贫困群体。1996 年底，我国城镇贫困人口为 1176 万人（当年贫困线为 1671 元），农村贫困人口为 5800 万人（1995 年贫困线为 530 元），两者之和为 6976 万人，约占当年全国总人口的 5.7%。

以上，笔者对我国当前个人收入差距的描述基本是采用了国家统计局公布的数据。然而，笔者认为，即使是权威机构——国家统计局公布的有关数据，往往也带有较大程度的不真实性或局限性。毫无疑问，对个人收入的调查和统计牵动着被调查和统计对象的利益神经。一般说来，实际收入越高的人，其收入的透明度就越低，且不说我国掌握居民收入状况的重要方式——居民家庭收支调查所选用的样本太少（1996 年调查选用的样本仅占全国总户数的万分之三点二五），尚不足以作为测量全国居民收入状况的基础依据；即使就居民家庭收支调查的样本而言，在城镇一般也只是涉及工薪阶层，对畸高收入群体则难以问津，更无法了解其真实情况。一个十分重要而又非常典型的例证是，国家有关部门权威人士披露的我国个人所得总额与《中国统计年鉴》公布的有关数据竟存在着巨大差异。付芝邺在《完善收入分配结构和分配方式》一文（以下简称"付文"）中，在剖析我国国民收入分配过分向个人倾斜时指出，1996 年我国个人所得约占国民生产总值的 70.3%。① 根据《中国统计年鉴（1997）》公布的数字，1996 年我国国民生产总值为 67560 亿元。据此，按照"付文"披露的百分比来计算，1996 年我国个人所得总额应为 47494.68 亿元。然而，同样根据《中国统计年鉴（1997）》公布的数字，1996 年，我国城镇人口为 35950 万人，人均可支配收入为 4838.9 元；农村人口为 86439 万人，人均纯收入为 1926 元；两者相加，我国个人所得约为 34043.996 亿元。把"付文"实际提供的数字和国家统计局公布的数字作一比较，后者低于前者竟达 13450.684 亿元。我们并不排除"付文"提供的数据有误（尽管类似"付文"的数据在我国重要报刊上经常可以看到），也不排除国家统计局公布的国民生产总值掺有"水分"；但是，如果"付文"和国家统计局提供的这两个数据基本属实，那么，相当于 1996 年国民生产总值近 1/5 的 1 万多亿元的个人所得的"黑洞"就从国家统计局的有关调查和统计数据中消失了。笔者认为，倘要真实和深入地考察我国当前个人收入差距的状况，仅仅根据国家统计局公布的有关数据是不够的，换言之，仅仅考察统计内收入是不准确的；必须进一步考察统计外收入，即考察统计外的货币收入、实物收入和福利收入。

统计外的货币收入包括"白、灰、黑"色货币收入。在此，所谓"白色"货币收入，是指漏统计的居民合法的货币收入，主要包括未统计在内的居民的存款利息、债券利息和股息红利等。随着我国居民收入水平的提高和金融市场的发展，居民的金融资产已达到相当的规模。1997 年，我国仅居民储蓄存款余额就高达 46280 亿元；而 1995 年，我国仅居民的利息收入就高达约 3000 亿元。所谓"灰色"货币收入，主要是指职工在单位工资总额之外从单位获得的现金收入。这部分货币收入虽有合理与不合理之分，但却都是游离于社会监督之外。根据国家税务总局的估算，职工从单位获得的工资外收入相当于工资收入的比重，1978 年为 8%，1990 年为 35%，1994 年为 50%，部分单位达到 1 倍以上。所谓"黑色"货币收入，则是指某些人通过非法途径获得的货币收入。这方面的数字无法精确计算，

---

① 本书编写组编著：《十五大报告辅导读本》，人民出版社 1997 年版，第 157 页。

是一个难解的"斯芬克司之谜"。然而，从我国近些年来经济犯罪案件的发展趋势（案件数量持续上升、犯罪金额越来越大、罪犯官职越来越高、作案手段越来越隐蔽）来看，人们不难估摸到这一巨大收入"黑洞"的存在。据国家有关部门估计，我国目前每年因走私贩私而损失的关税收入高达150亿美元，因个人回扣造成的财政收入流失高达数百亿元。尽管这两个数字远非我国每年"黑色"货币收入的全部，但管中窥豹，可见一斑。

统计外的实物收入可分为显性实物收入和隐性实物收入。显性实物收入主要是指单位发给职工的实物及某些人参加各类会议或庆典活动所接受的礼品和纪念品等。隐性实物收入则既包括非必需的公款吃喝与公费旅游等，也包括索贿受贿中攫取的物品特别是贵重物品。无可否认，我国近年来显性实物收入有渐趋萎缩的趋势，而隐性实物收入则有持续膨胀的势头。我国目前每年因公款吃喝浪费的资金不低于1000亿元，而褚时健等人受贿中收受的贵重物品则令人咋舌。"要办事，得送礼"，这对于许多单位和个人来说，似乎已成为一条"规矩"。

统计外的福利收入主要是指城镇职工在工资条之外从国家或单位获得的住房、养老保险、医疗、教育、交通、价格补贴等公共福利，通称"暗补"。有关调查表明，1995年我国城镇居民人均获得"工资袋"以外的福利收入为3304元，相当于统计内的同年城镇居民人均可支配收入（4282.95元）的77%。其中，住房补贴为1960元，养老保险补贴为595元，医疗补贴为306元，分列统计外福利收入的前三位。应该指出，就获得统计外的福利收入而言，城镇居民明显高于农村居民，国有经济单位的职工明显高于非国有经济单位的职工，国有党政机关和事业单位的职工又明显高于国有企业单位的职工，各单位的领导干部和高级专业技术人员则普遍明显高于一般职工（尤其是在住房和医疗等方面）。某些人通过多分多占、高价出租或廉价购买公有住房，额外占取了大量的福利收入。

综上所述，改革开放以来我国的个人收入差距已显著扩大。笔者认为，如果联系统计外收入来考察我国个人收入差距状况，则不难看出：（1）我国城乡之间、畸高收入群体与贫困群体之间、国有经济单位与集体经济单位之间、金融保险房地产等行业与其他行业之间的个人收入差距，必然明显高于国家统计局公布的有关数据；（2）国有经济单位与非公有制经济单位之间、国家党政机关与其他行业之间的个人收入差距，则明显低于国家统计局公布的有关数据。至于我国当前个人收入的基尼系数，国内外的看法均不一致。国务院研究室有同志认为，我国城镇居民收入的基尼系数为0.21（1995年），全国居民收入的基尼系数为0.39（1996年）；中国社会科学院经济研究所有学者认为，1995年我国城镇居民收入的基尼系数为0.286，农村居民收入的基尼系数为0.429，全国居民收入的基尼系数为0.445；中国人民大学有同志认为，1994年我国城镇居民收入的基尼系数为0.434，全国居民收入的基尼系数为0.445。世界银行发表的《1997年世界发展报告》则认为，1995年我国居民收入的基尼系数为0.415。笔者认为，我国当前居民收入和农村居民收入的基尼系数可能已经超过0.4，城镇居民收入的基尼系数可能已经接近0.4。必须指出，我国是在长期实行具有浓厚的平均主义色彩的传统分配体制的基础上向社会主义市场经济体制过渡的，广大居民对于收入不平等的承受能力远远低于长期处于激烈竞争状态的资本主义市场经济国家。因此，笔者认为，相对于国际通行的衡量标准和我国绝大多数居民的承受能力而言，我国当前的个人收入差距明显偏大，已经是无可否认的事实。

二

我国当前个人收入差距明显偏大，其成因错综复杂。既有合理的因素，也有不合理甚至是违法的因素。

从合理的因素分析，主要有以下三条。

首先，改革开放以来我国逐步实行了以按劳分配为主体的多种分配方式。一方面，我国在农业集体经济中广泛实行了联产计酬的分配制度，在大部分国有企业初步实行了企业工资总额与经济效益挂钩、职工个人收入与劳动贡献挂钩的分配制度，在国家机关和事业单位也初步建立了符合机关和事业单位各自特点的工资制度与正常的工资增长机制，从而打破了传统的平均主义的分配体制，较好地贯彻了按劳动分配原则；另一方面，为了促进经济发展，优化资源配置，我国还允许和鼓励资本、技术等生产要素参与收益分配。毫无疑问，我国不同企业、不同居民之间在拥有生产要素的数量和质量方面存在着显著的差别，这也是促使个人收入差距扩大的重要因素。①

其次，适者生存，优胜劣汰，乃是市场经济的客观规律。在市场经济条件下，长线产品会滞销或压价出售，短线产品会走俏或高价出售，这无疑会拉大不同企业生产者之间的收入差距。随着市场竞争的加剧和结构调整及企业改革力度的加大，部分行业不景气，部分企业破产倒闭，从而导致一部分职工收入下降甚至下岗失业，都是不容回避的客观现实。我国目前约有 3500 万股民，上市公司的市值已近 2 万亿元。在股市交易中，有的人一夜成为百万富翁，有的人一夜变成穷光蛋，似乎也无可非议。

最后，东部沿海地区的区位优势和享受的某些优惠政策。改革开放以前，我国在生产力布局上片面强调备战和缩小地区差别，使东部沿海地区在经济发展中的区位优势没有充分地显露出来。改革开放以来，我国实行由东向西的梯度发展战略，投资的重点转向经济效益较高的东部沿海地区，同时在财政、税收、引进外资、外贸、金融等方面对东部沿海地区特别是对率先开放的经济特区给予一定的优惠政策。这种做法从总体上看是正确的，其积极作用也是主要的。当然，我们也并不否认在东部与中西部地区经济和收入差距显著扩大的情况下，应对区域经济发展战略和东部沿海地区享受的某些优惠政策继续进行必要的调整。

从不合理及违法的因素分析，大体上也有以下三条。

其一，经济体制转轨中的缝隙、漏洞与摩擦。（1）价格双轨制对个人收入分配的负面影响。据有关专家估计，我国前些年由于实行价格双轨制形成的物资、资金和外汇的价差每年竟高达约 4000 亿元，这一巨额"租金"中的 40% 左右都落入了与权力有千丝万缕联系的各种"寻租者"手中。近年来，我国物资和外汇的价格已经基本上并轨，但土地、资金的价差依然较大，套取价差仍是某些人暴富的主要途径。（2）税制不够健全与完善，税收征管不力。我国迄今尚未开征遗产税、财产税、赠与税等调节

---

① 以城市居民户均金融资产为例。根据国家统计局的调查，1996 年 6 月，城市居民户均金融资产按五等份分组，最高 20% 的户均金融资产为 74359 元，最低 20% 的户均金融资产为 6192 元，前者是后者的 12 倍。

个人收入分配的税种，即使就开征的个人所得税而言，其征收额占国内生产总值的比重仅为 0.35%（1997 年），与世界上许多国家（据国际货币基金组织统计，从 1989～1992 年平均计算，美、英、法三国分别为 7.55%、9.63% 和 5.23%，泰国和墨西哥分别为 1.97% 和 2.11%）相差甚远。我国税务队伍素质不高，征管手段落后，这也是税源流失的重要原因。（3）某些改革和管理措施不配套，导致个人收入差距不合理地扩大。在进行产权交易特别是与外商合资的过程中普遍低估公有资产（特别是国有资产），在实行住房制度改革的过程中有些单位以极低的价格将公房出售给个人，在国有土地出租时有些地方的土地管理部门及个人层层截留和瓜分土地出租收益，都造成国有资产的大量流失，并给某些人中饱私囊或变相侵吞国有资产提供了可乘之机。至于允许事业单位搞创收的政策，在有关管理措施不配套的情况下，也成为一把既有利于增加单位经费和职工收入又为某些人发歪财大开方便之门的"双刃剑"。（4）不少企业尚未建立和健全个人收入分配的自我约束机制，滥发奖金和实物。特别是某些国有单位私设的"小金库"，在很大程度上已经成为国有资产流失的"漏斗"和滋生腐败分子的"温床"。

其二，企业在市场竞争中的条件不平等。（1）税负中的不公平因素。在经济体制转轨的较长时期中，国有企业的税负过重。据国家经贸委的统计，1980～1993 年，国有企业平均税负为 86%，大大高于国外企业 30%～40% 的税负水平。与此同时，我国又对三资企业、乡镇企业和私人企业实行低税负的优惠政策。国有企业的历史包袱和各种负担本来就很沉重，在重税之下则更难以与非国有企业进行平等的竞争，从而必然会直接或间接地影响企业职工的收入水平。（2）价格中的不合理因素。我国在较长时期中实行价格双轨制，加之许多商品的比价、差价不合理，使某些行业长期处于亏损或微利状态，而另外一些行业则一直保持着较高的盈利水平，在一段时期内甚至出现了"穷生产、富流通"的扭曲的收入分配格局。（3）垄断性经营因素。某些行业（例如金融保险、电力、煤气、供水等行业）凭借垄断经营的优势，职工收入明显偏高。在漏报严重的情况下，这些行业仍成为近年来我国统计内的 16 个行业中职工平均工资最高的行业，其不合理性洞若观火。此外，对某些公有生产要素（如国有土地、国有固定资产等）初始占有的不平等，也拉大了一些行业及企业之间个人收入的差距。

其三，权钱交易、侵吞公有财产、非法经营和偷漏骗税。权钱交易主要表现为索贿受贿、挪用公款和个人回扣，其触角已遍及我国社会生活的许多角落。特别是某些政府官员和掌管特殊权力的人，通过"炒批文""炒贷款""炒产权""炒房地产"等途径，在短期内就攫取了巨额财富。执法者贪赃枉法的案例屡见不鲜。原常州监狱监狱长黄世战在1991～1996年任职期间受贿41万余元；咸阳工商局尚美英竟以151封举报信向企业敲诈151万元，真是利令智昏，狗胆包天！如果说，典型的资本家尚且是"一本万利"的话，这些把人民赋予的权力商品化、资本化的不法之徒则是"无本万利"。贪污公款、私分公有财产等侵吞公有财产等违法行为在我国较为严重，新闻传媒经常披露的一些"金融蛀虫"和"穷庙富方丈"就是明证。"黄、蓝、白、黑"等非法经营活动屡禁不绝，在某些地方还较为猖獗。最近曝光的山西朔州假酒案已毒死27人，令人发指。偷、漏、骗税现象已相当普遍。据有关部门估计，我国每年约有一半以上的个人所得税收不上来，90%以上的个体工商户和80%以上的私营企业都有偷漏税行为。林楚鸿等3名罪犯在1994年11月至1995年5月期间虚开增值税发票价款合计高达1.24亿元，非法牟取暴利374.1万元，这一触目惊心的骗税大案发人深省。应该指出，权钱交易、侵吞公有财产、非法经营、偷漏骗税等违法行为是导致我国近些年来某些人暴富的主要原因。

笔者认为，上述合理性因素促进了我国个人收入差距的合理性扩大，不合理和违法因素则导致了我国个人收入差距的不合理扩大。当前，我国广大群众对由不合理因素导致的个人收入差距扩大意见较大，对部分社会成员之间的贫富悬殊强烈不满，对由违法因素滋生的暴富群体深恶痛绝。

三

我国当前个人收入差距及成因中存在的诸多问题，反映了我国个人收入分配关系尚未理顺。中共十五大报告指出：要坚持"效率优先、兼顾公平"的原则，坚持按劳分配为主体、多种分配方式并存的制度，依法保护合法收入、取缔非法收入，整顿不合理收入、调节过高收入。这为我国理顺个人收入分配关系，消除分配不公，防止两极分化指明了方向。笔者认为，我国应主要做好以下三方面的工作。

（一）深化经济体制改革，不断健全、完善和强化个人收入分配机制

（1）国家有关职能部门要加强领导，统筹规划，密切配合，综合治理。国务院分配制度改革委员会、国家发展计划委员会应进一步发挥统筹与协调整个社会个人收入分配体制改革的职能，个人收入分配体制改革的总体设计方案应尽快出台，覆盖整个社会的居民收入分配计划也应列入国民经济和社会发展计划。（2）建立有效的国有资产管理、监督和营运体制。要通过建立规范的国有资产管理部门、国有资产运营机构和法人企业三个层次的委托代理关系，实行政府的社会经济管理职能与资产所有者职能的分离、国有资产管理职能与国有资产经营职能的分离、国家终极所有权与企业法人财产权的分离，以硬化国有资产产权约束，实现国有资产的保值增值。在国有资产流动和重组过程中，要切实把好资产评估关、产权界定关、产权转让收入的收缴和使用关，防止国有资产流失。要积极稳妥地推进住房制度改革，严禁低价出售公房，避免国有资产的新一轮流失。（3）深化价格改革，调顺少数由政府定价的商品和服务的价格，完善生产要素价格形成机制。（4）积极推进财税体制改革。要逐步统一内外资企业所得税，对某些带有垄断性质的行业（金融、保险、电力等行业）征收能剔除其行业级差收益的特别税费，制止乱收费、乱罚款和各种摊派，尽量为企业创造公平竞争的环境。我国现行的个人所得税制仍存在明显的缺陷。应对工薪所得和劳务所得实行相同或大体相同的税率，并适时对银行存款和金边债券开征利息税。为了调节过高收入，我国还应借鉴世界上许多国家的成功做法，择机开征遗产税、赠与税和个人财产税。简而言之，我国应逐步建立起以个人所得税为主体，以利息税、股票交易所得税、遗产税、个人财产税、赠与税等税种为辅体的个人收入税收调节体系，对个人所得的存量、增量及其转让进行合理的调节，从而既促进经济发展，又维护社会公平。（5）继续推进国家机关、事业单位和企业的分配制度改革。要正确处理国家、企业（单位）与个人之间的分配关系，逐步扭转国民收入分配过分向个人倾斜的局面。要在精简机构、压缩冗员的基础上，适当提高国家公务员和事业单位职工的工资水平，并进一步合理拉开工资差距。要完善最低工资制度。国有企业要实行工资总额同实现利税和国有资产保值增值率双挂钩，亏损企业要实行工资总额与减亏指标挂钩；与此同时，要积极推行并不断完善企业经营者的年薪制。无论是国家机关、事业单位还是国有企业，都要尽可能地把"暗补"纳入标准工资，并按照国家有关规定清理预算外资金和"小金库"，加大对工资外收入的治理力度，逐步实现职工收入的货币化、工资化、规范化和透明化。（6）加快建立社会保障制度。要力争用三年左右的时间，基本建立以养老、医疗、失业保险制度为主要内容，与我国现阶段经济承受能力相适应，覆盖城镇所有就业人员，能够保障劳动者基本要求的社会保险体系。目前，我国已有近500个城市建立了贫困居民的最低生活保障制度，要加快进度，逐步在全国城市普遍建立贫困居民的最低生活保障制度。要积极推进再就业工程和送温暖工程。要加大"八七"扶贫攻坚力度，不断减少农村贫困人口。此外，国家要在预算支出和吸引外资的优惠政策等方面适当地向中西部地区倾斜，以利于缩小不同地区的经济发展和收入差距。

（二）加强法制和党风廉政建设，强化管理和监督，坚决取缔非法收入

首先，要加强法制建设，有法可依、有法必依，严肃执法。要抓紧拟定《国有资产法》《企业所得税法》《财产申报法》《监督法》等法律法规。要逐步实行个人纳税统一编号与个人支票制度，建立个人金融资产实名制和个人财产登记制度，改进税收征管手段，强化收入征管（特别是对畸高收入群体的收入征管）。要改革会计管理体制，对造假账、报假数、开假票据等违法违规的会计人员及其幕后操纵者依法惩处。要严厉打击权钱交易、侵吞公有资产、非法经营和偷漏骗税行为，取缔非法收入。其次，要加强党风廉政建设，深入持久地开展反腐败斗争。要加强党性党风党纪和政纪教育，增强领导干部拒腐防变的能力。要加强党风廉政法规的建设，建立和完善各级领导干部的党风廉政责任制。各级领导干部不仅要廉洁自律，而且要管好自己的配偶子女和身边工作人员，并对自己管辖范围内的党风廉政建设切实负起领导责任。要努力建设一支政治上靠得住、作风上过得硬、特别能战斗的高素质的执纪执法队伍。要以查办党政领导机关、行政执法机关、司法机关、经济管理部门和县（处）级以上领导干部的经济犯罪案件为重点，毫不手软地狠狠打击腐败分子。党政军机关和执法、司法部门要坚决清理所办公司及其挂靠公司，同所办公司和挂靠公司在人、财、物等方面彻底脱钩，并严格执行对行政事业性单位收费、罚没收入实行"收支两条线"的规定。最后，要强化个人收入分配的监督和制约机制。要逐步建立国家监督、社会监督、群众监督和党的监督相结合、内部监督与外部监督相结合的个人收入分配的监督体系。对掌管人、财、物、项目审批、执照发放等职能部门以及易于滋生以权谋私、钱权交易的部位，要进行权力分解和岗位轮换。对国有企业、县（市）直属部门和事业单位、乡（镇）党委、政府的主要领导干部，则要实行离任审计制度。

（三）坚持社会主义公有制的主体地位，不断发展与壮大社会主义经济

邓小平指出："社会主义有两个非常重要的方面，一是以公有制为主体，二是不搞两极分化。"① 在社会主义市场经济条件下，由于多种所有制经济共同发展和多种分配方式并存，个人收入差距在一定时期内明显扩大是不可避免的。由合理因素而导致的个人收入差距适当扩大对经济发展和社会进步起着积极的作用。然而，从经济角度分析，要避免整个社会出现两极分化，最终实现共同富裕，采用必要的宏观调控手段仅是一个重要方面，最根本的途径则是要坚持社会主义公有制的主体地位，不断发展与壮大社会主义经济。

---

① 《邓小平文选》第 3 卷，人民出版社 1993 年版，第 138 页。

试论分配方式的决定和制约因素[*]

在人类社会中，分配方式光怪陆离，相继变化。然而，人类社会分配方式的决定因素和制约因素究竟是什么？对此，国内外学者众说纷纭。即使在马克思主义理论工作者中，观点也不尽一致。我认为，如果排除体制、战争以及脱离实际的思想观念等因素对分配方式的制约和影响，人类社会中分配方式的决定和制约因素大体上可以做如下概括。

一、分配方式的主要决定因素——生产要素所有制

按照传统的提法，分配方式是生产关系的重要方面，它主要是由生产资料所有制决定的。这种提法强调生产资料所有制对分配方式的主要的决定作用，并非没有理论依据。马克思指出："凡是社会上一部分人享有生产资料垄断权的地方，劳动者，无论是自由的或不自由的，都必须在维持自身生活所必需的劳动时间以外，追加超额的劳动时间来为生产资料的所有者生产生活资料，不论这些所有者是雅典的贵族，伊特剌斯坎的僧侣，罗马的市民，诺曼的男爵，美国的奴隶主，瓦拉几亚的领主，现代的地主，还是资本家。"① 马克思还指出："地租的占有是土地所有权借以实现的经济形式，而地租又是以土地所有权，以某些个人对某些地块的所有权为前提。"② 斯大林在对生产关系的内容进行理论表述时也指出："（一）生产资料的所有制形式；（二）由此产生的各种社会集团在生产中的地位以及他们的相互关系，或如马克思所说的，'互相交换其活动'；（三）完全以

＊ 原载《当代经济研究》2002 年第 10 期。

① 《马克思恩格斯全集》第 23 卷，人民出版社 1972 年版，第 263 页。
② 《马克思恩格斯全集》第 25 卷，人民出版社 1974 年版，第 714 页。

它们为转移的产品分配形式。"① 然而，我认为，无论是就人们在生产中的地位及相互关系和分配方式的决定因素而言，还是就分配方式的主要决定因素而言，如果采用一个最抽象和最具综合性的经济学术语来概括，将生产资料所有制改为生产要素所有制则更为妥切。限于本文主旨，在此重点论述后者。

首先，采用生产要素所有制的提法，更符合马克思的原意。马克思在其著作中，经常使用"生产因素""生产条件"等提法。例如，马克思指出："不论生产的社会形式如何，劳动者和生产资料始终是生产的因素。但是，二者在彼此分离的情况下只在可能性上是生产因素。凡要进行生产，就必须使它们结合起来。实行这种结合的特殊方式和方法，使社会结构区分为各个不同的经济时期"。② 再如，马克思还指出：生产有两个条件，"一方面，物质的生产资料，即客观的生产条件；另一方面，活动着的劳动能力、合目的地表现出来的劳动力，即主观的生产条件"。③ 不仅如此，马克思对于生产条件所有制决定分配方式曾有过非常明确的提法。在《资本论》中，马克思指出："一定的分配形式是以生产条件的一定的社会性质和生产当事人之间的一定的社会关系为前提的。因此，一定的分配关系只是历史规定的生产关系的表现"。④ 在这段话中，马克思从决定与被决定的角度，论述了生产条件所有制、生产当事人之间的社会关系和分配方式三者之间的关系。可以认为，斯大林对于生产关系的理论表述与马克思这段话的基本内容是非常吻合的。在《哥达纲领批判》一书中，马克思指出："消费资料的任何一种分配，都不过是生产条件本身分配的结果。而生产条件的分配，则表现生产方式本身的性质。例如，资本主义生产方式的基础就在于：物质的生产条件以资本和地产的形式掌握在非劳动者的手中，而人民大众则只有人身的生产条件，即劳动力。既然生产的要素是这样分配的，那么自然而然地就要产生相对应的消费资料的分配。如果物质的生产条件是劳动者自己的集体财产，那么同样要产生一种和现在不同的

---

① 《斯大林选集》（下卷），人民出版社 1979 年版，第 594 页。
② 《马克思恩格斯全集》第 24 卷，人民出版社 1972 年版，第 44 页。
③ 马克思：《直接生产过程的结果》，人民出版社 1964 年版，第 41 页。
④ 《马克思恩格斯全集》第 25 卷，人民出版社 1974 年版，第 997 页。

消费资料的分配"。① 在这段话中，马克思不仅明确提出了生产条件所有制决定分配方式的思想，而且还把"生产的要素"作为"生产条件"的同义语来使用。可见，采用生产要素所有制的提法比采用生产资料所有制的提法更符合马克思的原意。

其次，采用生产要素所有制的提法，更符合经济生活的实际。生产资料固然属于生产要素，但生产要素决不仅仅包含生产资料。在马克思的著作中，生产要素通常是指劳动力和生产资料。在西方经济学中，生产要素是指生产商品所投入的资源（即自然资源、资本资源和人力资源），通常简称为土地、资本、劳动和企业家才能。② 在当代经济实践中，生产要素主要包括劳动力（劳动力的使用即劳动）、生产资料、科学技术、管理和信息等（在商品经济条件下，生产要素还表现为资金和资本等）。可见，生产要素涵盖的范围远比生产资料广泛，从而采用生产要素所有制的提法无疑比采用生产资料所有制的提法更为全面和准确。当然，在最抽象、最综合的含义上采用生产要素所有制的提法，决不排除在较为具体的条件下采用生产资料所有制提法的独立意义。

生产要素所有制成为决定分配方式的主要因素，具有不以人们的主观意志为转移的客观必然性。在人类各个社会，最终满足人民物质文化需要的只能是使用价值的生产（包括物质产品的生产、精神产品的生产和劳务）。而在使用价值生产的过程中，尽管劳动力（或劳动者）是具有决定性的要素，但是，其他生产要素也发挥着不可或缺的重要作用。使用价值是多种生产要素相互结合共同作用的结果，这是任何人都无法否认的客观事实。即使在使用价值的生产表现为商品生产的社会中，尽管人类的抽象劳动是价值的唯一源泉，但由于使用价值是交换价值（或价值）的物质承担者，因而参与使用价值生产的生产资料等生产要素虽然并不创造价值，却构成为价值创造不可或缺的客观条件。由于生产要素在使用价值生产和价值创造中的重要性以及它的普遍稀缺性，导致人们占有生产要素的必要性和必然性，从而形成了生产要素所有制。生产要素所有制作为使用价值

---

① 《马克思恩格斯选集》第 3 卷，人民出版社 1972 年版，第 13 页。
② 吴易风：《劳动是创造价值的唯一源泉》，载于《当代思潮》2001 年第 2 期。

生产和价值创造的一个基本前提和条件，不仅决定了人们在生产中的地位及其相互关系，而且也与之共同决定了分配方式。正如马克思所指出的那样："在分配是产品的分配之前，它是（1）生产工具的分配，（2）社会成员在各类生产之间的分配（个人从属于一定的生产关系）——这是上述同一关系的进一步规定。这种分配包含在生产过程本身中并且决定生产的结构，产品的分配显然只是这种分配的结果。"① 在资本主义社会，主要由于生产资料的资本主义私有制和劳动力的个人所有制，决定了资本主义分配方式是按资分配与按劳动力价值分配的统一。在社会主义社会，主要由于生产资料的社会主义公有制和劳动力的个人所有制，则决定了社会主义的分配方式是按劳分配。如果仅仅考察生产资料所有制，而不同时考察劳动力所有制；或者仅仅考察生产要素所有制，而不同时考察由其决定的人们在生产中的地位及相互关系，那就无法全面理解和阐释资本主义分配方式和社会主义分配方式。

二、分配方式的最终决定因素——有利于发展符合人类需要的生产

尽管生产要素所有制是分配方式主要的决定因素，但它却不是分配方式的最终决定因素。生产要素所有制属于生产关系的范畴。分配方式主要取决于生产要素所有制，这只是从一个方面阐明了两者之间的内在联系，但并没有抠到生产力的根上。从生产关系与生产力的相互关系来看，不仅生产要素所有制最终取决于生产力的性质和发展要求，必然要随着生产力的发展而变化；而且分配方式也最终取决于生产力的性质和发展要求，必然要随着生产力的发展而变化。我认为，分配方式最终取决于生产力的性质和发展要求，可以进一步概括为分配方式最终取决于有利于发展符合人类需要的生产。正如恩格斯所指出的那样："只要分配被纯粹经济的考虑所支配，它就将由生产的利益来调节"。② 我认为，有利于发展符合人类需

---

① 《马克思恩格斯选集》第 2 卷，人民出版社 1972 年版，第 99 页。
② 《马克思恩格斯选集》第 3 卷，人民出版社 1972 年版，第 240 页。

要的生产至少包括以下三个要点。

1. 有利于提高劳动者的素质，充分发挥劳动者的作用。劳动者或劳动力是生产力中最积极和最活跃的因素，是生产力中的主导性力量。在人类社会的历史上，先进的分配方式（不论是剥削的还是非剥削的，是野蛮的还是文明的）之所以能够取代落后的分配方式，归根结底就在于它能在更加有利于提高劳动者素质和发挥劳动者作用的条件下，推动符合人类需要的生产不断地向前发展。奴隶社会的分配方式取代原始社会的分配方式是如此，社会主义分配方式取代资本主义分配方式则更是如此。劳动者自身素质的不断提高和完善，劳动者作用的充分发挥，这是一个循序渐进永无止境的历史过程，也是社会生产力不断发展的历史过程，它既是最终决定分配方式发展变化的基本因素，同时也受分配方式的制约和影响。

2. 有利于采用先进的科学技术，节约人力、物力和财力，实现资源的优化配置。科学技术是人类智慧的结晶，是先进生产力的集中体现和主要标志。随着人类社会的不断进步，科学技术在生产力发展中的巨大作用日益凸显。先进的生产关系和先进的分配方式，必须与先进的生产力特别是与凝结着先进科学技术的先进的生产工具相适应，从而为社会生产的发展提供广阔的空间。资本主义分配方式固然浸透着对雇佣劳动者的惊人的剥削，但它在推动科技进步和提高劳动生产率方面却起到了巨大的作用。个别企业的资本家率先采用先进技术，则获得超额剩余价值；整个社会的资本家普遍采用了先进技术，则获得相对剩余价值。尽管在资本主义制度下也存在着采用先进科学技术的某些障碍，但是，资本主义国家在近两三个世纪所创造的生产力，则已经大大超过了人类社会在以往一切世代所创造的全部生产力的总和。在社会主义初级阶段，我们之所以在坚持按劳分配为主体的同时实行按生产要素分配，根本目的在于充分调动一切积极因素，尽可能地采用先进的科学技术和优化资源配置，以推动生产力的迅速发展和人民生活水平的不断提高。

3. 有利于促进人口、资源、环境、经济和社会的可持续发展，实现使用价值再生产、人口再生产和自然再生产的统一。人类社会的生产力呈现加速发展的趋势。自18世纪下半叶兴起的产业革命以来，特别是自20世纪中叶兴起的第三次科技革命以来，人类在创造前所未有的物质财富与极大地推动文明和进步的同时，人口剧增、资源浪费、环境污染和生态破坏等负面效应也逐步地从局部扩展到全球。严峻的现实迫使人类不得不理性地思考并提出可持续发展问题，将正确规范"人与自然"和"人与人"的两大基本关系，实现人口、资源、环境、经济和社会的可持续发展作为各国普遍接受的基本战略。在当今世界，几乎所有国家国民收入的初次分配与再分配都在一定程度上受到了可持续发展战略的制约。

以上三点，既可以视为从不同角度对"有利于发展符合人类需要的生产"的内涵的初步阐发，也可以理解为对分配方式最终由生产力决定的观点所包含内容的进一步拓展。必须指出，由于人类社会的生产是一个由低级向高级不断发展的历史过程，也由于人类社会生产力的发展具有连续性和阶段性的特点，因此，本文提出的作为分配方式最终决定因素的"有利于发展符合人类需要的生产"决不是一个空洞的抽象，它是与人类不同社会特定的生产力或人类某一社会特定层次的生产力相联系并以此为前提的。马克思曾经指出："人们不能自由选择自己的生产力——这是他们的全部历史的基础，因为任何生产力都是一种既得的力量，以往的活动的产物。"①因此，决不能超越某一社会或某一层次特定生产力的实际，去企图实行所谓"有利于发展符合人类需要的生产"的更为"先进"的分配方式；正如我们在社会主义初级阶段不能脱离生产力的实际，去企图从总体上实行共产主义社会的分配方式一样。同时，还须指出，本文阐发的"有利于发展符合人类需要的生产"的内涵也随着社会的不断发展而逐步丰富的，从而其适用范围也必然具有历史的特点。

三、分配方式的重要制约因素——社会公平

公平是一个非常复杂且颇多歧义的范畴。把公平引入分配领域，可以相对地区分为经济公平与社会公平。经济公平是指分配方式由生产方式决定，着眼点在于提高效率，其作用的发挥主要是在初次分配领域；而社会公平则是指分配不能过分悬殊，着眼点在于维护社会稳定，从长期来看促

① 《马克思恩格斯选集》第 4 卷，人民出版社 1972 年版，第 321 页。

进经济与社会的发展，其作用的发挥主要是在再分配领域。社会公平是人类社会发展到一定阶段以后制约分配方式的一个重要因素。

在当代西方的某些"福利国家"中，政府把收入分配的社会公平视为重要的政策目标，并努力通过调节国民收入的初次分配和再分配来加以实现。其主要途径是：（1）税收在国内生产总值中占有较高的比重。在20世纪80年代，瑞典、挪威、法国和奥地利的税收占国内生产总值的比重分别为5.7%、46.6%、44.1%和41%。[①]（2）国家财政补贴在社会保障基金中占有较高的比重。1980年，在丹麦、英国和德国的社会保障基金中，国家财政补贴所占的比重分别为85.5%、43.6%和26.7%。[②] 这样，一方面，通过实行高税收（特别是高额累进税）政策，主要减少了富人的收入；另一方面，则通过实施社会福利制度，变相增加穷人的收入。尽管西方某些国家的现代福利制度不无弊端，但其对于促进经济发展、改善人民生活和保持社会稳定的积极作用则是显而易见的。

目前，我国正处于体制转轨和社会转型的关键时期。改革开放以来，我国逐步破除了平均主义的个人收入分配旧体制，努力建立与社会主义市场经济相适应的个人收入分配新体制，成绩是主要的。但是，由于种种原因，我国灰色收入相当泛滥，黑色收入较为猖獗，不同所有制、不同行业、不同地区以及城乡居民之间的个人收入差距长期持续扩大，贫富悬殊问题相当突出。我国个人收入分配领域中存在的上述问题已经引起了党和国家领导同志的高度重视。2001年11月召开的中央经济工作会议提出："收入分配关系国计民生，关系改革发展稳定的大局。妥善处理社会各阶层、各种利益群体的分配关系，防止出现两极分化，有利于避免和化解社会矛盾，为改革开放和社会发展创造良好的环境。"[③] 我们要认真贯彻"效率优先、兼顾公平"的原则，继续深化个人收入分配体制改革，健全与完善以按劳分配为主体多种分配方式并存的个人收入分配制度，强化对个人收入分配的宏观调控，切实做到保护合法收入，取缔非法收入，整顿不合理收入，

---

① 张泽荣主编：《当代资本主义分配关系研究》，经济科学出版社1994年版，第214页。
② 张泽荣主编：《当代资本主义分配关系研究》，经济科学出版社1994年版，第225页。
③ 引自2001年11月30日《光明日报》。

调节过高收入。与此同时，要下大气力健全和完善以社会保险为核心的多层次的社会保障制度。当然，真正理顺个人收入分配关系绝非一日之功，而是我们在健全与完善社会主义市场经济体制的过程中所长期面临的一项极为艰巨的重要任务。

价值创造与价值分配[*]

在我国理论界近年来围绕劳动价值论的新一轮探讨中，一些学者针对价值创造与价值分配的关系提出了截然相反的观点。有的学者认为，价值创造与价值分配无关；有的学者则认为，价值创造与价值分配是统一的。我认为这两种观点都既有所依据，又有失偏颇。深入探讨并正确认识价值创造与价值分配的辩证关系，对于推动经济理论研究与深化我国个人收入分配体制改革，具有重要意义。

一、价值创造与价值分配"无关论"辨析

价值创造与价值分配"无关论"有其合理的方面。这种观点正确地指出了价值创造与价值分配是不同的范畴，正确地阐明了生产资料所有制在价值分配中的主要决定作用，但它却忽略了价值创造与价值分配之间的内在联系。

价值创造是价值分配的基础。在商品经济条件下，创造价值的主体（或价值创造者）无论与何种生产资料所有制相联系，都必然要以某种方式参与价值分配。在资本主义经济中，雇佣劳动者丧失生产资料，具有个人劳动力的所有权，因而必然要以劳动力价值的方式参与价值分配。在社会主义经济中，劳动者在社会或集体的范围内拥有生产资料，同时具有个人劳动力的所有权，因而必然要以按劳分配的方式参与价值分配。如果价值创造与价值分配无关，那么价值创造的主体也就与价值分配脱钩了，这就意味着价值创造者在价值分配中什么也得不到，而非价值创造的生产资料所有者则吞噬了价值分配的全部成果。倘若如此，那么，恐怕连价值创

---

* 原载《当代经济研究》2003 年第 2 期。

造者和价值创造本身也早已不存在了。

有些学者为了论证价值创造与价值分配"无关论"，提出无论在马克思的著作中，或是在社会主义经济实践中，实行按劳分配都不是以劳动价值论为依据，而是以生产资料社会主义公有制为依据。我认为，这种观点不够全面。固然，无论是从马克思的有关论述来看，或是从社会主义经济实践来考察，实行按劳分配的基本经济依据是生产资料的社会主义公有制和劳动者具有个人劳动力的所有权，但是，决不能认为实行按劳分配与劳动价值论毫无关联。无论从理论或实践的角度来考察，两者的联系都是相当紧密的。

从理论的角度来考察，马克思关于按劳分配的论述与他所创立的劳动价值论在理论逻辑上有明显的共同或相似之处：（1）两者都充分肯定劳动在创造社会财富中的决定性作用。马克思创立的劳动价值论，科学地揭示了在商品经济条件下，具体劳动是创造使用价值（社会财富的物质内容和交换价值的物质承担者）的一个源泉，抽象劳动则是创造价值（社会财富的社会内容）的唯一源泉；而马克思所论述的按劳分配，则是明确在商品经济从而价值不复存在的条件下，劳动是创造使用价值或社会财富的一个源泉。（2）把劳动与分配紧密地联系起来，维护和实现劳动者的根本利益。在人类社会中，"人们奋斗所争取的一切，都同他们的利益有关"。①马克思创立的劳动价值论，就其内容而言并不包含价值分配理论。但是，马克思创立的劳动价值论是其全部经济学说的基石。按照马克思创立的劳动价值论及其全部经济理论，建立在资本主义私有制基础上的剥削制度迟早要被建立在社会主义公有制基础上的按劳分配制度所代替，"一切归劳动者所有"是历史发展的必然趋势。这就是说，从历史发展趋势来看，马克思创立的劳动价值论的理论逻辑是社会财富的创造者（劳动者）最终应享有全部社会财富；换言之，社会财富应按照最有利于劳动者的方式进行分配。而马克思关于按劳分配的论述，则是设想在社会主义公有制和劳动者具有"不同等的工作能力是天然特权"的条件下，②在对社会总产品作

---

① 《马克思恩格斯全集》第 1 卷，人民出版社 1956 年版，第 82 页。
② 《马克思恩格斯选集》第 3 卷，人民出版社 1972 年版，第 12 页。

了六项必要的扣除之后，以劳动为尺度对劳动者进行消费资料的分配，劳动者向社会提供的劳动量的差别必然导致消费资料分配的差别。简言之，马克思论述的按劳分配，是设想在社会主义产品经济条件下，实行将社会财富（或使用价值）的生产与分配高度统一的有利于劳动者的分配方式。

从实践的角度来考察，社会主义商品经济条件下的按劳分配与马克思创立的劳动价值论之间的联系则更为紧密。社会主义经济是商品经济，商品经济的基本规律——价值规律必然在整个社会经济中发挥极为重要的作用。价值规律是马克思创立的劳动价值论的重要内容。在社会主义商品经济条件下，价值规律对按劳分配具有明显的制约作用，主要体现在三个方面：（1）社会主义公有制企业的联合劳动还带有局部劳动的性质，并不能直接等同于社会劳动。企业联合劳动能否转化以及转化为多少社会劳动还受到商品经济规律特别是价值规律的制约，从而企业销售商品所实现的社会劳动量还要以价值量即物化的社会必要劳动时间来衡量。（2）社会主义公有制企业在衡量劳动者提供的有效劳动量或劳动贡献时，要区分劳动的不同性质（即复杂劳动与简单劳动、熟练劳动与非熟练劳动、繁重劳动与非繁重劳动等）并进行折算。这种区分和折算与价值规律的某些内在规定（例如，就相同时间创造的价值而言，复杂劳动等于多倍的简单劳动）具有高度的一致性。（3）社会主义公有制企业根据按劳分配原则发给劳动者工资以后，劳动者凭借货币工资去购买作为商品的个人消费品。这一过程既是按劳分配的最终完成，同时也是商品交换过程，从而价值规律必然发挥作用。由上可见，尽管劳动价值论并不构成按劳分配的直接理论依据，但是，两者之间的紧密联系却是毋庸置疑的。正因为如此，以至于某些持价值创造与价值分配"无关论"观点的学者也不得不承认，我国当前深化对社会主义社会劳动和劳动价值论的研究，其基本目的之一是要着力解决收入分配（特别是科技工作者和经营管理者的收入分配）问题。

二、价值创造与价值分配"统一论"辨析

价值创造与价值分配"统一论"也不无合理的方面。这种观点正确地指出了价值创造是价值分配的基础，强调"劳动人民创造的全部价值最终

应该归属于劳动者全体"的历史必然性，但它却忽略了价值创造与价值分配两者的区别。

首先，价值创造与价值分配是不同的范畴，价值分配不属于劳动价值论的内容。持价值创造与价值分配"统一论"的学者认为，劳动价值论包括两部分内容，既包括价值的创造或价值的源泉，也包括价值的分配。我认为，这种观点并不妥当。按照通常的提法，马克思创立的劳动价值论主要包括价值实体（或价值的源泉）、价值量、价值规律、价值形式和价值实质等方面的内容，并不包括价值的分配。在我国高校使用的资本主义政治经济学教科书中，属于价值分配的内容主要体现在资本主义工资理论和剩余价值及其具体形式的理论之中，也并没有纳入到劳动价值论的范围之内。因此，把价值分配归之于劳动价值论的提法是不准确的，进而也无法为价值创造与价值分配"统一论"提供理论依据。

其次，在资本主义商品经济中，价值创造与价值分配并不是统一的。因为，在资本主义商品经济中，生产资料掌握在资本家和土地所有者手中，劳动者仅仅具有自身的劳动力，就所有制而言，劳动者与生产资料是分离的。在资本主义生产过程中，劳动者运用生产资料创造出新价值。然而，主要由于生产资料资本主义私有制，劳动者只能获得大体上相当于劳动力价值的那部分价值（即资本主义工资），而劳动者创造的新价值中的其余部分则被资产阶级和其他剥削阶级所瓜分。据统计，美国制造业的剩余价值额 1950 年、1960 年、1970 年、1980 年和 1989 年分别为 264 亿美元、549 亿美元、1133 亿美元、3479 亿美元和 8254 亿美元；同期，美国制造业的剩余价值率则分别为 111%、122%、141%、161% 和 209%。① 类似的例证在资本主义社会中不胜枚举，俯拾皆是，以至于有的持价值创造与价值分配"统一论"观点的学者也不得不承认："在生产资料和劳动者相分裂为基本特征的资本主义社会，价值创造与价值分配却处于对立和对抗的状态中"。

最后，在社会主义商品经济或市场经济条件下，国有企业中劳动者的价值创造与价值分配也不是完全统一的。社会主义国有企业实质上是全民

---

① 黄素庵、甄炳禧著：《重评当代资本主义经济》，世界知识出版社 1996 年版，第 210～211 页。

所有制企业，劳动者是生产资料的主人，就所有制而言，已经实现了劳动者与生产资料的直接结合。在社会主义商品经济或市场经济条件下，国有企业的生产资料属于全民利益的代表者国家，企业则具有经营自主权（或法人财产权），是独立的法人实体和市场竞争主体。在实行所有权与经营权（或法人财产权）两权分离的条件下，社会主义国有企业的劳动者所创造的新价值除了上缴税金之外，还不能全部留给企业和劳动者个人。国有企业还须依据企业实际占有的国有资产的数量和质量，将劳动者创造的新价值中的一部分以利润等形式（以下简称利润）上缴给国家。在社会主义社会中，尽管国有企业上缴的利润归根结底是为全体社会成员的利益服务的，从而与资本主义经济中的剩余价值或利润有本质的不同；但是，无可否认，如果从量的角度来衡量，各个国有企业的劳动者实际上缴的利润与其通过各种途径所得到的回报并不是完全一致的。

当然，在商品经济条件下也存在价值创造与价值分配高度统一的情形。如果排除税收这一国家为履行其职能而凭借其政治权力依法向经济单位和个人无偿征收实物或货币所形成的特殊的分配关系，那么，在以个体所有制为基础的商品经济中，价值创造与价值分配则是高度统一的。这种统一的前提条件是劳动者既是生产资料的所有者，又是生产资料的经营者；或者换一种说法，劳动者具有生产资料的全部财产权（或产权），集生产资料的所有权、占有权、收益权和处分权于一身。

必须指出，在持价值创造与价值分配"统一论"观点的学者中，有的学者是从劳动价值论的角度来论证的，也有的学者则是从萨伊的"生产三要素论"的角度来论证的。对于法国资产阶级庸俗经济学家萨伊鼓吹的"生产三要素论"，马克思主义的创始人早已给予了彻底的批判，我国也有不少学者从不同角度进行了分析和批判，本文在此不加赘述。但我认为，如果以萨伊鼓吹的"生产三要素论"为理论依据来论证价值创造与价值分配的统一性，宣扬工人得到工资、资本家得到利息（或利润）、土地所有者得到地租是由于"生产三要素"即劳动、资本和土地共同创造了价值，那就不仅从根本上背弃了马克思创立的劳动价值论，而且也自觉或不自觉地堕入了为资本主义剥削制度辩护的泥潭。因为，按照"生产三要素论"的理论逻辑，资本主义剥削制度乃是"天经地义"的"合理"的分配制度，资本主义国家乃是"公平和谐"、不可更替的"千年王国"，而社会主义革命和社会主义社会则无从谈起。

综上所述，在价值创造与价值分配相互关系的问题上，我们应持辩证唯物主义和历史唯物主义的基本观点。既要认清两者之间的联系，认识到社会主义公有制取代资本主义私有制、"一切归劳动者所有"这一历史发展的必然趋势；也要认清两者之间的区别，从而认识到生产资料所有制在价值分配中具有极为重要的作用，正视在人类社会相当漫长的历史时期中凭借生产资料所有制攫取或占取剩余价值（或利润）这一客观事实。

按劳分配若干问题探讨[*]

近几年来，随着社会主义商品经济的发展和经济体制改革的不断深入，国内经济学界对按劳分配理论的探讨取得了明显的进展。然而也无须讳言，有的同志提出了某些误解、曲解甚至否定按劳分配的观点，并造成了相当程度的思想混乱。本文对其中几种有代表性的观点进行商榷，以抛砖引玉，推动按劳分配理论研究继续深入。

一

有的同志认为，在马克思设想的以产品经济为基础的分配模式中，按劳分配的计量尺度是个别劳动时间。由于个别劳动与社会劳动的等同以及社会给予每一个别劳动时间报酬的等量，必然导致平均主义，这与按劳分配原则存在着明显的矛盾。

我认为这种观点误解了马克思关于按劳分配计量尺度的某些论述。

马克思在《哥达纲领批判》中指出："在一个集体的、以共同占有生产资料为基础的社会里，生产者并不交换自己的产品；耗费在产品生产上的劳动，在这里也不表现为这些产品的价值，不表现为它们所具有的某种物的属性，因为这时和资本主义社会相反，个人的劳动不再经过迂回曲折的道路，而是直接地作为总劳动的构成部分存在着。"① 从马克思的这段论述中可以看出，他认为在社会主义社会中生产者的个人劳动直接表现为社会劳动，但并不能由此引申，认为马克思设想在社会主义社会中生产者的个别劳动成为按劳分配的计量尺度。因为，无论从马克思反复阐明的劳动

---

* 原载《中国劳动科学》1990 年第 2 期。
① 《马克思恩格斯选集》第 3 卷，人民出版社 1972 年版，第 10 页。

价值理论还是从实际情况来看，以个别劳动时间作计量尺度都无法准确衡量各个生产者提供劳动量的大小。首先，生产者的劳动存在着脑力劳动和体力劳动、复杂劳动和简单劳动、熟练劳动和非熟练劳动、繁重劳动和非繁重劳动的差别，即使劳动时间相同，从事不同劳动的生产者提供的劳动量可以相差很大。其次，生产者的劳动态度也有好、中、差的区别，即使劳动时间相同，从事同一劳动的生产者提供的劳动量也可以各不相同。因此，尽管劳动本身的量是用劳动的持续时间来计量的，但是个别劳动时间并不能成为社会衡量生产者提供劳动量大小的正确尺度。

那么，社会主义社会中按劳分配的计量尺度究竟是什么？对此，马克思并没有明确具体地回答。但是，根据马克思的理论逻辑推断，应是社会平均劳动时间。众所周知，社会必要劳动时间是在现有的社会正常的生产条件下，在社会平均的劳动熟练程度和劳动强度下制造某种使用价值所需要的劳动时间。由于社会必要劳动时间的形成既取决于生产的主观条件，也取决于生产的客观条件，因而即使生产者的劳动具有社会平均的强度、熟练程度和繁杂程度，但由于各自与不同的客观生产条件相联系，其同量劳动所形成的社会必要劳动时间也必然不同。根据马克思的观点，按劳分配以生产者具有平等的生产资料所有权为前提。因此，客观生产条件的差异并不应导致消费品分配的差别，而只有生产的主观条件的差异才可以导致消费品分配的差别。所以，马克思设想的按劳分配的计量尺度不是社会必要劳动时间。而社会平均劳动则是抛开客观生产条件以后社会平均的强度、熟练程度和繁杂程度的劳动，是同质的等一劳动。以社会平均劳动时间作为按劳分配的计量尺度，既能体现生产者在生产资料所有权上的平等地位，又能体现生产者向社会提供的劳动量的实际差别，从而符合马克思按劳分配学说的原意。这种观点还可以在《反杜林论》中得到佐证。恩格斯在《反杜林论》中指出："社会一旦占有生产资料并且以直接社会化的形式把它们应用于生产，每一个人的劳动，无论其特殊用途是如何的不同，从一开始就成为直接的社会劳动。那时，一件产品中所包含的社会劳动量，可以不必首先采用迂回的途径加以确定；日常的经验就直接显示出这件产品平均需要多少数量的社会劳动。社会可以简单地计算出：在一台蒸汽机中，在一百公升的最近收获的小麦中，在一百平方米的一定质量的棉布中，包含着多少工作小时。"从恩格斯的这段论述中可以看出，他认为在社会主义社会中计量产品中所包含的社会劳动量，就是计量产品中所包含的社会平均劳动量，因而是以社会平均劳动时间作为计量尺度的。既然计量产品中所包含的劳动量要以社会平均劳动时间作尺度，那么计量生产者提供的劳动量同样也要以社会平均劳动时间作尺度。

马克思在《哥达纲领批判》中还指出："社会劳动日是由所有的个人劳动小时构成的；每一个生产者的个人劳动时间就是社会劳动日中他所提供的部分，就是他在社会劳动日里的一份。"[①] 尽管马克思在这里确实使用了"个人劳动小时"或"个人劳动时间"的字眼，但并不能由此引申，认为马克思设想在社会主义社会中按劳分配的计量尺度是个别劳动时间。第一，这段话中的"个人劳动小时"，既可以理解为按个别劳动时间计量的劳动小时，也可以理解为按社会平均劳动时间计量的劳动小时，两者都能构成"社会劳动日"，并且按照两种方法计算的"社会劳动日"的总量也是相等的。理解"个人劳动时间"亦是如此。可见，如果从数量关系上看，并不能把马克思提到的"个人劳动小时"或"个人劳动时间"直接等同于按个别劳动时间计量的"个人劳动小时"或"个人劳动时间"。第二，如果联系马克思在这段话后面的另一段话来理解，所谓"个人劳动小时"或"个人劳动时间"的含义就比较清楚了。马克思指出："一个人在体力或智力上胜过另一个人，因此在同一时间内提供较多的劳动。"[②] 毫无疑问，马克思在这里采用的劳动计量尺度绝不是个别劳动时间。因为，如果采用个别劳动时间作为劳动计量尺度，那么即使两个生产者在体力或智力方面相差悬殊，他们在同一时间内提供的劳动量也不会有任何差别，更谈不上会出现一个人比另一个人"提供较多的劳动"的情况了。既然马克思在论述按劳分配的计量尺度时排除了个别劳动时间，而根据马克思按劳分配的理论逻辑又排除了社会必要劳动时间，那么马克思在此论述按劳分配所采用的计量尺度，便只能归结为社会平均劳动时间。

由上可见，马克思设想社会主义社会中按劳分配的计量尺度，实质上是社会平均劳动时间，这与按劳分配原则并不矛盾。当然，由于历史条件

---

①② 《马克思恩格斯选集》第 3 卷，人民出版社 1972 年版，第 11 页。

的限制，马克思并没有预见到社会主义经济是商品经济，没有也不可能完全解决社会主义商品经济条件下全民所有制企业中按劳分配的计量尺度问题，这有待于人们在社会主义经济实践中努力探索并加以解决。

二

也有的同志认为，马克思的按劳分配设想的核心内容有两点：（1）在整个社会范围内以劳动作为收入分配的唯一尺度，而不存在任何其他分配尺度；（2）在整个社会范围内提供等量劳动获得等量报酬。而我国目前的状况是：（1）由于多种所有制并存，个人收入分配除了以劳动作为尺度以外，还存在其他分配尺度；（2）由于全民所有制企业也有自身相对独立的经济利益，并且企业的盈利总要受到种种客观条件的影响，提供同类同量劳动在不同企业必然得到不同报酬。因此，按劳分配原则只能在产品经济条件下实现，在社会主义商品经济中不能实现。

我认为，这种观点虽然正确地指出了社会主义商品经济条件下的按劳分配与马克思设想的产品经济条件下的按劳分配的若干主要区别，但却割裂了两者之间的本质联系，从而得出了错误的结论。

为了搞清楚在社会主义商品经济条件下能否实行按劳分配，首先，必须正确认识按劳分配的本质规定。马克思指出：在一个集体的、以共同占有生产资料为基础的社会里，"每一个生产者，在作了各项扣除之后，从社会方面正好领回他所给予社会的一切。他所给予社会的，就是他个人的劳动量"。① 按劳分配体现的"平等就在于以同一的尺度——劳动——来计量"。② 列宁指出，按劳分配包括"不劳动者不得食"和"按等量劳动领取等量产品"这两个社会主义原则。③ 根据马克思和列宁的有关论述，我认为按劳分配的本质规定就是以有效劳动量（经过扣除）作尺度分配个人消费品。如果这种看法是正确的话，那就不能否认这样一个有目共睹的客观

---

① 《马克思恩格斯选集》第 3 卷，人民出版社 1972 年版，第 10 ~ 11 页。
② 《马克思恩格斯选集》第 3 卷，人民出版社 1972 年版，第 11 页。
③ 《列宁全集》第 31 卷，人民出版社 1985 年版，第 90 页。

现实：尽管我国分配领域中存在的问题很多，有些还相当严重，但是，从总体上看，我们已经在或大或小的公有制经济范围内初步实行了不完善、不纯粹的按劳分配制度。正如江泽民同志《在庆祝中华人民共和国成立40周年大会上的讲话》中所指出的那样，我们"建立了以生产资料公有制和按劳分配为主体和基本特征的社会主义经济制度"。随着我国分配体制改革的不断深入，按劳分配原则在公有制经济中必将得到进一步的贯彻。

其次，必须正确认识社会主义商品经济中是否具备实行按劳分配的经济条件。毫无疑问，马克思设想的实行按劳分配的产品经济与我国现阶段的社会主义商品经济有着重大差别，从而我国现阶段的按劳分配与马克思设想的按劳分配相比具有许多新特点。我认为，这些新特点主要表现为：（1）按劳分配的主体是企业；（2）按劳分配体现的利益多元性；（3）按劳分配的计量尺度具有综合性；（4）按劳分配的非纯性；（5）按劳分配必须以货币为媒介；（6）按劳分配原则的主体性。尽管如此，但我认为我国现阶段还是具备了马克思设想的实行按劳分配的基本经济条件，其主要表现是：（1）存在着所有制结构中占主体地位的社会主义公有制；（2）劳动者具有劳动力的个人所有权；（3）社会生产力不够发达，旧式的社会分工特别是脑力劳动和体力劳动的本质差别还存在；（4）劳动对于绝大多数人来说还仅仅是谋生的手段。撇开这些基本经济条件，笼统地认为在社会主义商品经济条件下不能实行按劳分配，未免失之偏颇。

最后，马克思主义是在实践中不断发展的科学。尽管马克思主义的创始人科学地揭示了社会历史发展的必然趋势，但是囿于历史条件，他们的个别具体设想或猜测却并非完全符合客观实际。例如，马克思和恩格斯都曾设想社会主义社会是没有商品货币的社会，可是迄今为止所有社会主义国家中都毫无例外地存在着商品经济。几十年的社会主义实践表明，商品经济的充分发展是社会经济发展不可逾越的阶段，社会主义经济是公有制基础上的商品经济。对此，我们既不能由于商品经济的存在而否认现今社会的社会主义性质，也不能照搬照套马克思和恩格斯关于社会主义社会的具体设想而否定或排斥商品经济。中共十三大报告指出：在科学社会主义从学说到实践，从一国建设社会主义的实践到多国建设社会主义的实践的过程中，"必然要抛弃前人囿于历史条件仍然带有空想因素的个别论断，必然要破除对马克思主义的教条式理解和附加到马克思主义名下的错误观点，必然要根据新的实践使科学社会主义理论得到新的发展"。我认为，如果以辩证的观点看待马克思的按劳分配学说，那就不难对社会主义商品经济条件下能否实行按劳分配的问题得出正确的结论。

<h2 style="text-align:center">三</h2>

还有的同志认为，在社会主义商品经济条件下，按劳分配等于按劳动力价值分配。我认为这种观点并不妥当。

毫无疑问，按劳分配与按劳动力价值分配确实存在某些相似之处，主要表现在：（1）它们都以劳动者提供有效劳动作为必要的前提条件；（2）它们都以商品经济作为载体，从而价值规律和供求关系对这两种分配都发生作用和影响；（3）它们都以货币作为实现分配的媒介手段。但是，按劳分配与按劳动力价值分配是根本不同的分配制度，两者是泾渭分明、不容混淆的。

首先，分配的经济前提不同。马克思指出："消费资料的任何一种分配，都不过是生产条件本身分配的结果。而生产条件的分配，则表现生产方式本身的性质。"① 按劳动力价值分配是以劳动者丧失生产资料、劳动力成为商品为前提的。而按劳分配则是以劳动者成为生产资料的主人、劳动力归劳动者所有但又不是商品为前提的。有的同志认为社会主义企业中劳动力仍然是商品，其主要依据是所谓劳动者与生产资料不是直接结合，也是"一无所有"，因此必须"出售自己的劳动力"。我认为这种提法不能成立。按照我们的理解，直接结合是指生产资料归劳动者所有，在生产资料和劳动者之间没有横插剥削阶级，因而不存在生产资料与劳动者的对立。在社会主义企业中，由于生产资料归全民或劳动者集体所有，劳动者和生产资料相对于剥削制度而言是直接结合的，因而劳动者虽然具有劳动力的个人所有权，但却无需出卖劳动力，所以劳动力不是商品。恩格斯指出：

---

① 《马克思恩格斯选集》第 3 卷，人民出版社 1972 年版，第 13 页。

社会主义就是"要把人的劳动力从它作为商品的地位解放出来"。① 从而社会主义工资也并不是劳动力价值的转化形式，而是按劳分配的基本劳动报酬形式。如果把"直接结合"仅仅理解为由劳动者个人直接拥有生产资料并具有全部经营权，那么这种"直接结合"只有在个体所有制中才存在，在以社会化生产为基础的社会主义企业中确实不存在，并且也不可能存在。我认为，这种理解实际上是以直接结合的个性取代其共性，从而否认社会主义企业中劳动者和生产资料的结合是直接结合的新的较为高级的形式。

其次，分配的数量界限不同。由于分配的尺度不同，因而按劳动力价值分配的价值量，在劳动力进入生产过程之前就已经确定，它以劳动力的生产与再生产的必要费用为限；而按劳分配的价值量则是在作了必要扣除后所余产品的价值量，它在生产和交换之后才能确定，在相对量上不受劳动力价值量的限制，在绝对量上通常大于劳动力的价值。有的同志认为，按劳分配与按劳动力价值分配在价值量上是相同的。我认为这种观点难以成立。尽管按劳分配与按劳动力价值分配都是按必要产品的价值分配，但是在不同社会制度下，必要产品的数量界限本质上是由不同的经济规律决定的。在资本主义制度下，受剩余价值规律和劳动力价值规律的支配，必要产品的最高界限，就是生产与再生产劳动力所必需的生活资料；必要产品的最低界限，就是维持劳动者"身体所必不可少的生活资料"。② 而在社会主义制度下，受社会主义基本经济规律和按劳分配规律的支配，必要产品则从资本主义的限制下解放出来，"扩大到一方面为社会现有的生产力（也就是工人的劳动作为现实的社会劳动所具有的社会生产力）所许可，另一方面为个性的充分发展所必要的消费的范围"。③ 尽管我国现在处于社会主义初级阶段，受生产力水平的制约，公有制经济中必要产品的数量和质量还远没有达到理想的高度，但是按劳分配与按劳动力价值分配在数量上也存在着明显的差别。

再次，体现的经济关系不同。按劳动力价值分配是资本主义的一个分

① 《马克思恩格斯选集》第 3 卷，人民出版社 1972 年版，第 240 页。
② 《马克思恩格斯全集》第 23 卷，人民出版社 1972 年版，第 196 页。
③ 《马克思恩格斯全集》第 25 卷，人民出版社 1974 年版，第 990 页。

配原则，它与按资分配原则相辅相成，体现了资产阶级剥削无产阶级的经济关系。而按劳分配则是社会主义的分配原则，体现了在生产资料公有制基础上劳动力个人所有权的经济实现关系。如果依据按劳分配等于按劳动力价值分配的观点推论，那么，或者是说在资本主义经济和社会主义经济中对劳动者都实行同一的分配原则，或者是说在社会主义经济中可以实行资本主义的分配原则，或者是说在资本主义经济中可以实行社会主义的分配原则。这不仅混淆了社会主义分配原则和资本主义分配原则的界限，而且在逻辑上也是自相矛盾的。

最后，分配的作用不同。按劳动力价值分配，其作用是在维持劳动力生产与再生产的同时，维护既有的资本主义剥削制度。而按劳分配，其作用则是在激发劳动者的积极性和提高劳动生产率的同时，巩固和发展社会主义经济制度。

社会主义市场经济中按劳分配特点新探[*]

按劳分配是人类社会分配制度中最伟大的变革，是社会主义经济的一个基本特征。这既是马克思主义创始人的科学预见，更是当今社会主义国家的光辉现实。随着时间的推移和历史条件的变化，按劳分配从实践到理论也必然会发生变化。坚持和发展马克思主义的按劳分配理论，不仅是马克思主义理论永葆青春的本质要求，而且也是加速建设具有中国特色的社会主义经济的客观需要。

我国经济体制改革的目标是建立社会主义市场经济体制。社会主义市场经济是在公有制为主体的前提下使市场在社会主义国家宏观调控下对资源配置起基础性作用的商品经济。社会主义市场经济既明显区别于马克思主义创始人设想的社会主义产品经济，也不等同于社会主义有计划商品经济，从而赋予按劳分配以新的特点。我认为，社会主义市场经济中的按劳分配主要具有以下六个特点。

一、按劳分配的主体是企业

马克思原来设想，社会主义社会是实行单一的生产资料全民所有制的社会，社会主义联合劳动是全社会范围的联合劳动，全国是一个生产单位和分配单位，从而按劳分配的主体是国家。国家在对劳动者生产的社会总产品作了各项必要的扣除以后，实行一竿子插到底的直接的按劳分配。然而，在社会主义市场经济中，社会主义公有制企业采取全民所有制和集体所有制企业（其中相当一部分企业是以全民所有制或集体所有制经济为基

———————————

* 原载国家体改委经济体制与管理研究所编：《中国经济改革理论与实践——改革开放十五年研讨会优秀论文集》，北京科学技术出版社 1993 年版。

础的股份制企业）两种基本形式，社会主义联合劳动主要表现为企业范围内的联合劳动。集体所有制企业是完全独立的社会主义商品生产者和经营者，其成为按劳分配的主体无须赘言。即使就全民所有制企业而言，不仅由于国家无法精确计量每个劳动者的实际贡献，更由于企业是依法自主经营、自负盈亏、自我约束、自我发展的社会主义商品生产者和经营者，从而企业便成为按劳分配的主体。只有以企业为主体实行按劳分配，才能体现不同企业生产经营好坏的差别，才能根据劳动者的实际贡献给予相应的报酬，从而避免政企不分和平均主义等弊端，促进生产力的迅速发展。如果说我国 15 年来分配制度的改革已经使全民所有制企业从根本上摆脱了以国家为主体的高度集中的分配体制的束缚，具有了相当程度的按劳分配自主权，那么，在社会主义市场经济的实践中，全民所有制企业在按劳分配中的主体地位将完全成为现实。我国不久前颁布的《全民所有制工业企业转换经营机制条例》中明确规定，全民所有制企业享有工资、奖金分配权，即在依照政府有关规定提取的工资总额范围内，"有权自主使用、自主分配工资和奖金"，从而为企业自主实行按劳分配提供了法律保障。

企业成为按劳分配的主体，并不意味着国家撒手不管。社会主义市场经济区别于资本主义市场经济不仅在于所有制基础不同，而且还在于社会主义国家能够更好地发挥计划和市场两种手段的长处，兼顾效率与公平，促进国民经济持续、快速、健康地向前发展。因此，在社会主义市场经济中，国家仍然要以资产所有者和社会管理者的双重身份对全民所有制企业劳动者个人消费品的分配进行以经济手段为主的必要和合理的宏观调控。我认为，国家对全民所有制企业劳动者个人消费品分配的宏观调控除了收缴利税外，关键在于合理控制企业工资总额。我国《全民所有制工业企业转换经营机制条例》规定："企业必须坚持工资总额增长幅度低于本企业经济效益（依据实现利税计算）增长幅度"的原则。我认为，全民所有制企业工资总额与企业经济效益挂钩这一原则是完全正确的，在社会主义市场经济中应更好地加以贯彻。但是，以实现利税来衡量全民所有制企业的经济效益并进而确定企业工资总额，似有一定的缺陷。首先，企业实现利税仅为企业净产值的一部分，它不能从价值上全面反映企业的经济效益和劳动成果。其次，我国目前的价格体系仍不合理，实现利税多的企业并不一定就劳动贡献大、经济效益高；实现利税少的企业也并不一定就劳动贡献小、经济效益低。因此，我认为，在社会主义市场经济新体制建立起来之前，国家做出上述规定大体上是可行的，但仍应进一步完善全民所有制企业工资总额与经济效益挂钩的办法。当社会主义市场经济新体制建立之后，为了更好地贯彻按劳分配原则，国家应明确规定全民所有制企业（极少数具有公益性质的全民所有制企业除外，下同）工资总额与企业上缴利税（对实行股份制的全民所有制企业来说，应该是企业上缴利税及扣减表现为利息、股息、红利等其他资产收入，下同）以后的净产值挂钩。正确实行这种挂钩的关键是确定合理的全民所有制企业平均工资率。我认为，全民所有制企业平均工资率应该是在积累与消费的比例较为适当的正常年景下，物质生产部门的全民所有制企业工资总额与上缴利税以后净产值总额之比。各全民所有制企业工资总额原则上应等于上缴利税以后净产值乘以平均工资率。这样，在企业职工人数不变的情况下，企业工资水平就与上缴利税以后的净产值和企业劳动生产率成正比。从而，既可以贯彻多劳多得、少劳少得的按劳分配原则，打破企业之间的"大锅饭"，又能抑制个人消费基金膨胀，使职工的工资增长与劳动生产率增长相适应。有些全民所有制企业经营不善，按照平均工资率提取的工资总额大大低于原来的水平，可以适当提取企业工资储备基金以资弥补。有些全民所有制企业严重亏损，应设法通过多种途径发给职工最低工资。连续一年开不出最低工资且又无法获得贷款的企业，国家有关部门应依法宣布其解散、破产或推动优势企业对其实行兼并。

二、按劳分配体现的利益多元性

马克思原来设想，社会主义经济利益结构是二元利益结构，即只存在着国家利益和劳动者个人利益。然而，由于社会主义企业是法人实体和市场竞争主体，具有独立的经济利益，从而集体（企业）利益便成为社会主义经济利益结构中的一个重要组成部分。不仅如此，社会主义社会的国家利益也相对地区分为中央利益和地方利益，劳动者个人利益又相对地区分为经营者利益和生产者利益，等等。可见，社会主义经济利益结构是多元利益结构，其复杂程度远远超过马克思当年的预见。在任何社会，经济利益都是经济发展内在的根本动力。马克思指出："人们奋斗所争取的一切，都同他们的利益有关。"① 在社会主义市场经济中，国家、集体和劳动者个人三者之间的经济利益从根本上说是一致的，但也存在着明显的差别。在按劳分配的过程中如何妥善处理好国家、集体和劳动者个人三者之间的经济利益关系，始终是社会主义市场经济中一个至关重要的问题。在我国传统的分配体制下，全民所有制企业的利润几乎全部上缴，职工工资增长极为缓慢，经济利益过分向国家倾斜，严重挫伤了广大企业和职工的生产积极性，其教训是相当深刻的。党的十一届三中全会以来，我们从对全民所有制企业的放权让利入手，逐步调整了国家、集体和劳动者三者之间的经济利益关系。从全民所有制企业总体状况来看，国家、集体和劳动者个人三者之间的利益格局趋向合理，不存在国民收入分配向劳动者个人过度倾斜的问题。但是，也确实存在某些全民所有制企业在发放工资奖金中竞相攀比、缺乏自我约束机制的问题。为了增发工资和奖金，有些企业尽量压低承包基数，挪用或挤占生产发展基金，不提或少提折旧基金。有些企业在严重亏损的情况下还照发工资和奖金。这种损害国家和集体利益，片面追求劳动者个人利益的错误做法必须予以纠正。

三、按劳分配计量尺度的非单一性

马克思原来设想，社会主义产品经济中按劳分配的计量尺度是社会平均劳动时间。然而，社会主义市场经济与马克思设想的社会主义产品经济存在着显著的差别，其按劳分配的计量尺度究竟是什么？对此，国内经济学界众说纷纭，较为流行的有两种提法：一种提法认为是社会必要劳动时间②，另一种提法则认为是社会平均劳动时间与社会必要劳动时间的统一③。这两种提法有一个共同点，即都认为社会必要劳动时间是社会主义

---

① 《马克思恩格斯全集》第 1 卷，人民出版社 1956 年版，第 82 页。
② 国家教委政教司组编：《中国社会主义建设》，辽宁人民出版社 1988 年版，第 230 页。
③ 严中勤主编：《当代中国的职工工资福利和社会保险》，中国社会科学出版社 1987 年版，第 111 页。

商品经济（包括社会主义市场经济）中按劳分配的计量尺度。我认为，这种观点并不妥当。

从理论上讲，社会必要劳动时间不能成为按劳分配的计量尺度。因为"社会必要劳动时间是在现有的社会正常的生产条件下，在社会平均的劳动熟练程度和劳动强度下制造某种使用价值所需要的劳动时间"。① 由于社会必要劳动时间的形成既取决于生产的主观条件，也取决于生产的客观条件，因而即使劳动者的劳动具有社会平均的强度、熟练程度和繁杂程度，但由于各自与不同的客观生产条件相联系，其同量劳动所形成的社会必要劳动时间也就必然不同。根据马克思主义经典作家关于按劳分配的基本观点，按劳分配是以劳动者"共同占有生产资料"② 即拥有生产资料的平等所有权为前提，客观生产条件的差异不应导致个人消费品分配的差别，而只有主观生产条件的差异才可以导致个人消费品分配的差别。因此，把社会必要劳动时间视为按劳分配的计量尺度，不符合马克思主义的按劳分配理论。

从实践上看，社会必要劳动时间也不是按劳分配的计量尺度。尽管社会主义市场经济中的按劳分配与马克思原来设想的按劳分配有显著的区别，特别是社会主义企业范围内的联合劳动不能直接等同于社会劳动，企业联合劳动能否转化以及转化为多少社会劳动还要受商品经济规律特别是价值规律的制约，从而企业通过销售商品所实现的社会劳动量还要以价值即物化的社会必要劳动时间来衡量，但是，决不能把制约按劳分配实现水平的社会主义企业外部的商品经济关系与社会主义企业内部的按劳分配原则混同起来。就全民所有制企业而言，其经济性质要求排除各个企业由于人均占有生产资料的优劣多寡等非劳因素对劳动者分配个人消费品的影响。在社会主义经济实践中，这表现为国家通过收缴利税等手段尽量排除制约社会必要劳动时间形成的种种客观生产条件的差异对各全民所有制企业净产值的影响。例如，国家通过收缴利润的方式尽量排除由国家通过"剥夺者"或直接投资等途径形成的企业人均占有固定资产的差异对企业净产值

---

① 《马克思恩格斯全集》第 23 卷，人民出版社 1972 年版，第 52 页。
② 《马克思恩格斯选集》第 3 卷，人民出版社 1972 年版，第 10 页。

的影响，通过征收资源税和土地使用税等方式尽量排除不同的自然资源和地理位置对企业净产值的影响，通过征收高额产品税的方式尽量排除某些商品（例如，国有企业的卷烟）产销的垄断性因素和价格的政策性因素对企业净产值的影响，等等。就集体所有制企业而言，其经济性质并不要求排除不同企业由于人均拥有生产资料的数量和质量的差别对企业净产值的影响，但是，其按劳分配的计量尺度同样不是社会必要劳动时间。例如，某一集体所有制企业由于条件所限，为生产同一种产品同时采用先进和落后两种机器。假定劳动者甲使用先进机器，1小时能够制造4件产品；而劳动者乙则使用落后机器，1小时只能制造1件产品。为了分析问题的简便起见，假定这两种机器的折旧费和辅助材料费相同。在产品适销对路的情况下，劳动者甲1小时创造的新价值便是劳动者乙的4倍。据此，能否断言在作了各项必要的扣除之后，劳动者甲1小时的报酬就应是劳动者乙的4倍？显然不能。因为，劳动者甲创造的新价值之所以大大超过劳动者乙，不仅来源于生产技艺的差别，同时也来源于生产工具的差别。根据按劳分配原则，后者的差别对于劳动者分配个人消费品的影响应予剔除。换言之，如果集体所有制企业中按劳分配的计量尺度是社会必要劳动时间的话，那就意味着在同一集体所有制企业内部，在付出同样或大体相同的劳动代价的情况下，使用先进机器的劳动者获得的报酬可以大大超过使用落后机器的劳动者，这等于变相承认企业内部实际使用生产资料的差异对劳动者收入的影响，变相承认企业内部在生产资料所有权方面存在着不平等，从而既违背集体所有制企业的性质，也不符合按劳分配原则。因此，在社会主义市场经济中，无论是全民所有制企业还是集体所有制企业，社会必要劳动时间都不是按劳分配的计量尺度。

我认为，社会主义市场经济中按劳分配的计量尺度不能笼统地一概而论。就全民所有制企业而言，按劳分配的计量尺度是社会平均劳动时间（指整个社会全民所有制企业范围内以有效劳动为基础的社会平均劳动时间）和企业平均劳动时间（指以有效劳动为基础的企业平均劳动时间）二者的有机统一。社会平均劳动时间是在排除客观生产条件差别的基础上以社会平均的强度、熟练程度和繁杂程度来计量的劳动时间。以社会平均劳动时间作为按劳分配的计量尺度，这是由全民所有制企业的根本性质即不同的全民所有制企业的劳动者具有生产资料的平等所有权决定的。但是，全民所有制企业中按劳分配的计量尺度仅有社会平均劳动时间是不够的，还必须伴之以企业平均劳动时间，这是由社会主义市场经济中全民所有制企业在按劳分配中的作用以及按劳分配的实现方式决定的。一方面，全民所有制企业是按劳分配的主体，从而企业平均劳动时间便成为全民所有制企业中按劳分配的另一重要计量尺度。采用企业平均劳动时间作为全民所有制企业按劳分配的重要计量尺度，既能排除企业内部客观生产条件的差别对劳动者分配个人消费品的影响，又能体现不同企业生产经营状况和同一企业内部不同职工劳动贡献的实际差别，从而有利于更好地贯彻按劳分配原则。另一方面，国家先要以社会平均劳动时间作为计量尺度来衡量各全民所有制企业的劳动者通过主观努力对社会做出的贡献并在分配方面给予相应的体现，然后各全民所有制企业再以企业平均劳动时间作为计量尺度来衡量企业内部各个职工的劳动贡献并给予相应的报酬。因此，全民所有制企业中按劳分配的计量尺度是一种复合计量尺度。与此相区别，集体所有制企业中按劳分配的计量尺度则仅仅是企业平均劳动时间，这是由集体所有制企业的性质决定的。一方面，集体所有制企业中劳动者拥有生产资料的平等所有权，客观上要求排除企业内部客观生产条件的差别对劳动者分配个人消费品的影响，从而排除了社会必要劳动时间作为其按劳分配的计量尺度；另一方面，集体所有制企业中的生产资料归企业内部的劳动者集体所有，而不归整个社会所有，从而也排除了社会平均劳动时间作为其按劳分配的计量尺度。因此，集体所有制企业中按劳分配的计量尺度只能是企业平均劳动时间。由此可见，在社会主义市场经济中，无论就全民所有制企业或是就社会主义公有制经济而言，按劳分配的计量尺度都不是单一的。当然，把全民所有制企业中按劳分配的计量尺度归结为社会平均劳动时间和企业平均劳动时间二者的有机统一，把集体所有制企业中按劳分配的计量尺度归结为企业平均劳动时间，这只是一种理论上的抽象，在社会主义市场经济生动丰富的实践中它无疑具有多样化和渐趋完善的表现形式。

四、按劳分配的非纯性

马克思原来设想，按劳分配完全排除了非劳因素对劳动者分配个人消费品的影响。然而，在社会主义市场经济中，非劳因素对劳动者分配个人消费品的影响是绝对难以避免的。首先，从制约价值形成的基本因素之一即客观生产条件来看，我国全民所有制企业在地理位置、自然资源等方面并非整齐划一，在人均实际占有固定资产的数量和质量方面相差很大。尽管国家通过收缴利税等手段尽量排除制约社会必要劳动时间形成的种种客观生产条件的差异对全民所有制企业按劳分配的影响，但是，既由于在技术上难于精确计算，也由于国家有意对某些非劳因素作适当的保留（例如，对企业用自有资金进行投资带来的收益就不能全部提取，以鼓励企业进行积累和技术改造），从而客观生产条件的差异对各全民所有制企业净产值及劳动者个人消费品分配的影响决不能完全排除干净。而集体所有制企业之间在地理位置、自然资源和人均拥有固定资产的数量和质量等方面都存在着明显差异，其对各企业净产值及劳动者个人消费品分配的影响非但不能排除，而且十分醒目。其次，从市场价格来看，虽然其形成的基础实质上是价值（目前国内许多学者认为，社会主义市场经济中市场价格的基础是生产价格，其实生产价格也不过是价值的转化形式），但也受供求等其他因素的影响。如果某种商品供不应求，则价格上升，从而该商品所包含的劳动量就实现为较多的价值量；反之，如果某种商品供过于求，则价格下跌，从而该商品所包含的劳动量就实现为较少的价值量。在其他条件相同的情况下，这种由于供求不平衡引起的商品价值量实现程度的差别也必然导致企业经济效益的差别，从而对劳动者个人消费品的分配产生不同的影响。所以，在社会主义市场经济中，只能在公有制企业内部大体和近似地实行"同工同酬"；在不同的公有制企业之间，"同工不同酬"的现象必然存在。劳动者在不同的公有制企业之间的自由流动，只能缩小这种报酬上的差别，而不能使其归于消失。

五、按劳分配的媒介货币化

马克思原来设想，社会主义经济中不存在商品和货币，劳动者只要从社会领取一张载明他提供的劳动数量的证书，就可以直接领到相应的个人消费品。然而实践证明，由于社会主义经济是公有制基础上的商品经济，货币作为一般等价物仍功不可没。在社会主义市场经济中，货币对于按劳分配的实现过程具有两方面的作用。一方面，随着整个经济生活的市场化、货币化程度的不断提高，货币充当按劳分配媒介的作用将更形强化。然而，我国全民所有制企业近几年来职工收入的实物化倾向却不断加剧。据全国总工会1991年的调查估算，每个职工年均实物收入约占其全部收入的15%。如果包括以集体消费或社会福利方式由个人获得的实物收入，有人估计实物收入约占职工收入的1/3甚至更多。职工收入的实物化倾向尽管具有自行抵消或部分抵消物价上涨以及增强企业凝聚力等作用，但是，它具有浓厚的平均主义色彩，是搞乱经济秩序、推动个人消费基金膨胀的重要因素，并且与经济生活的市场化、货币化趋势背道而驰。今后，应该进一步调整全民所有制企业职工的工资收入结构，限制和减少实物分配，并结合价格、住房和医疗保险制度的改革，把各种暗补和明补的绝大部分纳入工资中去，使职工收入逐步实现货币化、工资化和规范化。另一方面，由于劳动者分得的货币工资是纸币，劳动者购买消费品的过程是商品交换过程，因而价值规律、供求规律、纸币流通规律等必然共同制约消费品价格水平的高低，并对劳动者实际购买的消费品的数量产生影响，从而增加了按劳分配实现过程的复杂性：在名义工资不变的情况下，实际工资与消费品价格水平成反比；在消费品价格不变的情况下，实际工资与名义工资成正比；在名义工资与消费品价格同时变化的情况下，实际工资取决于它们各自的变动方向和速度。鉴于我国在较长时期内不会从根本上改变"短缺经济"的局面，加之近几年来物价上涨幅度较大而补偿制度严重滞后，很有必要抓紧制定《货币发行法》和《全民所有制企业工资法》，既应对国家发行货币的条件和规模做出必要的限制，以避免货币的超经济发行和严重的通货膨胀；也应明确规定实行"职工基本生活费与职工基本生活费用价格指数适度挂钩"的制度，以确保全民所有制企业绝大多数职工的实际工资能够随着劳动生产率的增长而逐步提高。

六、按劳分配在个人收入分配制度中居主体地位

马克思原来设想，按劳分配方式是社会主义社会中对劳动者分配个人消费品的唯一方式。然而，在社会主义市场经济中，我国个人收入分配制度的基本特征是以按劳分配为主体、多种分配方式并存。对于按劳分配在个人收入分配制度中的主体地位，我认为可以从三个层次上来认识。

首先，从整个社会来看，由于我国在现阶段实行以公有制为主体、多种经济成分并存的所有制结构，因而必然实行以按劳分配为主体、多种分配方式并存的个人收入分配制度。

其次，从社会主义公有制企业来看，由于实行多种经营方式或向本企业职工及社会发行债券和股票，因而也必然实行以按劳分配为主体、多种分配方式并存的个人收入分配制度。在全民所有制企业中，除了占主体地位的按劳分配以外，还存在着按经营成果分配和按资金分配。按经营成果分配并不完全取决于经营中付出的劳动量，还包含相当一部分机会收入和风险收入。尽管机会收入和风险收入都是植根于商品经济并具有一定的积极作用的收入，但它们并不属于劳动收入，更不属于按劳分配收入。而某些全民所有制企业为了筹集更多的建设和发展资金，向本企业职工和社会上发行债券和股票，使债券或股票的持有者据此获得利息、股息和红利，这就是按资金分配方式在发挥作用。当然，对劳动者的按资金分配与对剥削者的按资分配存在着原则的区别。

最后，从社会主义公有制企业的职工个人来看，随着包括债券、股票等有价证券在内的金融市场和劳动者第二职业的拓展，职工个人收入也趋向多源化。除了按劳分配收入以外，公有制企业职工收入中通常还包括利息、股息、红利以及其他劳动或劳务收入。尽管就公有制企业职工收入总体而言，按劳分配收入仍占主体地位，但是，就公有制企业各个职工的收入构成而言，按劳分配收入是否占主体地位则因人而异，不可一概而论。所以，按劳分配为主体的个人收入分配制度在我国社会主义市场经济中具

有极为丰富的内涵。当前，社会分配不公问题相当突出。在全民所有制企业内部，分配不公主要表现为平均主义。职工标准工资在工资总额中所占的比重逐渐缩小，已由 1978 年的 85.8% 下降到 1990 年的 57.8%[①]，而名目繁多的辅助工资的比重则迅速上升。辅助工资表面上因人因事而异，实际上人人有份、基本平均，从而严重弱化了工资的激励功能。从整个社会来看，分配不公主要表现为收入差距悬殊。社会上极少数人通过以权换钱、非法经营、偷税漏税、钻政策漏洞等手段，在短时期内聚敛了大量财富，与社会主义公有制企业中广大职工的按劳分配收入形成了巨大反差，引起了社会各界的普遍关注和强烈不满。社会分配不公不仅严重冲击和削弱了按劳分配的主体地位，而且也动摇了社会主义的价值观念和公有制的主体地位，并且直接导致公有制企事业单位中许多业务骨干的非正常流失。倘若这种状况任其发展，无数革命先烈和仁人志士用血汗浇铸的社会主义宏伟大厦则有可能毁于一旦。因此，我们必须下大决心，花大力气，继续深化个人收入分配制度改革，逐步完善个人收入分配机制，切实强化个人收入分配管理，努力缓解社会分配不公状况，真正体现按劳分配的主体地位，以实现向社会主义市场经济的平稳过渡。

---

① 中华人民共和国国家统计局人口和就业统计司等编：《中国劳动统计年鉴（1991）》，中国劳动出版社 1991 年版，第 330 页。

生产要素按贡献参与分配原则新思考[*]

中共十六大报告明确提出：在我国现阶段，要"确立劳动、资本、技术和管理等生产要素按贡献参与分配的原则，完善按劳分配为主体、多种分配方式并存的分配制度。"[①] 这是在党和国家的重要文献中首次完整地提出生产要素按贡献参与分配的原则。在《中共中央关于完善社会主义市场经济体制若干问题的决定》中，也有类似的提法。对于生产要素按贡献参与分配原则这一提法，我国理论界存在严重分歧。不少学者赞同这一提法，但存在两种不尽相同的理解。一种理解认为，确立生产要素按贡献参与分配原则，就是按生产要素在使用价值和价值创造中的贡献进行分配，从而不仅承认了"要素财富论"（或"财富共创论"），也承认了"要素价值论"（或"价值共创论"），这实质上是否定了按劳分配，将我国现阶段的个人收入分配制度统一于按生产要素分配。另一种理解则认为，确立生产要素按贡献参与分配原则，实质上是将我国现阶段的个人收入分配制度统一于按生产要素分配。但是，社会主义社会中的按生产要素分配本质上不同于资本主义社会中的按生产要素分配，前者并不否定而且包容了按劳分配。也有一些学者并不赞同生产要素按贡献参与分配原则这一提法，认为这一原则实质上就是按生产要素分配。用这一原则来概括我国现阶段的个人收入分配制度，无法包容按劳分配。可以看出，我国理论界围绕生产要素按贡献参与分配原则所展开的争论，实质上可以归结为两大问题：（1）按生产要素分配与按劳分配究竟是什么关系？在社会主义市场经济中，按生产要素分配能否包容按劳分配？（2）生产要素按贡献参与分配原则与按

---

[*] 原载《马克思主义研究》2005 年第 2 期。

[①] 中共中央文献研究室编：《十六大以来重要文献选编》（上），中央文献出版社 2005 年版，第 21 页。

生产要素分配和按劳分配究竟是什么关系？它是仅能涵盖按生产要素分配，还是同时也能涵盖按劳分配？本人对此略抒己见，与学界同仁共同探讨。

一、按生产要素分配与按劳分配是根本不同的分配制度

为了深入探讨按生产要素分配与按劳分配的关系，有必要对按生产要素分配的内涵做进一步的界定。

自中共十五大报告明确提出"把按劳分配和按生产要素分配结合起来"以后，[①] 按生产要素分配就作为一个经济范畴在我国经济实践和理论研究中经常使用。然而，究竟什么是按生产要素分配，怎样界定按生产要素分配的内涵？对此，我国理论界则是众说纷纭，大体上存在三种提法。一种提法认为："所谓按生产要素分配，就是不同经济主体凭借他们投入的资本、劳动力、土地、技术、管理能力等生产要素获取收入的分配方式，它的实质是按照生产要素的产权分配。"[②] 另一种提法则认为：按生产要素分配"就是生产要素私人所有在经济上的实现"。[③] 还有一种提法则认为：在市场经济条件下，财富的分配采取按生产要素分配的形式。这是由生产要素在社会财富创造中有不可或缺的作用、生产要素的稀缺性、市场经济配置资源的特定的经济运行方式以及生产要素归不同所有者所有等因素共同决定的。[④]

笔者认为，上述三种提法都各有道理。第一种提法把按生产要素分配实际上归结为按生产要素所有权（或产权）分配，这是广义的按生产要素分配。按照这种理解，生产要素的产权无论是公有还是私有，都有按生产要素分配的问题。即使在社会主义社会中，国家代表全体人民以所有者的身份向国有企业收缴利润（或股息、红利等）或向城镇土地使用者收取地租（或土地使用税），也是属于按生产要素分配。显然，这种广义理解的按生产要素分配已经明显超出了个人收入分配方式的范畴，与我们通常使

---

① 中共中央文献研究室编：《十五大以来重要文献选编》（上），人民出版社2000年版，第24页。
② 蒋学模主编：《高级政治经济学——社会主义本体论》，复旦大学出版社2001年版，第172页。
③ 杨瑞龙、陈秀山、张宇著：《社会主义经济理论》，中国人民大学出版社1999年版，第178页。
④ 逄锦聚、洪银兴、林岗、刘伟主编：《政治经济学》，高等教育出版社2002年版，第140页。

用的按生产要素分配范畴在适用范围上不完全吻合。第二种提法把按生产要素分配实质上归结为按生产要素私有权分配，这种表述一般说来是正确的。马克思指出：在资本主义社会中，"劳动力的、资本的和土地的所有权，就是商品这些不同的价值组成部分所以会分别属于各自的所有者，并把这些价值组成部分转化为他们的收入的原因"。① 然而，倘若进一步推敲，第二种提法在适用范围上也不无缺陷。例如，奴隶社会、封建社会也存在着不同形式的生产要素私有制，这些社会的个人收入分配（无论采取何种形式），是否也属于我们通常所说的按生产要素分配？第三种提法的主要优点在于把按生产要素分配限定在市场经济条件下，同时阐明了生产要素在社会财富创造中的重要性及其稀缺性。把按生产要素分配的适用范围限定在市场经济条件下，乃是国内大多数学者的共识，也与我们通常使用这一范畴的时间范围相一致。然而笔者认为，生产要素在社会财富（或使用价值）创造中的重要性以及按生产要素分配中的生产要素是指相对稀缺的生产要素，这是按生产要素分配的客观基础或暗含的前提，也是众所周知和不言自明的。这些内容在深入探讨按生产要素分配的必要性时有其重要意义，而在界定按生产要素分配的内涵时即使不提也无碍大局。笔者认为，我国现阶段的按生产要素分配（或我们通常使用的按生产要素分配范畴），应理解为一种综合性的个人收入分配方式。其基本内涵似可表述为：市场经济中与非公有制经济相适应的个人收入分配方式，其实质是生产要素私有权在经济上的实现形式。这里所说的非公有制是广义的概念，它不仅包括社会主义公有制以外的非劳动（或劳动力）生产要素私有制，也包括劳动（或劳动力）生产要素私有制。200年前，法国资产阶级经济学家萨伊提出的"三位一体"的分配公式（劳动—工资、资本—利息、土地—地租），就其现象而言则是按生产要素分配的典型形态。后来，生产要素的含义更为广泛，按生产要素分配的形式也趋向多样化。在我国现阶段，非公有制经济占有相当的比重，加之实行市场经济体制，按生产要素分配必然长期存在。

在社会主义市场经济条件下，按生产要素分配与按劳分配存在某些共

---

① 《马克思恩格斯全集》第25卷，人民出版社1974年版，第981页。

同之处：（1）生产要素所有制是分配的决定性因素；（2）社会财富（或使用价值）是分配的最终对象；（3）货币是分配的媒介形式；（4）充分调动生产要素所有者的积极性，促进资源的优化配置和社会生产力的发展，是两种分配方式的基本作用。然而，按劳分配与按生产要素分配是根本不同的分配制度。在社会主义市场经济条件下，两者的区别主要表现在以下四个方面：

首先，两种分配方式的所有制基础不同。在社会主义社会中，尽管劳动者仍具有劳动力的个人所有权，但是，生产资料则在社会或集体的范围内归劳动者共同所有。生产资料公有制，是实行按劳分配的根本前提。而按生产要素分配则不同。无论是资本主义的分配方式——按资分配和按劳动力价值分配的统一，或是信息、技术、房产等要素的私有者获取的信息收入、技术收入和房租等要素收入，都是以生产要素私有制为前提的。正如马克思所指出的那样："消费资料的任何一种分配，都不过是生产条件本身分配的结果。而生产条件的分配，则表现生产方式本身的性质。例如，资本主义生产方式的基础就在于：物质的生产条件以资本和地产的形式掌握在非劳动者的手中，而人民大众则只有人身的生产条件，即劳动力。既然生产的要素是这样分配的，那么自然而然地就要产生消费资料的现在这样的分配。如果物质的生产条件是劳动者自己的集体财产，那么同样要产生一种和现在不同的消费资料的分配。"①

其次，两种分配方式与剥削的关系有所不同。什么是剥削？按照一般的解释，剥削就是"社会上一部分人或集团凭借对生产资料或货币资本的占有，无偿地攫取另一部分人或集团的劳动成果"。② 有的学者则进一步指出："马克思的劳动价值论并不否认非劳动的生产要素的生产作用，但是它强调，劳动之外的其他因素只是参与了使用价值即财富的生产。……在马克思看来，劳动之外的其他因素不创造价值，因为他把价值看作是人类社会生产关系的体现，看作是个人对社会的贡献的评价指标，而自然界等等因素当然与个人对社会的贡献无关。从这种观点出发，那些不是靠自己

---

① 《马克思恩格斯选集》第3卷，人民出版社1972年版，第13页。
② 宋原放主编：《简明社会科学辞典》，上海辞书出版社1984年版，第890页。

的劳动而获得的收入，包括单纯由非劳动的生产要素的所有权而带来的收入，就都是对他人劳动的'剥削'。"① 按劳分配完全排除了生产资料私有制因素，按照劳动者向社会提供的有效劳动的数量和质量进行分配。因而，按劳分配本质上是对剥削和平均主义的双重否定。与此不同，按生产要素分配与剥削的关系却比较复杂，大致存在两种情况。一种情况是存在剥削与被剥削的关系。例如，在我国现阶段的资本主义企业中，资本家获得的利润即按资分配收入，属于剥削收入；而雇佣工人获得的工资即按劳动力价值分配的收入，则是属于被剥削收入。另一种情况则是不存在剥削与被剥削的关系。例如，在非公有制经济中，经营者较高的薪酬是由管理要素引致的收入，一般属于劳动收入。再如，广大劳动者凭借股票、债券、存款等获得的股息、红利、利息等收入，一般属于非剥削的非劳动收入。因为，从整个社会来看，股息、红利、利息等收入实质上是剩余劳动或剩余价值的转化形式，而剩余劳动或剩余价值归根结底是由劳动者创造或提供的。所以，广大劳动者凭借股票、债券、存款等获得的收入，从总体上看是"羊毛出在羊身上"，其直接表现为非劳动收入，间接则表现为劳动的派生收入。

再次，两种分配方式与共同富裕目标的关系也有所不同。社会主义的本质要求和奋斗目标是最终实现共同富裕。共同富裕既不是同等富裕，也不是同步富裕，而是全体社会成员的经济条件较为优越，物质文化生活得到较高程度的满足。实现共同富裕的目标是一个相当漫长的历史过程，它既以解放和发展生产力为前提，也以消灭剥削、消除两极分化为前提。按劳分配与实现共同富裕的目标基本上是一致的。实行按劳分配，尽管也会导致劳动者之间收入分配的差别，并进而导致不同社会成员之间生活富裕程度的差别，但是，这种差别不会很大。在社会主义国家的宏观调控下，这种差别能够限定在较为合理的区间，并会成为广大社会成员依靠诚实劳动致富的巨大动力。而按生产要素分配与实现共同富裕的目标则是既相一致，又相矛盾。从一致的方面看，按生产要素分配有利于充分调动生产要素（特别是非劳动生产要素）所有者的积极性，充分利用国内外的人力、

---

① 左大培：《劳动价值论的科学地位》，载于《经济学动态》2003 年第 2 期。

物力和财力加快国家经济建设，提高经济效益，增加财税收入，从而为共同富裕目标的实现奠定良好的物质和财政基础。同时，按生产要素分配还可以促使一部分人先富起来。从矛盾的方面看，按生产要素分配能够显著地扩大收入差距，如果国家的宏观调控不力，则一定范围内的两极分化不可避免。改革开放以来特别是近些年来，我国个人收入分配方式发生了重大变化，按生产要素分配所占的比重持续上升，其积极作用必须充分肯定。然而，也必须看到，我国个人收入差距和居民财产差距持续急剧扩大，部分社会成员之间贫富悬殊现象已相当严重，对构建社会主义和谐社会形成了巨大威胁。据世界银行估算，我国1995年居民收入差距的基尼系数就已经突破了0.4的警戒线，达到了0.415。[1] 而根据国家统计局提供的数据，2002年上半年，我国城市家庭财产差距的基本情况是：10%最低收入家庭其财产总额占全部居民财产总额的1.4%，10%最高收入家庭其财产总额占全部居民财产总额的45%，另外80%的家庭财产总额占全部居民财产总额的53.6%。城市居民家庭财产的基尼系数为0.51。[2] 这种状况的出现，固然与我国经济体制改革特别是个人收入分配体制改革中存在的诸多漏洞、失误和缺陷有关，与社会上以权谋私、化公为私、权钱交易、违法经营、偷漏骗税等丑恶现象较为猖獗有关，同时也与我国在越来越大的范围内实行的按生产要素分配有关。我国应深化经济体制改革特别是个人收入分配体制改革，强化和完善对个人收入分配的宏观调控，依法治国，惩治腐败，保护合法收入，取缔非法收入，整顿不合理收入、调节过高收入，使收入差距趋向合理，防止两极分化。

最后，两种分配方式在社会主义初级阶段个人收入分配制度中所处的地位不同。生产要素所有制结构决定个人收入分配制度结构。我国现阶段的生产要素所有制结构特别是以公有制为主体、多种经济成分共同发展的生产资料所有制结构，决定了个人收入分配制度中按劳分配的主体地位和按生产要素分配的辅体地位。此外，我国现阶段还存在福利收入等其他分

---

① 世界银行：《1999/2000年世界发展报告》，中国财政经济出版社2000年版，第234页。
② 国家发改委宏观经济研究院课题组：《居民收入分配差距与低收入群体问题研究》，载于《经济学动态》2003年第6期。

配方式。我国《宪法》规定：国家在社会主义初级阶段，"坚持按劳分配为主体、多种分配方式并存的分配制度。"① 中共十五大报告提出："坚持按劳分配为主体、多种分配方式并存的制度。把按劳分配和按生产要素分配结合起来。"② 可见，在我国现阶段的个人收入分配制度中，主体和辅体都是非常明确的，是不容混淆和颠倒的。我国应进一步探索社会主义市场经济条件下按劳分配的有效实现形式，进一步完善按生产要素分配等其他分配方式。从我国今后的较长时期来看，随着生产资料所有制结构的不断调整，按生产要素分配所占的比重将会继续上升，按劳分配所占的比重将会继续下降；但是，从社会主义社会的长期趋势来看，随着社会主义公有制经济的发展壮大，按劳分配不仅仍将居于主体地位，而且其所占的比重也会逐步上升。

由上文可见，按劳分配与按生产要素分配是根本不同的分配制度。我国现阶段实行按劳分配与按生产要素分配相结合的个人收入分配制度，是基于我国国情和坚持"三个有利于"根本标准的正确抉择。然而，承认按劳分配与按生产要素分配的必要性和可行性，决不等于忽视或否认两者的差别。有些学者把社会主义市场经济条件下的按劳分配归结为按生产要素分配中的按劳动力要素分配，实际上也就否定了按劳分配及其在个人收入分配制度中的主体地位。对于这种观点，笔者已撰文阐述了不同的看法，在此不加赘述。③

二、按生产要素分配与按劳分配可以统一于生产要素按贡献参与分配原则

笔者认为，国内理论界之所以对生产要素按贡献参与分配原则存在很

---

① 中共中央文献研究室编：《十五大以来重要文献选编》（上），人民出版社 2000 年版，第 808 页。

② 中共中央文献研究室编：《十五大以来重要文献选编》（上），人民出版社 2000 年版，第 24 页。

③ 郭飞：《按生产要素分配若干观点辨析——兼谈"要素财富论"》，载于《经济学动态》2001 年第 11 期。

大争议，并对它与按生产要素分配和按劳分配的关系存在迥然不同的看法，关键是对生产要素按贡献参与分配原则中的"贡献"存在不同的理解。

一种观点是从"要素财富论"（或"财富共创论"）和生产要素所有制决定论的角度去理解"贡献"的内涵。这种观点认为，既然社会财富（或使用价值）是收入分配的最终对象，而社会财富（或使用价值）又是各种生产要素共同作用的结果，那么，确立生产要素按贡献参与分配原则，实质上就是按照生产要素在创造社会财富（或使用价值）中的贡献对生产要素所有者进行分配。

另一种观点则侧重从"要素价值论"和生产要素所有制决定论的角度去理解"贡献"的内涵。这种观点认为，生产要素不仅创造了社会财富（或使用价值），也共同创造了价值。因此，确立生产要素按贡献参与分配原则，就是按照生产要素在创造价值中的贡献对生产要素所有者进行分配。也有不少学者不赞同"要素价值论"的观点，认为非劳动生产要素并不创造价值，但却为劳动创造价值提供了不可或缺的客观条件。因此，确立生产要素按贡献参与分配原则，不仅意味着劳动生产要素的所有者应按照劳动生产要素在创造价值中的贡献参与分配，也意味着非劳动生产要素的所有者应按照非劳动生产要素对劳动创造价值提供客观条件这一作用（或贡献）参与分配。

笔者认为，上述两种观点虽各有依据，但也各有偏颇之处。第一种观点的理论依据即"要素财富论"和生产要素所有制决定论，均符合马克思的理论观点。然而，依据这样的理论去理解生产要素按贡献参与分配原则，只能阐释（或覆盖）在社会主义初级阶段个人收入分配制度中居辅体地位的按生产要素分配，而不能阐释（或覆盖）在社会主义初级阶段个人收入分配制度中居主体地位的按劳分配。第二种观点的理论依据中，生产要素所有制决定论无疑是正确的，但"要素价值论"则违背了马克思的劳动价值论；而如果运用劳动价值理论，则非劳动生产要素的贡献如何衡量，从而对非劳动生产要素所有者如何进行分配，又将成为无法解决的问题。因此，上述两种观点在阐释生产要素按贡献参与分配原则方面都缺乏全面性和说服力。

笔者认为，应综合上述两种观点的合理成分，深入思考，勇于创新，全面准确地理解和阐释生产要素按贡献参与分配原则。为此，应首先明确两点。第一，从中共十六大报告和《中共中央关于完善社会主义市场经济体制若干问题的决定》中的相关提法来看，生产要素按贡献参与分配原则是介于"效率优先、兼顾公平"原则和"完善按劳分配为主体、多种分配方式并存的分配制度"之间的一项原则，它比前者具体，又比后者抽象。也就是说，生产要素按贡献参与分配原则，既是"效率优先、兼顾公平"原则在个人收入分配领域的基本体现，又是贯穿于按劳分配为主体、多种分配方式并存的分配制度的基本原则。因此，这一原则应能覆盖按劳分配和按生产要素分配，而不能仅仅覆盖其中的一部分。第二，发展的马克思主义是我们党的根本指导思想。对于我们党提出的生产要素按贡献参与分配原则，必须给予马克思主义的阐释。"要素价值论"是与不断发展的马克思主义的劳动价值论根本对立的，决不能用来阐释生产要素按贡献参与分配原则。否则，无论在理论上或实践中都会导致严重的恶果。在此前提下，我们应紧密联系社会主义初级阶段市场经济的客观实际，区分不同的经济领域，准确把握生产要素按贡献参与分配原则中"贡献"的内涵。

笔者认为，在社会主义公有制经济中，生产要素按贡献参与分配原则中的"贡献"，是指劳动者在创造价值中作出的贡献。换言之，在社会主义公有制经济中，是运用劳动价值论来阐释"贡献"，依据劳动价值论和生产要素所有制决定论来阐释生产要素按贡献参与分配原则。这种观点，能够阐释社会主义公有制经济中的按劳分配。在社会主义公有制条件下，生产资料已经归社会或集体所有，劳动者在社会或集体的范围内拥有对生产资料的平等的所有权（就其规范形态而言）。因此，劳动者收入的高低只能取决于其向社会提供的有效劳动的数量和质量（即取决于劳动者在创造价值中作出的贡献）。在这里，作为分配依据的劳动量与价值量是相对统一的；作为分配媒介的货币形式与作为分配最终对象的使用价值（即产品和劳务）也是相对统一的；劳动价值论中的价值一元论与按劳分配中的分配一元化是完全对应的。因此，劳动者创造的价值量多少，可以成为衡量劳动者贡献大小的尺度。当然，社会主义公有制条件下按照劳动者在创造价值中作出的贡献进行分配（即实行按劳分配），决不是不折不扣的分配，而必须是有折有扣的分配。按照马克思在《哥达纲领批判》中阐明的观点，在实行按劳分配之前，对社会总产品还必须作出六项扣除：（1）扣除用来补偿消费掉的生产资料的部分；（2）扣除用来扩大生产的追加部分；（3）扣除用来应付不幸事故、自然灾害等的后备基金或保险基金；（4）扣除与生产没有关系的一般管理费用；（5）扣除用来满足共同需要（如学校、保健设施等）的部分；（6）扣除为丧失劳动能力的人设立的基金等。[1] 联系社会主义公有制经济的实际，也就是在实行按劳分配之前，还必须在劳动者创造的新价值中扣除必要的企业基金和社会基金。此外，由于商品价值量的形成不仅取决于生产的主观条件，也取决于生产的客观条件，因而在衡量劳动者在创造价值中的贡献时，还必须剔除在社会或企业范围内由于人均占有或使用的客观生产条件的差异对价值量形成的影响。[2]

在非公有制经济中，生产要素按贡献参与分配原则中的"贡献"，则是指各种生产要素在社会财富（或使用价值）创造中的作用（或贡献）。换言之，在非公有制经济中，是运用"要素财富论"（或"财富共创论"）来阐释"贡献"，依据"要素财富论"和生产要素所有制决定论来阐释生产要素按贡献参与分配原则。在这里，财富多源论与分配多元化是统一的，生产要素私有权的具体形式与收入分配的具体形式也是统一的。这种观点，能够大致阐释我国现阶段的按生产要素分配。然而，在承认社会财富（或使用价值）是各种生产要素相互结合共同作用的结果（或"要素财富论"）的大前提下，甚至在对各种生产要素的基本作用达成了初步共识（例如，劳动力或活劳动是创造社会财富的最具决定性的生产要素，生产资料或某些社会中的资本是创造社会财富的基本物质条件，科学技术在创造社会财富中发挥着愈益巨大的作用，管理在协作劳动和现代化生产中发挥着举足轻重的作用）的前提下，如何正确或相对正确地衡量各种生产要素在创造社会财富（或使用价值）中的实际贡献，仍是一个悬而未决的重大课题。国内有些学者主张借鉴并采用西方经济学中的边际生产力方法或生产函数

---

① 《马克思恩格斯选集》第 3 卷，人民出版社 1972 年版，第 9～10 页。
② 郭飞：《刍议按劳分配中的"劳"》，载于《经济研究》1993 年第 2 期。

方法，然而，这种观点恐怕难以立足。① 也有些学者提出按照生产要素的市场价格来衡量其在创造社会财富（或使用价值）中的贡献，然而，这种观点也遭到了某些学者的质疑。② 尽管学术界对此问题观点相左，争论激烈，但它并不妨碍我国理论界和实际部门的同志在充分吸收相关优秀成果的基础上继续进行深入探索。

在社会主义市场经济条件下，股份制逐步成为公有制的主要实现形式，混合所有制企业占有相当大的比重。许多企业既非纯而又纯的社会主义公有制，也非纯而又纯的私有制，而是兼具公有制和私有制双重色彩。在这些企业中，按劳分配和按生产要素分配同时存在。两种分配方式在经济实践中"同居一堂"的情形，并不影响我们在理论分析中将其相对地剥离开来。

综上所述，按照对生产要素按贡献参与分配原则的新的阐释，这一原则不仅覆盖了按劳分配，也覆盖了按生产要素分配，从而成为贯穿于我国社会主义初级阶段市场经济中除福利收入以外的个人收入分配制度的基本原则。这一原则的基本理论依据是"要素财富论"、劳动价值论和生产要素所有制决定论。其中，生产要素所有制决定论是按劳分配和按生产要素分配共同的最基本的理论依据，而劳动价值论和"要素财富论"则分别是按劳分配和按生产要素分配各自的重要的理论依据。据此，就不仅能够阐释我国现阶段个人收入分配制度的历史必然性，也能够阐释我国现阶段个人收入分配制度的历史过渡性，从而表明我国现阶段的个人收入分配制度也与我国现阶段的基本经济制度（社会主义公有制为主体多种所有制经济共同发展）一样，是历史必然性和历史过渡性的辩证统一。笔者认为，正确阐释并认真贯彻生产要素按贡献参与分配原则，有利于纠正和防止在我国现阶段个人收入分配制度问题上"左"和右的错误倾向，将中国特色社会主义伟大事业继续推向前进。

---

① 吴宣恭：《关于"生产要素按贡献分配"的理论》，全国高校第十七次社会主义经济理论与实践研讨会论文，2003 年 10 月；张衔：《马克思对"斯密教条"的批评及其现实意义》，载于《教学与研究》2004 年第 2 期。

② 胡钧：《论按生产要素分配——阐释生产要素按贡献参与分配的原则》，全国高校第十七次社会主义经济理论与实践研讨会论文，2003 年 10 月。

　　当然，生产要素按贡献参与分配原则作为一种新的理论概括，也并非是完美无缺的。例如，无论是按劳分配或按生产要素分配，实际上都是以特定的生产要素所有制作为根本前提的。尽管人们对生产要素按贡献参与分配的原则看法不一，但对此都深信不疑。因此，生产要素所有制对我国现阶段个人收入分配方式的决定作用，应在这一分配原则的文字表述上体现出来。笔者认为，生产要素按贡献参与分配原则，既是我们党对社会主义社会收入分配理论的创新和发展，同时也需要在今后的理论探索和实践检验中逐步完善。

按生产要素分配若干观点辨析[*]
——兼谈"要素财富论"

中共十五大报告明确提出，在社会主义初级阶段，要把按劳分配和按生产要素分配结合起来。这是对马克思主义的社会主义社会分配理论的重大创新和发展，具有重大的理论意义和实践意义。近年来，理论界围绕社会主义初级阶段按生产要素分配的讨论较为活跃，取得了可喜的进展。本文仅对讨论中某些有代表性的观点提出商榷，并求教于方家。

一、能否将按生产要素分配的对象仅仅归结为国民收入中的 M

有的学者认为：在社会主义初级阶段，"多种所有制并存，决定了剩余价值产品的分配是按生产要素分配，分配的对象归结为劳动者创造的国民收入中的 M 部分"。[①]

我认为，这种观点不够全面。按生产要素分配，就是按投入到社会生产与再生产中的生产要素质量及其作用进行的收益分配，其实质是生产要素所有制在经济上的实现形式。一般认为，在我国现阶段，作为一种与按劳分配不同的覆盖面较宽的个人收入分配方式，按生产要素分配中的生产要素包括资本要素（广义地说，既包括私有制经济的资本投入，也包括劳动者的投资入股和其他各种金融资产投入等）、劳动力要素、技术要素、管理要素和信息要素等。在按生产要素分配中，有些要素收入明显地来源于国民收入中的 M（如资本等要素收入），有些要素收入则不是或不全是来自国民收入中的 M。例如，劳动力要素收入。就区别于按劳分配的按生

* 原载《经济学动态》2001 年第 11 期。
① 张作云：《两种分配方式的比较与结合》，载于《经济学动态》2000 年第 2 期。

产要素分配而言，劳动力要素主要指资本主义企业中的劳动力，其收入无疑是来源于国民收入中的 V。而在我国劳动力资源相对过剩的情况下，资本主义企业中工人（可称为普通劳动力）的工资通常要低于劳动力的价值（即 < V）。这种来源于 V 又小于应得的 V 的情况，怎么能说来源于国民收入中的 M 呢？再如，管理要素收入。与协作劳动或共同劳动相联系，无论是社会主义企业还是资本主义企业中的管理人员都不仅是劳动者，而且是从事高级复杂劳动的脑力劳动者。从经济学角度分析，管理人员的收入通常包括两部分：一部分是由管理劳动创造价值而获取的劳动收入，其收入来源于国民收入中的 V；另一部分则是风险——机会收入（这种收入是对成功的企业管理者的奖赏，是植根于商品经济的非劳动收入），其收入来源于国民收入中的 M。所以，笼统地认为按生产要素分配的收入都来源于国民收入中的 M，这种观点具有一定的片面性。我认为，按生产要素分配的收入，部分（或大部分）来源于国民收入中的 M，部分则来源于国民收入中的 V。

二、能否将按劳分配归结为按生产要素分配中的按劳动力要素分配

有的学者认为，在社会主义市场经济条件下，按劳分配属于按生产要素分配中的按劳动力要素分配。其论证逻辑是这样的：（1）在社会主义市场经济条件下，并不具备马克思所设想的实现按劳分配的条件（如全社会中单一的社会主义公有制、产品经济、计划经济体制等），因而无法实现按劳分配；（2）在社会主义市场经济条件下，"公有制企业中的劳动力也是商品"；（3）"社会主义市场经济条件下的按劳分配就是按劳动力要素分配"。①

我认为，上述论据和结论都难以立足。

毫无疑问，马克思设想的实现按劳分配的社会主义产品经济条件与我

---

① 张云峰：《社会主义市场经济条件下的按劳分配就是按劳动力要素分配》，载于《经济学动态》2000 年第 6 期。

国当前社会主义市场经济的条件存在显著的区别。否认这些区别，简单地照搬照套马克思设想的按劳分配的实现模式，在现实生活中肯定是行不通的，在传统的计划经济体制下，我们在很大程度上照搬照套马克思设想的按劳分配的实现模式，效果并不理想，其教训我们应该充分吸取。然而，我认为，在社会主义市场经济中，仍然具备马克思设想的实现按劳分配的基本经济条件。这主要表现在：（1）在所有制结构中占主体地位的社会主义公有制；（2）劳动者具有劳动力的个人所有权；（3）生产力不够发达，旧式的社会分工特别是脑力劳动与体力劳动的本质差别依然存在；（4）劳动对于绝大多数人来说还仅仅是谋生的手段。因此，我们要在公有制经济的实践中努力贯彻按劳分配的基本原则。同时，由于社会主义市场经济不同于马克思所设想的社会主义产品经济，从而，我们也要在公有制经济的实践中不断探索按劳分配的有效实现形式。党的十一届三中全会以来，我国在探索社会主义商品经济或社会主义市场经济条件下按劳分配的有效实现形式方面取得了很大进展，理论界对社会主义市场经济条件下按劳分配的新特点也有深入的研究和较为全面的概括，这些都并不是否定了马克思提出的按劳分配的基本原则，而是在新的历史条件下坚持了按劳分配的实践，发展了按劳分配的理论。

社会主义商品经济或社会主义市场经济条件下公有制企业中的劳动力是否是商品，这是一个带有根本性、综合性的重大理论问题和实践问题。对此，我国理论界在20世纪80年代中期和90年代中期曾经展开过两次大讨论，至今尚未取得比较一致的看法。我认为，对这一重大问题继续进行探讨和争论仍是十分必要和有益的，我认为社会主义市场经济条件下公有制企业中的劳动力本质上不是商品，并发表过一些相关的论文。限于篇幅，我在此扼要阐述以下三点：（1）社会主义市场经济条件下公有制企业中的劳动力本质上不是商品，这是与社会主义基本经济制度（即社会主义公有制）、分配制度（即按劳分配）和劳动者的主人翁地位紧密联系的。毋庸讳言，我国现阶段的社会主义基本经济制度、分配制度和劳动者的主人翁地位都是属于初级状态和很不完善的，但是，如同十分稚嫩和很不完善的社会主义初级阶段一样，同样具有社会主义的质的规定性。如果认为社会主义市场经济条件下公有制企业中的劳动力也是商品，则无论在理论上或是在实践中都与我国现阶段社会主义基本经济制度、分配制度和劳动者的主人翁地位相悖。这是持公有制企业中"劳动力商品"论者无法回避和难以自圆其说的深层次矛盾。（2）培育和发展劳动力市场，与否认公有制企业中的劳动力是商品并不矛盾。从实践角度来考察，无论是在资本主义社会还是在社会主义社会，无论是在资本主义经济中还是在社会主义经济中，只要确立了企业的用人自主权和劳动者的择业自主权，进一步说，只要确立了企业和劳动者的市场主体地位，也就具备了建立劳动力市场的一般前提，从而就可以通过劳动力市场实现"双向选择"。众所周知，我国政府和包括许多学者在内的广大群众并不认为社会主义市场经济条件下公有制企业中的劳动力是商品，但是，在改革开放大潮的推动之下，与公有制企业相联系的劳动力市场则早已建立并在逐步发展。可见，劳动力是否商品与建立劳动力市场之间并没有本质的必然的联系。（3）主张公有制企业中的劳动力是商品的观点，除了在舆论上对于革除传统经济体制下存在的劳动力"统包统配"和工资分配中的"大锅饭"等弊端或许具有某些积极作用以外，总体来看则是理论上的一种倒退。马克思主义的创始人科学地揭示了资本主义经济中的劳动力是商品，并在此基础上揭示了资本主义剥削的全部奥秘和资本主义社会必然被社会主义社会所取代的客观规律；马克思主义的创始人也同样科学地预言社会主义经济中的劳动力不是商品，并且强调指出：社会主义就是"要把人的劳动力从它作为商品的地位解放出来"。① 资本主义经济中的劳动力确实是商品，对此，众多的资产阶级政治家和经济学家却矢口否认；而社会主义经济中的劳动力本质上不是商品，我们的某些学者和专家们凭什么要给它戴上商品的"桂冠"？难道给社会主义经济中的劳动力戴上这顶"桂冠"反而更为有利？另一方面，联合国主管劳动和社会事务的一个专门机构——国际劳工组织则一直反对把劳动力当作商品。该组织在 1919 年通过的"国际劳动宪章"中明确指出："在法律上、事实上，人的劳动（labour 也可译为劳动力）不应视为商品。"我国是国际劳工组织的会员国之一，如果宣称本国的劳动力都是商品，则难免要招致国际舆论的反感，甚至会引起其他国家人民对我国社会主义制度

---

① 《马克思恩格斯选集》第 3 卷，人民出版社 1972 年版，第 240 页。

的怀疑。

在社会主义市场经济条件下，按劳分配与按劳动力要素分配（即按劳动力价值分配）是两种根本不同的分配制度。其主要区别在于：（1）分配的经济前提不同。按劳动力价值分配是以劳动者丧失或基本丧失生产资料、劳动力成为商品为前提；而按劳分配则是以劳动者成为生产资料的主人、劳动力不是商品为前提。（2）分配的数量界限不同。尽管按劳动力价值分配和按劳分配都是按必要产品的价值分配，但是，在不同经济制度的条件下，必要产品价值的数量界限本质上是由不同的经济规律决定的。在资本主义经济中，受剩余价值规律和劳动力价值规律的支配，必要产品价值的最高界限，就是生产与再生产劳动力所必需的生活资料的价值和学习训练费用；必要产品价值的最低界限，就是维持劳动者"身体所必不可少的生活资料的价值"。① 而在社会主义经济中，受社会主义基本经济规律和按劳分配规律的支配，必要产品价值则从资本主义的限制下解放出来，"扩大到一方面为社会现有的生产力（也就是工人的劳动作为现实的社会劳动所具有的社会生产力）所许可，另一方面为个性的充分发展所必要的消费的范围"。② 尽管我国现阶段受生产力水平的制约，公有制经济中必要产品的价值量还远未达到理想的高度；但是，在劳动生产率相同的企业中，按劳分配与按劳动力价值分配在数量上则必然存在明显的差别。（3）体现的经济关系不同。按劳动力价值分配是资本主义的一个分配方式，它与按资分配方式相辅相成，体现了资产阶级剥削无产阶级的关系；而按劳分配则是社会主义的分配方式，体现了在生产资料公有制基础上劳动力个人所有权的经济实现关系。如果按劳分配等同于按劳动力价值分配，那就意味着在社会主义经济和资本主义经济中对劳动者都实行同一的分配方式，这不仅混淆了社会主义分配方式和资本主义分配方式的界限，而且在逻辑上也是自相矛盾的。（4）分配的作用不同。按劳动力价值分配，其作用是在维持劳动力生产与再生产的同时，维护和发展既有的资本主义经济制度；而按劳分配，其作用则是在激发劳动者的积极性和提高劳动生产率的同时，巩

① 《马克思恩格斯全集》第 23 卷，人民出版社 1972 年版，第 196 页。
② 《马克思恩格斯全集》第 25 卷，人民出版社 1974 年版，第 990 页。

固和发展社会主义经济制度。由上可见，无论是从理论上还是在实践中，都不应把按劳分配与按劳动力要素分配混为一谈。

此外，还应指出，在社会主义市场经济条件下，按劳分配不同于按劳动力要素分配，这种观点也符合中共十五大报告精神和我国现行的《宪法》。中共十五大报告指出，要把按劳分配与按生产要素分配结合起来。我国现行的《宪法》也规定，要坚持按劳分配为主体、多种分配方式并存的分配制度。显而易见，这是把按劳分配与包括按劳动力要素分配（即按劳动力价值分配）在内的按生产要素分配严格加以区分的。否则，就无须提出按劳分配，而只需提出按生产要素分配等就足够了。

三、能否将我国现阶段按生产要素分配的理论基础归结为劳动价值论

有的学者提出，社会主义初级阶段的按生产要素分配，是"建立在劳动价值论的基础之上"的。[①] 冷眼一看，颇觉不妥。但仔细研读该文，方知其本意是要否定物化劳动创造价值的观点，坚持按生产要素分配的剩余价值是由劳动者的活劳动创造的观点。然而，这种观点尽管可以说明按生产要素分配的对象实质上是什么，却不能说明我国现阶段为什么要实行按生产要素分配。因此，我认为对我国现阶段按生产要素分配的理论基础仍不宜作出上述的概括。

我认为，我国现阶段在一定范围内实行的按生产要素分配，其理论基础至少可以概括为以下三条：

1. 生产要素在使用价值或社会财富创造中的客观作用（从理论上概括，可简称为"要素财富论"），是我国现阶段实行按生产要素分配的基础。

我认为，使用价值（或社会财富）不仅包括社会存在、发展与进步所需要的物质产品、精神产品和劳务，而且包括对社会有积极用途的天然物品。在本文探讨"要素财富论"的范围内，使用价值（或社会财富）是指

---

① 余陶生：《按生产要素分配与劳动价值论》，载于《经济学动态》2000年第6期。

社会存在、发展与进步所需要的物质产品、精神产品和劳务。

所谓"要素财富论",是相对于劳动价值论而言。我认为,"要素财富论"至少可以包括以下四个要点:(1)生产要素的构成。生产要素是指在使用价值(或社会财富)的创造过程中所投入的要素。一般说来,生产要素主要包括劳动力(劳动力的使用即劳动)、生产资料、科学技术、管理和信息等;在商品经济条件下,生产要素还表现为资金或资本等。在人类各个社会,生产要素都是使用价值(或社会财富)的源泉。英国资产阶级古典经济学家威廉·配第有一句名言:"劳动是财富之父,土地是财富之母。"对此,马克思给予充分肯定并在《资本论》中加以引用。① 马克思明确指出:"劳动并不是它所生产的使用价值即物质财富的唯一源泉。"② 马克思在分析资本主义生产过程时曾经指出:创造使用价值的劳动过程的简单要素是有目的的活动或劳动本身、劳动对象和劳动资料。③ 马克思还指出:"劳动生产力是由多种情况决定的,其中包括:工人的平均熟练程度,科学的发展水平和它在工艺上应用的程度,生产过程的社会结合,生产资料的规模和效能,以及自然条件。"④ 实际上,马克思在这里不仅分析了劳动生产力(或劳动生产率)的决定因素,同时也进一步揭示了创造使用价值(或社会财富)的决定因素。使用价值(或社会财富)是多种生产要素相互结合共同作用的结果,这是人类各个社会都不能否认的客观事实。(2)生产要素的配置。使用价值(或社会财富)的质量不仅取决于生产要素的质量,而且取决于生产要素的配置。生产要素的配置可以从空间和时间两个角度来加以考察和研究。从空间角度看,既可以从产品结构、企业结构、部门结构、产业结构、地区结构、国家结构等角度来加以考察和研究,也可以从微观经济结构、中观经济结构和宏观经济结构等角度来加以考察和研究。在生产要素质量相同或大体相同的条件下,资源配置的优劣可以导致所创造的使用价值(或社会财富)在质量上的显著差别。一般说来,生产要素越充足、素质越高、配置越合理,创造出来的使用价值(或

---

①② 《马克思恩格斯全集》第 23 卷,人民出版社 1972 年版,第 57 页。
③ 《马克思恩格斯全集》第 23 卷,人民出版社 1972 年版,第 202 页。
④ 《马克思恩格斯全集》第 23 卷,人民出版社 1972 年版,第 53 页。

社会财富）就越多越好；反之，生产要素越匮乏、素质越低、配置越失当，创造出来的使用价值（或社会财富）就越少越差。生产要素的配置，既取决于生产的技术要求，也与各个经济层面（微观、中观、宏观经济等）的管理水平、包括生产资料所有制结构和经济运行机制等在内的广义的经济体制以及某些法律、行政手段等上层建筑中的因素密切相关。（3）生产要素的替代。在创造使用价值（或社会财富）的过程中，生产要素之间客观上存在着多方面的替代关系。例如，生产一定数量的某种产品，既可以通过较多的资本和较少的劳动来实现，也可以通过较少的资本和较多的劳动来实现；换言之，既可以通过资本密集型的方式来实现，也可以通过劳动密集型的方式来实现。在西方经济学中，已有"边际替代率"和"替代弹性"等概念和公式可用于对生产要素之间相互替代的数量关系进行研究。然而，我认为，某些生产要素之间的替代关系并不是没有限度的。例如，只要是创造使用价值（或社会财富），资本（或生产工具等）就无论如何也不能全部替代劳动。（4）生产诸要素的作用。总体来看，在创造使用价值（或社会财富）的过程中，劳动力（或劳动者）是具有决定性的要素。正如江泽民同志《在庆祝中国共产党成立八十周年大会上的讲话》中所指出的那样："人是生产力中最具有决定性的力量。"在生产诸要素中，绝大多数生产要素都或者是劳动者劳动的某种特殊形式（如管理），或者是劳动者科技劳动的结晶（如科学技术），或者是劳动者过去劳动的物质载体（如机器、厂房等劳动资料和经过劳动加工过的作为劳动对象的原材料），等等。20世纪中叶以来，随着经济的迅速发展和社会的不断进步，科学技术和管理在创造使用价值（或社会财富）中的作用日益突出。乃至于从一定意义上可以说，"科学技术是第一生产力"；或者说，科学技术和管理是推动经济发展的两个轮子。我认为，衡量不同生产要素在创造使用价值（或社会财富）中的作用，可以借鉴并采用西方经济学中测定"边际生产力"的方法。所谓边际生产力，即指在其他生产要素投入不变的条件下，某种生产要素追加一单位所增加的产量。用数学式来表示，就是生产函数对某一投入的生产要素的偏导数。假定把投入的生产要素仅仅概括为劳动和资本，生产函数则可写为 $Q = f(L, K)$。式中 Q 表示生产量，L 表示投入的劳动量，K 表示投入的资本量，f 表示某种对应关系。在此情况下，劳动的边际生产力是 $\dfrac{\partial Q}{\partial L}$，资本的边际生产力则是 $\dfrac{\partial Q}{\partial K}$。[①] 限于篇幅和水平，我在此对"要素财富论"要点的阐述尽管极其粗略且不完善，但意在抛砖引玉，以促进理论界和实际部门对此问题的深入探讨。

必须指出，提出"要素财富论"与坚持和发展马克思的劳动价值论并不矛盾。这是因为，两者都是力求以科学的态度和方法研究不同领域的问题，因而从基本观点到适用范围可以并行不悖。首先，"要素财富论"研究的是生产要素与使用价值（或社会财富）之间的关系，其实质主要是揭示在创造使用价值（或社会财富）的过程中人与物之间的关系和物与物之间的关系；而劳动价值论研究的则是抽象劳动与商品价值之间的关系，其实质是揭示在创造使用价值（或社会财富）的过程中人与人之间的关系。其次，"要素财富论"的基本内容适用于人类各个社会，而劳动价值论的基本原理则仅适用于存在商品经济的社会。从而，使用价值（或社会财富）决定的多元论与商品价值决定的一元论之间并不构成矛盾。如前所述，就连创立科学的劳动价值论的马克思本人，也是赞同并阐发了使用价值（或社会财富）决定的多元论的观点的。

还须指出，提出"要素财富论"与法国资产阶级庸俗经济学家萨伊鼓吹的"生产三要素论"根本不同。其一，两者的基本内容不同。萨伊鼓吹的"生产三要素论"实质上是一种多元价值论，而"要素财富论"则属于使用价值论。其二，两者与劳动价值论的关系不同。萨伊鼓吹的"生产三要素论"，混淆了使用价值和价值、具体劳动和抽象劳动，把商品的价值看成是由效用决定的，并进而得出在资本主义社会中劳动、资本和土地共同创造商品价值的结论。这种混淆创造使用价值的要素与创造价值的要素的错误观点，是一种庸俗的效用价值论，它与劳动价值论是根本对立的。而"要素财富论"与劳动价值论则是各有其道，并行不悖。不仅如此，它们在一定意义上还可以互相促进。例如，劳动价值论中关于复杂劳动在相同时间内创造的价值等于倍加的简单劳动的观点，对于"要素财富论"中

---

① 张卓元主编：《政治经济学大辞典》，经济科学出版社 1998 年版，第 373 页；薛永应主编：《生产力经济学》，浙江人民出版社 1986 年版，第 331～335 页。

比较和衡量不同劳动力在创造使用价值（或社会财富）中的作用，无疑具有启迪和借鉴作用。其三，两者的根本目的不同。萨伊鼓吹"生产三要素论"，是为其提出的工人得到工资（即劳动力价值或价格的转化形式）、资本家得到利息、土地所有者得到地租的所谓"三位一体"的分配公式服务的，根本目的在于否认资本主义剥削，维护资本主义制度。而提出"要素财富论"，根本目的则在于探索创造使用价值（或社会财富）的客观规律，以尽快地发展社会主义社会的生产力，不断满足人民日益增长的物质文化生活需要。同时，"要素财富论"既然与劳动价值论并不矛盾，它就不掩盖或否认资本主义社会实行按生产要素分配中存在的剥削关系，也并不掩盖或否认我国现阶段实行按生产要素分配中在一定范围内存在的剥削关系，而只是从总体上有利于发展生产力的角度，为我国现阶段实行居于辅体地位的按生产要素分配方式提供重要的理论基础。

2. 生产要素所有制是我国现阶段实行按生产要素分配的决定因素。马克思指出："消费资料的任何一种分配，都不过是生产条件本身分配的结果。而生产条件的分配，则表现生产方式本身的性质。例如，资本主义生产方式的基础就在于：物质的生产条件以资本和地产的形式掌握在非劳动者的手中，而人民大众则只有人身的生产条件，即劳动力。既然生产的要素是这样分配的，那么自然而然地就要产生消费资料的现在这样的分配。"① 在社会主义初级阶段，生产要素掌握在不同的所有者手中。除在社会主义公有制经济中对劳动者实行按劳分配以外，要充分有效地利用许多其他的生产要素，就必须在经济上给予那些生产要素所有者以一定的补偿或回报。这也就是说，按生产要素分配是生产要素所有制在分配领域中的实现。否则，社会上有许多生产要素就会闲置、流失甚至浪费。因此，我国现阶段不仅要以按劳分配为主体，同时也必须实行按生产要素分配。

3. "三个有利于"的根本标准和"效率优先、兼顾公平"的原则，是我国现阶段实行按生产要素分配的基本理论依据。邓小平提出的"三个有利于"，不仅是我们衡量一切工作是非得失的根本标准，而且也是我国改革开放和社会主义建设的根本指针。"三个有利于"的核心是坚持生产力

---

① 《马克思恩格斯选集》第 3 卷，人民出版社 1972 年版，第 13 页。

标准，强调要大力发展社会主义社会的生产力。党的十四届三中全会通过的《中共中央关于建立社会主义市场经济体制若干问题的决定》中提出的在个人收入分配中贯彻"效率优先、兼顾公平"的原则，其深层含义是在有利于发展社会主义社会生产力的前提下实行相对公平的个人收入分配制度，其具体表现则是实行以按劳分配为主体的多种分配方式。毫无疑问，实行并不断完善作为主体分配方式的按劳分配，这是与我国现阶段生产力和所有制结构的主体状况相适应的。但是，在我国现阶段生产要素所有制多元化、经营方式多样化、非公有制经济在国民经济中仍占相当比重的情况下，仅仅实行单一的按劳分配，就不利于我国最大限度地调动非公有的资本要素、与管理相联系的特殊劳动力要素、技术要素、信息要素等生产要素所有者的积极性，不利于我国在微观经济、中观经济和宏观经济三个层面上最大限度地实现各种资源的优化配置，从而不利于我国更快地发展生产力和改善人民生活，尽早实现社会主义现代化建设的宏伟战略目标。恩格斯曾经指出："只要分配为纯粹经济的考虑所支配，它就将由生产的利益来调节。"[①] 我认为，正是基于"三个有利于"的根本标准和"效率优先、兼顾公平"的原则，基于我国社会主义初级阶段的国情，我们党才在原有提法和做法的基础上，进一步明确提出了我国现阶段要在坚持按劳分配为主体的前提下，把按劳分配与按生产要素分配结合起来。

---

① 《马克思恩格斯选集》第3卷，人民出版社1972年版，第240页。

我国现阶段分配原则与分配制度的多维视角[*]

中共十六大报告提出："确立劳动、资本、技术和管理等生产要素按贡献参与分配的原则，完善按劳分配为主体、多种分配方式并存的分配制度。"这是继中共十五大报告提出"把按劳分配和按生产要素分配结合起来"之后，我们党对社会主义初级阶段分配原则与分配制度的新概括，是对马克思主义社会主义社会分配理论的新发展，具有重大的理论和现实意义。本文试从以下三个角度论述我国现阶段分配原则与分配制度的客观必然性。

一、从人类社会分配制度的最终决定因素——有利于发展符合人类需要的生产的角度来考察，我国现阶段必须确立劳动、资本、技术和管理等生产要素按贡献参与分配的原则

人们通常把人类社会分配制度的最终决定因素归结为生产力，这符合马克思主义关于分配关系是生产关系的重要组成部分、生产关系最终决定于生产力的基本原理。然而，我认为，分配制度最终取决于生产力的性质和发展要求，可以进一步概括为分配制度最终取决于有利于发展符合人类需要（个人或社会需要）的生产。正如恩格斯在《反杜林论》中所明确指出的那样："只要分配为纯粹经济的考虑所支配，它就将由生产的利益来调节。"

符合人类需要的生产，归根结底是社会财富（或使用价值）的生产。这里所说的社会财富（或使用价值），是指社会存在、发展与进步所需要的物质产品、精神产品和劳务。在创造社会财富的过程中，劳动力（或劳

---

* 原载《人民日报》2003 年 7 月 8 日，发表时论文题目和文字有所调整。

动力的使用即活劳动）、生产资料（在某些社会形态中也表现为资本）、科学技术和管理等都是不可或缺的生产要素，它们分别发挥着各自的作用或作出各自的贡献。劳动力（或活劳动）是创造社会财富中的最积极、最活跃和具有决定性的要素。生产资料是创造社会财富的基本物质条件。科学技术是先进生产力的集中体现和主要标志，在创造社会财富中的巨大作用日益凸显。管理作为复杂劳动的一种特殊形式，在协作劳动和现代化生产中发挥着举足轻重的作用。无论从历史或现实的角度来考察，生产要素都是社会财富的源泉。无论是马克思主义经济学还是西方经济学，都承认生产要素在创造社会财富中的重要作用。

既然生产要素在创造社会财富的过程中发挥着不可或缺的重要作用，既然分配制度最终取决于有利于发展符合人类需要的生产，那么，我国现阶段确立生产要素按贡献参与分配原则，就是经济发展的内在要求和理论逻辑的必然结论。只有确立生产要素按贡献参与分配原则，才有利于我国最大限度地利用劳动、资本、技术和管理等生产要素，才有利于创造出更多更好的社会财富，才有利于增强我国综合国力和提高人民生活水平。正如中共十六大报告所指出的那样："放手让一切劳动、知识、技术、管理和资本的活力竞相迸发，让一切创造社会财富的源泉充分涌流，以造福于人民。"

应该指出，生产要素按贡献参与分配，是指生产要素按其在创造社会财富中的作用或贡献参与分配，并不是指生产要素按其在价值创造中的贡献参与分配。马克思主义认为，社会财富（或使用价值）与价值是不同的范畴。生产要素是社会财富的源泉。在商品经济条件下，生产要素中只有劳动力的使用即活劳动（准确地说，只有商品经济中的人类抽象劳动）才是价值的源泉。确立生产要素按贡献参与分配原则，并不排除剥削收入的存在。在我国现阶段，一切合法的非劳动收入（也包括合法的剥削收入）都受到法律的保护。正如马克思所指出的那样，权利永远不能超出社会的经济结构以及由经济结构所制约的社会的文化发展。此外，生产要素按贡献参与分配，无论是从广义分配（国民收入分配）或狭义分配（个人收入分配）的角度看，都不是分配的唯一依据。即使从狭义分配的角度看，我国现行的个人收入分配制度中存在的福利收入，其依据就不是生产要素在创造社会财富中的贡献，而是为了满足社会成员最基本的生活需要。所以，仅就个人收入分配而言，生产要素按贡献参与分配，也只是基本原则而不是唯一原则。

二、从人类社会分配制度的主要决定因素——生产要素所有制的角度来考察，我国现阶段必须完善按劳分配为主体、多种分配方式并存的分配制度

按照流行的观点，生产资料所有制是分配制度的主要决定因素。这种观点在马克思主义经典作家的论述中确有理论依据。然而我认为，无论就人们在生产中的地位及相互关系和分配制度的决定因素而言，还是就分配制度的主要决定因素而言，如果采用一个最抽象和最具综合性的经济学术语来概括，将生产资料所有制改为生产要素所有制似乎更为妥当。

首先，采用生产要素所有制的提法，更加符合马克思的原意。马克思在其著作中经常使用"生产因素""生产条件"等提法，并且把生产因素（或生产条件）的所有制与分配制度联系起来。不仅如此，马克思在《哥达纲领批判》一书中还指出："消费资料的任何一种分配，都不过是生产条件本身分配的结果。而生产条件的分配，则表现生产方式本身的性质。例如，资本主义生产方式的基础就在于：物质的生产条件以资本和地产的形式掌握在非劳动者的手中，而人民大众则只具备人身的生产条件，即劳动力。既然生产的要素是这样分配的，那么自然而然地就要产生消费资料的现在这样的分配。如果物质的生产条件是劳动者自己的集体财产，那么同样要产生一种和现在不同的消费资料的分配。"在这段话中，马克思不仅明确提出了生产条件所有制决定分配制度的观点，而且还把"生产的要素"作为"生产条件"的同义语来使用。可以认为，采用生产要素所有制的提法完全符合马克思的原意。

其次，采用生产要素所有制的提法，更加符合经济生活实际。生产资料固然属于生产要素，但生产要素绝不仅仅包含生产资料。在马克思的著作中，生产要素通常是指劳动力和生产资料。在西方经济学中，生产要素

是指生产商品所投入的资源（即自然资源、资本资源和人力资源），通常简称为土地、资本、劳动和企业家才能。在经济实践中，生产要素还包括技术、知识、信息、专利和品牌等。可见，生产要素涵盖的范围比生产资料广泛得多，从而采用生产要素所有制的提法无疑比采用生产资料所有制的提法更为全面和准确。当然，在最抽象和最综合的意义上采用生产要素所有制的提法，决不排斥在较为具体的条件下采用生产资料所有制提法的独立意义。

生产要素所有制成为决定分配制度的主要决定因素，具有不以人们的主观意志为转移的客观必然性。除社会财富（或使用价值）是多种生产要素共同作用的结果这一根本因素之外，即使在社会财富（或使用价值）的生产表现为商品生产的社会中，尽管活劳动或人类的抽象劳动是价值的唯一源泉，但由于使用价值是交换价值或价值的载体，因而参与使用价值生产的生产资料等生产要素虽然并不创造价值，却成为价值创造不可或缺的客观条件。由于生产要素在社会财富（或使用价值）生产和价值创造中的重要性以及它们的普遍稀缺性，导致人们占有生产要素的必要性和必然性，从而形成生产要素所有制。生产要素所有制不仅决定了人们在生产中的地位及其相互关系，而且也与之共同决定了分配制度。

我国现阶段存在着多种生产要素所有制。即使在生产资料所有制结构中，也是以公有制为主体多种所有制经济共同发展。这在客观上要求实行以按劳分配为主体多种分配方式并存的分配制度。我国现阶段以按劳分配为主体多种分配方式并存的分配制度，主要表现为三个层面：（1）从整个社会来看，主要由于生产资料公有制为主体和劳动力个人所有制，因而必然是以按劳分配为主体多种分配方式并存。（2）从公有制企业来看，主要由于绝大多数公有制企业都采取了混合所有制形态，同时由于存在劳动力个人所有制和管理者获得的机会——风险收入等因素，因而也必然是以按劳分配为主体多种分配方式并存。（3）从公有制企业职工的个人收入构成来看，除了上述因素以外，还由于金融、房地产市场以及劳动者第二职业的拓展等因素，职工的收入来源也趋于多元化，因而总体上仍然是按劳分配为主体多种分配方式并存。以按劳分配为主体多种分配方式并存的分配制度，既是我国现阶段生产要素所有制（特别是生产资料所有制结构）在分配领域的具体体现，也是我国社会主义市场经济中按劳分配的一个显著特点。

确立生产要素按贡献参与分配原则，完善以按劳分配为主体多种分配方式并存的分配制度，我国目前应主要抓好两项工作：（1）在企业（特别是公有制企业）中，应适当提高管理、科技、信息等收入所占的比重，以进一步激发这些要素在创造社会财富中的活力。（2）在公有单位（特别是国有企、事业单位）中，应进一步打破"大锅饭"，建立和健全各具特色的以岗位工资制为主的基本工资制度，适当拉开个人收入差距，提高关键岗位和有突出贡献人员的收入水平。

三、从全面建设小康社会的宏伟目标出发，我国必须进一步贯彻"效率优先、兼顾公平"的原则，努力构建"两头小、中间大"的个人收入分配新格局

我国已经进入新世纪的新阶段。国际方面，尽管机遇与挑战并存，但影响和平与发展的不确定因素有所增加。国内方面，虽然改革与发展取得了举世瞩目的辉煌成就，但仍面临许多深层次的矛盾并肩负着十分艰巨的任务。国际经验表明，人均 GDP 在 1000 美元左右，正处于经济结构大调整和经济关系大变动的时期，处于从传统的二元经济结构向工业化和现代化社会迅速转型的时期，易于发生剧烈的经济波动和社会震荡。要实现我国全面建设小康社会的宏伟目标，关键在于妥善处理改革、发展与稳定三者之间的关系，其基本任务之一就是切实理顺我国的个人收入分配关系。

"效率优先、兼顾公平"是十四届三中全会以来我们党提出并坚持的处理个人收入分配中公平与效率相互关系的根本原则。就我国而言，所谓"效率优先"，实质上就是发展生产力优先；所谓"兼顾公平"，实质上就是充分发挥社会主义制度的优越性。在我国现阶段个人收入分配中贯彻"效率优先、兼顾公平"的原则，就必然要确立生产要素按贡献参与分配原则，就必然要坚持和完善按劳分配为主体、多种分配方式并存的分配制度。三者在逻辑上是高度一致的，是从本质到现象、从抽象到具体的必然

转化和表现。

我国在个人收入分配中贯彻"效率优先、兼顾公平"的原则，必须以共同富裕为目标，合理调节初次分配和再分配，既要反对平均主义，又要防止收入悬殊，逐步形成"两头小、中间大"的个人收入分配新格局。为此，必须以"扩中"为重点，实行"扩中"、"调高"和"提低"三结合。

"扩中"，即扩大中等收入群体在社会收入群体中所占的比重。不少国家的经验证明，中等收入群体在政治上能够或易于与执政党和政府保持一致，具有"稳定器"的作用；在经济上具有相当的消费和投资能力，具有"推进器"的作用，是支撑社会稳定与繁荣的"中流砥柱"。目前，我国中等收入群体在社会收入群体中所占的比重明显偏低（仅为20%左右），这不仅与我国计划2020年中等收入群体所占比重的指标（约为60%）相距甚远，也与某些发达国家中等收入群体所占的比重（约为40%~50%）差距较大。对此，我们必须尊重劳动、尊重知识、尊重人才、尊重创造，认真贯彻生产要素按贡献参与分配原则，不断深化分配体制改革，使更多的人通过诚实劳动和合法经营进入中等收入群体的行列。

"调高"，即调节高收入群体的收入，降低高收入群体在社会收入群体中所占的比重。其主要途径有三：（1）进一步健全税种税法，强化税收征管。应尽快出台适合我国国情的财产税、遗产税、赠与税等税种，尽快实现内外资企业所得税税率的并轨，强化对企业所得税和高收入群体个人所得税的征缴。（2）坚决取缔并严厉打击通过权钱交易、侵吞公有资产、非法经营和偷漏骗税等途径获得的各种非法收入。（3）规范分配秩序，对某些垄断行业的过高收入进行合理调节。

"提低"，即提高低收入者的收入水平，降低低收入群体在社会收入群体中所占的比重。对我国低收入群体中的特困人群，必须实行"保底"制度（即适合我国国情的最低生活保障制度）。当前，最低生活保障制度在我国城镇已初步建立，在农村的局部地区才刚刚起步，任重而道远。"保底"是基础，"提低"是方向。"提低"的基本途径，一是通过积极推进农业产业化经营，走新型工业化道路，加快农村剩余劳动力转移，实现城乡劳动力资源的合理配置；二是通过制定并实施各项优惠政策，鼓励创业，加强培训，提升弱势劳动者的就业能力；三是通过加大财政转移支付的力度，将高收入地区、高收入行业和高收入群体中的一部分所得税收入最终转移到低收入群体；四是抓紧修订并切实贯彻《劳动法》，落实最低工资制度，及时足额发放工资，努力维护劳动者的合法权益。当然，无论是"扩中"还是"提低"，其根本途径都是在提高劳动生产率的基础上，实现国民经济持续快速健康地向前发展。

关于社会主义社会个人收入分配基本理论的若干思考[*]

从马克思创立的社会主义社会分配理论至今，已有近一个半世纪的历史；从世界上第一个社会主义国家的个人收入分配实践至今，也有 80 年左右的历史。为推进中国特色社会主义的伟大事业，有必要遵循"解放思想、实事求是、与时俱进"的科学态度，对社会主义国家的个人收入分配实践进行反思、总结和深入研究，重塑符合实际的社会主义社会个人收入分配的基本理论。本文对此略抒己见，与各位同仁共同探讨。

一、从社会主义产品经济条件下的按劳分配转向社会主义市场经济条件下的按劳分配

马克思设想的社会主义社会中的按劳分配，实质上是社会主义产品经济条件下的按劳分配。产品经济可以从狭义和广义两个角度来考察。从狭义角度看，产品经济是继自然经济、商品经济之后可能出现的一种经济活动方式，即"社会按照需要对产品的生产和分配直接加以指挥和支配"。①从广义角度看，产品经济则是指一种经济形态，即在实行单一的全社会的公有制、没有商品货币关系、劳动者的联合劳动直接表现为社会劳动的条件下，由社会按照需要对产品的生产和分配直接加以指挥和支配。在马克思看来，共产主义社会第一阶段（即通常所说的社会主义社会）和共产主义社会第二阶段（即通常所说的共产主义社会）都是产品经济，其主要区

---

* 原载《经济评论》2004 年第 2 期。

① 国家教委政教司组编：《中国社会主义建设》，辽宁人民出版社 1988 年版，第 113 页。

别在于生产力、经济结构、分配方式和文化发展的成熟程度不同。① 因此，社会主义产品经济是马克思设想的按劳分配的经济基础和逻辑起点。

然而，迄今为止社会主义国家的经济实践已经表明：社会主义经济不是产品经济，而是商品经济；除特殊时期以外，社会主义经济体制不应是或不是计划经济体制，而是市场经济体制。在社会主义市场经济条件下的公有制经济中，对马克思揭示的按劳分配的实质（既否定剥削，又否定平均主义）必须加以坚持，否则就根本谈不上坚持按劳分配，也谈不上坚持社会主义基本经济制度（即社会主义公有制）。然而，必须看到，社会主义市场经济与马克思设想的社会主义产品经济有显著的差别，从而社会主义市场经济条件下的按劳分配具有许多新特点，其主要表现为：

1. 实行按劳分配的主体是企业。马克思原来设想，在社会主义产品经济条件下，由于实行单一的全民所有制，劳动者的联合劳动是全社会范围内的联合劳动，全社会是一个生产单位和分配单位，因而实行按劳分配的主体是社会（或国家）。然而，在社会主义市场经济条件下，社会主义公有制采取全民所有制和集体所有制两种基本类型，社会主义联合劳动主要表现为企业范围内的联合劳动，各个公有制企业都是独立的法人实体和市场竞争主体。因此，企业便成为实行按劳分配的主体。当然，国家仍要对公有制（特别是全民所有制）企业的个人收入分配进行以间接手段为主的必要和合理的宏观调控。

2. 按劳分配体现的利益多元性。马克思原来设想，社会主义经济利益结构是二元利益结构，即只存在社会（国家）利益和劳动者个人利益。然而，在社会主义市场经济条件下，由于社会主义企业具有独立的经济利益，从而社会主义经济利益结构至少是包括国家利益、企业利益和劳动者个人利益的三元利益结构。不仅如此，在社会主义市场经济条件下，国家利益又可以相对地区分为中央利益和地方利益；劳动者个人利益又可以相对地区分为经营者利益、科技人员利益、一般管理者利益和直接生产者利益等，其复杂程度远远超出马克思当年的预见。

---

① 《马克思恩格斯选集》第 3 卷，人民出版社 1972 年版，第 12 页；《列宁选集》第 3 卷，人民出版社 1972 年版，第 256 页。

3. 按劳分配没有统一的计量标准。马克思原来设想，在社会主义产品经济条件下，按劳分配的计量标准在全社会范围内都是统一的。按照马克思的有关论述和理论逻辑，马克思设想的按劳分配的计量尺度是社会平均劳动时间。① 然而，在社会主义市场经济条件下，实行按劳分配不仅在集体所有制各企业中没有完全统一的计量标准，而且在全民所有制各企业中也没有完全统一的计量标准。各公有制企业因企制宜，实行各具特色的按劳分配的计量标准。

4. 按劳分配的非纯性。马克思原来设想，按劳分配完全排除了非劳因素对劳动者分配个人消费品的影响。然而，在社会主义市场经济条件下，人均客观生产条件的差异和供求不平衡等非劳因素都会对企业经济效益从而对劳动者的收入分配产生不同的影响。所以，在社会主义市场经济条件下，只能在各公有制企业内部大体或近似地实行"同工同酬"；在不同的公有制企业之间，甚至在同一公有企业内部的不同的经济核算单位之间，"同工不同酬"的现象则必然存在。尽管劳动力自由流动有利于缩小这种报酬上的差别，但却不能使其归于消失。

5. 按劳分配的媒介货币化。马克思原来设想，在社会主义产品经济条件下，实现按劳分配的媒介是劳动"证书"。然而，在社会主义市场经济条件下，由于劳动者得到的货币工资是纸币，也由于劳动者购买消费品的过程是商品交换过程，因而价值规律、供求规律、纸币流通规律等必然共同制约消费品价格水平的高低，并对劳动者实际购买的消费品的数量产生影响。换言之，在社会主义市场经济条件下，即使劳动者得到的货币工资相同，但在不同的时间或地点所购买的消费品则完全可能是不等量的，甚至是差别较大的。这种因货币"插手其间"而使按劳分配链条拉长的情况，增加了按劳分配实现过程的复杂性和实现程度的差异性。

6. 按劳分配对象的物质内容并不限于个人消费品。马克思原来设想，在社会主义产品经济条件下，按劳分配对象的物质内容仅限于个人消费品。然而，在社会主义市场经济条件下，劳动者既可以拿货币工资去购买生活资料（或个人消费品），也可以用于储蓄、购买生产资料或进行其他投资。

---

① 郭飞：《刍议按劳分配中的"劳"》，载于《经济研究》1993 年第 2 期。

因此，社会主义市场经济条件下的按劳分配，已经明显超出了个人消费品分配制度的范畴，而是属于个人收入分配制度的范畴。

7. 按劳分配在个人收入分配制度中居主体地位。马克思原来设想，按劳分配是社会主义产品经济条件下对劳动者分配个人消费品的唯一方式。然而，在社会主义市场经济条件下，个人收入分配制度的基本特征是按劳分配为主体多种分配方式并存。对此，可以从社会、公有制企业以及公有制企业职工的个人收入构成三个层面上加以考察和阐释。当然，在第三个层面上，按劳分配占主体地位是就公有制企业职工收入总体而言的；就公有制企业各个职工的收入构成而言，随着金融、房地产等市场和劳动者第二职业的拓展，按劳分配收入是否占主体地位则因人而异，不能一概而论。与此同时，按劳分配方式与其他分配方式也不仅表现为主辅关系，而且表现为并存发展和相互作用关系。

二、从个人收入分配制度的"双生产要素所有制决定论"转向"生产要素贡献与生产要素所有制决定论"

马克思在创立按劳分配理论的过程中，曾论述了生产力对按劳分配制度的最终决定作用。马克思在《哥达纲领批判》一书中指出，在社会主义社会中，人们奴隶般地服从分工的情形尚未消失，脑力劳动与体力劳动的对立也尚未消失①，劳动仅仅是谋生的手段，生产力的增长仍不够充分，集体财富的一切源泉尚未充分涌流。在马克思看来，这就是对按劳分配具有最终决定作用的社会主义社会的生产力条件。

长期以来，许多学者在其编撰的社会主义政治经济学教科书或社会主义经济理论著作中，一般也承认社会主义社会的生产力对个人收入分配制度的最终决定作用；但是，他们通常则更多地引用马克思在《哥达纲领批判》中的另一段话，来论证生产资料所有制和劳动力所有制（可称为"双

---

① 对于马克思的这个提法，斯大林作了修正和发展。斯大林在《苏联社会主义经济问题》一书中指出，在社会主义社会中，脑力劳动与体力劳动之间的对立消失了，但仍存在着本质差别。参见《斯大林选集》（下卷），人民出版社1979年版，第557~560页。

生产要素所有制"）对社会主义社会个人收入分配制度的主要决定作用。马克思指出："消费资料的任何一种分配，都不过是生产条件本身分配的结果。而生产条件的分配，则表现生产方式本身的性质。例如，资本主义生产方式的基础就在于：物质的生产条件以资本和地产的形式掌握在非劳动者的手中，而人民大众则只有人身的生产条件，即劳动力。既然生产的要素是这样分配的，那么自然而然地就要产生消费资料的现在这样的分配。如果物质的生产条件是劳动者自己的集体财产，那么同样要产生一种和现在不同的消费资料的分配。"①

把生产资料所有制和劳动力所有制视为个人收入分配制度的主要决定因素，这种观点不仅在马克思的著作中有其理论依据，而且也符合人类社会个人收入分配的实际。当然，随着经济实践和经济理论的发展，可以综合采用生产要素所有制范畴。在马克思的著作中，生产要素通常是指劳动力和生产资料。在西方经济学中，生产要素是指生产商品所投入的资源（即自然资源、资本资源和人力资源），通常简称为土地、资本、劳动和企业家才能。② 在经济实践中，生产要素还包括技术、知识、信息、专利和品牌等。可见，生产要素涵盖的范围比生产资料和劳动力要广泛得多，从而采用生产要素所有制范畴比采用生产资料所有制和劳动力所有制范畴更为全面和准确。当然，生产资料所有制和劳动力所有制在生产要素所有制中居于核心地位；在最抽象和最综合的意义上采用生产要素所有制范畴，决不排斥在较为具体的条件下采用生产资料所有制或劳动力所有制范畴的独立意义。

然而，把个人收入分配制度主要归结为生产要素所有制，这只是从一个方面阐明了两者之间的内在联系，并没有"抠"到生产力的根上。从生产关系与生产力的相互关系来看，不仅生产要素所有制最终取决于生产力的性质和发展要求，必然随着生产力的发展而变化；而且个人收入分配制度也最终取决于生产力的性质和发展要求，必然要随着生产力的发展而变化。进一步思考，即使把个人收入分配制度归结为生产力的性质和发展要

---

① 《马克思恩格斯选集》第3卷，人民出版社1972年版，第13页。
② 吴易风：《劳动是创造价值的唯一源泉》，载于《当代思潮》2001年第2期。

求，似乎也并不彻底。发展生产力的最终目的是什么？撇开人类不同社会中由不同的占统治地位的生产资料所有制所决定的特殊的生产目的不论，人类社会发展生产力的根本目的（或共同目的）就是要创造更多更好的社会财富（或使用价值），以满足人类的需要，促进人与社会的发展。在社会主义社会，人类社会发展生产力的根本目的与在生产资料所有制结构中占统治地位的社会主义公有制所决定的社会主义生产目的是统一的。因此，在我国现阶段，个人收入分配制度归根结底主要取决于发展满足人民需要的社会财富或使用价值（物质产品、精神产品、劳务等）的生产。

中共十六大报告中明确提出："确立劳动、资本、技术和管理等生产要素按贡献参与分配的原则，完善按劳分配为主体、多种分配方式并存的分配制度。"[①] 这里的前半句话，在我们党和国家的重要文献中是首次完整出现的，可以概括为确立生产要素按贡献参与分配的原则。如何理解这一原则？理论界和实际部门仁者见仁、智者见智，看法并不一致。我认为，确立生产要素按贡献参与分配的原则至少包括三方面的内容：（1）正确认识或准确衡量生产要素在创造社会财富（或使用价值）中的贡献（或作用）。为什么把生产要素的贡献理解为生产要素在创造社会财富中的贡献？我们可以结合中共十六大报告中的另一段话来理解。中共十六大报告指出："让一切劳动、知识、技术、管理和资本的活力竞相迸发，让一切创造社会财富的源泉充分涌流。"[②] 在这段话中，既讲到了生产要素是创造社会财富（或使用价值）的源泉，也讲到了生产要素活力的"竞相迸发"和其作为社会财富源泉的"充分涌流"（一句话，讲到了使生产要素在创造社会财富中充分发挥作用）。可见，生产要素的贡献，应理解为作为社会财富源泉的生产要素在"创造社会财富"中的贡献。一般认为，在创造社会财富（或使用价值）的过程中，劳动力（或活劳动）是创造社会财富的最积极、最活跃和最具决定性的要素；生产资料（在某些社会中也表现为资本）是创造社会财富的基本物质条件；科学技术是先进生产力的集中体现

---

① 中共中央文献研究室编：《十六大以来重要文献选编》（上），中央文献出版社 2005 年版，第 21 页。

② 中共中央文献研究室编：《十六大以来重要文献选编》（上），中央文献出版社 2005 年版，第 12 页。

和主要标志,在创造社会财富中的巨大作用日益凸显;而管理作为复杂劳动的一种特殊形式,则在协作劳动和现代化生产中发挥着举足轻重的作用。至于如何衡量不同生产要素在创造社会财富(或使用价值)中的贡献(或作用),则可在充分吸收经济学已有优秀成果的基础上继续进行深入探索。(2)生产要素所有者按照生产要素在创造社会财富中的贡献参与分配。生产要素可分为劳动与非劳动生产要素。尽管资本、技术等非劳动生产要素在创造社会财富的过程中发挥了非常重要的作用(或者从一定意义上说,作出了非常重要的贡献),但是,资本和技术等生产要素参与分配并不是将一定量的收入归于这些生产要素本身,而是归于这些生产要素的所有者。这里,已经涉及生产要素所有制对个人收入分配制度具有主要决定作用的问题了。正如国内有的学者指出的那样:非劳动生产要素的所有者"之所以能获得这些非劳动收入,原因并不在于他们自己生产了与此相应的财富,而是在于他们所有的财产对财富的生产做出了相应的贡献,而他们自己是这些财产(生产要素)的所有者"。① (3)生产要素按贡献参与分配,无论从广义分配(国民收入或国民生产总值分配)或狭义分配(个人收入分配)的角度看,都不是分配的唯一依据。即使从狭义分配的角度看,我国现行的个人收入分配制度中存在的福利收入,其依据就不是生产要素在创造社会财富中的贡献,而是为了满足社会成员最基本的生活需要。所以,仅就个人收入分配而言,生产要素按贡献参与分配,也只是基本原则而不是唯一原则。

我认为,我国现阶段确立生产要素按贡献参与分配的原则,其主要理由有三:(1)确立生产要素按贡献参与分配的原则,符合马克思主义关于生产与分配方式相互关系的原理。恩格斯指出:"只要分配为纯粹经济的考虑所支配,它就将由生产的利益来调节"。② 分配方式归根结底是由发展生产的需要所决定并为发展生产服务的,先进或合理的分配方式归根结底是有利于发展生产的分配方式。(2)确立生产要素按贡献参与分配的原则,从总体上有利于我国的社会主义现代化建设。它不仅有利于调动劳动、

---

① 左大培:《劳动价值论的科学地位》,载于《经济学动态》2003年第2期。
② 恩格斯:《反杜林论》,见《马克思恩格斯选集》第3卷,人民出版社1972年版,第240页。

管理等生产要素所有者的积极性，也有利于调动资本、技术、信息、土地等生产要素所有者的积极性，从而有利于我们最大限度地利用国内外的生产要素，发展生产，降低成本，提高效益，增强综合国力，更好地满足人民日益增长的物质文化需要。（3）确立生产要素按贡献参与分配的原则，也大体上符合我国现阶段个人收入分配的实际。

然而，深入思考确立生产要素按贡献参与分配的原则，有些深层次的现实和理论问题还有待于进一步研究和解决。首先，改革开放二十余年来，我国生产要素所有制结构已经发生了非常显著的变化。尽管我国社会的不同群体对此状况的看法不尽相同，但无可否认的一个基本事实是：某些生产要素的所有者并不是凭借诚实劳动和合法经营获得的生产要素，而是通过种种非法或不合理的途径获得了数量相当可观的生产要素，然后再通过合法或非法或合法不合理等途径获得了数量相当可观的生产要素收入。某些人通过这些途径获得的生产要素及其收入在我国生产要素总量及其收入中所占的比重，不是在逐渐下降而是在持续上升，这也是我国近些年来居民的财产差距与收入差距不断扩大的重要因素。如何从根本上改变这种状况，以维护和增进最广大人民的根本利益，是一个备受各界注目、关乎社会稳定的重大问题。其次，确立生产要素按贡献参与分配的原则，与劳动价值论究竟是什么关系？显而易见，确立生产要素按贡献参与分配的原则，是以"要素财富论"（或不同于"要素价值论"的"要素贡献论"）为其重要的理论依据的。以"要素财富论"或"要素贡献论"为重要的理论基础，有利于证明现存的个人收入分配制度的客观必然性，因为它是以承认现存的生产要素所有制为前提，从而承认生产要素所有者有权获得与生产要素在创造社会财富（或使用价值）中的贡献相适应的收入。而劳动价值论则不然。劳动价值论与其他形形色色的价值理论一样，"根本目的都在于为其所代表的阶级以及所要求的生产方式的历史必然性和正义性申辩"。[①] 马克思创立的科学的劳动价值理论是其全部经济学说的基石。马克思以劳动价值论为基础，以剩余价值的生产、流通、分配为主线，揭示了

---

① 孙明泉：《新时期经济学研究的历史重任——访北京大学教授刘伟》，载于《光明日报》2002年10月29日。

资本主义社会必然被社会主义社会所取代的历史发展规律，这一规律在当今世界局部范围内已经得到了初步的证实。如果说，马克思当年设想的社会主义经济是产品经济，因而他设想的按劳分配尽管与劳动价值论在理论逻辑上有明显的共同或相似之处，① 但并不是以劳动价值论为直接和重要的理论依据；那么，在实践中的社会主义经济是市场经济的条件下，劳动价值论无疑应该有其广阔的活动舞台和作用空间。不能设想，社会主义市场经济条件下的个人收入分配制度，仅仅同社会财富（或使用价值）的形成与实现相关，而同价值的创造与实现无关。而个人收入分配制度如果同价值的创造与实现相关的话，其关联程度和转化机制又是怎样的？进一步分析，以劳动价值论为重要理论基础所阐明的个人收入分配制度，则不仅能够揭示某一社会中各种收入的实质性和必然性，而且能够揭示某一社会中许多收入（特别是非劳动收入）的过渡性，因为它阐扬"劳动光荣、不劳而获可耻"的理念，"将劳动捧上决定人类命运的宝座"。② 因此，在社会主义市场经济条件下，如何科学界定个人收入分配制度的理论基础，在侧重阐明个人收入分配制度的现实合理性的同时也阐明其历史过渡性，充分发挥个人收入分配制度对经济社会发展的积极作用，乃是理论和实际工作者共同面临的一项重大任务。

三、从公平与效率的相对统一论转向公平与效率的辩证统一论③

公平与效率是人类社会永恒的主题，也是我国个人收入分配制度追求实现的两大目标。我认为，将公平引入个人收入分配领域，可以相对地区分为经济公平与社会公平。经济公平是指个人收入分配制度由生产方式决定，着眼点在于提高效率，其作用的发挥主要是在初次分配领域；而社会公平则是指个人收入分配不能差距悬殊，着眼点在于维护社会稳定，从长

① 郭飞：《价值创造与价值分配》，载于《当代经济研究》2003 年第 2 期。
② 左大培：《劳动价值论的科学地位》，载于《经济学动态》2003 年第 2 期。
③ 在马克思和西方经济学的著作中，平等是与效率相对应的概念。公平则是颇多歧义的概念。严格划分，平等和公平并不完全等同。然而，在本文关于个人收入分配制度的探讨中，公平与平等则在同一意义上使用。

期来看促进经济与社会的发展，其作用的发挥主要是在再分配领域。

马克思认为，社会主义的按劳分配制度既符合公平原则，也符合效率原则，其体现的公平与效率的关系是相对统一的。他指出，在铲除了以资本主义私有制为基础的剥削制度和实行按劳分配的条件下，"生产者的权利是和他们提供的劳动成比例的；平等就在于以同一的尺度——劳动——来计量"。① 不仅如此，按照马克思的理论逻辑，社会主义公有制是与社会化大生产相适应的，由社会主义公有制和劳动力个人所有制所决定的按劳分配也必然是与社会化大生产相适应的，按劳分配而非按资分配和按劳动力价值分配必然会极大地调动劳动者的积极性和刺激消费需求，从而能够促进社会生产力的迅速发展，并为实现更高程度的公平创造条件。列宁在评价"不劳动者不得食"（与按劳分配的含义颇为相近）这一社会主义原则的重大意义和巨大作用时指出：它"包含了社会主义的基础，社会主义力量的取之不尽的源泉，社会主义最终胜利的不可摧毁的保障"。② 当然，马克思也初步分析了实行按劳分配仍然存在的事实上的不平等（即劳动者之间由于劳动能力、赡养人口的差别所导致的富裕程度的差别），并初步察觉到这种事实上的不平等在具有巨大积极作用的同时对效率可能产生的某些负面影响。尽管如此，马克思仍指出：这"在共产主义社会第一阶段，在它经过长久的阵痛刚刚从资本主义社会里产生出来的形态中，是不可避免的。权利永远不能超出社会的经济结构以及由经济结构所制约的社会的文化发展"。③

然而，社会主义市场经济条件下个人收入分配制度是按劳分配为主体多种分配方式并存，其体现的公平与效率的相互关系是错综复杂的。就其现实性来考察，两者之间既存在占主导地位的一致的方面，也存在明显矛盾的方面，因而是辩证统一关系。

两者之间的一致性主要表现在：（1）一方面，实行按劳分配为主体的

---

① 马克思：《哥达纲领批判》，见《马克思恩格斯选集》第 3 卷，人民出版社 1972 年版，第 11 页。

② 列宁：《论饥荒》，见《列宁选集》第 3 卷，人民出版社 1972 年版，第 560～561 页。

③ 马克思：《哥达纲领批判》，见《马克思恩格斯选集》第 3 卷，人民出版社 1972 年版，第 12 页。

多种分配方式，既与社会主义市场经济条件下的生产要素所有制结构（特别是与社会主义公有制为主体的多种所有制经济）是相适应的，也与生产要素在创造使用价值（或社会财富）中的贡献大体上是相符合的，因而实现了经济公平；另一方面，实行按劳分配为主体的多种分配方式，有利于充分调动生产要素所有者的积极性，最大限度地发挥生产要素的作用，因而也符合效率原则。两者相互依存，相互促进。（2）国家主要通过税收政策来变相降低高收入群体的收入，调节中等收入群体的收入；主要通过财政转移支付特别是通过建立社会保障制度来变相增加低收入群体的收入，以体现社会公平，并为国民经济的长期稳定增长创造条件。

两者之间的矛盾性主要表现在：（1）在社会主义市场经济条件下，尽管法律允许的除福利收入以外的非劳动收入（特别是大额的剥削收入）对于提高非劳动生产要素的效率具有积极作用；但是，对于劳动者的积极性和实现社会公平则会产生一定的消极影响。（2）在社会主义公有制（特别是国有制）企业中，按劳分配固然有利于充分调动劳动者的积极性；然而，如果分配制度搞得不好，则可能变成平均主义"大锅饭"，从而降低劳动者的工作热情，影响经济效率。（3）在社会主义市场经济条件下，必然存在明显的收入差距。个人收入差距过小，固然既不符合公平原则，又有悖于效率原则；但是，如果个人收入差距过大，则既不符合社会公平原则，也不利于社会稳定和提高经济效益。如何在大体符合公平和效率原则的基础上，在广大人民群众可以承受的限度内，把握好个人收入差距的"度"，这是一个亟须在实践中加以妥善解决的重大课题。（4）在社会主义市场经济体制初步建立或很不完善的条件下，个人收入分配体现的公平与效率的矛盾可能比较突出。当前，我国个人收入分配的体制漏洞和机制缺陷仍较明显，特别是个人收入分配的宏观调控机制很不健全，遗产税、赠与税、社会保险税等税种尚未出台，个人所得税的征缴仍不够得力（特别是富人对个人所得税的贡献率不高），广泛覆盖、适当标准、基本保障与补充保障相结合的社会保障体系并没有真正建立起来。与此同时，我国居民收入差距的基尼系数已经超过国际公认的警戒线。① 正如中共十六大报告所指出的那样：我国当前的个人收入分配关系"尚未理顺"。②

如何理顺社会主义市场经济条件下的个人收入分配关系？我们党自十四届三中全会以来确立的根本原则就是"效率优先、兼顾公平"。就我国而言，所谓"效率优先"，实质上就是发展生产力优先；所谓"兼顾公平"，实质上就是发挥社会主义经济制度的优越性。在我国现阶段个人收入分配中贯彻"效率优先、兼顾公平"的原则，就必然要确立生产要素按贡献参与分配的原则，就必然要坚持和完善按劳分配为主体、多种分配方式并存的分配制度。三者在逻辑上是高度一致的，是从本质到现象、从抽象到具体的必然转化和表现。中共十六大报告提出："坚持效率优先、兼顾公平，既要提倡奉献精神，又要落实分配政策，既要反对平均主义，又要防止收入悬殊。初次分配注重效率，发挥市场的作用，鼓励一部分人通过诚实劳动、合法经营先富起来。再分配注重公平，加强政府对收入分配的调节职能，调节差距过大的收入。"③ "以共同富裕为目标，扩大中等收入者比重，提高低收入者收入水平。"④ 这些论述，既是对我国现阶段个人收入分配关系中如何贯彻"效率优先、兼顾公平"原则的若干基本要求，同时也丰富了社会主义社会个人收入分配基本理论的内容。

---

① 世界银行公布的我国1995年居民收入差距的基尼系数为0.415（参见《1999/2000年世界发展报告》，中国财政经济出版社2000年版，第234页）。国内学者对我国当前居民收入差距的基尼系数主要有三种估计，即低估为0.4左右，中估为0.45左右，高估为0.5左右，其主要差别在于是否包括了实物收入、非正常收入和违法收入（参见赵人伟：《对我国收入分配改革的若干思考》，载于《经济学动态》2002年第9期）。

② 中共中央文献研究室编：《十六大以来重要文献选编》（上），中央文献出版社2005年版，第4页。

③ 中共中央文献研究室编：《十六大以来重要文献选编》（上），中央文献出版社2005年版，第21页。

④ 中共中央文献研究室编：《十六大以来重要文献选编》（上），中央文献出版社2005年版，第22页。

我国高校教师工资纵横谈[*]

当前，我国高校教师工资严重偏低，极大地影响了高等教育事业的健康发展。对此问题若不予以充分重视和妥善解决，我国将难以立足于世界强国之林。

一

我国高校教师工资严重偏低，是一个不容回避的客观现实。这可以从横向和纵向两个角度来加以比较和分析。

从横向比较来看，我国高校教师工资的偏低状况世所罕见。（1）在全民所有制单位 12 个分行业中，教育、文化艺术和广播电视事业单位的人均工资居于后列。1991 年，教育、文化艺术和广播电视事业等脑力劳动者相对集中的行业人均工资 2257 元，排在 12 个分行业的倒数第 3 位；而体力劳动者相对集中的交通邮电和建筑业的人均工资，却分别排在 12 个分行业的第 2 位和第 3 位。同年，高校人均工资 2479 元（因从有关部门无法找到高校教师人均工资的精确数字，故只能用相近数字代替），低于全民所有制企业人均工资 2563 元的水平。（2）我国高校教师与全民所有制企业工人的工资比例大大低于外国高校教师与企业工人的工资比例。据有关的调查和统计材料估算，从总体状况来看，我国高校教师目前的工资水平与全民所有制企业工人的工资水平基本持平。如果考虑到实物发放等工资外收入，全民所有制企业工人的工资水平可能还略高于高校教师的工资水平。这种脑体工资"均等"或"倒挂"的比例关系，在外国大概很难找到。在发达国家中，高校教师与普通工人存在着相当的工资差距（见表 1）。在发

---

* 原载《中国教育报》1993 年 7 月 7 日。

展中国家，高校教师与普通工人的工资差距则更为显著。例如，印度普通工人月薪 45～50 美元，大学助教月薪 125～150 美元，教授月薪则为 250～290 美元；巴基斯坦工人月薪 31～51 美元，大学讲师月薪 95～180 美元，教授月薪最高达 308 美元。

表1   经济发达国家高校教师平均工资与工人平均工资的对比

年份	国别	高校教师月均工资	工人月均工资	两者之比
1982	联邦德国	5200 马克	1200 马克	4.33:1
1985	英国	1305 英镑	308 英镑 *	4.24:1
1986	法国	14774 法郎	3710 法郎 **	3.98:1
1988	美国	2833 美元	1417 美元	2:1

注：表中 * 为英国火车司机的月工资，** 为法国高级熟练工人的月工资。

从纵向比较来看，我国高校教师工资的相对水平也严重偏低。（1）目前高校教师与全民所有制企业工人的工资比例大大低于 1956 年两者之间的工资比例。根据 1956 年国家颁布的工资改革方案，教授月最高工资为全民所有制企业工人月最高工资的 3.2～3.3 倍。可是，高校教师目前的工资水平却与全民所有制企业工人的工资水平旗鼓相当。就局部领域而言，教授工资低于全民所有制企业工人工资的例子比比皆是。尤其应该指出的是，我国 1985 年出台的工资改革方案中，高校教师的工资标准有所降低。在工资改革前，高校教师的工资标准分为 13 个级别。以北京（六类地区）为例，高校教师月工资最低 56 元，最高 345 元。而工资改革后，高校教师工资标准增为 18 个级别，月工资最低 70 元，最高 255 元（把工龄津贴计算在内，最高为 275 元）。最低工资比原来提高 14 元，最高工资却比原来减少 90 元，其中，副教授的起点工资竟由原来的 149.5 元降至 122 元。尽管当时工资表中列有带 "＊" 号的教授月最高工资 355 元（加工龄津贴为 375 元），但是这只适用于原工资已接近这一工资标准的教授。后来，"＊" 号被去掉，但真正晋升到这一最高工资标准的人微乎其微。有人说，新中国成长起来的一级教授一个也没有。这话似乎有些绝对，但并非没有道理。如果考虑到职工生活费用价格指数，1956 年的 345 元则大体相当于 1991 年的 945 元。难怪许多老教授抱怨实际收入下降。（2）高校教师实际工资的增长速度明显低于国民收入和社会劳动生产率的增长速度。1957～1978 年，我国的国民收入和社会劳动生产率都有了相当程度的增长，然而高校教师的实际工资却基本上处于停滞状态。党的十一届三中全会以来，随着我国经济的迅速发展，高校教师的货币工资有了明显的提高，可是实际工资的增长水平仍然偏低。1979～1991 年，我国的国民收入年均增长 8.4%，社会劳动生产率年均增长 5.6%，而教育文化艺术和广播电视事业单位人均实际工资年均增长仅为 4.2%。近两年来，高校教师人均货币工资增长缓慢，物价上涨幅度较大，从而实际工资则呈现下降的态势。

高校教师工资不仅严重偏低，而且还陷入了平均主义的怪圈。据有关部门前几年进行的典型调查，1985 年工资改革前后，教授与助教的工资比例已由 4.1∶1 下降为 2.1∶1。如果考虑到近几年来各高校基本上是平均发放的各种补贴与实物，两者的实际收入差距还要更小。然而我认为，平均主义与严重偏低相比，严重偏低才是高校教师工资现状的主要弊端。只有在着力解决严重偏低这一"大不合理"问题的同时，妥善解决教师工资内部存在的平均主义问题，才能使高校教师的工资状况逐步摆脱困境。

二

我国高校教师工资严重偏低，正在并已经导致日趋严重的后果。

其一，教师队伍流失严重。马克思指出：人们奋斗所争取的一切，都同他们的利益有关。在工资收入与劳动贡献严重不对称和承认知识分子具有择业自主权的情况下，高校教师的大量流失就不可避免。当前，高校教师的流失具有三个特点：（1）中青年教师流失多。某些重点大学中青年教师每年的流失率竟高达 10%，其中不乏卓有成就的佼佼者。（2）热门专业的教师流失多。西南某高校外语系 20 世纪 80 年代初新任教的教师已全部走光，80 年代中期新任教的教师也所剩无几。北京某财经院校的专业骨干教师已走掉一半。有的年轻教师刚刚步出校门，工资收入骤增几倍，真令那些矢志不渝、坚守岗位的老教授感慨万千。（3）男教师流失多。某高校本来女教师的比重就偏大，近年来因男教师大量调离，"阴盛阳衰"现象更加突出。某些在校的年轻女教师也并非真正安心教学岗位，而是受"占房子""养孩子"等种种因素的牵制，短期内不能脱身。面对青年教师很难留下、中年教师安心不下、老年教师纷纷退下的窘境，许多有识之士充满忧虑。

其二，教学质量明显滑坡。由于中青年骨干教师大量"跳槽"和老教师自然"退役"，不少高校出现了急需的课程无人教、该砍掉的课程却照常开的反常情况。在社会分配不公和澎湃而来的"高消费"面前，晋升职称的"诱力"已明显减少，不少中青年教师"身在曹营心在汉"，教学上马马虎虎，科研上无所作为，而把主要精力放在公开或秘密的"经商"和"兼职"上。对此，许多高校的管理干部曾进行过"整顿"，但收效甚微。由于教学质量下降等诸多因素的影响，不少大学生的学习积极性今非昔比，无故缺课等违纪现象逐渐增多，校园中"经商""恋爱"乃至"厌学"之风日盛。

其三，高等教育的"瓶颈"作用日益明显。实现我国社会主义现代化的宏伟目标，需要造就越来越多的高层次人才。可是，高校教师的低待遇，最终必然导致高校教师的低素质。而从总体来看低素质的高校教师队伍，能够培养出越来越多的高质量的大学生吗？而如果没有更多更好的大学生，实现中华民族的经济腾飞和我国的社会主义现代化，岂不有落空之虞？！不久前，在中国人民大学舆论研究所和《三月风》杂志进行的大规模民意测验中，教师在"最可爱的人"中"独占鳌头"。然而，在某些中学对学生的职业意向调查中，教师却不幸排在榜尾。过去，各高校的留校教师一般都是尖子学生；现在，许多高校却连中等生都难以留下。社会成员对教师职业的尊敬与对教师职业的追求之间形成如此巨大的反差，已向我们预示了某种令人不安的前景。

当前，如同人们已经普遍意识到交通、电力发展严重滞后对国民经济发展形成的"瓶颈"作用一样，许多人也逐步意识到高等教育发展相对滞后对社会主义现代化建设日益明显的"瓶颈"作用。20世纪五六十年代，我国曾在人口数量问题上犯过历史性错误，并为之付出了沉重的代价。而今，如果我国不尽快扭转高校教师工资严重偏低的局面，如果我国不尽快解决知识分子收入普遍偏低的问题，则可能在中华民族的人口质量问题上犯战略性错误。

三

解决我国高校教师工资严重偏低问题的根本途径是转变观念，深化改革，增加投入。

首先，必须切实转变观念，把教育摆在优先发展的战略地位。我们必须从实现社会主义现代化和争取在未来国际竞争中处于主动地位的战略高度，充分认识发展教育特别是发展高等教育的极端重要性。要转变由国家包办教育的旧观点，树立"全民办教育""国家、集体、个人合理负担教育费用"的新观念；要转变轻视甚至歧视知识分子的狭隘观点，树立知识分子是"先进生产力的开拓者，在改革开放和现代化建设中有着特殊重要的作用"的新观念；要转变脑体劳动者在报酬上"应大体平均"的错误观点，树立复杂劳动是倍加的简单劳动、多劳多得的正确观念。

其次，要通过深化改革，逐步建立起适应社会主义市场经济发展要求的高等教育投资体制和高等院校教师工资制度，大幅度地增加高教投入和高校教师工资。当前，我国教育经费严重不足，极大地制约着高校的办学规模和教师的工资水平。1991 年，我国教育经费总额约占国民生产总值的3％，不仅低于发展中国家的平均水平（1988 年发展中国家公共教育经费占国民生产总值的 4.1％），更低于发达国家的平均水平（1988 年发达国家公共教育经费占国民生产总值的 5.8％）。为了大幅度地增加高等教育经费，必须逐步建立以国家财政拨款为主、辅之以征收用于高等教育的税费、适当收取学费、校办产业收入、社会捐资集资和设立高等教育基金等多渠道筹资的高等教育投资新体制。与此同时，必须深化高校教师工资制度改革，从根本上解决高校教师工资严重偏低和平均主义的问题。为此，主要应采取以下四项措施：（1）本着政事分开的原则，将高等院校教师工资制度与国家机关工资制度彻底"脱钩"。（2）大幅度提高高校教师的工资标准，合理确定不同职务教师的工资差距，使高校教师的工资水平与全民所有制企业同类同级人员的工资水平大体相当。对于有突出贡献的著名教授，其工资待遇应不亚于副总理的工资标准。有一种观点认为，当前不宜较大幅度提高高校教师工资，否则会加剧国家的财政困难和物价上涨。我认为这种看法失之偏颇。一是较大幅度地增加高校教师工资，国家财政拿的钱并不多。我国现有高校教师约 40 万人，即使每人每月增加工资 200 元，国家财政每年才多支出 9.6 亿元，尚不及上调银行存款利率一个百分点国家多付利息的 1/10，也不及近几年来私营企业和个体经济每年偷漏税总额（约 200 多亿元）的 1/20。二是近年来物价涨幅较大，其根本原因是宏观调控不力，社会供求差率过大。三是高校教师提高工资属于理顺高校教师的个人收入分配关系，其对经济建设和社会发展的全局和长远效应不可低估。江泽民在中共十四大报告中指出："要下决心采取重大政策和措施，积极改善知识分子的工作、学习和生活条件。"因此，借口财政困难和物价上涨而忽略高校教师工资增长的观点未必妥当。当然，由于各个地区经济发展水平和财政状况不同，允许各省、自治区、直辖市政府和中央主管部门在不低于国家统一规定的高校教师基本工资标准的前提下确定具体工资标准，不搞"一刀切"。广东省财政今年拿出 3000 万元用于大幅度提高在粤高校教师的工资标准，这种做法值得提倡和借鉴。（3）建立和健全高校教师工资的正常增长机制。应通过立法途径，合理规定高校教师工资标准增长速度与国内生产总值、社会劳动生产率和职工生活费用价格指数增长速度的挂钩系数，以确保高校教师工资增长速度与国民经济增长速度和物价上涨水平相适应。另一方面，要通过全面与严格的考核，定期晋升高校教师的工资级别。考核成绩优秀者可以越级晋升，考核成绩不合格者不予晋升。（4）建立高校教师工资的双轨运行机制。可以考虑将各地区（或部委）规定的高校教师基本工资"三七开"，其中的 70% 相对固定地发给教师本人，作为"死工资"；另外的 30% 与各高校通过创收等途径获得的一部分资金捆在一起作为教师的"活工资"，由各高校根据教师的工作业绩进行再分配，切实拉开工资档次，体现按劳分配原则。当然，高校教师工资制度改革应与高校其他管理体制改革和提高办学效益协调配套。

最后，要努力创建使高校教师忠职敬业的社会环境。为此，要把精神鼓励和物质鼓励结合起来。要进一步端正社会的舆论导向，把对"大款"

的奉承转向对包括高校优秀教师在内的真正的"民族的脊梁"的颂扬；要提倡和鼓励各级政府、社会团体、企业和个人设立高校教师奖励基金；要注重选拔和培养高校中青年学科带头人，并对卓有成就的高校教师实行重奖；要在住房、医疗、保险等方面对高校教师实行优惠，并对有 30 年以上高校教龄的教师实行退休金 100% 的制度，从而在全社会范围内逐步形成尊师重教的良好风尚。

城乡居民人均收入十年翻一番：
基本指标、结构特征与实现路径[*]

中共十八大报告明确提出，到 2020 年要实现我国城乡居民人均收入比 2010 年翻一番。这是改革开放以来我们党首次对我国中长期提高人民收入水平提出的重大量化目标，充分体现了民生优先、惠民富民的政策取向，顺应了广大人民过上更好生活的新期盼。我们应深刻领会并准确把握这一重大量化目标的内涵和要求，努力实现这一富民强国的伟大历史任务。

一、基本指标

中共十八大报告提出的这一重大目标，体现了"居民收入增长和经济发展同步"的基本原则。其基本的测算依据是：以 2010 年不变价格计算，假定 2011 ～ 2020 年我国国内生产总值年均增长速度为 7.17%（或 7.2%），城乡居民人均收入年均增长速度同为 7.17%（或 7.2%），到 2020 年我国城乡居民人均收入（或人均实际收入）就可以翻一番。

据此，我们测算（或估算）出以下四项基本指标。

1. 我国城乡居民人均实际收入十年翻一番的单量指标 I

2010 年，我国城镇居民人均可支配收入为 19109 元，农村居民人均纯收入为 5919 元。剔除消费价格上涨因素，按照我国城乡居民人均实际收入十年翻一番的要求，2020 年我国城镇居民人均实际可支配收入预计为 38218 元，农村居民人均实际纯收入预计为 11838 元。

---

* 本文系郭飞和王飞合作，由郭飞主撰，原载《马克思主义研究》2013 年第 3 期。本文引用的数据除特殊注明外，主要来自中华人民共和国国家统计局编：《中国统计年鉴》或国家统计局网站。

2. 我国城乡居民人均实际收入十年翻一番的单量指标 Ⅱ

2001～2012 年，我国城镇消费价格年均增长率为 2.40 %（其中 2011 年为 5.3%，2012 年为 2.7%），农村消费价格年均增长率为 2.99%（其中 2011 年为 5.8%，2012 年为 2.5%）。2013～2020 年，假定我国城乡消费价格增长率与2001～2012年相同，按照我国城乡居民人均实际收入十年翻一番的要求，2020 年我国城镇居民人均名义可支配收入预计为 50005 元，农村居民人均名义纯收入预计为 16251 元。

3. 我国城乡居民人均实际收入十年翻一番的总量指标 Ⅰ

2010 年，我国城镇人口为 66978 万，农村人口为 67113 万，总人口为 134091 万。2001～2012 年，我国人口年均增长率为 0.54%，城镇人口年均增长率为 3.63%（其中 2011 年为 3.14%，2012 年为 3.04%），农村人口年均增长率为 −1.93%（其中 2011 年为 −2.17%，2012 年为 −2.18%）。2013～2020 年，假定我国城乡人口年均增长率与2001～2012 年相同，剔除消费价格上涨因素，按照我国城乡居民人均实际收入十年翻一番的要求，2020 年我国城镇居民人均实际可支配收入总额估算为 3619717739 万元（约为 36.20 万亿元），农村居民人均实际纯收入总额估算为 650587818 万元（约为 6.51 万亿元），两者合计估算为 4270305557 万元（约为 42.70 万亿元）。

4. 我国城乡居民人均实际收入十年翻一番的总量指标 Ⅱ

除上述人口增量和城镇化速度因素外，引入 2013～2020 年消费价格上涨的因素（计算方法与前相同），按照我国城乡居民人均实际收入十年翻一番的要求，2020 年我国城镇居民人均名义可支配收入总额估算为 4736136833 万元（约 47.36 万亿元），农村居民人均名义纯收入总额估算为 893091826 万元（约 8.93 万亿元），两者合计估算为 5629228659 万元（约 56.29 万亿元）。

二、结构特征

我国城乡居民人均收入十年翻一番，并不等于我国居民收入同步增长。基于我国现阶段的国情，遵循中共十八大报告中提出的必须坚持解放和发展社会生产力、维护社会公平正义、走共同富裕道路、促进社会和谐的基本要求和共同信念，我们认为，在实现城乡居民人均收入十年翻一番重大目标的过程中，我国不同群体、不同行业、不同地区、不同岗位居民（或劳动者）的收入增长速度，具有以下六个特征：

1. 低收入群体人均收入增速明显超过中等收入群体，中等收入群体人均收入增速明显超过高收入群体。国际经验表明，中等收入群体是社会经济和政治的"稳定器"；合理的收入分配格局是低、高收入者占少数，中等收入者占多数。尽管我国对"中等收入者"尚无统一的界定，但国家统计局按世界银行的标准换算，已将年收入在 6 万～50 万元的家庭列入中等收入家庭。[①] 目前，我国低收入群体比重偏大，中等收入群体比重偏小，[②] 畸高收入阶层与贫困阶层收入差距过大。[③] 根据世界银行《2005 年世界发展报告》提供的数据，2001 年，我国的基尼系数为 0.447，在其所列的 134 个国家或地区的基尼系数中高居第 35 位，不仅高于所有发达资本主义国家，也高于印度、越南等发展中国家。[④] 而根据我国国家统计局和世界银行等机构公布的新数据，我国近年来的基尼系数仍大幅超越国际公认的 0.4 的"警戒线"，逼近 0.5 的"危险区"，在世界居于高位（见表 1 和表 2）因此，我国应持续更快地提高低收入群体的收入，显著提高中等收入群体的收入，适度提高高收入群体的合法收入，加速构建"两头小、中间大"的橄榄形收入分配新格局。

2. 低收入行业人均收入增速显著超过高收入行业。1978 年，我国工资最高的行业是地质普查和勘探业，职工年均工资为 809 元；工资最低的行业是农、林、牧、渔、水利业，职工年均工资为 486 元，两者的比例为

---

① 中共中央宣传部理论局：《辩证看 务实办》，学习出版社、人民出版社 2012 年版，第 9 页。

② 中国社会科学院的相关研究认为，我国家庭年收入在 6 万～50 万元的中等收入群体有 3.1 亿人，约占全国总人口的 23%。参见斯文·汉森：《中国中产阶级盼稳定》，载于《参考消息》2013 年 1 月 22 日。

③ 根据德勤中国高管薪酬研究中心 2012 年 6 月发布的《2011～2012 中国上市公司高管薪酬调研报告》，2011 年 A 股上市公司薪酬最高的高管是中信证券副董事长，其年薪高达 1601 万元（税前），比 2010 年排行第一的中国银行高管年薪 1101.9 万元高出近 500 万元。参见冯蕾：《首度公布基尼系数透露什么》，载于《光明日报》2013 年 1 月 22 日。

④ 世界银行：《2005 年世界发展报告》，清华大学出版社 2005 年版，第 258～259 页。

1.66∶1。2011 年，我国工资最高的行业是金融业，职工年均工资为 81109 元；工资最低的行业是农、林、牧、渔业，职工年均工资为 19469 元，两者的比例扩大到4.17∶1。此外，我国金融、电力、电信等部分垄断性行业统计外的工资外收入和非货币福利也相当可观。为合理调节行业之间的收入差距，我国低收入行业人均收入增速显著超过高收入行业势在必行。

表1　　　　　　　　　　**2003～2012 年中国居民收入基尼系数**

年份	2003	2004	2005	2006	2007	2008	2009	2010	2011	2012
基尼系数	0.479	0.473	0.485	0.487	0.484	0.491	0.490	0.481	0.477	0.474

资料来源：根据《东方早报》2013 年 1 月 19 日刊发的《国家统计局首次公布全国基尼系数十年超警戒线》一文提供的数据整理。

表2　　　　　　　　　　　　**部分国家基尼系数**

国家	年份	基尼系数	国家	年份	基尼系数
美国	2010	0.378	俄罗斯	2009	0.401
英国	2010	0.342	南非	2009	0.631
日本	2010	0.329	巴西	2009	0.547
德国	2010	0.295	墨西哥	2009	0.483
法国	2010	0.293	印度	2009	0.334
意大利	2010	0.337	马来西亚	2009	0.462
韩国	2010	0.315	菲律宾	2009	0.430

资料来源：世界银行数据库和 OECD 数据库（转引自余芳东：《世界主要国家居民收入分配状况》，载于《调研世界》2012 年第 10 期）。

　　3. 农村居民人均纯收入增速明显超过城镇居民。长期以来，我国农村为城市提供了大量廉价的农副产品、原材料和大批劳动力，广大农民为推进我国社会主义工业化和城市现代化作出了巨大贡献。[①] 近些年来，我国

---

　　① 有学者认为，在新中国成立以后的 30 年中，国家以低价从农村统购农副产品，向城市居民和工业企业低价统销，维持城市工业低工资和原料低成本从而产生超额利润，形成国家工业化的一部分建设资金。在此期间，以农产品价格"剪刀差"形式隐蔽存在的农业向我国工业体系的"无偿贡献"估算达 6000 亿元以上，相当于同期农民收入总量的 45%。参见姜近勇、罗小朋：《改革以来农民收入变化动因与结构分析》，载于《管理世界》1988 年第 5 期。

实行工业反哺农业、城市支持农村和多予少取放活的方针，社会主义新农村的建设速度加快，但城乡居民收入差距仍然较大。2012年，我国城镇居民人均可支配收入为24565元，农村居民人均纯收入为7917元，两者的比例为3.10：1。结合城乡二元结构导致的基本公共服务存在的差别综合考察，城乡居民人均收入和福利待遇存在的实际差距就更大。为逐步缩小城乡居民收入差距与全面建成小康社会，有必要使我国农村居民人均纯收入增速明显超过城镇居民。①

4. 西、中部地区人均收入增速超过东部地区。改革开放以来，我国长期实行由东到西、由沿海到内地的梯度开放战略，使东部地区率先快速发展，人均收入增长迅速。20世纪末，我国开始实施西部大开发战略，西、中部地区经济发展逐渐加快，人均收入水平明显提高。2011年，我国东、中、西部地区人均全部年收入分别为29226.04元、19868.19元和19868.03元，三者的比例为1.47：1：1。为适当缩小不同地区居民收入差距，应使我国西、中部地区人均收入增速超过东部地区。

5. 企业一线苦、脏、累、险岗位职工收入增速明显超过企业其他人员。改革开放以来，我国企业内部原有的平均主义色彩很浓的工资分配体制被逐步破除。近些年来，我国许多企业中工资分配存在的主要问题是高低悬殊（高，即企业主或企业高管工资过高；低，即企业一线员工特别是苦、脏、累、险岗位上的员工工资过低）。企业一线苦、脏、累、险岗位的员工，有相当一部分是农民工，也有一部分是持有城镇户口的初级劳动者。他们在企业中虽属明显的弱势群体，但在工作岗位上却发挥着不可或缺的重要作用。为尊重劳动，切实维护企业一线苦、脏、累、险岗位职工的合法权益，应使其收入增速明显超过企业其他人员。

6. 企业退休人员基本养老金增速明显超过国家机关、事业单位退休人员。长期以来，我国企业退休人员基本养老金严重偏低。2005～2012年，我国连续8年以10%的平均增幅上调企业退休人员基本养老金，使企业退休人员月人均基本养老金由原来的700元增至1721元。今年，我国继续以

---

① 2011～2012年，我国农村居民人均纯收入实际增长速度（分别为11.4%和10.7%）超过了城镇居民人均可支配收入实际增长速度（分别为8.4%和9.6%）。

10% 的增幅提高企业退休人员基本养老金，并对企业退休高工、高龄人员和基本养老金偏低的企业退休军转干部实行政策倾斜。然而，与国家机关、事业单位相同级别（职务）退休人员基本养老金相比，企业退休人员基本养老金水平仍然明显偏低。[①] 为合理缩小我国退休人员基本养老金方面存在的待遇差别，企业退休人员基本养老金增速应明显超过国家机关、事业单位退休人员。

三、实现路径

实现我国城乡居民人均收入十年翻一番，基本途径是既要做大蛋糕，也要分好蛋糕，还要尽可能地消除导致蛋糕隐性流失与非法攫取蛋糕的条件，千方百计地提高广大人民的收入水平。具体说来，我国应主要做好以下四项工作。

1. 以科学发展观为指导，促进国民经济持续健康较快发展。为此，一是将提高劳动者素质作为实施科教兴国、人才强国战略和实现民族振兴、经济发展和社会进步各项工作的基石。要全面实施素质教育，切实提高教育质量，着力培养学生的社会责任感、创新精神和实践能力。要加快发展现代职业教育，加强职业技能培训（特别是要加强对农民、农民工和失业人员的职业技能培训），积极发展继续教育，完善终身教育体系，不断提升劳动者的就业质量和劳动生产率。二是坚持和完善公有制为主体、多种所有制经济共同发展的基本经济制度。这不仅是实现我国城乡居民人均收入十年翻一番的经济制度基石，也是实现我国社会主义初级阶段宏伟战略目标的基本制度保障。要毫不动摇地巩固和发展公有制经济，推行并完善公有制的多种实现形式，深化国有企业和各类国有资产管理体制改革，进一步发挥国有经济在国民经济中的主导作用。要毫不动摇地鼓励、支持、引导非公有制经济健康发展，充分发挥其在我国国计民生中的重大积极作用。三是以转变经济发展方式为主线，把经济发展的着力点真正转到提高

---

① 郭飞、王飞：《中国个人收入分配改革：成就、问题与对策》，载于《马克思主义研究》2010 年第 3 期。

经济增长的质量和效益上来。四是实施创新驱动发展战略，走中国特色自主创新道路，加快构建以企业为主体、市场为导向、产学研相结合的技术创新体系，不断提升我国经济实力、综合国力及在国际分工价值链中的地位。五是大力推进经济结构的战略性调整。以扩大内需为战略基点，以发展实体经济为坚实基础，完善需求结构，优化产业结构。六是实施区域发展总体战略，促进不同地区在充分发挥比较优势的前提下协调发展。七是积极推进城乡发展一体化。一方面，要采取各种措施加快发展现代农业和社会主义新农村建设，逐步缩小城乡差距；另一方面，要大力推进城镇化建设。2002～2011 年，中国城镇化率以每年 1.35% 的速度递增，城镇人口年均增长 2096 万。2012 年，我国城镇化率已达 52.57%。李克强强调指出：中国未来几十年最大的发展潜力在于城镇化。① 诺贝尔经济学奖获得者斯蒂格利茨则把"中国的城镇化"与"美国的高科技"并列为影响21 世纪人类发展进程的两件最深刻的事情。② 我国城镇化的实质，不仅是几亿农民逐步转化为城镇市民的历史过程，也不仅是劳动力、土地等资源优化配置和就业方式、产业结构、人居环境、社会保障、城乡关系、思想观念深刻改变的历史过程，还是其提供的巨大市场需求和劳动力资源推动我国经济长期可持续发展的历史过程。八是完善互利共赢、多元平衡、安全高效的开放型经济体系，全面提高开放型经济水平。九是我国国内生产总值在今后八年（2013～2020 年）中至少应保持年均 7% 的增长速度。

2. 优化国民收入分配格局，显著提高居民收入在国民收入分配中的比重。2000～2010 年，在我国国民收入分配格局中，政府收入占比由14.5% 升至 18.0%，企业收入占比由 17.9% 升至 21.6%，居民收入占比则由 67.6% 降至 60.4%。③ 尽管在统计口径上不完全一致，但与国际上一些发达或发展中国家相比，我国的这一比重明显偏低（见表3）。为显著提高居民收入在我国国民收入分配中的比重，一是适当下调企业所得税税率。近期，可将我国企业所得税税率由 25% 降至 23%。这既符合当今世界多数

---

① 熊争艳：《李克强会见世界银行行长金墉》，载于《光明日报》2012 年 11 月 30 日。

② 李钧德、梁晓飞等：《新型城镇化——中国未来发展的战略支点》，载于《半月谈（内部版）》2013 年第 1 期。

③ 本书编写组编著：《十八大报告辅导读本》，人民出版社 2012 年版，第 300 页。

表3　　　　部分国家居民可支配收入占国内生产总值（GDP）比重　　　单位：%

国家	年份	居民可支配收入占 GDP 比重	国家	年份	居民可支配收入占 GDP 比重
美国	2009	79.6	韩国	2010	57.3
英国	2009	67.5	南非	2010	58.3
日本	2008	63.8	巴西	2006	61.9
德国	2009	69.7	墨西哥	2009	72.4
法国	2009	70.1	印度	2009	81
意大利	2009	67.4	菲律宾	2008	72.7
俄罗斯	2009	62.9	埃及	2009	81.7

资料来源：《联合国国民核算统计年鉴》（转引自余芳东：《世界主要国家居民收入分配状况》，载于《调研世界》2012 年第 10 期）。

国家企业所得税税率下调、让利于企的大趋势，也有利于吸引外商直接投资，还能为企业提高职工工资提供较大的空间。二是深化个人所得税制改革。应继续调高个人所得税起征点，近年内可考虑将个人所得税免征额调至 5000（或 6000）元左右。逐步实行综合和分类相结合的个人所得税制度，切实减轻中低收入者税负，有效调节过高收入。三是适时推出财产税和赠与税，完善并全面推开房产税。① 四是在国家财政支出中明显提升基本公共服务、"三农"和转移支付所占的比重，重点保障和改善城乡贫困居民的生活，提高各类退休人员基本养老金水平，加大对"三农"和西、中部地区的扶持力度，促进广大人民收入水平不断提高。五是多渠道地增加广大居民的财产性收入。② 六是对部分高收入的垄断性行业征收特殊行

① 最近，媒体曝光的"房姐""房妹"等典型案例，不仅凸显了我国全面推开房产税、适时推出财产税与赠与税、尽早实行官员财产申报与公示制度的必要性与迫切性，也凸显了我国公安等执法部门整肃违法乱纪行为的必要性与迫切性。实际上，"房姐""房妹"等案例不过是我国体制转轨时期暴富群体通过各种途径（特别是非法途径）聚敛财富的冰山一角。不少学者认为，我国目前居民财产差距的基尼系数明显高于居民收入差距的基尼系数，而后者的真实状况又明显高于国家统计局公布的相关数据。财产和收入之间是存量与流量的关系，两者互相促进。为促进社会和谐与稳定，我国应将合理缩小居民收入差距与合理缩小居民财产差距结合起来。

② 按照马克思的劳动价值理论，财产自身并不创造收入。在实行按生产要素分配的条件下，财产可以给其持有者带来收入，但并不能增大社会使用价值或价值总量，也不能增大社会收入总量。在我国现阶段，广大劳动者增加收入的基本途径要靠诚实劳动和提高劳动生产率，财产性收入不过是改善其收入状况的一种辅助手段。

业税，将其由非企业贡献因素获得的超额利润收归国有。七是建立公共资源出让收益合理共享机制，完善国有资本收益分享机制，将公共资源和国有资本收益重点用于保障和改善民生。八是努力建设廉洁高效、人民满意的服务型政府，大力压缩并公示"三公"经费支出。

3. 完善按劳分配为主体多种分配方式并存的分配制度，显著提高劳动报酬在初次分配中的比重。2000～2010年，我国劳动报酬在初次分配中的占比由53.3%降至47.8%（2007年甚至降至39.7%）[1]，不仅低于当今发达市场经济国家劳动报酬在初次分配中50%以上的平均占比（参见表4），也低于这些国家在与我国现阶段相似的人均国内生产总值3000美元阶段劳动报酬在初次分配中的平均占比。[2] 劳动报酬在初次分配中占比偏低，与我国的社会性质和改善民生的政策导向很不相称。为显著提高劳动报酬在初次分配中的比重，一是持续显著地提高最低工资标准，切实做到企业（或单位）内部不同身份员工同工同酬。[3] 二是健全企业工资指导线和工资集体协商制度，逐步形成以劳资双方平等协商为基础、体现企业经济效益和劳动力市场供求关系的工资决定机制和正常增长机制。三是继续深化国家机关、国有事业单位工资制度改革，进一步完善国家机关、国有事业单位职工工资正常增长机制。2006年，我国国家机关、国有事业单位实行了新一轮工资制度改革。2006～2012年，我国国内生产总值年均增速超过10%，财政收入年均增速超过20%。与此同时，我国国家机关、国有事业单位许多职工的实际工资却出现了不同程度的负增长（即名义工资增长速度明显低于消费价格上涨幅度）。建议在国家机关和国有事业单位的职工工资中，增加由国家财政拨付的与国内生产总值增长速度和居民消费价格上涨幅度紧密挂钩的经济发展津贴和价格特殊津贴，以保证国家机关和国有事业单位职工的实际工资能随着经济发展而不断提高。四是严格规范国

---

① 本书编写组编著：《十八大报告辅导读本》，人民出版社2012年版，第300页；本书编写组编著：《〈中共中央关于制定国民经济和社会发展第十二个五年规划的建议〉辅导读本》，人民出版社2010年版，第210页。

② 刘树杰、王蕴：《合理调整国民收入分配格局研究》，载于《宏观经济研究》2009年第12期。

③ 在我国许多企业（或单位）内部，"编制外人员"和"编制内人员"干同样的工作，收入竟相差数倍。参见课题组：《促进形成合理的居民收入分配机制研究》，载于《经济研究参考》2010年第25期；张志龙等：《同样的工作，不同的待遇》，载于《光明日报》2013年1月17日。

有企业（含国有金融机构）高管人员的薪酬管理。近些年来，我国不少国有企业（特别是国有金融机构和垄断性行业央企）高管薪酬过高，实际上是作为国有企业出资人代表的国资委等部门"不作为"或"少作为"、国有或国有控股企业公司治理结构形同虚设以及国企高管滥用企业自主权等多种因素综合作用的结果，已为整个社会所诟病。国资委等相关部门应切实履行作为出资人代表对国有企业工资分配进行宏观调控的职责，在深入调研的基础上，尽早出台能够兼顾效率与公平原则，既有利于充分调动高管人员积极性与创造性，又能被广大人民群众所接受的国有企业（特别是国有金融机构和垄断性行业央企）高管人员薪酬结构与量化标准的具体方案。同时，应进一步规范国有企业（特别是国有金融机构和垄断性行业央企）高管人员的职务消费和补充养老保险。

表 4 部分国家劳动报酬在收入法国内生产总值中所占比重 单位：%

国家	2005 年	2008 年	2009 年	2010 年
美国	56.3	56.9	56.4	55.2
日本	52	52	53.4	
韩国	45.8	46.3	46.4	
加拿大	51	51.1	53.3	52.3
墨西哥	29.6	28	29.3	
捷克	41.7	42	42	42
法国	52.4	52.1	53.4	53.3
德国	51.2	49.7	51.8	51
意大利	40.7	42	42.7	42.3
波兰	35.8	37.3	37	37.2
俄罗斯	43.8	47.4	52.8	50.4
英国	54	53.2	55.5	54.8
澳大利亚	48.7	48.2	48.1	

资料来源：根据中华人民共和国国家统计局编：《国际统计年鉴2012》提供的相关数据计算。

4. 加强税收征管，有效防治腐败，规范灰色收入，[①] 取缔非法收入。一是重点加强对企业所得税和畸高收入阶层个人所得税的征管，严厉打击偷漏骗税，对造假账、报假数、开假发票的会计人员和幕后操纵者要依法惩处。二是科学有效地防治腐败。习近平总书记最近指出：要继续全面加强惩治和预防腐败体系建设，加强反腐败国家立法和反腐倡廉党内法规制度建设，形成不敢腐的惩戒机制、不能腐的防范机制、不易腐的保障机制。[②] 要加强对国企改制、矿产资源开发、土地出让、工程建设等重点领域的监管，严厉查处权钱交易、行贿受贿、侵吞公有资产等违法行为和腐败问题。应在继续试点的基础上，适时全面推行官员财产申报与公示制度。三是在党政机关、国有事业单位、国有控股企业深入开展"小金库"治理工作，清理规范工资外收入和非货币福利。四是切实加大工商执法力度，坚决取缔非法经营。

---

① 近年来，在我国的一些文件、文章和媒体讨论中，出现了"灰色收入"使用泛化的情况（即把黑色收入也视为"灰色收入"）。笔者认为，"灰色收入"是相对于白色收入和黑色收入而言。所谓白色收入，是指获得的合法且受到社会监督的收入；所谓灰色收入，是指获得的介于合法与非法之间且游离于社会监督之外的收入；所谓黑色收入，是指通过非法途径获得的收入（参见郭飞：《我国当前个人收入差距实证考察》，载于《经济学动态》1998 年第 5 期）。

② 徐京跃、周英峰：《更加科学有效地防治腐败　坚定不移把反腐倡廉建设引向深入》，载于《光明日报》2013 年 1 月 23 日。

刘国光教授的分配思想与重大意义[*]

刘国光教授是我国当今最杰出的马克思主义经济学家。作为首届世界马克思主义经济学奖和中国经济学杰出贡献奖获得者，他为推动我国经济体制改革和经济发展、发展马克思主义经济学作出了巨大贡献。无论是他最早论证并长期坚持的社会主义经济中计划与市场相结合的理论，他最早提出的从"两重模式转换"到"两个根本性转变"的经济体制改革与经济发展的指导思想，他矢志不渝地坚持的社会主义市场经济体制的改革方向，还是他坚持以发展的马克思主义经济学引领中国经济学的正确走向等，无不渗透着他的毕生心血，并体现出他的大家风范和光辉业绩。我父亲与刘国光教授同龄，新中国成立前在复旦大学读书时加入中国共产党，现为离休教授。作为坚持和发展马克思主义经济学的一名后辈和战士，我恭贺刘国光教授九十华诞，并愿继续追随刘国光教授等老一辈马克思主义经济学家的足迹，为中国经济体制改革和经济发展庶竭驽钝，奋力前行。

一、我与刘国光教授的三次机缘

我对刘国光教授仰慕已久。我 1975 年 1 月走上大学教师的工作岗位。在长期的教学与科研生涯中，他的论文和著作给我以宝贵的启迪和引导。我在《中国改革报》发表的理论界庆祝新中国成立 50 周年征文中写道："孙冶方、薛暮桥、刘国光等国内杰出经济学家的理论观点给我以深刻的启迪，卫兴华、项启源等名家大师也曾给予我宝贵的指导和热忱的帮

---

* 原载程恩富主编：《完善社会主义市场经济体制暨刘国光经济思想研讨会文集》，中国社会科学出版社 2014 年版。

助。"① 我在独撰的《新世纪中国经济重大问题研究》一书的后记中写道："我在从事经济理论与对策研究的漫漫征途中，不仅得益于发展的马克思主义经济理论的基本立场、观点和方法的导引，得益于包括西方经济学合理成分在内的国内外许多相关优秀成果的启发，还得益于一些良师挚友的帮助。……特别需要提及的是杰出经济学家、中国社会科学院原副院长（现特邀顾问）刘国光学部委员，著名经济学家、中国人民大学经济学系原系主任、荣誉一级教授卫兴华，著名经济学家、中国社会科学院经济研究所原副所长、中国经济规律研究会原会长（现名誉会长）项启源研究员，都曾通过多种方式给予我宝贵的指导与热情的帮助。"② 在此，扼要回顾我与刘国光教授间接或直接的三次宝贵机缘。

第一次是在 1999 年夏季。当年春季，我撰写了一篇关于高校扩招的论文投至《中国改革报》。不久，《中国改革报》开辟专栏，围绕高校是否应该扩招以及如何扩招问题展开了颇具声势的大讨论。国内一些大学校长、教育研究机构的专家和经济理论工作者等纷纷建言献策。中国改革报社的领导同志很看重我的文章，在第三次全国教育工作会议召开前夕，将其以大块头的压轴文章并加编者按的形式在该报理论版上头条发表。③ 我在文中不仅论述了高校大幅扩招的必要性和可行性，还明确提出高校"三年扩招两翻番"的量化指标（即通过高校大幅扩招，从 1999～2001 年，我国高校年招生人数和在校生人数各翻一番），也提出了预防高校大幅扩招后可能出现的教学质量下降和大学毕业生就业难问题的对策措施，并且明确提出："2002 年及以后我国高校的招生规模，可根据实际情况再作调整"。我的文章在社会上反响很大，《新华文摘》也全文转载。2002 年，教育部长陈至立撰文指出："1999～2001 年高校三年扩招后，普通高校招生数和在校生数均翻了一番"。④ 无巧不成书。我的这篇文章竟与刘国光教授撰写的理论界庆祝新中国成立 50 周年征文《为祖国作出自己的贡献》，发表在

① 郭飞：《共和国乳汁哺育我成长》，载于《中国改革报》1999 年 7 月 21 日。

② 郭飞著：《新世纪中国经济重大问题研究》，经济科学出版社 2010 年版，第 251 页。

③ 郭飞：《高校扩大招生将拉动内需》，载于《中国改革报》1999 年 6 月 9 日。

④ 陈至立：《切实落实教育优先发展战略地位》，见本书编写组编著：《十六大报告辅导读本》，人民出版社 2002 年版，第 323 页。

同一报纸同一时间的同一版面上。刘老在文中简要回顾了自己七十余年的成长历程，其最后一段话至今音犹在耳，令我震撼和景仰："不管什么人赞成还是反对，我都凭着自己一个学者的良知、立场和原则做事。学习孙冶方，从人民的立场出发，坚持真理！不唯上，不唯下，为祖国作出自己的贡献，为大多数人谋利益"。①

第二次是在 2007 年末至 2008 年初。当时，我撰写了《深化中国所有制结构改革的若干思考》一文并投至《中国社会科学》。中国社会科学杂志社对我的论文相当重视，聘请国内相关领域的权威专家评审并两次向我反馈修改意见。我按照评审专家和责任编审提出的宝贵意见，对原稿进行了认真的修改。最后，经中国社会科学院院长、《中国社会科学》编委会主任陈奎元审阅同意，我的论文在《中国社会科学》2008 年第 3 期发表。该文发表后，在社会上特别是在经济学界引起较大反响，并被《人民日报》《光明日报》《中国教育报》《中国改革报》《新华文摘》《中国社会科学文摘》《中国社会科学（英文版季刊)》《马克思主义文摘》与中国人大复印报刊资料等权威报刊部分或全文转（或译）载。该文荣获中共北京市委、北京市人民政府颁发的北京市第十一届哲学社会科学优秀论文二等奖。后来，我获悉对该文进行评审的两位专家之一就是刘老。真是幸莫大焉，我发表的论文中也蕴含了经济学大师刘国光教授的智慧和心血。对此我始料未及，而刘国光教授等评审专家提出的宝贵意见，则使我的论文质量在修改后得到明显提高。此前，尽管我在参加国内重要学术会议时也曾与刘国光教授见过面，握过手，合过影，但彼此从未有过较为正式的交往。后来，每当我与刘国光教授再次相遇，只要提及我的名字，他总是笑着说："哦，郭飞，我知道。"

第三次是在 2011 年秋季。当时，"经济全球化与中国经济科学发展高峰论坛"暨中国经济规律研究会第 21 届年会在我校隆重举行，恰逢我校庆祝建校 60 周年华诞。刘国光教授和教育部社会科学委员会主任吴树青教授等名流大家，也应邀与会并作主题演讲或致贺词。刘国光教授在演讲中强调指出：我国当前收入分配领域最核心的问题是贫富差距急剧扩大，两极

---

① 刘国光：《为祖国作出自己的贡献》，载于《中国改革报》1999 年 6 月 9 日。

分化趋势明显。不是"国富"与"民富"的矛盾，而是一部分人先富、暴富与大部分国民不富甚至贫穷的矛盾。由于中国资本原始积累过程中财富来源的特殊性，中国富豪积累财富的时间超短。我国完成一部分人先富起来的任务所花的时间极短，而完成先富带后富、实现共同富裕的任务却遥遥无期。要扭转贫富差距过大和两极分化的趋势，并不需要什么"国富优先"转向"民富优先"，而是需要明确宣布实行"一部分人先富起来"的政策已经胜利完成任务，今后应转变为"实现共同富裕"的政策，即逐步实现由"先富"向"共富"的过渡。刘国光教授的话字字千钧，针刺时弊，建言献策，无所畏惧，令在场的所有专家学者顿开茅塞，印象十分深刻。当时，我校校长在教育部开会，校党委书记王玲没去参加正在我校召开的另一个有近十位部长级干部和百余位专家参加的"中国国际贸易学会成立30周年庆祝大会暨中国国际贸易论坛"，专门来参加我们举办的高峰论坛并致贺词，且与我校科研处长、宣传部长等全程参加上午的大会。在会议休息间隙，王玲书记盛赞刘国光教授的精彩讲演，并邀请他日后来我校作学术报告。刘国光教授欣然允诺，并提出由我牵线搭桥。可惜，因他年高事多，至今未能遂愿。

二、刘国光教授分配思想精粹

（一）对效率与公平关系的辩证思考

效率与公平是人类社会永恒的主题，也是我国个人收入分配制度追求实现的两大目标。中共十三大报告提出："我们的分配政策，既要有利于善于经营的企业和诚实劳动的个人先富起来，合理拉开收入差距，又要防止贫富悬殊，坚持共同富裕的方向，在促进效率提高的前提下体现社会公平。"[1] 中共十四大报告提出："兼顾效率与公平。"[2] 中共十四届三中全会通过的《中共中央关于建立社会主义市场经济体制若干问题的决定》中提

---

[1]　中共中央文献研究室编：《十三大以来重要文献选编》（上），人民出版社1991年版，第32页。

[2]　中共中央文献研究室编：《十四大以来重要文献选编》（上），人民出版社1996年版，第19页。

出："效率优先、兼顾公平。"① 中共十六大报告提出："初次分配注重效率，发挥市场的作用，鼓励一部分人通过诚实劳动、合法经营先富起来。再分配注重公平，加强政府对收入分配的调节职能，调节差距过大的收入。"②

对于"效率优先、兼顾公平"原则，刘国光教授最初不持异议。他认为，改革开放以来，先是思想界、后是政府推出的这一收入分配改革的指导原则，主要是针对"大锅饭"（即收入分配中严重存在的平均主义）带来效率低下这一传统计划经济体制的弊端，旨在通过建立市场经济体制，实行按劳分配与按生产要素分配相结合，以促进效率提高和经济发展。他还认为，从传统计划经济体制到全面建立社会主义市场经济体制的历史时期，这一指导原则都适用。然而，20世纪90年代以来特别是本世纪初以来我国个人收入差距急剧扩大的状况，使他产生了新的理论思考。他明确提出：根据一些成熟市场经济国家为缓解社会矛盾采取的社会公正措施以及这些国家基尼系数比较合理的状况，不能迷信"效率优先、兼顾公平"的口号，不能视其为市场经济分配的唯一准则，应逐步实现从"效率优先、兼顾公平"向"效率与公平并重"或"公平与效率的优化结合"过渡。③

2005年4月，刘国光教授撰文指出，我国二十多年来基尼系数从0.2~0.3提高到0.4~0.5，速度之快举世无双。而上述基尼系数在测算中，又难以计入不合理、非规范、非法的非正常收入。如果将非正常收入计算在内，我国基尼系数又会增大0.1左右。因此，我们必须进一步重视社会公平问题，调整效率与公平的关系，加大社会公平的分量。"效率优先、兼顾公平"的口号可以开始淡出，逐步向"公平与效率并重"或"公平与效率优化组合"过渡。④

---

① 中共中央文献研究室编：《十四大以来重要文献选编》（上），人民出版社1996年版，第520页。

② 中共中央文献研究室编：《十六大以来重要文献选编》（上），中央文献出版社2005年版，第21页。

③ 刘国光：《向实行"效率与公平并重"的分配原则过渡——关于收入分配问题的一些思考（下）》，载于《中国经济导刊》2003年第11期。

④ 刘国光：《进一步重视社会公平问题》，载于《经济学动态》2005年第4期。

中共十六届四中、五中全会文件已不再提"效率优先、兼顾公平"。在中共十六届五中全会的文件中，强调"更加注重社会公平"。[①] 2005 年 11 月，刘国光教授撰文指出："效率优先、兼顾公平"不再适用作为我国现时期收入分配改革的指导原则，其主要依据是：（1）"效率优先、兼顾公平"，意味着把经济效率放在第一位，把社会公平放在第二位，这与中共十六届五中全会文件中"更加注重社会公平"的提法不搭界。"效率优先、兼顾公平"原则只适用于社会主义初级阶段的一段时期，不适用于社会主义初级阶段的整个时期。（2）邓小平设想在 20 世纪末我国人民生活达到小康水平的时候，就要突出地提出和解决贫富差距过大的问题。如果我国将公平放在兼顾的地位，就不可能突出地提出和解决贫富差距过大的问题，这与邓小平的指示相悖。（3）当前收入分配差距过大，导致社会上许多矛盾日益突出。如果我国继续把公平放在兼顾的地位，则与中国共产党领导广大人民构建社会主义和谐社会的目标不符。（4）我国基尼系数已达到 0.45 以上，不仅超过国际公认的收入差距较大的警戒线，也超过英、美、法等发达资本主义国家的基尼系数（0.3 ~ 0.4），还超过挪威、瑞典等资本主义福利国家的基尼系数（0.2 ~ 0.3）。如果我国继续把公平放在兼顾的地位，就无法与"社会主义国家"的称号相匹配。（5）按照马克思主义的观点，效率与公平是辩证统一关系，不是某些人设想的 trade off（交易）关系。收入分配差距过大或过小，都不利于提高效率，从而也不存在哪个优先哪个兼顾的问题。在此基础上，他还进一步提出，初次分配讲"效率优先"，再分配讲"注重公平"，这种提法也不妥当。在收入分配领域，不应再提"效率优先、兼顾公平"，也不应再提"初次分配注重效率，再分配注重公平"，而应强调更加注重社会公平。这符合改革的大势所趋和人心所向，有利于调动大多数人的改革积极性。[②]

作为国内顶尖经济学家和两届中央候补委员，刘国光教授的观点在经济学界和政界具有举足轻重的影响。中共十七大报告不仅没有沿袭"效率

---

① 中共中央文献研究室编：《十六大以来重要文献选编》（中），中央文献出版社 2006 年版，第 1056 页。

② 刘国光：《把"效率优先"放到该讲的地方去》，载于《经济学动态》2005 年第 11 期。

优先、兼顾公平"的提法，而且明确提出"初次分配和再分配都要处理好效率和公平的关系，再分配更加注重公平。"① 中共十八大报告重申了十七大报告的提法："初次分配和再分配都要兼顾效率和公平，再分配更加注重公平。"② 可见，刘国光教授等关于效率与公平并重、当前应更加注重社会公平的基本观点已被中共中央所采纳，成为新时期我国收入分配改革的指导思想。

（二）对解放、发展生产力与实现共同富裕之间关系的真知灼见

社会主义的本质可以从多角度加以揭示。从政治经济学角度揭示社会主义的本质，一般侧重于生产关系。邓小平提出："社会主义的本质，是解放生产力，发展生产力，消灭剥削，消除两极分化，最终达到共同富裕。"③ 对此，刘国光教授有其独到和精辟的见解。他指出：邓小平提出的社会主义本质论中的解放和发展生产力，是社会主义的共同要素。社会主义决不等于贫穷，决不能满足于生产力不发达状况。然而，任何一个消除生产力发展桎梏的新的社会生产方式（包括资本主义生产方式），在一定时期都有解放和发展生产力的作用。但是，并不是任何一种社会生产方式都能解决消除两极分化、实现共同富裕的问题，只有社会主义生产方式才能做到这一点。由于我国生产力落后，在社会主义初级阶段提出解放和发展生产力也是社会主义的本质要求，这是非常正确的。但是，解放和发展生产力并不是社会主义的终极目的。社会主义的终极目的是人的发展，在经济领域的目的是人们的共同富裕。消除两极分化，实现共同富裕，是社会主义最简单最明确的目的，也是社会主义区别于资本主义、社会主义改革区别于资本主义改革最根本的标志。④

2010 年，刘国光教授进一步指出，邓小平提出的社会主义本质论中包

---

① 中共中央文献研究室编：《十七大以来重要文献选编》（上），中央文献出版社 2009 年版，第 30 页。

② 胡锦涛：《坚定不移沿着中国特色社会主义道路前进　为全面建成小康社会而奋斗》，载于《光明日报》2012 年 11 月 18 日。

③ 《邓小平文选》第 3 卷，人民出版社 1993 年版，第 373 页。

④ 刘国光：《关于分配与所有制关系若干问题的思考》，载于《高校理论战线》2007 年第 10 期。

括生产力和生产关系两方面的内容。然而，结合邓小平的其他相关重要论述可以看出：邓小平之所以反复强调社会主义本质、性质、原则中生产关系方面的内容，就是因为不同社会制度相区别的本质特征在生产关系方面，而不在生产力方面。社会主义本质论中的核心是在生产关系方面，概括起来最重要的是两个，一是以公有制为主体，二是不搞两极分化，实现共同富裕，两者之间具有内在关联。①

刘国光教授对邓小平提出的社会主义本质论作出的新的理论阐释，符合发展的马克思主义的基本立场、观点和方法，进一步深化了人们对社会主义本质中生产力特征与生产关系特征及其辩证关系、手段与目的及其辩证关系的认识，对于我国深化和完善包括个人收入分配体制在内的社会主义市场经济体制改革，具有重大的指导意义。

（三）对我国收入差距过大与两极分化趋势基本成因的深刻揭示

刘国光教授认为，我国近些年来收入差距急剧扩大、两极分化趋势明显的根本原因在于所有制结构的变化。② 他指出，初次分配中影响收入分配最大最核心的问题是劳动与资本的关系，这就必然涉及社会的基本生产关系或财产关系。他重申马克思关于生产资料所有制决定分配方式的基本原理，指出与资本主义私有制相适应的分配方式是按资分配与按劳动力价值分配，与社会主义公有制相适应的分配方式则是按劳分配。他赞许并引用西方经济学家萨缪尔森的观点："收入的差别最主要是由拥有财富的多寡造成的……和财产差别相比，个人能力的差别是微不足道的"，③ 指出我国近些年来收入差距急剧扩大的根本原因在于所有制结构的变化。他对近些年来我国公有制在所有制结构中是否占主体地位这一重大问题极为关注，在所撰论文中列举了国内相关研究的三种有代表性的观点（已经丧失、仍然巩固、开始动摇），强烈呼吁国家统计局等部门应及时向社会公布相关

---

① 刘国光：《关于中国社会主义政治经济学的若干问题》，载于《政治经济学评论》2010 年第 4 期。

② 笔者认为，刘国光教授在此论述的所有制结构，实际上是指狭义的所有制结构，即指从经营性净资产角度考察的整个社会各种所有制所占的比重及其相互关系。

③ 萨缪尔森著、高鸿业译：《经济学》下册，商务印书馆 1982 年版，第 231 页。

数据，全国人大应监督检查公有制为主体的社会主义初级阶段基本经济制度的实际状况。① 笔者认为，刘国光教授的上述观点，真正抓住了我国收入分配领域存在问题的关键。改革开放以来，我国所有制结构发生了显著的变化。就广义所有制结构（从资源性资产和经营性净资产角度测算的整个社会各种所有制所占的比重及其相互关系）而言，我国所有制结构中公有制仍占主体地位；就狭义所有制结构而言，我国所有制结构中公有制是否占主体地位则众说纷纭。② 20 世纪 90 年代中期以来，我国劳动报酬在初次分配中的占比呈持续下降态势。1995～2007 年，从收入法核算的国内生产总值来看，劳动报酬在初次分配中占比从 51.4% 持续降至 39.7%，资本所得（固定资产折旧加营业盈余）占比则从 36.3% 持续升至 46.1%，政府生产税净额占比也从 12.3% 增至 14.2%。③ 这一官方提供的权威数据，从分配角度折射出我国所有制结构（狭义）的深刻变化。联系到近些年来大陆富豪数量在《福布斯全球富豪排行榜》中飙升（目前仅次于美国居世界第二位），而在大陆富豪中独占鳌头的王健林的净资产已高达 151 亿美元（《中国福布斯 2014 富豪榜》）；联系到我国领导人根据世界银行的标准，披露我国目前"还有两亿多人口生活在贫困线以下，这差不多相当于法国、德国、英国人口的总和"，④ 刘国光教授的上述观点极为深刻。

此外，在对我国收入差距急剧扩大原因的探讨中，刘国光教授还分析了城乡差别、地区差别、行业差别、政策不均与公共产品供应不足、再分配及腐败、权钱交易和不正之风等因素。⑤ 这对于我们深入研究我国当前收入分配差距及其成因，具有重要的启示作用。

（四）改善收入分配、实现共同富裕的对策建议

1. 强化公有制的主体地位，制止私有化发展的趋势

刘国光教授认为，这是改变收入分配差距过大、逐步实现共同富裕的

---

① 刘国光：《关于分配与所有制关系若干问题的思考》，载于《高校理论战线》2007 年第 10 期。
② 郭飞：《深化中国所有制结构改革的若干思考》，载于《中国社会科学》2008 年第 3 期。
③ 本书编写组编著：《〈中共中央关于制定国民经济和社会发展第十二个五年规划的建议〉辅导读本》，人民出版社 2010 年版，第 210 页。
④ 《习近平主席在比利时欧洲学院演讲》，载于《人民日报》2014 年 4 月 2 日。
⑤ 刘国光：《关于分配与所有制关系若干问题的思考》，载于《高校理论战线》2007 年第 10 期。

根本途径。刘国光教授坚决拥护中共中央提出的"两个毫不动摇"（即毫不动摇地巩固和发展公有制经济，毫不动摇地鼓励、支持和引导非公有制经济发展）的基本方针。然而，他认为，毫不动摇地鼓励、支持和引导非公有制经济发展，必须与毫不动摇地巩固和发展公有制经济并进，这种并进还应在坚持以公有制经济为主体、国有经济为主导的前提下进行。他强调指出，必须真正实行"两个毫不动摇"，而不是仅仅实行一个毫不动摇。只有这样，才能保证我国社会主义初级阶段的基本经济制度不断巩固和发展。[①] 刘国光教授对发挥国有经济的主导作用尤为关注。他引用夏小林关于国有经济社会责任的观点，提出国有经济的社会责任分为两种：一是帮助政府调控经济，二是为保证社会正义和公平提供经济基础。前一个作用普遍适用于社会主义国家和当代资本主义市场经济国家，后一个作用则是社会主义国家独有的。因此，我国国有经济要保障在公益服务、基础设施、重要产业的有效投资，要为解决就业问题在劳动密集领域进行多种形式的投资和运营。在保障垄断性领域国有企业健康发展的同时，还要保障在竞争性领域国有企业的发展，发挥它们在稳定和增加就业、保障社会福利和提供公共服务上的作用，增强再分配和转移支付的经济实力。[②] 针对前些年国务院国资委拟于 2010 年将其监管的央企缩减至 80～100 家的整合方案，刘国光教授忧心忡忡。他奋笔疾呼："中国这样一个社会主义大国，这么多的人口，这么大规模的经济，到底应该掌握多少国企，其中中央应该掌握多少央企？俄罗斯已经转型为资本主义国家了，普京总统无疑也是效忠于私有制的，但他在 2004 年 8 月宣布，确定 1063 家俄罗斯大型国企为总统掌握的国有战略企业，政府无权对这些战略企业实行私有化。同样是中央掌握的大型国有企业，为什么私有化的俄罗斯保留的是社会主义中国的好多倍？"[③] 这一观点入木三分，对我们坚持社会主义公有制的主体地位并充分发挥国有经济的主导作用，提供了宝贵的思想启迪。

2. 坚持按劳分配为主体，扭转按资分配取代按劳分配为主的趋势

刘国光教授提出，应提高劳动报酬在初次分配中的比重。应切实加强

---

①②③　刘国光：《关于分配与所有制关系若干问题的思考》，载于《高校理论战线》2007 年第 10 期。

对劳动者合法权益的保护，加强对劳动法、劳动合同法等相关法规的执行力度，对以残酷剥削为手段的暴利行业和血汗工厂应采取严厉的监管措施，确保广大职工的工资福利能够得到切实提高。此外，还应逐步提高最低工资标准，建立健全职工工资正常增长的长效机制，进一步完善社会保障制度。①

3. 充分发挥政府对个人收入分配的宏观调控职能

刘国光教授提出，应彻底改革税制，完善个人所得税，积极创造条件开征不动产税、遗产税等财产税，逐步加大对高收入人群的税收调节力度，缩小不合理的收入差距；应加大财政转移支付的力度，逐步解决城乡之间、地区之间收入差距过大的问题；应对高就业低利润或一时亏损的劳动密集型行业及灵活就业组织实行多种形式的优惠政策；②应对农村剩余劳动力和城市下岗工人进行职业培训，为城乡弱势群体提高个人收入创造机会公平的起点条件。

4. 切实转变政府职能，深入开展党风廉政建设和反腐败斗争

刘国光教授强调指出：应加快政府职能转变，加强制度建设特别是民主法制建设，加大对权力的监督制约；应以解决损害群众利益的突出问题为重点，深入开展党风廉政建设和反腐败斗争。③

刘国光教授的分配思想相当丰富，意义重大。限于篇幅，本文只能择要述评。笔者怀着十分崇敬的心情和完全赞同的态度，引用刘国光教授的一段话作为本文的结束：在社会主义初级阶段，我们需要继续完善市场经济改革，但市场经济改革的方向必须是社会主义的，而不是资本主义的。这个问题关系到我国改革的前途命运，也是当今经济领域意识形态斗争的焦点。围绕这个问题进行的针锋相对的斗争，当然有理论是非问题，但在更大程度上则是当今中国不同利益阶层力量的对决。反对市场经济与社会主义相结合，主张私有化、自由化和两极分化的声音，虽有雄厚的财富和

---

① 刘国光：《对十七大报告论述中一些经济问题的理解》，载于《经济学动态》2008 年第 1 期。

② 刘国光：《向实行"效率与公平并重"的分配原则过渡——关于收入分配问题的一些思考（下）》，载于《中国经济导刊》2003 年第 11 期。

③ 刘国光：《历史全面地看待公平与效率》，载于《中国经济导报》2005 年 6 月 21 日。

权力的实力背景，但毕竟只代表少数人的利益。而主张市场经济必须与社会主义相结合，以公有制为主体、以国家宏观计划调控为导向和以共同富裕为目标的声音，则代表了工农大众和广大知识分子的希望。中国经济改革的前景，不取决于争论双方一时的胜负，最终将取决于广大人民群众的意志。①

---

① 张福军：《庆贺刘国光九十华诞暨完善社会主义市场经济体制研讨会综述》，载于《马克思主义研究》2014 年第 2 期。

深化收入分配制度改革的
重大意义与基本路径[*]

收入分配制度改革是经济体制改革的重要组成部分，是我国不同阶级、阶层和群体经济利益的重大调整。改革开放 37 年来，我国与社会主义市场经济相适应的收入分配制度初步建立。前不久出台的国家机关事业单位工资制度改革和养老保险制度改革以及央企高管薪酬制度改革，是我国在经济新常态条件下深化收入分配制度改革的重大举措，具有重大的经济与政治意义。

深化收入分配制度改革，是我国稳增长、转方式、调结构的"推进器"。分配与生产是辩证的统一。一方面，生产决定分配。生产决定分配的对象，生产要素所有制决定分配制度。另一方面，分配又反作用于生产，即分配可以促进或阻碍生产。我国深化收入分配制度改革，就是要兴利除弊，充分发挥收入分配制度对促进经济增长、转变经济发展方式和优化产业结构的巨大推动作用。通过努力构建合理有序的收入分配新格局和不断提高人民收入水平，充分调动广大劳动者和要素所有者的积极性和创造性，倒逼转变经济发展方式，实施科技创新战略，促进我国经济中高速发展和产业结构向中高端迈进，逐步跨越"中等收入陷阱"。

深化收入分配制度改革，是我国惠民生、促消费的"扩容器"。分配决定消费，消费又反作用于生产。长期以来，我国实行低收入制度。改革开放以来，尽管我国广大人民的收入水平有了举世瞩目的显著提高，但从国际横向比较来看，我国居民收入在国民收入分配中的比重和居民最终消费率都明显偏低。低收入和低消费是"双刃剑"，其主要弊端是不利于实现社会主义社会的生产目的，弱化经济强劲发展的持久动力。社会主义社

---

* 原载《光明日报》2015 年 9 月 16 日，发表时标题和文字有所调整。

会的生产目的，本质上是不断满足人民日益增长的物质文化需要。中共十八大报告明确提出我国城乡居民人均收入十年翻一番的重大量化目标。以习近平为总书记的新一届中央领导集体强调深化改革和发展经济的根本目的是惠民生，使广大人民的生活水平不断提高。我国深化收入分配制度改革，努力实现居民收入增长和经济发展同步，劳动报酬增长和劳动生产率提高同步，不仅有利于扩大消费需求从而推动经济增长，更有利于充分体现社会主义制度的优越性，使我国广大人民的收入水平和生活质量不断迈上新台阶。

深化收入分配制度改革，是我国保持社会和谐发展的"稳定器"。马克思指出：人们奋斗所争取的一切，都同他们的利益有关。收入分配制度改革，直接关系人民群众的经济利益调整。改革开放以来，我国收入分配制度和分配机制发生了重大而深刻的变化。然而，较长时期以来，我国收入分配领域中的权力寻租、分配不公等问题尤为凸显，收入分配秩序较为混乱与收入分配差距较大两种怪象并存，严重损害了整个社会的公平正义与和谐稳定。我国深化收入分配制度改革，就是要逐步理顺不同阶级、不同阶层、不同群体之间的收入分配关系，有力保护合法收入，合理调节过高收入，坚决取缔非法收入，增加低收入者收入，扩大中等收入者比重，使发展成果更多更公平地惠及全体人民，为逐步实现共同富裕奠定物质和制度基础，为实现"两个一百年"的奋斗目标提供良好的社会环境。

收入分配制度改革是一项艰巨复杂、牵涉面广的系统工程。笔者认为，深化收入分配制度改革，不断提高我国广大人民的收入水平，其基本路径主要包括四个方面。

一是遵循和驾驭经济规律，促进国民经济健康较快发展。这是持续提高广大人民收入水平，构建我国橄榄型收入分配新格局的物质基础。为此，我国应重点做好六项工作：（1）将提高劳动者素质作为实施科教兴国、人才兴国战略以及实现经济与社会发展的基石，不断提升劳动者的就业质量和劳动生产率。（2）实施创新驱动发展战略，切实转变经济发展方式，不断提高经济增长的质量和效益。（3）以扩大内需为战略支点，以发展实体经济为坚实基础，大力发展现代农业、优势产业、战略性新兴产业和现代服务业，促进产业结构优化升级。（4）积极有序推动新型城镇化建设。

（5）不断完善互利共赢、多元平衡、安全高效的开放型经济体系，全面提高开放型经济水平。（6）在较长时期内保持我国经济中高速增长。

二是深化与完善收入分配及相关领域的经济体制改革，不断完善按劳分配为主体多种分配方式并存的分配制度，逐步提高劳动报酬与居民收入在国民收入分配格局中的比重。为此，我国应重点做好十五项工作：（1）适当降低企业所得税率。这既符合国际上多数国家企业所得税下调的大趋势，也为不断增加企业职工工资提供较大空间。（2）健全国有资本收益分享机制，完善公共资源占有及其收益分配机制，将国有资本和公共资源的收益重点用于保障和改善民生。（3）对部分收入畸高的垄断性行业开征特殊行业税，将其由非企业贡献因素获得的超额利润收归国有。（4）深化个人所得税税制改革。择机调高个人所得税起征点，逐步实行综合与分类相结合的个人所得税制度。（5）完善并推行房产税，适时推出遗产税和赠与税，全面实行财产税。（6）不断提高最低工资标准和城乡居民最低生活保障标准。（7）健全与完善企业工资指导线和工资集体协商制度，建立并完善体现企业经济效益和劳动力市场供求关系的工资决定机制和正常增长机制。（8）深化国企高管薪酬制度改革，建立与国企高管选任方式相匹配、企业功能性质相适应、经营业绩相挂钩的差异化薪酬分配制度，合理缩小国企高管与企业职工、国家机关事业单位相当人员的收入差距。（9）完善国家机关事业单位工资制度改革，进一步提高基本工资所占比重，规范津贴补贴，定期（原则上每年或每两年）对国家机关事业单位基本工资标准进行合理调整。（10）建立健全相关法律法规，切实做到国有单位内部不同身份员工同工同酬。（11）完善资本、技术、管理等其他生产要素参与分配的报酬机制。（12）建立并完善国家机关、事业单位与企业等退休人员基本养老保障待遇的确定机制和正常调整机制，合理缩小各类相当人员的待遇差别。（13）完善再分配调节机制，提高公共服务支出在财政支出中的比重，大力推进基本公共服务均等化，多渠道地增加居民收入。（14）健全农业补贴稳定增长机制，促进农民收入较快增长。（15）大力发展慈善事业，完善慈善捐赠税收优惠政策，进一步发挥"第三次分配"在调节收入分配中的积极作用。

三是加强惩治和预防腐败体系建设，强化税收征管，取缔非法收入。

为此，我国应重点做好四项工作：（1）进一步加强反腐败国家立法和反腐倡廉党内法规制度建设，真正形成不敢腐的惩戒机制、不能腐的防范机制和不易腐的保障机制，科学有效地防治腐败。不仅要简政放权，切实加强对国企改制、矿产资源开发、土地出让、工程建设、科研经费管理与使用等重点领域的监管，更要由我国现行的《关于领导干部报告个人有关事项的规定》尽快过渡到实行官员财产申报和公示制度。（2）强化对党政机关和国有企事业单位领导干部收入分配的制约与监督机制。完善经济责任审计和离任审计，加强对财政资金和重大投资项目的审计，健全党内监督、行政监察、民主监督、法律监督和舆论监督机制，运用和规范互联网监督。（3）加大对经济犯罪的惩罚力度。有关研究表明，在中美两国进行同等数额的商业贿赂，美国给予的处罚是中国的 100 倍。应重新修订我国相关法律法规，加大对经济犯罪的惩治力度，大幅提高犯罪成本，进一步推进反腐倡廉建设。（4）强化税收征管，取缔非法经营。重点加强对企业所得税和畸高收入群体个人所得税的征管，严厉打击偷漏骗税行为。尽快建立健全个人所得税双向申报制度和全国统一的纳税人识别号制度，依法做到应收尽收。切实加大工商执法力度，坚决取缔非法经营。

四是不断巩固和发展社会主义公有制经济，大力弘扬社会主义意识形态。邓小平指出：社会主义有两个非常重要的方面，一是以公有制为基础，二是不搞两极分化。共同富裕是中国特色社会主义的本质要求和根本原则，社会主义公有制是实现共同富裕的经济基础。要避免整个社会出现两极分化，最终实现共同富裕，根本途径是坚持社会主义公有制的主体地位，不断巩固和发展社会主义经济。为此，我国既要通过深化改革、科技创新和强化管理，做强做优做大国有企业，充分发挥国有经济的主导作用；又要坚持农村土地集体所有权，完善农业以家庭经营为基础、统分结合的双层经营体制，重点发展专业合作、股份合作等多种形式的农民新型合作组织，不断壮大集体经济实力。此外，我国应大力弘扬社会主义意识形态，切实加强社会主义精神文明建设，为不断改善我国收入分配营造良好的思想文化氛围。

按劳分配若干问题争论综述[*]

近几年来，国内经济学界对按劳分配问题从不同的角度进行了广泛的讨论。在怎样理解按劳分配、社会主义商品经济中是否存在按劳分配以及按劳分配在社会主义初级阶段的地位等重大问题上，仍然存在严重的分歧。本文仅就上述问题的主要争论情况作一简要介绍。

一、怎样理解按劳分配

1. 马克思设想的按劳分配的计量尺度是不是个别劳动时间

一种观点认为，马克思设想的按劳分配的计量尺度是自然劳动时间。他们认为，在马克思设想的以产品经济为基础的分配模式中，由于个别劳动与社会劳动的等同以及社会给予每一个别劳动时间报酬的等量，使得分配出现全社会的均等结构。因此，马克思的产品经济的"按劳分配"模式实质上并不是按劳分配，而是"平等分配"。[①]

也有人认为，马克思之所以确定以个别劳动时间为尺度，除了因为产品经济、劳动具有直接的社会性之外，还因为只有个别劳动时间才是能够测定、直接计算、直接统计、直接比较的，因而才能成为按劳分配中实际运用的尺度。他们认为马克思的按劳分配在理论上是难以成立的，在实践中是难以实行的，是前人囿于历史条件仍带有空想因素的个别论断，并歪曲和指责马克思以自然劳动时间即个别劳动时间为尺度实行按劳分配，"必然是：生产同样数量、质量的产品，越是技术差、不熟练或越是懒惰

---

* 原载《中国人民大学学报》1991 年第 2 期。

① 韩志国：《社会主义初级阶段按劳分配理论讨论会观点综述》，载于《中国社会科学》1988 年第 1 期。

的劳动者所花的个别劳动时间越多，其劳动报酬也越多。这种按'劳'分配实质上是平均主义、大锅饭，它只能破坏生产力"。①

有的同志不同意上述意见，认为马克思设想的按劳分配的计量尺度不是个别劳动时间，而实质上是社会平均劳动时间。（1）无论从马克思反复阐明的劳动价值论或从实际情况来看，以个别劳动时间作计量尺度都无法准确衡量各个生产者提供劳动量的大小。一方面，生产者的劳动存在着差别，即使劳动时间相同，从事不同劳动的生产者提供的劳动量可以相差很大。另一方面，生产者的劳动态度也有好、中、差的区别，即使劳动时间相同，从事同一劳动的生产者提供的劳动量也可以各不相同。（2）马克思在《哥达纲领批判》中确实使用了"个人劳动时间"的字眼，但是，联系马克思在同书中的另一段话（"一个人在体力或智力上胜过另一个人，因此在同一时间内提供较多的劳动"）来理解，便可清楚马克思论述的按劳分配的计量尺度绝不是个别劳动时间。（3）尽管马克思并没有明确指出按劳分配的计量尺度是什么，但根据马克思的理论逻辑推断，应是社会平均劳动时间，而不是形成价值的社会必要劳动时间。因为社会必要劳动时间的形成既取决于生产的主观条件，也取决于生产的客观条件，即使生产者的劳动具有社会平均的性质，但由于各自的客观生产条件不同，其同量劳动所形成的社会必要劳动时间也必然不同。而社会平均劳动，则是抛开客观生产条件以后按社会平均的强度、熟练程度和繁杂程度计量的劳动，是同质的等一劳动。以社会平均劳动时间作为按劳分配的计量尺度，既能体现生产者在生产资料所有权上的平等地位，又能体现生产者向社会提供的劳动量的实际差别，从而符合马克思按劳分配学说的原意。这种观点还可以在《反杜林论》中得到佐证。②

2. 按劳分配是否等于按劳动力价值分配

一种观点认为，按劳分配实质上等同于按劳动力价值分配。在社会主义商品经济条件下，按劳分配只能通过劳动力的价值来实现。首先，为了实现劳动力与其他生产要素的优化组合，必须开放劳动力市场。在统一的

---

① 王建国：《略论社会主义按劳分配的空想性》，载于《山西大学学报》1988 年第 1 期。
② 郭飞：《按劳分配若干问题探讨》，载于《中国劳动科学》1990 年第 2 期。

劳动力市场上，不论是否国营企业工人的工资，都受价值规律的调节，执行同一价格标准。这就表明工资是劳动力价值或价格的转化形式，不可能由另外的其他因素来决定劳动者的收入。其次，按劳分配的量与劳动力的价值是同一量。按劳分配是在劳动者提供的劳动作了各项扣除以后，按其余额提供的价值量进行分配，这个价值量也就是为我劳动时间创造的价值量，是为了维持劳动力再生产所需要生活资料的价值量。为我劳动时间创造的价值量，劳动力的价值量，以及商品价值构成中的"V"三者是同等量。最后，按劳分配与劳动力价值是同一质。它们都以抽象劳动为基础，在价值上相同，都是由劳动者自己提供的消费基金。① 有的同志认为：根据马克思的按劳分配理论，按劳分配规律可以用一个公式来表示：按劳分配＝按必要劳动分配＝劳动费用。随着产品经济向商品经济转变，劳动费用也从实物形式向价值形式转换，从而使按劳分配必然直接采取按劳动力价值分配的形式。②

另一种观点则认为，按劳分配与按劳动力价值分配确实存在某些相似之处。但是，按劳分配与按劳动力价值分配是两种根本不同的分配制度。首先，分配的经济前提不同。按劳动力价值分配以劳动者丧失生产资料、劳动力成为商品为前提；而按劳分配则以劳动者成为生产资料的主人、劳动力不是商品为前提。其次，分配的数量界限不同。尽管按劳分配与按劳动力价值分配都是按必要产品的价值分配，但是在不同的社会制度下，必要产品的数量界限本质上是由不同的经济规律决定的。在资本主义制度下，受剩余价值规律和劳动力价值规律的支配，必要产品的最高界限，就是生产与再生产劳动力所必需的生活资料；必要产品的最低界限，就是维持劳动者"身体所必不可少的生活资料"。③ 而在社会主义制度下，受社会主义基本经济规律和按劳分配规律的支配，必要产品则从资本主义的限制下解放出来，"扩大到一方面为社会现有的生产力（也就是工人的劳动作为现实的社会劳动所具有的社会生产力）所许可，另一方面为个性的充分发展

① 何伟：《通过劳动力价值实现按劳分配》，载于《中国社会科学》1988 年第 2 期。
② 林世昌：《按劳分配等于按劳动力价值分配》，载于《经济理论与经济管理》1988 年第 2 期。
③ 《马克思恩格斯全集》第 23 卷，人民出版社 1972 年版，第 196 页。

所必要的消费的范围"。① 虽然我国目前受生产力水平的制约，公有制经济中必要产品的数量和质量还远没有达到理想的高度，但是按劳分配与按劳动力价值分配在数量上也存在着明显的差别。再次，体现的经济关系不同。按劳动力价值分配是资本主义的一个分配原则，它与按资分配原则相辅相成，体现了资产阶级剥削无产阶级的经济关系；而按劳分配则是社会主义的分配原则，体现了在生产资料公有制基础上劳动者个人所有权的经济实现关系。如果按劳分配等于按劳动力价值分配，那就意味着资本主义经济和社会主义经济中对劳动者都实行同一的分配原则，这不仅混淆了社会主义分配原则和资本主义分配原则的界限，而且在逻辑上也是自相矛盾的。最后，分配的作用不同。按劳动力价值分配，其作用是在维持劳动力生产与再生产的同时，维护既有的资本主义剥削制度；而按劳分配，其作用则是在激发劳动者的积极性和提高劳动生产率的同时，巩固和发展社会主义经济制度。②

3. 按资分配是不是按劳分配的一种方式

一种观点认为，按资分配是按劳分配的一种方式。"按劳分配＝按活劳动创造的价值分配＋按物化劳动创造的价值分配。从这个意义上说，按资分配属于按劳分配范畴内按物化劳动创造的价值进行分配这种方式"。③

相反的观点则认为：按资分配不属于按劳分配。（1）根据马克思的有关论述，按劳分配是对劳动者的活劳动贡献给予补偿的分配方式，因而不能对其随意作广义的解释。（2）物化劳动创造价值的论点违反马克思主义的劳动价值论。只有活劳动才能创造价值，而生产资料（即重新投入生产的物化劳动）价值只能根据其损耗程度转移其价值，根本不能创造价值。不能把按资分配说成是按物化劳动分配，更不能由此进一步得出按资分配是按劳分配的具体方式的结论。④

---

① 《马克思恩格斯全集》第 25 卷，人民出版社 1974 年版，第 990 页。
② 郭飞：《按劳分配若干问题探讨》，载于《中国劳动科学》1990 年第 2 期。
③ 郭世辉：《按资分配是按劳分配的一种方式》，载于《银行与企业》1985 年第 9 期。
④ 金喜在、刘春林：《关于按资分配的讨论》，载于《经济研究》1987 年第 8 期。

二、在社会主义商品经济中能否实现按劳分配

1. 商品经济与按劳分配原则能否相容

一种观点认为，按劳分配原则只能在产品经济条件下实现，在社会主义商品经济中不能实现。有人指出，马克思设想的按劳分配的核心内容有两点：（1）在整个社会范围内以劳动作为收入分配的唯一尺度，而不存在任何其他分配尺度；（2）在整个社会范围内提供等量劳动获得等量报酬。这两点在我国现今的社会经济条件下恰恰不可能实现。首先，由于多种所有制并存，个人收入分配除了以劳动作为尺度以外，还存在其他分配尺度。其次，全民所有制企业也有自身相对独立的经济利益，并且企业的盈利总是要受到种种客观条件的影响，提供同类同量劳动在不同企业必然是得到不同报酬。[①]

也有人指出，马克思的"按劳分配"是以产品经济条件为客观依据并由三个部分有机组成的理论体系：（1）"按劳分配"是直接分配消费资料，消费资料是生产者个人的唯一财产形式；（2）"按劳分配"的唯一尺度是生产者的劳动；（3）"按劳分配"是采用"一张证书"的形式来分配消费资料。在社会主义商品经济条件下，生产者必须用货币去购买作为商品的消费资料，因而货币财富便成为生产者个人财产的主要形式；生产者劳动的社会性采取了商品价值形式，劳动量采取了价值量的形式，因而劳动不再成为分配消费资料普遍和有效的尺度，更谈不上是唯一的尺度；商品以货币为媒介进行交换，因而货币工资便成为个人收入的主要形式。由于社会主义商品经济条件下实行"按劳分配"原则的客观经济条件已经丧失，所以在苏联和我国都没有贯彻执行马克思的"按劳分配"原则。[②]

还有人指出，个人消费品的分配方式决定于社会的资源配置方式，而资源的配置方式又决定于一定的经济体制，而不是社会制度。在商品经济

---

① 韩志国：《社会主义初级阶段按劳分配理论讨论会观点综述》，载于《中国社会科学》1988 年第 1 期。

② 王洪德：《社会主义初级阶段实现"按劳分配"的历史局限性》，载于《东北师大学报》1987 年第 5 期。

条件下，整个社会经济的运行机制都与马克思设想的实行按劳分配的经济体制根本不同，从而使按劳分配原则失去了存在的条件。[①]

相反的观点则认为，虽然社会主义商品经济条件下的按劳分配与马克思原来设想的按劳分配相比有许多新特点，但是，按劳分配规律仍然在客观地发挥作用。（1）全民所有制企业的职工仍然是使用公有的生产资料进行联合劳动，这一按劳分配的前提条件并没有质的变化。（2）社会主义商品经济是以公有制为基础的有计划的商品经济。国民收入划分为积累基金和消费基金，是由国家通过国民经济计划统筹安排的。马克思所说的各项社会扣除，是由国家运用行政手段和经济手段有计划地实现的。（3）在各个全民所有制企业内部，不存在商品关系。职工提供的劳动时间直接成为该企业集体劳动的一部分。企业内部的分配也直接以每个劳动者提供的劳动时间为依据，职工之间劳动报酬的差距应当同劳动贡献的差距相一致。企业内部的按劳分配与马克思设想的按劳分配相当接近。在国家与企业之间、企业与企业之间，除了商品交换和价值规律的作用以外，也仍然有按劳分配规律的作用。例如，在企业净产值中尽可能剔除级差收益和其他非劳动因素给企业带来的好处，目的在于计量企业劳动者集体为社会总劳动时间提供的劳动量。从理论上说，是把各企业放在平等的条件下比较它们的劳动贡献，仍然体现了以劳动为尺度分配消费资料的原则。[②]

有人指出：尽管马克思设想的实行按劳分配的经济条件与我国现阶段的社会主义商品经济有着重大差别，但是，我国现阶段还是具备了实行按劳分配的基本经济条件，其主要表现为存在着在所有制中占主体地位的社会主义公有制，社会生产力不够发达，旧式的社会分工特别是脑力劳动和体力劳动的本质差别还存在，劳动对于绝大多数人来说还仅仅是谋生的手段。[③]

也有人指出：商品经济消亡问题并不是马克思主义的科学社会主义理

[①] 韩志国：《社会主义初级阶段按劳分配理论讨论会观点综述》，载于《中国社会科学》1988 年第 1 期。

[②] 项启源：《在社会主义商品经济条件下必须坚持按劳分配》，载于《中国工业经济研究》1987 年第 4 期。

[③] 郭飞：《按劳分配若干问题探讨》，载于《中国劳动科学》1990 年第 2 期。

论论证按劳分配的前提。按劳分配成立与否并不取决于是否存在商品货币关系。马克思对按劳分配的论证是以生产资料公有制为前提的，在公有制经济中，任何人不能像以往的剥削者那样凭借对生产资料占有来无偿榨取别人的劳动。另外，生产力还没有发展到能够提供极其丰裕的产品的程度，旧的社会分工存在，劳动者还不能不计较劳动的报酬，这样一些条件就决定了唯一能促进生产力发展的分配方式，只能是按劳分配。①

还有人指出：把资源配置方式从而把经济体制作为个人消费品分配方式的决定因素，实际上是混淆了决定个人消费品分配方式本质特征的因素与影响其形式特征的因素。决定个人消费品分配方式的是生产资料所有制的性质和要求。不同的资源配置方式和经济体制对个人消费品分配方式的实现有着重大影响，但它决定的不是本质特征而是实现形式。②

2. 在发达的社会分工条件下，劳动是否无法计量

一种观点认为，在发达的社会分工条件下，劳动是无法计量的，科学技术越发达，劳动越无法计量，因而按劳分配也就没有实现的可能。③

相反的观点则认为：在发达的社会分工条件下，劳动是可以计量的，在社会主义社会中可以实现按劳分配。从纯技术的角度看，迄今科学技术的发展尚未提供出对成千上万种不同的具体劳动作出精确计量比较的手段，但是，并不能因此就否定按劳分配。首先，按劳分配不是一个数学公式，用不着也没有必要对每个人的劳动作出极其精确的计量。不仅按劳分配如此，其他社会经济规律如价值规律、平均利润率规律等也大体如此。其次，虽然劳动不可能做到绝对精确无误的计算，但并不是不可能相对地近似地比较和计量。计件工资就是按照劳动者完成的具有一定质量的产品数量或工作量计量的，较好地体现了按劳分配的要求。计时工资是按照复杂劳动与简单劳动、熟练劳动与非熟练劳动的差别规定劳动者的工资等级，按劳动时间付给报酬，再辅以奖金等形式支付劳动者提供的超额劳动的报酬，

---

① 陈德华：《评否定按劳分配的几种观点》，载于《求是》1990 年第 5 期。
② 程小莹：《社会主义初级阶段按劳分配的特点》，载于《中国高等教育（社会科学理论版）》1988 年第 3 期。
③ 张庆仁：《按劳分配是一种假说》，载于《山东社会科学》1989 年第 2 期。

这样也能大体上体现劳动差别，实现按劳分配。①

有人进一步指出：（1）马克思对按劳分配的设想本来就没有包含"绝对准确"的内容。（2）劳动不能精确计量并不等于无法计量。在现实经济生活中，各部门、各单位，尤其是各级领导者几乎天天都在解决劳动的计量与比较的问题。当然，劳动计量的准确程度有很大的差别。从主观上看，有的单位管理水平较高，对劳动的考核比较严密，劳动计量的准确程度就比较高；相反，就比较低。从客观上看，计量物质生产部门特别是第一线的生产者的劳动，相对容易些；而计量脑力劳动者，机关、事业单位的工作人员的劳动，则相对要困难些。尽管情况千差万别，只要以劳动贡献为尺度，使劳动贡献与劳动报酬直接联系起来，体现出多劳多得，少劳少得，就应该肯定是贯彻了按劳分配原则。（3）按劳分配中的劳动计量包括物质生产部门和非物质生产部门的大部分劳动者。但有些劳动（如艺术大师、文学巨匠的劳动）是无法计量的，应该作为例外。②

三、社会主义的分配原则究竟是什么

1. 是否按生产要素的贡献分配

一种观点认为，社会主义初级阶段的分配原则是按生产要素的贡献分配。现实的社会主义分配原则，不可能由理论家凭空构想出来，而应该是从存在于现实社会主义的各种收入分配形式中总结出来。劳动和土地，还应再加上资本，都是财富的源泉。"社会财富，才是分配的真实对象，分配的价值形式只不过是社会财富的测量尺度而已。""由于劳动、土地、资本等要素在财富的创造中各自发挥着自己的作用，所以，社会主义的工资、利息和地租，都是根据劳动、资本、土地等生产要素所做的贡献而给予这些要素所有者的报酬。所有权本身并不创造收入，它不过是使社会财富按照各生产要素在财富生产中所做的贡献在各要素所有者之间进行分配的条件。社会主义初级阶段的分配原则，就是按各生产要素对财富的创造所做

---

① 陈德华：《评否定按劳分配的几种观点》，载于《求是》1990年第5期。
② 项启源：《关于按劳分配中的劳动计量问题》，载于《经济研究》1990年第2期。

的贡献进行分配的原则。"①

相反的观点则认为，社会主义分配原则是按劳分配，而不是按生产要素贡献分配。按生产要素贡献分配的错误在于：（1）混淆了使用价值的生产与价值的创造。商品生产是使用价值的生产过程与价值的创造过程的统一。就使用价值的生产过程来看，除了人们的活劳动外，还有各种物质的生产要素。就价值的创造过程来看，它是人们活劳动的凝结，即人们体力和脑力支出的抽象劳动的凝结。在价值中不包含任何使用价值的原子的成分，各种使用价值只是作为价值的物质承担者，它们本身既不能形成价值，更不能新创造价值。（2）混淆了价值的生产与价值的分配和再分配。价值是劳动者的劳动创造的。价值形成以后，经过分配和再分配，将分解成各种收入，如工资、利润、利息、地租等。利润、利息、地租等归谁所有，归根到底取决于生产资料所有制的形式和性质。这种分配和再分配的结果可能给人造成一种假象，似乎劳动者得工资，资本所有者得利润、利息，土地所有者得地租，是他们各自提供生产要素共同创造价值的结果。"按生产要素贡献分配"是把价值的生产与价值的分配和再分配混淆起来，颠倒过来，从价值的分配和再分配的结果推导出价值的源泉，这与资产阶级庸俗经济学家的鼻祖萨伊提出的"劳动——工资、资本——利息、土地——地租"的所谓"三位一体公式"没有什么差别。（3）混淆了不同分配形式的性质。我国现阶段存在多种所有制形式，因而相应地存在多种分配形式。所有制的形式和性质不同，分配的形式和性质也就不同。"按生产要素贡献分配"把按劳分配与按资分配以及其他一些分配形式混在一起，抹煞了它们的不同性质。②

2. 是否按劳动力价值分配

一种观点认为，社会主义初级阶段的分配原则是按劳动力价值分配。在社会主义商品经济条件下，不仅生产资料是商品，消费资料也是商品。通过耗费一定数量的消费资料而实现了劳动力的生产和再生产，就使劳动

---

① 谷书堂、蔡继明：《论社会主义初级阶段的分配原则》，见《理论纵横》（上），河北人民出版社 1988 年版，第 353～355 页。

② 陈德华：《评否定按劳分配的几种观点》，载于《求是》1990 年第 5 期。

力的生产和再生产过程同商品交换发生了密切关系。既然物质资料的生产和再生产是商品生产，那么劳动力的生产和再生产也应当是商品生产，从而劳动力也就是商品。因此，应当"依据劳动力价值大小分配消费资料"。① 按劳动力价值分配是社会主义初级阶段个人消费品分配的基本形式。②

有人认为，社会主义经济是公有制基础上的商品经济，生活资料的分配必然要表现为劳动力价值。因为它属于商品价值的一个组成部分，即 V 的部分。在社会主义全民所有制企业中，由于存在商品生产，劳动者就具有两种性质，即一方面是生产资料的主人；而另一方面又是劳动力的所有者。作为生产资料的主人，应该享有剩余价值。作为劳动力的所有者，只能享受劳动力创造的价值，即必要劳动部分。在商品经济条件下，把劳动者的工资说成是按劳分配是不现实的，因为按劳分配是在没有商品生产条件下的产物。③

相反的观点则认为，社会主义制度下，个人消费品分配的基本原则是按劳分配，而不是按劳动力价值分配。（1）不能把劳动成果的商品化、价值化与劳动力本身的商品化、价值化混为一谈。在商品经济条件下，社会主义劳动者的生产劳动成果，不论是生产资料还是消费资料都是商品。劳动者的劳动收入也采取货币形式。但是，这都不是劳动力本身的价值形式。从生产成果来看，社会主义的产品价值虽然也可以用 C + V + M 这种价值构成形式来表示，但其中的 V 在内容上不是资本主义劳动力的价值额，而是劳动成果的价值化，是按劳分配所得。因此，必须把劳动成果的商品性质与劳动力本身的商品性质区分开来。（2）不能把物质资料成为商品的条件和劳动力成为商品的条件混为一谈。物质资料成为商品的条件，一是社会分工，二是生产资料和产品属于不同的所有者。而劳动力成为商品的条件，一是劳动者必须有人身自由，二是劳动者除了自己的劳动力以外一无所有。

① 王洪德：《社会主义初级阶段实现"按劳分配"的历史局限性》，载于《东北师大学报》1987 年第 5 期。
② 欧阳元松：《没有按劳分配，只有按劳动力价值分配》，载于《经济理论与经济管理》1988 年第 2 期。
③ 卓炯：《商品经济存在按劳分配吗》，载于《广州日报》1986 年 10 月 21 日。

所以，物质资料的商品生产和交换，可以存在于资本主义和社会主义等不同的社会形态，因为这些社会中都存在着物质资料成为商品的条件。而劳动力成为商品则只有在资本主义制度下才能存在，在社会主义制度下并不存在，因为劳动力成为商品的条件在社会主义制度下并不存在。①

有人指出：那种认为在社会主义商品经济条件下不存在按劳分配，只存在按劳动力价值分配的观点，在理论上没有什么根据，对于经济体制改革特别是对工资、奖金制度的改革，不会有任何积极意义。认为在商品经济条件下劳动者的必要劳动必然表现为劳动力的价值，并不符合历史事实。早在奴隶社会和封建社会，就存在商品经济，但不存在劳动力商品买卖，因而必要劳动不会表现为劳动力价值。即使在资本主义社会的小商品生产者，他们的必要劳动也不表现为劳动力价值。只是在资本主义经济中，雇佣工人的必要劳动和剩余劳动才表现为劳动力价值和剩余价值。把资本主义经济中的这种特殊表现，当做商品经济的一般表现，进而加之于社会主义经济，这就模糊了社会主义和资本主义在经济关系上的根本区别。②

3. 是否"劳动所得"

一种观点认为，社会主义初级阶段的主要分配原则是"劳动所得"，而不是按劳分配。马克思定义的按劳分配（即"以生产资料公有、没有商品货币关系和劳动者的个别劳动是直接社会劳动为前提，劳动者与公有的生产资料相结合，进行统一生产、统一经营，以劳动为尺度进行统一分配，把消费资料分配给劳动者个人"）并不是社会主义初级阶段的分配规律。"适应目前社会主义经济的主要分配形式"是"劳动所得"。③

相反的观点则认为，按劳分配是适用于社会主义历史阶段的分配规律，"劳动所得"不能代替按劳分配。（1）按劳分配的定义只是反映按劳分配的最本质的核心内容即按劳分配的本质规定或共性。马克思的按劳分配的本义（或定义）就是在公有制条件下对联合劳动者所实行的一种按每个劳动者提供给集体的劳动量（作了种种社会扣除之后）分配个人消费品的分

---

① 韩明希：《论社会主义初级阶段的按劳分配》，载于《经济学动态》1988 年第 3 期。
② 卫兴华：《商品经济与按劳分配》，载于《北京日报》1987 年 12 月 28 日。
③ 张问敏：《关于按劳分配的思考》，载于《经济研究》1987 年第 2 期。

配制度。只要是坚持了这个本义，就是坚持了按劳分配。至于按劳分配的前提条件和实现按劳分配的具体形式，那是可以变化的。（2）"劳动所得"是一个含义十分广泛的范畴：在公有制条件下，它可以是原始公社的平均分配，也可以是社会主义社会的按劳分配，还可以是共产主义社会的按需分配；在私有制条件下，它可以是以生产资料个人所有制为基础的小生产者或小商品生产者的劳动收入，也可以是封建社会的佃农在交了地租之后剩余的劳动收入，还可以是在资本主义条件下出卖劳动力的雇佣工人所获得的劳动力价值。凡是不剥削他人的劳动收入，都可以称为"劳动所得"。而按劳分配则是社会主义社会个人消费品的分配原则。"劳动所得"根本无法代替按劳分配。①"劳动所得"显然是指分配结果，而不是分配原则。"劳动所得"说"并没有回答什么是社会主义社会个人消费品分配的原则"。②

4. 能否以"按有效劳动分配"否定按劳分配

一种观点认为，社会主义初级阶段主要的分配原则是"按有效劳动分配"，而不是按劳分配。在现阶段商品经济条件下，社会不可能充分保证个别劳动与社会需要的一致性，也无法保证个别劳动都能成为有效劳动。我国经济体制改革以后，国家不再直接控制相当多数的企业劳动者的工资收入，而是只管企业经营成果与工资挂钩，这就等于事实上承认了按有效劳动分配，而否定了按劳分配。③

另一种观点则认为，按有效劳动分配是社会主义初级阶段按劳分配的一个重要特点，并不能否定按劳分配。（1）在社会主义初级阶段，由于商品经济的存在，人们提供的个别劳动并没有直接的社会性。只有在劳动产品作为商品销售之后，这种个别劳动才会得到社会承认并构成社会总劳动的一部分。在此情况下，按劳分配的实现必然要受到价值规律的制约，只有通过社会承认的有效劳动才能实行按劳分配。（2）我国经济体制改革以后，企业的工资总额与企业的经济效益挂钩，国家不再直接管理企业内部

---

① 刘克鉴：《也谈按劳分配和"劳动所得"》，载于《经济研究》1987年第7期。
② 韩明希：《论社会主义初级阶段的按劳分配》，载于《经济学动态》1988年第3期。
③ 贺培育：《对按劳分配原则的反思》，载于《求索》1987年第1期。

职工的工资升降，这是利用价值规律的作用改善企业经营管理、实行按劳分配的一种重要措施。（3）按劳分配和按有效劳动分配就其基本含义来说都是以劳动为尺度分配个人消费品。因此，实行按有效劳动分配并不能否定按劳分配。①

---

① 韩明希：《论社会主义初级阶段的按劳分配》，载于《经济学动态》1988 年第 3 期。

郭飞文选

（下卷）

——经济理论与经济改革重大问题研究

The selected works of Guo Fei

经济科学出版社
Economic Science Press

作者与杰出经济学家、中国社会科学院原副院长刘国光学部委员合影（2006年9月）

作者与杰出经济学家、中国人民大学荣誉一级教授卫兴华合影（2004年10月）

作者再次在国家博物馆参观《复兴之路》展览时留影（2015年11月）

作者在深圳留影
（2002年1月）

作者在家中留影
（1995年）

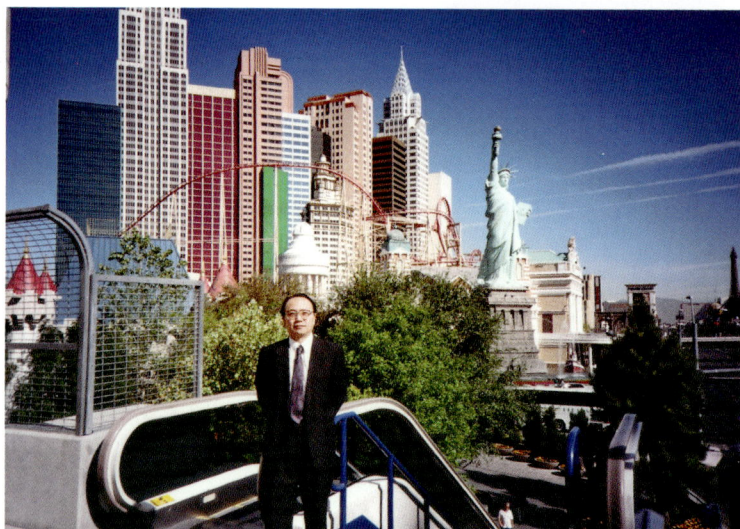

作者在美国拉斯维加
斯留影（2000年）

总目录
Total directory

第六部分 附录

下卷目录
Volume directory

第六部分　附录

第四部分

积极合理安全有效利用
外商直接投资与当代国际投资

外商直接投资对中国经济的
双重影响与对策[*]

吸收和利用外商直接投资，是我国实行对外开放的重大举措和重要标志。改革开放以来，我国吸收和利用外商直接投资已达到较大规模。2003年，我国实际利用外商直接投资额曾一度超过美国，跃居世界首位。然而，投资自由化是把"双刃剑"，其对我国经济既有重大的积极作用，也有不容忽视的消极影响。国内相关著述为数不少，有的学者过分夸大其积极作用，忽视或否认其消极影响；也有的学者不适当地夸大其消极影响而忽视其积极作用。显然，这两种倾向都有失偏颇。只有从客观实际出发，正确评价改革开放以来外商直接投资对我国经济的双重影响，正确制定并实施应对外商直接投资的战略举措，才有利于我国抓住机遇，趋利避害，将建设中国特色社会主义的伟大事业稳步推向前进。

一、外商直接投资对中国经济的积极影响

改革开放以来，外商直接投资对我国经济产生了重大的积极作用。其主要表现在五个方面。

（一）促进中国经济持续快速增长和增加财政收入

资本是重要的生产要素。我国是发展中的社会主义国家，资本和技术等生产要素相对短缺。1978～2005年，我国实际使用外商直接投资总额已达到6224.01亿美元，它对于我国27年来实现年均9.5%的高经济增长率具有重要的促进作用。

＊ 原载《马克思主义研究》2006 年第 5～6 期。

改革开放初期，我国实际使用外商直接投资的规模很小。1979～1982年，我国实际使用外商直接投资仅有 17.69 亿美元。从 1983 年起，我国实际使用外商直接投资的步伐明显加快。从表 1 可以看出，1983～2005 年，我国实际使用外商直接投资为 6206.32 亿美元，相当于同期我国固定资产投资总额（70129.43 亿美元）的 8.85%。外商直接投资不仅增加了我国的资本存量，而且还通过乘数效应和前后向联系，间接推动我国企业扩大投资规模，从而明显增大整个社会的资本规模。

表1　1983～2005 年外商直接投资占中国固定资产投资和国内生产总值的比重

年份	实际使用外商直接投资（亿美元）	全社会固定资产投资（亿美元）	外商直接投资占全社会固定资产的比重（%）	国内生产总值（亿美元）	外商直接投资占国内生产总值的比重（%）
1983	9.16	722.27	1.27	3008.79	0.30
1984	14.19	786.65	1.80	3093.00	0.46
1985	19.56	865.03	2.26	3057.52	0.64
1986	22.44	904.52	2.48	2957.00	0.76
1987	23.14	1019.30	2.27	3213.58	0.72
1988	31.94	1251.02	2.55	4011.37	0.80
1989	33.93	1173.00	2.89	4499.41	0.75
1990	34.87	945.00	3.69	3890.88	0.90
1991	43.66	1051.60	4.15	4071.90	1.07
1992	110.08	1466.46	7.51	4837.00	2.28
1993	275.15	2269.51	12.12	6134.38	4.49
1994	337.67	2068.12	16.33	5591.42	6.04
1995	375.21	2458.07	15.26	7280.72	5.15
1996	417.26	2810.90	14.84	8565.22	4.87
1997	452.57	3047.00	14.85	9526.30	4.75
1998	454.63	3468.22	13.11	10193.48	4.46

续表

年份	实际使用外商直接投资（亿美元）	全社会固定资产投资（亿美元）	外商直接投资占全社会固定资产的比重（%）	国内生产总值（亿美元）	外商直接投资占国内生产总值的比重（%）
1999	403.19	3593.53	11.22	10830.56	3.72
2000	407.15	3998.85	10.18	11982.49	3.40
2001	468.78	4587.79	10.22	13243.36	3.54
2002	527.43	5440.46	9.70	14532.97	3.63
2003	535.05	6710.94	7.97	16403.74	3.26
2004	606.30	8511.76	7.12	19308.94	3.14
2005	603.00	10979.43	5.49	22592.44	2.67

资料来源：根据中华人民共和国国家统计局编：《中国统计年鉴》提供的相关数据、中华人民共和国国家统计局2006年1月9日发布的调整后的国内生产总值的历史数据和2006年2月28日发布的我国《2005年国民经济和社会发展统计公报》提供的最新数据计算整理。

根据表1的相关数据，对外商直接投资（FDI）和我国经济增长（即我国国内生产总值或GDP增长）作简单的回归分析，结果如下：

$$GDP = 2172.261 + 23.0190 \; FDI \tag{1}$$
$$Ln（GDP）= 6.842259 + 0.4060399 \; Ln（FDI） \tag{2}$$

回归结果表明，FDI和GDP存在显著的正相关，即外商直接投资对我国经济增长作出了重要的积极贡献。

与此同时，外商直接投资促进了我国财政收入不断增加。对此，可通过外商直接投资企业缴纳的税金数额来间接地作以说明。[①] 改革开放以来，特别是20世纪90年代以来，我国以外商投资税收为主的涉外税收总额（不含关税和土地费）迅速增长。1992～2004年，我国涉外税收总额年度

---

① 在许多论述外商直接投资对中国经济的积极作用（或贡献）的文献中，往往把外商直接投资企业（或"三资企业"，即外商独资企业、中外合资企业和中外合作经营企业）和外商直接投资混为一谈，并在不附加任何说明的情况下简单撬用外商直接投资企业的相关数据来论证外商直接投资的积极作用。这种做法并不妥当。实际上，我国外商直接投资企业与外商直接投资既有联系也有区别。无论从资本规模还是从客观作用上考察，前者都明显大于后者。不能因没有外商直接投资在某一方面作用的精确数据就无视或抹杀这种区别。笔者尚未见到官方公布的外商直接投资对我国财政收入产生积极作用的专门数据，只能借用或参照外商直接投资企业的相关数据，以此类推。

增长率在20.95% ~ 85.31%，平均增幅为38.66%。我国涉外税收总额由1992年的122.26亿元猛增到2004年的5355亿元（大体相当于我国1995年的工商税收总额），其占我国工商税收总额的比重也由1992年的4.25%升至2004年的20.81%。① 由于来自外商直接投资企业的税收总额占我国涉外税收总额的98%以上，从而外商直接投资对我国财政收入不断增长作出了重要贡献。

（二）有利于优化中国产业结构和出口贸易结构

产业结构是国家经济素质的集中体现。技术含量高的产业在整个国家产业结构中的比重越大，其产出效益就越大，国际分工地位就越高。世界各国产业结构的演进历程和发展趋势表明，产业结构高级化的重要标志是国民经济的发展使第一产业的比重逐步下降，第二产业的比重先升后降，第三产业的比重日趋增大。② 在传统经济体制条件下，我国产业结构很不合理，第一产业比重偏大，第三产业比重较小，各产业内部的比例关系也不协调。1978年，在我国国内生产总值中，第一、第二、第三产业增加值分别占28.1%、48.2%和23.7%，③ 基本比例为2∶4∶2。改革开放以来，我国在经济发展的同时不断调整产业结构，使原来产业结构严重失衡的状况有了明显改善。2005年，在我国国内生产总值中，第一产业增加值所占的比重下降为12.4%，第二产业增加值所占的比重与过去相比基本持平（47.3%），第三产业增加值所占的比重升至40.3%④，基本比例为1∶4∶3。在我国产业结构不断优化升级的过程中，外商直接投资功不可没。

从表2可以看出，截至2004年，在我国合同利用外商直接投资总额中，近7/10投向第二产业，近3/10投向第三产业，投向第一产业的比重尚不足2%。这大体上符合我国现阶段调整产业结构的客观要求，从而促

---

① 中华人民共和国商务部：《2005中国外商投资报告》，第188页。
② 李江帆主编：《中国第三产业发展研究》，人民出版社2005年版，第47页。
③ 中华人民共和国国家统计局编：《中国统计年鉴（2005）》，中国统计出版社2005年版，第52页。
④ 中华人民共和国国家统计局：《2005年国民经济和社会发展统计公报》，载于《经济日报》2006年3月1日。

进了我国第二、第三产业（特别是第二产业中的制造业和第三产业中的房地产业）的发展。就此而言，吸收和利用外商直接投资是实现我国产业结构优化升级的一条重要途径。国内有的学者利用我国 1978～1999 年的相关数据，构建外商直接投资与我国产业结构的因果关系模型，也得出了外商直接投资是引起我国产业结构变动的重要因素之一的结论。[①]

表2　　　　　　　　外商在华直接投资的产业结构（截至 2004 年）

产业名称	项目数（个）	比重（%）	合同外资额（亿美元）	比重（%）
第一产业	14463	2.84	213.07	1.94
第二产业	381701	75	7486.31	68.27
第三产业	112777	22.16	3266.71	29.79
总　计	508941	100	10966.09	100

资料来源：中华人民共和国商务部：《2005 年中国外商投资报告》，第 209 页。

　　然而，仔细考察截至 2004 年外商在华直接投资的行业结构，则可以看出外商直接投资在我国制造业和房地产业过于集中（分别占我国同期合同利用外商直接投资总额的 64.76% 和 17.73%），而在我国急需发展的某些行业则又投资过少（如在采矿业的投资仅占其总额的 0.26%，在信息传输计算机服务和软件业的投资仅占其总额的 0.18%，在科学研究、技术服务和地质勘察业的投资仅占其总额的 0.47%）。[②] 这种一条腿长一条腿短的投资状况，与我国产业政策并不完全吻合，也不利于我国产业内部行业结构的调整和优化。

　　外商直接投资在总体上优化我国产业结构的同时，也极大地推动了我国对外贸易的迅速发展。改革开放以来，外商直接投资和对外贸易的持续发展已成为我国经济迅速发展的两大引擎。外商直接投资对我国进出口贸易总量的效应可分为直接效应和间接效应。直接效应反映在外商直接投资

---

① 江锦凡：《外国直接投资在中国经济增长中的作用机制》，载于《世界经济》2004 年第 1 期。
② 中华人民共和国商务部：《2005 中国外商投资报告》，第 208 页。

企业进出口总额的快速增长及其在我国对外贸易总量中所占份额的迅速扩大上。间接效应则表现为贸易替代效应、贸易创造效应（可以在母国和我国之间创造新的贸易机会、增大贸易规模）、贸易补充效应（往往带来维修等后续的可持性活动的发展，从而有利于增加贸易机会）和市场扩张效应（即在加深对我国市场渗透的同时，也会进一步拓展新的第三国市场）。[①] 从外商直接投资对我国进出口贸易总额的直接效应来看，1986 年，外商直接投资企业进出口总额仅占我国进出口总额的 4.04%，而 2005 年这一比重则高达 61.18%，且已连续 5 年超过了 50% 的大关。从外商直接投资企业的出口商品结构来看，1991～2004 年，外商直接投资企业出口工业制成品所占的比重平均为 90.12%，而我国同期出口工业制成品所占的比重平均为 86.85%，前者高出后者 3.27%；外商直接投资企业出口初级产品所占比重通常不超过 10%，也明显低于我国同期出口初级产品所占的比重。可见，外商直接投资企业促进了我国出口商品结构的优化。尤为引人注目的是，在高新技术产品的出口方面，外商直接投资企业与国内其他企业相比，则不仅占了绝对优势，而且增势迅猛。2004 年，外商直接投资企业高新技术产品出口额为 1445.69 亿美元，比 2003 年增长 53.4%，占全国高新技术产品出口总额（1655.4 亿美元）的比重为 87.33%，占外商直接投资企业出口额（3386.1 亿美元）的比重为 42.69%。而从外商直接投资企业出口商品的地区流向来看，1991～2004 年，外商直接投资企业的商品出口 80% 左右都流向中国香港、中国台湾、日本、欧盟、美国等发达国家或地区，1998 年以来流向美国的出口商品总额甚至超过中国香港而跃居首位。因此，外商直接投资在推动我国对外贸易迅速发展和优化出口贸易结构方面扮演了举足轻重的角色。

（三）提升中国技术水平

吸收和利用外商直接投资的重要目的之一是提升我国技术水平，而能否实现这一目的又与外国直接投资的技术外溢效应密切相关。尽管国内学

---

① 陈继勇等著：《国际直接投资的新发展与外商对华直接投资研究》，人民出版社 2004 年版，第 485～486 页。

者对外商直接投资在我国的技术外溢效应存在激烈的争论①，但从实际情况来看，外商直接投资直接或间接地促进了我国技术水平的提高。

1. 提升中国产品技术水平

改革开放以来，中国产品的技术水平有了显著提高，其中外商直接投资起到了重要的作用。从直接效应来看，外商直接投资给我国带来了不少较为先进和适用的技术，促进了我国产品技术的升级换代。据有关人员对207家英、美、德、日公司的一项调查表明，34%的公司向我国转移了先进技术，其余66%的公司只转移了成熟技术。而对大连部分合资企业的调查表明，26%的中方经理认为获得了高级技术，48%的中方经理认为获得了中级技术，另有26%的中方经理则认为没有获得实质性的技术转让。②国内也有学者基于对某些跨国公司在华投资企业的抽样调查，对外商直接投资企业采用先进或比较先进技术所占的比重持有相当乐观的看法。③ 通过与外商的合资与合作，我国许多产品的技术水平有了明显提升。从间接效应来看，通过示范作用特别是通过竞争，促使我国其他企业或者通过技术贸易的形式从国外引进并采用先进技术，或者通过自主创新采用较为先进的技术。前者如我国许多家电企业在20世纪八九十年代大量引进国外的生产线；后者如我国奇瑞汽车有限公司，在高性能汽车发动机领域的关键技术上取得了重大突破，其研制开发的具有自主知识产权的汽车已经进入欧美市场。

2. 提升中国产业结构的技术含量

外商直接投资促进了我国产业结构和出口结构的优化，这与提升中国产业结构的技术含量密切相关。例如，汽车业是外商在华投资较早和较多的一个行业。截至2004年底，我国汽车业外商直接投资项目共3404个，实际使用外商直接投资101.85亿美元。目前，大众、宝马、戴姆勒—克莱

---

① 朱廷珺：《外国直接投资的技术外溢效应：文献述评》，载于《兰州商学院学报》2005年第1期。

② 杨先明等著：《国际直接投资、技术转移与中国技术发展》，科学出版社2004年版，第171页。

③ 江小涓著：《中国的外资经济——对增长、结构升级和竞争力的贡献》，中国人民大学出版社2002年版，第53页。

斯勒、标致—雪铁龙、沃尔沃、本田、丰田、雷诺、现代、通用、福特等世界著名汽车集团均在我国设立了合资企业，并实行在我国本土生产和销售的新战略。我国主要汽车产品达到了国际上 20 世纪 80 年代的水平，行业技术差距由原来的 20～30 年缩短为 10～15 年。21 世纪以来，我国汽车市场的竞争日益加剧，跨国公司向我国合资企业转移的汽车生产技术显著提高。20 世纪 80 年代，跨国公司通过我国合资企业推出的汽车产品一般要落后国际市场 2～3 代；现在，其通过我国合资企业推出的产品则与国际市场基本同步，从而大幅提升了我国汽车行业的技术含量。

3. 提升中国科技人员和劳动者的技术素质

有关研究表明，从总体上看，我国的外资工业企业技术密集度明显高于内资工业企业，从而在技术上比内资企业先进（见表 3）。因此，我国科技人员和其他劳动者在外商直接投资企业工作，有利于提高生产技术水平。在外商直接投资企业工作的中方管理人员，也能学到一些先进的管理经验和方法。此外，随着外商在华直接投资的增多和竞争的加剧，越来越多的跨国公司在华设立研发中心。目前，在华设立的跨国公司研发中心已超过750 家，主要从我国聘用优秀人才。因此，跨国公司在华设立的研发中心，也是提高我国科技人员技术素质的一条渠道。

表 3　　　　　1993～2000 年中国内资与外资工业企业技术密集度比较

分类	1993 年	1994 年	1995 年	1996 年	1997 年	1998 年	1999 年	2000 年
内资企业	1.42	1.32	1.63	2.04	2.33	2.83	2.81	3.14
外资企业	4.23	6.27	7.97	9.73	11.51	14.16	14.81	15.28

注：①技术密集度以每个从业人员平均使用的固定资产表示；②内资企业包括全部国有及规模以上非国有工业企业。

资料来源：转引自杨先明等著：《国际直接投资、技术转移与中国技术发展》，科学出版社 2004 年版，第 172 页。

（四）改善中国就业状况

人均资源短缺与劳动力总量相对过剩，是我国长期面临的一个基本国情。改革开放以来，特别是 20 世纪 90 年代中期以来，我国失业问题日益凸显并构成对我国经济发展和社会稳定的严峻挑战。我国吸收和利用外商直接投资，从总体上改善了我国的就业状况。

1. 增加中国就业总量

吸收和利用外商直接投资，对我国就业数量具有创造就业或替代就业的双重效应。前者可称为正效应，后者可称为负效应或"挤出效应"。

外商直接投资对我国就业数量的正效应包括两个方面：（1）直接的正效应。其主要表现为外商直接投资企业直接聘用我国员工，从而增加了我国的就业总量。1992～2004 年，外商直接投资企业职工人数由 221 万人猛增到 1033 万人，其占我国职工人数的比重也由 1.49% 升至 9.77%。（2）间接的正效应。其主要表现为外商直接投资企业通过前后向的产业联系来促进我国的经济增长，间接地创造就业机会，增加我国就业人数。有关统计表明，我国汽车业每提供 1 个就业岗位，就可引致其上下游行业新增就业人数 10～15 人。[①] 改革开放以来，我国汽车业实际利用外商直接投资已超过 100 亿美元，不仅带动了直接就业，也带动了高比例的间接就业。

外商直接投资对我国就业数量的负效应主要表现为四个方面：（1）外商直接投资企业并购我国某些企业并进行大量裁员，从而导致失业人数增加；（2）外商直接投资的进入加剧了产业或行业内竞争，导致我国某些企业破产倒闭，从而间接增加了失业人数；（3）有些外商直接投资企业的原材料和设备主要依靠进口，弱化了前向产业联系，从而间接减少了就业机会；（4）外商直接投资带来的较为先进的技术促进了我国相关产业或行业资本有机构成和劳动生产率的提高，从而导致部分劳动者失业或新增的就业机会相对或绝对地减少。[②]

---

① 中华人民共和国商务部：《2005 中国外商投资报告》，第 70 页。

② 对于外商直接投资推动我国资本有机构成和劳动生产率提高而导致的就业损失，应持辩证的观点。一方面，外商直接投资推动我国资本有机构成和劳动生产率提高，对我国技术进步和产业结构优化升级以及转变经济增长方式等均具有重要的积极作用；另一方面，即使没有外商直接投资，受生产力规律支配和国内外竞争的影响，我国的资本有机构成和劳动生产率也会逐步提高。从长远来看，一个国家由于资本有机构成和劳动生产率提高而导致的就业损失，可以通过扩大投资、调整产业和企业结构、适当缩短劳动者的工作时间以及大力发展灵活就业等其他途径来加以弥补。

尽管外商直接投资对我国就业数量具有双重影响，但从我国近年来的总体状况考察，其正效应还是明显大于负效应。国内有的学者在外国直接投资与东道国就业理论的基础上建立了联立方程模型，全面分析并测算了外商直接投资对我国就业数量的综合效应：1994～2002 年，外商直接投资每增长 1%，直接引致就业增长 0.052%，间接降低就业机会 0.044%，从而带动我国实际就业增长 0.008%。同期，外商直接投资增长引致我国实际就业人数增加 407.18 万人。[①]

2. 提高中国就业质量

外商直接投资对提高我国就业质量的积极作用，可以从直接和间接两个角度来考察。从直接作用来看，主要表现有三：（1）外商直接投资企业的生产技术从而劳动生产率总体上高于国内其他企业，其员工的工资水平也高于国内其他企业员工的工资水平。（2）外商直接投资企业特别是跨国公司为员工提供的工作条件和社会福利往往高于国内的其他企业（特别是高于集体和私营企业）。（3）部分外商直接投资企业重视对员工提供技术培训。从间接作用来看，主要表现有二：（1）外商直接投资企业的技术人员和其他职工在脱离本企业后，可将已获得的技术和经验转至其他企业，从而不仅能够提升个人的就业能力，而且也有利于其他企业的发展壮大。（2）外商直接投资企业为有业务联系的当地企业提供管理和技术服务，培训相关的技术和管理人员。例如，微软在我国的子公司十余年来每年通过微软授权视窗应用学习中心和微软认证高级技术培训中心培训我国相关人员几十万人。[②]

3. 改善中国就业结构

外商直接投资对我国就业结构的影响，大致可以从就业的产业结构、素质结构和区域结构三个角度来考察。从就业的产业结构来看，由于外商直接投资企业绝大多数都设在第二、第三产业，直接或间接地推动了相当数量的农民工就业，从而有力地推动了我国农业劳动力向第二、第三产业特别是向第二产业转移。从就业的素质结构来看，外商直接投资扩大了对

① 王剑：《外商直接投资对中国就业效应的测算》，载于《统计研究》2005 年第 3 期。
② 王志乐主编：《2005 跨国公司中国报告》，中国经济出版社 2005 年版，第 193 页。

熟练劳动力、专业技术人才以及高层次管理人才的需求，刺激和促进了我国的人力资本投资，从而对提升我国从业者的技术和业务素质具有显著的积极作用。从就业的区域结构来说，一方面，外商直接投资促进了熟练劳动力和优秀人才向东部沿海地区集中，以适应其生产经营和资本扩张的需要；另一方面，也导致中西部地区大量熟练劳动力和优秀人才的流失，从而加剧了我国地区经济发展的不平衡。

（五）推动中国经济体制改革

我国经济体制改革的目标是建立社会主义市场经济体制。社会主义市场经济体制是社会主义社会的基本经济制度与市场经济运行机制的有机结合。改革开放以来，我国吸收和利用外商直接投资的规模逐步扩大，有力地推动了我国的经济体制改革。

一是促进了我国所有制结构和个人收入分配制度的深刻变化。改革开放以前，我国所有制结构基本上是公有制"一统天下"，非公有制经济的比重微乎其微，严重阻碍了生产力的迅速发展。改革开放以来，我国在积极发展个体经济、私营经济的同时，大力吸收和利用外商直接投资。目前，我国累计实际使用外商直接投资已超过6000亿美元；外商直接投资企业工业增加值占我国工业增加值的近30%，消费品销售总额占我国消费品销售总额近20%，出口商品总额占我国出口商品总额近60%，纳税额超过我国税收总额的20%。与外商直接投资的不同所有制形式相适应，外商直接投资企业实行多元化的个人收入分配制度。在外商独资企业实行按生产要素分配原则；在中外合资和中外合作经营企业，相对于中方企业的不同所有制性质，则或者实行按劳分配和按生产要素分配相结合的分配制度，或者实行按生产要素分配。可见，外商直接投资促进了我国所有制结构和个人收入分配制度的多元化。

二是推动了我国现代产权制度和现代企业制度的建立和完善。现代产权制度是现代企业制度的基石。无论是现代产权制度还是现代企业制度，都是社会化大生产和市场经济发展的客观要求。我国吸收和利用外商直接投资，特别是吸收欧盟、美、日等发达国家大型跨国公司的投资，有利于我国学习与借鉴国外在现代产权制度和现代企业制度方面的成功做法和有益经验，推动我国建立和完善现代产权制度，推动我国其他企业特别是国有大中型企业实行公司制股份制改革，健全和完善公司治理结构。

三是推动了我国的市场体系建设。改革开放以来，外商直接投资企业异军突起，不仅促进了国有、集体企业市场主体地位的确立，也明显加剧了竞争的深度、广度和强度，促进了国内商品、要素市场的形成和发展及其与国际市场的衔接。目前，在我国生活资料和生产资料的商品价格中，市场调节价格所占的比重已占90%左右。我国进出口贸易的关税和非关税壁垒明显减少，外贸依存度大幅上升，利率市场化步伐加快，市场在资源配置中已经发挥了基础性作用。

四是促进了我国宏观调控方式的转变。与外商直接投资和建立社会主义市场经济体制的要求相适应，我国的宏观调控方式也逐渐由原来的直接调控为主转变为间接调控为主，更多地采用经济和法律手段。此外，外商直接投资还直接或间接地推动了我国劳动、人事、财税、外贸、投资、金融等体制的改革和法制建设，显著增强了广大人民的开放意识和竞争观念，加速了我国经济市场化、国际化进程。

二、外商直接投资对中国经济的消极影响

外商直接投资既对我国经济具有占主导方面的重要积极作用，也存在不容忽视的消极影响。后者主要表现在三个方面。

（一）明显削弱中国内资企业的自主创新能力

改革开放以来，我国大力吸收和利用外商直接投资，对我国某些内资企业提升自主创新能力具有积极作用。其主要表现是在外资进入、外企林立、国际竞争和国内竞争融为一体且显著加强的态势下，海尔、华为、奇瑞等一批内资企业"奋袂而起"，自主创新，打造出一批具有自主知识产权并在国内外市场占有一定份额的名牌产品。换言之，一方面，外商直接投资对我国某些内资企业自主创新能力产生的积极作用，是通过加剧竞争和这些内资企业正确有效应对来间接地实现的；另一方面，在大规模吸收和利用外商直接投资的同时，我国许多内资企业的自主创新能力明显削弱。

外商直接投资与我国内资企业增强自主创新能力具有利益上的矛盾。外商直接投资的根本目的是获取长期稳定的高额利润。为此，外商要最大限度地垄断技术和市场，打败竞争对手；而绝不是要培植竞争对手，增强我国内资企业的自主创新能力，陷自身于不利或败北的境地。外商直接投资主要通过三条途径削弱我国内资企业的自主创新能力。一是在技术、质量、规模悬殊的情况下，绕过关税壁垒，在我国就地生产，低价竞销，打垮内资企业。柯达公司在较短时间内占领了我国大部分彩色胶卷市场，即是一个佐证。二是遏制合资企业开发新产品或新技术。在中外合资企业，由于引进并采用外方的产品技术，只有生产许可权而没有产品设计确认权，因而无须也不能对外方的产品技术进行任何修改和创新。我国不少国有企业在与外商合资的过程中，原有的研发机构被大卸八块，技术力量大量流失。据对 120 家中外合资企业的调查，设立研发机构的企业仅占 51%。[①]三是外商直接投资企业特别是外商独资或外商控股企业，以较为优厚的薪水和待遇"挖走"我国许多优秀人才，为外商直接投资企业特别是为大型跨国公司服务。有关统计表明，我国最优秀人才的 40%、优秀人才中的45.7% 都流向了外商直接投资企业或大型跨国公司在华设立的研发机构，从而导致内资企业和国内相关单位自主研发力量的巨大损失。[②]

我国官方或研究机构提供的某些重要经济数据也表明，近年来我国企业特别是内资企业自主创新能力总体来看明显削弱：（1）我国大中型工业企业中，拥有研发机构的企业所占的相对比重逐渐下降。这一比重 2000 年为 28.5%，2002 年为 25.3%，2004 年则降至 23.4%。[③]（2）我国大中型企业的研究开发经费只占销售额的 0.39%，即使是高新技术企业的研究开发经费也只占销售额的 0.6%，这个比例尚不足发达国家的 1/10。[④]（3）我国大中型工业企业技术引进经费支出与消化吸收经费支出的比例严

---

① 黄志勇、王玉宝：《FDI 与我国产业安全的辩证分析》，载于《世界经济研究》2004 年第 6 期。

② 董书礼：《跨国公司在华设立研发机构与我国产业技术进步》，载于《中国科技论坛》2004 年第 2 期。

③ 中华人民共和国国家统计局编：《中国统计年鉴（2005）》，中国统计出版社 2005 年版，第 716 页。

④ 陈至立：《提高自主创新能力　建设创新型国家》，载于《经济日报》2005 年 11 月 6 日。

重"倒挂"。我国这一比例 2000 年为 1∶0.074，2002 年为 1∶0.069，2003 年为 1∶0.067。① 而日本和韩国在工业化成长时期，这一比例则为 1∶5 ~ 1∶8。日本和韩国的许多企业高度重视并以数倍的投入对引进技术进行消化吸收和创新，而我国许多企业则恰恰相反。日本和韩国的许多企业走的是引进——创新之路，而我国的许多企业则陷入了引进——落后——再引进——再落后的怪圈。（4）在高技术产业专利申请方面，外商直接投资企业所占的比重已经反超国有企业。1995 年，国有企业高技术产业专利申请为 475 件，外商直接投资企业为 50 件，分别占全国高技术产业专利申请总数的 77.6% 和 8.29%；到 2001 年，国有企业高技术产业专利申请为 575 件，外商直接投资企业为 795 件，分别占全国高技术产业专利申请总数的 17% 和 23.5%②。（5）我国对外技术依存度高达 50% 以上，产业发展的主导技术基本上依靠国外。我国大中型工业企业技术引进费用支出与购买国内技术费用支出的比例，2000 年为 1∶0.108，2002 年为 1∶0.115，2003 年为 1∶0.134，2004 年为 1∶0.190。③ 我国制造光纤、集成电路、石油化工、轿车和数控机床的装备，依赖进口的比率分别达到 100%、85%、80%、70% 和 70%。当然，我国内资企业自主创新能力总体上明显削弱，也是多因一果。除了受外商直接投资的负面影响之外，我国较长时期在发展战略、科技投入以及相关的体制、机制等方面存在的诸多问题和缺陷，也是造成这种状况的重要原因。

（二）对中国民族经济形成强烈冲击

外商直接投资长时期大规模地进入我国，必然加剧外资经济与我国民族经济的激烈竞争和反复较量。外商直接投资凭借其资金、技术、管理、品牌、规模等垄断优势，通过"绿地投资"和并购我国内资企业，控制了

---

① 中华人民共和国国家统计局编：《中国统计年鉴（2005）》，中国统计出版社 2005 年版，第 716 页。

② 中国工程院课题组：《技术创新和高技术产业发展研究》，见马凯主编：《"十一五"规划战略研究》，北京科学技术出版社 2005 年版，第 886 页。

③ 中华人民共和国国家统计局编：《中国统计年鉴（2005）》，中国统计出版社 2005 年版，第 716 页。

我国的某些行业和市场，大量"消灭"我国民族品牌产品，通过合法或不正当手段吞食我国内资企业特别是国有资产，已经对我国民族经济发展产生了显著的负面影响。

1. 控制了我国某些行业和市场

经过二十多年的迅速扩张，外商直接投资企业在我国某些行业和市场中已占绝对优势。其中，有两个特点值得高度关注。一是外商直接投资企业在我国的幼稚产业抢先建立大企业。例如，在电子与通信设备制造业中的移动通讯、光通讯、卫星通讯等产品的生产和销售上，外商直接投资企业已占到90%以上的份额。二是外商直接投资企业在我国某些盈利率高、市场前景广阔的支柱产业和战略产业实行垄断。以汽车业为例，世界著名跨国公司都已抢滩我国，通过与我国汽车行业"领头羊"合资或对之进行并购等方式，基本上控制了我国的汽车市场。目前，9家外商直接投资汽车企业在我国轿车市场所占的份额已高达95%。再如高新技术产业。目前，外商直接投资企业高新技术产品出口额占我国高新技术产品出口总额的比重近90%。可见，我国高新技术产业目前已基本上被外商直接投资企业所掌控。

2. 大量民族品牌产品相继被挤出市场

外商直接投资企业利用其种种垄断优势，加之在我国实行本土化生产的劳动力低成本优势，与我国内资企业进行激烈竞争，迫使我国大量民族品牌逐渐退出市场。外商直接投资企业在这方面主要采用三种方式：（1）竞争式淘汰。外商直接投资企业凭借其品牌产品的质量和服务优势，将我国一些民族品牌产品淘汰出局。（2）"冷冻"式淘汰。外资在与中方企业合资时收购了中方原有的名牌商标，但并不使用，蓄意"冷冻"。合资企业的产品只使用外方的商标。最后，导致中方原有的名牌产品在市场上销声匿迹。（3）"下滑"式淘汰。外资在与中方企业合资时，要求中方将名牌商标转让给合资企业。然后，利用中方原有的销售渠道主要销售外方商标的产品，少量销售中方商标的产品。一旦外方商标的产品在市场上站稳脚跟，则立即停止生产和销售中方商标的产品。

3. 导致国有资产大量流失

在外商直接投资过程中，通过种种合法或非法、直接或间接的方式，导致我国国有资产大量流失：（1）高值低估。外资在与国有企业进行合资或对国有企业进行并购的过程中，由于对国有资产评估很不规范，往往低估国有资产，特别是漏估国有企业原有的品牌、商业信誉等无形资产，从而使国有资产蒙受巨大损失。（2）偷税、漏税、逃税、骗税。许多外商直接投资企业程度不同地存在着偷、漏、逃、骗税问题。特别是不少外商直接投资企业通过在跨国公司内部高价进口、低价出口等转移价格方式，"假亏损、真避税"。据国家税务总局有关人士估计，近年来，外商直接投资企业通过转移价格给我国每年造成的税收损失就超过 300 亿元。[①]（3）某些地方政府的"非理性"馈赠。除中央政府对外商直接投资企业统一规定的税收优惠政策之外，不少省、市的地方政府为了追求招商引资的"政绩"，竟擅自规定了有关土地无偿使用和税收减免等方面的一些"土政策"，从而使国家利益遭受严重损失。此外，在外资与内资企业特别是与国有企业进行合资的过程中，往往是对其精华部分进行合资，而将劣质资产、沉重债务、亏损业务、老弱病残和冗员等统统推给老企业。这样，不仅在增强外商直接投资企业竞争力的同时削弱了内资企业的竞争力，而且也增加了我国地方政府在财政支出和安排就业方面的压力。

4. 加剧资源短缺，恶化生态环境

在我国外商直接投资企业中，有一部分是属于高物耗、高能耗、高污染企业。尽管这些企业对我国经济发展具有一定的积极作用，但其给我国资源消耗和环境破坏带来的负面影响不可低估。仅就高污染企业而言，根据 1995 年第三次全国工业普查提供的有关数据，外商投资于 PIIS（指在生产过程中若不加以治理便会直接或间接产生大量污染物的产业）的企业有 16998 家，投资于 MPIIS（指严重污染密集型产业）的企业有 7487 家，其工业产值分别为 4153 亿元和 1984 亿元，就业人数分别为 295.5 万人和 118.6 万人。外商在华设立这些高物耗、高能耗和高污染企业，实际上是将发达国家和新兴工业化国家和地区的某些高物耗、高能耗、高污染产业转移到我国，不仅加剧了我国资源短缺的状况，恶化了我国的生态和社会环境，而且也严重危害企业职工和附近居民的身体健康，从而不利于我国

---

① 石华：《外企流失数百亿税收》，载于《环球时报》2004 年 7 月 7 日。

经济的可持续发展。

5. 加剧了我国地区经济发展的不平衡

外商在华直接投资的地区分布具有明显的非均衡特征。从表 4 可以看出，截至 2004 年，我国东部地区累计批准的外商直接投资项目总和、合同利用外商直接投资总额和实际使用外商直接投资总额分别为全国的 82.43%、86.78% 和 86.25%，堪称"一花独秀"；中部地区明显落后，分别为 11.04%、7.69% 和 9.16%；西部地区则比重很低，分别为 6.53%、5.53% 和 4.59%。这种非均衡格局的出现，既与我国在较长时间内实行的由东向西、由沿海到内地的梯度开放战略有关，更与东部地区具有的人才、技术、基础设施、产业集聚和区位等优势有关。尽管我国政府近年来大力实施西部大开发战略，利用优惠政策鼓励外商更多地向中西部特别是向西部地区投资，但却未见明显成效。外商直接投资的区位选择与我国政府的政策导向具有明显的矛盾，不仅加剧了我国地区之间经济发展的不平衡和居民收入差距的扩大，而且也进一步促使西部、中部地区的一些人才和资金向东部地区"倒流"。

表 4   截至 2004 年中国东、中、西部地区利用外商直接投资情况

地　区	项目数 （个）	比重（%）	合同外资金额 （亿美元）	比重（%）	实际使用外资 金额（亿美元）	比重（%）
东部地区	419505	82.43	9515.89	86.78	4848.13	86.25
中部地区	56195	11.04	843.39	7.69	514.70	9.16
西部地区	33241	6.53	606.81	5.53	258.17	4.59
总　计	508941	100	10966.08	100	5621.01	100

资料来源：中华人民共和国商务部：《2005 中国外商投资报告》，第 211 页。

（三）对中国经济安全和基本经济制度构成较大威胁

近年来，在扩大对外开放的过程中如何维护国家经济安全的问题愈益引起党和政府的高度重视。然而，我国理论界和实际部门对国家经济安全

的内涵在认识上并不一致。其中，有两种提法值得重视。一种提法认为，国家经济安全是指一个国家的经济竞争力，抵御国内外各种干扰、威胁、侵袭的能力，以及国家经济得以存在并不断发展的国内、国际环境。[①]另一种提法则认为，国家经济安全是指一个国家在经济发展过程中能够有效地消除和化解潜在风险，抗拒外来冲击，以确保国民经济持续、快速、健康发展，确保国家经济主权不受分割的一种经济状态。[②] 吸收上述两种提法的长处，笔者认为，国家经济安全是国家安全的经济基础，具体表现为一个国家具有较强的经济竞争力和及时消除与化解潜在或现实的内部和外来经济风险的能力，国民经济长期保持较快和健康发展的态势。国家经济安全的核心内容是国家的经济主权不受分割，经济自主性得以实现，基本经济利益得到保障。

按照上述对国家经济安全概念的理解，前已述及的外商直接投资导致的负面效应如我国内资企业自主创新能力总体弱化、许多关键技术和一些重要行业被外国跨国公司所控制、民族品牌大量消失、国有资产大量流失等都严重影响了我国的经济安全。不仅如此，随着我国金融市场的全面开放，资金雄厚、管理先进、装备精良、竞争力强的外资金融机构的大规模进入将对我国金融安全构成严重威胁。它不仅增加了我国金融调控的难度，而且还使我国许多国有和非国有银行面临巨大的生存和发展危机。在我国全面入世之前（即我国加入 WTO 后过渡期结束之前），外商直接投资已经给我国经济安全带来了严重影响；当我国全面入世之后，外商直接投资持续地大量增加，无疑使我国经济安全面临更为严峻的挑战。与此同时，外商直接投资持续地大规模增加，在经济全球化和国际投资自由化趋势的大背景下，也对我国现阶段的基本经济制度提出了尖锐的挑战。我国现行《宪法》规定，我国社会主义初级阶段的基本经济制度是公有制为主体、多种所有制经济共同发展。社会主义公有制为主体、国有经济为主导，始终是我国经济体制改革的一条基本原则。然而近些年来，我国公有制的主

---

① 陈继勇等著：《国际直接投资的新发展与外商对华直接投资研究》，人民出版社 2004 年版，第 509 页。

② 王朝才等：《世界经济全球化与中国经济安全》，见胡元梓等主编：《全球化与中国》，中央编译出版社 1998 年版，第 180 页。

体地位和国有经济的主导地位在一定程度上均有所削弱和动摇。

首先，从公有制的主体地位来考察。如果排除国有经济和集体经济拥有的资源性资产，在我国目前的社会净资产（含经营性净资产和行政事业性净资产）中，公有制经济即国有经济和集体经济的净资产约占 2/3，非公有制经济即外资经济、私营经济和个体经济的净资产约占 1/3。[①] 如果从经营性净资产的角度考察，两者之间的差距会明显缩小，但公有经营性净资产在社会经营性净资产中仍占主体地位。然而必须看到，尽管改革开放以来我国公有经营性净资产的绝对量和公有制经济的增加值都在显著增加，但其在社会经营性净资产和社会增加值中的相对比重却在明显下降。对比分析我国工业领域的相关数据，这种情况就会更加清楚（见表 5 和表 6）。

表 5　　　　　　　1998～2004 年中国国有及国有控股工业企业和
外商直接投资工业企业资产情况

年份	国有及国有控股工业企业			外商直接投资工业企业		
	资产总计（亿元）	负债合计（亿元）	负债率（%）	资产总计（亿元）	负债合计（亿元）	负债率（%）
1998	74916.27	48144.41	64.26	21326.95	12481.58	58.52
1999	80471.69	49877.69	61.98	23018.92	13287.86	57.73
2000	84014.94	51239.61	60.99	25714.06	14658.92	57.01
2001	87901.54	52025.60	59.19	28354.46	15558.91	54.87
2002	89094.60	52837.08	59.30	31513.76	17136.03	54.38
2003	94519.79	55990.53	59.24	39260.26	21763.06	55.43
2004	101593.74	60291.23	59.35	47951.13	26886.09	56.07

资料来源：根据中华人民共和国国家统计局编：《中国统计年鉴（2005）》提供的相关数据计算整理。

---

① 此数据系笔者根据我国政府有关部门通过多种途径公布的零散相关数据综合概算而成。

表6　　　　2000～2005 年中国规模以上工业企业增加值主要分类情况　　单位：亿元

分类	2000 年	2001 年	2002 年	2003 年	2004 年	2005 年
全国工业企业增加值	25394.8	28329.4	32994.8	41990.2	54805.1	66425
国有及国有控股工业企业增加值	13777.7	14652.1	15935.0	18837.6	23213.0	26063
集体工业企业增加值	3071.6	2615.5	2552.5	2551.7	2877.4	2581
外商直接投资企业工业增加值	6090.4	7128.1	8573.1	11599.6	15240.5	18977
私营工业企业增加值	1318.5	2174.4	3255.8	5378.8	8290.0	11807

　　资料来源：根据中华人民共和国国家统计局编：《中国统计年鉴（2005）》和中华人民共和国国家统计局发布的我国《2005 年国民经济和社会发展统计公报》提供的相关数据计算整理。

　　从表5可以看出，1998～2004 年，国有及国有控股工业企业净资产总额增长了 54.28%，而外商直接投资工业企业净资产总额却增长了 138.15%，从而两者净资产总额的相对比例由 1998 年的 3.03∶1 缩小为 2004 年的 1.96∶1；国有及国有控股工业企业的负债率趋向下降，但仍高于外商直接投资工业企业的负债率。从表6可以看出：（1）2000～2005 年，国有及国有控股工业企业增加值虽然有了显著增长，但其在全国规模以上工业企业增加值中的相对比重已由 2000 年的 54.25% 降至 2005 年的 39.24%；（2）国有及国有控股工业企业和集体工业企业增加值占全国规模以上工业企业增加值的比重，已由 2000 年的 66.35% 降至 2005 年的 43.12%；（3）外商直接投资工业企业和私营工业企业增加值在全国规模以上工业企业增加值中所占的比重，已由 2000 年的 29.2% 升至 2005 年的 46.34%，超过了 2005 年国有及国有控股工业企业和集体工业企业增加值所占的比重（43.12%）；（4）2000～2005 年，外商直接投资工业企业增加值明显超过私营工业企业增加值。尽管外商直接投资工业企业并非完全属于外资经济，国有控股工业企业也并非完全属于国有经济，但表5与表6所反映的现状和趋势对我国公有制主体地位的影响是显而易见的。

　　其次，从国有经济的主导作用角度来考察。国有经济的主导作用，即国有经济控制国民经济命脉，对经济发展起主导作用。中共十五大报告提出：国有经济的主导作用，主要体现在控制力上。一般认为，国有经济的主导作用主要体现在四个方面：（1）国有经济在关系国民经济命脉的重要行业和关键领域占支配地位，支撑、引导和带动整个社会经济的发展，在实现国家宏观调控目标中发挥关键作用；（2）国有经济应保持必要的数量，但更要注重在整体分布上的优化和经济、技术、管理素质等方面质的提高和影响力的扩大；（3）国有经济对国民经济控制力的发挥，既要通过国有独资企业的作用来实现，更应通过大力发展由国家控股或参股的混合所有制形式的企业来实现；（4）国有经济在国民经济中的主导作用，在国家经济发展的不同阶段，在不同的产业和地区，可以有所差别。党的十五届四中全会通过的《关于国有企业改革和发展若干重大问题的决定》进一步提出，国有经济需要控制的行业和领域主要包括涉及国家安全的行业，自然垄断的行业，提供重要公共产品和服务的行业，支柱产业和高新技术产业中的重要骨干企业。从我国近年来的实际情况来看，国有经济基本上能够发挥对国民经济的主导作用。但是，在某些重要行业和关键领域以及关系国计民生的重点企业（例如在汽车业、高新技术产业的许多重要骨干企业）中，国有经济则已经或正在逐步丧失控制力。随着外商直接投资在我国的进一步发展，近年来业已凸显的外商"独资化"、外资"控股化"趋势可能会进一步强化，其并购我国重要行业国有大中型企业的规模也可能会持续扩大。从而，我国国有经济无论在数量、素质、分布和控制力等方面都将面临激烈竞争和严峻挑战。

三、新时期中国应对外商直接投资的战略措施

我国现正处于一个新的历史起点。在经济全球化迅猛发展的条件下，宝贵机遇与尖锐挑战并存。在全面建设小康社会的新时期，我国应对外商直接投资的战略措施，必须着眼于社会主义现代化建设的宏伟目标，必须坚持科学发展观和"五个统筹"的基本要求，必须正视和利用较长时期内国际直接投资自由化的发展趋势，必须基于我国已是世贸组织成员这一客观现实。为此，我国应主要做好三项工作。

（一）实施以自主创新为基点的科技发展战略

我国政府制定的《国家中长期科学和技术发展规划纲要（2006～2020年）》中明确提出"自主创新、重点跨越、支撑发展、引领未来"。这既是我国新时期科技发展的指导方针，也是我国新时期的科技发展战略。自主创新，就是从增强国家创新能力出发，加强原始创新、集成创新和引进消化吸收再创新。重点跨越，就是坚持有所为、有所不为，选择具有一定基础和优势、关系国计民生和国家安全的关键领域，集中力量、重点突破，实现跨越式发展。支撑发展，就是从现实的紧迫需求出发，着力突破重大关键、共性技术，支撑经济社会的持续协调发展。引领未来，就是着眼长远，超前部署前沿技术和基础研究，创造新的市场需求，培育新兴产业，引领未来经济社会的发展。这一发展战略是我国半个多世纪科技事业发展实践经验的正确总结，也是面向未来、实现中华民族伟大复兴的重要选择，必须贯穿于我国科技事业发展的全过程。

在我国新时期科技发展战略中，自主创新置于首位。自主创新，并不是闭关自守搞创新。在世界科技革命飞速发展的时代，完全依靠本国的知识、经验和技术而不借鉴和吸收国外的知识、经验和技术，自主创新只能是事倍功半。同时，自主创新与引进先进技术和吸引外商直接投资也并不是对立的，处理得好则可以促进本国的自主创新。因此，我们所说的自主创新是开放型的自主创新。然而，在我国新时期的科技事业发展中，对于自主创新这一基石或战略主线决不能有丝毫动摇。一方面，自主创新能力是国家和企业竞争力的核心；另一方面，在关系国计民生和国家安全的战略领域，真正的核心技术、关键技术是买不来的，必须依靠自主创新。缺乏自主创新能力，缺乏具有自主知识产权的核心技术与关键技术，我国在国际产业分工中就会永远被锁定在低技术、低附加值的层次，经济安全和国家安全就会受到极大的威胁，甚至会成为发达国家的技术殖民地和经济附属国。因此，实施以自主创新为基点的科技发展战略，不仅是我国积极应对当代国际竞争的客观要求，也是我国追求自立自强的民族意识的必然体现。

与我国新时期科技发展战略相适应，我国必须把技术进步的主要立足点由一段时期以来依赖国外技术逐步转移到开放型自主创新上来。换言之，我国技术进步要逐步实现由外源性技术进步为主向内源性技术进步为主转变。我国技术进步的基本路径，应该以自主创新与引进先进技术、吸收和利用外商直接投资相结合。具体来说，大体通过五条途径：（1）以创新获技术。通过独立或联合攻关实现自主创新，获得我国经济和社会发展所需要的关键技术、核心技术、共性技术和前沿技术，为全面建设小康社会提供强有力的技术支撑。到 2020 年，我国对外技术依存度要从目前的超过 50% 降至 30% 以下，本国人发明专利年度授权量要达到世界前 5 位。（2）以竞争获技术。在与海外跨国公司的竞争中，大力提升内资企业的技术水平，迫使海外跨国公司在华直接投资采用先进技术，发挥其技术外溢效应。（3）以引进获技术。在较长时期内，引进海外的先进和适用技术，仍是我国技术进步的重要途径。（4）以市场换技术。积极吸收和利用能够带来先进或适用技术的外商直接投资，并逐步提高其市场准入的技术门槛。（5）以优惠换技术。以一定的优惠政策吸引外商投资于我国急需发展的某些产业，提升我国的产业技术水平。在上述五种途径中，自主创新从近中期来看应处于主导地位，从长期来看则应逐步处于主体地位，而其他途径则处于重要地位。这种以自主创新为基点"五位一体"的技术进步基本路径格局，坚持了内外因关系的辩证统一，对于调整我国产业结构与转变经济增长方式具有关键意义，是实现我国由制造大国向创造大国、经济大国向经济强国转变的必然选择。

为实现以自主创新为基点的技术进步，我国应主要做好四项工作：（1）在全社会范围内铸就自主创新的民族之魂。创新是民族进步之魂，国家兴旺发达之本。在实现工业化和现代化的征途上，我国的基本国情决定了既不能走中东某些国家"自然资源输出型"的发展道路，也不能走拉美某些国家"经济依附型"的发展道路，而只能走创新型国家的发展道路。我国已经把自主创新确定为国家战略，把建成创新型国家作为 21 世纪头 20 年的重要奋斗目标，就必须大力增强民族意识和创新理念，努力转变和克服局部存在的妄自菲薄、崇洋媚外、不求进取的错误思想和糊涂观念，进一步激发全体社会成员的创新活力。（2）加速确立企业在技术创新中的主体地位。企业是市场主体和法人实体，也是技术创新的主体。目前，我国绝大多数企业尚未确立技术创新的主体地位。应学习深圳市"4个90%"（即90%的研发人员在企业，90%的科技投入来自于企业，90%的专利产生于企业，90%的研发机构设在企业）的成功经验，使企业特别是大中型企业逐步成为技术创新的投资主体、研究开发主体和科技成果应用主体。对此，国家应从财税、金融等方面给予优惠和扶持。（3）加快国家创新体系建设。一要建设以企业为主体、市场为导向、产学研相结合的技术创新体系；二要建设科学研究与高等教育有机结合的知识创新体系；三要建设军民结合、寓军于民的国防科技创新体系；四要建设各具特色和优势的区域创新体系；五要建设社会化、网络化的科技中介服务体系。应该强调指出，在建设国家创新体系的过程中，政府必须发挥十分重要的作用。首先，中央和地方政府要按照《中华人民共和国科学技术进步法》的要求，保证科技经费的增长幅度明显高于财政经常性收入的增长幅度，逐步提高国家财政性科技投入占国内生产总值的比例。通过企业和政府等多方面的努力，使我国研究开发投入占国内生产总值的比例由2004年的1.35%提升到2010年的2%和2020年的2.5%以上。与此同时，要通过科技体制改革和优化投入结构，提高科技经费的使用效益。其次，要在充分体现市场配置科技资源基础性作用的同时，积极发挥社会主义制度能够集中力量办大事的优势。要像当年实施"两弹一星"工程和近年来实施载人航天工程那样，由政府组织协调社会各方面的力量，实施若干重大专项并力争取得突破，实现以科技发展的局部跃升带动生产力的跨越发展，并填补国家战略空白。最后，要实施促进自主创新的政府采购，制定并实施知识产权战略和技术标准战略，促进高新技术产业化和先进适用技术的推广。（4）要创造良好环境，培养造就富有创新精神的人才队伍。人才资源是最重要的战略资源。要实施人才强国战略，深化教育改革，加强素质教育，充分发挥教育在创新型科技人才培养中的重要作用，加快培养造就一批具有世界前沿水平的高级专家和中青年科技领军人物，大力支持企业培养和吸引科技人才，积极吸引海外高层次优秀人才和优秀留学人才来华或回国工作，努力构建有利于创新型科技人才成长的文化环境。

（二）积极合理安全有效地利用外商直接投资

吸收和利用外商直接投资本身并不是目的。我国吸收和利用外商直接投资的主要目的在于提升国内产业结构、技术和管理水平，充分利用劳动力资源丰富的优势，促进我国社会主义现代化建设。与此同时，基于外商直接投资存在明显的负面效应，我国在吸收和利用外商直接投资的过程中必须十分注意维护国家经济安全和基本经济制度。因此，我国应本着有利于提升我国产业结构、技术和管理水平，有利于充分利用我国劳动力资源优势，以及切实维护国家经济安全与基本经济制度的原则，积极合理安全有效地利用外商直接投资。为此，我国应主要做好以下四项工作。

1. 合理引导外商投资方向

要根据国民经济发展和产业优化升级的需要，动态调整与完善《外商投资产业指导目录》和《外商投资方向规定》。要把吸收和利用外商直接投资与产业结构调整、国企改革和区域经济协调发展紧密结合起来。要引导外资重点投向高技术产业、现代服务业、高端制造环节、基础设施和生态环境保护以及符合我国产业政策的劳动密集型项目。要在保护民族品牌的基础上，引导和规范外资参与内资企业特别是国有企业的改革改组改造。要引导外资更多地投向中西部地区和东北地区等老工业基地，发展这些地区的优势产业。要鼓励外商直接投资企业进行技术创新，增强配套能力，延伸产业链。要鼓励跨国公司在我国设立地区总部、研发中心、采购中心和培训中心，推动外商直接投资企业与内资企业在技术开发、资源采购和市场开拓等方面开展合作。

2. 实行利用外资方式多样化

除继续采用外商独资、中外合资和中外合作经营三种基本形式的外商直接投资之外，还要支持更多的国有大型企业和有实力的民营企业在境外上市。鼓励外商风险投资公司和风险投资基金来华投资，鼓励具备条件的境外机构参股国内证券公司和基金管理公司。努力用好国际金融组织和外国政府提供的贷款和国际商业贷款，允许具备条件的金融机构和企业在境外融资。

3. 对外商直接投资企业实行国民待遇

对外商直接投资企业实行国民待遇，既是世贸组织规定的一条基本原则，也是我国对外经济体制改革的一项重要内容。长期以来，我国对外商直接投资企业实行的政策实质上是超国民待遇、国民待遇和次国民待遇三者并存，以超国民待遇为主。目前，我国对外开放已进入新的发展阶段，这种状况应该而且必须逐步改变。对外商直接投资企业实行国民待遇，要根据我国国情和国际惯例有步骤分阶段进行。近期，我国应重点调整涉外税收优惠政策，大幅减少对外商直接投资企业的超国民待遇。一方面，要加快统一内外资企业所得税，促进内外资企业在同一起跑线上公平竞争；另一方面，要将涉外税收优惠政策由全面优惠制转变为特定优惠制。在国家鼓励发展和重点发展的产业和地区，继续对外商直接投资实行一定的优惠政策；在外商直接投资的一般项目上，逐步取消税收优惠政策。要加强对各地区涉外税收优惠政策的协调与管理，避免以提供过度优惠条件、损害国家利益的做法来吸引外商直接投资。要加强对外商直接投资企业的税收征管，尤其要采取有效措施尽量避免或减少跨国公司通过转移价格造成的税源流失。同时，要根据我国政府签署的入世协议和国内相关产业市场化程度，审慎稳妥地逐步开放金融、保险、电信、内贸、旅游等服务领域。

4. 切实维护国家经济安全和基本经济制度

首先，应合理调控外商直接投资规模，切实提高利用外商直接投资的质量和水平。目前，我国累计吸收和利用外商直接投资已超过 6000 亿美元，外商直接投资存量总值将近 3000 亿美元。从国际横向比较来看，我国外商直接投资存量占国内生产总值的比重略低于世界平均水平[①]，我国近些年来外商直接投资存量占国内固定资本形成总额的比重在世界平均水平上下徘徊[②]；然而，从国内横向比较来看，外商直接投资存量在我国经营性净资产中所占的比重已不算小。2005 年底，我国金融机构各项存款余额高达 30.02 万亿元，各项贷款余额为 20.68 万亿元，存贷差额高达近 10 万

---

① 王梦奎主编：《中国长期发展的重要问题（2006～2020年）》，中国发展出版社 2005 年版，第 153 页。

② 江小涓：《中国对外开放进入新阶段：更均衡合理地融入全球经济》，载于《经济研究》2006 年第 3 期。

亿元。① 据此，既不能盲目认为我国吸收和利用外商直接投资越多越好，也不能得出我国今后无须继续吸收和利用外商直接投资的简单结论。我国应综合考虑多方面的因素，将外商直接投资规模控制在加快社会主义现代化建设所需要与国家经济安全和基本经济制度能够承受的合理区间。与此同时，要着力提高利用外商直接投资的质量和水平。在外商直接投资统计指标和评价体系上，要重视考核外商直接投资的技术含量、就业贡献、资源消耗、环境保护等项质量指标，克服片面追求引资数量的错误倾向。

其次，应针对关系我国国民经济命脉的重要行业和关键领域的外商直接投资进行必要与合规的控制。近年来，随着我国进入入世后过渡期和外商直接投资规模的持续扩大，外商直接投资几乎已涉足我国所有的产业和部门。从维护我国经济安全和基本经济制度出发，国有经济应在关系国民经济命脉的重要行业和关键领域占支配地位，决不能让海外资本扼住我国经济的"咽喉"。根据中央文件的有关精神，我国应在涉及国家安全的行业、自然垄断的行业、提供重要公共产品和服务的行业以及支柱产业和高新技术产业中的重要骨干企业中，实行国有经济的完全控制、绝对控制和相对控制。为此，除了要通过深化改革、技术创新、布局调整等途径逐步壮大国有经济（特别是要打造一批具有自主知识产权、知名品牌和国际竞争力的国有或国有控股的大公司或大型企业集团）以外，还应根据我国国情和国际法制的诸多例外条款以及国际惯例，进一步修订《中外合资经营企业法》《中外合作经营企业法》《外资企业法》，制定《反垄断法》和外资并购管理办法，对外商直接投资在上述行业和领域中的流向、流量、企业股权比重等进行必要与合规的控制。在上述行业和领域（国家规定必须由国有经济完全控制的行业和领域除外），对外商直接投资的进入应严格审批，对外资在中外合资、中外合作经营企业中的股权比例应有所限制（原则上不能控股；行业和领域越重要，外资所占的比例就应越低），对外资并购我国国有大型企业特别是龙头企业应进行严格审查和控制，对中外合资、合作经营企业中的民族品牌应进行适度保护。在上述有的行业和领

---

① 中华人民共和国国家统计局：《2005 年国民经济和社会发展统计公报》，载于《经济日报》2006 年 3 月 1 日。

域中，外商在资本、品牌、市场上已占支配地位，我国应通过大力扶持国有重点企业或国有控股的大型企业集团、健全并实施相关法规等措施来尽可能地扭转局面。

最后，应逐步限制和禁止外商投资高能源、高物耗、不利于环境保护和我国经济可持续发展的项目。

（三）大力培育和发展有国际竞争力的中国跨国公司，加快实施"走出去"战略

当今世界，跨国公司已成为国际直接投资的主要载体。外商直接投资可以"引进来"，境内直接投资也可以"走出去"。改革开放以来的较长时期内，我国在国际直接投资方面偏重于"引进来"，这是有其客观必然性的。然而，这种局面不应长期保持不变，否则，势必造成资本和技术的单向流动和对境外资本与技术的严重依赖。我国只有在"引进来"的同时不断地"走出去"，实现"引进来"与"走出去"相结合的双向资本流动和良性循环，才能分享经济全球化和国际投资自由化趋势带来的积极成果，不断提升本国企业和本国经济的国际竞争力，逐渐跻身于世界强国之林。当前，我国实施"走出去"战略尚处于初级阶段，对外直接投资的规模较小，绩效较差，问题较多。就对外直接投资规模而言，截至 2005 年 8 月，我国累计非金融类对外直接投资仅有 477.1 亿美元①，明显滞后于我国经济发展水平。我国要大力实施"走出去"战略，全面参与国际竞争和世界范围的资源优化配置，逐步提高我国产品、企业和产业的国际化程度，构建我国企业的全球化研发、生产、销售和营运体系，根本途径在于打造一大批具有国际竞争力的跨国公司。为此，我国应主要做好三方面的工作。

一是加快建立和完善现代企业制度。国有大中型企业和有实力的民营企业要加快公司制股份制改革步伐，建立和完善"产权清晰、权责明确、政企分开、管理科学"的现代企业制度。国有大中型企业应进一步完善公司治理结构，强化激励与约束机制。

---

① 肖导：《我国"走出去"战略扩展到近 200 个国家和地区》，载于《经济日报》2006 年 2 月 7 日。

　　二是实行自主创新战略和人才战略。缺少具有自主知识产权的名牌产品和高素质人才，已成为我国企业实行"走出去"战略的两大瓶颈。我国对外直接投资企业应把自主创新确立为企业战略，大幅度增加研究与开发经费，着力培育和发展具有国际竞争力的自主品牌。同时，应广泛吸纳并合理使用跨国经营所需要的高级金融、科技、管理和法律人才。对于通晓或熟悉国际法和国际直接投资惯例、能够熟练运用外语处理国际直接投资业务和纠纷的高级复合型经营管理人才，更要积极招聘并委以重任。

　　三是实施科学的对外直接投资发展战略。我国对外直接投资企业应根据自身优势、投资动机、东道国投资环境和国际直接投资惯例等因素制定并实施科学的对外直接投资发展战略。一要实行市场多元化战略。目前，我国企业对外直接投资仍以亚洲国家和地区为主。随着我国企业国际竞争力的增强，对外直接投资可逐步拓展到更多的发展中国家和发达国家。从长远来看，我国企业对外直接投资要经历发展中国家为主——发展中国家与发达国家并重——发达国家为主三个阶段。二要实行投资类型多元化战略。对外直接投资一般包括自然资源导向型、生产要素导向型、市场导向型、交易成本节约型和研究开发型五种基本类型。我国对外直接投资企业可以根据主客观条件选择适宜的投资类型，并逐渐从国际产业分工价值链的低端向高端上移。三要实行投资方式多元化战略，从独资企业与合资企业划分的角度看，拥有特定优势和内部化特定优势的企业对外直接投资，可以采取独资企业方式；优势不明显的企业对外直接投资，可以采取合资企业方式。从新建投资（绿地投资）与跨国并购划分的角度看，跨国并购现已成为我国企业对外直接投资的主要方式，这与当今国际直接投资的主流方式是一致的。我国有些企业通过并购具有良好核心资产特别是具有良好技术、品牌和客户资源但经营困难的国外企业，提升了自身拥有核心技术的能力和全球品牌影响力。然而，国际经验表明，跨国并购也有许多失败的案例。因此，我国企业实行跨国并购要精细论证、周密筹划，稳妥推进。四要实行融资多元化战略。除了从母公司和母国资本市场解决资金缺口之外，还可以通过向东道国和国际银行借款、发展项目融资、进行国际融资租赁等途径筹措资金，而后者已逐渐成为国际直接投资中的通用方式。五要建立跨国战略联盟。建立跨国战略联盟有利于我国对外直接投资企业和世界优秀企业共同拓展并分享全球市场，优势互补，分担风险，提升国际竞争力。海尔集团和联想集团在这方面取得了成功经验，值得我国许多对外直接投资企业学习和借鉴。

加快实施"走出去"战略，还要转变对外承包工程增长方式，积极拓展对外劳务合作。与此相适应，我国要继续深化对外投资管理体制改革，不断提高对外投资便利化程度。

对"以市场换技术"方针与涉外税收超国民待遇的再思考[*]

——兼与赵中杰商榷

改革开放以来，我国吸收和利用外商直接投资所取得的显著成就与存在的主要问题，都与我国长期实行的"以市场换技术"方针和涉外税收超国民待遇密切相关。国内对此早已存在不同观点的争论，近年来这种争论则更有扩大和强化的态势。在我国对外开放进入新阶段的历史条件下，重新审视与客观评价"以市场换技术"方针和涉外税收超国民待遇，对于我国进一步调整科技发展战略和涉外税收政策，不断完善社会主义市场经济体制，促进国民经济持续快速协调健康发展，具有重大的现实意义。

一、我国应实施以自主创新为基点的科技发展战略

20 世纪 80 年代中后期，我国提出并开始实施"以市场换技术"吸引外商直接投资的方针。尽管我国理论界和实际部门对"以市场换技术"方针的含义并没有统一的界定，但其实质则是通过吸收和利用外商直接投资，向外商直接投资企业生产的海外品牌的产品出让国内（确切表述应为境内）市场的一定份额，来获取海外先进技术水平以提高国内技术水平。我国"以市场换技术"方针的确立，在当时主要是综合考虑三方面的因素。一是改革开放初期，我国总体技术水平相当落后。即使在技术装备相对"精良"的辽宁省国有企业中，技术水平达到世界先进水平的也只有 5％，大部分设备仍属于 20 世纪五六十年代的技术水平。因此，我国技术进步的任务相当艰巨。二是与从海外引进技术的另一种方式——技术贸易相比，

---

* 原载《经济学动态》2006 年第 9 期。

外商直接投资具有明显的优越性。外商直接投资是包括技术、资金、研究开发能力、管理、培训等一揽子生产要素整体推进的经营活动，能够为我国带来宝贵的"创造性资产"，还可以绕开引进成套技术和设备经常面临的外汇"瓶颈"。三是我国市场容量和发展潜力很大，这是我国吸引外商直接投资的一张"王牌"。据此，我国提出了"以市场换技术"的方针，并将通过外商直接投资来引进技术作为技术引进的典型方式。[①]

经过 20 年来的实践，我国实行"以市场换技术"方针确实取得了某些成效：（1）部分外商直接投资企业向我国转移了某些先进技术和成熟技术。据有关人员对 207 家英、美、德、日公司的一项调查表明，34% 的公司向我国转移了先进技术，其余 66% 的公司转移了成熟技术。而对大连部分合资企业的调查表明，26% 的中方经理认为获得了高级技术，48% 的中方经理认为获得了中级技术。[②]（2）在采用先进或较为先进技术的外商直接投资企业中，我国技术人员和技工确实提高了技术水平。（3）由于采用较为先进技术的外商直接投资企业特别是大型跨国公司的进入，导致国内市场竞争加剧，促使海尔、奇瑞、华为公司等某些内资企业通过自主创新"催生"了一些具有自主知识产权的新技术。从而，外商直接投资直接或间接地促进了我国技术水平的提高，推动了我国社会主义现代化建设。然而，在此必须明确：第一，技术转移与技术转让并不等同。前者一般是指技术应用场所的位移，而后者则是指技术所有权或经营权的让渡。第二，在采用先进或较为先进技术的外商直接投资企业工作的中方技术人员，只有"跳槽"到我国内资企业之后，才属于外商直接投资中一种典型的"技术外溢"。第三，某些内资企业在竞争推动下自主创新的先进技术是外商直接投资的间接效应，并不是外商直接投资的根本目的。可是，我国实行"以市场换技术"方针却付出了相当沉重的代价。仅就市场和技术而言，我国丧失了大量的民族品牌和市场份额，某些重要行业实际上被海外跨国

---

① 彭有轩著：《国际直接投资理论与政策研究》，中国财政经济出版社 2003 年版，第 88 页。
② 杨先明等著：《国际直接投资、技术转移与中国技术发展》，科学出版社 2004 年版，第 171 页。

公司所垄断①;在我国体制、机制和战略缺陷的综合作用下,内资企业从而整个民族的自主创新能力明显削弱,许多企业和部分行业的关键技术受制于人。② 由此,不能不引发我们对"以市场换技术"方针内在缺陷的深入思考。

其一,市场与技术并不是同一层次的范畴,技术重于市场。技术是根据生产实践经验和自然科学原理发展而成的各种工艺操作方法与技能。从广义来看,技术还包括与操作技能相应的生产工具和其他物资设备,以及生产的工艺过程或作业程序与方法。技术是生产要素,属于生产的范畴。而市场则是商品交换的场所、渠道和纽带,是商品生产者之间全部交换关系的总和。市场属于流通的范畴。尽管流通对生产有巨大的反作用,但从根本上说则是生产决定流通。在当今世界,科学技术是第一生产力。跨国公司拓展市场并在竞争中取胜的关键因素就是凭借其拥有的先进技术。因此,以出让部分市场份额来换取跨国公司先进技术的善良愿望在很大程度上难以实现。改革开放以来,海外大型跨国公司在华直接投资,通常只是向我国转移而非转让了某些先进技术和成熟技术,而对于其拥有的关键或核心技术则是既不转让,也不转移,牢牢控制在其母公司手中。

其二,西方经济学者关于国际直接投资的相关理论和国际直接投资的基本实践,与我国实行"以市场换技术"方针的初衷大相径庭。根据日本教授小岛清(K. Kojima)的边际产业扩张理论,发达国家对外直接投资应从本国已经处于或即将处于劣势地位的边际产业依次进行。这实际是主张发达国家仅仅应该输出比较落后或即将淘汰的技术。而根据美国教授维农(R. Vernon)的产品生命周期理论,处于产品创新阶段的技术是不会转移的,处于产品成熟阶段的技术一般会转移到其他发达国家或新兴工业化国

---

① 苏旭霞著:《国际直接投资自由化与中国外资政策》,商务印书馆2005年版,第245~249页;陈继勇等著:《国际直接投资的新发展与外商直接投资研究》,人民出版社2004年版,第507~508页。

② 根据陈至立在2005年11月6日《经济日报》上发表的《提高自主创新能力 建设创新型国家》一文中提供的数据,目前,我国2万多家大中型企业中有研发机构的仅占25%,有研发活动的仅占30%。大中型企业的研究开发经费只占销售收入的0.39%,即使高新技术企业也只占0.6%,这个比例尚不足发达国家的1/10。我国对外技术依存度高达50%以上,一些产业的关键技术掌握外国跨国公司手中。

家和地区，而处于产品标准化阶段的技术则可能在发展中国家寻找机会。从国际直接投资实践来看，发达国家的技术转移主要采取内部化方式，其基本路径是：发达国家母公司——在发达国家的子公司——在发展中国家的全资子公司——在发展中国家的控股子公司——在发展中国家的其他合资或合作子公司。有的学者在研究中发现：跨国公司对外部技术转让实行严格管理。为了保障自身的利益，跨国公司对关键技术和核心技术严格控制，使买方不能获得技术的核心内容。在买方并不构成竞争威胁的情况下，跨国公司一般只会出售成熟的技术和自己不能控制的技术。从而，通过外部市场获得先进新技术越来越困难，成本也越来越高。[①]

其三，"以市场换技术"方针低估了外商直接投资对我国内资企业自主创新能力的抑制效应。外商直接投资与我国内资企业增强自主创新能力具有利益上的矛盾。外商直接投资的根本目的是获取长期稳定的高额利润。为此，外商要最大限度地垄断技术和市场，打败竞争对手；而决不是要培植竞争对手，增强东道国内资企业的自主创新能力。从实际情况来看，外商直接投资主要通过三条途径削弱我国内资企业的自主创新能力。一是在技术、质量、规模悬殊的情况下，绕过关税壁垒，在我国就地生产，低价竞销，打垮内资企业。柯达公司在较短时间内就占领了我国大部分彩色胶卷市场，即是一个佐证。二是遏制合资企业开发新产品或新技术。在中外合资企业，由于引进并采用外方的产品技术，只有生产许可权而没有产品设计确认权，因而无须也不能对外方的产品技术进行任何修改和创新。我国不少国有企业在与外商合资经营的过程中，原有的研发机构被大卸八块，技术力量大量流失。根据对120家中外合资企业所进行的调查，设立研发机构的企业仅占51％。[②]三是外商直接投资企业特别是外商独资或外商控股企业，以较为优厚的薪水和待遇"挖走"我国许多优秀人才，直接为外商直接投资企业特别是为大型跨国公司服务。有关统计表明，我国最优秀人才的40％、优秀人才中的45.7％都流向了外商直接投资企业或大型跨国

① 杨先明等著：《国际直接投资、技术转移与中国技术发展》，科学出版社2004年版，第159页。
② 黄志勇、王玉宝：《FDI与我国产业安全的辩证分析》，载于《世界经济研究》2004年第6期。

公司在华设立的研发机构,从而导致我国内资企业和相关单位自主研发力量的巨大损失。①

其四,"以市场换技术"方针实际上是将外商直接投资带来的技术引进作为我国技术进步的主要途径,忽视了自主创新在我国技术进步中的关键作用。改革开放以前,我国在遭受国外技术封锁的极端困难的条件下依靠自主创新,取得了"两弹一星"的重大成就。改革开放以来,我国同样依靠自主创新在航天、纳米和生物技术等领域取得了举世瞩目的光辉成就。实践证明,引进技术和自主创新是一个国家技术进步的两大途径;从长远和全局的观点来看,我国应把自主创新作为技术进步的基本立足点和主要途径。然而,我国长期实行的"以市场换技术"方针在很大程度上忽略或轻视自主创新,不仅造成我国许多行业对国外技术的持续依赖,还使我国在国际产业分工和收益分配中处于不利地位,并对提升企业与国家的竞争力以及国家经济安全产生明显的负面影响。胡锦涛在2006年1月召开的全国科学技术大会上强调指出:"一个国家只有拥有强大的自主创新能力,才能在激烈的国际竞争中把握先机,赢得主动。特别是在关系国民经济命脉和国家安全的关键领域,真正的核心技术、关键技术是买不来的,必须依靠自主创新。"② 因此,我国必须对"以市场换技术"方针进行重大调整。

我国政府制定的《国家中长期科学和技术发展规划纲要(2006～2020年)》,明确提出"自主创新、重点跨越、支撑发展、引领未来"。这既是我国新时期科技发展的指导方针,也是我国新时期的科技发展战略。在这一新的科技发展战略中,自主创新置于首位。胡锦涛指出:"自主创新是国家竞争力的核心,是我国应对未来挑战的重大选择,是统领我国未来科技发展的战略主线,是实现建设创新型国家目标的根本途径。"③与此相适应,我国必须把技术进步的主要立足点由一段时期以来依赖海外技术逐步转移到自主创新上来。自主创新,并不是闭关自守搞创新。在世界科技革

---

① 董书礼:《跨国公司在华设立研发机构与我国产业技术进步》,载于《中国科技论坛》2004年第2期。

②③ 胡锦涛:《坚持走中国特色自主创新道路 为建设创新型国家而努力奋斗》,载于《人民日报》2006年1月10日。

命飞速发展的时代，完全依靠本国的知识、经验和技术而不借鉴和吸收国外的知识、经验和技术，自主创新只能是事倍功半。同时，自主创新与引进先进技术和吸引外商直接投资也并不是对立的，处理得好则可以促进本国的自主创新。因此，我们所说的自主创新是开放型的自主创新。笔者认为，我国技术进步的基本路径，应该是自主创新与引进先进技术、吸收和利用外商直接投资相结合。具体来说，大体上通过五种途径：（1）以创新获技术。通过逐步确立企业技术创新的主体地位和加强国家创新体系建设，实现自主创新即原始创新、集成创新和引进消化吸收再创新。通过自主创新，着力突破关键技术和共性技术，为全面建设小康社会提供强有力的技术支撑。按照我国政府制定的《国家中长期科学和技术发展规划纲要（2006～2020年）》的要求，到2020年，我国对外技术依存度要从目前的超过50%降至30%以下，本国人发明专利年度授权量要达到世界前5位。（2）以竞争获技术。在与海外跨国公司的竞争中，通过制度创新、管理创新和增加科技投入，大力提升内资企业特别是大中型内资企业的技术水平，迫使海外跨国公司在华直接投资更多地采用先进技术，进一步发挥其技术外溢效应。（3）以引进获技术。在较长时期内，引进海外的先进和适用技术，仍是我国技术进步的重要途径。（4）以市场换技术。积极吸收和利用能够带来先进或适用技术的外商直接投资，并逐步提高其市场准入的技术门槛。（5）以优惠换技术。以一定的优惠政策吸引外商投资于我国急需发展的某些产业，提升我国产业技术水平。在上述五种途径中，自主创新从近中期来看应逐步处于主导地位，从长期来看则应逐步处于主体地位，而其他途径则处于重要地位。这种以自主创新为基点五位一体的技术进步基本路径格局，坚持了内外因关系的辩证统一，对于调整我国产业结构与转变经济增长方式具有关键意义，是实现我国由制造大国向创造大国、经济大国向经济强国转变的必然选择。

二、我国应在涉外税收中对外商直接投资企业逐步实行国民待遇

改革开放以来，我国对外商直接投资企业实行的政策待遇是以超国民待遇为主、以国民待遇和次国民待遇为补充的混合待遇制度。长期以来，

国内各界对我国外资政策存在较大争论，其焦点之一就是涉外税收超国民待遇即对外商直接投资企业实行税收优惠的问题。我国涉外税收优惠是外商直接投资企业享受超国民待遇的主要方面，主要包括所得税优惠、再投资退税、亏损补贴、减免关税和工商统一税（1994 年我国税制改革将工商统一税改为流转税），其核心是所得税优惠。我国涉外税收实行的超国民待遇，对于我国吸引和扩大外商直接投资确实起到了重大的积极作用。特别是 20 世纪八九十年代，在我国基础设施、经济体制、法制建设等投资环境相对较差的条件下，这种税收优惠对许多外商特别是港、澳、台商在中国内地直接投资具有相当大的吸引力。国内外不少学者对我国涉外税收优惠与外商直接投资的相关性进行了较为深入的研究，均认为我国涉外税收优惠对外商直接投资增长具有显著或积极影响。[①]

然而，围绕我国涉外税收超国民待遇问题进行争论的实质，并不在于其能否促进或扩大外商在华直接投资，而在于其所引致的社会收益和社会成本的比较。实际上，单纯通过数学方法来进行两者比较并试图得出精确结论是不可能的。因为，在这种比较中不仅涉及税金、资源等经济因素的数量问题，还涉及经济制度消长和意识形态变化等问题，而后者显然是无法通过计量方法来加以测算的。笔者认为，我国涉外税收超国民待遇通过吸引和扩大外商直接投资间接带来的社会收益主要表现为五个方面：（1）促进了我国经济持续快速增长和增加财政收入；（2）有利于从总体上优化我国产业结构和出口贸易结构，推动了我国对外贸易的迅速扩大；（3）提升了我国的技术水平；（4）改善了我国的就业状况；（5）推动了我国的经济体制改革。对此，笔者已有另文专门论述。在此，仅对我国涉外税收超国民待遇付出的社会成本作一基本的分析。

其一，外商直接投资企业获得了超额利润，显著增强了自身的竞争力。根据我国相关法规，外商直接投资企业的所得税标准税率为 30%，地方所得税税率为 3%，两者相加为 33%，明显低于 1994 年我国税制改革前国有大中型企业 55% 的所得税税率。对于设在经济特区、经济技术开发区和沿海经济开放区的外商直接投资企业，所得税税率还可以降至 15% ~ 24% 不

① 万莹：《税制公平视野的中国涉外税收优惠政策绩效》，载于《改革》2006 年第 2 期。

等，明显低于 1994 年我国税制改革以来内资企业 33% 的所得税税率。对于符合国家有关规定的外商直接投资企业，在所得税方面还可以享受"两免三减半"（即从获利年度起，头两年免征企业所得税，后三年减半征收企业所得税）的政策优惠。此外，地方政府还可以酌情减免外商直接投资企业的地方所得税。如果进一步考察，我国现行税法中内外资企业所得税的税基并不完全一致。我国现行税法允许外商直接投资企业的成本费用在税前全部扣除，而内资企业的成本费用在税前则不能全部扣除，从而导致内资企业普遍存在成本费用补偿不足的问题。[1] 有的学者深刻地指出，外商直接投资企业获得的涉外税收超国民待遇，可以大大降低企业的生产经营费用，从而获得超额利润。这种超额利润对于企业来说与垄断市场获得垄断利润没有本质的差别。[2] 许多外商独资企业本来就具有资金、技术、管理、规模等优势，再加上我国给予的税收优惠政策，其竞争优势更加明显。按照我国政府的有关规定，在中外合资或中外合作经营企业中，只要有 25% 以上的外商投资就可以享受外商直接投资企业的税收优惠政策。在这种政策的诱导和社会上某些思潮的影响下，不少饶有实力的国有大中型骨干企业和民营企业都争相与外资"联姻"，摇身一变成为外商直接投资企业，从而壮大了外商直接投资企业的阵容，提升了外商直接投资企业特别是外资经济的竞争力。

其二，妨碍了公平竞争，明显削弱了内资企业特别是国有企业的竞争力。根据原国家经贸委的统计，1980～1993 年，我国国有企业的平均税负为 86%，大大高于国外企业 30%～40% 的税负水平。[3] 另据一项调查，1996 年广东省国有企业的所得税负担率为 23.2%，集体企业为 20.79%，外商直接投资企业仅为 8.86%。[4] 税收待遇的显著差别加之名目繁多的乱摊派，必然导致经济利益的转移，使内资企业特别是国有企业的竞争力明显下降。一段时期以来，我国某些重要行业和市场事实上已被外商直接投

① 安体富、王海勇：《论内外两套企业所得税制的合并》，载于《税务研究》2005 年第 3 期。
② 朱延福著：《外资国民待遇导论》，中国财政经济出版社 2003 年版，第 137 页。
③ 舒志军：《国有企业政策改革若干问题简述》，载于《经济学动态》1996 年第 3 期。
④ 中国社会科学院财贸经济研究所：《中国：启动新一轮税制改革——理念转变、政策分析和相关安排》，中国财政经济出版社 2003 年版，第 113 页。

资企业所控制,"内企不如外企"等片面观点和崇洋媚外的思想意识也在滋长蔓延。这种状况,已对我国现阶段坚持和发展以公有制为主体的基本经济制度构成较大威胁。

其三,造成我国税源的大量流失。由于外商直接投资企业在税收方面享受超国民待遇,也由于不少外商直接投资企业程度不同地存在偷、漏、逃、骗税等问题,还由于某些地方政府越权对外商直接投资企业减税免税,从而导致我国税源的严重流失。2001 年以来,财政部采用分层抽样调查方法,选取全国 35 个具有代表性的企业对企业所得税的税负总水平和结构差异进行模拟测算。根据调查结果计算,我国 2000~2002 年涉外税收优惠成本的估值分别为 687.61 亿元、993.48 亿元和 925.04 亿元。[①] 如果我国涉外税制及税收征管状况保持不变,外商直接投资企业享受税收优惠的成本将随外商直接投资的增加而不断上升。

其四,在一定程度上影响了外商直接投资的"技术外溢"。我国吸收和利用外商直接投资的目的之一是引进海外的先进技术。然而,从理论上分析,我国涉外税收的超国民待遇却使外商直接投资企业不必采用先进技术就具有对内资企业的竞争优势,从而降低了外商直接投资企业采用先进技术的积极性。[②] 从实际情况来看,不少外商直接投资企业并没给我国带来先进技术,而是利用我国税收优惠政策和廉价的劳动力、土地等生产要素,获取了较为丰厚的利润。[③]

由上可见,我国涉外税收实行的超国民待遇既获得了显著的社会收益,也付出了较高的社会成本。全面建设小康社会和社会主义现代化强国的宏伟目标,要求我国在涉外税收方面对外商直接投资企业实行国民待遇。1993 年,党的十四届三中全会通过的《关于建立社会主义市场经济体制若

---

① 万莹:《税制公平视野的中国涉外税收优惠政策绩效》,载于《改革》2006 年第 2 期。

② 左大培:《外资企业税收优惠的非效率性》,载于《经济研究》2000 年第 5 期。

③ 根据有关部门统计,1990~2004 年,在我国的外商直接投资者共汇出约 2700 亿美元的利润(参见国务院研究室编写组编著:《十届全国人大四次会议〈政府工作报告〉辅导读本》,人民出版社、中国言实出版社 2006 年版,第 312 页)。这一数据,尚不包括外商直接投资者通过转移定价获得的利润,也不包括外商直接投资者从企业获得的利润中直接用于该企业追加投资和在中国境内进行再投资的那部分利润。

干问题的决定》中就明确提出，要"创造条件对外商投资企业实行国民待遇"。① 2003 年，党的十六届三中全会通过的《中共中央关于完善社会主义市场经济体制若干问题的决定》进一步明确指出：要分步实施税收制度改革，统一各类企业税收制度。② 近年来，我国财政部、税务总局等有关部门在深入调研的基础上，正积极制定内外资企业所得税统一（即"两税合一"）的方案，拟报国务院和全国人大常务委员会审批。

《经济学动态》今年第 7 期刊登了赵中杰撰写的《企业所得税统一与完善我国外资优惠政策研究》一文（以下简称"赵文"），提出了与此相左的另一种观点。"赵文"的一个基本观点是：我国当前"对外资的税收优惠主要体现在企业所得税减免上"，而"税收优惠政策对外资流动的影响非常显著"；如果我国"强行推进企业所得税的统一"，最终会"扰乱跨国公司的投资预期，影响我国 FDI 流入。"因此，我国内外有别的企业所得税"不但不宜主动取消"，在某些方面"还需进一步深化和完善"。对此观点，笔者并不赞同。鉴于国内学者在某些方面已有较为充分的论述，笔者在此仅扼要地提出三点看法与之进行商榷。

1. 吸引外商直接投资本身并不是根本目的。"赵文"认为，实行"两税合一"会影响外商直接投资的流入，因此不同意实行"两税合一"。实际上，"赵文"已把吸引外商直接投资视为目的本身。这种观点，与前些年理论界和实际部门较为流行的"为引外资而引外资""引进外资越多越好"的发展理念如出一辙。笔者认为，资本是重要的生产要素，对经济增长具有相当重要的作用。吸引和利用外商直接投资，是我国实行对外开放的重大举措。然而，外国直接投资对于输入国而言是"双刃剑"。作为发展中的社会主义国家，我国吸收和利用外商直接投资的积极作用体现在许多方面，但其根本目的则是增强国民经济的整体竞争力，加快社会主义现代化建设，不断提高广大人民的物质文化生活水平。在总体上符合这一根本目的的前提下，更多地吸收和利用外商直接投资是明智和有利的；反之，

---

① 中共中央文献研究室编：《十四大以来重要文献选编》（上），人民出版社 1996 年版，第541 页。

② 中共中央文献研究室编：《十六大以来重要文献选编》（上），中央文献出版社 2005 年版，第 472 页。

则是盲目和有害的。如果脱离国情,盲目追求引资数量,则可能重新坠入"拉美陷阱"。因此,我国政府近年来强调要全面落实科学发展观,通过优化利用外资结构、完善利用外资政策、改善外商投资区域分布、尽可能地发挥外资技术外溢效应等途径,着力提高利用外资的质量与效益。

2. 必须客观全面地看待税收优惠政策对吸引外资的影响。首先,税收优惠政策仅是吸引外资的重要因素之一,决不是主要或决定的因素。世界银行经济学家威勒和莫迪的研究表明,跨国公司在实现一体化扩张的过程中,最关心的因素是基础设施、现有外资状况、工业化程度和市场容量等,而不是优惠政策。乌拉圭曾是世界上对外资企业征税最低的国家,但它对外国直接投资的吸引力并不大;美国对外资企业并不实行税收优惠政策,但长期以来它却是吸收外国直接投资最多的国家。[1] 笔者赞同这样一种提法:"税收激励既不能弥补国家投资环境中的严重缺陷,也不能产生理想的外部效应。但是在其他因素(如基础设施、运输成本、政治和经济稳定)大体相等时,一个国家的税收就有可能对投资商的选择发生重要影响。"[2] 其次,税收优惠政策对不同类型的外国直接投资的影响度有所不同。一般认为,税收优惠政策对出口导向型的外国直接投资(即成本型FDI)的影响较大,而对市场导向型的外国直接投资则影响较小;对注重短期利益的外资小企业影响较大,而对实行全球战略、追求长期利益的大型跨国公司则影响较小。由此可见,减少税收优惠政策,当然会使外商在华直接投资受到一定影响,但在某种程度上也可获得优化利用外资结构之效。最后,税收优惠政策能否使外国直接投资者受益,还取决于资本输出国是否实行税收饶让制度。[3] 如果资本输出国实行税收饶让制度,税收优惠政策的好处就直接落入外国投资者手中;反之,税收优惠政策的好处就落入资本输出国政府的手中。目前,在与我国签订税收协定的八十多个国

---

① 财政部财政科学研究所课题组:《调整税收优惠政策不会吓跑外资》,载于《南方周末》2005 年 1 月 20 日。

② Jacques Morisset & Neda Pirnia: "How Tax Police and Incentives Affect Foreign Investment: A Review", December 2000.

③ 财政部财政科学研究所课题组:《调整税收优惠政策不会吓跑外资》,载于《南方周末》2005 年 1 月 20 日。

家和地区中，大多数国家和地区并未实行税收饶让制度。因此，如果我国实行"两税合一"，对外商直接投资流入的影响也是相当有限的。

3. 我国是否以及何时实行"两税合一"，应从客观实际出发。改革开放以来，我国在涉外税收方面实行了一系列的优惠政策，尤其是长期实行全球罕见的内外两套企业所得税制度并存的"双轨制"所得税模式。[①] 在对外开放初期，我国实行涉外税收超国民待遇，特别是实行内外有别的企业所得税制度，尚有其一定的历史必然性与合理性；然而，在我国对外开放入已进入新阶段的历史条件下，继续实行涉外税收的超国民待遇，特别是继续沿用内外有别的企业所得税制度，就显得弊大于利和不合时宜了。笔者认为，与对外开放初期相比，我国当前至少有四方面的条件都发生了显著和深刻的变化，从而促使我国加快对外商直接投资实行国民待遇和实行"两税合一"的步伐：（1）我国已成为世贸组织成员。世界贸易组织固然不排斥对外国直接投资企业实行超国民待遇，但实行对所有企业一视同仁的国民待遇终究是其基本原则。当今世界，国民待遇原则已被越来越多的国家所接受，正逐渐成为国际经济活动和国际经济立法的一项基本原则。不少重要的多边投资协定如世界贸易组织的《与贸易有关的投资措施协定》（1994年）、世界银行的《外国直接投资待遇指南》（1992年）和亚太经济合作组织的《亚太经济合作非约束性投资原则》（1994年）等均含有国民待遇原则的条款。我国现已进入入世的后过渡期，在失去关税保护的条件下，本来在所得税上就处于不利地位的我国内资企业更是雪上加霜。因此，加快在涉外税收中实行国民待遇的步伐，积极稳妥地实行"两税合一"，乃是题中应有之义。（2）我国的经济实力显著增强，发展前景良好。改革开放以来，我国 GDP 以年均 9.6% 以上的速度持续增长。2005 年，我国人均 GDP 已超过 1700 美元，经济总量跃居世界第四位，对外贸易额位居世界第三位，且已连续 13 年成为世界上吸引外商直接投资最多的发展中国家。随着外商直接投资企业构成及其经营战略的变化，我国经济持续高速增长和庞大且极具潜力的国内市场以及在较长时期内劳动力等生产要素

[①] 目前，世界上像我国这样实行企业所得税两套税法的国家大概仅有越南、老挝和缅甸（参见安体富、王海勇：《论内外两套企业所得税制的合并》，载于《税务研究》2005 年第 3 期）。

的低成本优势等因素对于吸引外商直接投资的作用逐渐增大,涉外税收优惠等政策性因素的作用相对降低。(3)我国目前既不存在储蓄缺口,也不存在外汇缺口。截至2005年底,我国金融机构各项存款余额高达30.02万亿元,各项贷款余额为20.68万亿元,存贷差额高达近10万亿元;我国外汇储备则高达8189亿美元①,已成为世界上第二外汇储备大国,形成了国内储蓄超过国内投资需要和外汇储备超过国内消化能力的内外资"双溢出"的局面。这并不意味着我国今后无须继续吸收和利用外商直接投资,而是表明我国充分利用国内资本加快社会主义现代化建设具有更为重要的意义。(4)我国税收连续几年高速增长,特别是我国政府拟将增值税改革和企业所得税合并改革"捆绑上市",更为实行"两税合一"提供了宝贵的机遇。我国政府即将实行的增值税改革主要表现为缩减税基,是一种普惠性的几乎所有的纳税人都受益的改革;而企业所得税合并改革则主要表现为内资企业税负调减而外资企业税负调增,对于后者而言这种改革肯定会有阻力。对于外商直接投资企业而言,我国政府拟将增值税改革与企业所得税合并改革一起推出,就是要使两个税种改革所导致的税负增减效应在一定适度上相互抵消,从而减少因企业所得税合并改革所带来的阻力。有关专家指出:如果我国失去平衡新一轮税制改革税负增减效应这一特殊机遇,今后启动企业所得税合并改革的难度将会更大。②综上所述,笔者认为,我国涉外税收逐步实行国民待遇,乃是大势所趋;目前,我国实行"两税合一"的条件已经成熟,不宜再拖。

当然,我国实行"两税合一",关系到方方面面的利益,并非易事。改革的阻力不仅来自外商直接投资者,也来自国内某些部门和地方政府。为了最大限度地化解阻力,趋利避害,我国政府在积极推进"两税合一"的同时,可以给外商直接投资企业设置一个3~5年的过渡期,实行"老企业老办法,新企业新办法"。从较长时期来看,我国涉外税收逐步实行国民待遇,也并不排除实行一定的优惠政策,即我国应将涉外税收优惠政策

---

① 中华人民共和国国家统计局:《中华人民共和国2005年国民经济和社会发展统计公报》,载于《经济日报》2006年3月1日。

② 高培勇:《财税形势 财税政策 财税改革(下)》,载于《财贸经济》2006年第2期。

由沿袭多年的全面优惠制逐步转变为特定优惠制。对于国家鼓励发展和重点发展的产业、地区和项目，继续对外商直接投资企业实行一定的税收优惠政策；而对于外商直接投资的一般项目，则逐步取消税收优惠政策。与此同时，要切实加强对各地区涉外税收优惠政策的协调与管理，加强对外商直接投资企业的税收征管，尽量避免或减少通过多种途径可能给我国造成的税源损失。

关于国际价值理论的两个问题[*]

马克思主义的国际价值理论，是广义的马克思主义劳动价值理论的重要组成部分；换言之，是马克思主义劳动价值理论在国际经济领域的扩展和应用。庄宗明教授认为，马克思的国际价值理论，是构建其宏伟经济理论大厦的第二块基石。这个评价我很赞同。尽管马克思关于国际价值的直接论述较少，有的地方语焉不详，有的地方甚至较为费解，远不如他对国别价值的论述那样全面而深刻；但是，马克思关于劳动价值理论的基本原理、马克思关于国际价值的重要论述、国内外马克思主义经济学家关于国际价值问题的较为深入的探讨，是我们坚持和发展马克思主义国际价值理论的基础。笔者仅围绕马克思主义国际价值理论中的两个问题谈点不尽成熟的看法，以抛砖引玉，与各位专家进行交流和探讨。

一、关于国际价值量的决定因素问题

对此，国内外有些学者根据马克思的某些论述和历史发展实际作了不尽相同的概括。有的学者强调劳动强度和劳动生产率这两个因素。[1] 有的学者则认为包括四个因素：（1）所有进入世界市场的同类商品直接耗费的国内社会必要劳动量的加权平均数；（2）国际市场对该商品的有支付能力的需求程度；（3）相应于现代科学技术发展的国际上生产该商品的一般生产力水平；（4）他种商品替代该种商品的可能性。[2] 也有的学者将其归结

＊ 本文系郭飞 2005 年 10 月 26 日在中央"马克思主义理论研究与建设工程"于厦门大学召开的国际价值理论学术研讨会上的发言，原载郭飞著：《新世纪中国经济重大问题研究》，经济科学出版社 2010 年版。

① 姚曾荫主编：《国际贸易概论》，人民出版社 1987 年版，第 234 页。
② 陈琦伟著：《国际竞争论》，学林出版社 1986 年版，第 143 ～ 144 页。

为劳动力、科学技术、供求关系和自然条件四个主要因素。① 这些提法尽管各有理据，但都普遍忽略或没有明确提到劳动复杂程度这个极为重要的因素。

过去，我们在理解马克思关于社会必要劳动时间的第一种定义时，就忽略了劳动复杂程度这一因素。马克思指出："社会必要劳动时间是在现有的社会正常的生产条件下，在社会平均的劳动熟练程度和劳动强度下制造某种使用价值所需要的劳动时间。"② 我认为，马克思在这里所说的社会正常的生产条件，实质上是指社会正常生产条件中的客观方面，主要是指社会正常的生产资料条件（其中也包含了社会正常的科学技术条件，因为科学技术与生产资料特别是与生产工具存在不可分割的紧密联系）；而"社会平均的劳动熟练程度和劳动强度"，实质上是指社会正常生产条件中的主观方面（即劳动力方面）。然而，纵观马克思关于价值量决定因素的论述，社会正常生产条件中的主观方面即劳动力方面，则不仅应包括平均的劳动熟练程度和劳动强度，还应包括平均的劳动复杂程度。因为，在价值量的决定或形成方面，复杂劳动等于多倍的简单劳动。马克思对此多有论述，在实际经济生活中更是比比皆是。与此相关，在国际价值量的决定或形成上，亦同样如此。马克思曾指出："一个国家的三个工作日也可能同另一个国家的一个工作日交换。价值规律在这里有了重大的变化。或者说，不同国家的工作日相互间的比例，可能像一个国家内熟练的、复杂的劳动同不熟练的、简单的劳动的比例一样。"③ 马克思的这段话，也可作为我的上述观点的一个佐证。

二、关于当代国际贸易中是否存在剥削的问题

在经济全球化的进程中，国际贸易不断扩大和深化。在当代国际贸易中，以垄断价格为主要形态的不等价交换严重存在。例如，芭比娃娃在美

---

① 林叶环、崔庆玮、徐黑妹：《全球化背景下对马克思国际价值论的再认识》，见厦门大学经济学院编：《国际价值理论研讨会论文集》，2005 年 10 月，第 52~53 页。
② 《马克思恩格斯全集》第 23 卷，人民出版社 1972 年版，第 52 页。
③ 《马克思恩格斯全集》第 26 卷，人民出版社 1974 年版，第 112 页。

国的零售价为 9.99 美元，从中国进口的价格则仅为 2 美元。而在这区区 2 美元中，1 美元是运输与管理费，65 美分用于进口原材料，中国只得 35 美分的劳务费。以垄断低价收购中国商品，而后以垄断高价在美国市场销售，这是典型的不等价交换，其体现的剥削性质是毫无疑问的。然而，在当代国际贸易中，倘若是等价交换，是否就没有剥削？我认为，这至少包括三种情况，需要进行具体分析。

第一种情况是，发达资本主义国家与欠发达资本主义国家之间的国际贸易关系。我认为，这其中必然体现或存在资本主义的剥削关系。一方面，流通或交换领域中的关系是由生产领域中的关系决定的。资本主义企业中雇佣工人创造的剩余价值要通过流通或交换领域（也包括国际贸易）来实现。另一方面，流通或交换领域中的资本家也要攫取或瓜分商业职工创造或实现的剩余价值。资本主义剥削的基本特征之一是实行等价交换。马克思正是基于对可变资本与劳动力商品相交换符合等价交换规律的科学分析，揭示了商品生产所有权规律转变为资本主义占有规律。与一国内部资产阶级对无产阶级的剥削不同，发达资本主义国家对欠发达资本主义国家在实行等价交换的国际贸易中的剥削从一个角度（或者说从当代世界经济的基本方面）体现了国际资产阶级对国际无产阶级的剥削。有人认为，发达资本主义国家剥削欠发达资本主义国家。实际上，这种提法有些笼统和肤浅。欠发达资本主义国家中的资本家和达官显贵，谈不上受剥削的问题，而只是各自瓜分剩余价值多与少的问题；真正受剥削的则是这些国家的无产阶级和劳苦大众，且往往是遭受国内外资产阶级的双重剥削。发达资本主义国家的无产阶级，尽管在名义工资和实际工资方面明显高于欠发达资本主义国家的无产阶级，但他们依然受着至少是本国资产阶级的剥削和压迫。如果否认发达资本主义国家对欠发达资本主义国家在实行等价交换的国际贸易中存在剥削，实质上就是否认这些国家的资本主义生产关系，否认当代资本主义世界的基本经济体系和基本剥削关系。在本次研讨会上，日本福冈大学中岛章子等外国教授利用投入—产出模型证明了当代国际贸易中存在剥削，进而也支持了我的上述观点。

第二种情况是，不同国度社会主义生产方式条件下提供的商品和服务之间的国际贸易关系。如果双方实行了等价交换，就不存在剥削关系。

第三种情况是，社会主义生产方式条件下提供的商品和服务与资本主义生产方式条件下提供的商品和服务之间的国际贸易关系。对此，应作具体分析，不能一概而论。

总之，在当代国际贸易中，既存在大量的触目惊心的不等价交换，也存在体现为基本方面的等价交换。无论是否等价交换，则既有交换双方都能获得利益的一面，也往往存在国际资产阶级剥削各国无产阶级和劳苦大众的一面。我们不能只见其一，不见其二。党的十六届五中全会通过的《中共中央关于制定国民经济和社会发展第十一个五年规划的建议》中提出，我国要加快转变对外贸易增长方式，实施互利共赢的开放战略。对此，我们理论界和实际部门的同志应深入思考，认真研究，建言献策。

马克思、列宁的资本输出
理论与当代国际投资[*]

马克思和列宁关于资本输出的科学论述，既是马克思主义世界经济学的重要组成部分，也是国际投资理论宝库中璀璨的明珠。第二次世界大战以后，尽管国际投资的主体、形式、流向、实质和作用等发生了重大的变化，但马克思和列宁关于资本输出的基本理论仍具有重大的理论意义和现实意义。

一、马克思和列宁的资本输出理论

（一）马克思的资本输出理论

1. "资本过剩"是资本输出的物质基础和必要前提。马克思认为，基于资本主义生产方式的内在矛盾和运动规律，资本主义国内不仅存在相对于有支付能力需求的生产过剩和相对于资本增殖需要的劳动力过剩，而且也存在利润率下降规律作用下相对的资本过剩。马克思指出："所谓的资本过剩，实质上总是指利润率的下降不能由利润量的增加来抵消的那种资本——新形成的资本嫩芽总是这样的——过剩，或者是指那种自己不能独立行动而以信用形式交给大经营部门的指挥者去支配的资本的过剩。资本的这种过剩是由引起相对过剩人口的同一些情况产生的，因而是相对过剩人口的补充现象，虽然二者处在对立的两极上：一方面是失业的资本，另

---

* 原载《马克思主义研究》2007 年第 6 期。按照马克思的资本循环理论，产业资本的运动依次经过购买、生产和销售三个阶段，分别采取货币资本、生产资本和商品资本三种形式。从而，广义的马克思的资本输出理论也应包含商品资本输出的内容。本文阐述的马克思的资本输出理论，则是根据人们通常使用的狭义的资本输出的口径，将资本输出理解为区别于国际贸易的国际投资。

一方面是失业的工人人口。"① 资本主义国家中存在大量相对过剩的资本，是资本输出的物质基础和必要前提。

2. 追求高额利润率是资本输出的根本原因。资本主义基本经济规律是剩余价值规律。为了追求最大限度的剩余价值或利润，资本家不仅在国内寻找并控制有利的投资场所，而且还突破国界，在世界范围内寻找出路。马克思指出："如果资本输往国外，那么，这种情况之所以发生，并不是因为它在国内已经绝对不能使用。这种情况之所以发生，是因为它在国外能够按更高的利润率来使用。"② 资本有机构成和剩余价值率是影响利润率的重要因素。马克思分析了经济落后国家利润率较高的两种情况。一种是由于资本有机构成较低和剩余价值率较高而形成的高利润率。马克思指出：向殖民地国家输出资本，"能提供较高的利润率，是因为在那里，由于发展程度较低，利润率一般较高，由于使用奴隶和苦力等等，劳动的剥削程度也较高"。③ 另一种则是由于资本有机构成较低而形成的高利润率。马克思假定两个国家，一个是经济发达、资本有机构成较高的欧洲国家，另一个是经济落后、资本有机构成较低的亚洲国家。通过数量分析，马克思得出结论："这个亚洲国家的利润率比这个欧洲国家的利润率高 25% 以上，尽管前者的剩余价值率只有后者的 1/4"。④

3. 资本输出促进了经济全球化，并使资本输入国成为资本输出国的附庸。经济全球化肇始于 18 世纪的第一次工业革命，它使一国内部的社会分工演变成国际分工，世界市场从而世界经济得以形成。马克思、恩格斯指出："不断扩大产品销路的需要，驱使资产阶级奔走于全球各地。它必须到处落户，到处开发，到处建立联系。"⑤ "资产阶级，由于开拓了世界市场，使一切国家的生产和消费都成为世界性的了。……过去那种地方的和民族的自给自足和闭关自守状态，被各民族的各方面的互相往来和各方面

---

① 《资本论》第三卷，人民出版社 2004 年版，第 279 页。
② 《资本论》第三卷，人民出版社 2004 年版，第 285 页。
③ 《资本论》第三卷，人民出版社 2004 年版，第 265 页。
④ 《资本论》第三卷，人民出版社 2004 年版，第 169 页。
⑤ 《马克思恩格斯选集》第 1 卷，人民出版社 1995 年版，第 276 页。

的互相依赖所代替了。物质的生产是如此，精神的生产也是如此。"① 通过
商品输出和资本输出，"使未开化和半开化的国家从属于文明的国家，使
农民的民族从属于资产阶级的民族，使东方从属于西方"。②

（二）列宁的资本输出理论

列宁继承了马克思关于资本输出的基本观点，在自由竞争资本主义转
变为垄断资本主义的新的历史条件下，大大丰富和发展了马克思主义的资
本输出理论。

1. 资本输出是帝国主义的重要特征。列宁认为，19 世纪末 20 世纪初，
垄断资本主义逐渐取代自由竞争的资本主义而占统治地位，资本主义进入
垄断资本主义阶段即帝国主义阶段。帝国主义有五大基本特征，其中之一
就是资本输出。尽管资本输出在自由竞争资本主义时期就已存在，但是，
"对自由竞争占完全统治地位的旧资本主义来说，典型的是商品输出。对
垄断占统治地位的最新资本主义来说，典型的则是资本输出"。③

垄断是帝国主义最深厚的经济基础和本质特征。列宁深刻论述了帝国
主义阶段资本输出的客观必然性。在帝国主义阶段，资本输出之所以成为
可能，主要有两方面的原因。一方面，随着私人垄断资本和国家垄断资本
的发展，生产集中和资本积累大大加速，出现了大量的"过剩资本"，从
而形成了帝国主义国家资本输出的客观基础。列宁指出："第一，所有发
达的资本主义国家都有了资本家的垄断同盟；第二，少数积累了巨额资本
的最富的国家处于垄断地位。在先进的国家里出现了大量的'过剩资
本'。"④另一方面，"许多落后的国家已经卷入世界资本主义的流转，主要
的铁路线已经建成或已经开始兴建，发展工业的起码条件已有保证等
等"。⑤ 资本输出之所以成为必要，"是因为在少数国家中资本主义'已经
过度成熟'，'有利可图的'投资场所已经不够了（在农业不发达和群众贫

---

① 《马克思恩格斯选集》第 1 卷，人民出版社 1995 年版，第 276 页。
② 《马克思恩格斯选集》第 1 卷，人民出版社 1995 年版，第 277 页。
③④ 《列宁选集》第 2 卷，人民出版社 1995 年版，第 626 页。
⑤ 《列宁选集》第 2 卷，人民出版社 1995 年版，第 627 页。

困的条件下)"。① 而资本输出作为争夺和瓜分世界市场的一种手段，对于帝国主义国家具有特殊重要的意义。列宁指出："资本家瓜分世界，并不是因为他们的心肠特别狠毒，而是因为集中已经达到这样的阶段，使他们不得不走上这条获取利润的道路；而且他们是'按资本'、'按实力'来瓜分世界的，在商品生产和资本主义制度下也不可能有其他的瓜分方法。"② 列宁在继承马克思有关思想的基础上，进一步深刻揭示了帝国主义国家资本输出的根本目的是攫取高额利润。他指出："只要资本主义还是资本主义，过剩的资本就不会用来提高本国民众的生活水平（因为这样会降低资本家的利润），而会输出国外，输出到落后的国家去，以提高利润。在这些落后国家里，利润通常都是很高的，因为那里资本少，地价比较贱，工资低，原料也便宜。"③ 当然，列宁也注意到帝国主义国家不仅向落后国家输出资本，也向发达国家输出资本，尽管后者在当时帝国主义国家的资本输出中不占主要地位。例如，列宁引用统计资料，揭示了1910年前后法国的资本输出主要在欧洲（仅在俄国就不低于100亿法郎）④；列宁还引用资产阶级经济学家阿·兰斯堡整理的统计资料，揭示了19世纪末20世纪初德国对英国和法国进行资本输出的情况。⑤ 列宁指出："帝国主义的特点恰好不只是力图兼并农业区域，甚至还力图兼并工业极发达的区域"。⑥

2. 资本输出的作用。资本输出对于输出国和输入国具有不同的作用。就资本输出国而言，一方面导致了食利国的形成。列宁指出：帝国主义就是货币资本大量积聚于少数国家，"于是，以'剪息票'为生，根本不参与任何企业经营，终日游手好闲的食利者阶级，确切些说，食利者阶层，就大大地增长起来。帝国主义最重要的经济基础之一——资本输出，更加使食利者阶层完完全全脱离了生产，给那种靠剥削几个海外国家和殖民地的劳动为生的整个国家打上了寄生性的烙印"。⑦ 另一方面，也引起了某些

① 《列宁选集》第2卷，人民出版社1995年版，第627页。
② 《列宁选集》第2卷，人民出版社1995年版，第638页。
③ 《列宁选集》第2卷，人民出版社1995年版，第627页。
④ 《列宁选集》第2卷，人民出版社1995年版，第628~629页。
⑤ 《列宁选集》第2卷，人民出版社1995年版，第675~676页。
⑥ 《列宁选集》第2卷，人民出版社1995年版，第653页。
⑦ 《列宁选集》第2卷，人民出版社1995年版，第661页。

资本输出国经济的停滞趋势。当然，这种情况并不排除整个资本主义经济的迅速发展。列宁指出："在帝国主义时代，某些工业部门，某些资产阶级阶层，某些国家，不同程度地时而表现出这种趋势，时而又表现出那种趋势。整个来说，资本主义的发展比从前要快得多，但是这种发展不仅一般的更不平衡了，而且这种不平衡还特别表现在某些资本最雄厚的国家（英国）的腐朽上面"①，从而加深了帝国主义国家之间的矛盾。

资本输出对于输入国的作用主要体现在三个方面。一是帝国主义国家通过资本输出推动商品输出，加重了对资本输入国广大人民的剥削。列宁通过对资本输出附加条件的分析，深刻地指出在帝国主义阶段，"资本输出成了鼓励商品输出的手段"。② 金融资本"要从一头牛身上剥下两张皮来：第一张皮是从贷款取得的利润，第二张皮是在同一笔贷款被用来购买克虏伯的产品或钢铁辛迪加的铁路材料等等时取得的利润"。③ 二是促进了资本输入国自然经济的解体和资本主义商品经济的发展。列宁指出："资本输出在那些输入资本的国家中对资本主义的发展发生影响，大大加速这种发展。因此，如果说资本输出会在某种程度上引起输出国发展上的一些停滞，那也一定会有扩大和加深资本主义在全世界的进一步发展作为补偿的。"④ 三是操纵和控制落后国家的经济命脉，使其成为帝国主义宗主国的原料产地、销售市场和附属国。因此，列宁指出：资本输出"是帝国主义压迫和剥削世界上大多数民族和国家的坚实基础"。⑤

二、当代国际投资的重大变化

马克思和列宁在自由竞争资本主义阶段和垄断资本主义阶段初期创立的资本输出理论，具有重大的理论和现实意义。特别是他们关于"过剩资本"是资本输出的物质基础和必要前提、资本输出的根本目的是追求高额

---

① 《列宁选集》第 2 卷，人民出版社 1995 年版，第 685 页。
② 《列宁选集》第 2 卷，人民出版社 1995 年版，第 629 ~ 630 页。
③ 《列宁选集》第 2 卷，人民出版社 1995 年版，第 677 页。
④ 《列宁选集》第 2 卷，人民出版社 1995 年版，第 629 页。
⑤ 《列宁选集》第 2 卷，人民出版社 1995 年版，第 628 页。

利润率、资本输出能拓展和强化资本主义剥削关系等基本观点，在资本主义经济的限度内，至今看来仍然是十分正确的。然而，第二次世界大战以后，国际投资或国际资本流动的实际状况与马克思和列宁当年考察和分析的资本输出有显著的不同。我们应在坚持已被实践证明的马克思和列宁关于资本输出的基本观点的前提下，紧密联系实际，加强理论研究，力求科学认识和正确阐释新历史条件下的国际投资问题。

（一）国际投资的主体

马克思和列宁所考察的资本输出，投资主体是少数发达资本主义国家的资本家或金融资本集团。而第二次世界大战以后，充任国际投资主体角色的既有发达资本主义国家的企业或企业集团，也有发展中资本主义国家的企业或企业集团，还有社会主义国家的企业或企业集团；既有资本主义企业，也有社会主义企业；既有资本主义国家，也有社会主义国家，甚至还有国际货币基金组织和世界银行等国际金融组织。国际投资主体多元化的形成，一方面是由于社会主义国家的相继出现；另一方面则是由于联合国成立后国际经济协调核心机制的逐步建立。正如市场经济并不是资本主义的专利一样，国际投资也并不是资本主义的专利。资本主义的企业（或企业集团）和国家可以进行国际投资，社会主义的企业（或企业集团）和国家也可以进行国际投资，全球性的金融组织还可以进行国际投资。当然，由于经济实力悬殊，无论在国际直接投资或国际间接投资领域，发达资本主义国家一直占据主要地位。以国际直接投资为例。从表1和表2可以看出，在世界对外直接投资流出额中，发达国家1993～1998年和2004年分别占85.9%和87.3%；在世界对外直接投资流出存量中，发达国家1980年和2003年分别占89.2%和88.7%。

（二）国际投资的形式

马克思和列宁所考察的资本输出，是以借贷资本和证券投资为主要形态的资本输出，即主要考察的是国际间接投资。而第二次世界大战以后的国际投资，尽管在相对比重上国际间接投资仍占主要地位，但国际投资的规模与形式已发生了巨大而深刻的变化。第一次世界大战前，资本主义国家的国际投资总额仅有约 400 亿美元①；而 2004 年，全世界国际投资的规模竟高达 50430 亿美元。② 20 世纪 80 年代以来，跨国并购已成为国际直接投资的主要形式，金融证券化（即传统的通过银行等金融机构筹资的方式逐步转变为通过证券市场发行证券的方式）已逐渐成为国际间接投资的主导方式。此外，随着技术进步和金融工具的创新，还出现了国际租赁、国际基金、BOT 投资（建设—经营—转让）、ADR 投资（美国存托凭证）、金融远期、金融期货、金融期权等在国际投资舞台上扮演重要角色的新形式。尤为引人注目的是，第二次世界大战以后，国际直接投资的规模有了惊人的发展，其在世界经济中的地位日益凸显。2005 年，国际直接投资的存量已高达 10.13 万亿美元，约占全球生产总值的 22.7%。作为国际直接投资主要载体的跨国公司，"以世界为工厂，以标准为纽带，以各国为车间"，在全球范围内整合和优化资源配置，建立起以价值增殖链为纽带的跨国生产与经营体系。2005 年，跨国公司海外分公司总产值占全球生产总值的 10.2%，出口额占世界出口总额的 38.5%，提供了 6209.5 万个就业岗位。③ 目前，跨国公司进行的研发活动约占全世界研发活动的 4/5。

表1　　　　　　　　　1993～2004 年世界对外直接投资流出额　　　单位：亿美元

区域 ＼ 年份	1993～1998（年均）	1999	2000	2001	2002	2003	2004
世界	4112	11049	12391	7435	6522	6169	7303
发达国家	3533	10141	10927	6622	5999	5773	6374
发展中国家	566	882	1432	786	478	290	832
中东欧国家	13	26	32	27	45	106	97

资料来源：联合国贸发会议：《世界投资报告（2005）》附表 B.1。

---

① 李琮主编：《经济全球化新论》，中国社会科学出版社 2005 年版，第 101 页。
② 根据中华人民共和国国家统计局编：《国际统计年鉴（2006）》提供的相关数据计算。
③ 根据联合国贸发会议：《世界投资报告（2006）》提供的相关数据计算。

表2　　　　　　　　　1980～2003年世界对外直接投资流出存量　　　单位：亿美元

区域＼年份	1980	1985	1990	1995	2000	2002	2003
世界	5596	7388	17582	28976	59833	72096	81969
发达国家	4994	6449	16290	25828	51638	63551	72723
发展中国家	602	740	1286	3086	7933	7965	8587
中东欧国家	—	—	6	62	262	579	659

资料来源：联合国贸发会议：《世界投资报告（2004）》附表B.4。

（三）国际投资的流向

马克思和列宁所考察的资本输出，一般来说是单一流向，即从经济发达国家流向经济落后国家，或从帝国主义国家流向殖民地、半殖民地国家；经济发达国家（或帝国主义国家）之间的资本输出，则只占次要地位。而第二次世界大战以后，特别是20世纪60年代以来，国际投资的流向发生了巨大的变化。一方面，与国际投资主体多元化相对应，国际投资的流向呈现出多向性和交错性的特点。既有发达国家向发展中国家的投资（"垂直流动"），也有发展中国家向发达国家的投资（"逆向流动"），还有发达国家之间或发展中国家之间的投资（"水平流动"）。世界上绝大多数国家都既是资本输出国，又是资本输入国，"一身而二任"。另一方面，发达资本主义国家成为国际投资的主要流向。仍以国际直接投资为例。从表3和表4可以看出，在世界对外直接投资流入额中，发达国家1993～1998年和2004年分别占63.8%和58.6%；在世界对外直接投资流入存量中，发达国家1980年和2003年则分别占56.4%和69.2%。显而易见，发达资本主义国家已成为当代国际投资的主要流向。

当代国际投资的主要流向何以会发生如此重大的变化？符合客观实际的分析角度是既考察资本输出方的投资动机和自身优势（或广义的动力机制），也考察资本输入国的投资环境（或广义的引力机制）。由于私人资本输出在当代国际投资中占主要地位，从而马克思和列宁关于私人资本输出是为了追求高额利润率和资本输入国存在"有利投资场所"等论述，为我们正确认识当代国际投资的这一新特点提供了最基本的理论分析框架。20

世纪 60 年代以来，西方经济学者海默（Hymer S. H.）、维农（Vernon R.）、邓宁（Dunning J. H.）等对跨国公司直接投资的动力机制和引力机制做了较为深入和具体的研究，其中的有益成果可供马克思主义经济学者参考、吸收和借鉴。[①] 笔者认为，仅就私人资本输出而言，撇开其根本动机和自身优势不谈，发达资本主义国家之所以成为相对有利的投资场所，至少有如下四方面的因素或条件：（1）发达资本主义国家的经济结构（特别是产业结构、技术结构和消费结构）较为相似，劳动力素质相对较高，使跨国直接投资（特别是占主体地位的发达资本主义国家的跨国直接投资）的生产和销售条件较为有利；（2）发达资本主义国家的市场容量很大。长期以来，发达资本主义国家既是全球商品和服务的主要提供者，也是全球商品和服务的主要消费者；（3）发达资本主义国家实行市场经济体制，具有较为健全的法律制度和良好的基础设施，在投资环境的"软件"和"硬件"方面普遍优越于许多发展中国家。特别是以美国为首的发达资本主义国家主导和推行的国际投资自由化，更为资本输出提供了便利条件。（4）发达资本主义国家内部半个多世纪以来没有发生过战争，政局较为稳定。以上重要因素或条件，有利于私人资本输出获得长期稳定的高额利润。1993 年以来，我国连续 14 年位居发展中国家吸引外商直接投资规模之首，其基本原因在于：（1）我国是拥有 13 亿人口的大国，改革开放以来国民经济持续高速增长，拥有巨大的市场潜力；（2）我国劳动力资源十分丰富，劳动力成本相当低下（如果排除劳动生产率水平的差异，我国工人的平均工资仅相当于发达国家的几十分之一）。[②]（3）我国长期对外商直接投资在税收等方面实行力度颇大的超国民待遇；[③]（4）我国加速向市场经济体制转轨并于 2001 年加入了世界贸易组织，法制环境和东、中部地区的基

---

① 陈继勇等著：《国际直接投资的新发展与外商对华直接投资研究》，人民出版社 2004 年版，第 161~187、224~237 页。

② 根据波士顿公司提供的数据，2003 年我国生产工人每小时的平均工资（包括福利）为 0.8 美元，而印度为 1.12 美元、泰国为 1.96 美元、日本为 20.68 美元、美国为 21.86 美元、德国为 30.6 美元。

③ 从 2008 年 1 月 1 日起，我国将实行新的《企业所得税法》，对外商直接投资企业所得税实行国民待遇。综合分析各种因素，这一促进内外资企业公平竞争的重大举措不会对我国吸引外商直接投资造成显著的负面影响。

础设施明显改善，国家政局长期保持稳定。从而，我国便成为境外资本（特别是境外私人资本）相当有利的投资场所。据有关部门统计，1990～2004年，在我国的外商直接投资者共汇出约2700亿美元的利润。[①]

表3　　　　　1993～2004年世界对外直接投资流入额　　　单位：亿美元

年份 区域	1993～1998 （年均）	1999	2000	2001	2002	2003	2004
世界	4017	10921	13965	8259	7161	6326	6481
发达国家	2562	8491	11343	5963	5478	4422	3800
发展中国家	1389	2325	2532	2178	1555	1663	2332
中东欧国家	66	105	91	118	128	241	349

资料来源：联合国贸发会议：《世界投资报告（2005）》附表B.1。

表4　　　　　1980～2003年世界对外直接投资流入存量　　　单位：亿美元

年份 区域	1980	1985	1990	1995	2000	2002	2003
世界	6927	9722	19503	29921	60899	73716	82451
发达国家	3907	5697	13995	20358	40117	50498	57016
发展中国家	3020	4025	5480	9167	19399	20936	22802
中东欧国家	—	—	28	396	1383	2282	2633

资料来源：联合国贸发会议：《世界投资报告（2004）》附表B.3。

（四）国际投资的实质

马克思和列宁揭示了资本输出的根本动机是追求高额利润，主要体现了经济发达国家（或帝国主义国家）对经济落后国家（或殖民地、附属国）的剥削与被剥削、控制与被控制的关系。这一观点完全符合当时的历

[①] 国务院研究室编写组编著：《十届全国人大四次会议〈政府工作报告〉辅导读本》，人民出版社、中国言实出版社2006年版，第312页。实际上，这一数据并不是外商在华直接投资所获得的全部利润。因为，这一数据既不包括外商直接投资者通过转移定价获得的利润，也不包括外商直接投资者从企业获得的利润中直接用于该企业追加投资和在中国进行再投资的利润等。

史实际，对于第二次世界大战以后的国际投资仍具有相当的适用性。然而，结合当代国际投资实践进行考察，有两个问题应进一步加以认识。

首先，对国际投资中的私人资本（或私人资本控股的企业与企业集团，下同）输出与公有资本（或公有资本控股的企业与企业集团，下同）输出、政府贷款和国际金融组织贷款的动机要有所区分。私人资本输出在当代国际投资中扮演主要角色，其根本动机仍然是追求高额利润。无论经济学家将其具体动机作何种概括（"自然资源导向型""要素导向型""市场导向型""交易成本节约型""研究开发型"，或"市场追求型动机""要素追求型动机""发挥潜在优势型动机""全球发展战略型动机"等），都是万变不离其宗。然而，对于公有资本输出、政府贷款和国际金融组织贷款的动机则要具体分析，不能一概而论。例如，我国大型国有石油公司的跨国直接投资，就不能将其动机完全归结为追求高额利润，其中必有我国开发和利用国际石油资源和石油市场的战略考虑。政府贷款在此是指一国政府向别国政府提供的低息贷款。无论是资本主义国家或是社会主义国家，向别国提供的政府贷款侧重考虑的是政治和双边经济援助等因素，而不是逐利因素。当然，资本主义国家对外提供政府贷款的根本目的与社会主义国家并不等同。国际金融组织向某些国家提供的低息贷款，不能称之为公有资本输出，但其基本宗旨是协调国际经济关系和经济发展，也不能简单归结为逐利。

其次，第二次世界大战以后，既由于帝国主义殖民体系的瓦解和国际投资主体与流向的重大变化，也由于国际投资的双边、区域和多边协调机制的逐步建立，资本输出国与资本输入国、资本输出方与资本输入方的经济关系不能仅仅归结为剥削与被剥削、控制与被控制的关系。就世界资本主义经济内部而言，国际投资至少存在着两方面的关系：一方面，在资本输出方与资本输入方之间，确实存在着不同程度的剥削与被剥削、控制与被控制的关系；另一方面，在资本输出国与资本输入国之间，则存在着主权平等国家之间不同程度的互利关系。

（五）国际投资的作用

马克思和列宁对资本输出作用的分析，偏重于生产关系，也涉及生产力等其他方面。在他们看来，资本输出主要是资本主义生产关系的空间扩展。而第二次世界大战以来国际投资主体、形式、流向和实质等方面发生的重大变化，使我们对当代国际投资的经济作用有了进一步的认识。

第一，从生产力和生产关系二重性的角度看待国际投资或国际资本流动。从生产关系的角度看，当代国际投资主要是资本主义生产关系的空间扩展与强化；从生产力的角度看，当代国际投资是非劳动力生产要素在全球范围内的重新整合，在很大程度上体现了社会化大生产和国际分工的客观要求，从而在总体上促进了生产力的较快发展。

第二，应将私人资本输出与公有资本输出、政府贷款和国际金融组织贷款的经济作用明显区分开来。

第三，当代国际投资更加有利于发达资本主义国家。一方面，发达资本主义国家既是主要的资本输出国，又是主要的资本输入国；另一方面，不平等的国际经济旧秩序尚未根本改变，发达资本主义国家在当代世界经济中仍处于强势地位，主导制定国际投资的"游戏规则"，广大发展中国家则基本上处于"被迫跟进"的角色，从而国际投资更符合发达资本主义国家的利益。

第四，国际投资对资本输出国和资本输入国的经济作用明显不同。一般来说，国际投资对资本输出国的积极作用主要是获得利润、贸易和资源等方面的好处，其消极作用则主要是容易导致某些产业"空心化"、减少税收来源和就业机会、贫富分化加剧以及通过"技术外溢"等途径不自觉地培植投资东道国的竞争对手等。国际投资对于资本输入国而言，其积极作用一般是扩大资本规模、提高技术水平、改善产业结构、加快经济发展、增加就业机会和税收等；其消极作用则主要是外资控制某些行业乃至国家经济命脉、挤占甚至垄断某些重要商品市场、通过转移"三高"（高能耗、高物耗、高污染）产业造成资源过度消耗和环境污染、销蚀部分经济主权甚至严重危害国家经济安全等。例如，国际间接投资中投机性极强的对冲基金（hedge fund），主要活动于离岸金融市场，在市场交易中负债率非常高，并且大量从事衍生金融工具交易，具有远远超过其实力的对国际金融市场的控制力。一度最有影响力的索罗斯管理的量子基金的投机活动，直接引发了1992年的欧洲货币危机和1997年的亚洲金融危机。

当然，在国际投资自由化居主导趋势的大背景下，同样实行对外开放，国际投资对于资本输出国和资本输入国的具体得失利弊，在很大程度上还取决于各国能否制定并实施符合本国国情的正确的经济发展战略（特别是对外投资战略与引进外资战略），能否建立与健全既符合国际投资规则和惯例、又能保障和增进本国全局与长远利益的调控与监管体制。在这方面，韩国的成功经验和某些拉美国家的惨痛教训可资借鉴。我国作为发展中的社会主义国家，在当代国际投资中既要抓住机遇，也要迎接挑战，切实维护国家经济安全和社会基本制度，努力构建有利于社会主义现代化建设的"引进来"与"走出去"有机结合的双向开放新格局，最大限度地趋利避害。

"经济全球化与中国经济科学发展高峰论坛"暨中国经济规律研究会第21届年会综述[*]

由中国经济规律研究会与对外经济贸易大学主办、对外经济贸易大学国际经济贸易学院与中国经济发展研究中心承办的"经济全球化与中国经济科学发展高峰论坛"暨中国经济规律研究会第21届年会，于2011年9月17~18日在京成功举办。中国社会科学院、国家发改委、北京大学、中国人民大学、中央党校、复旦大学、武汉大学、吉林大学、上海财经大学、对外经济贸易大学等国内顶尖研究机构、相关部委、著名高校约140位专家学者，《人民日报》《光明日报》《经济日报》《中国教育报》《中国社会科学》《经济研究》《马克思主义研究》《经济学动态》等国内主流媒体和权威学术期刊负责人莅会。中国经济规律研究会会长程恩富学部委员致开幕词。对外经济贸易大学党委书记王玲致欢迎词。教育部社会科学委员会主任吴树青教授致贺词。吴主任代表教育部社会科学委员会向大会表示热烈祝贺，并向与会专家学者提出三点希望：第一，坚持和发展马克思主义经济理论，坚持和发展中国特色社会主义理论体系；第二，紧扣中国经济科学发展这一主题，深入调研，建言献策，进一步发挥经济理论工作者的重要作用；第三，不断加强学会的学风和队伍建设，努力造就高素质的适应社会主义现代化建设需要的经济理论人才。中国社会科学院特邀顾问刘国光学部委员发表了重要讲话。中国人民大学荣誉一级教授卫兴华、中国社会科学院杨圣明学部委员分别作了精彩的专题报告。

与会专家学者紧密围绕大会主题，重点研讨了五个问题。

---

* 原载《经济学动态》2011年第11期。

一、经济全球化与中国经济自主安全发展

程恩富学部委员指出，从第二次世界大战以后的历史情况来看，曾出现过两个全球化，即资本主义的全球化与社会主义的全球化。当今经济全球化是美国等资本主义国家主导下的资本主义生产方式在全球的扩张和控制的趋势。从发展趋势看，经济全球化最终将导向全球社会主义。这是由资本主义市场经济制度及其运动规律决定的，同时也与其政治文化制度密切相关。换言之，走向公正有序的经济全球化，客观上要求的是全球社会主义而非全球资本主义，否则各种危机、混乱、暴力、犯罪、贫穷乃至恐怖主义等全球性问题都难以得到有效遏制。

卫兴华教授指出，经济全球化对我国经济发展是一把"双刃剑"。我国全方位的对外经济开放，对于我国经济快速发展起到了重要的积极作用，这是基本的方面。同时，资本主义国家主导的经济全球化也对我国经济和社会安全带来许多风险和挑战。一些发达资本主义国家利用我国经济快速发展的有利条件，积极参与并牟取它们的最大利益，还企图对我国实行"和平演变"。我们必须头脑清醒，有效应对。

炮兵学院汪冰副教授指出，我国在参与经济全球化的过程中，国家经济安全问题空前突出。我国至少面临着四大威胁，即产业安全威胁、技术安全威胁、金融安全威胁和信息安全威胁。

中南财经政法大学程启智教授和陈敏娟博士认为，2008年爆发的国际金融危机凸显了我国加强宏观审慎监管、确保金融安全的必要性。为此，应完善逆周期的货币信贷动态调控机制、促进金融机构的安全运行；应建立适合我国国情的宏观审慎管理工具，提高监管的动态适应能力；应加强国内宏观层面的协调机制，拓展国际和地区金融交流与合作。

南京政治学院上海分院曹雷副教授认为，从经济全球化的实质来看，我国转变经济发展方式的基本方向是自主型经济发展方式。所谓自主型经济发展方式，即主要依靠本国完备自主的国民经济体系，主要依靠本国人民的智慧、力量和资源，体现本国人民的意志和利益，发展成果由本国人民共享。

二、经济全球化与中国转变经济发展方式

上海金融学院周肇光教授指出，加快转变经济发展方式，我国在经济发展理念上应坚持以科学发展观为指导，在经济发展动力上应坚持内需与外需并重，在经济发展的所有制结构上应坚持以公有制为主体，在经济发展效果上应坚持数量与质量的综合评价。

苏州大学孙永正教授指出，我国现行经济发展方式是现行发展理念与管理理念的产物。加快转变经济发展方式，我国应以经济和社会协调发展的理念取代经济建设作为唯一中心的理念，从政府主导投资经营的理念向政府主导公共服务的理念转变，从投资多多益善论向保障国民消费增长和引领消费升级理念转变，从数量与规模优先论向质量与效益优先的理念转变，从GDP增长为标杆的理念向全面改善民生福利为标杆的理念转变。

复旦大学顾钰民教授提出，要使经济发展方式取得实质性进展，关键要创造有利于转变经济发展方式的市场、体制和政策三大条件。创造有利于转变经济发展方式的市场条件，就是要充分发挥市场机制对企业转变经济发展方式的促进作用。创造有利于转变经济发展方式的体制条件，就是要完善消费品生产（特别是服务业发展）的投资体制；完善国民收入分配体制，提高居民收入在国民收入分配中的比重；完善初次分配体制，提高劳动报酬的比重。创造有利于转变经济发展方式的政策条件，就是要对有利于促进转变经济发展方式的行为制定鼓励性政策，对不利于转变经济发展方式的行为制定限制性政策。

对外经济贸易大学林汉川教授提出，加快转变经济发展方式，我国中小企业应主要实现三个战略性突破。一是应大力发展中小企业银行，努力办好"创业板"市场，实现中小企业融资难的战略性突破。二是应改变我国当前对中小企业多头管理、"五龙治水"的局面，建立统一的国家协调管理机构；应将"抓大放小"真正转变为"抓大促小"，实现政府对中小企业促进政策的战略性突破。三是应实现我国中小企业"专、精、特、新"的战略性突破。

三、经济全球化与中国深化收入分配体制改革

刘国光学部委员提出，有些学者和媒体把"国富"与"民富"并列与对立起来，并不确切。经过30多年的改革开放和经济建设，我国经济规模已达到世界第二，但人均国内生产总值却仍居世界第100位之后，因此不能说国家已经很富。同时，人民生活水平总体上比过去有很大提高。部分人已经很富，大多数国民富得不够，有些人甚至很穷。国民有富有穷，不能一概而论。我国当前收入分配领域中最核心的问题，是贫富差距急剧扩大、两极分化趋势明显。不是"国富"与"民富"的矛盾，而是一部分人先富、暴富与大部分国民不富甚至贫穷的矛盾。由于中国资本原始积累过程中财富来源的特殊性，中国富豪积累财富的时间超短。我国完成一部人先富起来的任务所花的时间极短，而完成先富带后富、实现共同富裕的任务却遥遥无期。要扭转贫富差距过大和两极分化的趋势，并不需要什么"国富优先"转向"民富优先"，而是需要明确宣布实行"一部分人先富起来"的政策已经胜利完成任务，今后应转变为"实现共同富裕"的政策，即逐步实现由"先富"向"共富"的过渡。

卫兴华教授提出，所谓两极分化，并不仅指穷的越穷，富的越富。两极分化既包括绝对的两极分化，也包括相对的两极分化。我国当下富豪的资产仅次于美国。我国收入差距与财产差距相比，财产差距更大。要消除两极分化，靠提高个税起征点是不够的，根本途径是发展与壮大社会主义公有制经济，充分发挥国有经济的主导作用。

对外经济贸易大学郭飞教授、王飞研究员指出，我国长期以来一直实行低工资制度。在计划经济时期，我国低工资制度的主要特征是低工资与平均主义并存；高度统一，缺乏弹性；低工资与高补贴、泛福利并存。在体制转轨时期，我国低工资制度的主要特征是总体的低工资与局部的不合理的高工资并存；白色收入、灰色收入与黑色收入并存；广大职工的低工资与教育、医疗、住房制度改革引发的高支出并存；贫富悬殊，两极分化。我国不同时期低工资制度的成因有显著区别，但其基本原因则是劳动生产率低下及"高积累、低消费"的经济建设指导思想。在此基础上，他们提

出了"十二五"时期改革与完善我国个人收入分配体制机制的新建议。

广东省委党校郑志国教授根据调查研究和相关统计资料，认为在经济全球化背景下中国企业分配存在的主要问题是国际资本挤压中方收入、利税侵蚀工资、最低工资标准偏低、工资集体协商制度不够完善。对此，应重新认识劳动力低成本问题，防止和抑制利税对工资的侵蚀，缓释与消除国际资本对劳工收入的挤压，缩小企业管理人员与生产工人的收入差距，完善最低工资和工资指导线制度及工资集体协商制度。

四、经济全球化与中国经济发展规律

中国人民大学胡钧教授认为，"中国模式"应是自新中国成立以来经过长期经济社会发展形成的、符合中国实际的、具有鲜明制度特色的成功的经济社会发展方式，其实质就是中国社会主义基本制度。"中国模式"的基本特征可以归结为三条，即中国共产党领导的核心地位和多党合作的政治体制，国有经济发挥主导作用和多种所有制经济共同发展的所有制结构，依据科学发展观制定的国家经济规划的主导作用和充分发挥市场经济的基础性调节作用。

中国社会科学院马克思主义研究院毛立言研究员指出，社会主义所有制关系的内涵特征与发展趋势表明，完善和发展社会主义公有制的根本途径就是要在不断发展生产力和提高生产社会化水平的基础上，逐步促进全体劳动者的全面发展，不断扩大民主管理，采取各种切实可行的民主措施，保证支配管理权的行使真正代表全体劳动者利益，逐步缩小人们在生产资料支配管理权方面的差别。为此，首先要保证全体劳动者对生产资料的所有权通过他们委托的经营管理者的现实支配和管理在经济利益上得到实现；其次，必须根据现实条件与可能，使全体劳动者以直接或间接方式尽量多参加管理活动，以真正体现劳动者的主人翁地位，充分调动其积极性、主动性和创造性。

《中国社会科学》杂志社许建康研究员认为，能否成功跨越资本主义"卡夫丁峡谷"，关键在于跨越主体即不发达社会主义国家的自组织能力特别是创新能力，在于已建立的社会主义基本制度在改革中不断自我完善所日益增强的制度优越性。不发达社会主义国家由于经济市场化并深度嵌入不平等的国际分工而实现了 GDP 总量的持续扩张，也由于与国际接轨的低级方式而削弱了其自组织能力。不发达社会主义国家能否长期被锁定在低端结构上，从而使跨越成为泡影，取决于复杂巨系统内部高级子系统（发达资本主义国家）与低级子系统（不发达社会主义国家）之间控制与反控制、利用与反利用的反复较量和复杂斗争。

吉林省社会科学院赵玉琳研究员认为，高房价已成为当前我国社会各界高度关注的一个重大热点问题。他提出，房价不应以市场调节为主，而应以政府管理为主；政府对房价加强管制，不仅符合经济规律的客观要求，也是促进社会主义市场经济健康发展的迫切需要。他还提出了对不同住宅实行分类定价、对不同住宅用地与标准实行细化管理以及对房地产行业加强监管等建议。

五、经济全球化与中国提高对外开放水平

杨圣明学部委员指出，马克思国际价值理论的内容相当丰富。其包括国际价值的成因、国际价值的实体、国际价值的实质、国际价值的量、国际价值尺度、国际价值规律与国际价值转型等。马克思的国际价值理论，深刻揭示了国际经济关系的实质，是经济全球化时代真正的国际贸易理论。它既是发展中国家融入经济全球化的理论依据，也是引导全球化均衡发展的理论依据，更是我国制定外向型经济发展战略（即互利共赢战略）的理论基础。

程恩富学部委员认为，改革开放三十多年来，我国对外经济开放经历了"引进来"、"引进来"与"走出去"并重、强调并实施自主创新战略三个阶段。当前，我国应进入转变对外经济发展方式的第四阶段。在此阶段，我国应适度控制对外资、外技、外产、外贸、外汇和外国资源（特别是能源）的依赖程度，积极提升和协调使用国内外各种广义资源的综合效益。

丁任重教授等认为，我国应调整过度外向型战略，实施外向型与内向型相结合的新战略。实施外向型战略的重点应调整为提升本国的产业结构

和国际竞争力，培植优势产业。实施内向型战略的重点应调整为提高自主创新能力、促进关键的幼稚产业发展成熟，不再依靠发达国家的技术外溢。

卢进勇教授提出，我国目前已成为国际投资大国（引进外资规模居世界第二，对外直接投资规模居世界第五，资本要素流动规模居世界前列）。"十二五"时期，我国应利用好国外产业重组、发展中国家工业化、国内加快转变经济发展方式等有利条件，加快由资本输出大国向资本输出强国转变的步伐，努力构建中国企业主导的国际生产经营网络。其基本途径是：（1）放手发展对外直接投资，大力培育和发展中国跨国公司；（2）实施国际品牌战略；（3）完善对外投资法律保障体系、政策促进体系、服务促进体系、风险防控与预警体系；（4）积极推进包含投资内容的自由贸易区建设与境外经贸合作区建设。

第五部分

经济体制改革的基本性质
与转轨方式及其他

论经济体制改革的基本性质与转轨方式[*]

经济体制改革是当代世界不可阻挡的历史潮流。20世纪80年代以来，苏联、东欧国家和中国的经济体制改革尤为引人注目。无论是原来或现今的社会主义国家，在经济体制改革过程中都存在着改革的基本性质和体制的转轨方式这两大问题。初步的实践表明，对这两大问题的解决是否妥当，决定着经济体制改革的成效和命运。

一、经济体制改革与基本经济制度

基本经济制度与经济体制是既有区别又有联系的两个经济范畴。基本经济制度可以从不同角度来理解。从广义来看，它是指某一社会中占统治地位的生产关系的总和，并且构成该社会上层建筑赖以存在的主要经济基础。例如，社会主义经济制度是社会主义社会的基本经济制度。从狭义来看，它是指某种经济制度的基本内容或基本要素。而经济体制则是某一社会经济制度或某种经济制度所采取的具体组织形式和管理制度，是生产关系的具体实现形式。在同一基本经济制度下可以采用不同的经济体制，在不同的基本经济制度下也可以采取在许多方面相同或类似的经济体制。基本经济制度决定着经济体制的基本性质和发展方向，而经济体制的选择是否得当则对经济发展和基本经济制度产生重大的积极或消极的作用。实践证明，当代世界两种社会制度的激烈竞争主要表现为经济体制的竞争。谁能创造并实行适合高科技进步和生产力发展的充满生机和活力的经济体制，谁就能在竞争中取胜。

毫无疑问，对社会主义国家长期实行的传统经济体制可以而且必须实

---

* 原载《东欧中亚研究》1996年第3期。

行改革。恩格斯指出："所谓'社会主义社会'不是一种一成不变的东西，而应当和任何其他社会制度一样，把它看成是经常变化和改革的社会。"①然而，如何对传统经济体制进行改革？就其基本性质或基本方向而言，确实存在着两种根本不同的改革。一种是戈尔巴乔夫在执政后期进行的所谓的经济体制"改革"。在"必须根本改造我们的整个社会大厦"的喧嚣声中，戈尔巴乔夫等人改变了经济体制改革的基本方向，从"完善社会主义"转向实现"人道的民主的社会主义"。他们竭力否定国有经济的主导作用和社会主义公有制的主体地位，推行经济非国家化即实质上的国有企业私有化；竭力贬低计划的作用，大肆鼓吹"市场万能论"，实行国家对国民经济管理自由化；竭力否定按劳分配，推行按资分配和按劳动力价值分配。实际上，这是以建立资本主义市场经济体制为取向的改革，是要把社会的基本经济制度从社会主义制度的"扭曲"或"变形"状态拉入资本主义的轨道。另一种则是我国目前正在进行的经济体制改革。我国经济体制改革的目标是建立社会主义市场经济体制。社会主义市场经济是同社会主义基本经济制度紧密结合的市场经济，是既充分发挥社会主义制度优越性又充分发挥市场机制长处的市场经济。我国要建立的社会主义市场经济体制具有三个基本特征：（1）在所有制结构上，以公有制为主体，个体经济、私营经济、外资经济为辅体，多种经济成分长期共同发展。（2）在分配制度上，以按劳分配为主体，其他分配方式为辅体，效率优先，兼顾公平。（3）在宏观调控上，能够把人民的当前利益与长远利益、局部利益与整体利益结合起来，更好地发挥计划和市场两种手段的长处。这是以社会主义为基本方向的经济体制改革，是社会主义经济制度的自我完善和发展。

同是针对传统的经济体制进行改革，却走着根本不同的道路，这在理论上和实践中至少要涉及三个根本性的问题。

一是国有企业的"无人负责"（或"产权虚置"）状况，是否只有通过"私有化"的途径才能得到改变？

主张走资本主义市场经济道路的人对此问题的回答是肯定的，而我们

---

① 《马克思恩格斯全集》第 37 卷，人民出版社 1971 年版，第 443 页。

则持否定的观点。首先，必须对国有企业的"无人负责"状况有正确的理解。所谓国有企业的"无人负责"，并不是泛指所有国有企业都是无人负责，而是特指在传统经济体制下由于产权不明晰而必然造成的国有企业管理责任不清的状况。在传统经济体制下，国有企业是"国有国营"。政府的任何部门都可以以所有者的身份自居，任意干预企业的生产经营活动，却不承担干预的后果。企业没有经营自主权，自然也难以承担生产经营的责任。有人将这种状况概括为"全民所有、无人负责"，确有一定的道理。其次，改变国有企业"无人负责"的状况，并非只有通过"私有化"的途径才能得以实现。17年来，我们一直在实践中不断探索具有中国特色的国有企业改革之路。党的十二届三中全会通过的《中共中央关于经济体制改革的决定》，提出了国有企业的所有权与经营权适当分离的改革思路。党的十四届三中全会通过的《中央中央关于建立社会主义市场经济体制若干问题的决定》，则又进一步提出了转换国有企业经营机制、建立现代企业制度的改革思路。现代企业制度是产权清晰、权责明确、政企分开、管理科学的企业制度。现代企业制度具有五个基本特征：（1）企业中的国有资产所有权属于国家，企业拥有包括国家在内的出资者投资形成的全部法人财产权，成为享有民事权利、承担民事责任的法人实体。（2）企业以其全部法人财产，依法自主经营，自负盈亏，照章纳税，对出资者承担资产保值增值的责任。（3）出资者按投入企业的资本额享有所有者的权益，即资产受益、重大决策和选择管理者等权利。企业破产时，出资者只以投入企业的资本额对企业债务负有限责任。（4）企业按照市场需求组织生产经营，以提高劳动生产率和经济效益为目的，政府不直接干预企业的生产经营活动。企业在市场竞争中优胜劣汰，长期亏损、资不抵债的依法破产。（5）建立科学的企业领导体制和组织管理制度，调节所有者、经营者和职工之间的关系，形成激励和约束相结合的经营机制。目前，我国国有企业改革按照"转机建制"的思路不断地向前推进，国务院确定的百户建立现代企业制度的试点单位进展顺利，改革已经触及的一些深层次矛盾和重点难点问题正在通过试点逐步加以解决。

二是发展商品生产者之间的竞争，是否必须改变国有经济的主导作用？主张走资本主义市场经济道路的人对此问题的回答是肯定的，而我们则持否定的观点。毫无疑问，社会主义经济是商品经济，竞争是商品经济的内在属性和推动商品经济发展的巨大杠杆。在社会主义社会中，发展商品生产者之间的竞争，与发挥国有经济的主导作用并没有实质性的矛盾。第一，在社会主义商品经济中，国有企业是法人实体和市场竞争主体，而不是政府机关的附属物和"算盘珠"。国有企业也和集体企业、私营企业、"三资企业"一样参与市场竞争，它本身是促进市场竞争的因素，而不是阻碍市场竞争的因素。第二，充分发挥国有经济的主导作用，是社会主义市场经济健康发展的基本前提。（1）国有经济对社会主义国家的经济稳定、社会稳定、政治稳定具有至关重要的作用。（2）国有经济是实现社会主义国家的整体利益和实行宏观经济调控的物质基础。（3）国有经济在发展社会主义社会的生产力、提高综合国力和人民生活水平以及实现共同富裕等方面起着领导作用。（4）国有经济是社会主义国家经济独立的重要支柱和参与国际经济竞争的主力军。因此，我们认为，国有经济不仅要在基础产业和非竞争性产业中发挥主要作用，而且也要在关系国计民生和国家长远发展的竞争性产业中发挥主要作用。一句话，国有经济要在关系国民经济命脉的重要行业和关键领域居于支配地位。具体来说，国有经济发挥主要作用的领域大体应该包括社会公共基础设施部门（如邮政、电讯、交通、港口、大型水利工程等）、基础工业（如煤炭、电力、石油、钢铁、有色金属等）、支柱产业（如机械、电子、汽车、建筑业等）、高新技术产业、国防工业和对国民经济起调控作用的产业（如金融业）等部门。如果把国有经济发挥作用的领域仅仅局限在某些关键性的公益事业和基础产业部门，或者把国有经济占国民经济的比重压得很低，那就与某些市场经济比较发达的资本主义国家大体相同了，从而无法控制国民经济命脉并对经济发展发挥主导作用，无法体现社会主义市场经济的基本特点。第三，发挥国有经济的主导作用，并不意味着国有经济在国民经济中所占的比重越大越好，更不意味着实行国有经济的一统天下。在传统经济体制下，苏联和我国国有经济在国民经济中都占有很高的比重。1984年，苏联国有工业企业产值在工业总产值中占97.5%。1975年，我国国有经济分别占工业总产值的83.2%和社会商品零售总额的90.2%。实践证明，国有经济的比重过高，并非符合苏中两国的国情，不利于充分调动国内外方方面面的积极性，加速社会生产力的发展。因此，适当降低国有经济在国民经济中的比重，是现阶段生产力发展的客观要求。改革开放以来，我国国有经济的实力虽然有了明显的增强，但在国民经济中所占的比重却显著下降。1994年，我国国有工业企业产值占工业总产值的比重为34%，国有商业企业消费品零售额占社会消费品零售总额中的比重为32%。随着国有企业改革的进一步深入，我国国有经济在国民经济中的比重在今后一段时期内还可能有所下降。如何从整体上搞活搞好国有经济，避免国有经济在国民经济中的比重进一步大幅度下降，真正发挥国有经济的主导作用，这个问题关系到经济体制改革的成败，关系到社会主义制度优越性的发挥，关系到经济和社会发展战略目标的实现，需要在实践中不断探索并逐步加以解决。

三是传统分配体制中的平均主义弊端，是否应该通过按资分配和按劳动力价值分配来加以解决？

主张走资本主义市场经济道路的人对此问题的回答是肯定的，而我们则持否定的观点。毫无疑问，无论苏联或中国的传统分配体制中都存在着严重的平均主义弊端，极大地挫伤了广大职工进行社会主义建设的积极性。平均主义或收入均等化并不是社会主义，而是小资产阶级追求的一种收入分配中的平等权利。实行按资分配和按劳动力价值分配，当然可以解决平均主义的问题，当然比实行平均主义的分配方式有利于生产力的发展。可是，按资分配和按劳动力价值分配是资本主义的分配方式，它与社会主义公有制在个人收入分配领域的实现方式——按劳分配相比，究竟哪一种分配方式更有利于促进现阶段主体经济中生产力的迅速发展？我们认为，是后者而非前者。第一，按劳分配否定凭借生产资料私有权剥削他人劳动成果的权利，是人类社会分配制度的巨大变革。第二，按劳分配把劳动贡献和劳动报酬紧密地联系起来，促使劳动者从物质利益上关心自己的劳动成果。按劳分配是对剥削制度和平均主义分配方式的双重否定，能够极大地调动劳动者的积极性、主动性和创造性，促进社会主义生产的发展和人民生活水平的提高。因此，列宁指出：按劳分配"包含了社会主义的基础，社会主义力量的取之不尽的泉源，社会主义最终胜利的不可摧毁的保障。"① 社会主义的分配方式——按劳分配从总体上优越于资本主义的分配方式——按资分配和按劳动力价值分配，这在理论上是无可非议的，但在实践中却遇到了尖锐的挑战。关键问题在于，要在社会主义公有制经济中逐步建立起能够较好地体现按劳分配原则的分配体制，以充分体现按劳分配制度的优越性。党的十一届三中全会以来，我们逐步加深了对商品经济条件下按劳分配特点的认识，在农业集体经济中实行了以家庭承包为基础的联产计酬的分配体制，在城镇的部分国有企业中实行了"工效挂钩"（即职工收入既与企业经济效益又与个人劳动贡献紧密联系）的分配体制，从而在探索按劳分配的有效实现形式方面取得了显著的进展。

无论是以社会主义市场经济体制为取向的改革，还是以资本主义市场经济体制为取向的改革，都在经受实践的检验。从经济实践来看，我国以社会主义市场经济体制为取向的改革，对于解放和发展生产力确实起到了巨大的推动作用，使我国的经济建设、社会发展和人民生活水平都上了一个大台阶。1979～1994 年，我国国内生产总值年均增长 9.44%，城镇居民和农村居民人均收入年均增长分别为 6.5% 和 8.25%，进出口贸易额由 240 亿美元增至 2367 亿美元，外汇储备现已超过 800 亿美元。显然，这与某些实行以资本主义市场经济体制为改革取向的原社会主义国家的国内生产总值大幅度下降、人民生活水平明显滑坡的状况形成了极为鲜明的对照。在当今世界社会主义运动处于低潮的严峻形势下，连断言"共产主义大失败"的布热津斯基都不得不承认："中国共产主义的改革很可能取得成功"。

二、"激进式"改革与"渐进式"改革

从高度集中的计划经济体制向市场经济体制转变，在不同的国家各具特色。但是，大体上仍可以归结为"激进式"改革与"渐进式"改革两种方式。

"激进式"改革与"渐进式"改革具有不同的特点：（1）经济体制转

---

① 《列宁选集》第 3 卷，人民出版社 1972 年版，第 560～561 页。

轨的速度不同。"激进式"改革的时间较短。戈尔巴乔夫执政后期在苏联登台亮相的几个经济改革方案中，预计经济体制转轨的时间短则 1 年，多则 3 年，明显体现出实行"激进式"改革的意向。而"渐进式"改革的时间较长。党的十一届三中全会以来，我国实行的是"渐进式"转轨方式。如果我们能在 20 世纪末初步建立社会主义市场经济体制，那么经济体制转轨的时间也将长达二十余年。（2）经济体制改革的方法不同。在价格改革方面，"激进式"改革一般是价格改革先行，迅速而全面地放开价格；而"渐进式"改革则是先调后放，分阶段地调整和理顺价格关系。在国有企业改革方面，"激进式"改革一般是通过各种方式（包括无偿分配）尽快实现国有企业私有化；而"渐进式"改革在某些国家则是培育和发展非国有经济与国有企业转换经营机制、建立现代企业制度相结合。（3）稳定经济的措施不同。"激进式"改革把消除通货膨胀作为稳定经济的首要目标，为此紧缩银根，取消补贴，减少财政赤字，放开进口，以求强制实现社会总需求与社会总供给的基本平衡。而"渐进式"改革则着眼于既要减轻通货膨胀的压力，又要促进经济发展和社会稳定，从而实行适度从紧的货币政策和较为宽松的财政政策，逐步减少对国有企业的补贴，并对其提供必要的信贷资金，以刺激生产，帮助必须保留和有潜力的国有企业闯过难关。"激进式"改革奉行政府基本上不干预经济的自由放任原则，而"渐进式"改革则奉行政府应对经济实行必要的干预方针。

　　"激进式"改革与"渐进式"改革只是经济体制转轨方式或转轨战略的一种相对的区分，没有绝对的不可逾越的界限。一方面，"激进"中有"渐进"。实行"激进式"改革的国家在稳定经济、放开价格等方面的举措可以在较短时期内付诸实施并收到成效，但在国有制改革和法律改革方面则颇费时日，不可能立竿见影。另一方面，"渐进"中有"激进"。我国 17 年来的经济体制改革总体上属于"渐进式"改革，但也并不总是小步推进。1994 年，我国在财税、金融、外汇外贸、投资、价格和流通体制等方面进行了重大改革，其范围之广、力度之大前所未有，从而使我国的经济体制改革迈出了决定性的步伐。当然，就某一国家而言，经济体制转轨也并非始终采取一种方式。有的国家是"激进"不成变"渐进"，有的国家则是"渐进"失败变"激进"，从而交替采取两种转轨方式。

　　"激进式"改革与"渐进式"改革孰优孰劣，这在国内外都是一个颇有争议的问题。我们依据迄今为止的实践对这两种转轨方式的绩效作一初步的考察。

　　以社会主义为基本方向的经济体制转轨，实行"渐进式"改革有较为成功的例证，而实行"激进式"改革则鲜有成功的先例。

　　我国17年来的经济体制转轨走的是"渐进式"改革之路。我国经济体制的"渐进式"改革主要具有五个特点：（1）先易后难。经济体制改革先从国民经济和传统经济体制的薄弱环节农业入手，逐渐深入到传统经济体制盘根错节的国有企业。（2）突出重点。我国在经济体制改革中突出两个重点，一是宏观经济运行机制的转换；二是微观经济主体的重塑。由于企业是国民经济的细胞，国有企业是社会主义国民经济的支柱，因此，我国经济体制改革一直以国有企业改革为中心。目前，我国正集中力量抓好1000户国有大型企业和企业集团的改革。其中的800多家工业企业，占全国国有工业总资产的63%，销售收入的70%，利税的74%。这些大企业和企业集团一般都是国家独资或国家控股，搞好它们的改革也就搞好了国有企业改革的大头，从而能促进整个国有经济的发展。（3）协调配套。例如，为了深化国有企业改革，我国配套进行了计划、投资、价格、财税、金融、社会保障体制等方面的改革，逐步建立和健全国有资产管理和监督体系以及包括劳动力市场在内的市场体系。（4）保持平衡。我国在经济体制改革中，始终把正确处理改革、发展和稳定的关系作为宏观调控的出发点，努力实现三者的相对平衡。例如，我国1993年下半年出台的加强和改善宏观调控的重大措施，没有采取"急刹车"和全面紧缩的办法，而是着力于解决影响改革、发展和稳定的突出矛盾和问题，从而避免了经济的"大起大落"，既兼顾了在国民经济快速发展中推进经济体制改革，也保持了社会的基本稳定。（5）民间和政府"两个积极性"相结合。既有广大微观经济主体在改革开放的大环境中的自发性实践活动，更有政府勇于承担改革的领导者与推动者的责任，采取有效措施，不失时机地将改革推向前进。

　　除我国以外，越南实行的以社会主义为基本方向的"渐进式"改革也取得了初步的成功。越南的经济体制改革是从20世纪80年代初开始的，先后经历了准备阶段、实质性的改革阶段和全面深化的改革三个阶段，目前已经奠定了新经济体制的基础。尽管越南经济体制改革在许多方面与中国相似，但在价格改革、国有企业改革、工资制度改革、金融体制改革和国家管理职能转变等方面都有自己的特点。在经济体制改革的推动下，越南的国民经济有了明显的恢复和发展。1991～1993 年，除了农业连年丰收之外，工业总产值年均增长速度高达 12%。

南斯拉夫于 20 世纪 50 年代初在没有动摇社会主义基本经济制度的情况下，通过"激进式"改革较为成功地实现了经济体制的转轨。其重要原因在于，南斯拉夫原有的市场经济基础在解放后没有遭到根本性的破坏，同时从西方国家获得了大量的经济援助。[①]

以资本主义为基本方向的经济体制转轨，实行"渐进式"改革和"激进式"改革都有较为成功的例证，而实行"激进式"改革也不乏失败的教训。

匈牙利是实行"渐进式"改革较为成功的国家。20 世纪 80 年代末 90 年代初，匈牙利政府并未接受萨克斯等人关于"休克疗法"的游说，决定实行"渐进式"改革。匈牙利在经济体制转轨时期虽然也采取了紧缩货币和财政的政策，但是相对来说具有更大的灵活性和回旋余地。匈牙利逐步实现价格自由化和贸易自由化。1988 年开始放开部分商品和劳务的价格，1990 年已有 80% 的价格放开，1992 年价格放开的比重达到 90%。匈牙利的进口 1990 年放开 78%，1991 年放开 90%，1992 年则完全放开。匈牙利逐步将其货币大幅贬值，使其具有可兑换性。匈牙利拒绝了以资产券方式无偿分配国有资产的建议，向国内外的出价者直接出售国有企业，并且取得了初步的进展。1990～1993 年，匈牙利的国内生产总值分别下降了 3.3%、11.9%、4.5% 和 2.0%。1994 年，匈牙利的国内生产总值则增长了 1%～2%，从而扭转了经济负增长的局面。同年，匈牙利的农业生产增长 3%，工业生产增长 7.7%，通货膨胀率控制在 20% 左右。

波兰则是实行"激进式"改革较为成功的国家。波兰在经济体制转轨时期实行了严厉的紧缩货币和财政的政策。波兰于 1990 年 1 月 1 日全面放

---

① 葛霖生：《论原苏联东欧国家的经济转轨》，载于《世界经济与政治》1995 年第 12 期。

开了90%的商品和劳务的价格，取消了对进口的数量限制和对出口的大部分限制，基本上实行了统一的关税，并降低了出口税率。波兰1990年一次性地将其货币大幅度贬值，使官方汇率接近于平行市场的汇率，从而实现了其货币在国内的可兑换性。波兰国有企业的私有化以直接出售和无偿分配为主要方式。到1994年，已有约1/4的原国有大中型企业完成了私有化改造，私有经济在国内生产总值中所占的比重已达到60%。波兰的国内生产总值从1990～1992年分别下降了11.6%、7.6%和1.5%，而1993年则上升了4%，1995年又比1994年增长了6.5%。波兰成功地控制了高达2000%的恶性通货膨胀，到1994年已将通货膨胀率控制在30%左右。

应该指出，尽管波兰等国实行"激进式"改革获得了相对的成功，但是，某些国家实行"激进式"改革却归于失败。俄罗斯的"激进式"改革就是后者的典型例证。1992～1993年，俄罗斯推行了两年的"休克疗法"即"激进式"改革。1992年伊始，在不到两周的时间内，商品价格上涨了几倍至几十倍，卢布大幅度贬值，数百万人骤然陷于贫困的境地，从而造成社会的巨大震荡。俄政府实行财政和信贷的双紧政策，与价格狂涨相互交织，导致企业出现严重的支付危机。俄政府为了加快私有化的步伐，对相当一部分国有资产甚至采取了无偿私有化的办法。通过两年的"激进式"改革，俄罗斯的经济形势严重恶化。1992年，国内生产总值和工业生产分别下降了18.5%和12%，消费价格总指数高达2508.8%；1993年，国内生产总值和工业生产又比上年分别下降了18.8%和16%，消费价格总指数仍高达844.2%。与此同时，财政赤字居高不下，广大人民生活水平明显下降，贫富差距急剧拉大。俄罗斯经济处于既非计划经济又非市场经济的混乱无序状态，政治对抗加剧，社会治安恶化。面对这种严峻的经济政治形势，叶利钦总统被迫宣布放弃"休克疗法"，切尔诺梅尔金总理也不得不宣称："改革的浪漫时代已经过去"。

基于对两种经济体制转轨方式绩效的初步考察，我们认为至少可以得出以下三点结论。

1. 选择何种经济体制转轨方式，如同选择何种经济体制改革的目标模式一样，从根本上来说取决于各国的国情，取决于转轨成本与转轨收益的比较，没有统一的、固定不变的模式。

俄罗斯在苏联解体之前就选择了"激进式"改革的道路。但是，在俄罗斯实行名副其实的"激进式"改革，一般认为是在 1992～1993 年。俄罗斯的"激进式"改革为什么归于失败？撇开社会制度剧变这一根本原因不论，其激进的经济体制转轨方式严重脱离国情也是一条重要原因。应该看到，俄罗斯实行"激进式"改革的经济、政治和社会条件与东欧某些国家有着明显的区别。一是俄罗斯长期实行指令性的计划经济体制，国有经济成分的比重极高，价格体系的扭曲已达到荒谬绝伦的程度，市场经济的基础较差。二是在苏联解体以后，不仅苏联各加盟共和国之间的经济联系遭到了严重的破坏，而且在俄罗斯内部的地区分散主义和企业违约现象颇为盛行，从而对俄罗斯经济造成很大的冲击。三是俄罗斯经济的军事化程度很高，调整经济结构的任务十分艰巨。四是俄罗斯政治经济体制转轨的政治、思想准备和社会认同程度较差，政局很不稳定，市场和社会秩序极为混乱。在此情况下，俄罗斯的经济体制转轨必然具有两方面的突出特点：一方面，经济体制和经济发展中蕴含的矛盾很深，亟须加速解决；另一方面，在短时期内又缺乏解决上述矛盾的条件和可能性。然而，俄罗斯政府却忽略了后者，强制推行"激进式"改革，甚至计划在 3 年内全面实现私有化，这就必然是欲速则不达。俄罗斯不仅在经济体制转轨方面没有达到预期目标，而且还大大加深了经济危机和社会危机，陷入一种难以摆脱的恶性循环。

2. "激进式"改革并不是包医百病的"灵丹妙药"。

"激进式"改革或"休克疗法"在东欧和苏联各国向市场经济过渡的初期曾风靡一时，但是，俄罗斯等国推行"休克疗法"的失败则打破了"激进式"改革是经济体制转轨最佳方式的"神话"。我国有的学者曾把美国萨克斯教授提出的"休克疗法"的理论依据归结为：旧体制缺乏效率，从它出发向新体制过渡，"采取'一步走'的剧变式方法，以尽可能快的速度将旧体制打破，按照'目标模式'的最优方式重构经济体制。在最初阶段改革成本可能要大些，甚至引起一定的社会动荡，但由于能使经济结构较快地'跃到'最优状态，避免长期信号扭曲、资源配置无效率所造成的损失，总的来说成本要小些"。① 现在看来，实行"激进式"改革或"休克疗法"，至少在两个方面难以达到目的。一是所有制改革无法在短时期内完成。英国拥有比东欧和苏联各国强大得多的私人资本。可是，英国将其国有经济从占国内生产总值的15%减少到5%，还花费了十多年的时间。而俄罗斯和东欧某些国家实行的"激进式"改革，却试图将占国民经济60%~80%以上的国有经济在3~5年内实现私有化，这个目标恐怕难以达到。近几年来，俄罗斯和东欧某些国家在国有大中型企业私有化过程中障碍重重、步履维艰，就是明证。二是结构调整的最优状态也不可能在短期内实现。在传统经济体制下，个人消费品生产所占的比重很低，经济结构严重失衡。调整经济结构，大幅度地增产个人消费品，则需要较长的时期。实行"激进式"改革，并不能与经济结构的调整和个人消费品的增长同步。"激进式"改革可能缩短结构调整的时间，却不能消除二者之间极为明显的较长的时间差。国外有些经济学家认为，即使是经济体制转轨较快的国家，真正实现经济结构的优化也需要10~20年的时间。至于实行"激进式"改革通常导致在一定时期内生产和生活水平明显下降、失业率激增以及社会动荡等负面效应，则是人们有目共睹的事实。

在此有必要指出，美国等西方国家极力唆使和推动苏联各国实行以资本主义为基本方向的"激进式"改革，其用心十分险恶，一方面，摧毁苏联这个社会主义制度的发源地和"桥头堡"，是国际资产阶级长期以来梦寐以求的目标；另一方面，俄罗斯在条件尚不具备的情况下实行"激进式"改革所付出的巨大代价，又可以极大地削弱俄罗斯这一美国的竞争对手，从而置俄罗斯在政治、经济等方面于附庸地位。在俄罗斯实行以建立资本主义市场经济体制为目标的"休克疗法"，客观上代表了美国等西方国家的利益。

尽管如此，"激进式"改革也并非一无可取。一般来说，实行了"激进式"改革可以缩短经济体制转轨和经济结构调整的时间，为国民经济的长远发展奠定某种有利的基础。在某些经济体制转轨条件较好的国家，实行"激进式"改革可能是一种明智的选择。

---

① 樊纲：《两种改革成本与两种改革方式》，载于《经济研究》1993年第1期。

3. 对于以建立社会主义市场经济体制为目标的国家来说，"渐进式"改革很可能是较为适宜的经济体制转轨方式。

当代社会主义国家的经济体制转轨，是在国内外极为复杂的历史条件下进行的。从国际环境来看，资本主义国家在经济、政治和军事方面还占有明显的优势；东欧剧变和苏联解体之后，世界范围内的社会主义运动处于低潮。从国内条件来看，人们的思想转变需要有一个较长的过程，利益格局变化显著，各种矛盾比较突出。在这种情况下，探索并建立前所未有的社会主义市场经济体制，必然会有极大的风险。为了顺利地达到预定的目标，社会主义国家在经济体制转轨方式的选择上必须立足于本国实际，必须着眼于妥善处理改革、发展与稳定三者之间的关系。经济和社会发展是解决国内外一切问题的关键，是改革和稳定的直接目的，而改革则是经济和社会发展的强大动力，稳定的政治社会环境是发展和改革的前提。要协调好改革、发展与稳定三者之间的关系，努力做到在政治和社会稳定中推进改革和发展，在改革和发展的推进中实现政治和社会的长期稳定，似应选择"摸着石头过河"的"渐进式"改革道路。我国 17 年来在改革、发展和稳定方面取得的巨大成就，不仅初步证明了我国经济体制改革基本方向的正确，同时也初步证明了我国实行的"渐进式"经济体制转轨方式的成功。

当然，实行"渐进式"改革也有其负面效应。它不可避免地形成双轨经济体制，往往会造成经济信号重叠扭曲，使效率低下的问题在较长时期内难以得到根本解决，并滋生一个"吃双轨经济体制饭"的新的既得利益集团。他们不仅会成为改革中新的阻力，而且也会增加社会的矛盾和不安定因素。因此，实行"渐进式"改革并不意味着要把过渡期拉得很长，而是既要讲求改革的循序渐进、协调配套，又要不失时机地在重要环节上取得突破，以推动改革全局，缩短转轨过程。简而言之，应实行积极的"渐进式"改革。

社会主义是真正的历史大趋势[*]

　　新世纪的钟声即将响起。回眸 20 世纪的历史轨迹，展望 21 世纪的世界走向，我们更加确信社会主义代替资本主义是真正的历史大趋势。

　　社会主义作为高于资本主义的社会理想，早在资本主义制度的幼年时期就产生了，莫尔于 1516 年发表的《乌托邦》一书即其标志。19 世纪中叶，马克思主义的创始人深刻揭示了资本主义社会的基本矛盾，论证了社会主义制度取代资本主义制度是人类社会发展的客观规律，并且指明了实现这一变革的途径、手段和社会力量，从而使社会主义由空想变为科学。1917 年，列宁领导伟大的十月社会主义革命在经济文化较为落后的俄国率先取得胜利，从而使社会主义从理想变为现实，开创了人类历史的新纪元。第二次世界大战以后，在欧洲、亚洲和拉丁美洲先后有十余个国家走上了社会主义道路，特别是长期处于半殖民地半封建社会的东方大国——中国经由新民主主义走上了社会主义道路，从而开创了社会主义从一国实践发展为多国实践的新时期。在社会主义革命和建设事业高歌猛进的年代，社会主义制度对于全世界无产阶级和劳苦大众具有磁石般的吸引力和巨大的感召力，而对于风雨飘摇的资本主义制度则是一种巨大震撼和促进变革的力量。当 1929～1933 年世界性经济危机席卷主要资本主义国家，导致这些国家的工业总产值大约下降 40% 的时候，斯大林正领导着苏联人民"以布尔什维克的速度前进"，创造了工业总产值年均增长近 20% 的高速度；当第二次世界大战中"轴心国"的铁蹄几乎踏遍欧亚大陆，气势汹汹地妄图称霸整个世界的时候，主要是依靠苏联军队和苏联人民，"挽狂澜于既倒，拯大厦于将倾"，世界反法西斯战争最终取得了伟大胜利；当历史巨轮隆隆驶入 20 世纪 80 年代的时候，社会主义国家工业总产值和国民收入

　　* 原载《中国教育报》1999 年 10 月 13 日。

已达到相当的规模，分别占到世界工业总产值和国民收入的 2/5 和 1/3。爱因斯坦在 20 世纪 40 年代曾指出："苏维埃制度在教育、公共卫生、社会福利和经济领域里的成就无疑都是伟大的，而全体人民已从这些成就里得到了很大益处。"① "它在战争中的行动已显示出它在一切工业和技术领域里的伟大成就。从不发达的基础开始，过去 25 年中它那非常惊人的发展速度，实在是史无前例的。"② 即使是以坚持反共的意识形态闻名遐迩的资产阶级政治家尼克松在 1988 年也不得不承认："极权共产主义在本世纪初还只是一个策划于密室之中的阴谋，现在已统治着世界人口的 35%。"③ "20世纪最重大的事态发展不是殖民主义宣告结束或民主大踏步前进，而是极权共产主义的崛起。"④

然而，社会主义制度命途多舛。20 世纪 80 年代末，东欧社会主义国家相继垮台；20 世纪 90 年代初，苏共被勒令解散，苏联国旗从克里姆林宫上空黯然降落。对此，西方资产阶级欢呼雀跃，弹冠相庆。他们认为这是资本主义战胜社会主义的标志，进而断言："共产主义将不可逆转地在历史上衰亡"，"它将作为 20 世纪最反常的政治与理性畸形物载入史册。"⑤而社会民主党人则认为，东欧剧变和苏联解体标志着社会民主主义对科学社会主义的胜利。与此同时，一切真正的社会主义者则在深感震惊和焦虑之余，进行着痛苦的反思、深入的探索和顽强的抗争。恩格斯曾经指出："历史是这样创造的：最终的结果总是从许多单个的意志的相互冲突中产生出来的，而其中每一个意志，又是由于许多特殊的生活条件，才成为它所成为的那样。这样就有无数相互交错的力量，有无数个力的平行四边形，而由此就产生出一个总的结果，即历史事变"。⑥ 毛泽东也指出："外因是变化的条件，内因是变化的根据，外因通过内因而起作用。"⑦ 笔者认为，苏东剧变是"冰冻三尺，非一日之寒"。以苏联的演变与解体为例，一个

① 《爱因斯坦文集》第 3 卷，商务印书馆 1979 年版，第 285 页。
② 《爱因斯坦文集》第 3 卷，商务印书馆 1979 年版，第 187 页。
③ 尼克松著：《1999：不战而胜》，世界知识出版社 1997 年版，第 5 页。
④ 尼克松著：《1999：不战而胜》，世界知识出版社 1997 年版，第 6 页。
⑤ 布热津斯基著：《大失败——20 世纪共产主义的兴亡》，军事科学出版社 1989 年版，第 1 页。
⑥ 《马克思恩格斯选集》第 4 卷，人民出版社 1972 年版，第 478 页。
⑦ 《毛泽东著作选读》（上册），人民出版社 1986 年版，第 141 页。

具有93年历史和拥有近2000万党员的苏联共产党顷刻解散，一个具有69年历史、在综合国力方面能与美国抗衡的苏维埃社会主义共和国联盟一朝覆亡，其原因是极为错综复杂的。西方国家对苏联长期实行"和平演变"战略，这只是苏联演变和解体的外部条件。而苏联在经济政治体制、经济与社会发展战略以及对外政策等方面存在的弊端和错误日益显露和恶性膨胀，则是导致苏联演变与解体的内部因素。然而，对于苏联演变与解体的原因仅仅作出上述分析仍是不够深刻的。实际上，苏联演变与解体的决定性因素是20世纪50年代中期以来苏共领导人推行的脱离本国国情的机会主义路线，特别是20世纪80年代后期戈尔巴乔夫在"必须根本改造我们的整个社会大厦"的喧嚣声中所推行的"人道的民主的社会主义"的右倾机会主义路线，直接导致了苏共的垮台和苏联"雪崩式"的解体。因此，苏联的演变与解体决不是社会主义基本制度的失败，而只是传统、僵滞的苏联模式中负面因素在新的历史条件下的失败，是苏共领导人推行的机会主义路线的破产。

苏东剧变，无疑是迄今为止国际共产主义运动史上的最大悲剧和世界社会主义事业的最大挫折，它使20世纪的国际共产主义运动在两度辉煌之后转入低潮。但是，社会主义理想并没有泯灭，社会主义制度也并没有在地球上消失。邓小平指出："一些国家出现严重曲折，社会主义好像被削弱了，但人民经受锻炼，从中吸取教训，将促使社会主义向着更加健康的方向发展。"[①] 实际情况也正是如此。"沉舟侧畔千帆过"。占世界人口1/5的中国人民在中国共产党的正确领导下，正高举邓小平理论的伟大旗帜，坚持"一个中心、两个基本点"的基本路线，沿着有中国特色的社会主义道路阔步前进。中国和苏联同为社会主义大国，改革开放前在经济、政治体制等方面有许多相似之处。然而，中国的改革开放是以解放和发展生产力、巩固和发展社会主义制度为目的的改革开放，是以全社会最大多数人的最大利益为宗旨的改革开放，这与苏联在解体前所实行的滑向资本主义道路的"改革开放"截然不同。21年来，中国的改革和发展大业取得了光辉成就。我国社会主义市场经济体制正在逐步建立，社会主义民主政治和

---

① 《邓小平文选》第3卷，人民出版社1993年版，第383页。

精神文明建设取得了重要进展，与此同时，我国保持了国民经济持续快速健康发展，社会生产力、综合国力和人民生活水平上了一个大台阶。这与某些原社会主义国家蜕变以后出现的物价飞涨、政局不稳、治安恶化、国内生产总值和人民生活水平大幅度下降的衰败景象形成极其鲜明的对照。美国前国家安全事务助理布热津斯基在《失去控制：21世纪前夕的全球混乱》一书中不得不承认："从总体来看，必须说中国取得的成绩是极为令人钦佩的"；"假定社会基础结构和个人收入与经济增长同步改善，中国很可能会被许多发展中国家的人民，特别是被苏联各共和国的人民，看成是一个越来越有吸引力的替代的选择模式，可以用它来代替已宣告失败的共产主义制度和西方式的建立在自由市场基础上的民主制度。"近年来，社会主义力量的国际联合较为活跃，越来越多的人从对比和反思中逐渐认识到"隧道的尽头是社会主义的复兴"。[①] 正如江泽民《在庆祝中华人民共和国成立四十周年大会上的讲话》中所指出的那样："新生的社会主义制度在其发展过程中会有迂回和曲折，但是历史已经证明并将继续证明，社会主义制度具有强大的历史活力和蓬勃生机。仅仅看见某些漩涡和逆流而看不见历史长河的奔腾，只能说明观察者的短视。社会主义代替资本主义是真正的历史大趋势，是人类从必然王国进入自由王国的一个决定性阶段。"

第二次世界大战以后，发达资本主义国家由私人垄断资本主义阶段进入到国家垄断资本主义阶段。半个世纪以来，发达资本主义国家的生产力有了惊人的发展，社会生产和生活面貌发生了巨大的变化，社会秩序也较为稳定。发达资本主义国家的经济在世界经济中一直居于统治地位。发达资本主义国家何以能在较长时期内出现如此相对"繁荣"和"稳定"的局面？从经济角度分析，我认为主要有四点原因。一是发达资本主义国家积极推动并充分利用了第三次科技革命。科学技术是第一生产力。科学技术有其自身的发展规律。垄断固然有其阻碍科技进步的一面，但是，垄断组织也为科技进步创造了某些有利条件。同时，垄断并不能排除竞争。受资本主义基本经济规律和价值规律、竞争规律的支配，发达资本主义国家的科学技术必然要不断地向前发展。规模空前、影响深远的第三次科技革命

---

① ［俄］《真理报》1993年11月18日。

发源于发达资本主义国家，而发达资本主义国家则利用这一宝贵机遇极大地促进了社会生产力的迅速发展。自 20 世纪 60 年代以来，美国投入科学研究和技术开发的资金占国民生产总值比重一直高达 2.5% 以上；而科技进步因素在发达资本主义国家国民生产总值增量中所占的比重，则由 20 世纪初的 5% ~ 20% 上升到 20 世纪 80 年代的 60% ~ 70%；1951 ~ 1975 年，主要资本主义国家工业劳动生产率的年均增长速度，日本为 8.8%，联邦德国为 4.4%，法国为 4.3%，美国为 3.2%，英国为 2.6%。马克思和恩格斯在《共产党宣言》中曾指出：资产阶级在其不到一百年的阶级统治中所创造的生产力，已经超过了以往一切世代所创造的全部生产力的总和。而半个世纪以来发达资本主义国家所创造的全部生产力，则明显超过此前二百年资本主义国家所创造的全部生产力的总和。目前，科技革命迅猛发展，知识经济初见端倪。无论是发达资本主义国家还是广大发展中国家，都在抢抓机遇，谋求新的更大发展。二是发达资本主义国家在充分汲取 1929 ~ 1933 年世界性经济危机的教训，特别是在借鉴和吸收社会主义国家实行计划经济的优点的基础上，扬弃了原有的自由放任的市场经济（即古典市场经济）模式，普遍实行了存在宏观调控的市场经济（即现代市场经济）模式。发达资本主义国家把"看不见的手"和"看得见的手"结合起来，在主要发挥"看不见的手"的作用的基础上，综合运用经济、法律、计划和行政等手段，在资本主义社会制度的框架内尽可能地适应高度社会化的生产力的发展。其中，发达资本主义国家推行的扩张性财政政策，增加了投资和消费，在一定意义上扩大了社会的"有效需求"，消化了一部分生产过剩，从而推动了经济的重新启动。三是发达资本主义国家普遍建立了较为完善的社会保障制度。在 20 世纪 80 年代，发达资本主义国家主要用于社会保障的福利开支，一般已占本国政府财政支出的 1/2 ~ 2/3，占本国国内生产总值的 1/5 以上。这不仅适应了市场经济的发展，在一定程度上缓解了阶级矛盾，同时也为维护垄断资产阶级的统治构筑了"减震器"和"安全网"。四是发达资本主义国家大力推进经济全球化进程。经济全球化是商品、技术、信息特别是资本等经济要素在全球范围内的自由流动和配置。在当代，它不仅是生产社会化和现代科学技术达到前所未有高度的集中表现，同时也主要是资本主义生产方式和市场体系在全球范围内的延伸。尽管经济全球化对每个实行市场经济的国家都似一把"双刃剑"，但它对于发达资本主义国家和发展中国家带来的利弊则并不等同。经济全球化是以美国为首的发达资本主义国家首先推动起来的，发达资本主义国家一直是这一进程的主导者和最大受益者。应该指出，在以上诸因素中，第一个因素是最基本的因素。此外，第二次世界大战以后，绝大多数发展中国家都走上了资本主义道路，这是资本主义制度在广度上的新发展。上述情况表明，具有一定自我调节能力的资本主义制度尚有较大的可以容纳现代生产力发展的空间。马克思指出："无论哪一个社会形态，在它们所能容纳的全部生产力发挥出来以前，是决不会灭亡的"。① 这是事物的一个方面。另一方面，即使在发达资本主义国家，资本主义生产方式的基本矛盾不仅没有消除，而且在更为深广的基础上展开；股份公司、垄断组织、国有企业、国有银行、跨国公司等资本主义向社会主义的"过渡形式"或为实现社会主义而进行的"物质准备"仍在不断地发展和完善；由劳动者集体所有并自己管理的合作工厂等社会主义因素也有一定的增长。无可辩驳的事实表明，当代资本主义制度的新发展并不能改变其被社会主义制度所取代的客观规律。

---

① 《马克思恩格斯选集》第 2 卷，人民出版社 1972 年版，第 83 页。

跨越资本主义卡夫丁峡谷的艰辛开拓[*]

经济文化落后的国家能否在一定的条件下跨越资本主义发展阶段而进入社会主义社会？经济文化落后的国家在进入社会主义社会以后，如何建设、巩固和发展社会主义？这是两个互相联系的关系到经济文化落后国家前途和命运的重大历史课题。一百多年来，无数志士仁人为了解决这两大历史课题，在理论和实践上进行了无比艰辛的探索与开拓。

一

马克思创立的历史唯物主义学说科学地揭示了人类社会发展的一般规律，即由于生产力和生产关系、经济基础和上层建筑的矛盾运动，人类社会顺序地由原始社会、奴隶社会、封建社会、资本主义社会演进到共产主义社会。人们通常认为，马克思设想的社会主义社会是建立在资本主义高度发达的基础之上的。一般来说，这是完全正确的。然而，马克思也曾设想过经济文化落后的国家在一定的条件下可以跨越资本主义发展阶段而进入社会主义社会，这一点则往往被人们所忽略。后者即是马克思关于俄国可能跨越资本主义卡夫丁峡谷的著名设想。

1871 年巴黎公社失败以后，西欧资本主义制度进入了相对稳定时期，而经济文化落后的东方国家内外矛盾却日益激化。马克思花费了大量的时间研究东方社会，探索东方国家的发展道路。19 世纪 80 年代，马克思主要是在给俄国民粹派人士维·伊·查苏利奇复信的草稿中，提出了跨越资本主义卡夫丁峡谷的设想。

马克思认为，俄国农村公社的情况同西方原始公社的情况完全不同。

---

* 原载《金融科学》1994 年第 2 期。

"俄国是在全国广大范围内把土地公社占有制保存下来的欧洲唯一的国家"。① 他指出：俄国农村公社是"俄国社会新生的支点"，② 可能"成为共产主义发展的起点"。③ 其主要根据是：（1）俄国农村公社的基本特征之一是"土地公有制"；④ "俄国农民习惯于劳动组合关系"，⑤ 并"在没有进行分配的草地上、在排水工程以及其他关系到共同利益的事业方面，已经在一定程度上实行集体经营"；⑥ "俄国土地的天然地势适合于大规模地使用机器"，⑦ 这些条件"构成集体生产和集体占有的自然基础"。⑧ （2）俄国农村公社与西方资本主义国家并存的历史环境，使它有可能"吸取资本主义制度所取得的一切肯定成果"，⑨ 从而具备"实现大规模组织起来的合作劳动的现成物质条件"。⑩ （3）必须进行俄国革命，以推翻沙皇政府，制止其对农村公社的破坏性影响，保证其"具备自由发展所必需的正常条件"。⑪ （4）俄国革命与西方国家无产阶级革命"互相补充"，⑫ 互相支援。对此，恩格斯明确指出："西欧无产阶级对资产阶级的胜利以及与之俱来的以公共管理的生产代替资本主义生产，这就是俄国公社上升到同样的发展阶段所必需的先决条件。"⑬ 概括马克思关于俄国可能跨越资本主义卡夫丁峡谷的设想，就是以避免"资本主义制度所带来的一切极端不幸的灾难"⑭ 为基本出发点，以实现农村公社制度和"资本主义制度所取得的一切肯定成果"相嫁接为基本的经济途径，以本国革命和国际无产阶级革命相互配合为基本的政治途径，以社会主义社会为直接目标的社会发展道路。

可是，马克思关于跨越资本主义卡夫丁峡谷的设想在俄国并没有实现。

---

① 《马克思恩格斯全集》第19卷，人民出版社1963年版，第444页。
② 《马克思恩格斯全集》第19卷，人民出版社1963年版，第269页。
③ 《马克思恩格斯全集》第22卷，人民出版社1965年版，第503页。
④ 《马克思恩格斯全集》第19卷，人民出版社1963年版，第437页。
⑤⑥《马克思恩格斯全集》第19卷，人民出版社1963年版，第438页。
⑦ 《马克思恩格斯全集》第19卷，人民出版社1963年版，第435页。
⑧ 《马克思恩格斯全集》第19卷，人民出版社1963年版，第437页。
⑨⑩《马克思恩格斯全集》第19卷，人民出版社1963年版，第451页。
⑪ 《马克思恩格斯全集》第19卷，人民出版社1963年版，第269页。
⑫ 《马克思恩格斯全集》第22卷，人民出版社1965年版，第503页。
⑬ 《马克思恩格斯全集》第22卷，人民出版社1965年版，第500页。
⑭ 《马克思恩格斯全集》第19卷，人民出版社1963年版，第129页。

恩格斯指出："在马克思写了那封信以后的十七年间，俄国无论是资本主义的发展还是农民公社的崩溃都迈出很远了。"① 一方面，西方国家的无产阶级没有推翻资本主义制度。如果西方国家的无产阶级"在大约十年或二十年以前就能推翻资本主义制度，那么，俄国也许还来得及切断它自己向资本主义演变的趋势"。② 另一方面，"俄国的革命没有发生"。③ 尽管如此，马克思关于跨越资本主义卡夫丁峡谷的设想仍具有极为重要的意义。首先，这一设想揭示了西方国家走过的道路并不是经济文化落后的国家必须亦步亦趋的模式，社会形态的依次更替并不排斥历史发展的跳跃性。经济文化落后国家的社会发展道路不仅取决于其内部的经济结构，而且"取决于它所处的历史环境"。④ 其次，这一设想揭示了必须实行本国革命与国际无产阶级革命彼此配合，充分吸收"资本主义制度所取得的一切肯定成果"，从而为经济文化落后国家的无产阶级和革命人民探索本国革命和建设的具体途径，提供了宝贵的思想启迪。

俄国十月革命胜利以后，列宁在新的历史条件下进一步发挥了马克思关于跨越资本主义卡夫丁峡谷的设想。他指出："在先进国家无产阶级的帮助下，落后国家可以不经过资本主义发展阶段而过渡到苏维埃制度，然后经过一定的发展阶段过渡到共产主义。"⑤ 然而，列宁的这一预言在他逝世以前也没有变成现实。

二

毛泽东把马克思列宁主义基本原理同中国具体实际结合起来，不仅创造性地提出了新民主主义革命和新民主主义社会的理论和路线，领导亿万人民在经济文化落后的中国建立了社会主义制度，而且还对如何建设、巩固和发展社会主义进行了初步的探索，成为有中国特色社会主义理论的

---

① 《马克思恩格斯全集》第22卷，人民出版社1965年版，第506~507页。
② 《马克思恩格斯全集》第39卷，人民出版社1974年版，第39页。
③ 《马克思恩格斯全集》第22卷，人民出版社1965年版，第506页。
④ 《马克思恩格斯全集》第19卷，人民出版社1963年版，第451页。
⑤ 《列宁全集》第39卷，人民出版社1986年版，第233页。

先驱。

旧中国是半殖民地半封建的东方大国，生产力水平十分低下，山河破碎，国弊民穷。毛泽东运用马克思列宁主义的基本立场、观点和方法，深入研究了中国社会的特点和中国革命的规律，创造性地提出了中国跨越资本主义发展阶段的光辉理论和正确路线。

毛泽东深刻论证了中国跨越资本主义阶段的历史必然性。首先，俄国十月社会主义革命的成功，"改变了整个世界历史的方向，划分了整个世界历史的时代"。① 此前，中国的民主主义革命属于旧的资本主义民主主义革命的范畴，属于旧的世界资产阶级民主主义革命的一部分；此后，中国的民主主义革命则属于新的资产阶级民主主义革命的范畴，在革命阵线上则属于世界无产阶级社会主义革命的一部分，从而得到社会主义国家和国际无产阶级的支持。这为中国避免资本主义的前途提供了有利的国际条件。其次，帝国主义列强不容许在中国建立资产阶级专政的资本主义社会。帝国主义列强侵略中国，其目的是要把中国变成它的殖民地，"在中国发展它的资本主义，却不是什么中国发展资本主义"②；"帝国主义侵略中国，反对中国独立，反对中国发展资本主义的历史，就是中国的近代史"。③ 最后，由于中国民族资产阶级的软弱性和无产阶级独立登上政治舞台并逐步发展壮大，使无产阶级成为五四运动以后中国新民主主义革命的领导者。这为中国跨越资本主义阶段而走上社会主义道路提供了政治上的根本保证。总之，无论是国际或国内的条件，都不容许中国走西方国家资本主义的老路。

毛泽东创造性地提出了中国跨越资本主义阶段的具体途径。毛泽东揭示了新民主主义革命和社会主义革命内在的逻辑联系，指出：新民主主义革命是社会主义革命的必要准备，社会主义革命是新民主主义革命的必然趋势。毛泽东提出"新民主主义社会"这个科学范畴，认为新民主主义社会是社会主义因素在政治、经济和文化领域中处于领导地位并不断发展壮

---

① 《毛泽东选集》第 2 卷，人民出版社 1991 年版，第 667 页。
② 《毛泽东选集》第 2 卷，人民出版社 1991 年版，第 679~680 页。
③ 《毛泽东选集》第 2 卷，人民出版社 1991 年版，第 679 页。

大的过渡性的社会，并把它作为连接半殖民地半封建社会和社会主义社会的桥梁。毛泽东制定了无产阶级领导的人民大众的反对帝国主义、封建主义和官僚资本主义的新民主主义革命的总路线，领导党和人民开辟了建立农村根据地、农村包围城市、武装夺取政权的革命道路，推翻了"三座大山"，建立了新中国。在迅速医治战争创伤和恢复国民经济的基础上，党中央按照毛泽东的建议，不失时机地提出了党在过渡时期的总路线，领导中国人民奠定了工业化的初步基础，开创了一条适合中国国情的社会主义改造道路。1956 年底，我国社会主义改造基本完成，社会主义制度全面确立，这是我国历史上最深刻和最伟大的社会变革。

半殖民地半封建的中国经由新民主主义进入社会主义社会，使马克思当年关于经济文化落后的国家在一定条件下可以跨越资本主义卡夫丁峡谷的设想得到了初步的证实。然而，社会主义制度优越于资本主义制度最根本的原因在于它能创造出比资本主义制度更高的劳动生产率。显然，这与我国由于人口多、底子薄等原因导致的劳动生产率总体水平低下、经济文化比较落后的状况形成了强烈的反差。因此，在社会主义改造基本完成以后，如何建设、巩固和发展社会主义就成为我国面临的头等重要的课题。如果这个课题解决得不好，社会主义制度仍有可能半途而废，马克思关于经济文化落后的国家在一定条件下可以跨越资本主义卡夫丁峡谷的设想就不能最终得到证实。

在中国革命和建设的实践中，特别是在我国社会主义改造基本完成以后，毛泽东对如何建设、巩固和发展社会主义这一重大历史课题进行了艰辛的探索，提出了许多正确或富有启发性的观点，为后来邓小平提出建设有中国特色社会主义理论奠定了初步的基础。

1. 社会主义社会的基本矛盾和发展阶段。毛泽东深刻指出："在社会主义社会中，基本的矛盾仍然是生产关系和生产力之间的矛盾，上层建筑和经济基础之间的矛盾。"[①] "社会主义生产关系已经建立起来，它是和生产力的发展相适应的；但是，它又还很不完善，这些不完善的方面和生产力的发展又是相矛盾的。除了生产关系和生产力发展的这种又相适应又相

---

① 《毛泽东著作选读》（下册），人民出版社 1986 年版，第 767 页。

矛盾的情况以外，还有上层建筑和经济基础的又相适应又相矛盾的情况。"① "社会主义社会的这些矛盾，同旧社会的生产关系和生产力的矛盾、上层建筑和经济基础的矛盾，具有根本不同的性质"②；"它不是对抗性的矛盾，它可以经过社会主义制度本身，不断地得到解决。"③毛泽东对社会主义社会基本矛盾的这些精辟论述，不仅摆脱了斯大林在长时期中否认社会主义社会存在矛盾的理论束缚，而且也发展了列宁关于在社会主义条件下对抗将会消失、矛盾仍然存在的观点，是我们进行经济政治体制改革的基本理论依据。毛泽东在分析社会主义社会矛盾的过程中，还从人和人的关系角度区分了"敌我矛盾"和"人民内部矛盾"，阐明在社会主义社会中大量表现的是人民内部矛盾，提出了严格区分两类不同性质的矛盾、正确处理人民内部特别是劳动人民内部矛盾的理论。毛泽东吸收了列宁把社会主义区分为"初级形式的社会主义"④ 和"发达的社会主义"⑤ 的思想，提出社会主义社会可能划分为不发达的社会主义和比较发达的社会主义两个阶段。

2. 社会主义社会的主要矛盾和根本任务。1956 年，党中央和毛泽东提出：在社会主义改造基本完成以后，国内的主要矛盾已经不再是工人阶级和资产阶级的矛盾，而是人民对于经济文化迅速发展的需要同当前经济文化不能满足人民需要的状况之间的矛盾。在《关于正确处理人民内部矛盾的问题》这篇光辉著作中，毛泽东指出："我们的根本任务已经由解放生产力变为在新的生产关系下面保护和发展生产力"。⑥ 为此，毛泽东曾领导全党把工作重点正确地转移到经济建设的轨道。1959 年 10 月，毛泽东在接见拉丁美洲 17 国共产党代表团时指出：今后 10 年或 20 年内，我们的主要精力要放在社会主义建设方面。

3. 社会主义经济建设的战略目标。把中国建设成为四个现代化的社会主义强国，是毛泽东最早提出的我国社会主义经济建设的战略目标。1959

---

① 《毛泽东著作选读》（下册），人民出版社 1986 年版，第 768 页。
②③《毛泽东著作选读》（下册），人民出版社 1986 年版，第 767 页。
④ 《列宁全集》第 38 卷，人民出版社 1986 年版，第 37 页。
⑤ 《列宁全集》第 38 卷，人民出版社 1986 年版，第 113 页。
⑥ 《毛泽东著作选读》（下册），人民出版社 1986 年版，第 771～772 页。

年末至 1960 年初，毛泽东在读苏联《政治经济学》教科书时指出：建设社会主义，原来是要求工业现代化、农业现代化、科学文化现代化，现在要加上国防现代化。根据毛泽东的意见，周恩来在 1964 年三届人大一次会议和 1975 年四届人大一次会议所做的《政府工作报告》中提出：我们的总目标就是在不太长的历史时期内，把我国建设成为一个具有现代化农业、现代化工业、现代化国防和现代化科学技术的社会主义强国。为了实现这一宏伟的战略目标，毛泽东确定了两步走的战略部署。第一步，建立独立的比较完整的工业体系和国民经济体系，使我国工业大体上接近世界先进水平；第二步，使我国工业走在世界前列，全面实现四个现代化。在时间的估计上，毛泽东曾有过多种设想。1962 年，他提出：中国经济落后，要使生产力获得很大的发展，要赶上和超过世界上最先进的资本主义国家，没有一百多年的时间是不行的。

4. 以农业为基础、工业为主导的发展国民经济的总方针。毛泽东以苏联经验为鉴戒，精辟地论述了充分发展农业和轻工业对于加快发展重工业的重要作用，并且指出：中国的工业化道路，实质上就是在优先发展重工业的条件下，发展工业和发展农业同时并举，发展重工业和发展轻工业同时并举的道路。1962 年，毛泽东又重申和强调了发展国民经济要以农业为基础，周恩来加上了以工业为主导，进而形成了以农业为基础、工业为主导的发展国民经济的总方针。此外，为了切实加强农业的基础地位和体现中国社会主义工业化道路的特点，毛泽东还明确提出要以"农、轻、重"为序安排国民经济计划。当然，这并不意味着对农业的投资高于重工业，也不意味着农业的发展速度快于工业，而是要保证重工业在农、轻、重按比例协调发展的基础上优先增长。

5. 发展社会主义商品生产和商品交换，重视价值规律的作用。1958 年 11 月，毛泽东曾明确指出：我国是商品生产很不发达的国家，现在又很快进入了社会主义社会。社会主义商品生产和商品交换还要发展，这是肯定的。他在对斯大林《苏联社会主义经济问题》一书的批语中指出：商品生产不是孤立的，与资本主义联系，就是资本主义商品生产；与社会主义联系，就是社会主义商品生产。他还指出：不要怕，不会引导到资本主义。因为已经没有了资本主义的经济基础，商品生产可以乖乖地为社会主义服务。毛泽东对社会主义商品生产存在的条件和范围也作了比前人更为深入的阐述。他指出：社会主义商品生产存在的条件，不仅是公有制存在的两种形式，而且最终是和社会生产力密切联系在一起。因此，即使过渡到单一的社会主义全民所有制，如果产品还不很丰富，某些范围的商品生产和商品交换仍有可能存在。① 1959 年 3 月，毛泽东提出：价值规律"是一个伟大的学校，只有利用它，才有可能教会我们的几千万干部和几万万人民，才有可能建设我们的社会主义和共产主义。否则一切都不可能"。②

6. 正确处理中央和地方、国家和企业的责权利关系，改革经济管理体制。1956 年，毛泽东在《论十大关系》这篇光辉文献中，明确提出要正确处理经济管理体制中的中央和地方的关系，注意发挥中央和地方两个积极性，既要适当扩大地方的权力，又要反对分散主义。同时，毛泽东还提出要正确处理国家和企业的关系。他指出："把什么东西都统统集中在中央或省市，不给工厂一点权力，一点机动的余地，一点利益，恐怕不妥。"③从原则上说，"既要有统一性，也要有独立性"。④后来，毛泽东又提出企业要有点"独立王国"或半独立性。毛泽东还明确提出在国家、企业和劳动者个人之间的关系上，要实行"三兼顾"原则，"不能只顾一头"。尽管毛泽东这些闪光的思想未能在实践中很好地贯彻，但它无疑是在叩击社会主义经济体制改革的大门。

7. 改善企业管理，全心全意地依靠工人阶级。毛泽东在 1959 年末至 1960 年初读苏联《政治经济学》教科书时指出：社会主义公有制建立以后，最重要的是管理问题。他赞成并提倡干部参加劳动，工人参加管理，改革不合理的规章制度，实行技术人员、工人和干部三结合（即"两参一改三结合"），认为这是体现工人阶级的主人翁地位、改善社会主义企业中人与人之间关系的有效途径。

8. 思想政治工作是一切经济工作的生命线。毛泽东历来重视思想政治工作的重要作用。1955 年，毛泽东提出了"政治工作是一切经济工作的生

---

① 国防大学编：《中共党史教学参考资料》第 22 册，第 572 页。
② 薄一波著：《若干重大决策与事件的回顾》（下卷），中共中央党校出版社 1993 年版，第 826 页。
③④《毛泽东著作选读》（下册），人民出版社 1986 年版，第 727 页。

命线"的著名论断。1958 年，毛泽东在《工作方法六十条（草案）》中对此作了进一步的阐述："政治和经济的统一，政治和技术的统一，这是毫无疑义的，年年如此，永远如此。这就是又红又专。将来政治这个名词还是会有的，但是内容变了。不注意思想和政治，成天忙于事务，那会成为迷失方向的经济家和技术家，很危险。""只要我们的思想工作和政治工作稍为一放松，经济工作和技术工作就一定会走到邪路上去。"不难看出，毛泽东反复强调思想政治工作是一切经济工作的生命线的真谛，在于思想政治工作是经济工作坚持社会主义方向的根本保证。毛泽东在《关于正确处理人民内部矛盾的问题》这篇光辉著作中，提出了在我国政治生活中判断言行是非的六条标准，这实际上成为邓小平后来明确提出的坚持四项基本原则的直接思想来源。此外，毛泽东还提出了"增产节约、勤俭建国""自力更生为主、争取外援为辅""向外国学习"的方针，等等。

如同许多站在正面指导时代潮流的伟大历史人物大都有其失误一样，毛泽东在领导中国人民建设、巩固和发展社会主义的过程中也有过严重的失误。他在晚年逐步陷入了主观主义的误区。他错误发动的"文化大革命"被林彪、江青两个反革命集团所利用，曾使我国经济濒于崩溃的边缘。然而，毛泽东的错误是一个伟大的革命家和马克思主义者所犯的错误，他的错误是由于违反了他自己正确的东西。

三

继毛泽东之后，以邓小平为核心的党中央领导中国人民继续探索如何解决建设、巩固和发展社会主义这一重大历史课题。邓小平把马克思主义基本原理同中国实际和时代特征结合起来，在新的历史条件下继承和发展了毛泽东思想，以开辟社会主义建设新道路的巨大政治勇气和开拓马克思主义新境界的巨大理论勇气，集中全党和全国人民的智慧，创造性地提出了建设有中国特色社会主义的理论。其主要内容包括：

1. 独立自主地建设有中国特色的社会主义。邓小平指出："中国的事情要按照中国的情况来办，要依靠中国人自己的力量来办。独立自主，自力更生，无论过去，现在和将来，都是我们的立足点。"① 既不把书本当教条，也不照搬外国的模式，解放思想，实事求是，"把马克思主义的普遍真理同我国的具体实际结合起来，走自己的道路，建设有中国特色的社会主义"。② 这就在社会主义建设问题上同一切"左"和右的错误倾向从理论上和实践上彻底划清了界限。

2. 我国正处在社会主义初级阶段。正确认识我国社会现在所处的历史阶段，既是建设有中国特色的社会主义的首要问题，也是我们党制定和执行正确的路线和政策的根本依据。邓小平指出："社会主义本身是共产主义的初级阶段，而我们中国又处在社会主义的初级阶段，就是不发达的阶段。"③ 我国社会主义的初级阶段，不是泛指任何国家进入社会主义都会经历的起始阶段，而是特指我国在生产力落后、商品经济不发达条件下建设社会主义必然要经历的特定阶段。我国正处在社会主义初级阶段，这个论断包括两层含义：第一，我国社会已经是社会主义社会，我们必须坚持而不能离开社会主义；第二，我国的社会主义社会还处在初级阶段，我们必须从这个实际出发，而不能超越这个阶段。我国从 20 世纪 50 年代社会主义改造基本完成，到社会主义现代化的基本实现，都属于社会主义初级阶段。

3. 社会主义最根本的任务是发展生产力，为实现共产主义创造物质基础。邓小平指出：社会主义的本质是"解放生产力，发展生产力，消灭剥削，消除两极分化，最终达到共同富裕"。④ 社会主义初级阶段的主要矛盾是人民日益增长的物质文化需要同落后的社会生产之间的矛盾。"社会主义的任务就是要发展社会生产力，增强社会主义国家的力量，使人民的生活逐步得到改善，然后为将来进入共产主义准备基础"。⑤ 为此，要始终扭住经济建设这个中心，抓住时机发展自己，发展才是硬道理；要真正把是否有利于发展社会主义社会的生产力、是否有利于增强社会主义国家的综

---

① 《邓小平文选》第 3 卷，人民出版社 1993 年版，第 3 页。
② 《邓小平文选》第 3 卷，人民出版社 1993 年版，第 3 页。
③ 《邓小平文选》第 3 卷，人民出版社 1993 年版，第 252 页。
④ 《邓小平文选》第 3 卷，人民出版社 1993 年版，第 373 页。
⑤ 《邓小平文选》第 3 卷，人民出版社 1993 年版，第 157 页。

合国力、是否有利于提高人民的生活水平，作为判断各方面工作是非得失的标准。邓小平提出"科学技术是第一生产力"的著名论断，揭示了科学技术在当代经济和社会发展中极端重要的作用，指明了在当代中国发展生产力的根本途径。他还强调必须把发展教育事业放在突出的战略地位，教育要"面向现代化，面向世界，面向未来"，从而为振兴教育和搞好教育改革指明了方向。

4. 改革是完善和发展社会主义的强大动力。邓小平不仅继承了毛泽东关于社会主义社会基本矛盾的学说，而且领导我们党找到了解决这种矛盾的正确途径——实行改革开放，这是建设有中国特色社会主义理论最鲜明的特点。邓小平指出，改革不是要改变社会主义制度的性质，而是社会主义制度的自我完善和发展。"改革是中国的第二次革命。"[①] "革命是解放生产力，改革也是解放生产力。"[②] "过去，只讲在社会主义条件下发展生产力，没有讲还要通过改革解放生产力，不完全。应该把解放生产力和发展生产力两个讲全了。"[③]我国经济体制改革的目标，是在坚持社会主义公有制和按劳分配为主体、其他经济成分和分配方式为补充的基础上，建立和完善社会主义市场经济体制。我国政治体制改革的目标，是以完善人民代表大会制度、共产党领导的多党合作和政治协商制度为主要内容，发展社会主义民主政治。同时，以"有理想、有道德、有文化、有纪律"为目标，建设社会主义精神文明。

5. 和平与发展是当代世界的两大主题，必须坚持独立自主的和平外交政策与实行对外开放政策。邓小平全面深入地分析了20世纪70年代以来国际形势的新变化和当今世界的各种基本矛盾，指出："世界和平力量的增长超过战争力量的增长""在较长时间内不发生大规模的世界战争是有可能的"。[④]"现在世界上真正大的问题，带全球性的战略问题，一个是和平问题，一个是经济问题或者说发展问题。和平问题是东西问题，发展问题是南北问题。概括起来，就是东西南北四个字。南北问题是核心问

---

① 《邓小平文选》第 3 卷，人民出版社 1993 年版，第 113 页。
②③ 《邓小平文选》第 3 卷，人民出版社 1993 年版，第 370 页。
④ 《邓小平文选》第 3 卷，人民出版社 1993 年版，第 127 页。

题。"① 据此，邓小平领导全党调整了我国的对外政策，改变了毛泽东过去针对苏联霸权主义威胁制定的"一条线"的国际战略。邓小平还指出："经验证明，关起门来搞建设是不能成功的，中国的发展离不开世界。"② 因此，必须坚定不移地实行对外开放政策，必须积极开展对外经济技术和文化交流，大胆吸收和借鉴人类社会创造的一切文明成果，以尽快发展社会生产力，逐步赢得社会主义与资本主义相比较的优势。

6. 坚持四项基本原则是社会主义建设的政治保证。20 世纪 70 年代末以来，邓小平率先提出并反复强调必须坚持四项基本原则，即坚持社会主义道路，坚持人民民主专政，坚持党的领导，坚持马列主义、毛泽东思想。邓小平认为，四项基本原则的核心是坚持共产党的领导。他指出："离开了中国共产党的领导，谁来组织社会主义的经济、政治、军事和文化？谁来组织中国的四个现代化？"③ "中国没有共产党的领导、不搞社会主义是没有前途的。这个道理已经得到证明，将来还会得到证明。"④ 坚持四项基本原则，既是改革开放和现代化建设健康发展的保证，又从改革开放和现代化建设中获得新的时代内容。

7. 社会主义现代化建设的战略目标和战略步骤。我国社会主义现代化建设的战略目标是把我国建成富强、民主、文明的社会主义现代化国家。实现这一战略目标，大体上分为三个战略步骤：第一步，实现国民生产总值比 1980 年翻一番，解决人民的温饱问题；第二步，到 20 世纪末，使国民生产总值再翻一番，人民生活达到小康水平；第三步，到 21 世纪中叶，人均国民生产总值达到中等发达国家水平，人民生活比较富裕，基本实现现代化。邓小平认为，如果我们能如期实现社会主义建设的宏伟战略目标，"这不但是给占世界总人口四分之三的第三世界走出了一条路，更重要的是向人类表明，社会主义是必由之路"。⑤ 他强调指出：在社会主义现代化建设的过程中，要抓住机遇，争取出现若干个发展速度比较快、效益又比

---

① 《邓小平文选》第 3 卷，人民出版社 1993 年版，第 105 页。
② 《邓小平文选》第 3 卷，人民出版社 1993 年版，第 78 页。
③ 《邓小平文选》第 2 卷，人民出版社 1994 年版，第 170 页。
④ 《邓小平文选》第 3 卷，人民出版社 1993 年版，第 195 页。
⑤ 《邓小平文选》第 3 卷，人民出版社 1993 年版，第 225 页。

较好的阶段，每隔几年上一个台阶；贫穷不是社会主义，平均主义不是社会主义，两极分化也不是社会主义，必须允许和鼓励一部分地区和一部分人依靠诚实劳动和合法经营先富起来，以带动越来越多的地区和人民逐步达到共同富裕。

8. 改善和加强党的领导，形成和依靠最广泛的统一战线。邓小平强调作为工人阶级先锋队的共产党是社会主义事业的领导核心，"共产党的领导就是我们的优越性"。① 蓬勃发展的改革开放和社会主义现代化建设的新形势，迫切需要改善和加强党的领导。为此，就必须腾出主要的时间和精力来做思想政治工作；必须贯彻民主集中制的原则，加强党的纪律，端正党的作风，努力发扬党的优良传统；必须反对腐败，加强党的廉政建设；必须加强干部队伍的革命化、年轻化、知识化、专业化建设。在社会主义现代化建设中，必须依靠广大工人、农民和知识分子，必须依靠人民军队，必须依靠各民族的团结，必须依靠全体社会主义劳动者、拥护社会主义的爱国者和拥护祖国统一的爱国者结成的最广泛的统一战线。

9. 以"一国两制"的方式积极促进祖国统一。实现祖国统一，既是中华民族的根本利益，也是全国人民包括台湾、港澳同胞和海外侨胞的共同愿望。邓小平在尊重历史和现实的基础上，创造性地提出了通过"一国两制"这一最佳途径实现祖国和平统一的科学构想。1984 年 6 月，邓小平在会见香港同胞时指出："'一个国家，两种制度'，具体说，就是在中华人民共和国内，十亿人口的大陆实行社会主义制度，香港、台湾实行资本主义制度。"② 1987 年 4 月，邓小平又指出："'一国两制'也要讲两个方面。一方面，社会主义国家里允许一些特殊地区搞资本主义，不是搞一段时间，而是搞几十年、成百年。另一方面，也要确定整个国家的主体是社会主义。"③ "一国两制"是根据我国的实际情况提出来的，这个思路可以延伸到某些国际问题的处理上，世界上的有些争端可以采用这种办法来解决。

---

① 《邓小平文选》第 3 卷，人民出版社 1993 年版，第 256 页。
② 《邓小平文选》第 3 卷，人民出版社 1993 年版，第 58 页。
③ 《邓小平文选》第 3 卷，人民出版社 1993 年版，第 219 页。

邓小平建设有中国特色社会主义的理论，第一次比较系统地初步地解决了中国这样的经济文化比较落后的国家如何建设、巩固和发展社会主义的一系列基本问题。在这一理论的指导下，形成了"一个中心、两个基本点"的党在社会主义初级阶段的基本路线，确立了中国实现社会主义现代化的正确道路。这标志着我们党把马克思主义基本原理同中国具体实际结合起来，在成功地找到新民主主义革命道路和确立社会主义制度、实现中国发展的历史性飞跃之后，又一次实现了新的历史性飞跃。十多年来，尽管国际风云急剧变幻，我国社会主义事业却在邓小平有中国特色社会主义理论和党的基本路线的指引下，取得了举世公认的巨大成就，从而在世界东方展现出走向富强、民主、文明的社会主义现代化国家的广阔道路和光辉前景。

四

综观我国跨越资本主义卡夫丁峡谷的艰苦卓绝而又辉煌壮丽的历史，结合国际共产主义运动一个半世纪以来兴衰成败的经验教训，我们认为至少可以得出以下四点重要的结论。

1. 必须有一个成熟的无产阶级政党。共产党是工人阶级的先锋队，是各族人民利益的忠实代表和无产阶级解放事业的领导核心。要真正体现党的性质，充分发挥党的作用，就必须有一个成熟的无产阶级政党。首先，无产阶级政党必须以在实践中不断丰富和发展的马克思主义为指导。19 世纪 80 年代，马克思没囿于无产阶级社会主义革命的一般规律，提出了经济文化落后的国家在一定条件下可以跨越资本主义卡夫丁峡谷的设想；20 世纪初，列宁根据帝国主义阶段资本主义国家经济政治发展不平衡规律作用的特点，创造性地提出了社会主义革命可以在一国首先胜利的理论；20 世纪中叶和下叶，以毛泽东和邓小平为代表的中国共产党人又相继创立了新民主主义革命理论和建设有中国特色社会主义的理论。理论思维的成熟是党成熟的重要标志。"只有以先进理论为指南的党，才能实现先进战士的作用。"① 因此，必须重视并加强党的理论建设，不断提高党的理论素养。其次，无产阶级政党必须把马克思主义的基本原理同本国具体实践相结合，制定并执行一条正确的路线。在我国新民主主义革命时期，陈独秀的右倾机会主义路线和王明的"左"倾机会主义路线几乎葬送了中国革命。在我国社会主义革命时期，以邓小平为核心的党的第二代领导集体提出并执行党在社会主义初级阶段的基本路线，才使我国经历了伟大的转折，逐步走上了社会主义现代化建设的正确轨道。历史经验证明，无产阶级政党制定并执行一条适合本国具体情况的正确路线，不断排除"左"和右的错误倾向的干扰，是实现党的领导作用并保证无产阶级革命事业取得胜利的关键。最后，必须十分重视并努力解决好党的领导权问题。要采取各种切实有效的措施，确保党的各级班子特别是最高领导层的权力掌握在真正的马克思主义者手里，这是正确制定并贯彻党的路线的最基本和最重要的组织保证。就此而言，以戈尔巴乔夫为代表的苏共新一代领导人，放弃马克思列宁主义基本原则，打着"人道的民主的社会主义"旗号，把世界上第一个社会主义国家和具有悠久革命传统的党推向灾难的深渊，已经给我们提供了极为深刻的教训。要毫不动摇地加强党对军队的绝对领导，逐步建设一支强大的现代化、正规化的革命军队。此外，无产阶级政党要切实贯彻民主集中制原则，正确开展批评与自我批评，像珍惜眼睛一样珍视和维护党内的团结，时刻保持并努力加强党同人民群众的血肉联系，不断地把蜕化变质分子和投机分子清除出去。

2. 必须把经济建设作为社会主义社会全部工作的中心。社会主义社会的根本任务是发展生产力，不断满足人民日益增长的物质文化生活需要。社会主义制度只有创造出高于资本主义制度的劳动生产率，才能获得最终战胜资本主义制度的经济保证。经济文化落后的国家可以在一定条件下跨越资本主义卡夫丁峡谷，却不能逾越生产力充分发展的阶段去建设、巩固和发展社会主义。列宁在十月革命以后曾经指出：社会主义事业在发达资本主义国家是"开始困难，继续比较容易"，而在不发达国家则是"开始

① 《列宁全集》第 6 卷，人民出版社 1986 年版，第 24 页。

容易，继续比较困难"。① 我国在经历了四十余年的社会主义建设之后，按美元计算的人均国民生产总值尚不足世界平均水平的1/10，② 差距之大洞若观火。我国现阶段的经济建设，不仅肩负着既要着重推进传统的产业革命又要迎头赶上世界新技术革命的双重任务，而且还面对着实力强大的发达资本主义国家的尖锐挑战。在这种极为严峻的形势面前，我们必须认真探索并努力遵循客观规律，充分利用国内外一切积极因素，聚精会神地搞好经济。我们既不能偏离或背离经济建设这个中心任务，也要避免重走急躁冒进、片面追求速度而牺牲效益的弯路。

3. 必须大胆探索并逐步确立适合本国生产力发展要求的社会主义经济体制。在当今世界，资本主义与社会主义两种制度的竞争主要表现为经济体制的竞争。谁能创造并实行适合高科技进步和生产力发展要求的充满生机和活力的经济体制，谁就能在竞争中取胜。尽管我国传统的经济体制曾经起过重要的积极作用，但是，随着历史条件的变化，它越来越不适应生产力发展的要求。不改革断无出路，搞改革也有极大的风险。中国共产党已经确定了社会主义市场经济体制改革的宏伟目标和行动纲领，并且领导全国人民把经济体制改革推进到攻坚阶段，这是人类社会前所未有的伟大试验。我们要认真总结国内外社会主义经济体制改革的经验教训，尽可能地吸收和借鉴资本主义国家的"一切肯定成果"，特别是吸收和借鉴资本主义发达国家的一切反映现代社会化生产和商品经济一般规律的先进经营方式和管理方法，在坚持社会主义基本经济制度为主体的前提下，大胆试验，勇于创新，积极稳妥地建立起适合我国生产力发展要求的社会主义市场经济体制，逐步建立和完善我国的社会主义民主政治体制。

4. 必须高度重视并切实抓好意识形态工作。在阶级社会中，意识形态领域是"没有硝烟的战场"。毛泽东指出：凡是要推翻一个政权，必须先抓上层建筑，先抓意识形态，做好舆论准备。革命的阶级是这样，反革命的阶级也是这样。在当今世界，西方国家对社会主义国家实行"和平演变"战略，最主要的手段就是采用所谓的"精神武器"。尼克松曾毫不掩

---

① 《列宁全集》第34卷，人民出版社1985年版，第343页。
② 世界银行：《1993年世界发展报告》，中国财政经济出版社1993年版，第238～239页。

饰地宣称：播下思想的种子，有朝一日会开出和平演变之花。对此，我们必须时刻保持清醒的头脑，并采取针锋相对的有效措施。一是"各级党委要重视意识形态工作，加强对意识形态工作的领导，牢牢掌握意识形态各部门的领导权"。① 二是要在坚持党在社会主义初级阶段的基本路线的前提下，正确贯彻"双百方针"，努力建设一支又红又专的数量充足的社会科学队伍，确保在意识形态领域中马克思主义的指导地位和社会主义意识形态的主体地位。三是要大力加强对广大青少年特别是对大学生的社会主义、爱国主义和集体主义教育，帮助他们逐步树立科学的世界观和为人民服务的人生观，增强对资产阶级自由化思潮和一切剥削阶级腐朽思想及生活方式的免疫力，坚定建设有中国特色社会主义的信念。前不久，全国宣传思想工作会议提出要以建设有中国特色社会主义理论为根本指针，以科学的理论武装人，以正确的舆论引导人，以高尚的精神塑造人，以优秀的作品鼓舞人，这表明我们党在重视和改进意识形态工作方面达到了一个新的高度。

历史的潮流是不可抗拒的。一百多年前，马克思主义的创始人科学地揭示了社会主义制度必然取代资本主义制度的客观规律。几十年来，社会主义事业在一些国家取得了初步的胜利，而在另一些国家则遭受了巨大的挫折。当前，尽管社会主义运动在全世界范围内处于低潮，但是，占世界人口1/5以上的中国人民正满怀信心地团结在以江泽民为核心的党中央周围，抓住机遇，深化改革，扩大开放，促进发展，保持稳定，继续进行跨越资本主义卡夫丁峡谷、建设有中国特色社会主义现代化强国的艰辛开拓。"我们正在前进。我们正在做我们的前人从来没有做过的极其光荣伟大的事业。我们的目的一定要达到。我们的目的一定能够达到。"②

---

① 江泽民：《在庆祝中国共产党成立七十周年大会上的讲话》，载于《人民日报》1991 年 7 月 2 日。

② 《毛泽东著作选读》（下册），人民出版社 1986 年版，第 715 页。

三代领导集体对社会主义
经济理论的重大贡献[*]

中国共产党在曲折与成功的交织中走过了 80 年的风雨历程。以毛泽东、邓小平、江泽民为核心的三代领导集体率领中国共产党和广大人民取得了新民主主义革命的伟大胜利和社会主义革命与建设的巨大成就，开辟了中国历史的新纪元。

马克思在其晚年曾揭示了经济文化落后国家在一定条件下跨越资本主义"卡夫丁峡谷"（即跨越资本主义发展阶段）进入社会主义社会的可能性。列宁在十月革命胜利后进一步发挥了马克思的这一思想。他指出："在先进国家无产阶级的帮助下，落后国家可以不经过资本主义发展阶段而过渡到苏维埃制度，然后经过一定的发展阶段过渡到共产主义。"① 我国是在半殖民地半封建社会的废墟上经由新民主主义进入社会主义社会的，这一光辉实践证实了马克思和列宁当年的科学预见。然而，经济文化比较落后的国家如何建设、巩固和发展社会主义？这是我国和其他一些国家进入社会主义社会以后共同面临的更为艰巨的历史课题。以毛泽东、邓小平、江泽民为核心的三代领导集体率领中国共产党和广大人民对此进行了长期的富有创造性的艰辛探索，逐步走出了一条成功的建设有中国特色社会主义的新道路，不仅极大地丰富和发展了马克思主义的社会主义理论，而且有力地推动了社会主义航船在国际风云变幻中破浪前进。

本文试就党的三代领导集体对马克思主义的社会主义经济理论的重大贡献作一初步的探讨。

---

* 原载《中国教育报》2001 年 5 月 30 日。

① 《列宁全集》第 39 卷，人民出版社 1986 年版，第 233 页。

一、社会主义制度初创时期以毛泽东为核心的第一代领导集体的主要贡献

1. 深刻揭示了社会主义社会的基本矛盾。毛泽东指出：社会主义社会的基本矛盾仍然是生产关系和生产力之间的矛盾，上层建筑和经济基础之间的矛盾；其特点是基本适应，又相矛盾。社会主义社会的基本矛盾不是对抗性的矛盾，可以经过社会主义制度本身不断地得到解决。这一观点，不仅冲破了斯大林在长时期中否认社会主义社会存在矛盾的理论束缚，同时也发展了列宁关于在社会主义条件下对抗将会消失、矛盾仍然存在的思想，是我们进行经济政治体制改革的基本理论依据。毛泽东还认为社会主义社会可能划分为不发达的社会主义和比较发达的社会主义两个阶段。

2. 初步提出社会主义社会的主要矛盾和根本任务。党的第一代领导集体在八大提出：在社会主义改造基本完成以后，国内的主要矛盾已经不再是工人阶级和资产阶级的矛盾，而是人民对于经济文化迅速发展的需要同当前经济文化不能满足人民需要的状况之间的矛盾，全国人民的根本任务是在新的生产关系下面保护和发展生产力。

3. 初步提出社会主义经济建设的战略目标和战略步骤。计划在不太长的历史时期内，把我国建设成为农业、工业、国防和科学技术现代化的社会主义强国。第一步，建立独立的比较完整的工业体系和国民经济体系，使我国工业大体上接近世界先进水平；第二步，使我国工业走在世界前列，全面实现四个现代化。

4. 开创性地提出中国工业化的新道路。毛泽东以苏联为鉴戒，重视发展农业和轻工业对于加快发展重工业的巨大作用，提出在优先发展重工业的条件下，发展工业和发展农业同时并举、发展重工业和发展轻工业同时并举的中国工业化的道路。在此基础上，逐步形成了以农业为基础、工业为主导的发展国民经济的总方针。毛泽东还提出要以"农、轻、重"为序安排国民经济计划。

5. 初步提出正确处理中央和地方，国家、企业和个人之间关系的若干原则。毛泽东提出，要注意发挥中央和地方两个积极性，既要适当扩大地方的权力，又要反对分散主义；在国家、企业和劳动者个人之间，要实行

"三兼顾"原则。

6. 提倡干部参加劳动、工人参加管理、改革不合理的规章制度，实行技术人员、工人和干部三结合（即"两参一改三结合"），从而为发挥工人阶级的主人翁作用和改善企业管理探索出新的重要途径。

此外，毛泽东还提出了"增产节约""勤俭建国"等方针。然而，党的第一代领导集体提出的上述某些正确的观点、原则和方针却未能在实践中始终坚持。

二、改革开放以后以邓小平为核心的第二代领导集体的主要贡献

1. 旗帜鲜明地提出建设有中国特色的社会主义。邓小平指出，中国的事情要按照中国的情况来办，要依靠中国人自己的力量来办，既不把书本当教条，也不照搬外国模式，解放思想，实事求是，"把马克思主义的普遍真理同我国的具体实际结合起来，走自己的道路，建设有中国特色的社会主义"。从而在社会主义发展道路问题上坚持了共性与个性的统一，与"左"和右的错误倾向从理论和实践上彻底划清了界限。

2. 提出著名的社会主义本质论和"三个有利于"的根本标准。邓小平把本质、特征和体制既相联系又相区别，侧重从社会主义社会经济功能的角度，从社会主义的根本任务和根本目标的高度，提出社会主义的本质是解放生产力，发展生产力，消灭剥削，消除两极分化，最终达到共同富裕，从而把对于社会主义的认识提高到新的科学水平。判断各方面工作的是非得失，归根到底要以是否有利于发展社会主义社会的生产力，是否有利于增强社会主义国家的综合国力，是否有利于提高人民的生活水平为标准。

3. 提出社会主义初级阶段理论。社会主义初级阶段不是泛指任何国家进入社会主义都会经历的起始阶段，而是特指我国在生产力落后、商品经济不发达条件下建设社会主义必然要经历的特定阶段。从我国生产资料私有制的社会主义改造基本完成到社会主义现代化的基本实现，至少需要上百年的时间，都属于社会主义初级阶段。社会主义初级阶段的主要矛盾是

人民日益增长的物质文化需要同落后的社会生产之间的矛盾，最根本的经济特征是生产力不发达，基本经济特征是社会主义公有制为主体多种经济成分并存和按劳分配为主体多种分配方式并存。邓小平提出了我国分"三步走"基本实现社会主义现代化的战略目标和战略步骤，并提出要抓住时机，争取出现若干个发展速度较快、效益较好的阶段，每隔几年上一个台阶。

4. 提出改革开放是社会主义发展的强大动力。党的第二代领导集体不仅继承了毛泽东关于社会主义社会基本矛盾的学说，而且领导我们党找到了解决这种矛盾的正确途径——实行改革开放。改革不是要改变社会主义制度的性质，而是社会主义制度的自我完善和发展。"革命是解放生产力，改革也是解放生产力。"[①] 实行对外开放是改革和建设必不可少的，应当吸收和利用世界各国包括发达资本主义国家所创造的一切先进文明成果来发展社会主义，以逐步赢得社会主义与资本主义相比较的优势。

5. 提出社会主义也可以搞市场经济。邓小平指出：计划经济和市场经济不是区分社会主义和资本主义的标志；计划和市场都是经济手段；社会主义和市场经济之间不存在根本矛盾；社会主义也可以搞市场经济。这一石破天惊的创造性的马克思主义的新的科学论断，为我国建立社会主义市场经济体制奠定了理论基石。

6. 提出坚持四项基本原则（即坚持社会主义道路、坚持人民民主专政、坚持中国共产党的领导、坚持马克思列宁主义毛泽东思想）是社会主义建设的政治保证。

此外，党的第二代领导集体还提出了"科学技术是第一生产力"、四个现代化关键是科学技术现代化、在共同富裕的目标下允许和鼓励一部分人、一部分地区先富起来、在农村长期实行以家庭联产承包为主的责任制、兴办经济特区等正确观点和政策措施。

---

① 《邓小平文选》第 3 卷，人民出版社 1993 年版，第 370 页。

三、改革开放新时期以江泽民为核心的第三代领导集体的主要贡献

1. 进一步拓展了社会主义初级阶段理论。一是对社会主义初级阶段经济特征的概括更为全面。二是从所有制结构的角度提出社会主义公有制为主体多种所有制经济共同发展是社会主义初级阶段的基本经济制度。三是提出非公有制经济是我国社会主义市场经济的重要组成部分，对于满足人们多样化的需要、增加就业、促进国民经济发展具有重要作用。四是提出效率优先、兼顾公平，把按劳分配和按生产要素分配结合起来。五是提出党在社会主义初级阶段的经济纲领。

2. 丰富了社会主义公有制理论。一是全面界定了公有制经济的含义。公有制经济不仅包括国有经济和集体经济，还包括混合所有制经济中的国有成分和集体成分。二是准确界定了公有制主体地位的含义。公有制的主体地位主要体现在：公有资产在社会总资产中占优势；国有经济控制国民经济命脉，对经济发展起主导作用。这是就全国而言，有的地方、有的产业可以有所差别。公有资产占优势，要有量的优势，更要注重质的提高。国有经济起主导作用，主要体现在控制力上。三是提出公有制实现形式可以而且应当多样化，要努力寻找能够极大促进生产力发展的公有制实现形式。股份制和股份合作制，是我国现阶段公有制可以采取的两种重要和有效的实现形式。

3. 创立了社会主义市场经济理论。一是提出我国经济体制改革的目标是建立社会主义市场经济体制，以利于进一步解放和发展生产力。二是提出社会主义市场经济体制是同社会主义基本制度结合在一起的，在所有制结构、收入分配制度和宏观调控上具有鲜明的特征。充分发挥市场机制的作用和加强宏观调控，都是建立社会主义市场经济体制的基本要求。三是提出建立"三大制度、两大体系"是建立社会主义市场经济体制的基本框架和基本途径，即建立以公有制为主体的现代企业制度，建立全国统一开放的市场体系，建立以间接手段为主的完善的宏观调控体系，建立以按劳分配为主体、效率优先、兼顾公平的收入分配制度，建立多层次的社会保

障制度。目前，我国社会主义市场经济体制已经初步建立，国民经济生机盎然，充满活力。这不仅证明了社会主义市场经济理论的正确性，而且还开创了社会主义大国建立社会主义市场经济体制的先河。

4. 发展了社会主义国有制理论。其一，提出建立有中国特色的现代企业制度是国有企业改革的方向，是公有制与市场经济相结合的有效途径。现代企业制度的基本特征是产权清晰，权责明确，政企分开，管理科学。我国国有企业要建立的现代企业制度不是一般意义上的市场经济国家的现代企业制度，而是有中国特色的现代企业制度。除具有现代企业制度的基本特征以外，一是要坚持公有制与市场经济的有机结合，二是要坚持党对国有企业的领导，三是要坚持工人阶级的主人翁地位。其二，提出实现国有经济主导作用的基本途径和标志。一是国有经济的作用既要通过国有独资企业来实现，更要大力发展股份制，通过国有控股和参股企业来实现。二是国有经济在关系国民经济命脉的重要行业和关键领域占支配地位，支撑、引导和带动整个社会经济的发展，在实现国家宏观调控目标中发挥重要作用。三是国有经济应保持必要的数量，更要有分布的优化和质的提高；在经济发展的不同阶段，国有经济在不同产业和地区的比重可以有所差别。其三，提出"着眼于搞好整个国有经济"、"有所为有所不为"、"抓大放小"和"三改一加强"等搞活搞好国有经济的指导方针和基本途径。

5. 提出实现社会主义现代化的若干基本战略和治国方针。一是实行两个根本性转变（即经济体制从传统的计划经济体制向社会主义市场经济体制转变，经济增长方式从粗放型向集约型转变）。二是实施科教兴国战略、可持续发展战略和西部大开发战略。三是把立足国内、扩大国内需求作为经济发展的长期战略方针。四是正确处理改革、发展和稳定之间的关系。发展是主题，解决中国所有问题的关键要靠自己的发展。改革是发展的强大动力，是中国走向现代化的必由之路。稳定是改革和发展的基本前提。要把改革的力度、发展的速度和社会可以接受的程度协调统一起来，在社会政治稳定中推进改革与发展，在改革与发展中保持社会的稳定和国家的长治久安。为此，党的第三代领导集体确定了抓住机遇、深化改革、扩大开放、促进发展、保持稳定的基本方针。

此外，党的第三代领导集体还提出了创新是民族进步的灵魂和国家兴旺发达的不竭动力等科学论断，提出了完善全方位、多层次、宽领域的对外开放格局和在对外贸易中实行以质取胜和市场多元化等战略。

综上所述，以毛泽东、邓小平、江泽民为核心的党的三代领导集体对社会主义经济理论作出了重大的贡献，丰富了马克思主义的理论宝库，从一个侧面体现了中国共产党人的集体智慧和中国人民在社会主义征途上的阶段性探索。它不仅对经济文化比较落后的国家建设、巩固和发展社会主义具有极为重要的意义，而且也为经济文化发达国家建设、巩固和发展社会主义提供了宝贵的启迪。

正确认识和把握"三个有利于"的根本标准[*]

邓小平在 1992 年"南方谈话"中提出的"三个有利于"（即"有利于发展社会主义社会的生产力""有利于增强社会主义国家的综合国力""有利于提高人民的生活水平"），既是十一届三中全会以来党的路线、方针、政策的出发点和归宿点，也是我们判断一切工作是非得失的根本标准。深入理解和正确把握"三个有利于"的根本标准，对于我们抓住机遇，开拓进取，将建设有中国特色社会主义的伟大事业全面推向 21 世纪，具有极为重大的意义。

一

在"三个有利于"的根本标准中，邓小平把有利于发展生产力置于首位，科学地揭示了发展生产力是增强综合国力和提高人民生活水平的基础，实质上就是坚持了生产力标准。坚持生产力标准，是坚持"三个有利于"根本标准的核心。

邓小平强调发展生产力的基础地位和决定作用，是对历史唯物主义的生产力标准的重申和发展。历史唯物主义认为，人类社会的发展是一个由自身内部规律所支配的"自然历史过程"，生产力是决定人类社会物质生活状况并制约人类社会的政治和精神生活的基础。马克思和恩格斯指出：人类生存从而人类历史的第一个前提就是"必须能够生活。但是为了生活，首先就需要衣、食、住以及其他东西。因此第一个历史活动就是生产满足这些需要的资料，即生产物质生活本身。"① 马克思还指出："物质生

---

* 原载《中国教育报》1999 年 1 月 13 日。
① 《马克思恩格斯选集》第 1 卷，人民出版社 1972 年版，第 32 页。

活的生产方式制约着整个社会生活、政治生活和精神生活的过程。"① 列宁则进一步指出:"只有把社会关系归结于生产关系,把生产关系归结于生产力的高度,才能有可靠的根据把社会形态的发展看做自然历史过程。"② 毛泽东曾经指出:"中国一切政党的政策及其实践在中国人民中所表现的作用的好坏、大小,归根到底,看它对于中国人民的生产力的发展是否有帮助及其帮助之大小,看它是束缚生产力的,还是解放生产力的。"③ 我国改革开放之初,邓小平就指出:"对实现四个现代化是有利还是有害,应当成为衡量一切工作的最根本的是非标准。"④ 随后,他又提出:"社会主义经济政策对不对,归根到底要看生产力是否发展,人民收入是否增加。这是压倒一切的标准。"⑤ 从"最根本的是非标准""压倒一切的标准"到"三个有利于"中的第一条标准,邓小平坚持历史唯物主义的生产力标准的思想是十分明确和一以贯之的。不仅如此,邓小平还把生产力标准与社会主义本质联系起来,从社会主义首要和根本的任务这一层次强调解放和发展生产力的重要意义,这是对历史唯物主义的生产力标准的重大发展。

邓小平坚持和强调生产力标准,具有极强的针对性和现实意义。首先,是针对我国在较长时期内"以阶级斗争为纲"、忽视生产力发展的严重失误。我国是在半殖民地半封建社会的废墟上经由新民主主义进入社会主义社会的,迅速发展生产力具有极端重要性和迫切性。然而,在进入社会主义初级阶段以后的较长时期内,我们对现阶段的主要矛盾和根本任务的认识存在着严重的偏差,没有把发展生产力摆在首位,从而导致经济发展相对缓慢,人民的生活水平提高不快,社会主义制度的优越性没有得到应有的发挥。正如邓小平指出的那样:"多少年来我们吃了一个大亏,社会主义改造基本完成了,还是'以阶级斗争为纲',忽视发展生产力。"⑥ "从一九五七年起,我们生产力的发展非常缓慢。""当然,同旧中国相比,还

---

① 《马克思恩格斯选集》第2卷,人民出版社1972年版,第82页。
② 《列宁选集》第1卷,人民出版社1972年版,第8页。
③ 《毛泽东选集》第3卷,人民出版社1991年版,第1079页。
④ 《邓小平文选》第2卷,人民出版社1994年版,第209页。
⑤ 《对小平文选》第2卷,人民出版社1994年版,第314页。
⑥ 《邓小平文选》第3卷,人民出版社1993年版,第141页。

是进步了。如果按照社会主义的标准来要求，这是很不够的。'文化大革命'时期，情况更加困难。"① 其次，是针对我国在较长时期内盲目追求并实行"一大二公三纯"的所有制结构的错误做法。生产关系必须适合生产力的性质和发展要求，这是人类社会共有的经济规律和历史唯物主义的基本原理。然而，我国在进入社会主义初级阶段以后的较长时期内，脱离生产力的实际状况，不断进行生产关系的"升级换代"，不仅把非公有制经济打入"冷宫"，而且还急于实行由小集体向大集体、由集体所有制向全民所有制的"穷过渡"，从而阻碍了生产力的迅速发展。再次，是针对改革开放以来某些同志脱离生产力的实际状况、囿于姓"社"姓"资"的抽象争论和思想束缚的错误倾向。邓小平指出："改革开放迈不开步子，不敢闯，说来说去就是怕资本主义的东西多了，走了资本主义道路。要害是姓'资'还是姓'社'的问题。"② 他还指出：改革开放胆子要大一些，"看准了的，就大胆地试，大胆地闯。"③正如中共十三大报告所指出的那样："这里的核心问题是，必须破除离开生产力来抽象谈论社会主义的历史唯心主义观念，从根本上划清科学社会主义同种种空想的界限。"④

改革开放以来，我国经济和社会面貌发生了举世瞩目的巨大变化。1979~1997年，我国国内生产总值年均实际增长9.8%，人均国内生产总值年均实际增长8.4%，经济增长速度为世界之冠。1997年，我国经济总量已居世界第七位。1978~1997年，我国农村居民人均纯收入由133.6元增加到2090元，我国城镇居民家庭人均可支配收入由343.5元增加到5160元。与此同时，我国初步奠定了社会主义市场经济体制的基础，政治体制改革和精神文明建设也取得了长足的进展。如果说，20年前我国围绕真理标准的大讨论，对于我党重新确立实事求是的思想路线起到了巨大的推动作用；那么，作为党的第二代领导集体核心人物的邓小平重申和坚持生产力标准，对于改革开放以来"中国奇迹"所起到的巨大的指导和推动作用怎么估计也不过分。

---

① 《邓小平文选》第3卷，人民出版社1993年版，第137~138页。
②③《邓小平文选》第3卷，人民出版社1993年版，第372页。
④ 中共中央文献研究室编：《十三大以来重要文献选编》（上），人民出版社1991年版，第57页。

二

在"三个有利于"的根本标准中,"生产力""综合国力""生活水平"都是内容丰富的可以进行衡量与比较的客观实在,都与人们的实践活动紧密相连。因此,坚持"三个有利于"的根本标准,也就是坚持实践标准。

坚持实践标准,就必须破除本本标准。我国的社会主义建设曾经走过十分曲折的道路。其重要原因之一,就在于教条主义地对待马克思主义著作中的个别论断,从马克思主义经典作家的某些论述(有时甚至是附加到马克思主义名下的某些错误观点)出发,而不是从客观实际出发。马克思主义不是教条而是行动的指南,马克思主义需要在实践中不断地丰富和发展。实践证明,只有把马克思主义同中国实际相结合,才能取得胜利。邓小平指出:"实事求是是马克思主义的精髓。要提倡这个,不要提倡本本。我们改革开放的成功,不是靠本本,而是靠实践,靠实事求是。"① "一个党,一个国家,一个民族,如果一切从本本出发,思想僵化,迷信盛行,那它就不能前进,它的生机就停止了,就要亡党亡国。"② 邓小平最早提出了社会主义也可以搞市场经济的思想,积极推进以城市为中心的全面经济体制改革,为我们开辟了一条社会主义与市场经济相结合、以更好地解放和发展生产力的新道路。他主张不搞无为的争论,提倡敢闯敢试,在实践中推进建设有中国特色社会主义的伟大事业。

坚持实践标准,也必须摒弃外国模式标准。苏联是世界上第一个社会主义国家。长期以来,苏联建设社会主义的模式被当作是社会主义国家普遍适用的唯一模式。我国在建设社会主义的过程中曾经照搬苏联模式,带来了许多问题。尽管我们很早就发现了问题,但并没有解决好。基于我国社会主义建设的经验教训,邓小平指出:"我们的现代化建设,必须从中国的实际出发。无论是革命还是建设,都要注意学习和借鉴外国经验。但

① 《邓小平文选》第3卷,人民出版社1993年版,第382页。
② 《邓小平文选》第2卷,人民出版社1994年版,第143页。

是，照抄照搬外国经验、外国模式，从来不能得到成功。"① "我们既不能照搬西方资本主义国家的做法，也不能照搬其他社会主义国家的做法，更不能丢掉我们制度的优越性。"② "把马克思主义的普遍真理同我国的具体实际结合起来，走自己的道路，建设有中国特色的社会主义，这就是我们总结长期历史经验得出的基本结论。"③ 邓小平以实践成效作为检验改革成败的试金石，高度赞扬农村以家庭联产承包责任制为主的统分结合的双层经营体制，认为"这个发明权是农民的"；④ 高度评价乡镇企业的异军突起，认为这是农村改革中"我们完全没有预料到的最大的收获"；⑤ 充分肯定经济特区的先驱和示范作用，希望"把经济特区办得更快些更好些"。⑥

　　坚持实践标准，还要力戒急躁冒进。在经济文化比较落后的国度进行社会主义革命和社会主义建设，容易犯急躁冒进的错误。特别是在取得了某些胜利的情况下，更容易头脑发热，急于求成，结果适得其反。邓小平在对我国社会主义革命和建设的经验教训进行深刻总结时指出："要特别注意我们'左'的错误。'左'的错误带来的损失，历史已经作出结论。我们都是搞革命的，搞革命的人最容易犯急性病。我们的用心是好的，想早一点进入共产主义。这往往使我们不能冷静地分析主客观方面的情况，从而违反客观世界发展的规律。中国过去就是犯了性急的错误。"⑦ 为了避免离开现实和超越阶段重犯"左"的错误，邓小平提出：我国"处在社会主义的初级阶段，就是不发达的阶段。一切都要从这个实际出发，根据这个实际来制订规划"。⑧ 在建设有中国特色社会主义经济的过程中，邓小平反复强调要"按经济规律办事"⑨；"胆子要大，步子要稳"⑩；既要力争经济发展"隔几年上一个台阶"，又要"扎扎实实，讲求效益，稳步协调地

① 《邓小平文选》第 3 卷，人民出版社 1993 年版，第 2 页。
② 《邓小平文选》第 3 卷，人民出版社 1993 年版，第 256 页。
③ 《邓小平文选》第 3 卷，人民出版社 1993 年版，第 3 页。
④ 《邓小平文选》第 3 卷，人民出版社 1993 年版，第 382 页。
⑤ 《邓小平文选》第 3 卷，人民出版社 1993 年版，第 238 页。
⑥ 《邓小平文选》第 3 卷，人民出版社 1993 年版，第 51 页。
⑦ 《邓小平文选》第 3 卷，人民出版社 1993 年版，第 139～140 页。
⑧ 《邓小平文选》第 3 卷，人民出版社 1993 年版，第 252 页。
⑨ 《邓小平文选》第 2 卷，人民出版社 1994 年版，第 314 页。
⑩ 《邓小平文选》第 3 卷，人民出版社 1993 年版，第 118 页。

发展。"①

三

在"三个有利于"的根本标准中，生产力是指"社会主义社会"的生产力，综合国力是指"社会主义国家"的综合国力，而"有利于提高人民的生活水平"作为社会主义社会发展生产力和增强综合国力的出发点和归宿，则既反映了社会主义生产目的的客观要求，也是社会主义经济制度优越性的集中体现。因此，坚持"三个有利于"的根本标准，必须坚持社会主义社会的基本制度。

社会主义社会基本制度与社会主义基本制度并不完全等同。前者是社会主义社会存在的基本制度，后者是社会主义性质的基本制度。社会主义基本制度是社会主义社会基本制度的核心和主体。因此，坚持社会主义社会基本制度，关键在于坚持社会主义基本制度。

坚持社会主义基本制度，实质上就是坚持四项基本原则。邓小平在阐明四项基本原则的第一条即坚持社会主义道路时指出："我们坚持了社会主义公有制和按劳分配的原则"。②显然，这是指坚持社会主义基本经济制度；四项基本原则的第二条和第三条即坚持人民民主专政和共产党的领导，这是指坚持社会主义基本政治制度；四项基本原则的第四条即坚持马列主义、毛泽东思想，这是指坚持社会主义基本文化（作为意识形态的文化）制度。可见，坚持四项基本原则也就是坚持社会主义基本制度。

坚持社会主义基本制度与坚持生产力标准也是一致的。毛泽东曾经从诸多角度精辟地论述了中国跨越资本主义充分发展阶段走上社会主义道路的历史必然性和社会主义基本制度的优越性。邓小平继承和发展了毛泽东思想，侧重从消除资本主义制度的弊端、促进生产力发展和实现共同富裕等角度深刻地论述了中国建立社会主义基本制度（特别是社会主义基本经济制度）的必要性：（1）社会主义生产"是为了最大限度地满足人民的物

---

① 《邓小平文选》第 3 卷，人民出版社 l993 年版，第 375 页。
② 《邓小平文选》第 2 卷，人民出版社 1994 年版，第 165 页。

质、文化需要，而不是为了剥削"。① 社会主义同资本主义相比较，其优越性之一在于"能做到全国一盘棋，集中力量，保证重点。"② "只有社会主义才能消除资本主义和其他剥削制度所必然产生的种种贪婪、腐败和不公正现象"。③ （2）"中国十亿人口，现在还处于落后状态，如果走资本主义道路，可能在某些局部地区少数人更快地富起来，形成一个新的资产阶级，产生一批百万富翁，但顶多也不会达到人口的百分之一，而大量的人仍然摆脱不了贫穷，甚至连温饱问题都不可能解决。只有社会主义制度才能从根本上解决摆脱贫穷的问题。"④ （3）"社会主义有条件比资本主义更快地发展生产力"⑤ "社会主义革命已经使我国大大缩短了同发达资本主义国家在经济发展方面的差距。"⑥ （4）"历史告诉我们，中国走资本主义道路不行，中国除了走社会主义道路没有别的路可走。一旦中国抛弃社会主义，就要回到半殖民地半封建社会"。⑦ 在此基础上，邓小平得出了一个坚定不移的结论："只有社会主义才能救中国，只有社会主义才能发展中国"。⑧

　　社会主义基本制度的建立，顺应了生产力发展的客观要求，是我国历史上最深刻最伟大的社会变革。然而，要真正建立和完善能够体现社会主义基本制度优越性的经济体制、政治体制和文化体制，还要经历艰难曲折和不断创新的过程。实践证明，我国传统的经济体制等具体制度存在严重的弊端，妨碍了生产力的迅速发展，必须进行改革。正如中共十三大报告正确指出的那样："我们为什么要坚持四项基本原则？就是因为在当代中国，只有这样做，才能从根本上保证生产力的发展。为什么要坚持改革、开放？就是因为只有这样做，才能进一步解放仍然受到束缚的生产力，促进生产力迅速发展。"⑨ 可见，坚持社会主义基本制度和坚持改革开放一

---

① 《邓小平文选》第 2 卷，人民出版社 1994 年版，第 167 页。
② 《邓小平文选》第 3 卷，人民出版社 1993 年版，第 16 ~ 17 页。
③ 《邓小平文选》第 3 卷，人民出版社 1993 年版，第 143 页。
④ 《邓小平文选》第 3 卷，人民出版社 1993 年版，第 207 ~ 208 页。
⑤ 《邓小平文选》第 3 卷，人民出版社 1993 年版，第 143 页。
⑥ 《邓小平文选》第 2 卷，人民出版社 1994 年版，第 167 页。
⑦ 《邓小平文选》第 3 卷，人民出版社 1993 年版，第 206 页。
⑧ 《邓小平文选》第 3 卷，人民出版社 1993 年版，第 311 页。
⑨ 中共中央文献研究室编：《十三大以来重要文献选编》（上），人民出版社 1993 年版，第 58 页。

样，都不仅是我国生产力发展的客观要求，同时也是符合我国最广大人民根本利益的正确选择。

四

"三个有利于"贯穿增进人民利益这根红线，是社会主义社会根本的价值标准。

哲学意义上的价值，是指客体对主体的实际效益、效果或影响。在"三个有利于"的根本标准中，价值主体分别为社会主义社会、社会主义国家和人民。而社会主义社会是人民当家作主的社会，社会主义国家是代表和维护人民利益的国家，因此，以社会主义社会和社会主义国家为价值主体，实质上就是以人民为价值主体。

在"三个有利于"的根本标准中，价值的评价主体也是人民。人民是物质产品和精神产品的生产主体，也是生活资料和精神产品的消费主体。生产力、综合国力和生活水平的状况如何，人民最有发言权。在社会主义社会或社会主义国家中，人民是价值评价的主体。邓小平指出："作品的思想成就和艺术成就，应当由人民来评定。"[①] 他还指出："生活水平究竟怎么样，人民对这个问题感觉敏锐得很。我们上面怎么算账也算不过他们，他们那里的账最真实。"[②]

在"三个有利于"的根本标准中，增进人民利益是最高的价值标准。发展社会主义社会的生产力，根本目的是不断满足人民日益增长的物质文化需要，以实现其自由而全面的发展。增强社会主义国家的综合国力，归根到底是为了促进经济和社会的全面进步，以实现人民的安定幸福。而提高人民的生活水平，则是增进人民利益的基本和集中的体现。因此，有利于提高人民的生活水平即增进人民利益在"三个有利于"中具有更根本的意义，是社会主义社会最高的价值标准。人民的利益高于一切，这既是无产阶级政党与剥削阶级政党在制定路线、方针、政策的出发点和归宿点方

---

① 《邓小平文选》第 2 卷，人民出版社 1994 年版，第 212 页。
② 《邓小平文选》第 3 卷，人民出版社 1993 年版，第 355 页。

面的根本区别，也是社会主义社会与剥削阶级占统治地位的社会在最高价值标准方面的根本区别。当然，社会主义社会中的价值主体和价值评价标准也是一元与多元的统一。在社会主义社会中，以增进人民利益为最高价值标准，并不排斥各个个体主体和群体主体在利益方面的合理差别。它只是要求各项工作和各种价值评价都应服务或服从于人民的根本利益，在此前提之下去努力实现各个个体主体和群体主体的正当利益，从而使国民经济和社会生活既统一有序又生动活泼地向前发展。

邓小平提出的"三个有利于"的根本标准，是对马列主义、毛泽东思想的继承和发展。一方面，社会主义社会的各项工作需服从和服务于发展生产力和提高人民生活水平，类似的提法在马克思主义经典著作中多有论述，就此而言，邓小平提出的有利于发展社会主义社会的生产力和提高人民生活水平是对马列主义、毛泽东思想的继承。另一方面，邓小平明确提出要有利于增强社会主义国家的综合国力，并把它作为判断一切工作是非得失的根本标准之一，这在马克思主义经典作家的著述中是未见有过的。综合国力主要包括经济实力、科技教育实力和国防实力，它既是一个国家经济和社会发展状况的综合体现，也是自立于世界民族之林和提高人民生活水平的基础。当今的国际竞争，实质上就是各国综合国力的竞争。把增强综合国力纳入社会主义社会判断一切工作是非得失的根本标准，无疑是对马列主义、毛泽东思想的发展。

必须指出，在对"三个有利于"根本标准的总体理解和把握方面，有两种模糊认识有必要予以澄清。

一种观点认为，"三个有利于"是判断姓"社"姓"资"的标准。我不同意这种看法。第一，联系前后文来看，邓小平提出的"三个有利于"的根本标准，首先和直接是针对判断改革开放得失成败的标准而言的，并不是作为判断姓"社"姓"资"的标准。第二，符合"三个有利于"根本标准的经济成分，并不一定都姓"社"。例如，我国现阶段存在的外资经济，尽管就其基本方面而言符合"三个有利于"的根本标准，但它姓"资"不姓"社"。邓小平明确指出：我国境内的"外资是资本主义经济"。① 认为外资经济等非公有制经济符合"三个有利于"的根本标准就等同于社会主义经济,这是混淆了经济作用与经济性质的区别。第三,在"三个有利于"的根本标准中,固然包含对于社会或国家性质的限定,但并不包含对于什么是社会主义、什么是资本主义的界定。因此,"三个有利于"不是判断姓"社"姓"资"的标准。

另一种观点认为,邓小平关于判断改革成败得失的标准有两个,一个是政治标准,另一个是"三个有利于"的标准。前者是判断改革的政治方向(即姓"社"姓"资")的标准,后者则是"判断改革的具体措施成败得失的标准。"我认为,这种看法不够妥切。如前所述,"三个有利于"的根本标准中已经内在地包含了坚持社会主义社会基本制度的质的规定性,并非脱离社会主义基本方向只是笼统地包含发展生产力、增强综合国力和提高人民生活水平的标准。把"三个有利于"的根本标准与社会主义基本方向割裂开来,这种认识并不全面,同时也低估了"三个有利于"根本标准的意义和作用。中共十四大报告明确指出:"三个有利于"是判断各方面工作是非得失的根本标准。中共十五大报告也强调指出:一切以"三个有利于"为根本判断标准。我们应该把对于"三个有利于"根本标准的认识统一到对于邓小平理论的完整理解和正确把握上来,统一到中共十四大和十五大精神上来,更好地坚持党在现阶段的基本路线和纲领,不断开拓建设有中国特色社会主义事业的新局面。

---

① 《邓小平文选》第 2 卷,人民出版社 1994 年版,第 235 页。

切实把提高经济效益作为经济工作的中心[*]

新中国成立四十余年来，我国经济运行的基本特征是"高速度、低效益"。它像一把"双刃剑"，对我国的经济发展具有推动和阻碍的双重效应。为促进国民经济持续、快速、健康地向前发展，实现我国现阶段经济发展的宏伟战略目标，我们必须进一步端正经济建设的指导思想，走效益兴国之路。

一、亟待澄清的两个认识误区

长期以来，不少同志在观念上存在着两个误区，妨碍了对于提高经济效益重要性的正确认识，很有必要加以澄清。

其一，经济增长与提高经济效益"一致论"。

在此，经济增长是指国民经济总量的增长，经济效益通常是指劳动占用、劳动耗费同所取得的有用劳动成果之间的比较。在社会主义社会中，从产出角度体现经济效益的有用劳动成果，不仅应该是使用价值和价值的统一，而且还必须是生产和消费的统一，因为社会主义生产归根结底是为了满足人民群众的消费需要。

毫无疑问，经济增长与提高经济效益有一致的方面。在一定的时期内，社会主义国家拥有的人力、物力和财力资源相对说来是一个固定的量，如果能够切实根据社会需要合理地组织生产，充分调动劳动者的积极性，提高劳动生产率和生产资料的利用效率，就可以用尽可能少的劳动占用和劳动耗费，生产出更多更好的符合社会需要的产品。从这个角度来看，良好的经济效益表现为一定的经济增长速度，没有一定的经济增长速度也就谈

---

　　* 原载《中国教育报》1996 年 3 月 15 日。

不上良好的经济效益。

然而，经济增长与提高经济效益毕竟不是一回事。经济增长体现的是产量、产值等经济指标的纵向比较，经济效益则体现劳动占用、劳动耗费与有用劳动成果的对比关系或劳动时间的节约程度。从我国实践来看，经济增长与提高经济效益的矛盾至少有以下四种表现：

（1）产量、产值增加，但单位产品或产值的资金占用、资金耗费和物质耗费增加。改革开放以来，我国的综合经济效益虽然有所提高，但反映全社会经济活动投入产出关系的社会净产值率（国民收入与社会总产值之比）却呈现下降的趋势，1992年比1978年降低11.21%。我国工业物耗占工业总产值的比重，也由1978年的64.9%、1985年的67.4%增加到1989年的71.7%。显然，在单位产品或产值的要素投入增加条件下的经济增长，与提高经济效益是背道而驰的。这种经济增长，可称之为"浪费型"经济增长。

（2）产量、产值增加，但资金盈利率降低。我国工业企业资金利税率1980年为25.2%，1987年为19.95%，1994年跌至10.21%。我国工业企业每百元固定资产原值实现利税，1980年为25.6元，1994年降至14.4元。这种状况意味着资金使用效益的下降和剩余产品价值的相对减少，不利于扩大企业积累、增加国家财政收入和改善人民生活，可称之为"弱盈余型"经济增长。

（3）产量、产值增加，但产品质量下降。近几年来，我国的产品质量持续滑坡。经国家有关部门监督抽查的产品综合合格率，1991年为80%，1993年为70.4%，1994年则为69.8%。据估计，我国目前工业企业生产的不良产品（包括废品、次品、返修品）约占工业总产值的10%，每年造成的经济损失不低于2000亿元。产品质量下降，等于变相地减少产品数量和产值。如果产品质量下降的幅度与产品数量和产值增长的幅度相同，那在事实上等于经济零增长；如果产品质量下降的幅度大于产品数量和产值增长的幅度，那在事实上等于经济负增长。因此，在产品质量降低情况下的经济增长，可称之为"虚假型"经济增长。

（4）产量、产值增长的速度明显超过人民生活水平提高的幅度。我国在社会主义建设的较长时期中，重生产，轻生活，重积累，轻消费，使人民生活水平提高的幅度与经济增长的速度很不相称。按可比价格计算，我国1978年比1957年社会总产值增长3.2倍，国民收入增长2倍，而居民人均消费水平仅提高0.7倍。这种严重偏离社会主义生产目的的经济增长，并没有给人民生活带来多少实惠，可称之为"低消费型"经济增长。

可见，在经济效益降低条件下的经济增长，是"浪费型""弱盈余型""虚假型"和"低消费型"的经济增长，而在经济效益不变或经济效益提高条件下的经济增长，才是实实在在的或高系数的经济增长。经济增长与提高经济效益二者并不完全等同。

其二，经济增长与经济发展"等同论"。

国际上较为流行的观点认为，经济增长（economic growth）和经济发展（economic development）是两个不同的概念。经济增长单指一个国家或地区经济总量的增长。经济发展则不仅包括经济增长，同时也包括一个国家或地区经济结构的优化和经济质量的提高。其中，经济结构的优化主要是指技术结构、产业结构、收入分配结构、消费结构以及人口结构的优化；经济质量的提高则主要是指经济效益的提高，经济稳定程度的增加，居民卫生健康状况、自然和生态环境的改善等。尽管经济增长是经济发展的基础，但是经济发展的内涵远比经济增长宽泛得多。美国经济学家查尔斯·P·金德尔伯格曾作过恰当的比喻：经济增长和经济发展犹如人的增长和发展，增长只包括身高和体重等指标的增加，而发展则还包括体质协调能力与个人对环境适应能力的增强，以及个人学习能力的提高等。经济增长并不构成经济发展的充分必要条件，有的国家在某个时期也可以出现经济"有增长而无发展"或"无发展的增长"的状况。

二、提高经济效益是我国新时期经济发展的主线

十多年来，党和政府一贯重视和强调在各项经济活动中都必须讲求经济效益。中共十二大报告提出，要"把全部经济工作转到以提高经济效益

为中心的轨道上来"。① 中共十四大报告进一步提出，要"努力提高科技进步在经济增长中所占的含量，促进整个经济由粗放经营向集约经营转变"②"走出一条既有较高速度又有较好效益的国民经济发展路子"③。党的十四届五中全会通过的《关于制定国民经济和社会发展"九五"计划和 2010 年远景目标的建议》中再次强调，要"把提高经济效益作为经济工作的中心"。④ 笔者认为，只有把提高经济效益作为我国新时期经济发展的主线，才能实现经济增长方式从粗放型向集约型的根本转变，才能实现我国现阶段经济发展的战略目标，才能巩固和发展社会主义制度。

1. 提高经济效益是转变经济增长方式的核心。今后 15 年，我国要实行经济增长方式从粗放型向集约型的根本性转变。这种转变大体上包括五方面的内容：（1）从只注重增加投资、铺新摊子、上新项目，转到着重利用现有基础、充分挖掘潜力上来。（2）从主要依靠增加物质生产要素的投入，转到主要依靠科技进步和提高劳动者素质上来。（3）从主要依靠大量消耗资源、增加产品数量，转到主要依靠提高管理水平、降低各类消耗和生产成本，着力提高产品质量和档次上来。（4）从投资项目低水平、低效益的重复建设，转到符合高效益的经济规模和合理布局的要求，不断优化产业结构和企业组织结构上来。（5）从片面追求经济总量和速度，转到注重提高经济整体素质和效益上来。这些内容归结起来，就是要以相对的高投入、高消耗、低产出、低质量的经济增长方式转变为相对的低投入、低消耗、高产出、高质量的经济增长方式，其核心内容和根本途径是提高经济效益。

2. 提高经济效益是实现我国现阶段经济发展战略目标的关键。我国虽已提前完成了国民生产总值比 1980 年翻两番的任务，但是，实现"九五"

---

① 中共中央文献研究室编：《十二大以来重要文献选编》（上），人民出版社 1986 年版，第 17 页。

② 中共中央文献研究室编：《十四大以来重要文献选编》（上），人民出版社 1996 年版，第 25 页。

③ 中共中央文献研究室编：《十四大以来重要文献选编》（上），人民出版社 1996 年级，第 17 页。

④ 中共中央文献研究室编：《十四大以来重要文献选编》（中），人民出版社 1997 年版，第 1483 页。

计划和 2010 年的奋斗目标，特别是实现我国经济发展的第三步战略目标，任务仍相当艰巨。我国是一个典型的资源约束型国家，人均矿产资源尚不及世界平均水平的 1/3，人均耕地、草原的面积只相当于世界平均水平的 30%，人均森林面积和人均水资源年径流量也仅为世界平均水平的 13% 和 25%。我国的资源相对稀缺，但浪费却相当严重。我国单位国民生产总值的能耗是日本的 6 倍、美国的 3 倍和韩国的 4.5 倍。12 种主要原材料的物耗，我国比发达国家高出 5～10 倍，有的甚至高达百倍。如果我国不实施资源节约型发展战略，大幅度地提高经济效益，国民经济的持续快速发展将难以为继。我国是一个资金严重短缺的发展中国家。引进外资固然可以缓解资金不足的困难，但社会主义建设的巨额资金仍需主要依靠本国的内部积累。我国的工业发展已经进入新的阶段，不仅要改变长期以来"吸吮"农业即由农业向工业提供积累资金的做法，依靠自身发展积累建设资金，而且还要"反哺"农业，为发展和繁荣农村经济提供资金支持。这就要求工业生产必须大幅度降低成本，增加盈利，提高经济效益。我国虽已基本上解决了温饱问题，正在向小康社会迈进，但是广大人民的生活水平仍然较低。根据世界银行的统计，1993 年我国人均国民生产总值仅有 490 美元，相当于泰国的 1/4，韩国的 1/15，美国的 1/50，瑞士的 1/73，世界人均水平的 1/9。如果排除汇率因素，按购买力平价测算，同年我国人均国民生产总值也仅相当于韩国的 1/4 和美国的近 1/11。要在 21 世纪中叶使我国人民过上比较富裕的生活，增加生产要素投入的潜力相当有限，根本出路在于大幅度地提高经济效益。

3. 提高经济效益是巩固和发展社会主义制度的基本前提。马克思主义认为，社会主义制度之所以能够最终取代资本主义制度，根本原因在于它能创造出高于资本主义的劳动生产率。新中国成立四十多年来，我国的劳动生产率水平虽然有了明显的提高，但与发达的资本主义国家相比仍相差悬殊。1990 年，我国的劳动生产率为 1，美国为 36.5，日本为 40.8。目前，我国钢铁工业人均年产钢为 20～40 吨，而发达资本主义国家钢铁工业人均年产钢则高达 500～800 吨。我国生产 12 亿吨原煤用了 700 万人，而美国生产 10 亿吨商品煤仅用 15 万人。要想大幅度地提高劳动生产率，就必须大幅度地提高经济效益。因为，提高经济效益则意味着单位产品中物化劳动和活劳动的减少，意味着劳动时间的节约即劳动生产率的提高。近几年来，我国国有企业的经济效益状况令人担忧。1986～1993年，国有工业企业资金利税率年均下降1.1%。1994年，国有工业企业的某些经济效益指标如资金利税率、百元销售收入实现利润率等均低于全国工业企业的平均水平，国有工业亏损企业的亏损总额高达482.59亿元。目前，国有工业企业经济效益的下滑态势仍未能从根本上得到遏制。国有企业是我国国民经济的支柱。建设有中国特色的社会主义，关键是要搞好国有企业特别是国有大中型企业。国有企业特别是国有大中型企业的经济效益如果不走出低谷，步入辉煌，则我国社会主义制度的巩固和发展就将成为一句空话。

当然，把提高经济效益作为我国新时期经济发展的主线，并不否认经济高速增长的极端重要性。经济增长速度的高低，从来就是社会主义国家生死攸关的重大问题。1926～1940年，苏联工业年均增长速度高达17.80%，创造了世界工业发展史上的奇迹。1979～1995年，我国则以人均国民生产总值年均增长9.9%的速度，雄踞世界各国之首。然而，只有在提高经济效益的前提下适当加快经济发展速度，才能逐步缩小与发达资本主义国家的经济差距，不断提高人民的物质文化生活水平，实现社会主义建设的根本目标。

三、我国提高经济效益的基本途径

在今后较长时期中，我国提高经济效益主要应靠深化改革，强化管理，认真实施科教兴国战略。

1. 深化经济体制改革，逐步建立较为完善的社会主义市场经济体制。这是我国提高经济效益的基本保证。首先，要转换企业经营机制，建立以公有制为主体的现代企业制度，使企业真正成为自主经营、自负盈亏、自我发展、自我约束的法人实体和市场竞争主体，使提高经济效益成为企业一切经济活动的中心。其次，要逐步建立和完善以间接方式为主的宏观调控体系。要建立责权明确的国有资产管理、监督和营运体系，实现政企分开、政资分开；要深化投资体制改革，建立和健全投资风险约束机制；要进一步完善财税制度改革，公平税负，严格征管，适当提高财政收入占国民生产总值的比重和中央财政收入占全国财政收入的比重；要加快建立和健全社会保障制度。再次，要培育和发展市场体系，进一步理顺价格关系，促进资源的优化配置。与此同时，还要大力加强党风廉政建设和社会主义民主与法制建设，积极稳妥地推进政治体制改革。

2. 加强和完善国民经济管理和企业管理。这是我国提高宏观经济效益与微观经济效益的基础。改善国民经济管理应主要抓好四项工作。一是要着眼于搞好整个国有经济，正确实施"抓大放小"的方针。二是要进一步纠正脱离国情、急于求成、片面追求速度的错误认识和做法，合理调控经济增长速度，避免经济的大起大落。为此，似应逐步建立和健全从事经济工作的各级领导干部的职务升降与其所在地区、部门和单位的经济运行的质量和效益状况适当挂钩的机制。三是要调整投资重点，优化产业结构、企业组织结构和产品结构。要大力加强第一产业，调整和提高第二产业，积极发展第三产业。目前，我国在适合于大规模生产的产业中，企业"小、散、多"的状况相当突出。1994 年，我国汽车年产 140 万辆，而拥有的汽车厂却有 130 多家，80% 的厂家年产量不足 1000 辆，年产超过 5 万辆的汽车厂仅有 6 家，年产超过 10 万辆的汽车厂仅有 3 家。而按照目前的国际标准，单个汽车企业的最小经济规模为 40 万 ~ 60 万辆。在当今世界，汽车年产量超过百万辆的企业已有 12 个，其产量之和约占全球汽车总产量的 77%。因此，应将市场的"无形之手"与政府的"有形之手"有机地结合起来，积极发展规模经济，实现规模效益。在农村有条件的地方，应在自愿的基础上积极推进土地的适度规模经营。要积极扶持名优产品、深加工产品、高附加值产品和畅销产品的生产，不断改善产品结构。四是要适度开放国内市场，合理调整利用外资的规模、结构和流向，切实保护民族经济的发展。强化企业管理大有文章可做。有关调查表明，企业管理不善是相当一部分国有企业亏损的主要原因。如果国有企业在质量、成本和资金管理等方面分别跃上一个小台阶（即质量合格率提高 5%，成本下降 5%，资金周转加快 5% 等），国有企业的整体经济效益就将增长 20% ~ 30%。为了搞好国有企业的管理，关键在于选用能够治厂兴企的厂长，配好领导班子，同时充分发挥党组织的政治核心作用和工人阶级的主人翁作用，建立和完善科学的治理结构和规章制度。

　　3. 认真实施科教兴国战略。这是我国提高经济效益的根本途径和动力源泉。首先，要通过逐步理顺个人收入分配关系和长期深入的宣传教育，提高科技人员和教师的待遇和地位，构建崇尚科技、尊师重教的社会环境，使一大批具有较高素质的人乐于和专心从事科技和教育工作。其次，要大幅度地增加对科技和教育的投入。近几年来，我国在经济高速增长的同时，却出现了对科技和教育投入相对减少的反常现象。我国科研经费占国民生产总值的比重，1992 年为 0.7%，1993 年为 0.62%，1994 年为 0.5% 左右，不仅远远低于发达国家，也低于许多发展中国家。我国国有经济中技改投资占固定资产投资的比重，竟由 20 世纪 80 年代末期的 30% 以上降至 1994 年的 25%。我国教育经费占国民生产总值的比重，1991 年为 3%，1993 年为 2.54%，1994 年为 2.68%，明显低于世界各国的平均水平（1991～1992 年均为 5.1%）。1993～1994 年，我国财政性教育经费支出占国民生产总值的比重仅为 2.19% 和 2.18%，与《中国教育改革和发展纲要》中规定的 20 世纪末达到 4% 的指标尚有较大的差距。应该指出，我国目前技术进步对经济增长的贡献率仅为 28%，大大低于发达国家的平均水平（60%～80%），明显低于发展中国家的平均水平（30% 以上），其原因固然是多方面的，但也与我国对科技和教育的投入严重不足有着密切的联系。因此，国家应加大对科技和教育投入的力度，科研经费占国民生产总值的比重应尽快提高到 1.5% 左右，国有经济中技改投资占固定资产投资的比重应尽快提高到 35%～40%，财政性教育经费支出占国民生产总值的比重应尽快达到 4%。此外，要继续深化科技和教育体制改革。要逐步建立科研、开发、生产、市场紧密结合的机制，大幅度地提高科技成果的转化率。要在扩大教育规模、优化教育结构的同时，着力于提高教育质量和办学效益。

使市场之手和政府之手优势互补[*]

党的十八届三中全会通过的《中共中央关于全面深化改革若干重大问题的决定》提出："处理好政府和市场的关系，使市场在资源配置中起决定性作用和更好发挥政府作用。"这既体现了社会主义市场经济的基本规律，也是完善社会主义市场经济体制的基本要求。

资源配置是指各种生产资源（人力、物力、财力等）如何用于各种商品、物品的生产和服务的提供（或生产什么，生产多少，怎样生产）。市场是商品交换的场所、渠道和纽带，是商品生产者之间全部交换关系的总和。市场规律包括价值规律、供求规律、竞争规律、货币流通规律等。市场在资源配置中起决定性作用，实质上就是市场规律在资源配置中起决定性作用，这是市场经济的一般规律。

在资源配置中，既发挥市场的决定性作用，也发挥政府的宏观调控（宏观经济管理）和市场监管（微观经济规制）作用，是第二次世界大战以后发达市场经济国家的通常做法，也是现代市场经济的一般规律。《中共中央关于全面深化改革若干重大问题的决定》强调"使市场在资源配置中起决定性作用和更好发挥政府作用"，这与现代市场经济是一致的。然而，我国实行的是社会主义市场经济体制，而不是资本主义市场经济体制。进一步说，我国实行的是社会主义现代市场经济体制，而不是资本主义现代市场经济体制。我国社会主义市场经济体制，是与现阶段公有制为主体多种所有制经济共同发展的基本经济制度和按劳分配为主体多种分配方式并存的分配制度联系在一起的，从而在宏观调控和市场监管上，能够把人民的当前利益与长远利益、局部利益与整体利益结合起来，更好地发挥政府和市场各自的优势，促进国民经济更好更快地向前发展。

---

* 原载《人民日报》2014 年 5 月 13 日。

在社会主义市场经济条件下，要正确界定市场和政府在资源配置中发挥作用的边界和程度。凡属市场能有效发挥作用的，政府要简政放权、松绑支持，既不越位也不错位；凡属市场不能有效发挥作用的，政府则不能缺位，该管的要坚决管住管好，避免出现大的波动和问题。笔者认为，在社会主义市场经济条件下，"使市场在资源配置中起决定性作用"，并不是指市场在全部资源配置中都起决定性作用，在市场失灵的领域必须由政府发挥宏观调控和市场监管作用。我国是实行经济体制转轨的发展中的社会主义国家，至少面临三种市场失灵：（1）发达资本主义国家面临的市场失灵（如公共产品和服务的提供等）；（2）经济体制转轨国家面临的市场失灵（如建立社会保障体系等"制度变迁"成本）；（3）发展中国家特别是发展中的社会主义国家面临的市场失灵（如实行国家主导下的"赶超战略"等）。《中共中央关于全面深化改革若干重大问题的决定》提出："科学的宏观调控，有效的政府治理，是发挥社会主义市场经济体制优势的内在要求。"在社会主义市场经济条件下，政府的职责和作用主要是保持宏观经济稳定，加强和优化公共服务，保障公平竞争，加强市场监管，维护市场秩序，推动可持续发展，促进共同富裕，弥补市场失灵。因此，可将我国的资源配置区分为公共产品和服务的资源配置与非公共产品和服务的资源配置两部分。在非公共产品和服务的资源配置中，由市场起决定性作用；在公共产品和服务的资源配置中，由政府起决定性作用。换言之，以充分发挥市场在非公共产品和服务的资源配置中的决定性作用来弥补政府失灵，以充分发挥政府在公共产品和服务的资源配置中的决定性作用来弥补市场失灵，实现"看不见的手"和"看得见的手"的优势互补，促进社会主义市场经济持续健康发展。

"使市场在资源配置中起决定性作用和更好发挥政府作用"，是不可分割的一句话。对《中共中央关于全面深化改革若干重大问题的决定》中提出的"使市场在资源配置中起决定性作用"，决不应误读为"市场万能论"，也不应误读为社会主义市场经济条件下的全部资源配置仅由市场规律决定一切。我们应不断完善社会主义市场经济体制，在资源配置中找准市场功能和政府行为的最佳结合点，正确运用"看不见的手"和"看得见的手"，促进我国经济持续健康发展和社会全面进步，努力实现"两个一百年"的奋斗目标和中华民族伟大复兴的中国梦。

切实加强农业在国民经济中的基础地位[*]

毛泽东是伟大的马克思主义者。毛泽东思想是中国人民和世界人民宝贵的精神财富。当此纪念毛泽东诞辰百周年之际，重温毛泽东关于农业是国民经济的基础的光辉思想，具有极为重要的现实意义。

一

毛泽东关于农业是国民经济的基础的光辉思想，是毛泽东经济思想的重要组成部分。毛泽东的这一思想，从广义来看大体包括三方面内容。

1. 发展国民经济要以农业为基础。农业是人类的衣食之源、生存之本。毛泽东从我国是一个农业大国的状况出发，提出发展国民经济要以农业为基础。毛泽东的这一思想是一以贯之的，并且随着实践的发展而不断丰富和发展。

早在新民主主义革命时期，毛泽东就曾指出："在目前的条件之下，农业生产是我们经济建设工作的第一位"。① 在社会主义建设时期，毛泽东进一步阐发了这一思想。1957 年 1 月，毛泽东在省市自治区党委书记会议上指出："全党一定要重视农业。农业关系国计民生极大。要注意，不抓农业很危险。不抓粮食，总有一天要天下大乱。

第一，农业关系到五亿农村人口的吃饭问题，吃肉吃油问题，以及其他日用的非商品性农产品问题。这个农民自给的部分，数量极大。……农业搞好了，农民能自给，五亿人口就稳定了。

第二，农业也关系到城市和工矿区人口的吃饭问题。商品性的农产品

* 本文原载樊献征等主编：《实事求是深化改革的法宝》，北京农业大学出版社 1993 年版。
① 《毛泽东选集》第 1 卷，人民出版社 1991 年版，第 131 页。

发展了，才能供应工业人口的需要，才能发展工业……

第三，农业是轻工业原料的主要来源，农村是轻工业的重要市场，只有农业发展了，轻工业生产才能得到足够的原料，轻工业产品才能得到广阔的市场。

第四，农村又是重工业的重要市场。比如，化学肥料，各种各样的农业机械，部分的电力、煤炭、石油，是供应农村的，铁路、公路和大型水利工程，也都为农业服务……

第五，现在出口物资主要是农产品。农产品变成外汇，就可以进口各种工业设备。

第六，农业是积累的重要来源。农业发展起来了，就可以为发展工业提供更多的资金。"

1960 年夏，根据毛泽东指示草拟的《中共中央关于全党动手，大办农业，大办粮食的指示》中强调指出：农业是国民经济的基础，这个思想应当成为全体干部全党全民一致的共识，并且真正贯彻到各方面的实际工作中去。

2. 充分发展农业是中国工业化道路的重要特点。在生产资料的社会主义改造基本完成以后，如何尽快地实现社会主义工业化，成为当时摆在以毛泽东为首的中国共产党人和中国人民面前的重大历史课题。毛泽东从中国的实际情况出发，同时借鉴苏联和东欧国家社会主义工业化过程中的经验教训，提出了中国社会主义工业化道路的基本思想。

毛泽东指出：我国的工业化道路问题，"主要是指重工业、轻工业和农业的发展关系问题。我国的经济建设是以重工业为中心，这一点必须肯定。但是同时必须充分注意发展农业和轻工业"。[①] 毛泽东认为，中国的工业化道路，实质上就是在优先发展重工业的条件下，发展工业和发展农业同时并举，发展重工业和发展轻工业同时并举的道路。

毛泽东提出的这条中国工业化的道路，是基于对国内外社会主义建设经验的科学总结。毛泽东指出："在处理重工业和轻工业、农业的关系上，我们没有犯原则性的错误。我们比苏联和一些东欧国家做得好些。像苏联

---

① 《毛泽东著作选读》（下册），人民出版社 1986 年版，第 796 页。

的粮食产量长期达不到革命前最高水平的问题，像一些东欧国家由于轻重工业发展太不平衡而产生的严重问题，我们这里是不存在的。他们片面地注重重工业，忽视农业和轻工业，因而市场上的货物不够，货币不稳定。我们对于农业轻工业是比较注重的。我们一直抓了农业，发展了农业，相当地保证了发展工业所需要的粮食和原料。我们的民生日用商品比较丰富，物价和货币是稳定的。"① 进而，毛泽东精辟地论述了充分发展农业和轻工业对于加快发展重工业的重要作用。他指出："现在发展重工业可以有两种办法，一种是少发展一些农业轻工业，一种是多发展一些农业轻工业。从长远观点采看，前一种办法会使重工业发展得少些和慢些，至少基础不那么稳固，几十年后算总账是划不来的。后一种办法会使重工业发展得多些和快些，而且由于保障了人民生活的需要，会使它发展的基础更加稳固。"②

1962 年，毛泽东又重申和强调了发展国民经济要以农业为基础，周恩来加上了要以工业为主导，这样就形成了以农业为基础、以工业为主导的发展国民经济的总方针。同年，党的八届十中全会决议指出：必须贯彻执行毛泽东提出的以农业为基础、以工业为主导的发展国民经济的总方针，把农业放在首位，正确处理工业和农业的关系。

3. 按照农、轻、重的次序安排国民经济计划。为了切实体现以农业为基础的方针和具有中国特色的社会主义工业化的道路，毛泽东又提出要按照农业、轻工业、重工业的次序来安排国民经济计划。

1959 年 7 月，毛泽东在初步总结 1958 年"大跃进"的经验教训的基础上指出：过去安排国民经济计划的次序是重、轻、农，没有执行《论十大关系》确定的序列。应该反过来，以农、轻、重的次序安排国民经济计划，重工业要为轻工业和农业服务。

按照农、轻、重的次序安排国民经济计划，即是指在制定国民经济计划时必须以发展农业为出发点。在资金、物资和劳动力的分配上，先安排农业，然后安排保证市场供应的轻工业，再后则根据农业和轻工业的情况

---

① 《毛泽东著作选读》（下册），人民出版社 1986 年版，第 721～722 页。
② 《毛泽东著作选读》（下册），人民出版社 1986 年版，第 722～723 页。

来安排重工业的发展规模和速度。在安排重工业生产时，又要首先安排好
与农业、轻工业有关的机器、化肥、农药、建筑材料、燃料、动力、运输
工具等生产资料的生产。当然，以农、轻、重为序安排国民经济计划，并
不意味着对农业的投资高于重工业；而只是适当地调整了重工业、农业、
轻工业的投资比例，重工业"还是为主，还是投资的重点"。① 以农、轻、
重为序安排国民经济计划，就可以保证重工业在农、轻、重按比例协调发
展的基础上优先增长，这与以重、轻、农为序安排国民经济计划导致的以
重挤农、以重挤轻的后果是大相径庭的。

二

毛泽东关于农业是国民经济的基础的光辉思想，是对马克思主义经典
作家有关思想的继承和发展。

综观马克思主义经典作家的有关论述，大体可以概括为以下四点。

1. 农业是人类生存和一切生产的历史起点与先决条件。农业是人们利
用土地及其他生产资料为人类自身生产基本生活资料和社会生产所需要的
某些重要原料的部门，也是古代社会最早的具有决定意义的生产部门。马
克思指出："土地是一切生产和一切存在的源泉，并且它又是同农业结合
着的，而农业是一切多少固定的社会的最初的生产方式。"② "一切劳动首
先而且最初是以占有和生产食物为目的的"，而"食物的生产是直接生产
者的生存和一切生产的首要的条件"。③ 恩格斯也指出："农业是整个古代
世界的决定性的生产部门"。④ 列宁则指出："作为我们共和国对内对外政
策首要问题之一提出来的一个基本问题，就是发展整个经济，首先是发展
农业。"⑤ 农业的产生与发展为人类的生存和发展提供了稳定可靠的生活资
料，从而推动了人类社会的发展。

---

① 《毛泽东著作选读》（下册），人民出版社 1986 年版，第 722 页。
② 《马克思恩格斯选集》第 2 卷，人民出版社 1972 年版，第 109 页。
③ 《马克思恩格斯全集》第 25 卷，人民出版社 1974 年版，第 713、715 页。
④ 《马克思恩格斯选集》第 4 卷，人民出版社 1972 年版，第 145 页。
⑤ 《列宁全集》第 42 卷，人民出版社 1987 年版，第 283 页。

2. 植物性食物的生产处于农业生产的首要地位。食物生产是农业生产区别于其他非农业生产的最重要的特征，也是广义农业的基础。食物产品有植物性产品（如谷类、豆类、薯类、蔬菜、水果、食糖、植物油等）与动物性产品（如肉类、蛋类、奶类、鱼类等）之分。如何处理好植物性食物生产与动物性食物生产之间的关系？马克思指出："我们的研究，仅限于真正的农业上的投资，即人们赖以生活的主要植物性产品的生产上的投资。我们可以只说小麦，因为小麦是现代资本主义发达的各国人民的主要食物。"① 由此可见，马克思认为应把植物性食物的生产置于农业生产的首要地位。植物性食物生产是动物性食物生产的基础。只有把植物性食物生产置于农业生产的首位，才符合农业生态系统所固有的物质循环与能量转化的自然规律。斯大林进一步发挥了马克思的这一思想，他指出："谷物问题是农业系统中的基本环节，是解决农业其他一切问题的钥匙"。②

3. 农业劳动生产率的提高是国民经济其他部门赖以分离的基础。在人类社会的最初阶段，农业是社会中唯一的物质生产部门。尽管当时也存在着某种意义上的工业劳动，但是这种性质的工业劳动是包含在农业劳动之中的。马克思指出："最初，农业劳动和工业劳动不是分开的；后者包含在前者中。"③ 只有当农业劳动生产率提高到超过农业劳动者个人需要的水平，其他各种部门才逐渐地从农业中分离出去，形成彼此独立又互相联系的国民经济以及整个社会的各个部门。马克思指出："社会为生产小麦、牲畜等等所需要的时间越少，它所赢得的从事其他生产，物质的或精神的生产的时间就越多。"④ "超过劳动者个人需要的农业劳动生产率，是一切社会的基础。"⑤

4. 农业是工业发展的基础。列宁指出："农业劳动生产率的提高必定带来工业情况的改善。"⑥ 斯大林则进一步指出："如果说工业是主脑，那

---

① 《马克思恩格斯全集》第 25 卷，人民出版社 1974 年版，第 694 页。
② 《斯大林全集》第 12 卷，人民出版社 1955 年版，第 245 页。
③ 《马克思恩格斯全集》第 25 卷，人民出版社 1974 年版，第 713 页。
④ 《马克思恩格斯全集》第 46 卷（上），人民出版社 1979 年版，第 120 页。
⑤ 《马克思恩格斯全集》第 25 卷，人民出版社 1974 年版，第 885 页。
⑥ 《列宁全集》第 42 卷，人民出版社 1987 年版，第 284 页。

么农业就是工业发展的基础，因为农业是吸收工业品的市场，是原料和粮食的供应者，是为输入设备以满足国民经济需要所必需的出口物资后备的来源。如果让农业仍然处在技术十分落后的状态中，如果不保证工业有农业基础，不改造农业，不使农业跟上工业，那么能不能把工业向前推进呢？不，不能。"①

由上可见，毛泽东关于农业是国民经济的基础的光辉思想，不仅继承而且发展了马克思主义经典作家的有关思想。其继承性无须赘言。发展国民经济必须以农业为基础，这不仅符合经济规律，而且也符合自然规律。其发展性也昭然可见。第一，毛泽东主张用"多发展一些农业轻工业"的办法来发展重工业，将"发展工业必须和发展农业同时并举"引申为中国工业化道路的特点，并且提出了"以农业为基础，以工业为主导"的发展国民经济的总方针。这既是把马克思主义经典作家的有关论述与中国社会主义建设的具体实践结合起来对社会主义工业化道路的崭新探索，也是正确处理我国工人和农民之间的矛盾以巩固工农联盟的根本途径。第二，毛泽东提出应以农轻重为序安排国民经济计划。这既是对马克思主义经典作家的社会再生产原理的创造性运用，也是对马克思主义经典作家的计划调节理论的丰富和发展。毛泽东关于农业是国民经济的基础的光辉思想，不仅被我国社会主义建设的实践所完全证实，而且对于深入研究和揭示农业在社会主义国民经济中的地位和社会主义工业化的客观规律，对于指导我国的农业发展和社会主义现代化建设，都具有极为重要的理论意义和实践意义。

中国共产党以邓小平为核心的第二代领导集体和以江泽民为核心的第三代领导集体，继承和发展了毛泽东关于农业是国民经济的基础的光辉思想。党的十三届八中全会通过的《中共中央关于进一步加强农业和农村工作的决定》指出：农业是经济发展、社会安定、国家自立的基础，农民和农村问题始终是中国革命和建设的根本问题。没有农村的稳定和全面进步，就不可能有整个社会的稳定和全面进步；没有农民的小康，就不可能有全国人民的小康；没有农业的现代化，就不可能有整个国民经济的现代化。

① 《斯大林选集》（下卷），人民出版社 1979 年版，第 81 页。

江泽民在最近召开的中央农村工作会议上指出：在我们这样一个人口众多的大国，如果农业和粮食生产出了问题，任何国家也帮不了我们。李鹏也指出：在市场经济条件下，农业还是不是国民经济的基础？快速发展的国民经济还要不要依靠农业来支撑？回答当然是肯定的。第一，全国绝大多数人口在农村，这是我国的基本国情，在相当长时期内不可能有根本的改变。稳定农业就是稳定农村，稳定全局，这一条不会改变。第二，以市场经济体制逐步取代计划经济体制，并没有改变工业和国民经济对农业的依存关系。强调向市场经济过渡与强调农业是国民经济的基础并不矛盾。第三，只有农业稳定发展，农产品供应充裕，整个国民经济的快速发展才有稳定的基础。第四，发展农业是进一步扩大对外开放的重要保证。这些极为重要的精辟论述，集中体现了中国共产党对农业地位的认识达到了一个新的高度。

三

毛泽东关于农业是国民经济的基础的光辉思想，对于我国当前和未来重视和抓好农业，仍具有极为重要的指导意义。

党的十一届三中全会以来，我们对农村经济体制进行了一系列适合生产力发展要求的重大改革，我国农业进入了新中国成立以来发展最好的时期，农民生活水平也有了显著提高。然而近几年来，我国农业存在的许多深层次矛盾和制约因素日益突出，农业已成为国民经济中最薄弱的环节，形势相当严峻：

1. 忽视农业的倾向比较突出，工农业发展不协调。近几年来，不少地方的领导干部忽视和放松了对农业的领导。有些同志在农产品供应较为充足的情况下对农业生产力水平和农民的富裕程度估计过高，有些同志误认为社会主义市场经济条件下可以对农业放任不管，更有一些同志把主要精力转向开发区热、房地产热、股票热、第二职业热，甚至有些主管农业的干部也无心抓农业了。与此同时，农业增长速度与工业增长速度明显失衡。根据一些发展中国家的经验，在人均国民生产总值处于 300～1000 美元的发展阶段上，农业与工业之间的增长比率一般保持在 1：2.5 左右较为适宜，在经济起飞阶段可以扩大到 1:3，但最高不宜超过 1:4。然而，按照可比价格计算，我国农业与工业之间的增长比率 1991 年为 1:4，1992 年为 1:4.31。这种状况，实际上已经发出了工农业比例失调的警号。

2. 农业比较利益下降，广大农民增产不增收。按照建成小康社会的第二步战略目标，农民人均纯收入的年均增长速度应保持在 5.2%。而 1989~1992 年，我国主要农产品产量虽然增幅较大，农业总产值年均增长率为 5.2%，但是，农民人均纯收入平均增长率却仅为 1.8%。广大农民增产不增收的直接原因是工农产品价格的"剪刀差"有所扩大。近几年，不少地方的粮食和主要农产品的市场价格持续下降，有些地方粮食的市场价格甚至跌至国家定购价以下，而农用生产资料的价格却持续上涨。加之名目繁多的"乱摊派"，导致相当一部分农民收不抵支。与此同时，农民与城市居民的收入差距明显拉大。1981 年，二者的比例为 1:2；1984 年，二者的比例缩小为 1:1.7；二者的比例自 1986 年以后重新扩大，到 1992 年已达到 1:2.3。

3. 农业投入不足，物质技术基础相当脆弱。新中国成立以来，我国农业基本建设虽然取得了显著的成就，但从总体来看，农业基础设施还很薄弱，许多水利工程年久失修，设备老化。投入不足尤其是中长期投资不足，已经成为我国农业发展面临的一个突出问题。一方面，我国由财政支付的农业基本建设投资占全国总投资的比重尚不足 3%；另一方面，"谷贱伤农"，"摊派坑农"，使农民近年来用于生产性固定资产的投资比重持续下降。据统计，按不变价格计算，我国农民 1989 年用于生产性固定资产的投资比重比上年减少 22.2%，1990 年减少 35.4%，1991 年减少 18.2%。这种局面若不能从根本上加以改变，我国农业发展将缺乏后劲。

4. 耕地锐减，农村生态环境趋向恶化。1985 年，我国出现第一次非农占地高潮，占地面积多达 1500 万亩。近年来，"圈地运动"再起，乱占、滥用土地形成全国性风潮。截至 1992 年 10 月，乡以上兴办各类开发区达 7800 个，占地面积达 2000 万~3000 万亩。实际上，圈占的大量土地被炒来炒去，一无所建。据统计，我国耕地总面积，已由 1957 年的 16.77 亿亩减至 1992 年的 14.31 亿亩；我国人均耕地面积，则由新中国成立后最高峰时期的 2.7 亩降至目前的 1.23 亩，尚不及世界人均耕地面积的 1/3。尤为令人痛心的是，在我国耕地资源短缺的情况下，某些地区却发生了大面积的"撂荒"现象，这是实行家庭联产承包责任制以来前所未有的。我国农村土壤沙化面积已达33.4万平方公里，60%的贫困县处于风沙严重的生态脆弱带。工业化带来的"三废"排放量增加，污染了灌溉水源和土地，酸雨明显区已由几年前的2个增至4个。对此，有的生态学家的评价是："先天不足，后天失调；人为破坏，污染退化；局部改善，整体退化。"

5. 农户分散的小生产与市场的大需求存在突出矛盾，中介组织发育滞后。我国实行家庭承包经营的两亿多农户不仅经营规模很小（户均经营耕地不到10亩），而且专业化程度也很低。但是，他们面对的却是日益扩大的市场。由于农民组织化程度低，缺少与市场相衔接的中介组织为他们提供系列化服务，因而许多农民对于粮价放开以后种什么和如何出售心中无数，从而使市场机制的信息传导和调节生产的功能难以有效发挥。

6. 农村剩余劳动力转移的压力显著增大。人口负担过重是我国经济特别是农村经济最棘手的问题之一。改革开放以来，我们通过兴办乡镇企业吸纳了相当数量的农村剩余劳动力，成绩颇为可观。可是，近几年来乡镇企业资金有机构成提高的速度明显加快，吸纳农村剩余劳动力的速度逐渐放慢，加之农村人口增长过快，我国目前仍有1.2亿左右的农村剩余劳动力。据有关部门预测，到20世纪末，我国农村劳动力总量将达到5.4亿，其中剩余劳动力可能达到2亿。2亿规模的农村剩余劳动力非同小可，大约相当于当前国有单位和乡镇企业劳动力数量的总和。农村剩余劳动力的就业和吃饭问题如何解决，乃是一个关系国民经济和社会发展全局的大问题。

7. 农村区域经济发展不平衡愈益加剧。我国中西部地区人口分别占全国35.8%和22.9%，而农村社会总产值却只占24.9%和12.4%。目前，东部沿海发达地区与中西部地区在农村经济方面的差距仍在继续扩大。

毛泽东早就指出：全党一定要重视农业，农业关系国计民生极大。邓小平指出：中国20世纪90年代出问题，很可能就在农业上。无农不稳，无粮则乱，这是经过历史检验的真理。江泽民在最近召开的中央农村工作会议上强调指出：继续坚决贯彻以农业为基础的方针，坚定不移地把农业放在经济工作的首位。我们应通过深化改革，逐步建立起适应社会主义市场经济要求的农业经济运行机制和管理体制，同时采取多种措施千方百计地提高农业综合生产能力，以切实加强农业在国民经济中的基础地位，促使国民经济持续、快速、健康地向前发展和社会主义现代化宏伟战略目标的实现。

一是进一步稳定和完善农业基本经营制度，使农村市场主体充满生机和活力。以家庭联产承包为基础、统分结合的双层经营体制，是基本上适合我国目前农业生产力发展水平的农业集体经济新的实现形式。我国农村经济的这一基本经营制度应长期稳定，并在实践中不断完善。应充分尊重农户的经营自主权，适当延长土地承包期。应本着群众自愿的原则，有条件地逐步推进农业适度规模经营。应进一步完善集体统一经营，建立和健全农业社会化服务体系，为农民提供产前、产中、产后的系列化配套服务。经农民同意，也可推广对集体存量资产折股到户的做法，以促进农村产权制度的建设。

二是加快建立公平竞争、开放有序和城乡统一的市场体系，引导农民和农产品顺利地进入市场。我国粮油价格和购销体制方面的改革尚未完全到位，应将粮油价格彻底放开，并逐步创造条件放开棉花、蚕茧、烟等农副产品的价格和购销。应继续发展各类集贸市场和专业市场，大力发展批发市场，探索发展期货市场，形成以集贸市场为基础、批发市场为中枢、期货市场为先导的农产品市场体系，并积极推广贸工农服务一体化的服务形式，把分散经营的农户与市场需求联结起来，使农产品及其加工品适销对路。此外，还应努力培育和发展土地、劳动力、资金、技术和信息等要素市场。

三是加强与改善宏观调控，确保农村的市场经济正常运行。首先，国家应增加对农业的投入。新中国成立以来，农业为工业发展至少提供了1万亿元以上的积累资金，广大农民为推动我国工业化进程做出了巨大贡献。从世界各国工业的发展规律来看，工业与农业的关系大体上经历三个阶段：第一阶段是农业支持工业，第二阶段是农业减少以至终止对工业的补贴，第三阶段是工业反过来支持农业。我国目前正处于从上述第二阶段向第三阶段过渡的时期，国家应通过多种途径支持农业。按照我国《农业法》的规定，国家财政今后每年对农业投入的增长幅度应高于国家财政经常性收入的增长幅度。国家计划内、预算内农业基本建设投资和农用工业投资都应逐年增加，提高农业基建基金拨款占国家预算内基本建设投资的比重。国家对农业和农村的投入，应重点支持粮棉主产区发展经济，尽快改变这些地区"粮棉大县、工业小县、财政穷县"的状况；重点建设一批高产优质高效农业示范区，带动全国农民把黄土地变成"米粮仓"和"绿色银行"；重点扶持中西部地区和少数民族地区乡镇企业的发展；重点帮助全国8000万贫困人口尽早解决温饱问题。其次，国家应对农业实行价格保护政策。一方面，要尽快健全较为完善的主要农产品保护价制度。这种价格保护要着眼于主要农产品生产者收入的稳定增长，着眼于农产品长期的总量平衡与结构平衡，着眼于国内市场价格与国际市场价格的对接。另一方面，应对农业生产资料实行最高限价。此外，应建立农业政策性银行和粮食风险基金，对收购农产品不"打白条"，建立旨在保护本国农产品市场的"反倾销"制度，实施《土地法》《生态环境保护法》等农业资源保护制度，切实减轻农民负担。再次，各级政府应充分发挥统筹规划、掌握政策、信息引导、组织协调、提供服务和检查监督的职能。最后，从中央到地方都应建立和健全农产品储备调节体系和农村社会保障体系。

四是实施科技、教育兴农的发展战略。解决我国农业问题的根本出路要靠科技，靠教育，靠实现农业现代化。各级政府和有关部门，应采取切实有效的措施支持农业科研、教育和技术推广事业的发展。应增加对农业科技服务组织的事业费，充实和加强县乡农业科技服务组织。应积极组织农业科技重大项目的攻关，尽快推出一批重大成果。应抓好现有农业科技成果的推广应用，使其尽快转化为现实生产力。应十分重视农村教育，大力普及义务教育，积极发展职业技术教育和成人教育，不断提高广大农民的科学文化素质。

五是广开渠道，促进农村剩余劳动力转移。除了主要通过大力发展乡镇企业和加强小城镇建设来转移农村剩余劳动力以外，还应鼓励农民进入小集镇和小城市，在一定条件下进入大中城市，比较稳定地从事第二、第三产业。为此，应加快现行户籍、就业和社会保障制度的改革，多渠道、多形式地拓展和加强城乡之间、地区之间劳动力的交流。

六是切实加强党和政府对农业的领导，依靠全社会的力量办好农业。重视农业，抓好农业，不能光喊在嘴上，必须采取切切实实的措施，拿出实实在在的行动。各级党委和政府应把加快农业发展并不断增加农民收入，作为农业工作的根本出发点和落脚点。应大力抓好农村基层组织建设，大力抓好农村社会主义精神文明建设和民主法制建设，搞好农村社会治安的综合治理。同时，全社会其他行业也应进一步加强对农业的关心和支援。只要全党重视，加强领导，各方支持，依靠正确的路线、方针和政策充分调动广大农民的积极性和创造性，我国农业必将出现一个欣欣向荣、蓬勃发展的新局面。

企业技改亟待四个转变[*]

改革开放以来，我国企业的技术改造虽然取得了显著的成绩，但面临的形势也相当严峻。目前，我国大中型工业企业的主要专业生产设备，达到国际水平的仅占 26.1%；国有重点企业的关键设备，达到和接近国际先进水平的仅占 15%，2/3 的设备属于国内一般水平或落后水平；国有大中型企业中，经过比较全面的技术改造的仅占 20% 左右；国有企业尚有 15%以上的设备在"超期服役"。我国工业的总体技术水平与发达国家相比大约落后 15~20 年。为促进经济增长方式由粗放型向集约型转变，实现社会主义初级阶段的宏伟战略目标，我国必须大力加强企业的技术改造，尽早实现四个转变。

一、从重基建、轻技改向抓基建、重技改转变

长期以来，我国在经济建设中以外延扩大再生产为主，热衷于铺新摊子、上新项目，忽视对现有企业的技术改造。"八五"期间，这种重基建、轻技改的格局更形强化，例如，国有经济在"七五"期间更新改造投资占其固定资产投资总额的比重为 31.84%，在"八五"期间竟降至 29.40%，低于国家"八五"计划中要求的指标（32.35%）近 3 个百分点。而发达国家在经济高速发展和稳定增长阶段，更新改造投资一般都占其固定产投资总额的 50% 以上，美国的这一比重在 20 世纪 70 年代甚至高达 77%。实践证明，重基建、轻技改不仅会造成建设资金的巨大浪费，而且也不能从整体上改变我国技术的落后面貌。一方面，依托现有企业进行技术改造，与新建同样企业相比，具有投资少、周期短、效益高的优点。例如，北京

---

* 原载《金融时报》1997 年 5 月 18 日。

燕山石化公司将乙烯生产能力由年产 30 万吨改造为 45 万吨，仅投资 28 亿元，用了 28 个月；而新建一个年产 14 万吨乙烯的企业，则需投资 60 亿 ~ 70 亿元，建设周期为 4 ~ 5 年。另一方面，忽视对现有企业的技术改造，非但不能很好地"激活"企业的存量资产，而且还必然会使现有企业患"技术贫血症"，从而导致设备陈旧，工艺老化，劳动生产率低，产品竞争力差。应该看到，我国目前技术进步对经济增长的贡献率尚不到 30%，不仅大大低于发达国家的平均水平（60% ~ 80%），而且也低于发展中国家的平均水平（35% 左右）。这与我国长期忽视对现有企业的技术改造有密切的关系。当然，依托现有企业进行技术改造，走内涵扩大再生产的路子，并不排除根据需要新建一批关系国计民生的具有较高技术起点和较好经济效益的重大项目。可见，建设资金严重短缺的国情和转变经济增长方式的要求，呼唤着我国尽早实现从重基建、轻技改向抓基建、重技改转变。

二、从重引进、轻创新向抓引进、重创新转变

积极引进国外的先进技术，通常是少花钱、省时间、加速经济建设的一条捷径。18 年来，我国在引进技术方面取得的成绩是有目共睹的。然而，即使撇开我国引进技术在结构和效益等方面存在的问题不论，我国对引进技术的消化与吸收不够，创新就更不够。在日本，技术引进与消化创新的资金比重大约为 1：10，走的是引进——吸收——创新的路子。而我国 1991 ~ 1994 年，大中型工业企业技术引进与消化吸收的资金分别为 674.83 亿元和 27.87 亿元，两者之比竟是 24：1。我国引进的技术已被消化吸收的大约仅占 10%，而在此基础上的技术创新则更是凤毛麟角。重引进、轻创新具有明显的负面效应。第一，正如江泽民同志指出的那样，"创新是一个民族进步的灵魂，是国家兴旺发达的不竭动力"。[①] 引进技术的根本目的在于增强自我发展的创新能力，而不是形成对外国技术的依赖。缺乏创新精神的民族，决不是优秀的民族；缺乏创新能力的国家，则难以

---

① 中共中央文献研究室编：《十四大以来重要文献选编》（中），人民出版社 1997 年版，第 1389 页。

立足于世界的强国之林。第二，发达国家可以转让一般的先进技术，却不肯转让关键技术。而要获得这些关键技术，只有依靠本国科技人员的艰辛努力。第三，如果仅仅满足于技术引进，忽视甚至不搞消化吸收与技术创新，那就只能永远充当外国技术的销售市场，并会陷入引进——落后——再引进——再落后的怪圈，不仅落后于人，而且受制于人，从而严重威胁本国的经济安全。可见，建设社会主义现代化强国的宏伟目标，呼唤着我国尽早实现从重引进、轻创新向抓引进、重创新转变。

三、从轻开发、低转化向重开发、高转化转变

长期以来，我国对科技开发重视不够，科技投入严重不足。以研究与开发经费占国民生产总值的比重为例，我国1990年为0.71%，1993年为0.62%，1994～1995年均为0.5%；而美国1988年为2.9%，日本1991年则高达3%。不仅如此，由于条块分割、部门分割和学科分割等原因，我国科技资源的配置仍不够合理，科技成果的转化率很低。我国科技队伍的人数已居世界前列，但大多数科技人员却分布在科研院所和高等院校，这与发达国家中大多数科技人员分布在企业有很大不同。我国绝大多数企业未设技术开发机构，即使是国有大中型企业中也有半数左右没有技术开发机构。我国近年来每年大约取得3万多项科技成果，然而，其中的80%被束之高阁，只有20%转化为生产力，最终形成产业的仅占5%，这与发达国家中科技成果的转化率高达60%～80%的状况形成了巨大的反差。从而，既造成了科技资源的巨大浪费，又严重掣肘国民经济的整体素质和经济效益。可见，国民经济的持续、快速和健康发展呼唤着我国尽早实现从轻开发、低转化向重开发、高转化转变。

四、国有企业技改投资主体从国家为主向企业为主转变

在传统的计划经济体制下，国有企业只是政府机构的"附属物"和"算盘珠"，不但利润要全部上缴，就连折旧费也要全部或部分上缴，从而无法成为技改投资的主体。在经济体制转轨时期，大多数国有企业在技改

方面的累积性欠账太多，税负和社会负担较重，经济效益滑坡，自有资金匮乏，从而也很难真正在技改投资中"唱主角"。某些国有企业主要依靠无力归还的国有银行贷款或国家给予的优惠政策积累资金搞技改，这也并没有改变国家作为企业技改投资主体的基本格局。随着社会主义市场经济体制的建立，国有企业逐步成为自主经营、自负盈亏、自我发展、自我约束的法人实体和市场竞争主体，无疑应在技改投资中"唱主角"。只有国有企业在技改投资中发挥主要作用，才能为较大幅度地增加技改投资并提高投资效益奠定坚实的基础，才能有力地促进科技与经济的紧密结合并大幅度地提高科技成果的转化率。可见，建立现代企业制度和充分发挥科学技术在经济建设和社会发展中的关键作用，呼唤着我国尽快实现国有企业技改投资主体从国家为主向企业为主转变。

实现我国企业技改的四个转变，是一项牵动整个社会的艰巨复杂的系统工程，笔者认为应主要抓好以下三方面的工作：一是强化全民族的科技意识，努力营造"科技立国"的舆论氛围。这是搞好我国企业技改的思想基础。二是深化经济体制改革，逐步建立适应社会主义市场经济体制和科技自身发展规律的科技新体制和技术创新机制。这是搞好我国企业技改的关键。三是大幅度地增加技改和教育的投入。这是搞好我国企业技改的根本物质保障。只有认真实施科教兴国战略和逐步建立社会主义市场经济体制，才能给我国企业的技术改造插上腾飞的翅膀。

我国当前居民消费不足及对策研究[*]

近年来，我国经济运行中的主要问题是有效需求不足，尤其是居民消费需求不足。由于投资需求最终依赖于消费需求，而居民消费一般占最终消费的 80% 以上，因此居民消费不足已成为我国经济顺畅发展的主要障碍。为我国当前居民消费不足"号脉"，探求并采用拓展居民消费的"良方"，已成为经济部门和经济理论工作者面临的重要任务。

一、我国当前居民消费不足的基本特征及主要原因

近几年来，我国居民消费不足的基本特征是居民消费率严重偏低。

居民消费率指居民消费额占国内生产总值的比重，是国际上公认的衡量居民消费程度的基本指标。居民消费率的国际平均水平为 60% 左右。我国居民消费率长期偏低，近几年来则更为突出（见表1）。

表1   1978～1998 年我国居民消费率   单位:%

年份	消费率	年份	消费率	年份	消费率
1978	48.8	1985	52.1	1992	48.2
1979	49.2	1986	51	1993	45.4
1980	50.9	1987	50.6	1994	44.6
1981	53.1	1988	51.9	1995	46
1982	52.2	1989	51.8	1996	47.1
1983	52.3	1990	49.7	1997	46.5
1984	51.3	1991	48.5	1998	46.2

资料来源：根据中华人民共和国国家统计局编：《中国统计年鉴（1999）》提供的数据计算。

---

* 原载《金融科学》2000 年第 2 期。

由表 1 可以看出：（1）1978～1998 年，我国居民消费率一直在 50% 左右徘徊，与居民消费率的国际平均水平相比尚有较大的差距；（2）1978 年以来，我国居民消费率超过 50% 的时期分别为 1981～1986 年和 1988～1989 年；（3）1993～1995 年，我国居民消费率位于 44.6%～46%，但由于出口需求拉动强劲，国民经济发展中的居民消费不足问题尚未引起全社会的高度重视；（4）1997 年以来，居民消费率从 1996 年的 47.1% 降至 46% 稍强，在投资需求和出口需求明显乏力的情况下，居民消费不足凸显出来。

除了居民消费率严重偏低这一基本特征之外，我国近年来居民消费不足还伴有两个副特征。一是我国城乡居民储蓄存款居高不下。1996～1998 年，尽管央行多次下调存款利率，但我国城乡居民储蓄存款的增长势头依然不减（每年增加 8000 亿元左右）。1999 年，央行再次大幅下调存款利率，而当年我国城乡居民储蓄存款仍达到 59622 亿元，比上年增加 6215 亿元。2000 年 2 月，我国城乡居民储蓄存款已高达 62270 亿元，人均储蓄存款已由 1978 年的 21.88 元增至近 5000 元。二是我国居民消费价格指数持续走低。1978～1997 年，我国居民消费价格指数年度上涨率最低为 1.2%，最高为 24.1%；而 1998～1999 年，我国居民消费价格指数则连续两年出现负增长（见表 2）。

表 2 　　　　　　**1979～1999 年我国居民消费价格指数**　　　　上年 = 100%

年份	消费率	年份	消费率	年份	消费率
1979	2.1	1986	6.5	1993	14.7
1980	7.0	1987	7.3	1994	24.1
1981	2.6	1988	18.8	1995	17.1
1982	1.9	1989	18.0	1996	8.3
1983	1.2	1990	3.1	1997	2.8
1984	1.7	1991	3.4	1998	-0.8
1985	7.6	1992	6.4	1999	-1.4

资料来源：根据中华人民共和国国家统计局编：《中国统计年鉴（1999）》、刘国光等主编：《2000 年中国：经济形势分析与预测》（社会科学文献出版社 2000 年版）和中华人民共和国国家统计局：《中华人民共和国 1999 年国民经济和社会发展统计公报》提供的相关数据整理。

我国当前居民消费不足不同于我国居民在三年困难时期的消费萎缩，它是我国在体制转轨和结构转型时期出现的特殊经济现象，其主要原因大体可以概括为以下五点。

（一）居民收入增长缓慢，收入差距明显扩大

一方面，我国广大居民特别是农村居民收入增长缓慢，限制了消费能力的扩大。1996 ~ 1999 年，我国国内生产总值的增长率分别为 9.6%、8.8%、7.8% 和 7.1%，而城镇居民实际人均可支配收入的增长率则分别为 3.9%、3.4%、5.8% 和 9.3%；除 1999 年因政府较大幅度增加城镇中低收入者的收入推动城镇居民实际人均可支配收入的增长率高于国内生产总值的增长率之外，其余 3 年城镇居民实际人均可支配收入的增长率均低于国内生产总值的增长率 2 ~ 5 个百分点。同期，我国农村居民实际人均纯收入的增长率仅为 8%、4.6%、4.3% 和 4.1%，明显低于我国国内生产总值的增长率，也略低于城镇居民实际人均可支配收入的增长率。另一方面，我国居民收入差距的扩大则强化了对消费增长的制约。1998 年，我国城镇居民最高收入户和最低收入户的人均可支配收入分别为 10962.16 元和 2476.75 元，前者是后者的 4.43 倍；人均消费性支出分别为 7593.95 元和 2397.60 元，前者是后者的 3.17 倍。[1] 我国目前农村居民最高收入户人均收入比最低收入户高 8 倍以上。[2] 有关资料表明，我国目前城乡居民储蓄存款中的 80% 左右被占人口总数 20% 左右的高收入阶层占有，另外约 20% 的储蓄存款则被占人口总数 80% 左右的中低收入阶层占有。[3] 高收入阶层的消费倾向明显低于中低收入阶层，从而收入差距的扩大不利于提升整体消费水平。

---

① 中华人民共和国国家统计局编：《中国统计年鉴（1999）》，中国统计出版社 2000 年版，第 320 ~ 321 页。

② 引自《经济日报》2000 年 1 月 17 日。

③ 引自《经济日报》1998 年 8 月 3 日。还有一种提法认为，50% 以上的居民储蓄存款被占人口总数 20% 的高收入阶层占有，另外约 50% 的居民储蓄存款则分散在占人口总数 80% 的中低收入阶层手中（参见《经济学动态》2000 年第 3 期）。笔者倾向于前一种提法。

（二） 限制居民消费的政策和体制尚未完全破除

我国许多城市商品房价格居高不下，其重要原因是不合理收费太多（有的地方收费竟高达几百项）。我国汽车零售价格中，各种价外收费约占 30％～40％；仅其中的 260 项收费，年收取额就高达 1200 亿元。①此外，还有名目繁多的空调机增容费、移动电话双向收费和超额用电收费等。我国目前的消费信用与生产信用严重失衡，既影响了消费结构升级，也妨碍了产业结构的优化和生产规模的扩大。此外，我国正在建立的社会保障特别是社会保险制度对居民即期消费具有双重效应。随着我国社会主义市场经济体制的逐步确立，过去由国家和企业提供的就业、住房、养老、医疗、子女教育等保障现已由居民全部或部分承担，就此而言，对居民的即期消费也必然起到明显的抑制作用。

（三） 消费结构升级受阻，消费品质量差强人意

人类的基本需求可以依次分为"吃—穿—用—住—行"。改革开放以来，我国居民的生活水平有了显著的提高。城镇居民大体解决了"吃、穿、用"的问题，而农村居民则大体解决了"吃"与"穿"的问题。国际经验表明，当人均国民生产总值接近 1000 美元的时候，"住"和"行"的需求将会明显上升，从而越过千元级产品的消费阶段而进入以住宅和汽车为代表的万元级产品的消费阶段。我国目前人均国民生产总值已接近 800 美元，城镇居民已普遍进入以解决住宅为重点的消费阶段，部分城镇居民则进入以解决汽车为重点的消费阶段；而农村居民则普遍进入以解决家用电器为重点的消费阶段。然而，城乡居民却在消费结构升级过程中遇到种种障碍。对于城镇居民来说，一方面，货币积累需要一个较长的过程；另一方面，商品房和私人轿车价格高昂也往往令人望楼兴叹，望车却步。对于农村居民来说，购买力低下固然无可否认，但农村基础设施匮乏与落后也是导致彩电、冰箱、洗衣机等家用电器未能普及的重要原因。此外，我国消费品质量方面存在的问题也不容忽视，特别是混迹于市场的大量假冒

---

① 引自《人民日报》1999 年 6 月 17 日。

伪劣商品在一定程度上也弱化了居民的消费欲望。尽管我国已步入"过剩经济"和"买方市场",但许多名牌消费品依然走俏。难怪有人大声疾呼:不是市场没有潜力,而是企业往往生产不出市场需要的东西。

(四)城市化进程严重滞后

新中国成立50年来,尽管我国城市已由132个增至668个(1998年),城镇人口占总人口的比重也由12.5%上升到30.9%(1999年),但我国仍然是一个低度城市化的国家,与世界城市化的平均水平45%(1995年)相比尚有较大的差距。有学者指出,根据国际经验,我国政府公布的城市化水平大约比我国经济发展水平低14%~26%。[①] 城市化水平低下是导致我国居民消费率低下的重要原因。1998年,我国城镇居民人均消费支出为4331.61元,农村居民人均生活消费支出为1590.33元,前者是后者的2.72倍。如果我国城市化水平提高10%,即使按1998年的有关数字计算,至少可增加大约3400亿元的消费需求,从而将显著拉动经济增长。

(五)消费观念滞后,增支减收预期明显

在发达国家,"用明天的钱圆今天的梦"的现代消费观念已深入人心。美国几乎每个家庭都有信用消费的记录,信用消费占整个消费的比重高达1/3以上,其中用于汽车、住房等耐用消费品的信用消费额就占其信用消费总额的1/2以上。而我国长期受传统文化和"短缺经济"的影响,广大居民的信用消费观念仍较淡薄。据不久前对北京、上海市民的调查证实,有25%的人根本不接受信用消费,有17%的人持有忧虑,有12%的人认为有悖传统,另有15%的人表示无力进行信用消费。[②] 另一方面,在前两年亚洲金融危机肆虐和我国"入世"步伐不断加快的大背景下,随着城镇下岗、失业人员的持续增长和住房、医疗、养老、教育制度改革力度的不断加大,广大居民特别是城镇居民的增支减收预期相当强烈。这种心理预期产生于现实的经济运行过程,反过来又成为强制储蓄、抑制消费的重要

---

① 杨宜勇:《城市化创造就业机会与城市就业空间分析》,载于《管理世界》2000年第2期。
② 引自《经济日报》1999年2月26日。

因素。即使消费品价格持续疲软，不少居民也难为所动。在尚未达到各自"内定"的最低资产积累额之前，广大居民的即期消费行为则极为谨慎。

二、我国近期拓展居民消费的基本对策

我国是发展中的社会主义国家。这一基本国情决定了我国既要把不断满足人民日益增长的物质文化需求作为经济和社会发展的根本目标，同时也不可能实行过度消费或高消费。此外，我国在较长时期内不可能走外需主导型的经济发展之路，而必须坚持以扩大内需为主的战略方针。因此，我国必须实行鼓励消费的政策和措施，以达到适度消费的目标，并推动消费与生产、分配、流通实现良性循环。

笔者认为，我国近期拓展居民消费的基本对策主要包括以下五个方面。

（一）实施积极的财政政策和灵活的货币政策，促进国民经济持续快速健康地向前发展

两年来，我国政府实施积极的财政政策，努力发挥货币政策的作用，对国民经济发展起到了良好的作用。当前，我国企业投资能力不强，银行贷款缺乏有还款能力的项目，外资投入持续下滑，只有继续实施积极的财政政策，才是扩大内需最直接和最有效的手段。要继续增发国债，并切实把握好国债的投向。朱镕基总理在九届人大三次会议上所做的《政府工作报告》中指出：国债要"重点投向水利、交通、通信等基础设施建设，科技和教育设施建设，环境整治与生态建设和企业技术改造，并向中西部地区倾斜。"要实施结构性的减税政策，以鼓励投资和改善供给。与此同时，要进一步发挥货币政策的作用。应综合运用各种货币政策工具，适度增加货币供应量，加大金融对经济增长的支持力度。要调整信贷结构，坚决制止对低水平重复建设项目的贷款，充分发挥信贷在促进企业技术进步、调整产业结构和消费结构中的重要作用。要继续对符合条件的国有企业实行债转股，改善国有企业的资产负债结构，促进国有企业扭亏脱困。只有国民经济发展保持良好的态势，增加居民收入、改善居民心理预期、拓展居民消费需求和深化经济体制改革才有切实的物质保障。

（二）调整收入分配政策，完善收入分配体制，不断增强居民的购买力

一是应在经济增长和提高经济效益的基础上，继续较大幅度地提高城市中低收入居民的收入水平。1999年，国家财政拿出540多亿元用于增加城镇中低收入者的收入，既在一定程度上弥补了前些年城镇居民收入增长缓慢的"欠账"，又调动了城镇广大居民生产和消费的积极性，宏观经济效益是好的。基于前些年国家财政对城镇居民收入的"欠账"较多，加之改善城镇居民心理预期和刺激居民消费需求等客观需要，政府似可在两年之内对城镇中低收入居民的收入再进行一次有较大力度的调整，并在最近五年内使"吃皇粮"的国家机关和事业单位职工的工资增长速度与国内生产总值和社会劳动生产率的增长速度相适应。企业也应在提高经济效益的基础上适当增加职工工资。二是应继续把国有单位职工享受的福利补贴由暗翻明，并全部纳入工资，尽快实现职工劳动报酬的全额货币化和工资化。最近，北京市政府在提高国有公房租金的同时，对国有单位人员按不同职务（职称）增发了住房补贴，效果很好。三是进一步发挥税收在调节个人收入分配中的作用。应尽快建立个人纳税统一编号制度，加强个人所得税的征管力度；应尽快建立个人财产登记制度，适时开征遗产税、赠与税和个人财产税；要严厉打击非法经营、权钱交易和偷、漏、骗税行为，取缔非法收入。四是严格执行减轻农民负担的有关政策，积极推进农村税费改革。

（三）加快社会保障特别是社会保险制度建设，努力扩大居民的即期消费

首先，要在坚持和完善国有企业下岗职工基本生活保障、失业保险和城镇居民最低生活保障的"三条保障线"的基础上，在城镇强制推行以养老、失业、医疗为重点的社会保险。应借鉴发达市场经济国家的经验，适时开征社会保险税，以解决我国目前社会保险覆盖面过窄、保费过低和管理混乱等问题。中央和地方财政应拿出更多的钱充实社会保障基金，也可以通过变现部分国有资产或发行特种国债等方式直接补充社会保障基金。其次，要转变观念，广开渠道，搞好培训，大力促进下岗职工再就业。此

外，在农村要积极发展多种形式的养老和合作医疗保险制度。

（四）积极推进城市化进程

这不仅是持续扩大居民消费需求的重要途径，也是理顺三次产业和城乡经济关系的关键环节。推进我国城市化进程，必须区分不同情况，实行刚柔并济的户籍管理制度。有学者提出，我国城市化进程必须推行"四驾马车"模式：（1）以特大城市为中心的集群城市模式；（2）以省会城市和大型港口城市为核心的、有众多卫星城市为烘托的大城市群或城市带模式；（3）广大中小城市模式；（4）分布于全国广大乡间的小城镇模式。[①] 笔者认为，这种划分比较科学。也有学者提出：应根据不同城市的规模，实行不同的户籍管理制度：（1）特大城市仍应严格控制人口增长，对于原城镇人口和农村人口的迁入一律严格限制。（2）大城市实行城市户口"绿卡制度"，新迁入人口只要有稳定的职业和住所均可申请入籍。居住不满 5 年者为暂住户口即"绿卡户口"；居住满 5 年以上拥有城市房屋产权者可由暂住户口变为常住户口，在城市入籍的同时永久放弃农村土地经营权。（3）中等城市户籍管理办法可基本比照大城市的绿卡制度，只是在由暂住户口转为常住户口时不强求必须拥有城市房屋产权，只要有稳定的城市住房即可。（4）小城市和农村城镇户口实行自由申报迁移制度，只要申请者无犯罪记录，均允许迁移入籍。各城市可从实际情况出发自主调节人口规模，促进大中小城市合理发展，逐步减少"候鸟"式人口的流动。[②] 笔者认为，这种建议较为切实可行。

（五）大力拓展消费"亮点"，积极发展消费信贷

1. 大力拓展住房消费。随着我国居民消费结构升级和经济体制转轨，我国住房市场具有巨大的现实需求和潜在需求。据建设部副部长刘志峰近日披露，从 2001～2010 年，我国城镇人口将从目前的 3.7 亿增加到 6.3

[①] 陆百甫：《21 世纪中国发展的几点思考》，载于《管理世界》2000 年第 1 期。
[②] 范剑平等：《我国城乡人口二元社会结构对居民消费率的影响》，载于《管理世界》1999 年第 5 期。

亿,城镇居民人均居住面积将从 1999 年底的 9.6 平方米增加到 12.5 平方米(建筑面积为 25 平方米),城镇住宅需求将保持在年均 5.5 亿平方米以上。[①] 住宅建设产业关联度高,可以带动 50 多个产业的发展。它不仅是我国新的经济增长点,也是我国新的消费热点。为了进一步拓展住宅消费,应努力做到:(1)适当降低商品房价格。我国商品房价格较高,特别是省会城市和直辖市的商品房价格高昂。广大居民收入水平与房价差距较大,这是影响商品房销售的重要原因。据调查资料表明,在商品房的价格构成中,建筑安装费占 40%,各种配套费占 20%,税费占 20%,地价占 20%。要降低商品房的价格,关键是要降低后三项费用。可考虑把配套费由一种50 年或 70 年的变相税改成月税或年税,把土地批租费由 50 年或 70 年一次交清改为月租或年租,此外再适当削减或下调其他税费。(2)深化住房制度改革,着力解决住房分配不公问题。近几年来,在国有单位房改的过程中分房不交钱、多分房少交钱、隐瞒已有房源重复分房等"违规"现象相当严重,不仅成为国有资产流失的一大"漏斗",也成为激活住房市场的一大障碍。为此,必须在认真贯彻中央和地方政府已出台的有关政策和规定的基础上,建立和健全国有单位职工住房档案、联网查询、举报、稽查与追究制度。(3)各建筑单位应切实遵照建设部、国家计委等部门《关于推进住宅产业现代化提高住宅质量的若干意见》的有关规定,加快住宅建设从粗放型向集约型转变,全面提高住宅建设质量,防止粗制滥造、偷工减料、以次充好和短斤缺两。此外,要逐步提高国有公房的租金,积极发展住房按揭业务,扩大住房消费信贷,加快建立和完善住房二级和三级市场。

2. 大力拓展教育消费。伴随科教兴国战略的实施和知识经济时代的到来,教育在经济和社会发展中的基础性与先导性作用日益突出。我国教育消费的前景极为广阔。一方面,我国目前具有大专以上学历的居民占人口总数的比重不到 3%,与发达国家 20% 的平均水平和发展中国家 8.8% 的平均水平相距甚远;另一方面,我国居民最舍得在子女教育上投资,时下全国居民储蓄中的 1/3(约 2 万亿元)左右准备用于教育消费。如何进一

---

① 引自《经济日报》2000 年 1 月 11 日。

步拓展我国教育消费这个大市场？笔者认为，应努力做到：（1）各级政府继续加大对教育事业的投资力度。目前，我国财政性教育经费支出占国民生产总值的比重尚不到3%，既明显低于世界各国的平均水平（5%以上），也与党中央、国务院颁发的《中国教育改革和发展纲要》中规定的到21世纪末应达到4%的要求存在明显的差距。如果我国财政性教育经费支出占国民生产总值的比重能提高1%，即使按1999年的水平计算，至少也能增加800亿元以上的教育消费需求。与此同时，可适当增加非义务教育阶段学费在培训成本中的比例，逐步形成与社会主义市场经济体制相适应的教育成本分担机制。（2）鼓励和支持社会力量以多种形式办学，逐步形成以政府办学为主体、公办学校和民办学校共同发展的格局。（3）较大幅度地增加高校、高中和中专的招生人数，不断满足人民日益增长的教育需求。1999年，我国普通高校和成人高校增加招生约67万人，高等教育的招生规模和增长速度为新中国成立以来之最，于国于民于市都颇为有利。根据《中共中央国务院关于深化教育改革全面推进素质教育的决定》，我国同龄人口的高等教育入学率应从目前的10.5%提高到2010年的15%左右，这必然对高校继续大幅扩招和持续拓展高等教育消费带来的新的契机。（4）加快高校后勤社会化改革步伐，鼓励社会力量为学校提供后勤服务。（5）大力推进公办学校管理体制改革，健全和强化教育质量的宏观监控体系，不断提高各类学校的教育水平和办学效益。此外，还要积极推行多种形式的教育消费信贷。

3. 大力拓展私人轿车消费。如果说"轿车进入家庭"在改革开放前还仅是一种梦幻，而今则已成为一部分城乡居民的现实。在发达国家中，私人轿车不仅与现代化的公交系统并行不悖，而且其消费支出额还约占居民消费支出总额的1/4左右，这在一定程度上也预示了我国私人轿车消费的前景。可是，我国目前的私人轿车市场并不景气，轿车生产能力大量闲置。要从根本上改变这种局面：一是要大幅降低私人轿车的价格，这是拓展私人轿车消费的关键。我国轿车市场上的进口车售价一般都高出国外1倍以上，国产车也价格昂贵。购买一辆普通的桑塔纳轿车，连同办完所有的手续费共需14万元以上，这是我国广大居民所无法承受的。降低私人轿车价格的根本途径是大幅度地提高我国轿车工业的劳动生产率，大幅度地削减进口关税和私人轿车税费。二是要在广大居民增加收入的同时，积极推行私人轿车消费信贷。在美国，以信贷方式购车占汽车总销售量的70%左右；而我国工商银行一年提供的汽车消费信贷尚不足我国汽车年产量的1/200。三是要重点加强城市公路、停车场等基础设施建设，严格控制并切实减轻环境污染。此外，还要大力拓展信息消费、旅游消费、假日消费等消费热点；从长远的角度看，则要在积极发展农业和乡镇企业的基础上，大力开发农村这个潜力巨大的消费市场。

高校扩大招生将拉动内需[*]

一、高校大幅扩招是实施科教兴国战略的迫切需要

当前，我国市场需求不旺，"过剩经济"明显。人们在思索新的经济增长亮点时往往想到高科技、住宅建设、汽车和旅游业等，却很少想到教育特别是高等教育。笔者认为，随着社会进步和知识经济时代的到来，教育永远是朝阳产业。加快我国高等教育发展的步伐，在保证质量的前提下大幅度地增加高校招生数量，前景广阔，生机无限。

先看一组数字。每百名居民中具有大学文化程度的人数，美国为46.5人，加拿大为21.4人，日本为20.7人，菲律宾为18.7人，韩国为13.4人，泰国为5.1人，我国则仅为2.7人。尽管解放以来我国高等教育有了较快的发展，但我国目前高学历人才所占比重和我国居民总体文化水平之低，仍令炎黄子孙为之汗颜。振兴教育是我国实现社会主义现代化的基础，也是我国增强综合国力并在日趋激烈的国际竞争中立于不败之地的基础。高等教育是国民教育的最高层次，关乎国运兴衰。因此，大力发展高等教育，显著扩大高校招生规模，是我国实施科教兴国战略的迫切需要。

高校大幅扩招的重大意义还不止于此。当前，我国的就业形势相当严峻。据有关人士估计，我国今年需要安排就业的劳动者约为2992万人，而新增就业机会则仅为600万人，劳动力市场上的供求比例约为5∶1。受体制改革、结构调整和劳动生产率提高等诸多因素的制约，我国在今后若干年内的就业形势都不容乐观。从长远和全局来看，缓解我国就业压力的根本出路在于发展经济特别是发展第三产业，同时实行更为严厉的计划生育

---

* 原载《中国改革报》1999 年 6 月 9 日。

政策；而实行高校大幅扩招，适当推迟一部分劳动者的就业时间，并将其培养成为高素质的专门人才也不失为有效途径之一。此外，高校大幅扩招还可以扩大社会的有效需求。1998 年，我国高校（含成人高校）招生 210余万人，在校生总数为 620 余万人。按每名学生年均支出费用（含学杂费和生活费等，也可视为一种智力投资）约 6000 元计算，假定高校招生人数能增加 50%，仅此一项一年即可增加 60 多亿元的有效需求；假定高校在校生人数能增加 1 倍，仅此一项一年则可增加 370 多亿元的有效需求。当然，这还只是一种相当保守的估算。如果把国家和社会其他渠道由此增加的高教投资也计算在内，再把上述投资增量的乘数效应计算进去，那么，高校大幅扩招对我国有效需求和经济增长的拉动作用就会更加显著。

二、高校大幅扩招有三利

高校大幅扩招，利国利市又利民。现在的问题是：我国高校目前有无大幅扩招的可能性？对此，笔者的看法是肯定的，主要根据有以下三个方面。

1. 我国政府认真实施科教兴国战略，有可能较大幅度地增加高教投入。长期以来，我国的教育投入严重不足。根据世界银行公布的数字，我国公共教育经费占国民生产总值的比例，1995 年仅为 2.3%，不仅远远低于同期高收入国家的平均水平（5.5%），也远远低于同期低收入国家的平均水平（5.5%）和世界各国的平均水平（5.2%）。党中央、国务院颁发的《中国教育改革和发展纲要》规定：到 20 世纪末，国家财政性教育经费支出占国民生产总值的比例应达到 4%。1997 年，我国财政性教育经费支出占国民生产总值的比例已达到 2.49%。从 1998 ～ 2000 年，中央本级财政支出中教育经费支出所占的比例按同口径每年递增 1%，预计 3 年可增加教育经费近 200 亿元；与此同时，国家有关部门还要求各省、自治区、直辖市财政支出中教育经费所占的比例要根据各地实际每年提高 1% ～ 2%。教育投资是国家和社会最必需的和最有效益的基础性和生产性投资。随着各级政府对教育事业的更加重视和各级财政支出中教育经费的明显增加，高校大幅扩招所需追加的财政拨款应该是不难解决的。

2. 我国高校扩招有较大的潜力。从办学规模来看，我国现有普通高校1032 所，生均规模约为 3300 人；成人高校 962 所，生均规模约为 2900 人。除少数高校外，多数高校的学生数量还远未达到规模办学的低限要求。从师生比例来看，我国普通高校教师与学生的比例（包括把研究生、留学生、进修生和夜大、函授生等其他学生按国家规定的当量折合为本专科）虽已达到 1∶10 左右，但仍有余勇可贾。我国某些普通高校师生之比现已达到 1∶15，可是仍有不少教师感到教学任务 "吃不饱"，也有些教师甚至为达不到提职规定的教学工作量标准而大伤脑筋。与许多国家相比，我国目前高校的师生比例也并不算高。1996 年，经合组织成员国高校师生比例平均为 1∶16.7。其中，瑞士为 1∶21.2，希腊为 1∶23.9，意大利为 1∶29。因此，我国高校大幅扩招非但不会导致高校人力和物力资源的 "超负荷"，而且还有利于扩大办学规模、提高办学效益和改善教职工的物质待遇。

3. 我国广大居民愿意为子女上大学或本人接受高等教育而进行智力投资。现在，许多高中毕业生都是独生子女，高等教育已成为广大国民热衷投资的一大领域。目前，我国城乡居民储蓄存款已高达 6 万多亿元。根据国家统计局的调查，"为子女上大学作准备" 的储蓄动机所占的比重升至44%，明显高于为养老和购房的储蓄动机（分别为 38.4% 和 20.3%）。尽管低收入居民对教育支出的承受能力有限，但是，中、高收入居民在银行存款中的相当一个份额则完全可以转化为对高等教育的投资。

三、高校实现 "三年扩招两翻番"

笔者认为，如同一个企业在拥有充足的生产要素和广阔市场的条件下理应开足马力进行生产一样，我国高校大幅扩招也势在必行。当然，高校扩招也并非没有限度，应该量力而为。综合考虑各种因素，高校实现 "三年扩招两翻番" 是完全可能的。具体说来，即从 1999～2001 年，我国高校（含成人高校）的招生人数每年比上年增长约 25%；到 2001 年，我国高校的招生规模将达到 410 余万人，在校生规模将达到 1100 万人左右，分别比 1998 年我国高校的招生和在校生规模增长近 1 倍。2002 年及以后我国高校的招生规模，则可根据实际情况再作调整。

　　有人担心高校大幅扩招会影响人才的培养质量。笔者认为，这种担心固然不无道理，但若处理得当，两者也可并行不悖。在高校大幅扩招的情况下，要保证和提高人才的培养质量，关键是要抓好两个环节：其一，要进一步健全和强化高校教育质量的宏观监控体系。近几年来，中央和地方的教育行政部门组织有关专家对一些新办的本科院校进行教学工作合格评价，对办学时间较长和基础好的高校进行优秀教学工作评价，对介于二者之间的高校进行随机评价。教学评价与被评高校的荣辱兴亡挂钩，对促进高校教学质量的提高起到了巨大的推动和保证作用，应长期坚持并不断完善。其二，应由有关的教育行政部门对除国家重点大学以外的其他高校开设的核心课程尽可能地组织全国或省、自治区、直辖市范围内的统一考试，成绩不合格者不发毕业证书。与此同时，要大力推进高校的"共建、调整、合作、合并"和校内的管理体制改革，促进教学质量的不断提高。

　　也有人担心高校大幅扩招会增加毕业生的就业难度。笔者认为，这种担心虽然有其现实依据，但不应成为否定高校大幅扩招的理由。首先，我国是世界最大的发展中国家，相对于国民经济和社会发展需要而言，我国的高等教育从总体上看是严重滞后而不是发展过头，高层次专门人才从总体上看是相当匮乏而不是明显过剩。因此，今后若干年内我国高校大幅扩招与大学毕业生难以就业之间并没有必然的联系。其次，我国近年来确实存在极少数大学毕业生不能及时就业的现象，其基本原因或者是所学专业与社会需求脱节；或者是好高骛远，"宁要城市一张床，不要乡镇一套房"。对于前者，高校应根据国民经济和社会发展需要不断地调整办学方向、专业设置和课程内容，特别是要积极发展高等职业教育和研究生教育，以利于供需衔接和学用结合；对于后者，高校和社会各界要帮助大学毕业生树立正确的择业观，乐于到祖国需要和能够发挥个人才干的地方和单位去建功立业。最后，国家机关、事业单位和企业应加大劳动、人事和分配制度改革的力度，广泛实行公开招聘方式和"公平竞争、能上能下、能进能出、能多能少"的原则，把存量调整和增量选择结合起来，更多地吸纳大学毕业生，以利于人力资源的优化配置。

和平与发展是当代世界的主题[*]

和平与发展是当代世界的主题，这是十一届三中全会以来中国共产党经过对当代世界的冷静分析和反复思考作出的正确判断和科学概括。当代国际形势和国际关系，都是紧密围绕这两大主题发展与变化的。世界各国人民的普遍愿望和首要任务，就是在和平条件下谋求发展。

一

和平是人类千百年来的美好理想。在当今世界，尽管美苏两个超级大国激烈地进行军事争夺，给世界和平造成了巨大威胁，但是，随着世界上制约战争、维护和平力量的增长，新的世界大战并非不可避免。

第二次世界大战结束以后，美国跃升为资本主义世界的霸主。20 世纪 50 年代末 60 年代初，苏联走上了霸权主义道路。为了争夺世界霸权，美苏制定了各自的全球战略，展开了激烈的区域争夺和军备竞赛。

欧洲是美苏争夺的战略重点。欧洲集中了世界上相当大部分的人力、物力和财力，谁控制了欧洲，谁就能执世界之牛耳；美苏在欧洲都有巨大的经济利益，西欧是美国对外的主要投资场所和销售市场，而苏联国内生产总值的 2/3 则是在欧洲本土生产出来的；美国的主要盟国在西欧，而东欧则是苏联对外战略首先要保护的目标。所以，苏联约 70% 的兵力和美国海外驻军的 60% 都部署在欧洲。亚太地区是美苏在军事上牵制对方、策应欧洲的重要战略地区。近年来，亚太地区的政治格局发生了重大变化，经济增长速度也超过世界其他地区，更加引起了美苏的重视。美苏在亚太地区建立了新指挥机构，加强海外基地建设，密切与盟国的军事合作，改善

---

* 原载《中国高等教育（社会科学理论版）》1988 年第 6 期。

各自的战略态势。中东、波斯湾地区联结欧亚两洲,又是著名的"世界油库",是美苏必争之地。美国加速组建一支23万人的"快速部署部队",主要用于"保卫"波斯湾油田。1984年,美国以反恐怖主义为名,袭击利比亚,摧毁了苏联在那里的一些导弹基地。苏联则扩充了在地中海和印度洋的海军力量,并在毗邻中东的南部边疆设立了南方战区。中美洲历来是美国的战略后方。苏联打着"支持"民族解放运动的旗号,以古巴为基地加强对中美洲的扩张和渗透。里根政府上台后,采取强硬政策,要推翻与苏联关系密切的格林纳达和尼加拉瓜两国政权。1983年10月,美国悍然出兵格林纳达,武装颠覆了该国政权。尔后,美国积极扶持尼加拉瓜反政府武装,甚至直接采用武力威胁与经济封锁相结合的粗暴手段,企图逼迫尼加拉瓜政府就范。

长期以来,美苏之间的军备竞赛越演越烈,已经从地面、海上、空中扩展到外层空间。目前,美苏军事力量对比大体上处于均势。在战略核力量方面,美苏都已建立起一支由洲际导弹、战略潜射导弹和远程轰炸机组成的战略核攻击力量。从数量上看,苏联运载工具多于美国,苏联2504件,美国2208件;美国核弹头多于苏联,美国12846个,苏联10716个。从质量上看,苏联核弹头当量大于美国,苏联50多亿吨,美国40亿吨;美国导弹命中精度高于苏联,美国最新导弹误差仅90米,苏联则185米。在战区核力量方面,美国拥有包括飞机、导弹、火炮在内的战区核武器8000件,而苏联只有5000件。但美国拥有并主要倚重常规和核双重作战能力的飞机,战时易受对方防空力量的制约;而苏联则主要依靠导弹,突防能力强。在常规力量力面,苏联陆军占优势,美国海军占优势,美苏空军互有高下。因此,美苏双方已经形成了以战略核武器为核心的"恐怖均势"。美国提出并实施耗资巨大的"星球大战"计划,实质上是要扩充和改进现有武器系统,以取得对苏联在军事上的压倒优势。然而苏联并不甘拜下风,也在积极采取对策。尽管不久前美苏首脑正式签署了全部销毁两国中程和短程核导弹条约,但是这类导弹的数量仅占美苏武库的4%,即使全部销毁了,两国仍拥有足以毁灭世界多次的核力量。由于美苏两国的军费开支占全世界的60%,常规军备占80%,核武器占97%以上,因而只有它们具有打世界战争的能力。由于美苏在世界许多地方都部署了军事力量，并有各自的军事联盟和军事基地网，因而如果美苏之间发生大规模战争，那战场决不会限于它们两国，不仅各自的盟国可能被卷入，就连其他一些中、小国家也会遭殃。

由上可见，一方面，世界上动荡的根源并未完全消除，新的世界大战的危险依然存在；另一方面，第二次世界大战以后国际经济、政治、军事关系都发生了深刻的变化，从而为避免新的世界大战提供了巨大的现实可能性。

首先，资本主义国家经济相互依存的趋势不断加强，使帝国主义国家之间的战争可能避免。列宁在《帝国主义是资本主义的最高阶段》等著作中，深刻地论证了帝国主义国家之间爆发战争的客观必然性。20世纪上半叶爆发的两次世界大战完全证实了列宁的科学论断。但是，第二次世界大战以后世界经济关系发生了重大变化，其主要表现之一就是生产和资本的国际化高度发展。数以万计的跨国公司、欧洲经济共同体和其他一些地区的经济一体化组织等应运而生。在它们的推动下，一些大企业内部的有组织有计划的分工，已经扩展为世界规模。例如，英国生产的一种大型载重汽车，发动机由瑞典供应，底盘和弹簧从美国进口，控制设备由联邦德国制造，车身则由意大利生产。生产高度国际化使资本主义国家经济上互相依存的趋势显著加强，其突出表现是发达国家相互广泛的资本渗透，使许多发达资本主义国家既是主要的资本输出国，又是主要的资本输入国，你中有我，我中有你。它们之间虽然互为对手，竞争激烈，但又千丝万缕地联系在一起，形成所谓"一损俱损，一荣俱荣"的关系。在这种情况下，帝国主义国家之间爆发战争的可能性明显减小了。因为如果它们之间爆发战争，双方都将遭受巨大的经济损失，这种损失即使对于战胜国来说也远远超过它在战争中可能攫取的利益。所以，尽管第二次世界大战以后40年来发达资本主义国家之间矛盾重重，却没有发生过一次战争。发达资本主义国家之间经济关系的这种变化，有可能使它们今后更多地采用谈判的和平方式而避免以对抗的战争方式来解决它们之间的争端。

其次，世界多极化格局的形成，使超级大国不敢轻易发动战争。第二次世界大战以后，一度形成了以美国为首的资本主义阵营和以苏联为首的社会主义阵营。后来，两个阵营都四分五裂，世界格局由两极走向多极。

除了美苏两个超级大国之外，欧洲共同体的形成和发展已成为一股联合的不可忽视的力量，日本发展成为第二号资本主义经济大国并正向政治大国迈步，社会主义中国力量不断壮大，广大发展中国家日益成为国际政治经济中的重要力量。世界多极化格局的形成，对新的世界大战具有明显的制约作用。例如，超级大国要发动世界大战，必须获得盟国的支持，光杆司令不行。可是，两个超级大国的盟国的离心倾向在不断增长。它们经历过两次世界大战，损失惨重，教训深刻，都不愿意打仗。盟国发动不起来，超级大国就不敢轻易动手。

再次，"核恐怖平衡"和核威慑作用，使超级大国不敢贸然发动战争。美苏两国都拥有足以毁灭对方多次的超杀能力，形成了所谓"核恐怖平衡"。谁也不能确保在进行第一次打击后不受到对方的还击。此外，当今核武器已经发展到这种地步，即一旦爆发核大战，不仅会毁灭战争双方，甚至会毁灭全人类。"核恐怖平衡"和核威慑的巨大制约作用，成为一剂医治核大战癫狂症的特效镇静剂。因为在这种情况下爆发核大战，只会有失败者而不会有胜利者。所以，尽管两个超级大国激烈争夺，剑拔弩张，但在关键地区和紧要关头却非常谨慎，双方既对抗又对话，尽力避免由局部和间接的冲突诱发新的世界大战。

最后，世界和平力量的不断壮大，是制止战争的最重要因素。美苏两国进行区域争夺和军备竞赛，同历史潮流和人心所向完全背道而驰。世界各国人民都反对战争，渴望和平。广大第三世界国家是当今维护世界和平的主要支柱。美苏两家的盟国也不愿意再次卷进战争的旋涡，例如，德国领导人不久前强调：德意志土地不应再成为厮杀的战场，而应成为和平的摇篮。美苏两国广大人民也不希望战争。现在，世界和平力量的增长正在超过战争力量的增长，这是制止新的世界大战最根本的"威慑力量"。当前，世界上出现了对话代替对抗的新潮流，和平解决国际争端的趋势在发展。这不仅取决于有关决策人物的明智态度，更重要的是取决于世界和平力量的发展。

总之，尽管新的世界大战的危险依然存在，但是，战争可能避免，和平大有希望。党的十一届三中全会以来，中国的马克思主义者改变了一段时期中以为战争迫在眉睫的看法，对战争与和平问题重新作出了估计。邓小平在 1985 年 6 月召开的中央军委扩大会议上指出："世界战争的危险还是存在的，但是世界和平力量的增长超过战争力量的增长。……在较长时间内不发生大规模的世界战争是有可能的，维护世界和平是有希望的。"①这一精辟的科学论断，既是在战争与和平问题上对马克思主义的新发展，也是我们集中力量进行社会主义现代化建设、实行独立自主的和平外交政策的重要理论依据。

二

经济发展是社会生产力发展的必然产物和人类社会进步的客观要求。在当今世界，无论是发展中国家还是发达国家，也无论是社会主义国家还是资本主义国家，几乎都把发展经济作为基本国策。它们既致力于生产力的发展，也注意涉及生产关系的改革或经济政策的调整，还积极加强对外经济联系，使发展经济成为不可阻挡的世界潮流。

发展问题的核心是第三世界国家的经济发展。第三世界国家即发展中国家过去绝大多数是帝国主义统治下的殖民地和半殖民地。它们在政治上受帝国主义控制，在经济上则完全沦为帝国主义的附庸。第二次世界大战以后，许多发展中国家在获得政治独立的基础上，通过发展民族经济以及在国际范围内进行集体自力更生和对国际垄断资本的联合斗争，在经济上取得了重要的成就。但是，广大发展中国家至今仍然受到发达资本主义国家不同程度的控制和剥削，其根源在于旧的国际经济秩序并没从根本上革除。

在国际生产领域，旧的资本主义国际分工原则仍然是资本主义国际生产体系的基础。据统计，1982 年发展中国家出口的初级产品，占其出口总额的 75.9%，而进口的工业制成品，占其进口总额的 63%；它们向发达资本主义国家输出的初级产品占其出口额的 69%，而从发达资本主义国家输入其所需工业制成品的 77.9%。可见，发展中国家就整体而言，至今仍然是发达资本主义国家工业原料的供应地和工业品的销售市场，而发达资本

① 《邓小平文选》第 3 卷，人民出版社 1993 年版，第 127 页。

主义国家则仍然是世界的工业中心。

在国际贸易领域，发达资本主义国家仍然垄断着世界市场和商品价格的决定权。它们抬高出口的工业制成品价格，压低进口的初级产品价格，加之采取名目繁多的贸易保护主义措施，使广大发展中国家的外贸状况出现恶化。据世界银行统计，1980~1986年，按美元计价的非燃料初级产品的实际价格下跌35%，而进口的工业制成品价格则上涨17.5%，使发展中国家蒙受了重大经济损失。1986年，由于原料价格下跌，发展中国家就损失了约1100亿美元。

在国际金融领域，发达资本主义国家仍然处于支配地位。由于发展中国家的货币一般都依附于美元、日元、英镑、法郎等西方主要资本主义国家的货币，因而资本主义国际金融领域一有大的风吹草动，就往往给发展中国家带来不利影响。1971年，由于美元贬值和西欧主要货币升值，东南亚国家的进口商品价格就提高了将近1/4。1986年日元大幅度升值，马来西亚的外债无形中增加了60%。此外，在国际金融机构中，发展中国家所占份额很少，表决权也小，因而能起到的作用和受益都很有限。

主要由于国际经济旧秩序尚未革除，发展中国家和发达资本主义国家的经济实力至今仍相差悬殊。根据世界银行1987年发表的《世界发展报告》提供的统计数据，1985年，在119个国家的国民生产总值总和中，19个西方发达国家所占比例为78%，100个发展中国家则仅占22%。第二次世界大战以后的几十年中，发展中国家与发达资本主义国家的贫富差距不仅没有缩小，反而有了明显扩大。据世界银行统计，1950年发达资本主义国家人均国民生产总值是3840美元，低收入发展中国家则是164美元，前者是后者的23.4倍；而1985年发达资本主义国家人均国民生产总值为11810美元，低收入发展国家则为270美元，前者是后者的43.7倍。尤为令人忧虑的是，这种差距还在继续扩大。

广大发展中国家为了革除国际经济旧秩序，建立国际经济新秩序，进行了长期不懈的斗争。在现阶段，发展中国家谋求建立的国际经济新秩序的基本内容和主要目标包括：实行各国主权与经济权益平等的原则；改革旧的国际贸易制度，建立平等互利的贸易关系；改革国际金融制度，使发展中国家争取更多的发展基金；修改国际工业产权制度，促进有利于发展中国家的技术转让；加强发展中国家相互之间的经济合作，实行集体自力更生，等等。因此，发展中国家争取建立国际经济新秩序的斗争，实质上是发展中国家反对帝国主义的经济垄断和剥削、维护本国经济权益、争取经济独立和巩固政治独立的斗争，是第二次世界大战以后民族解放运动的深入和发展。

为了建立国际经济新秩序，缩小与发达国家的经济差距，发展中国家除了按照本国国情独立自主地发展民族经济之外，还积极推动南北对话，努力加强南南合作，并且取得了一定的成效。

南北对话是发展中国家同发达国家围绕合作与发展问题进行的对话和谈判。早在20世纪60年代，发展中国家就提出了双方围绕促进经济发展和国际合作问题举行国际会议的要求，并就这些问题同发达国家进行了初步的对话。20世纪70年代以来，发展中国家同发达国家进行了多次区域一级和国际一级的南北对话，尽管困难重重，进展缓慢，但仍取得了一些成果。在贸易方面，发达资本主义国家陆续对发展中国家实施普遍优惠制，对后者出口的若干工业制成品给予减免关税待遇。截至20世纪80年代中期，已有142个发展中国家和地区享受普遍优惠制待遇。欧洲经济共同体同非洲、加勒比、太平洋集团国家先后签订了3个为期5年的《洛美协定》，除规定给非、加、太集团国家出口的工业品和绝大多数农产品以单方面的贸易优惠外，还向它们提供近200亿美元的财政援助。在初级产品方面，1976年第四届联合国贸易和发展会议通过了《关于商品综合方案》的决议。此方案通过谈判签订18种初级产品的国际协定，建立共同基金，提供补偿贷款、发展产品加工等措施，稳定商品价格，增加发展中国家的出口收益。在官方发展援助方面，大多数发达资本主义国家都已接受关于官方发展援助占其国民生产总值0.7%的指标，荷兰、挪威、瑞典等国向发展中国家提供的官方发展援助已达到或超过了这个指标。在解决债务问题方面，一些发达国家债权国同意减免部分发展中国家特别是最不发达国家的官方发展援助债务，联合国贸易和发展会议理事会还通过有关决议，规定了重新安排债务偿还期的若干指导原则。此外，发展中国家与发达国家还达成了有利于发展中国家参与班轮运输、打破发达国家垄断的《班轮公会行动守则》，并建立了10亿美元的国际农业发展基金。这些成果与发展中国家建立国际经济新秩序的要求还相差很远，一些根本问题仍未得到解决。自 70 年代后期以来，主要由于美国等少数发达国家对建立国际经济新秩序持反对态度，南北对话陷入僵局。尽管发展中国家近年来为推动对话作了不少努力，但仍未取得预期的效果。

南南合作即发展中国家之间的经济合作，对于促进第三世界国家发展民族经济、逐步摆脱对于发达国家的经济依附、建立国际经济新秩序具有重要的战略意义。第二次世界大战以后特别是 20 世纪 70 年代以来南南合作获得了显著的发展。在经济贸易领域，发展中国家到 1983 年已经建立了26 个区域性和次区域性的经济合作组织，对于推动地区经济合作，共同开发资源，促进贸易发展，发挥着日益重要的作用。近年来，有些区域性经济合作组织逐渐向经济一体化发展。例如，拉丁美洲 11 个国家于 1981 年3 月正式宣告成立拉丁美洲一体化协会，取代 1960 年建立的拉丁美洲自由贸易协会。在资源领域，发展中国家的原料生产和输出国组织已有 25 个，共 80 多个国家参加。发展中国家在能源领域的合作，堪称它们在资源领域合作中的范例。其合作方式除了产油国联合起来，运用石油武器维护民族经济利益之外，还包括产油国以优惠条件向非产油的发展中国家供应石油以及产油国共同开发能源等。在资金领域，发展中国家之间的合作主要采取两种方式。一是一部分拥有大量资金的国家向需要资金的国家提供优惠贷款或无偿援助。自 1970 年以来，石油输出国组织向非产油的发展中国家提供的优惠性贷款和赠款已超过 500 亿美元。二是通过清算机构、支付联盟和储备中心，对在区域和次区域间的支付进行安排。此外，发展中国家还通过合资经营和合约式技术供应与服务等形式，积极开展技术领域中的合作，并建立了发展中国家的多国企业 1300 多家。南南合作虽然取得了令人瞩目的成就，但由于种种原因，也还存在着不少问题和困难。然而，由于发展中国家的历史遭遇和现实处境基本相同，它们之间并不存在根本的利害冲突，南南合作是符合历史发展方向的，因而只要发展中国家遵循"平等互利，讲求实效，形式多样，共同发展"的原则，就能够不断地克服困难，加强合作，把建立国际经济新秩序的伟大斗争继续推向前进。

在此应该指出，第三世界国家的经济状况与发达国家的经济状况也是互相联系的。在国际经济关系日益密切的今天，如果发展中国家的经济得不到发展，发达国家的资源供应、商品市场和资金出路就会受到严重影响，发达国家的经济复苏和持续发展就难以实现。从这个意义上说，南方国家的"危机"触发北方国家的"经济地震"也不是不可能的。因此，邓小平指出："很难说这十一二亿人口的继续发展能够建筑在三十多亿人口的继续贫困的基础上"，①"第三世界国家经济不发展，发达国家的经济也不可能得到较大的发展"。②

三

在和平与发展这两大根本问题中，发展问题是核心。和平与发展是相互促进、不可分割的。维护和平是发展经济的基本前提，发展经济是维护和平的重要途径。争取持久和平，促进共同发展，已成为当代不可抗拒的历史潮流。

首先，维护和平是发展经济的基本前提。一方面，数目庞大的军费开支消耗了大量宝贵的人力、物力和财力，延缓了世界经济的发展进程。据统计，自 1960 年以来，世界的军费累计高达 14 万亿美元，而同期，世界生产总值只增长了 8.6 万亿美元，军费开支远远超过了全部经济增长的成果。现在世界各国共有 7000 多万人在直接和间接地从事军事活动，其中 2500 万人是正规军，约 400 万名文职官员在国防部门工作，300 多万名优秀的科学家和工程师从事与军事有关的工作，500 万名以上的技术工人在直接生产武器。目前国际上每年给发展中国家的官方援助共 400 亿美元，只占全世界军费的 4%。可见，如果整个世界特别是超级大国能大幅度削减军费并用于发展经济和援助落后国家，世界经济发展的面貌就会大为改观。另一方面，战争使参战国经济遭到严重破坏。以两伊战争为例，1980～1985 年，两伊军费开支以及石油与生产设施损失共计 4650 亿元，比两国成为石油输出国以来所得石油收入总和 3640 亿美元还要超出 1010 亿美元。战争使两国约 50 万人丧命，妇女占总人口的比重激增。外国经济

---

① 《邓小平文选》第 3 卷，人民出版社 1993 年版，第 106 页。
② 《邓小平文选》第 3 卷，人民出版社 1993 年版，第 56 页。

专家估计，战争将使两伊经济发展比正常时期至少要推迟 10 年。由于巨额的军费开支和连绵不断的战祸极大地影响和破坏了经济发展，因此，要保障和促进经济发展，就必须维护和平。

其次，发展经济是维护和平的重要途径。一方面，第三世界经济的发展是维护世界和平的重要保障。第三世界国家是反对霸权主义、维护世界和平的主力军。第三世界国家的经济发展一分，世界上制约战争、维护和平的力量就增加一分。另一方面，经济贫困与落后往往是诱发局部战争和武装冲突的重要因素。第二次世界大战以来的国际局势表明，越是经济落后的国家，内部动乱和外部冲突越频繁。因为贫困与落后最容易引起社会动荡和政局不稳，从而给超级大国和地区扩张主义的军事干预提供可乘之机。从这个意义上说，改变广大第三世界国家贫困落后的状况，逐步解决发展问题，对于维护世界和平也是很重要的。

和平与发展是当代世界的主题。这对于我国这样的发展中的社会主义国家来说，既提供了极好的机遇，同时也充满着严峻的挑战。我们要十分珍惜这一良好的国际环境，统一思想，团结奋斗，夺取改革、开放和社会主义现代化建设的更大胜利，为世界的和平与发展做出更大的贡献。

马克思主义政治经济学研究对象创新刍议[*]

党中央启动的马克思主义理论研究和建设工程，为繁荣和发展马克思主义政治经济学提供了重要契机。繁荣和发展马克思主义政治经济学，一个重要途径或重要前提就是实现其研究对象的创新。

按照传统的观点，马克思主义政治经济学的研究对象是生产关系及其发展规律。这种观点，不仅可以从马克思主义经典作家的著作中找到许多理论根据，而且在理论界也长期居于主导地位。然而，国内外理论界对于马克思主义政治经济学的研究对象一直存有争议。改革开放以来特别是近些年来，国内理论界围绕这一问题的探讨进一步深入。目前，对此问题除了传统观点之外，大体上还有四种观点：第一种观点是资源优化配置或"社会财富的增进"；第二种观点是生产方式；第三种观点是经济利益；第四种观点是人的全面发展和社会的全面进步。笔者认为，坚持解放思想、实事求是、与时俱进的思想路线，应将马克思主义政治经济学的研究对象界定为"生产方式及其发展规律"。

与传统观点相比，这种界定把生产力由过去的联系对象变成了研究对象。这与马克思和恩格斯的某些提法大致相同。马克思在《资本论》第一卷第一版序言中指出："我要在本书研究的，是资本主义生产方式以及和它相适应的生产关系和交换关系。"① 对于这段话中"生产方式"的含义，理论界的看法并不一致。有些学者经过深入研究后认为，马克思在其著作中所使用的"生产方式"，有时是指生产关系，有时是指生产力，有时是指生产力和生产关系的统一，有时是指生产方法，有时是指生产技术和生产组织等，从而与我们通常使用的由斯大林定义的生产方式（生产力与生

---

* 原载《人民日报》2005 年 7 月 8 日，发表时标题和文字有所调整。
① 《马克思恩格斯全集》第 23 卷，人民出版社 1972 年版，第 8 页。

产关系的统一）并不是完全等同的概念。可是，如果我们联系上下文来理解，马克思在这段话中所说的"生产方式"，似可理解为生产力或生产力方面的内容。恩格斯在《反杜林论》中曾明确指出："政治经济学，从最广的意义上说，是研究人类社会中支配物质生活资料的生产和交换的规律的科学。"① 显然，恩格斯在这里所说的物质生活资料的生产，应该理解为物质生活资料生产所包含的两个方面，即生产力与生产关系的统一。

与传统观点相比，将生产力纳入马克思主义政治经济学的研究对象，极大地拓展了马克思主义政治经济学的研究领域。这对于繁荣和发展马克思主义政治经济学，充分发挥马克思主义政治经济学的战斗力，是完全必要和十分有利的。

其一，有利于更为科学地探索和阐释社会主义制度取代资本主义制度的历史必然性和客观规律。马克思在《资本论》中揭示了"资本主义生产方式和它所产生的资产阶级社会的特殊的运动规律"，② 对社会主义制度必然取代资本主义制度的客观规律进行了深刻和精辟的论证。马克思逝世已经一百二十多年了，整个世界发生了翻天覆地的巨大变化。就社会制度而言，一方面，发达资本主义国家的生产关系发生了深刻的变化。自由竞争资本主义转变为垄断资本主义，垄断资本主义则由私人垄断资本主义向国家垄断资本主义并进一步向国际垄断资本主义发展。与此同时，发达资本主义国家中的合作制经济、一定范围内的职工持股和民主管理等"新社会因素"有了明显的增长。另一方面，世界上先后诞生了十几个社会主义国家，尽管出现了苏东剧变，但社会主义制度和社会主义运动仍在曲折中前进。只有坚持辩证唯物主义和历史唯物主义的基本立场、观点和方法，充分吸收人类社会特别是发达国家经济理论研究的优秀成果，结合新的历史实际深入研究生产方式及其发展规律，才能对当今世界社会主义的"两个试验场"及其未来走向做出进一步的科学阐释，才能丰富和发展马克思主义关于人类社会历史发展规律的理论，增强马克思主义政治经济学的科学

---

① 恩格斯：《反杜林论》，见《马克思恩格斯选集》第 3 卷，人民出版社 1972 年版，第 186 页。
② 恩格斯：《在马克思墓前的讲话》，见《马克思恩格斯选集》第 3 卷，人民出版社 1972 年版，第 574 页。

性和说服力。

其二，有利于在生产力与生产关系的辩证统一中深入研究并积极促进我国现阶段所有制结构调整和经济体制改革。长期以来，社会主义国家在生产资料所有制改造和经济体制改革中普遍存在"左"的倾向，这与忽视对生产力状况的研究、忽视生产力对生产关系和经济体制的决定作用直接相关。我们甚至在较长时间内不能正视生产力水平低下的基本国情，没有找准我国所处历史阶段的正确方位。在政治经济学的研究中，我们往往以理论上的对社会主义社会生产关系（特别是社会主义生产关系）的研究来取代对实践中的社会主义初级阶段生产关系的研究，其结果是导致不同程度的理论与实际的脱节。只有深入研究生产力的实际状况及其发展规律，深入研究生产关系的实际状况及其发展规律，深入研究生产力与生产关系相互作用的客观规律，才能为我国所有制结构调整和经济体制改革提供坚实有力的经济理论支撑，从而避免犯"左"或右的错误。

其三，有利于发展社会主义社会的生产力。生产力既是生产关系发展变化的最终决定力量，也是决定人类社会物质生活状况并制约人类社会政治和精神生活的基础。马克思主义政治经济学研究生产关系，归根结底也是要通过变革或完善生产关系来促进生产力的迅速发展。我国现在处于并将长期处于社会主义初级阶段。社会主义初级阶段最根本的任务是发展生产力。将生产力纳入马克思主义政治经济学的研究对象，有利于我们更好地向发达资本主义国家学习先进的科学技术，更好地吸收和借鉴发达资本主义国家一切反映社会化大生产和商品经济一般规律的先进经营方式和管理方法，更好地吸收和借鉴西方经济学中关于优化资源配置的有价值的研究成果；同时，也有利于我们紧密结合本国实际，不断探索发展生产力的具体路径。党中央近年来反复强调：繁荣发展哲学社会科学，应以我国改革开放和现代化建设的实际问题、以我们正在做的事情为中心。因此，适当拓宽马克思主义政治经济学的研究对象，并将其研究对象与社会主义初级阶段的根本任务直接挂钩，不仅会极大地丰富和发展马克思主义政治经济学的理论内容，而且还将使马克思主义政治经济学的针对性和实用性显著增强。

将生产力纳入马克思主义政治经济学的研究对象，并不否定而是继续保留了马克思主义政治经济学的原有特色。资产阶级政治经济学回避生产关系（特别是回避或掩盖生产关系中的矛盾和对立），片面地研究物与物的关系或人与物的关系，其根本目的在于维护和发展资本主义制度。而马克思主义政治经济学则公然申明研究生产关系及其发展规律，其根本目的在于为无产阶级和广大劳动人民推翻旧世界、建设新世界服务。因此，马克思主义政治经济学与资产阶级政治经济学在研究对象方面的区别是显而易见的。当然，将生产力纳入马克思主义政治经济学的研究对象，并不表明马克思主义政治经济学应研究生产的工艺，并不影响我们在研究和阐释生产力规律的过程中可以偏重于基本或主要规律，也并不妨碍我们在资本主义政治经济学的研究和阐释中可以偏重于生产关系及其发展规律。

　　总之，在马克思主义政治经济学的研究对象方面，资产阶级政治经济学研究对象中所包含的科学或合理的成分，我们要有；资产阶级政治经济学研究对象中所没有包含的科学或合理的成分，我们也要有。这样，马克思主义政治经济学才能超越资产阶级政治经济学的局限性。从而，马克思主义政治经济学的研究，路子才能越走越宽，而不是越走越窄；马克思主义政治经济学的战斗力，才能越来越强，而不是越来越弱。当然，如果对马克思主义政治经济学的研究对象作这样的界定，其研究任务无疑是更加艰巨和更为繁重了。此外，马克思主义政治经济学的创新还包括研究方法创新和理论体系创新，还有赖于社会实践的发展和社会诸多有利条件的支撑。因此，马克思主义政治经济学的发展决不可能一蹴而就。

两个生产力规律辨异*

在国内诸多的政治经济学教材或专著中，往往都把按比例分配社会劳动规律与按比例分配生产要素规律混为一谈。例如，在宋涛同志主编的政治经济学教材中有这样一段话："在生产资料社会主义所有制的条件下，国民经济的有计划发展，是按一定比例把生产资料和劳动力分配到各个生产领域这一各社会共有的规律借以实现的社会形式。因此，有计划发展和按比例分配社会劳动是国民经济有计划按比例发展规律的两个不可分割的方面。有计划地发展是按比例分配社会劳动规律的社会形式，后者是前者的物质内容"。①

我认为，这种观点值得商榷。

毫无疑问，按比例分配社会劳动规律与按比例分配生产要素规律都同属生产力规律，并在一切以社会分工为基础的社会生产中发生作用，但两者仍有明显的区别。首先，它们的含义不同。按比例分配劳动规律的基本含义是按照符合消费需要的社会再生产比例分配活劳动（或劳动力）和物化劳动（或凝结着人类劳动的生产资料），而按比例分配生产要素规律的基本含义则是按照符合消费需要的社会再生产比例分配劳动力和全部生产资料。其次，它们的作用范围不同。按比例分配生产要素规律不仅对分配社会劳动发生作用，而且对分配未凝结人类劳动的生产资料（如原始森林、未开垦的土地和地下蕴藏的矿物资源等）也发生作用，可见按比例分配生产要素规律比按比例分配社会劳动规律的作用范围更大。最后，它们在生产力规律体系中所处的地位不同。按比例分配生产要素规律体现了社会生产力发展最基本的客观要求，它与按比例分配社会劳动规律是整体和

---

* 原载《争鸣》1988 年第 2 期。

① 宋涛主编：《政治经济学》（下卷），人民出版社 1985 年版，第 66 页。

局部的关系，因而它是更高层次的生产力规律，而按比例分配社会劳动规律则是在按比例分配生产要素规律的基础上派生出来的一个生产力规律。

混同按比例分配社会劳动规律与按比例分配生产要素规律的同志往往引证马克思的一段名言，似乎马克思将这两个规律视为同一个规律。其实这是一种误解。马克思在 1868 年 7 月 11 日给路德维希·库格曼的信中写道："要想得到和各种不同的需要量相适应的产品量，就要付出各种不同的和一定数量的社会总劳动量。这种按一定比例分配社会劳动的必要性，决不可能被社会生产的一定形式所取消，而可能改变的只是它的表现形式，这是不言而喻的。自然规律是根本不能取消的。在不同的历史条件下能够发生变化的，只是这些规律借以实现的形式。"① 马克思在这段话中主要阐明了三层意思：（1）要按照人的消费需要安排生产。这种消费需要是指在一定生产力条件下可能实现的消费需要。（2）要按照与不同的需要量相适应的生产总量及其结构分配社会劳动量。（3）按照社会再生产的比例分配社会劳动是不以人的主观意志为转移的"自然规律"，它借以实现的社会形式会随着历史条件的变化而变化。很明显，马克思在这里着重论述了按比例分配社会劳动规律的内容及其表现形式，并没有把明确提出按比例分配生产要素规律，更没有把按比例分配社会劳动规律说成是按比例分配生产要素规律。因此，那种从马克思的这段话引申出按比例分配社会劳动规律等同于按比例分配生产要素规律的观点并不妥当。此外，据笔者所见，马克思在其经济学著作中并没有明确提出前述的就社会而言的按比例分配生产要素规律。与按比例分配社会劳动规律类似，马克思提出过按比例分配劳动时间规律。例如，他指出："正像单个人必须正确地分配自己的时间，才能以适当的比例获得知识或满足对他的活动所提出的各种要求，社会必须合理地分配自己的时间，才能实现符合社会全部需要的生产"。② 马克思也提出过有计划分配劳动时间规律。例如，他在描述未来社会的经济特征时指出："劳动时间的社会的有计划的分配，调节着各种劳动职能同

---

① 《马克思恩格斯选集》第 4 卷，人民出版社 1972 年版，第 368 页。
② 《马克思恩格斯全集》第 46 卷（上），人民出版社 1979 年版，第 120 页。

各种需要的适当的比例"。① 由此看来，在马克思的著述中大概难以找到混同按比例分配社会劳动规律与按比例分配生产要素规律的根据。

明确区分按比例分配社会劳动规律与按比例分配生产要素规律，不仅有利于准确表述生产力规律，而且也有利于准确表述国民经济有计划按比例发展规律。国民经济有计划按比例发展规律中"按比例"的基本内容究竟是什么？经济学界的理解并不一致，大体有三种观点。第一种观点认为是按比例地分配社会劳动；② 第二种观点认为是按比例地分配生产资料和劳动力（即按比例地分配生产要素）；③ 第三种观点则认为以上两种表述并无区别，都可以在同一意义上使用。④ 我认为，尽管对此问题的第一种观点直接来源于马克思的论述，但是第二种观点似乎更为确切。因为按比例分配生产要素是实现社会按比例生产的必要前提。众所周知，社会生产过程是社会生产要素相互作用的过程。在整个社会相互作用的诸生产要素中，不仅包括劳动力这一要素（可用活劳动代表），也不仅包括机器、厂房、加工过的原材料等凝结着人类劳动的生产资料要素（可用物化劳动代表），而且还必然包括某些天然存在的充当劳动资料或劳动对象的生产资料要素。正如同垦荒不能仅有劳动力和机器而没有荒地、采矿不能仅有劳动力和机器而没有矿山一样。因此，要有计划地发展国民经济，仅仅按比例地分配社会劳动是绝对不够的，还必须按比例地分配未凝结人类劳动的生产资料。

---

① 《马克思恩格斯全集》第 23 卷，人民出版社 1972 年版，第 96 页。
② 雍文远主编：《社会必要产品论》，上海人民出版社 1985 年版，第 313 页。
③ 许涤新：《关于社会主义国民经济有计划按比例的发展》，载于《红旗》1962 年第 11 期。
④ 宋涛主编：《政治经济学》（下卷），人民出版社 1985 年版，第 66 页。

劳动价值论若干问题探讨[*]

　　马克思在批判地吸收英国资产阶级古典经济学家亚当·斯密和大卫·李嘉图的劳动价值学说的基础上创立的科学的劳动价值论，是马克思全部经济学说的基石。资产阶级及其经济学家反对和诋毁马克思的经济理论，无不把攻击矛头首先对准马克思的劳动价值论。当马克思的《资本论》第一卷刚刚问世后不久，德国的一个资产阶级经济学家就公然宣称："驳倒价值理论是反对马克思的人的唯一任务，因为如果同意这个定理，那就必然要承认以铁的逻辑所做出的差不多全部结论。"[①]

　　从马克思创立科学的劳动价值论至今，一个多世纪过去了，整个世界的经济和社会面貌都发生了很大的变化。在新的历史条件下坚持和发展马克思的劳动价值论，具有重大的理论意义和现实意义。《中共中央关于制定国民经济和社会发展第十个五年计划的建议》中提出：在新的历史条件下，要深化对劳动和劳动价值理论的认识。江泽民《在庆祝中国共产党成立八十周年大会上的讲话》中也强调指出："马克思主义经典作家关于资本主义社会的劳动和劳动价值的理论，揭示了当时资本主义生产方式的运行特点和基本矛盾。现在，我们发展社会主义市场经济，与马克思主义创始人当时所面对和研究的情况有很大不同。我们应该结合新的实际，深化对社会主义社会劳动和劳动价值理论的研究和认识。"本文仅就有关劳动价值论的几个问题作一初步的探讨。

---

* 原载《当代经济研究》2001 年第 10 期。
① 《马克思恩格斯全集》第 16 卷，人民出版社 1964 年版，第 353 页。

一

长期以来，在国内许多人的头脑中，程度不同地存在着对马克思劳动价值论的糊涂认识。坚持和发展马克思的劳动价值论，亟有必要澄清以下三个认识误区。

误区之一：脑力劳动不创造价值。这种观点在我国曾较为流行，在十年内乱期间则更达到了登峰造极的地步，至今仍在某些人的头脑中作祟。它是我国长期以来重视体力劳动、轻视脑力劳动的一个重要思想根源。

这种观点，不仅从根本上背离了马克思的劳动价值论，而且还与客观实际相抵触。

首先，在商品经济中作为价值实体的抽象劳动，既来源于体力劳动，也来源于脑力劳动。马克思指出："我们把劳动力或劳动能力，理解为人的身体即活的人体中存在的、每当人生产某种使用价值时就运用的体力和智力的总和。"① 马克思还指出：价值"只是无差别的人类劳动的单纯凝结，即不管以哪种形式进行的人类劳动力耗费的单纯凝结"。② 这就是说，劳动力或劳动能力，就其潜在形态而言，可以理解为活的人体中存在的体力和智力；就其现实形态（即人的劳动）而言，可以体现为人生产某种使用价值时的体力支出（体力劳动）和脑力支出（脑力劳动）。尽管具体劳动的形态千差万别，但它与体力劳动和脑力劳动密不可分。具体劳动固然不等同于抽象劳动，但若没有具体劳动，抽象劳动又从何谈起？所以，在商品经济中，作为价值实体的抽象劳动，不仅必然来源于具体劳动，而且也必然是既来源于体力劳动，又来源于脑力劳动。

其次，从马克思关于"总体劳动"③ 或"共同劳动"的论述中，可以断定他关于脑力劳动和脑力劳动者也创造价值的思想是非常明确的。马克思指出："产品从个体生产者的直接产品转化为社会产品，转化为总体劳

---

① 《马克思恩格斯全集》第23卷，人民出版社1972年版，第190页。
② 《马克思恩格斯全集》第23卷，人民出版社1972年版，第51页。
③ 国内有的学者认为，《资本论》中译本中"总体工人"的提法不如译为"总体劳动"准确，笔者同意并在引文中采用这种译法。

动即结合劳动人员的共同产品。总体劳动的各个成员较直接地或者较间接地作用于劳动对象。因此，随着劳动过程本身协作性质的发展，生产劳动和他的承担者即生产劳动者的概念也就必然扩大。为了从事生产劳动，现在不一定要亲自动手；只要成为总体劳动的一个器官，完成他所属的某一种职能就够了。"① 马克思还具体描绘了资本主义总体劳动中的分工情形："有的人多用手工作，有的人多用脑工作，有的人当经理、工程师、工艺师等等，有的人当监工，有的人当直接的体力劳动者或者做十分简单的粗工。"② 在此基础上，马克思明确指出："资本主义生产方式的特点，恰恰在于它把各种不同的劳动，因而也把脑力劳动和体力劳动，或者说，把以脑力劳动为主或者以体力劳动为主的各种劳动分离开来，分配给不同的人。但是，这一点并不妨碍物质产品是所有这些人的共同劳动的产品，或者说，并不妨碍他们的共同劳动的产品体现在物质财富中"。③

再次，根据马克思的劳动价值论，相对而言的脑力劳动一般与复杂劳动相联系，体力劳动不少都属于简单劳动；在商品经济条件下的相同时间内，复杂劳动创造的价值等于倍加的简单劳动。从而，在商品经济条件下的相同时间内，脑力劳动创造的价值则往往大于体力劳动创造的价值。

最后，从生产力发展的趋势来看，在商品经济条件下，抽象劳动中来源于脑力劳动的比重越来越大。有关资料表明，随着生产过程自动化程度的提高，劳动者的智能迅速提高，体力劳动与脑力劳动的比例也不断地发生变化。在机械化初级阶段，两者之比为 9：1；在中等机械化条件下，两者之比为 6：4；在全自动化条件下，两者之比为 1：9，④ 由上可见，所谓在商品经济条件下脑力劳动不创造价值的观点是十分荒谬的。

误区之二：非物质生产领域的劳动不创造价值。这种观点，对于以往和现存的社会主义国家具有广泛和深刻的影响。至今，我国不少政治经济学教科书仍沿袭这种观点。例如，在阐述社会主义国民收入的分配与再分

---

① 《马克思恩格斯全集》第 23 卷，人民出版社 1972 年版，第 556 页。
② 《马克思恩格斯全集》第 49 卷，人民出版社 1982 年版，第 100～101 页。
③ 《马克思恩格斯全集》第 26 卷 I，人民出版社 1972 年版，第 444 页。
④ 宋健主编：《现代科学技术基础知识》，科学出版社、中共中央党校出版社 1994 年版，第 54 页。

配时，仍采用下述提法：国民收入的"初次分配是指在创造国民收入的物质生产部门内部进行的分配。再分配是指在初次分配之后又在全社会范围所作的分配"。①

这种观点，并非完全符合马克思劳动价值论的原意。众所周知，马克思在其鸿篇巨著《资本论》中，以当时资本主义的本质暴露得最为充分的物质生产领域为主要考察对象，阐发了他所创立的科学的劳动价值论。然而，综观马克思的主要经济著作，可以看出他并没有把创造价值仅仅局限于物质生产领域。首先，马克思认为，与由商品的价值形态变化引起的单纯的商品买卖活动不同，商业部门中由商品使用价值的运动所引起的商业职工在运输、包装、保管中的劳动也创造价值。当然，马克思也曾指出：运输业是除采掘工业、农业和加工行业以外的第四个物质生产领域。② 就此而言，商业部门的运输从一定意义上也表现为生产过程在流通领域中的继续。其次，马克思在《剩余价值理论》等著作中曾多次指出，某些服务（即劳务）领域也创造价值。这包括三个要点：一是满足人们生活需要的消费品，除了包括以物质产品体现的消费品之外，还包括一定量的以服务形态体现的消费品（即劳务）。③ 二是"对于提供这些服务的生产者来说，服务就是商品。服务有一定的使用价值（想象的或现实的）和一定的交换价值"。④ 三是有一些训练并使劳动能力具有专门性和保持劳动能力的服务，"例如学校教师的服务（只要他是'产业上必要的'或有用的）、医生的服务（只要他能保护健康，保持一切价值的源泉即劳动能力本身）——购买这些服务，也就是购买提供'可以出卖的商品等等'，即提供劳动能力本身来代替自己的服务，这些服务应加入劳动能力的生产费用或再生产费用"。⑤ 由上可见，马克思认为，在当时的历史条件下，创造价值的领域固然包括或主要包括物质生产领域，但决不限于物质生产领域。

---

① 吴树青等主编：《政治经济学（社会主义部分）》，中国经济出版社1993年版，第239～240页。

② 《马克思恩格斯全集》第26卷Ⅰ，人民出版社1972年版，第444页。

③ 《马克思恩格斯全集》第26卷Ⅰ，人民出版社1972年版，第160～161页。

④ 《马克思恩格斯全集》第26卷Ⅰ，人民出版社1972年版，第149页。

⑤ 《马克思恩格斯全集》第26卷Ⅰ，人民出版社1972年版，第159页。

与马克思所处的历史条件相比，当今世界生产劳动的领域已经大大拓展。第三产业在国民经济中的比重，发达国家已经达到 60%～70%，中等国家也已达到 50%。我国在国民收入的统计口径中，早已把商业部门列入物质生产部门。我国在前些年也开始试行国民经济新的核算体系。在此情况下，再固守那种仅有物质生产领域的劳动才创造价值的传统观点就显得更加不合时宜了。近些年来，在国内围绕劳动价值理论的讨论中，有的学者提出第三产业的劳动是生产劳动，也创造价值。[①] 也有的学者提出，第三产业中有的劳动创造价值（如公共饮食业）；有的部分劳动创造价值，部分劳动不创造价值（如商业）；有的不创造价值（如国家机关）。[②]还有的学者提出，无论是物质生产领域还是精神生产领域都创造价值。物质生产领域（广义）既生产物质货物，也生产物质服务（如医疗保健、银行保险等）；精神生产领域既生产精神货物（如文艺作品），也生产精神服务（如教育、音乐会等）。[③] 笔者认为，结合新的历史条件，拓宽劳动创造价值领域的视野并加以新的概括，这一基本方向是正确的。然而，劳动创造价值的领域究竟宽到什么限度，尚需结合实际情况进行深入探讨。笔者认为，劳动创造价值的领域似可表述为：在商品经济条件下，直接或间接地为满足社会成员物质文化生活需要而存在的物质生产、精神生产和服务领域。换言之，在商品经济条件下，凡是直接或间接地为满足社会成员物质文化生活需要而存在的物质生产、精神生产和服务领域中的劳动，都创造价值。当然，对于这一观点仍需进一步加以论证和细化。笔者认为，在界定劳动创造价值的具体领域的过程中，尤其要掌握好两条原则：（1）要区分原始收入和派生收入，不能把有收入的劳动都看成是创造价值的劳动。（2）不应把劳动是否受到社会尊重与劳动是否创造价值完全等同起来。

误区之三：资本家经营不创造价值。

这种观点并不正确。

第一，否认资本家经营创造价值，并不是马克思的观点。马克思在

---

①② 傅军胜：《全国劳动价值论研讨会综述》，载于《中国社会科学》1995 年第 5 期。
③ 蔡继明、刘澜飚著：《中国三大阶层的收入分配》，中国青年出版社 1999 年版，第 224～228 页。

《资本论》中深刻地揭示了资本主义管理的二重性。资本主义管理的二重性源于资本主义生产过程的二重性。资本主义生产过程是劳动过程与价值增殖过程的统一。作为劳动过程，它是"制造产品的社会劳动过程"，① 是"有许多个人进行协作的劳动"过程②。在这种协作劳动中，"过程的联系和统一都必然要表现在一个指挥的意志上"。③ "一个独奏的音乐家是自己指挥自己，一个乐队就需要一个乐队指挥。"④ "这是一种生产劳动，是每一种结合的生产方式中必须进行的劳动。"⑤ 简言之，由协作劳动引起的管理和指挥属于生产劳动。而作为价值增殖过程，它是"超过一定点而延长了的价值形成过程"，⑥ 是资本家榨取剩余价值的过程，由此引起的资本主义管理则是一种剥削的劳动。因此，马克思指出：如果资本家参加管理，那么，"资本家的管理不仅是一种由社会劳动过程的性质产生并属于社会劳动过程的特殊职能，它同时也是剥削社会劳动过程的职能"。⑦ 由于资本主义管理具有生产劳动的性质，从而也创造价值。马克思指出："资本家在生产过程中是作为劳动的管理者和指挥者出现的，在这个意义上说，资本家在劳动过程本身中起着积极作用。……这种与剥削相结合的劳动（这种劳动也可以转给经理）当然就与雇佣工人的劳动一样，是一种加入产品价值的劳动。"⑧

第二，否认资本家经营创造价值，有悖于历史事实。在资本主义发展初期，资本家一般都是集所有者与经营者于一身的。随着社会化大生产的发展，经营管理才作为一种专门职能分离出来，即出现了所有权与经营权的分离。马克思指出："资本主义生产本身已经使那种完全同资本所有权（不管是自有的资本还是别人的资本）分离的管理劳动比比皆是。因此，这种管理劳动就完全无需资本家亲自担任了。这种劳动实际上是同资本分离而存在的，但这不是表现在产业资本家同货币资本家那种表面上的分离

---

① 《马克思恩格斯全集》第 23 卷，人民出版社 1972 年版，第 369 页。
②③ 《马克思恩格斯全集》第 25 卷，人民出版社 1974 年版，第 431 页。
④ 《资本论》（法文版）第一卷中译本，中国社会科学出版社 1983 年版，第 332 页。
⑤ 《马克思恩格斯全集》第 25 卷，人民出版社 1974 年版，第 431 页。
⑥ 《马克思恩格斯全集》第 23 卷，人民出版社 1972 年版，第 221 页。
⑦ 《马克思恩格斯全集》第 23 卷，人民出版社 1972 年版，第 368 页。
⑧ 《马克思恩格斯全集》第 26 卷 Ⅲ，人民出版社 1974 年版，第 550~551 页。

上，而是表现在产业管理人员等等同各种资本家的分离上。"① 所以，我们应把参加经营的资本家与不参加经营的资本家相对区分开来，在承认资本家经营作为管理劳动也创造价值的前提下，确认其由管理劳动创造价值所形成的收入仅是其全部收入的一个微小的组成部分。

第三，否认资本家经营创造价值，认为非资本家经营才创造价值，这在逻辑上也是说不通的。如前所述，由协作劳动而产生的管理劳动的必要性，是与生产力发展相联系的，而与特定的生产关系无关。马克思指出："只要资本家的劳动不是由作为资本主义过程的那种生产过程引起，因而这种劳动并不随着资本的消失而自行消失；只要这种劳动不是剥削别人劳动的职能的名称，也就是说，只要这种劳动是由劳动的社会形式（协作、分工等等）引起，它就同资本完全无关。"② 因此，在商品经济条件下，不论是资本主义企业还是社会主义企业，不论是资本家还是社会主义企业家，只要是与协作劳动或共同劳动相联系的管理劳动都创造价值，这才是彻底的唯物主义一元论，从而才能在创造价值问题上避免采用"唯成分论"的双重标准。

二

近年来，随着"科学技术是第一生产力"这一客观趋势的日益加强和劳动价值理论讨论的不断深入，新科技是否创造价值这个重要的理论与现实问题显得异常"火爆"。对此，国内理论界仁者见仁，智者见智，众说纷纭，莫衷一是。笔者认为，只要能够正确认识科学技术作为生产要素的特点、新科技与采用新科技的区别以及先进的机器设备在创造使用价值和价值中的不同作用，这一难题就会迎刃而解。

科学技术属于生产力的范畴。科学技术并不是独立的生产要素，它凝结或渗透在生产力诸要素中。邓小平指出："生产力的基本因素是生产资料和劳动力。科学技术同生产资料和劳动力是什么关系呢？历史上的生产

---

① 《马克思恩格斯全集》第 26 卷 III，人民出版社 1974 年版，第 552 页。
② 《马克思恩格斯全集》第 26 卷 III，人民出版社 1974 年版，第 552~553 页。

资料，都是同一定的科学技术相结合的；同样，历史上的劳动力，也都是掌握了一定的科学技术知识的劳动力。"① 第二次世界大战以后，随着第三次科技革命的迅猛发展，现代科学技术特别是高科技已日益融合、渗透、扩散到生产力诸要素中，从而推动了生产力的巨大发展和人类社会的巨大进步。

科学技术是决定劳动生产力的因素。马克思指出："劳动生产力是由多种情况决定的，其中包括：工人的平均熟练程度，科学的发展水平和它在工艺上应用的程度，生产过程的社会结合，生产资料的规模和效能，以及自然条件。"② 尽管马克思在这里并没有把管理从"生产过程的社会结合"中独立出来，但管理无疑也是决定劳动生产力的一个重要因素。简言之，劳动生产力是由包括科学技术在内的多种因素决定的，使用价值生产的决定因素也是如此。与此相反，商品价值的决定因素却只有一个，这就是与商品经济相联系的一般的无差别的人类劳动即抽象劳动。

新科技与采用新科技并不是一码事。新科技在知识形态上，只是一种潜在的生产力；新科技一旦并入生产过程，就会转化为直接的现实的生产力。当然，新科技并入生产过程即新科技应用于生产的过程，必然是掌握了新的科学技术的劳动者与体现新科学技术成就的先进机器设备等生产资料相结合的过程。因此，在商品经济条件下，采用新科技的过程既是生产使用价值的劳动过程，也是价值形成过程。采用新科技不仅能创造价值，而且能创造更大的价值。具体说来，采用新科技与商品价值量的关系至少存在以下五种情况：（1）某一部门的个别企业采用了新科技，此企业所生产的商品总量和创造的价值总量都会明显增加，此企业会因其商品的个别价值低于社会价值而获得超额利润。（2）某一部门普遍采用了新科技，则会显著提高此部门的劳动生产率和增加此部门的商品总量，同时会明显降低此部门单位商品的价值量。（3）整个社会特别是和劳动力生产与再生产所必需的生活资料相关的生产部门普遍采用了新科技，则会在显著提高社会劳动生产率和增加社会商品总量的同时，普遍降低单位商品的社会必要

① 《邓小平文选》第 2 卷，人民出版社 1994 年版，第 88 页。
② 《马克思恩格斯全集》第 23 卷，人民出版社 1972 年版，第 53 页。

劳动时间，从而降低劳动力生产与再生产所必需的费用。在资本主义条件下，这就必然会降低劳动力的价值，从而减少劳动者的必要劳动时间，增加剩余劳动时间，使资本家获得相对剩余价值。（4）新科技的采用对生产者或总体劳动者（含生产者、科技人员、管理人员等）提出了更高的素质要求。生产者或总体劳动者需要经过更多的教育和训练，具有更高的技术和管理水平，并能够从事更高程度的复杂劳动。这既增加了劳动力价值中包含的教育训练费用，也能使生产者或总体劳动者在相同时间内创造更多的价值。（5）在国际贸易中，采用新科技的国家的同类（种）单位商品凝结了较多的国际价值量，而未采用新科技的国家的同类（种）单位商品则凝结了较少的国际价值量，前者在竞争中占有明显的优势。

国内有的学者把科学技术视为独立的生产要素，进而把新科技单纯归结为先进的机器设备，并且断言先进的机器设备也能创造价值。笔者认为，这种观点是不正确的。

如前所述，科学技术不是独立的生产要素，它不能离开其他生产要素（特别是劳动力）而独立存在。新科技的产生和采用都不能离开人的劳动。以计算机的开发和应用为例。计算机硬件和软件的设计与制造，离不开包括科技人员、生产人员、管理人员等在内的众多的"总体劳动者"的艰辛劳动。仅从科技人员来说，美国微软公司开发的"Windows2000"就是由5000名编程人员历时3年设计出来的，在上市之前又经过上千人耗时1年的修改。而计算机的开启、监视、调试、信息处理、检修等，也都统统离不开人的劳动。

随着科学技术的不断发展，劳动者的构成、生产工具的形态、物化劳动与活劳动的关系等都在逐渐地发生深刻的变化。在现代科学技术条件下，科技型人员日益成为劳动者的主体，以电子计算机控制的智能型机器体系日益成为最重要的生产工具，物化劳动日益代替活劳动。与此相联系，整个社会劳动生产率在明显提高，商品总量在迅速增加，单位商品中包含的活劳动量在不断减少。然而，单位商品中的活劳动量决不会减少为零。在商品经济条件下，尽管先进的机器设备在使用价值的生产中发挥着十分重要的作用，但是，在价值形成的过程中，它作为物化劳动则只能转移旧价值，唯有活劳动才能创造新价值。正如马克思所指出的那样："唯一与物化劳动相对立的是非物化劳动，活劳动。前者是存在于空间的劳动，后者是存在于时间中的劳动；前者是过去的劳动，后者是现在的劳动；前者体现在使用价值中，后者作为人的活动进行着，因而还只处于物化的过程中；前者是价值，后者创造价值。"①

在此还须指出，断言先进的机器设备也能创造价值，这在经济学说史上并不是什么新观点。19 世纪初，法国资产阶级庸俗政治经济学的创始人萨伊就提出了所谓劳动、资本、土地三要素共同创造价值的理论，即臭名昭著的"生产三要素论"。萨伊所说的资本，从物质形态上则表现为机器、厂房等生产资料。萨伊宣扬的"生产三要素论"，混淆了使用价值生产和价值生产，混淆了具体劳动和抽象劳动，混淆了旧价值的转移和新价值的创造，混淆了价值创造和价值分配，是为其提出的工人得到工资、资本家得到利息、土地所有者得到地租的所谓"三位一体"的分配公式服务的，其实质是掩盖资本主义剥削，维护资本主义制度。这种庸俗的价值理论，尽管被后来的资产阶级经济学家以不同方式加以继承和发展，但却早已受到马克思主义创始人的彻底批判。国内某些学者宣扬先进的机器设备也创造价值，无论其动机如何，在理论上都必然堕入"生产三要素论"的泥潭。

---

① 《马克思恩格斯全集》第 47 卷，人民出版社 1979 年版，第 33 页。

马克思的虚拟资本理论[*]

马克思主要在《资本论》第三卷中科学阐明的虚拟资本理论，是马克思经济理论宝库中一颗璀璨的明珠。深入研究和准确把握马克思的虚拟资本理论，不仅对于我们正确认识资本主义社会中的某些经济现象具有重要意义，而且对于我们在现阶段正确运用某些与社会化大生产和商品经济相联系的经济形式也具有现实意义。本文仅就马克思的虚拟资本理论的基本内容进行探讨，并向各位同仁请教。

一

虚拟资本一般是指以有价证券形式存在的并能给它的持有者带来一定收入的资本，是与现实资本相对而言的想象中的资本。在马克思的著作中，狭义的虚拟资本主要指国债券和股票，广义的虚拟资本还包括银行的派生存款、没有黄金保证的银行券、经贴现后留在银行的商业票据等。

1. 国债券

国债券是资本主义国家为筹集资金以国家信用为后盾而发行的公共债券。国债券具有三个特点：（1）它是债权人购买国债而得到的书面凭证。（2）债权人凭证书在法定期间内每年可以从国家收入中获取定量的利息并到期收回本金。（3）债权人可以转让或出卖国债券。由于国债券可以定期从国家获取利息并到期收回本金，是一种可以买卖的特殊商品，因而"对它们的所有者来说，就作为资本执行职能"。^①但是，国债券"根本不是资

---

* 原载《金融科学》1992 年第 4 期。

① 《马克思恩格斯全集》第 25 卷，人民出版社 1974 年版，第 540 页。

本，而是对一国年产品的债权"。① 因为，资本主义国家发行国债所得到的货币收入不是作为资本支出而是作为政务开支（主要是弥补财政赤字）用掉了，偿还国债的本金和利息也不是用现实资本带来的利润而是以各种税收支付的，所以，国债券不过是"已经消灭的资本的纸制复本"。② 无论将国债券反复交易多少次，它仍旧是一种虚拟资本，不能给真正的资本增加分文。"一旦债券卖不出去，这个资本的假象就会消失"。③

2. 股票

股票是其持有者向股份公司投资入股并有权获取股息收入的凭证。马克思指出：如果没有欺诈，股票"就是对一个股份公司拥有的实际资本的所有权证书和索取每年由此生出的剩余价值的凭证"。④ 股票与国债券不同，股票代表在股份公司中执行职能的现实资本，而国债券则不代表任何现实的资本。但是，股票与国债券同样是纯粹的虚拟资本。因为，当人们用货币购买了股票以后，真正的资本就转移到股份公司那里去了。而留在人们手中的股票，既不能退掉，也不能用来支配发挥职能作用的现实资本，它不过是一种资本所有权的证书或现实资本的"纸制复本"。⑤ "正如提货单在货物之外，和货物同时具有价值一样。它们成为并不存在的资本的名义代表。这是因为现实资本存在于这种复本之外，并且不会由于这种复本的转手而改变所有者。这种复本所以会成为生息资本的形式，不仅因为它们保证取得一定的收益，而且因为可以通过它们的出售而得到它们的资本价值的偿付。"⑥所以，股票本身也并不是现实资本，而是一种虚拟资本。

3. 银行的派生存款

马克思指出，银行存款本身起着双重作用。一方面，它们会作为生息资本贷放出去，而不会留在银行的保险柜里。"它们从来不是作为保管的现金存在的。"⑦ 由于贷出的货币资本已经在生产和流通领域中发挥职能作

① 《马克思恩格斯全集》第 24 卷，人民出版社 1972 年版，第 387 页。
② 《马克思恩格斯全集》第 25 卷，人民出版社 1974 年版，第 540 页。
③ 《马克思恩格斯全集》第 25 卷，人民出版社 1974 年版，第 527 页。
④ 《马克思恩格斯全集》第 24 卷，人民出版社 1972 年版，第 387 页。
⑤⑥《马克思恩格斯全集》第 25 卷，人民出版社 1974 年版，第 540 页。
⑦ 《马克思恩格斯全集》第 25 卷，人民出版社 1974 年版，第 534 页。

用，因而存款"只是作为存款人提供的贷款记在银行的账簿上"。① 另一方面，在存款人相互之间提供的贷款由他们的存款支票互相平衡和互相抵消时，它们只是作为账面项目进行结算，用银行支票支付差额。随着资本主义信用制度的发展，银行存款会超过实际资本许多倍，从而形成大量的虚拟资本。对此，马克思曾引证了《通货论》中的一段话："无可争辩的事实是，我今天存在 A 处的 1000 镑，明天会被支付出来，形成 B 处的存款。后天它又可能由 B 处再支付出来，形成 C 处的存款，依此类推，以至无穷。因此，这 1000 镑货币，通过一系列的转移，可以成倍地增长为一个绝对无法确定的存款总额。因此很可能，英国全部存款的十分之九，除存在于银行家各自的账面上外，根本就不存在……例如在苏格兰，流通的货币｛而且几乎完全是纸币！｝从来没有超过 300 万镑，而银行存款却有 2700 万镑"。②

4. 没有黄金保证的银行券

银行券是资本主义银行发行的一种信用货币。它在流通中代替金属货币执行职能，因此要受金属货币流通规律的支配。自由竞争的资本主义时期典型的银行券的一个重要特点是它可以自由向发行银行兑换贵金属货币。然而，资本主义银行也发行没有黄金保证的银行券，这种银行券也是一种虚拟资本。马克思举了英格兰银行的例子。"该行银行券的法定最高限额＝1400 万镑（发行这个数额，不需要有金属准备；这个数额大约等于国家对该行所负的债务），加上该行的贵金属储备额。因此如果贵金属的储备额＝1400 万镑，该行就可以发行银行券 2800 万镑。"③ 恩格斯指出，1857年英格兰银行停止执行 1844 年银行法以后，它"可以发行任何数量的银行券，而不顾它手中有多少金准备可以作为保证；这样，使它可以创造任何数量的纸票形式的虚拟货币资本"。④

5. 经贴现后留在银行的商业票据

马克思指出："银行家资本的最大部分纯粹是虚拟的，是由债权（汇

---

① 《马克思恩格斯全集》第 25 卷，人民出版社 1974 年版，第 533 页。

② 《马克思恩格斯全集》第 25 卷，人民出版社 1974 年版，第 457～458 页，｛｝里面的文字系恩格斯所加。

③④《马克思恩格斯全集》第 25 卷，人民出版社 1974 年版，第 537 页。

票），国家证券（它代表过去的资本）和股票（对未来收益的支取凭证）构成的。"① 在此，汇票是指"产业资本家或商人的支付凭据"，②即商业票据。商业票据不同于国债券和股票，它作为虚拟资本是有条件的。到期之前的商业票据经过背书，可以作为商业货币在一定范围内流通，在市场上执行购买手段或支付手段的职能，就此而言，它不是虚拟资本。但是，当商业票据被拿到银行贴现以后，银行将货币资本贷出，商业票据仍留在银行并作为银行准备金的一部分保存起来。在这种情况下，商业票据代表的价值额虽然经过贴现已经转化为现实资本的运动，但又作为一定的价值额计入银行资本总额中，从而获得了双重的存在：一个是现实资本的价值；另一个是虚拟资本的价值。因此，马克思把留在银行重复计算的商业票据也称之为虚拟资本。此外，虚拟资本还包括股份公司为追加资本而发行的公司债券以及不动产抵押银行为筹集贷放资金而发行的不动产抵押债券。

虚拟资本是在资本主义信用的基础上产生的，是借贷资本的特殊转化形式③。借贷资本是生息资本的一种形式，它通过暂时让渡货币资本使用权而仅仅凭借货币资本所有权来获取利息，也就是凭借债权证书来获取定期的收入。由于借贷资本的存在，就使得人们可以把任何一种凭借所有权获取的固定收入看成利息，并且把收入资本化，将其幻想成一定量借贷资本带来的利息收入，从而国债券和股票等能够定期获取一定收入的债权或所有权证书也就成为一定量借贷资本的代表，形成虚拟资本。另一方面，虚拟资本与借贷资本也有区别，其主要表现是：（1）借贷资本作为资本商品，其本身具有价值；而虚拟资本作为债券、股票等有价证券，其本身并无价值。（2）在借贷资本场合，是先有货币资本，后有利息收入，即本金"生"子金的关系；而在虚拟资本场合，是先有股（利）息收入，尔后收入被资本化，即子金"生"本金的关系。

二

虚拟资本与现实资本不仅有质的区别，而且也有量的区别。

---

① ②《马克思恩格斯全集》第 25 卷，人民出版社 1974 年版，第 532 页。
③ 本文下述的虚拟资本均指以国债券、股票为主要形式的狭义的虚拟资本。

构成虚拟资本的国债券、股票等有价证券本身并无价值，其市场价格和它们的名义价值（即票面金额）具有不同的决定方法。虚拟资本的市场价格取决于其收入的股（利）息量和银行存款利息率两个基本因素。一方面，当银行存款利息率已定时，其市场价格"会随着它们有权索取的收益的大小和可靠程度而发生变化"。① 假定一张股票的票面金额是100元，又假定股份公司每年提供的股息收入是10元，在银行存款利息率为5%的情况下，把一年能带来10元股息收入的这张股票按5%的银行存款利息率资本化，这张股票就可以按照200元的市场价格出售。在银行存款利息率不变的情况下，股票的股息收入越高，其市场价格也就越高；反之，股票的股息收入越低，其市场价格也就越低。因此，虚拟资本的市场价格与其股（利）息收入量成正比。另一方面，在虚拟资本的股（利）息收入量已定的情况下，其市场价格与银行存款利息率成反比。例如，一张每年带来20元股息收入的票面金额为100元的股票，在银行存款利息率为5%的情况下，它可以按照400元的市场价格出售；如果银行存款利息率提高到10%，它就只能按照200元的市场价格出售。因此，以国债券、股票等有价证券形式存在的虚拟资本的市场价格只是收入的资本化，即"一个幻想资本按现有利息率计算可得的收益"。②

由于虚拟资本的市场价格具有独特的决定方法，因而它们就成为投机的对象。以股票为例，一张票面金额为100元的股票在一年中究竟能带来多少股息收入，往往并不是当时就能确定的，"而是由预期得到的、预先计算的收入决定的"。③如果此股份公司经营良好，这张股票预期到年底将会带来15元的股息收入，那么，在银行存款利息率为5%的情况下，它就可以按300元的市场价格出售；反之，如果此股份公司经营不善，这张股票预期到年底只会带来4元的股息收入，那么，在银行存款利息率仍为5%的情况下，它就只能按80元的市场价格出售。另一方面，银行存款利息率也不是固定不变的，它随着平均利润率水平和借贷资本供求关系的变化而变化。由于股息收入和银行存款利息率具有明显的不确定性，从而导致股票行市的涨落具有很大的活动区间，所以股票投机就成为证券投机的

---

① ② ③《马克思恩格斯全集》第25卷，人民出版社1974年版，第530页。

典型代表。

马克思指出，国债券、股票等虚拟资本的市场价格不仅取决于上述两个基本因素，还取决于对它们的供求关系。"在货币市场紧迫的时候，这种有价证券的价格会双重跌落：第一，是因为利息率提高，第二，是因为这种有价证券大量投入市场，以便实现为货币。"① 而在经济繁荣时期，股息增加，银根松弛，利率降低，从而导致对虚拟资本的需求增大，其市场价格就会上扬。

以国债券、股票形式存在的虚拟资本作为债权证书或资本所有权证书，它们与现实资本在数量上的关系是不一样的。国债券的积累只是意味着拥有国家债券的债权人的增加和资本主义国家债务的增加，丝毫不表明现实资本的增加，因为国债券不过是已经消灭的资本的纸制复本。如果把国债券的积累视为现实资本的积累，那不过是一种对客观事物颠倒的认识。而股票则不同于国债券，它与现实资本在数量上既有联系，也有区别。股票与现实资本在数量上的联系大体有两种情况。一种情况是直接的联系。如果股票增加是由新建企业发行新股票而引起的，那么，股票的增加就反映了现实资本的增加。马克思指出："当这些证券的积累表示铁路、矿山、汽船等等的积累时，它们也表示现实再生产过程的扩大，就像动产征税单的扩大表示这种动产的增加一样。"② 另一种情况是间接的联系。随着资本主义生产的发展，平均利润率和银行存款利息率呈现下降的趋势，股票价格就会上涨。马克思指出：股票的价值额即"它们在证券交易所内的行情，在利息率的下降与货币资本特有的运动无关，而单纯是利润率趋向下降的结果时，会随着利息率的下降而必然出现上涨的趋势，所以，单是由于这个原因，这个想象的财富，按照它的原来具有一定的名义价值的每个组成部分的价值表现来说，也会在资本主义生产发展的进程中扩大起来"。③ 股票与现实资本在数量上也有区别。这不仅表现在资本家可以通过资本"掺水"等手段使其发行股票的票面金额超过其代表的现实资本的数

① 《马克思恩格斯全集》第 25 卷，人民出版社 1974 年版，第 530 页。
② 《马克思恩格斯全集》第 25 卷，人民出版社 1974 年版，第 540 页。
③ 《马克思恩格斯全集》第 25 卷，人民出版社 1974 年版，第 541 页。

量，而且还表现在股票价格的涨落可以"和它们有权代表的现实资本的价值变动完全无关"。[1] 因为，股票价格涨落取决于股息收入和银行存款利息率，而其代表的现实资本的变动归根结底取决于劳动生产率的变动。当现实资本的价值发生变动时，股票价格不一定变动；而当现实资本的价值没有发生变动时，股票价格也可以发生变动。

三

虚拟资本在资本主义经济中具有重要作用。

首先，虚拟资本有力地促进了资本的集中和积聚，是推动资本主义经济发展的重要杠杆。这主要表现在两个方面。一方面，通过发行股票，为建立股份公司提供了巨额的货币资本，使个别资本家不容易建立的大企业出现了。马克思指出："假如必须等待积累去使某些单个资本增长到能够修建铁路的程度，那么恐怕直到今天世界上还没有铁路。但是，集中通过股份公司转瞬之间就把这件事完成了。"[2] 另一方面，证券投机也促进了资本的集中和积聚。在资本主义国家中，证券交易所是专门买卖债券、股票等有价证券的特殊市场和中心。证券交易所随时公布各种有价证券的行市，买卖双方聚集在这里议价、成交和结算。正常的证券交易自发地起着分配货币资本的作用，它把食利者阶层掌握的货币资本，通过购买有价证券分配到国民经济各部门作为长期投资。但是，资本主义社会中的证券交易不可避免地带来对证券的投机，即某些人购买有价证券的唯一目的是为了以后再转卖时获取由买价和卖价的差额而形成的投机利润。在证券投机活动中，那些控制着经济命脉、实力雄厚、熟悉各种内幕的少数资本家往往占据上风，他们甚至可以利用手中掌握的大量证券和货币资本兴风作浪，人为地造成证券行市的暴涨或暴跌，以便从中牟利。而参与证券投机的许多中小资本家，则往往在转瞬之间倾家荡产。"在这里，成功和失败同时导致资本的集中，从而导致最大规模的剥夺。在这里，剥夺已经从直接生产者扩

---

① 《马克思恩格斯全集》第 25 卷，人民出版社 1974 年版，第 540～541 页。
② 《马克思恩格斯全集》第 23 卷，人民出版社 1972 年版，第 688 页。

展到中小资本家自身。"① 对此，恩格斯也指出："交易所朝着集中的方向改变分配，大大加速资本的积聚，因此这是像蒸汽机那样的革命的因素"。②

其次，虚拟资本掩盖了资本主义剥削关系，并使资本主义信用制度"发展成为最纯粹最巨大的赌博欺诈制度"。③ 一方面，虚拟资本的实质是收入的资本化，它割断了收入和现实资本增殖过程的联系。马克思指出："人们把每一个有规则的会反复取得的收入按平均利息率来计算，把它算作是按这个利息率贷出的资本会提供的收入，这样就把这个收入资本化了；例如，在年收入 = 100 镑，利息率 = 5% 时，100 镑就是 2000 镑的年利息，这 2000 镑现在就看成是每年有权取得 100 镑的法律证书的资本价值。对这个所有权证书的买者来说，这 100 镑年收入实际代表他所投资本 5% 的利息。因此，和资本现实增殖过程的一切联系就彻底消灭干净了。资本是一个自行增殖的自动机的观念就牢固地树立起来了。"④ 另一方面，随着股票等虚拟资本的形成和发展，也"再生产出了一种新的金融贵族，一种新的寄生虫，——发起人、创业人和徒有其名的董事；并在创立公司、发行股票和进行股票交易方面再生产出了一整套投机和欺诈活动。"⑤ 在证券投机中，少数人越来越具有纯粹冒险家的性质，"赌博已经代替劳动，并且也代替了直接的暴力，而表现为夺取资本财产的原始方法"。⑥ "在这种赌博中，小鱼为鲨鱼所吞掉，羊为交易所的狼所吞掉"。⑦ 恩格斯则更尖锐地指出：在证券交易所中大量充斥着不道德和诈骗行为，是"资本主义赢利的顶峰，在那里所有权完全直接变成了盗窃"。⑧

再次，虚拟资本的形成和发展，促进了资本主义生产方式的解体。在资本主义社会中，由于发行股票而建立起来的股份公司具有两个显著的特点：（1）股份公司的资本所有权是私人性质的，但其实现形式却是社会化

① 《马克思恩格斯全集》第 25 卷，人民出版社 1974 年版，第 497 页。
② 《马克思恩格斯〈资本论〉书信集》，人民出版社 1976 年版，第 406 页。
③ 《马克思恩格斯全集》第 25 卷，人民出版社 1974 年版，第 499 页。
④ 《马克思恩格斯全集》，第 25 卷，人民出版社 1974 年版，第 528~529 页。
⑤ 《马克思恩格斯全集》第 25 卷，人民出版社 1974 年版，第 496 页。
⑥ 《马克思恩格斯全集》第 25 卷，人民出版社 1974 年版，第 541 页。
⑦ 《马克思恩格斯全集》第 25 卷，人民出版社 1974 年版，第 497 页。
⑧ 《马克思恩格斯〈资本论〉书信集》，人民出版社 1976 年版，第 408 页。

的。由于资本所有权的根本性质并未发生变化，股份公司仍属于资本主义生产方式范围内对私人资本的否定。马克思指出："资本主义经营本质上就是私人经营，即使由联合的资本家代替单个资本家，也是如此。"① 股份公司"并没有克服财富作为社会财富的性质和作为私人财富的性质之间的对立"。② 但是，股份公司的资本所有权却采取了社会化的实现形式，即"直接取得了社会资本（即那些直接联合起来的个人的资本）的形式，而与私人资本相对立，并且它的企业也表现为社会企业，而与私人企业相对立"。③（2）股份公司的资本所有权与经营权相分离。在资本主义发展初期，资本主义企业的所有权与经营权往往是统一的，即资本家不仅是企业的所有者，同时还亲自管理企业。资本主义股份公司则不同，其资本所有权和经营权是分离的，管理劳动由雇佣的职员承担，资本所有者则转化为单纯的货币资本家。"资本家拿红利、剪息票、在各种资本家相互争夺彼此的资本的交易所中进行投机，除此以外，再没有任何其他的社会活动了。"④ 马克思指出：资本主义股份公司的上述特点，是资本主义生产极度发展的结果，"是资本再转化为生产者的财产所必需的过渡点，不过这种财产不再是各个互相分离的生产者的私有财产，而是联合起来的生产者的财产，即直接的社会财产。另一方面，这是所有那些直到今天还和资本所有权结合在一起的再生产过程中的职能转化为联合起来的生产者的单纯职能，转化为社会职能的过渡点"。⑤ 这就是说，资本主义股份公司一方面推动着资本主义经济向前发展；另一方面又在不断地否定私有制形式。马克思指出：资本主义股份公司"越是扩大，越是侵入新的生产部门，它就越会消灭私人产业"。⑥ 此外，资本主义证券投机中大资本对中小资本的剥夺，资本主义国家增发国债导致广大劳动人民税赋的加重，随着虚拟资本增加而造成食利者阶层人数的增加，都加深了资本主义的基本矛盾，从而促进资本主义生产方式的解体。

---

① 《马克思恩格斯全集》第 24 卷，人民出版社 1972 年版，第 272 页。
② 《马克思恩格斯全集》第 25 卷，人民出版社 1974 年版，第 497 页。
③ 《马克思恩格斯全集》第 25 卷，人民出版社 1974 年版，第 493 页。
④ 《马克思恩格斯选集》第 3 卷，人民出版社 1972 年版，第 318 页。
⑤ 《马克思恩格斯全集》第 25 卷，人民出版社 1974 年版，第 494 页。
⑥ 《马克思恩格斯全集》第 25 卷，人民出版社 1974 年版，第 496 页。

第六部分

附　录

高校文科教师科研之道探微[*]

当前，高校的大多数文科教师都肩负着教学与科研工作两副重担，是繁荣和发展我国社会科学的主力军。如何在促进教学的前提下搞好科研工作，这是许多高校文科教师共同面临的艰巨任务和现实问题。笔者略陈一孔之见，以抛砖引玉，与大家共同探讨。

一、面向实际

科学研究必须与客观实际（特别是社会实践）紧密结合，使之"顺乎时代之潮流，合于人群之需要"。就高校文科教师来说，这至少包括四个层面的内容和要求：一是面向不断变化的世界经济、政治、文化等实际；二是面向建设中国特色社会主义的实际；三是面向高等教育改革与发展的实际；四是面向专业理论与技能的实际。江泽民指出："一定要以我国改革开放和现代化建设的实际问题、以我们正在做的事情为中心，着眼于马克思主义理论的运用，着眼于对实际问题的理论思考，着眼于新的实践和新的发展。"

在面向实际的大前提下，搞好选题至关重要。科研选题不仅要考虑与课题相关的客观因素（如课题本身的重要性，国内外对该课题的研究状况以及社会需求状况等），更要考虑个人或课题组驾驭课题的能力（如知识结构、学术专长、资料积累、对与课题内容相关的实际情况的了解程度及社会联系渠道等）。应选择个人或课题组具有较多有利条件或具有相对优势、社会的现实需求或潜在需求较大的课题，作为科学研究的切入点或生长点。

---

* 原载《中国教育报》2002 年 3 月 13 日。

二、求是创新

求是，即探寻客观事物的规律性。创新，一般是指在批判或改变旧事物的过程中创造新事物。从社会科学研究的角度看，创新至少可以包括理论创新、对策创新、方法创新、体系创新等。如果说社会实践是社会科学赖以生存的土壤，那么，创新则是繁荣和发展社会科学的根本途径。

近几年来，创新一词在我国颇为"时髦"，仿佛人人可用，处处可用。然而，笔者认为，在高校文科科研工作中，创新绝不是可以随便乱贴的标签。一是创新要名副其实。要广泛收集有关资料，准确把握学术界和实际部门在某一特定领域的研究进展，在此基础上提出的新观点或新对策才有可能是创新；否则，就不是创新。能否称得上创新，要以客观尺度来衡量，不能以主观感觉为依据。二是创新要以科学性为前提。创新不是胡诌，而是要在符合客观实际的基础上力辟新见。要破除教条主义，摒弃虚无主义，决不趋炎附势。陈云说得好：不唯上，不唯书，要唯实。某些与客观实际和科学不沾边的所谓"新理论"和"新提法"，非但不是创新，而且还会造成思想或理论上的混乱，误国误民。三是创新要遵守学术道德和学术规范。无数事例证明，即使是真正的理论创新，往往也不过是新理论对旧理论的扬弃，即在批判中有继承，在继承中有发展。除原始性创新之外，继承并发展已有的优秀理论成果，乃是理论创新的内在逻辑和必由之路。要承认和尊重别人在相关领域中已有的科研成果，在论文或著作中以注释、引证、参考文献等方式标示出来，决不能抄袭剽窃，欺世盗名，搞学术腐败。

三、精益求精

科学研究贵在出精品。一篇优秀的科研论文，其学术和社会价值绝不亚于上千篇平庸之作。在当今某些人虚妄浮躁、片面追求所谓"科研成果"数量的情况下，更有必要提倡和树立"精品意识"，以对读者负责，对刊物负责，对社会负责。否则，七拼八凑，粗制滥造，低水平重复，在学术研究和市场经济中则难以立足，甚至会惨遭败绩。

科研成果要精益求精，除了应具有科学性和创新性之外，还应具有透彻性和精粹性。所谓透彻性，即观点深邃，鞭辟入里，且能自圆其说；既不浅尝辄止，更不自相矛盾。理论越是透彻，说服力就越强，也就越能立得住。所谓精粹性，即要精炼、通俗并富有文采。精炼，即突出重点和新意，字斟句酌，干净利落；通俗，即深入浅出，除了必要的专业术语之外，尽量说"普通话"，以赢得更多的读者，发挥更大的作用；文采，即讲求表达艺术，精雕细刻，以增强科研成果的可读性和吸引力。

四、重在效益

科学研究的根本目的，在于正确地认识和能动地改造客观世界。有价值的科研成果一旦被社会所承认或采纳，就会产生效益。笔者认为，科研成果的效益至少可以相对地区分为学科效益、经济效益和社会效益。一项有价值的科研成果，如果推动了学科建设，即具有学科效益；如果推动了经济发展，即具有经济效益；如果促进了社会进步，即具有社会效益。一般说来，有价值的对策研究或教学研究的成果一旦被采纳，其效益则体现得较为直接而迅速；而有价值的理论研究成果即使得到了社会的承认，其效益也体现得较为间接而缓慢。作为一名高校文科教师，当他提供的科研成果被社会所承认或采纳并取得了一定的效益时，其兴奋之情和成就之感甚或难以言表。

衡量科研成果效益大小的根本标准是社会实践。20 世纪 50 年代中期，著名经济学家马寅初针对我国人口迅速增长引发的种种矛盾，提出了控制人口数量、提高人口素质、"实行计划生育"的"新人口论"。尽管长期遭到误解、批判乃至迫害，但他仍坚持真理，拒不"检讨"。当我国在付出了沉痛的代价最终接受了马老的观点并将"实行计划生育"确定为一项基本国策之后，"新人口论"的巨大效益就愈益充分地显现出来。1978 年 5 月，由南京大学胡福明等理论工作者共同撰写的《实践是检验真理的唯一标准》的论文在《光明日报》发表后，在全国迅速掀起了一场关于真理标准的大讨论。它对于我们党拨乱反正，重新确立马克思主义的思想路线、政治路线和组织路线，起到了巨大的推动作用，其社会效益十分显著。

五、笃行不倦

高校文科教师欲在科学研究中有所建树，还需苦学深钻，锐意创新，持之以恒。

首先，要淡泊名利，志存高远。在当今世界，存在着金钱、权力、美誉等多种"诱惑"。而从事社会科学研究，则不仅异常劳累，同时也十分清苦。身为高校文科教师，必须以推动社会科学发展和利国利民为己任，不羡权贵，不慕骄奢，不图虚名，创造性地开展科研工作。要经得起"诱惑"，耐得住寂寞，"板凳要坐十年冷，文章不写一句空"。

其次，要打好基础，厚积薄发。与其临渊羡鱼，莫如退而结网。打好基础，最根本的是建立合理的知识结构和培养创新能力。有的学者把科研工作者的知识结构概括为"宝塔型"和"树干型"两种。"宝塔型"知识结构先谋广博，继求上展，渐趋狭小至某最高点便中止。具备这种知识结构出成果既快又多，然而后劲不足。"树干型"知识结构则一门专精，向地下深扎根须，然后伸出地面，长出树干，衍生枝叶花果，再生性强。具备这种知识结构虽耗时较长，但有后发优势。高校文科教师从事科研工作，似应扬长避短，逐步建立起"宝塔型"与"树干型"优势互补的知识结构。此外，高校文科教师应在科学研究的千锤百炼中，勇于创新，善于创新，不断提升创新能力和水平。

最后，要殚精竭虑，循序渐进。科学研究是高度复杂的重脑力劳动。除了要博读泛览、深入实际、发挥团队优势并运用正确的观点和方法之外，确实需要绞尽脑汁，搜索枯肠。"众里寻她千百度"，"独上高楼望尽天涯路"，"日间挥写夜间思"，"衣带渐宽终不悔"，这对于从事科研工作来说都是十分必要的。此外，科研水平和科研成果档次的由低到高，科研领域的由窄到宽，科研成果的由少到多，也是一个累积和渐进的过程，不可能一蹴而就。科研工作起步时，宜拿起"轻武器"（即写有新意、小而精的论文）作战。

上述五个方面，涉及的是高校文科教师搞好科学研究的主观条件。其中，面向实际、求是创新、精益求精是途径，发挥效益是目的，而笃行不倦则既是前提，也是保证。当然，高校文科教师要搞好科学研究，也需要有"百家争鸣"的宽松的学术环境、崇尚科学与倡导奉献的舆论氛围、多渠道的科研经费投入机制、客观公正的科研成果评价机制以及完善的高校师资、科研管理体制等客观条件与之配套。

中国经济体制改革课程研讨型教学模式探索*

实施素质教育是当代中国教育改革的主流。作为教育改革的有益探索和发展趋势,研讨式教学法在国内外高等教育特别是研究生教育中日益受到重视和采用。中国经济体制改革课程是我校为研究生开设的一门公共选修课。几年来,我们从课程、教师和学生的实际出发,将研究与讨论尽可能地贯穿于此门课程教与学的全过程或基本环节,探索并采用研讨式的教学内容、教学方法和考核方式,从而使研讨式教学法拓展和上升为研讨型教学模式,显著增强了学生的问题意识、创新精神、研究水平与表达能力。

一、研讨式的教学内容

实现研讨型教学模式的目标,关键是提炼和展现研讨式的教学内容。中国经济体制改革已走过三十多年的风雨历程,取得了举世公认的巨大成就。中国经济体制改革具有实践性、复杂性、探索性和创新性等特点。如何在有限的 36 课时内选择和确定好该门课程研讨式的教学内容?我们主要把握好三条:(1)凸显中国经济体制改革的核心、重点、难点和热点问题,以增强此门课程对学生的吸引力;(2)与社会主义政治经济学、中国经济概论等本科生课程和中国经济专题等研究生课程在内容或深度上有明显区别,以避免简单重复或基本雷同;(3)能充分展示国内外的主要研究成果和教师的研究专长,以拓宽与深化学生的研究思路,提升学生的研究能力。据此,我们在此门课程设置了经济体制改革的基本性质与转轨方式、中国企业体制改革、中国金融体制改革、中国劳动就业体制改革和中国个人收入分配体制改革等六个专题,并编写出在国内具有先进性、创新性和

---

* 原载《中国高等教育》2009 年第 23 期。

适用性的含有四级标题的授课大纲。

我们以发展的马克思主义经济理论为指导，紧密围绕中国经济体制改革的实践，充分吸收国内外相关研究的优秀成果和最新数据，采取历史分析与现实分析相结合、理论分析与对策分析相结合、纵向比较与横向比较相结合等方法，编写出一套较高水平的讲义或讲稿。例如，在讲授激进式改革与渐进式改革这一节时，任课教师首先阐明了两种经济体制转轨方式的区别与联系，然后介绍了国内外几种主要的评价经济体制转轨绩效的方法及相关数据，并对两种经济体制转轨方式的绩效进行了深入的分析，在此基础上结合转轨国家的实际情况对两种经济体制转轨方式的利弊及其适用性概括出三条基本结论：（1）选择何种经济体制转轨方式，如同选择何种经济体制改革的目标模式一样，从根本上来说取决于各国的国情，取决于经济体制转轨成本与经济体制转轨收益的比较，没有统一的固定不变的模式；（2）激进式改革（或"休克疗法"）并非包医百病的"灵丹妙药"；（3）对于以建立社会主义市场经济体制为目标的国家来说，渐进式改革可能是较为适宜的经济体制转轨方式。再如，在讲授中国劳动就业体制改革专题时，任课教师结合个人的最新研究成果，将中国当前失业的基本特征概括为六条：（1）城镇失业人员达到较大规模；（2）总量矛盾、结构矛盾与素质矛盾并存；（3）"需求瓶颈"与"体制瓶颈"并存；（4）非自愿失业与选择性失业并存；（5）隐性失业与隐性就业并存；（6）经济高增长与城镇高失业并存。学生们普遍反映：这样讲课理论性、现实感、说服力都很强，深受启迪。

二、研讨式的教学方法

教学方法不仅是教的方法，也是学的方法。教无定法，学也如此。我们在对中国经济体制改革课程进行教学改革的实践中，实行以教师为主导、学生为主体、研讨为主轴的开放、互动式教学方法。具体说来，我们主要采用四种研讨式教学方法：

1. 课内讲授与课外自学相结合。课内讲授是基本方法。任课教师精心设计每一堂课，以科学探索和平等讨论的方式进行授课。课外自学是主导方法。我们要求学生原则上至少要用与教师授课时数相同的时间进行自学。为切实增强学生的自学能力，我们不仅在发给学生的授课大纲中列出各专题的参考文献和思考题，还给每个学生免费发放一本由任课教师选编且在内容上逐年有所更新的 10 万字左右的教学参考资料，并具体指导学生迅速便捷地查阅高质量的相关文献。例如，我们根据多年积累的经验，指导学生在查阅某一内容的参考论文时，注重查阅新论文、名刊或名家的论文，并通过文中所列的参考文献"顺藤摸瓜"，进一步拓展查阅范围。

2. "请进来"与"走出去"相结合。为配合中国金融体制改革专题和中国企业体制改革专题的教学，我们曾聘请一位著名经济学家和一位著名企业家来校作了"中国期货市场的历史、现状与未来"和"全面建设小康社会与民营企业发展"两个专题报告。两位专家置身于中国经济体制改革的最前沿，从理论与实践的结合上为学生作了深入的分析和精彩的演讲。我们还组织学生到北京一家知名企业进行参观调查，并请此企业总裁给学生做了"企业家的诚信"的专题报告。丰富多彩的开门办学实践，不仅弥补了任课教师的某些不足，也极大地激发了学生的学习热情，拉近了学生与现实之间的距离，从而使此门课程的吸引力和影响力显著增强。

3. 专题讨论与随机讨论相结合。我们在此门课程的每轮教学中，都安排学生进行两次共 4 课时的专题讨论。为使讨论取得实效，我们着力抓好四个环节：（1）选好讨论题目。近年来，我们根据中国经济体制改革的进展和社会热点问题的变化，先后确定了"我国收入分配体制改革存在的主要问题与对策"和"如何看待大学毕业生就业难"等作为专题讨论的大题目，学生则可以在大题目的范围内自选切入点或自定题目。（2）做好讨论准备。我们要求每名学生都须独立撰写 2000～3000 字的讨论提纲，每组推荐一名学生在专题讨论中做重点发言。有些学生不仅撰写了讨论提纲，还精心制作了相关的数据图表和 PPT。（3）认真组织讨论。专题讨论由任课教师或课代表主持。为活跃讨论气氛，引导讨论深入，主持人还经常穿插提出问题，并留出时间安排学生自由发言。通过不同内容、不同角度、不同观点的阐发、交锋和融合，学生之间相互学习、启发和促进，思辨与表达能力明显跃升。（4）做好讨论总结。这既包括教师对学生讨论情况作一分为二的点评，也包括教师对讨论主题的要点提示。例如，任课教师在对"如何看待大学毕业生就业难"的专题讨论作要点提示时，紧密结合国内外的崭新数据和鲜活实例，深入阐明了大学毕业生就业难的基本含义、大学毕业生就业难是一个世界性的难题以及缓解我国大学毕业生就业难的基本途径。任课教师的精辟点拨，使学生对讨论主题的认识上升到一个新的高度。除专题讨论之外，我们还针对授课中的某些重点内容，随机引导学生进行有一定深度的讨论。

4. 教师提问学生与学生提问或质疑教师相结合。在课堂教学中，我们不仅把经常提问学生作为促进学生思考和活跃课堂气氛的手段，而且也提倡和鼓励学生就授课内容及相关问题向教师提问或质疑，教师则尽己所能给予回答。例如，任课教师在讲授中国个人收入分配体制改革专题时，有学生针对讲授中涉及的 2006 年我国事业单位工资改革提出一个问题：新工资制度中的绩效工资是否属于奖金？对此，任课教师作了四点阐释：（1）我国事业单位新实行的岗位绩效工资制度包括岗位工资、薪级工资、绩效工资和津贴补贴四个组成部分，绩效工资相对于其他三部分工资而言，属于活工资范畴；（2）奖金的经济学本义是劳动者提供的超额劳动的报酬形式；（3）我国事业单位实行绩效工资，根本目的是进一步贯彻按劳分配原则，充分调动事业单位工作人员的积极性、主动性和创造性；（4）绩效工资因人而异，其是否属于奖金须作具体分析。只有因超过标准工作的数量与质量规定而获得的那部分绩效工资，才属于真正意义上的奖金。实践证明，双向提问有利于促进师生互动和教学相长。

三、研讨式的考核方式

考核方式是实现教学目标的指挥棒。与传统的"上课记笔记、下课背笔记、考试考笔记"的填鸭式教学模式迥然不同，我们在实行研讨型教学模式的过程中，根据中国经济体制改革课程的特点和学生的实际情况，采取了以撰写小论文为主、以课堂讨论发言和案例分析为辅的灵活多样的考核方式。

我们在中国经济体制改革课程的每轮教学中，都要求学生必须提交两篇独立撰写的与课程内容密切相关的 3000 字左右的小论文，其成绩占课程总成绩的 70%。为确保小论文的质量,我们要求学生尽可能地查阅相关的重要文献,尽可能地采用最新公布的相关数据,不得抄袭别人的论文,摘要、引证、注释、参考文献、文字表达都必须规范化,同时要有个人的独立见解。中国社会科学院经济研究所副所长朱玲在《经济研究》杂志上发表了《实地调查基础之上的研究报告写作》一文,深入探讨了经济类专业研究生提高调研与写作能力的基本路径。我们将此文印发学生人手一份,作为其撰写小论文和其他经济类论文的重要参考。在任课教师的严格要求和热情指导下,学生们博读泛览,深入思考,认真撰写小论文。有的学生根据 1994 年我国税制改革以来多次较大幅度地调整出口退税率的实效,对我国当前提高出口退税率的做法提出质疑,并提出了变出口退税为研发投入、变刺激外需为扩大内需等颇有见地的政策建议。有的学生从高校人才培养模式、高校毕业生人数持续大幅增加、高校毕业生的择业观念和就业去向与社会需求脱节等角度全面分析我国大学毕业生就业难的基本成因;从政府、企业、高校、学生或从产、学、研相结合的角度深入探讨缓解我国大学毕业生就业难的基本途径。日本籍博士研究生西村友作在 2007 年撰写的小论文中,不仅对日本和中国大学毕业生的就业问题进行了多角度的比较分析,还附有日本大学毕业生就业的产业结构占比(2006 年)、日本大学毕业生时序就业率(1996～2006 年)和日本大学毕业生首月工资增长率(1997～2006 年)3 张图表。学生们通过撰写小论文,经历了独立进行研究与探索的实践过程,不仅为尔后撰写硕士、博士论文或在报刊上公开发表论文等奠定了一定的基础,也明显提升了理论素养、创新精神、科研水平与表达能力。

社会主义政治经济学教海探珠[*]

当今世界，风云多变。社会主义政治经济学与其他许多课程相比，确实不好讲。然而，不好讲并非讲不好。本文扼要介绍我近几年来努力搞好社会主义政治经济学教学的若干尝试和体会，以抛砖引玉，与广大同行共磋教艺。

一、"底气"要足

教师要讲好社会主义政治经济学，必须有足够的"底气"，在大庭广众面前挺直腰杆，决不能"带着迷茫和沉重的压力走上讲台，又带着失落走下讲台"。

"底气"首先来源于坚定的社会主义和共产主义信念。我长期从事马克思主义理论课的教学工作，深入钻研过《资本论》等光辉著作。马克思主义博大精深和缜密的理论体系与当代中国和世界的现实使我坚信马克思主义是在实践中不断丰富和发展的科学，是工人阶级推翻旧世界、建设新世界的"圣经"，社会主义制度必将在全世界范围内取代资本主义制度。因此，我在讲课中觉得职责光荣，理直气壮。

"底气"也来源于深厚宽广的理论功底和对于实际情况较好的了解。人们常说，给学生一杯水，教师须有一桶水。我认为，对于马克思主义理论课教师来说，给学生一杯水，自己往往得储备一缸水。就讲好社会主义政治经济学而言，不仅需要谙熟政治经济学基本原理，而且还要熟悉马克思主义经济思想史、资产阶级政治经济学史、西方经济学、社会主义政治

---

* 原载《金融科学》1993 年第 4 期。本文主要内容经改写，载于《中国高等教育》1993 年第 6 期。

经济学史、社会主义国家经济史和改革史。此外，还应对中外近现代史、外国经济史、当代世界政治经济与国际关系，以及其他应用经济学和科学技术基础知识等有必要的了解。只有具备深厚的理论积淀和广博的实际知识，讲授社会主义政治经济学才可能融会贯通，持之有故，厚积薄发，振振有词。

"底气"还来源于对教学内容比较熟悉。同样一份讲稿，是照本宣科、结结巴巴地讲，还是倒背如流、滔滔不绝地讲，其教学效果大相径庭。我原在单位有一位经济学教师，他精心设计每一堂课，对教学内容了如指掌，滚瓜烂熟。在课堂上，他绘声绘色，挥洒自如，像"名演员"一样吸引着广大学生。他对教学内容的娴熟程度和精湛的教学技艺给我留下了深刻的印象。有的经济学教师并非缺乏口才，也并非不能把课程讲得"活灵活现"，但就是舍不得在更好地熟悉教学内容上多下功夫。其实，熟能生智，也能生巧。为了增强教学效果，教师在备课方面多用一些时间是完全必要的。

二、教材要好

搞好社会主义政治经济学的教学，选好教材是至关重要的前提条件。选用教材得当，则事半功倍；选用教材不当，则事倍功半。

目前，我国高校使用的社会主义政治经济学教材大体上分为三类：第一类是国家教委推荐使用的教材，如蒋家俊和吴宣恭主编的《政治经济学（社会主义部分）》（简称"南方本"），谷书堂和宋则行主编的《政治经济学（社会主义部分）》（简称"北方本"）；第二类是由某省、部委组织编写或几所院校合编的教材；第三类是某高校的自编教材。尽管后两类教材中也不乏"凤毛麟角"，但是，一般说来国家教委推荐的教材质量较高，基本上代表了国家级水平。几年来，我们先后采用了国家教委推荐的"北方本"和"人大本"（即由卫兴华、顾学荣主编的《政治经济学原理》），对提高教学质量起到了良好的作用。

国家教委推荐的社会主义政治经济学教材各具特色。从备课需要出发，教师最好具备几本新版的教材，以便博采众长，改进和充实教学内容。例如，围绕产业结构合理化问题，"北方本"仅仅阐述了产业结构合理化的基本标志，内容较为单薄；而"南方本"则阐述了经济成长阶段与产业结构的关系以及产业结构类型，内容较为新颖和丰富。我在讲课中把这两本教材的有关内容融为一体，就显得珠联璧合，光彩夺目。

教师在课堂上讲授的内容应与学生使用的教材既有联系，也有区别。教材规定了教师讲授内容的基本框架，如何增删取舍则应从教学目的和学生的实际状况出发。有的教师在讲课中基本上脱离教材，造成学生无所遵循，莫衷一是，这种做法并不可取；而有的教师"照葫芦画瓢"，讲课从内容到文字都与教材基本雷同，则更使学生感到单调乏味，仿佛无须借助教师这根"拐棍"。我认为，经济学教师在讲课中应对教材起到"加深"和"加宽"的作用。所谓"加深"，即突出重点，阐明各章节之间的内在联系，增强理论深度和教学力度，尽可能地释疑解惑。所谓"加宽"，即添枝加叶，也就是要根据实践和理论的发展，补充教材在内容和例证方面的不足。例如，我在讲授"人大本"中"按劳分配和社会主义消费"这一章时，除了讲清教材规定的教学内容之外，还增加讲授了社会主义市场经济中按劳分配的特点，当前社会分配不公的状况、原因与对策，在社会主义初级阶段的个人收入分配制度中坚持以按劳分配为主体的必要性等内容，受到了学生们的好评。

教材的某些内容是经常更新的，社会主义政治经济学教材尤其如此。中共十四大召开以后，我们采用的教材中某些内容已明显陈旧。在新教材尚未面世之前，我们根据中共十四大精神和建设有中国特色的社会主义理论，及时制定了社会主义政治经济学的新大纲，并于年初开课之前发给学生每人1份。按照新大纲授课固然增加了教师备课的难度和工作量，但却使教学内容更加切合学生的实际需要。

三、观点要准

社会主义政治经济学的根本力量在于它的科学性，在于它被人民群众掌握之后所焕发出来的巨大的物质力量。在实践中我深深地体会到，讲授社会主义政治经济学只要观点准确，论证透彻，逻辑严密，就能以理服人。

广大青年学生具有极大的可塑性。他们并没有戴着"有色眼镜"来看待马克思主义。电影《大浪淘沙》中有一句话说得好：青年学生自发地崇仰真理。

要在讲授中充分体现社会主义政治经济学的科学性，关键是教师要切实加强理论研究，不断提高理论水平。尽管许多高校在理论研究方面的客观条件远不如科研机构，但是，我在实践中认识到：作为一名高校马克思主义理论课教师，必须坚持教学与科研"两条腿走路"的方针，以教学推动科研，以科研促进教学。我越来越多地尝到了加强理论研究对于搞好教学工作的甜头。例如，前几年，针对某些人提出的社会主义商品经济条件下不能实行按劳分配的错误观点，我在课堂上强调指出：尽管马克思设想的社会主义产品经济与我国现阶段的社会主义商品经济存在着显著的差别，但是，我国现阶段仍然具备马克思设想的实行按劳分配的基本经济条件：（1）存在着在所有制结构中占主体地位的社会主义公有制。（2）劳动者具有劳动力的个人所有权。（3）社会生产力不够发达，旧式的社会分工特别是脑力劳动和体力劳动的本质差别仍然存在。（4）劳动对于绝大多数人来说还仅仅是谋生的手段。再如，我曾撰写并发表了《必须坚持社会主义公有制的主体地位》一文，从理论和实践的结合上驳斥鼓吹在中国实行"私有化"的谬论。在阐述社会主义公有制与我国现阶段生产力的相互关系时，我除了列举新中国成立四十多年来在经济建设和改善人民生活等方面取得的重大成就来说明社会主义公有制适合我国现阶段生产力的基本性质以外，还提出必须做下述三点区分：（1）必须把由于我们在工作中的失误造成的经济建设的重大挫折与社会主义公有制严格区分开来；（2）必须把社会主义公有制的主体地位与需要调整的部分严格区分开来；（3）必须把我国传统经济体制中存在的弊端与社会主义公有制严格区分开来。我把这种观点融入课堂教学，学生反映"论证透彻，说服力强"。

在教学实践中有时会遇到这种情况：教材中阐述的某个观点虽然是社会的正统观点，但却与现实生活存在着明显的差距。对此，我在基本讲清楚教材观点的基础上，适当地介绍一些国内外在这一问题上较有说服力的新的学术观点。这不仅有利于开阔学生的思路，还能使学生认识到社会主义政治经济学绝不是一成不变的教条，而是源于实践川流不息的真理的长河。

四、例证要新

真实、典型、生动、新颖，这是讲课举例的基本要求。社会主义政治经济学植根于社会主义现实经济的肥田沃土。因此，教师举例不仅要力争做到真实、典型与生动，而且还要尽量做到新颖。

讲授社会主义政治经济学举例的范围很广，包括经济统计数据、经济实例、经济政策、经济发展和经济体制改革中的成就与问题，等等。在实行改革开放以前的较长时期中，我国的信息渠道狭窄，许多经济情况不透明或半透明，教师苦于"上不着天，下不着地"，讲授社会主义政治经济学难以较好地做到理论联系实际。而今，经济生活日益信息化，经济学教师可以多渠道地及时获得比较准确的经济信息，这就为在教学中真正贯彻理论联系实际的方针提供了十分有利的条件。平时，我除了积极购买理论书籍和坚持订阅经济理论刊物以外，还认真研究经济政策和广泛搜集经济资料。对于党和国家的重要文献选编、《中国统计年鉴》《中国经济体制改革十年》《奋进的四十年》和世界银行发表的年度《世界发展报告》等比较昂贵的重要资料，我都力争买来。对于报刊登载的党和政府领导人重要的讲话和报告、国家统计局发表的国民经济与社会发展统计公报以及经济界有关人士撰写的重要专题资料，我都设法通过复印等途径搞到手。而对于中央电视台、中央人民广播电台播发的重要经济新闻，我经常是耳听笔录。这样，我在教学中运用例证就感到得心应手：不是捕风捉影，而是真凭实据；不是"昨日黄花"，而是"今朝之事"；不是牵强附会，而是较为恰当；不是"坐井观天"，而是俯瞰中国与世界。例如，为了阐明坚持社会主义改革开放的必要性，我在1991年上半年的讲课中列举了下述经济数据："1981～1990年，我国国民生产总值年均增长9%，而发展中国家年均增长3.1%，发达国家年均增长2.8%。即是说，这10年中，中国经济走三步，发展中国家走一步多，发达国家还没走完一步。从纵向来看，这10年我国国民生产总值的增长速度大大超过了1953～1978年国民生产总值年均6.1%的增长速度。"为了阐明我国现阶段生产力从总体来看仍然是水平低的状况，我在今年春季的讲课中引用了世界银行发表的《1992 年世界发展报告》中列举的 1990 年人均国民生产总值的若干数据：中国 370 美元，瑞士 32680 美元，全世界 4200 美元。当然，我也附带解释了用美元衡量人均国民生产总值的局限性。在阐明全民所有制企业实行"两权"适当分离的必要性时，我把当天早晨中央人民广播电台报道的"翻牌公司"作为向旧体制复归的反面事例"揉"进去了；在讲述国有大中型企业的地位与作用时，我不仅参考了国务院全国工业普查小组有关调研材料和《中国统计年鉴》，而且还引用了授课前不久李鹏总理讲话中有关的最新数据。例证新，大有益。它使社会主义政治经济学的讲授内容跳动着时代的脉搏，充满着现实生活的气息，从而大大增强了理论的说服力。

五、语言要精

在社会主义政治经济学的讲授中，理论好比躯干，例证宛如血肉，语言则恰似服装。语言要精，一是指语言精炼，干脆利落，不拖泥带水，不说车轱辘话，以尽量满足学生以少量时间获取大量知识信息的需要；二是指语言优美，讲求语言表达艺术，使学生在课堂上不仅能得到理论上的"滋润"，还能在语言方面获得某种欣赏与满足。

马克思、恩格斯、列宁、斯大林和毛泽东不仅是理论大师，而且也是语言艺术大师。他们的光辉著作不仅是社会科学的经典，同时也是语言艺术的楷模。毛泽东曾反复强调广大干部特别是宣传工作者学习语言的极端重要性，并且指出："语言这东西，不是随便可以学好的，非下苦功不可"。[1] 他还大力提倡向人民群众学习语言，向外国和古人语言中学习有价值的东西。

"教员是宣传家"[2]。作为教师，我们应善于运用青年学生喜欢的语言来讲授社会主义政治经济学，建立起马克思主义与广大学生心扉之间的桥梁。我曾在农村和工厂搞过宣讲，后来长期在高校任教。我注重多渠道和

---

[1] 《毛泽东选集》第 3 卷，人民出版社 1991 年版，第 837 页。
[2] 《毛泽东选集》第 3 卷，人民出版社 1991 年版，第 838 页。

一点一滴地学习语言，努力学会"到什么山上唱什么歌"。在实践中我体会到，给大学生讲课不同于在工人、农民中间进行宣讲；讲授社会主义政治经济学也不同于讲授中文与历史，在语言运用上要刚柔相济，雅俗共赏。所谓刚柔相济，就是既要有"律师的面孔"，以显示真理的威严；又要有"姑娘的笑脸"，以体现真理的可爱。所谓雅俗共赏，就是既要有"阳春白雪"，也要有"下里巴人"。清一色的大众话是不行的，这难以满足大学生对语言艺术高层次的追求；而"孔夫子放屁——文气冲天"也是不行的，这容易给学生造成华而不实和脱离群众的感觉。俗，不能语言混浊；雅，不能"曲高和寡"，要雅俗适度。在讲授社会主义政治经济学的过程中，我尽可能地把理论语言与文学语言、抽象化语言与形象化语言、书面语言与口头语言有机地结合起来。例如，我用"政企不分""瞎指挥""大帮轰""大锅饭"来概括农村人民公社体制的主要弊端；用"草根工业成长为参天大树"来比喻某些乡镇工业企业的迅速崛起；用"市长当厂长、厂长当市长"来描绘传统经济体制下政企不分、企业办社会的状况；用"工业报喜、商业报忧、仓库积压、财政虚收"来概括传统经济体制下企业"为生产而生产"造成的后果；用"三位一体""三足鼎立"来比喻社会主义制度下国家、集体、个人三者之间在物质利益方面的一致性与差别性；用"不为浮云遮望眼"来劝诫学生不要被当前的社会分配不公和不正之风所迷惑，等等，都收到了良好的效果。有一次，学生的课堂讨论既十分活跃，也有一定的广度和深度。我在作讨论总结时首先用"群星璀璨"来概括我的总体印象，课堂上顿时鸦雀无声，几十名学生的目光和我的目光完全交汇在一起。语言艺术是一门大学问，我在这方面还远不是行家里手。然而，准确而艺术地运用语言，无疑会显著增强理论讲授的感染力和吸引力。

六、方法要活

社会主义政治经济学的教学方法从根本上说来是理论联系实际和启发式这两种教学方法，其目的在于提高学生运用对于社会主义经济的本质、运行和发展的科学认识分析问题与解决问题的能力。然而，这两种教学方法需要通过具体的教学方法来加以体现。我在实践中探索并采用了以下六种具体的教学方法。

1. 抛纲式教学法（即抛纲——自学——质疑答疑）。这比较适合于教材阐述较细、自学难度较小且内容不很重要的章节。例如，对于"社会主义经济制度的建立"这一节，我就采用了这种教学方法。从而，既避免了讲授与教材在内容上的简单重复，又培养了学生的自学能力。

2. 归结式教学法（即提出教学目的和要求——自学——归纳总结）。这比较适合于具有中等难易程度且内容需要发挥的章节。例如，对于教材中个体经济、私营经济、三资企业这部分内容，我就采用了这种教学方法。我先提出学习的重点在于正确认识上述三种经济成分各自的性质和作用，然后让学生在课堂上自学半小时，在此基础上我提问并加以总结。在总结中，我除了扼要地概括个体经济、私营经济、三资企业的性质和作用以外，还补充讲授了它们目前的规模、经济和政治上的两面性以及我们的方针与政策等问题。从而，既增强了学生的自学能力，也拓展了教学内容。

3. 一般讲授式教学法。这比较适合于内容较重要且需要进一步充实的章节。对于社会主义政治经济学教材中约半数左右的章节，我都采用了这种教学方法。例如，在讲授社会主义生产目的这一节时，我不仅阐明社会主义生产目的的客观性，还从质和量的角度讲清社会主义生产目的的内涵；不仅阐明社会主义生产目的的实现形式，还列举公式讲清社会主义生产目的实现程度的数量表现；不仅联系了我国在社会主义建设中偏离社会主义生产目的曾经遭受的挫折，而且也讲述了党的十一届三中全会以来我国逐步端正生产目的给人民物质文化生活带来的实惠。

4. 专题式教学法。这比较适合于社会主义政治经济学教材中的重点章。例如，社会主义初级阶段理论既是建设有中国特色的社会主义理论的重要内容，也是党和国家正确制定路线、方针、政策的重要理论依据，在社会主义政治经济学中的地位非常重要。几年来，我始终把社会主义初级阶段理论作为专题来讲授。不仅讲清社会主义初级阶段理论的产生及意义，而且讲清社会主义初级阶段的含义和客观依据；不仅讲清社会主义初级阶段的基本经济特征，而且讲清社会主义初级阶段的主要矛盾和基本路线。又如，1990年上半年，针对当时东欧国家剧变、中国经济滑坡、社会上某些人在信念方面产生摇摆的严峻形势，结合社会主义初级阶段所有制结构理论的教学，我给投资专业的学生讲授了"关于发挥社会主义制度优越性问题的几点思考"这一专题。我参考了有关材料，从理论和实践的结合上着重阐述了三个问题：（1）迄今为止的社会主义革命几乎都是在不发达国家中取得成功的，从而社会主义国家要创造出普遍高于发达资本主义国家的劳动生产率必然是一个长期的过程。（2）社会主义制度优越性的发挥要受到经济政治体制、人口、自然资源和国际环境等多种主客观因素的制约。（3）如同任何新生事物的成长规律一样，社会主义制度优越性的发挥必然是一个曲折的过程。我以下面这段话作为此专题的结语："社会主义制度优越性的发挥具有明显的过程性。从历史的角度看，社会主义制度还很年轻，她的优越性还远未充分地发挥出来。正如有人比喻的那样，现在是小荷才露尖尖角，社会主义的鲜花盛开还在后头。所以，我们必须坚定社会主义信念，继续沿着社会主义道路走下去，经过几代乃至十几代人长期不懈的艰苦努力，把我们的祖国建设成为繁荣昌盛的乐园。这正是：也许肩上的担子越是沉重，信念就越是巍峨；面对虽饱经忧患却充满希望的祖国，我们别无选择！"在这次两节课的专题讲授中，学生们先后三次热烈鼓掌。从掌声中，我不仅感受到社会主义制度的巨大威力和马克思主义理论课教师的重要作用，更看到了祖国的希望和未来。

5. "走出去"与"请进来"。这是一种充分利用校外有利条件贯彻理论联系实际方针的有效教学方法。几年来，在校、系领导的支持下，我们紧密结合教学内容，先后组织学生到顺义农村和首钢进行参观调查，并请有关领导介绍情况。今年4月，我们还邀请中国社会科学院工业经济研究所的专家来校给学生作了"社会主义市场经济与国有企业改革"的专题报告。通过组织这些教学活动，师生们受益匪浅，不仅耳闻目睹了许多在课堂上和书本中学不到的东西，而且也进一步认识到坚持社会主义基本方向和改革开放的必要性。

6. 讨论式教学法。我在每轮社会主义政治经济学教学过程中一般都安排2~3次课堂讨论，每次两课时。为确保讨论取得实效，我主要抓好四个环节：（1）选好讨论题。讨论题应兼有重点、热点、难点三个特征，从而才既有讨论的必要，也有搞好讨论的可能。1990年，我们曾组织学生进行过"中国能否实行私有化"的课堂讨论；今年上半年，我们又组织学生进行了"为什么我国经济体制改革的目标模式是社会主义市场经济体制"的讨论。（2）做好讨论准备。一方面，要力促学生查阅资料，独立思考，认真写好讨论提纲；另一方面，在每次讨论之前我都仔细看过学生的讨论提纲，做到"胸中有数"。（3）尽量由课代表或班长主持讨论。实践证明，由学生担当课堂讨论的"主持人"有利于活跃气氛，各抒己见，教师只需在"冷场"或"跑题"时稍加引导。（4）教师要做好讨论总结，尽可能地使学生的模糊认识得以澄清，正确观点进一步升华。

在上述教学方法中，我主要采用一般讲授和专题讲授这两种教学方法，辅之以其他教学方法。实践证明，这样做既有利于充分发挥教师的主导作用，也有利于调动广大学生的积极性和主动性。

七、要求从严

在社会主义政治经济学的教学过程中，我一直坚持以高标准来严格要求学生，主要做了以下四方面的工作。

1. 要求学生不得无故缺课。我校规定学生无故缺课 3 次以上就取消考试资格。我严格执行学校的有关规定，经常点名抽查。有一次，投资专业某学生无故缺课，我便于课后主动找他谈心。他诚恳地检讨了错误，尔后再没有缺课。对于因病或因事请假的学生，我都要求他们补看教材的有关部分和别的学生的课堂笔记，有时我还亲自给个别学生补课。

2. 要求学生认真写好讨论提纲。我要求学生写讨论提纲既不能简单抄袭教材或其他材料，也不能互相抄袭，应有自己的真实观点和独立归纳，每份提纲 1500 字左右。对于交上来的讨论提纲，我尽量写上较为切中的评语，有时还纠正其中的错字和不正确的标点符号。此外，我还在作讨论总结时对认真准备讨论提纲的学生进行表扬。学生们见我对他们的要求如此严格，因而在准备讨论提纲的过程中普遍比较认真，写作质量也迅速提高。1989 年，投资专业李蕾为了准备关于社会分配不公问题的讨论提纲，先后查阅并参考了近 10 篇有关论文，写成了约 6000 字的讨论提纲。她在讨论会上的发言得到了学生们的一致好评。

3. 期末考试前既不留重点复习范围，也不进行串线辅导。这不仅是学校的统一规定，同时也是我们向学生预先发布的"安民告示"。几年来，我们一直坚持这种做法，旨在督促学生平时多下功夫，掌握真本事。

4. 不给"人情分"。有名课代表入学前高考总成绩600多分，入学后平时学习也不错。可是，她在期末社会主义政治经济学考试中竟粗枝大叶，误答了一道10分的题，加上其他题丢的5分，我只好给她85分。我原认为她爱面子并会因此影响师生关系，但实则不然。事后，她每次见到我时仍面带微笑，彬彬有礼。实践使我认识到，真正的好学生对于公平的成绩是服气的，并不希望教师"赐"给"人情分"。

教师的天职是搞好教学。而要搞好教学，从教师方面来说，关键在于具有爱岗敬业和不断进取的精神。我在搞好社会主义政治经济学教学方面虽然进行了初步的探索，但仍存在着某些不足。我愿殚精竭虑，继续攀登，向党和人民指引的高峰挺进！

社会主义政治经济学教学方法探索[*]

人类社会在日新月异的发展变化中将迎来光辉的 21 世纪。中华民族将在新世纪中实现伟大的民族复兴。面对知识经济时代带来的宝贵机遇和尖锐挑战，背负中华民族神圣而艰巨的历史使命，社会主义政治经济学和我国高校的其他许多课程一样，都正在经历着深刻的历史性变革。

社会主义政治经济学是高校经济、管理类专业的核心或基础课程之一，也是高校政治理论课中公认难讲的课程之一。搞好社会主义政治经济学的教学工作，关键在于进行教学内容和教学方法的改革。社会主义政治经济学教学方法的改革，应从学生、教材等方面的实际情况出发，紧紧围绕教学目的来进行。社会主义政治经济学教学的根本目的在于，既要使学生初步掌握社会主义政治经济学的基本原理，加深对社会主义初级阶段生产关系和经济规律的认识，增强建设有中国特色社会主义的信念，从一个侧面为学生树立正确的世界观、人生观和价值观奠定必要的思想和理论基础；又要培育学生的智能和创新精神，提高他们运用马克思主义的基本立场、观点、方法分析问题和解决问题的能力。近些年来，笔者在从事社会主义政治经济学教学的过程中，对传统的单一的"满堂灌"的教学模式进行了改革，探索并采用以下八种具体的教学方法，取得了令人欣慰的显著成效。

1. 抛纲式教学法（即抛纲——自学——质疑答疑）。这比较适合于教材阐述较细、自学难度较小、内容不很重要或学生较为熟悉的章节。例如，对于"社会主义经济制度的建立"这一节，因教材阐述得较为具体，学生在中学时期和大学一年级中国革命史课程的学习中又有基本的了解，我就采用了这种教学方法。从而，既避免了讲授内容与教材及学生过去所学知

---

* 原载《金融科学》1998 年第 4 期。本文主要内容经改写，载于《中国教育报》1998 年 10 月 21 日。

识的简单重复，又培养了学生的自学能力。

2. 归结式教学法（即提出教学目的和要求——自学——归纳总结）。这比较适合于具有中等难易程度且内容需要发挥的章节。例如，对于教材中"建立社会主义市场经济体制的客观必然性"这一节，我就采用了这种教学方法。我先提出学习的重点在于认清社会主义商品经济存在的原因、社会主义市场经济体制的基本特征和我国为什么要建立社会主义市场经济体制三个问题，然后让学生在课堂上自学半小时，在此基础上由我提问并加以总结。在总结中，我不仅根据教学大纲的提法对教材的内容作了更为准确和精炼的概括，而且还在重点问题上进行深入讲授。例如，为了帮助学生深入理解我国为什么要建立社会主义市场经济体制这个问题，我在教材和教学大纲的基本内容之外深入讲授了四点：（1）从资源配置方式来说，计划和市场各有长短。（2）计划经济有其特定的适用范围。（3）从迄今为止的世界经济实践和总体经济效率考察，现代市场经济与传统计划经济相比已被证明是更有成效的经济运行机制和经济体制。（4）计划经济≈计划调节，市场经济≈市场调节。

3. 一般讲授式教学法。这比较适合于内容较重要且需要进一步充实的章节。对于社会主义政治经济学教材中近半数的章节，我都运用了这种教学方法。在采用这种教学方法的过程中，要力求对教材内容起到"加深"和"加宽"的作用。所谓"加深"，即突出重点，加强教学力度和理论深度，尽可能地释疑解惑；所谓"加宽"，即添枝加叶，也就是要阐明理论与实践新的发展，弥补教材在内容和例证方面的不足。譬如，在讲授社会主义生产目的这一节时，我不仅阐明社会主义生产目的的客观性，还从质和量的角度讲清社会主义生产目的的内容；不仅阐明社会主义生产目的的实现形式，还列举公式从数量上揭示社会主义生产目的的实现程度；不仅联系我国在社会主义建设中偏离社会主义生产目的曾经遭受的严重挫折，而且也讲述党的十一届三中全会以来我国逐步端正生产目的给人民在物质文化生活方面带来的巨大实惠。再如，在讲授"实现我国现阶段经济发展战略目标的基本经济途径"时，教材中的相关内容是沿袭中共十三大报告中的提法，与新形势和新口径差距较大。我根据《中共中央关于制定国民经济和社会发展"九五"计划和 2010 年远景目标的建议》以及中央领导同志讲话的新精神，把实现我国现阶段经济发展战略目标的基本经济途径概括为两条：（1）实行两个根本性转变（即经济体制从传统的计划经济体制向社会主义市场经济体制转变，经济增长方式从粗放型向集约型转变）。（2）实施三项基本战略（即科教兴国战略、可持续发展战略和西部大开发战略）。

4. 专题式教学法。这比较适合于社会主义政治经济学教材中的重点章节。例如，社会主义初级阶段理论既是邓小平理论的基石，也是现阶段党和国家正确制定路线、方针、政策的基本理论依据，在社会主义政治经济学中居于十分重要的地位。几年来，我始终把社会主义初级阶段理论作为专题来讲授。不仅讲清社会主义初级阶段理论的产生及其重大意义，而且讲清社会主义初级阶段的含义和客观依据；不仅讲清社会主义初级阶段的基本经济特征，而且讲清社会主义初级阶段的主要矛盾、根本任务和党的基本路线。再如，中共十五大召开以后，针对当时我国社会的焦点问题与教学内容中的重点和难点问题，我给学生讲授了"加快推进国有大中型企业的改革与发展"这个专题。我从结构优化、制度创新、强化管理、技术进步、配套改革等五个角度进行了较为全面和深入的讲授，并以下面这段话作为此专题的结语："加快推进国有大中型企业的改革与发展，是当代中国人民责无旁贷的历史重任，是中国经济体制改革的攻坚战。这是一个充满痛苦和希望的自我扬弃的过程，是烈火熔金的过程。只要党和国家的政策措施得当，只要广大职工群策群力、奋起自救，中国的国有大中型企业终将走出低谷，再现辉煌！"此外，我还紧密结合教学内容，针对近几年来学生存在的主要思想问题，先后给学生讲授过"关于发挥社会主义制度优越性问题的若干思考"、"必须坚持社会主义公有制的主体地位"和"我国当前个人收入差距与对策"等专题，深受学生的好评。

5. "走出去"与"请进来"。这是一种充分利用校外的有利条件，以社会为课堂，贯彻理论联系实际方针的行之有效的教学方法。几年来，我们在学校和有关单位领导的支持下，紧密结合我国改革与发展的实际，组织和安排了多次"走出去"和"请进来"的活动，学生普遍反映"开门办学好"，"在脑海里架起了一座沟通抽象的理论知识与具体的现实情况的桥梁"。在实践中我们体会到，要使"走出去"的教学活动取得预期的成效，关键是要选好对象。我们在选择和联系参观调查对象的时候主要考虑两个因素，即对象的典型性和先进性。例如，为了增进学生对国有大中型企业改革与发展状况的了解，我们选择北京第一机床厂作为参观调查对象，并先后组织95、96、97级学生到此厂进行参观调查。又如，为了加深学生对农业适度规模经营及中国农业改革与发展"第二个飞跃"的认识，我们组织学生到北京顺义县农村进行了参观调查。北京第一机床厂在进口机床大量挤占国内机床市场的严峻形势下努力实现"两个转变"、开拓"两个市场"的骄人业绩，使学生对搞活搞好国有大中型企业增强了信心；而顺义农村在坚持集体经济的前提下实行土地规模经营的成功范例，则使学生看到了我国实现社会主义农村机械化的光辉前景，从而进一步认识到坚持社会主义基本方向和实行改革开放的必要性。在实践中我们还体会到，要真正搞好"请进来"的教学活动，不仅要选准报告题目（例如，1993年4月，我们请中国社会科学院工业经济研究所的专家来校作了"社会主义市场经济与国有企业改革"的报告；1998年4月，我们请劳动和社会保障部的专家来校作了"国有企业下岗职工与再就业工程"的报告），而且要选好报告人。请进来的报告人无论是专门介绍实际情况还是讲授理论专题，都不仅应有较高的包括表达能力在内的业务能力，而且应在基本的政治立场上与党和广大人民保持一致。以聘请经济学家作报告为例。有学者正确指出，我国现今社会中大体上有两类经济学家，一类是人民经济学家，另一类是大款经济学家。由于立场不同，对同一事物的看法可能迥然各异。在社会主义大学的讲坛上，我们希望更多地听到人民经济学家的声音，而决不许打着"知名经济学家"旗号的歪嘴和尚大放厥词，误导学生。

6. 研讨式教学法。目前，尽管对研讨式教学法尚无明确和统一的界定，但它却日益引起我国高教界的重视和采用。我认为，研讨式教学法实质上是通过科学探究和平等讨论的方式进行讲授（对教师而言）和学习（对学生而言）。从一般意义上说，研讨式教学法有利于学生接受已有的知识，增强探索未知的能力。这是因为：（1）科学探究式的讲授既不是灌输"长官意志"，也不是信口雌黄，而是靠事实说话，以理服人。实践是检验真理的唯一标准，青年学生自发地崇仰真理。事实越是确凿，理论越是彻底，就越能使学生信服。（2）科学探究式的讲授不仅在传授知识，而且也传授获取知识的正确方法，而后者从某种意义上说则是开启真理之门的钥匙。（3）讨论方式以其平等争鸣的氛围既易于学生接受真理，也易于在集体智慧的碰撞中迸发出真知灼见的火花。从特殊意义上说，研讨式教学法更加适合于社会主义政治经济学的教学。我认为，我国现今的社会主义政治经济学，实质上是社会主义初级阶段的政治经济学。由于社会主义制度还很年轻，也由于现今的社会主义国家都没有经过资本主义充分发展的阶段，因而无论是对于发达社会主义经济的本质、运行和发展而言，还是对于社会主义初级阶段经济的本质、运行和发展而言，在我们面前都有许多尚未认识的"必然王国"。在社会主义政治经济学的内容和体系仍很不成熟的情况下，采用研讨式教学法无疑是十分必要和有益的。

实行研讨式教学法，对于高校教师来说，就是以科学探究和平等讨论的方式进行授课，这就要求教师不仅要掌握足够的资料和信息，而且要具有相当的研究能力。我在社会主义政治经济学教学的过程中局部采用了这种教学方法。例如，在讲授社会主义市场经济条件下按劳分配的特点时，我先概略地讲述了马克思主义创始人设想的社会主义产品经济条件下按劳分配的实现模式，然后讲清楚教材的观点，在此基础上向学生介绍国内学术界在这方面的有科学价值的崭新见解。再如，在讲授如何对国有企业实行战略性重组时，我结合国内理论界与实际部门提出的有关见解和个人的研究成果，从资本重组、产业结构优化、企业组织结构重组等三个基本层次进行了较为全面和深入的阐述。社会主义政治经济学既源于实践又指导实践。在社会主义政治经济学的教学过程中采用研讨式讲授方法，必须使教学内容尽可能地符合国情，跟上时代和理论发展的脚步，从而既利于入耳入脑，又能在学生未来改造客观世界的过程中发挥积极作用。因此，采用研讨式教学法不仅呼唤着教学内容的不断充实与更新，更呼唤着教师水平的提高。

实行研讨式教学法，对于开设社会主义政治经济学课程的大学低年级学生来说，主要是搞好课堂讨论。搞好课堂讨论不仅有利于学生消化和运用所学的知识，提高学生的思维和表达能力，而且还是学生之间、师生之间相互学习，促进教学相长的重要途径。我在每轮社会主义政治经济学的教学过程中一般都安排 2～3 次课堂讨论，每次两课时。为了搞好课堂讨论，我着力抓好四个环节：（1）选好讨论题。讨论题应兼有重点、热点、难点三个特征，从而才既有讨论的必要，也有搞好讨论的可能。几年来，我们曾组织学生就"中国能否实行私有化"、"为什么我国经济体制改革的目标模式是社会主义市场经济体制"、"对国有企业如何抓大放小"和"我国当前社会分配不公的表现、成因与对策"等问题进行课堂讨论，引起了学生的极大兴趣。（2）做好讨论准备。一方面，要力促学生查阅有关资料，独立进行思考和归纳，认真写好讨论提纲。有些学生为了写好讨论提纲，先后到我校和北京图书馆查阅资料，参考了10余篇论文和一些书籍，最后写成5000~6000字的"小论文"。95级保险专业刘郁礼围绕国有大中型企业的改革与发展问题写了一份5000字左右的讨论提纲，不仅有理论分析和经济数据，而且还颇具文采。他的讨论提纲（或"小论文"）分为三个部分，即"蓦然回首，国有大中型企业好尴尬"；"极目而舒，已是悬崖百丈冰待日出"；"放眼思量，终能一日同风起"。97级国际金融专业戴加佳在讨论提纲中对国有企业实施名牌战略的重要性有一段精彩的论述："在当今国际国内激烈的竞争中，名牌日益成为企业占领市场制高点的最锐利的武器。1995年，在世界最有价值品牌的排行榜上，可口可乐位居榜首（390亿美元）。其总经理坦言，即使我们在全世界的所有工厂被烧毁，全世界找不到一瓶可口可乐，我们也可以让它在一个晚上重建。"另一方面，在每次讨论之前我都仔细看过学生的讨论提纲，切实做到"胸中有数"。不仅如此，我还与班长和课代表根据讨论提纲的水平、侧重点以及学生的口头表达能力共同商定重点发言人名单，并在讨论之前2~3天将讨论提纲发至全体学生手中。（3）尽量由学生主持课堂讨论。除有的讨论确需由教师主持之外，在一般情况下我都充分征求班委的意见，安排班长或课代表或其他学生担当主持人的角色。主持人不仅应有一定的组织、表达和驾驭能力，而且还需预先看过重点发言人的讨论提纲。实践证明，由学生担当课堂讨论的主持人，有利于活跃气氛，各抒己见，进一步发挥学生在教学活动中的主体作用；教师只需在讨论"冷场"或"跑题"时适度"微调"。（4）教师要做好讨论总结。如同期末考试一样，讨论总结也是一根指挥棒。搞好讨论总结，既要肯定成绩，也要指出不足，还应在精心准备的基础上就讨论题从总体或难点上阐明教师的思路与见解。应该强调指出，教师在肯定成绩的时候，尤其应该鼓励学生的创造意识和创新精神。我国最近颁布的《高等教育法》规定："高等教育的任务是培养具有创新精神和实践能力的高级专门人才，发展科学技术文化，促进社会主义现代化建设。"[1] 江泽民指出：创新是一个民族进步的灵魂，是一个国家兴旺发达的不竭动力。美国哈佛大学校长普西认为："一个人是否具有创造力，是一流人才和三流人才的分水岭。"[2] 尽管我授课的大学低年级学生就其创造能力而言总体上还处于萌芽状态，但对其在讨论提纲和课堂讨论中些微显露的创造意识和创新精神也要加以褒奖和扶持。有一次，我在作讨论总结时提出，学生写的讨论提纲大体上有三种情况：一种是"抄"出来的，而且几乎只是抄袭和浓缩某一篇较有影响的文章；另一种是"拼"出来的，即是将若干篇论文的相关内容重新进行排列和组合；还有一种是"写"出来的，即是在参阅了若干篇论文和一些书籍的基础上加进自己的见解并独立成文。我不赞成第一种做法，要求学生从当时的自身条件出发普遍采用第二种做法（但要自圆其说，不能自相矛盾），提倡学生经过不断努力逐步达到第三种情况，即在博采众长和认真研究的基础上写出新意与特色。刘志丹、袁沁敬、黄凌等学生从认真写好"小论文"式的课堂讨论提纲起步，勤学苦钻，锲而不舍，本科学习期间就在省级学术刊物或大学学报上发表了有一定见地的论文，从而在专业研究领域崭露头角。

7. 电化教学法。电化教学法融当代科技于教学手段之中，具有生动直观、信息量大、视听效率高等优点，在社会主义政治经济学的教学中可以适当采用。例如，在讲述社会主义初级阶段的第一个特征即生产力不发达时，我通常都引用世界银行的年度发展报告、《中国统计年鉴》、《经济日报》和国家领导人披露的最新数据。在不用PPT的情况下，我板书并讲解有关数据约需1小时；而在使用PPT的情况下，我把有关数据制成"人均国民生产总值（GNP）的国际比较""工农业劳动生产率的国际比较""进出口贸易额的国际比较""世界前48个国家和地区竞争力名次表""我国不同地区工农业总产值比较""我国不同地区人均国内生产总值（GDP）

---

[1] 《中华人民共和国高等教育法》，中国法制出版社1998年版，第3页。
[2] 引自《中国教育报》1998年3月26日。

比较"等图表,仅用半个小时就讲完了,且清晰准确,一目了然,真可谓事半功倍!再如,为了使学生更深刻地了解我国改革开放的时代背景,我们组织学生观看了教学录像片《太平洋的呼唤》。第二次世界大战以后亚洲"四小龙"的迅速崛起,使学生们的心灵受到了强烈震撼,从而进一步增强了改革开放意识和顽强拼搏、振兴中华的历史责任感。

8. 综合式教学法。为了强化某一章或某一节的教学,不是单一采用前述的某种具体的教学方法,而是综合采用多种教学方法,我称之为"综合式教学法"。几年来,我多次采用"综合式教学法"。例如1997年上半年,围绕"社会主义初级阶段的企业"这一章的教学,我先是采用一般讲授式方法讲述社会主义初级阶段企业的基本理论与实践,然后给学生编发包括国家有关文件和国内重要理论文章在内的《国有企业改革专辑》的教学参考资料,并组织学生到北京第一机床厂参观调查和听取关于此厂改革与发展情况的介绍,再后是组织学生观看我校根据中央电视台有关节目剪辑制作的录像片《国有企业改革试点追踪》(约两个半小时),在此基础上则要求学生围绕"如何搞活搞好国有大中型企业"这个问题写出发言提纲并进行课堂讨论,最后由我作3个小时的专题讲授。这种"小课堂"与"大课堂"相结合、学习与讨论相结合、一般讲授与专题讲授相结合的教学方法,不仅贯彻了理论联系实际的方针,而且还开创了教师、学生、社会同唱社会主义政治经济学"一台戏"的新局面。对此,学生们一致反映:"兴致高、思路宽、烙印深、收获大"。

在社会主义政治经济学的教学中,我探索并采用上述八种教学方法,都是力求贯彻理论联系实际和启发式这两条基本的教学原则,更多地采用现代科学的教学方法。实践证明,只要立足于提高教师自身的素质,在不断地进行教学内容改革的同时按照正确的方向积极推进教学方法改革,则不仅有利于充分发挥教师的主导作用,也有利于充分调动广大学生的主动性和校内外的诸多积极因素,从而使社会主义政治经济学的教学出现异彩纷呈、引人入胜的新局面。

共和国乳汁哺育我成长[*]

世纪之交，伟大的中华人民共和国将迎来成立 50 周年的光辉庆典。我是抗美援朝后期呱呱坠地的，与共和国几乎是同龄。50 年来，共和国的风风雨雨，我大抵都目睹或亲历过。共和国的乳汁哺育我在奋斗中成长。

我的童、少年时代，是伴随《东方红》的乐曲在朗朗的读书声中度过的。"文化大革命"的狂飙，摧毁了我用美丽鲜花编织的青春梦幻。我学业中辍，16 岁下乡插队，18 岁当工人。期间，尽管我苦撑竭蹶，努力向上，但终不免有许多宝贵光阴付之东流。1972 年，我进入高等学府。大学毕业后，我长期在高校执教，一直没有"跳槽"。

党的十一届三中全会的春风，重新吹绿了神州大地。环顾世界，我深感国贫；放眼中国，我尤觉己庸。往者虽逝，来者可追。能有不先苦涩的果实吗？被耽误了的中国，要由被耽误然而又奋起自救的中国人来改造！我潜心专业，苦学外语，誓以实践之镜映照奋斗之躯，以优异成绩洗刷延误之耻。后来，我考取政治经济学专业研究生并师从曹序教授，使自己的专业学习和理论研究进入到一个新阶段。

20 世纪 80 年代中期以来，我在承担较为繁重的教学工作的同时，主要研究我国社会主义初级阶段重大经济理论与经济改革问题。在从事理论研究的过程中，我得益于广泛涉猎和吸收国内外社会科学的优秀成果，尤其是得益于马克思主义经典作家思想精华的熏陶和邓小平理论的导引。孙冶方、薛暮桥、刘国光等杰出经济学家的理论观点给我以深刻的启迪，卫兴华、项启源等名家大师也曾给予我宝贵的指导和热忱的帮助。

理论研究贵在面向实际，贵在求是创新，贵在发挥效益。作为党的理论战士，我一直朝这个方向努力。1993 年 6 月中旬，《中国教育报》约我

---

[*] 本文系全国理论界庆祝建国 50 周年入选征文，原载《中国改革报》1999 年 7 月 21 日。

写一篇关于我国高校教师工资方面的文章，以推动党中央、国务院颁布的《中国教育改革和发展纲要》的宣传和贯彻。当时，我国高校教师工资严重偏低的状况相当突出，由此导致教师队伍严重流失、教学质量明显滑坡、高等教育成为国民经济发展的"瓶颈"等负面效应已日益凸显，并引起了整个社会的普遍关注。起初，我对《中国教育报》的约稿有些打怵；但是，一想到自身所具备的某些有利条件和理论工作者的社会责任，我便慨然从命。我一边授课，一边积极收集和认真研究有关资料，连续奋战了几个通宵，终于写成《我国高校教师工资纵横谈》一文。中国教育报社的领导同志非常重视这篇文章，将其安排在《中国教育报》创刊 10 周年（1993 年 7 月 7 日）纪念专刊上以显著篇幅全文发表。此文面世后，社会上特别是高教界反响强烈。河北省一位教师在来信中写道：此文"像一面镜子，照出了高校教师工资待遇的历史和现状"；"说出了广大教师想说而说不出的话，想说而说不清的话，想说而不敢说的话"。《中国教育报》于 8 月 18 日发表了署名文章《"忧患意识"赞——赠郭飞》，称此文犹如"一石激起浪千层"，"一文出而能产生如此之轰动效应，实为近年所少见。"使我最感欣慰的是，我在此文中提出的"应较大幅度地增加高校教师工资"，"对于有突出贡献的著名教授，其工资待遇应不亚于副总理的工资标准"，以及对高校教师基本工资实行"三七开"等对策建议，已在当年第四季度出台的国家机关、事业单位新的工资制度中变成了现实。

十几年来，我在理论研究的道路上孜孜求索。我主持承担了国家和部委的一些科研课题，独撰、主编或合撰公开出版的专著、教材等 14 部，在《经济研究》《经济日报》等报刊上公开发表论文近百篇。我被评为北京高校首批（青年）学科带头人，并享受国务院颁发的政府特殊津贴。虽然我在工作中取得了点滴成绩，但政府却给我如许的荣誉和奖励，这充分体现了祖国母亲对儿子的厚爱和期待。理论研究和教学工作确实相当清苦，但它却大有益于社会，大有益于人民。我要"咬定青山不放松"，以铮骨之坚不拔刚韧之志，以怀世之想不懈奋斗之心，继续恪守并履行马克思的著名格言：如果我们选择了最能为人类福利而劳动的职业，那我们就不会被它的重负所压倒，因为这是为全人类所做的牺牲，我们的幸福将属于千万人……

良师益友绽新蕾[*]

——我与《教学与研究》的 30 年

    作为教育部主管、中国人民大学主办的综合性权威学术期刊,《教学与研究》杂志即将迎来 60 华诞。60 年来,《教学与研究》杂志始终坚持为高校马克思主义理论教学与研究服务的宗旨,既是高校广大马克思主义理论课教师的良师益友,也是助推包括我在内的一些经济学教师和经济理论工作者研究中国经济重大问题的一个高端学术平台。

    我 1978 年开始承担高校政治经济学的教学与研究工作。当时,国内文科学术刊物匮乏,直接为高校马克思主义理论课和政治经济学、哲学、科学社会主义等专业教学与研究服务的公开发行的学术刊物仅有《教学与研究》一种。每逢见到新的《教学与研究》杂志,系里各教研室的老师纷纷争相阅读,从中获取理论滋养和教学启迪。后来,从有利于工作出发,我长期订阅《教学与研究》杂志。我不仅是此杂志的一名忠实读者,还逐渐成为此杂志的一名作者,从而与此杂志结下不解之缘。

    30 年来,我在《中国社会科学》《经济研究》《经济学动态》《人民日报》《光明日报》《经济日报》等权威或重要报刊上公开发表科研论文 141 篇(其中绝大多数论文都是独撰的)。我公开发表的第一篇科研论文,就是发表在《教学与研究》杂志上。1983 年,蒋学模教授主编的《政治经济学教材》第三版问世。此教材作为我国高校共同课中普遍使用的政治经济学教材,在社会上的影响很大。此教材重视对社会主义经济效益问题的阐发,明确提出社会主义经济效益就是社会主义经济活动过程中劳动耗费与劳动成果的比较。此教材提出一个表现社会主义经济效益的基本公式即

---

    * 本文系纪念《教学与研究》创刊 60 周年入选征文,原载《教学与研究》2013 年第 3 期。

$\dfrac{\text{劳动成果} - \text{劳动耗费}}{\text{劳动耗费}}$，并举例加以说明：一项经济活动，如果劳动成果为

10，劳动耗费为 8，则经济效益就是 $\dfrac{10-8}{8}=25\%$；如果劳动成果为 8，劳

动耗费为 10，则经济效益就是 $\dfrac{8-10}{10}=-20\%$，表现为负效益。

当时，我所在的高校就是使用蒋教授主编的这本教材。我在使用此教材中发现，此公式和举例都存在明显的概念偏差，于是便与同事陈中杰副教授共同进行研究。我们认为，此公式和举例中的劳动耗费和劳动成果不是指使用价值形式，实际上是指价值形式。但从价值上看，则又存在着劳动耗费等于 c＋v＋m、劳动成果的价值也等于 c＋v＋m（即劳动耗费和劳动成果在价值量上相等），从而无法比较经济效益大小的问题。问题的症结，在于此教材把劳动耗费和成本混为一谈。我们认为，将表现社会主义经济效益的公式改为 $\dfrac{\text{劳动成果} - \text{成本}}{\text{成本}}$ 较为妥切。套用此教材所举的例子，即一项经济活动，如果劳动成果为 10 元，成本为 8 元，则经济效益就是

$\dfrac{10-8}{8}=25\%$；如果劳动成果和成本都是 8 元，则经济效益就是 $\dfrac{8-8}{8}=$

0，表现为零效益；如果劳动成果为 8 元，成本为 10 元，则经济效益就是

$\dfrac{8-10}{8}=-25\%$，表现为负效益。在此基础上，我们提出应从使用价值和价值两方面来考察社会主义经济效益。从使用价值上考察，以劳动耗费和有用劳动成果的比较来表示；从价值上考察，以成本和有用劳动成果（社会必要劳动耗费）的比较来表示。综合起来，社会主义经济效益的基本含义是劳动耗费、成本与有用劳动成果的比较。我们将上述观点写成《对一种社会主义经济效益公式的商榷》一文，并投至《教学与研究》杂志。不久，这篇文章便在《教学与研究》杂志 1984 年第 2 期上发表。我和陈中杰副教授倍受鼓舞，同系的其他老师也投来羡慕的目光。后来，蒋学模教授主编的《政治经济学教材》重新修订，将原第 3 版教材中的此公式和举例予以删除。

20 世纪 80 年代中期至 90 年代初，社会主义商品经济条件下的按劳分配成为我国经济学界探讨的一个热点问题。其中，商品经济条件下按劳分

配的计量尺度成为经济理论研究的一个难点。围绕社会主义商品经济条件下按劳分配的计量尺度问题，当时较为流行的有两种观点：一种观点认为是社会必要劳动时间，另一种观点则认为是社会平均劳动时间与社会必要劳动时间的统一。对此，我从理论和实践的结合上进行研究，先后在《教学与研究》杂志上发表了两篇论文。当时，我已来到北京工作，在投稿和改稿的过程中结识了后来长期交往并给我许多帮助的陈翔云女士。我在第一篇论文《按劳分配的综合计量尺度》（载《教学与研究》1989 年第 4期）中，论证并提出了社会主义商品经济条件下按劳分配应采用综合计量尺度。即在全民所有制企业内部，按劳分配的计量尺度应是社会必要劳动时间、社会平均劳动时间和企业平均劳动时间三者的有机统一；在集体所有制企业内部，按劳分配的计量尺度应是社会必要劳动时间和企业平均劳动时间两者的有机统一。我在此文中明确提出和论证了企业平均劳动时间的概念，并将其纳入按劳分配的计量尺度。此文被中国人大复印报刊资料《政治经济学（社会主义部分）》全文转载。我在第二篇论文《社会必要劳动时间不是按劳分配的计量尺度》（载《教学与研究》1993 年第 1 期）中，则是部分地改变了原有的观点。我认为，决不能把制约按劳分配实现水平的社会主义企业外部的商品经济关系与社会主义企业内部的按劳分配原则混同起来，并分别从理论和实践的角度深入论证了社会必要劳动时间不能成为按劳分配的计量尺度。在此基础上，我明确提出社会主义商品经济条件下按劳分配的计量尺度，在全民所有制企业内部是社会平均劳动时间与企业平均劳动时间的有机统一，在集体所有制企业内部则是企业平均劳动时间。我的这一观点，此前未见有其他学者提出过，并为我后来在《经济研究》杂志发表的论文《刍议按劳分配中的"劳"》奠定了坚实的理论基础。

如何搞活搞好国有大中型企业，是我国改革与发展中遇到的一个重大问题。对此，我在较长时期内进行了重点研究。20 世纪 90 年代中期，我撰写了《试论搞活搞好国有大中型企业的基本途径》一文，从转机建制、强化管理、科技进步、政企分开、配套改革、扶优汰劣等六个方面进行了论述。我先将该文投至《教学与研究》杂志。陈翔云女士审读后，与我进行了坦诚的交流。她既肯定了此文的主要优点，也指出了此文的一些不足。

她特别提到，此文在科技进步这方面的论述缺乏力度，应进一步深入挖掘并提出具体路径。受到陈翔云女士的点拨和激励，我又作了较为深入的研究。在此基础上，我先将修改过的论文投至别的学术刊物发表；又将原文中科技进步这部分内容深化拓展为一篇新论文《略论我国企业技术改造的主要问题与对策》，并投至另一份学术刊物上发表。这两篇论文均被中国人大复印报刊资料《工业经济管理》全文转载。其中，后一篇论文中的主要亮点（我国企业应尽快实现从重基建、轻技改向抓基建、重技改转变，从重引进、轻创新向抓引进、重创新转变，从轻开发、低转化向重开发、高转化转变，国有企业技改投资主体从国家为主向企业为主转变）经过改写，还以《企业技改亟待四个转变》为题在《经济日报》发表。

经济体制改革的实质是物质利益的深刻调整。改革开放以来，收入分配体制改革一直是我国经济体制改革的重点和难点。近些年来，我国个人收入分配领域存在的问题愈益突出，引起了整个社会的普遍关注和广大群众的强烈不满。2008年末，我主持承担国家"十一五""211工程"重点学科建设项目子课题"开放型经济下我国个人收入分配问题研究"。2010年2月，我在《教学与研究》杂志上发表了《我国当前个人收入分配的主要问题与对策》一文（约12000字）。2011年12月，我和王飞教授在《教学与研究》杂志上发表了《中国低工资制度的阶段特征与中期对策》一文（约16000字，我为第一作者）。这两篇论文均被中国人大复印报刊资料《社会主义经济理论与实践》全文转载，并在经济学界产生了良好影响。尤其值得一提的是，我和王飞教授在《教学与研究》2011年第12期发表的论文中提出的制定并实施中国居民收入十年倍增计划的对策建议，与2012年11月中共十八大报告中提出的到2020年实现我国城乡居民人均收入比2010年翻一番这一重大量化目标高度契合。

我和王飞教授在此文中，针对"十二五"乃至更长时期改革与完善我国低工资制度较为系统地提出了五方面的对策建议。其中，在第二方面对策建议的第四项，我们明确提出制定并实施我国居民收入十年倍增计划，并进行了初步的论证。原文如下：

抓紧制定并实施我国居民收入（在此指居民实际购买力或居民实际收入）十年倍增计划。目前，我国已进入中等收入国家行列。笔者建议，我国应制定居民收入十年倍增计划（2011～2020年）。实现我国居民收入十年翻一番，既是我国显著提高"两个比重"（即劳动报酬在国民收入初次分配中的比重和居民收入在国民收入中的比重）的迫切需要，也是我国实施扩大内需战略特别是大力提振居民消费能力的迫切需要，还是我国转变经济发展方式、促进社会和谐稳定、顺利跨越"中等收入陷阱"的迫切需要。笔者认为，实现我国居民收入十年倍增，既有必要性，也有可能性。我国"十二五"规划提出，"十二五"时期国内生产总值拟年均增长7%。我国今年上半年国内生产总值增长9.6%，全年国内生产总值增速将大大超过7%。考虑到我国"十三五"时期国内生产总值增速可能有所下降，假定我国"十二五""十三五"时期国内生产总值年均增速为7%，假定在此期间我国居民收入年均增速同为7%（在实施过程中，可假定"十二五"时期居民收入年均增速为8%，"十三五"时期居民收入年均增速为6%），即可基本达到居民收入十年翻一番的目标。当然，我国居民收入十年倍增计划若能实行，并不等于我国不同行业、不同群体的个人收入都是同步增加。应区分不同行业和不同群体，使广大农民和城镇农民工等低收入群体以及低收入行业职工的收入以更快的速度增长。

在撰写此文之前直至此文发表，我和王飞教授在公开发行的报纸杂志和内部研究资料中，从未见过有别人（或单位）提出过相同或类似的对策建议。此文发表后，我迅速将刊发此文的杂志快递给国家发改委就业和收入分配司负责人，供他们在制定我国个人收入分配改革方案的过程中研究与参考。我与此负责人原本并不认识。2010年，我和王飞教授在另一权威杂志上发表了《我国个人收入分配改革：成就、问题与对策》一文（约24000字）。此文不仅被《人民日报》理论版摘发了要点，还引起了此负责人的重视。他指示此部门相关人员研读了我们的论文，并写了两页纸的评语。随后，他主动与我联系和交流，并受聘兼任我担纲的对外经济贸易大学中国经济发展研究中心的学术指导，还亲自参加我们研究中心的揭牌仪式。2012年3月2日，我在《中国教育报》理论版上发表的《我国个人收入分配怎样改？》一文（近4000字）中，重申了这一对策建议。此文发表后，迅即被一些媒体和网站转载。中共十八大召开后，我国许多网络与媒体热议我国城乡居民人均收入十年翻一番这一话题，但未见有文章披露这一重大量化目标的形成过程，更未见有学者或部门声称他们是此重大量化目标的首倡者。

我和王飞教授提出的这一对策建议，与中共十八大报告中提出的相关量化目标非常相似：（1）遵循"居民收入增长和经济发展同步"的基本原则相同；（2）我国居民收入十年（2011～2020年）翻一番的基本提法相同；（3）在量化计算中剔除消费价格上涨因素也相同。我们发表的论文中明确提出居民收入是指居民实际收入，这表明须剔除消费价格上涨因素；中共十八大报告中虽未明确提出居民收入是指居民实际收入，但在《十八大报告辅导读本》所载的国家发改委主任张平对此问题的权威解读文章中，可以看出中共十八大报告相关提法的本意也是剔除消费价格上涨因素。当然，我们的提法与中共十八大报告中的相关提法也有一定的区别：（1）中共十八大报告中使用了"城乡"和"人均"的概念，这种表述更为细腻，并且引入了2011～2020年这十年中人口的增量因素，从而对2020年我国城乡居民实际收入应达到的总量指标要求更高；（2）按照中共十八大报告中的相关提法测算，2011～2020年，我国经济年均增速和城乡居民人均实际收入年均增速是7.17%（或7.2%），而不是我们提法中预计的7%。《中国共产党第十八次全国代表大会关于十七届中央委员会报告的决议》指出：中共十八大报告"是全党全国各族人民智慧的结晶"。无论是我们提出的对策建议与中共十八大报告中的相关提法不谋而合，还是我们提出的对策建议曾对中共十八大报告中相关提法起到了某种奠基的作用，我们都非常高兴。为将我国全面建成小康社会和实现中华民族的伟大复兴，我们既要加强理论创新，也要尽力在能够转化为客观现实的对策创新方面作出自己的贡献。

经历60年的风云变幻，《教学与研究》杂志越办越好，我认为至少有三方面的原因。一是此杂志始终高扬马克思主义的理论旗帜。特别是改革开放以来，此杂志以发展着的马克思主义为指导，在中国特色社会主义道路的征途上发挥着理论引领的重要作用。无论是在国内外社会主义事业凯歌行进的年代，还是在世界社会主义运动处于低潮，误解、贬低乃至反对马克思主义的杂音、噪声和邪音甚嚣尘上之际，此杂志始终高擎坚持与发展马克思主义的理论火炬。此杂志的主编和编辑虽有调整，但他们对马克思主义的信念坚守，对办好马克思主义权威理论刊物的事业追求，却始终没有丝毫改变。与时俱进而不偏离正确轨道，海纳百川则更彰显理论本色。此杂志体现的这种对马克思主义高度的理论自觉与理论自信，使我们这些从事不同学科、不同层次马克思主义理论教学与研究工作的教师与科研人员受到极大鼓舞。大家逐渐形成一种共识：《教学与研究》杂志是我国弘扬马克思主义的重要理论阵地，是坚持与发展马克思主义的广大教师和科研人员以及学习马克思主义的青年学生共有的精神家园。二是此杂志主编和编辑具有较高的理论素养和实事求是、敢于担当的正确态度。在对稿件实行匿名评审制度之前，《教学与研究》杂志刊发文章主要依靠编辑与主编把关定夺。长期以来，此杂志推出大量精品力作，与其主编和编辑具有较高的理论素养和辨识能力密切相关。使我深有感触的是，此杂志编辑和主编直面现实，敢于发表有棱角的文章。以前述我撰写并发表的《我国当前个人收入分配的主要问题与对策》一文为例。此文将我国个人收入分配存在的主要问题概括为：权力寻租较为猖獗，黑色收入屡打不绝；部分垄断性行业不合理的高收入问题相当突出；利润侵蚀工资，劳动报酬在国民收入初次分配中占比过低；个人收入差距持续显著扩大，全国的基尼系数逼近（或进入）危险区，部分社会成员贫富悬殊。此文引用相关数据和典型案例对上述四个问题进行了较为深入的分析，有些提法相当尖锐。此文还针对当时我国在广东、上海等五省（市）进行事业单位职工养老金改革试点中的某些做法提出了不同意见。2009 年 11 月，此文的压缩稿曾提交中国经济规律研究会第十九届年会并在大会上交流。当时，有一位知名教授在与我交谈中认为此文"切中时弊""有学者的风骨"。然而，他又不无担心地问我：这样棱角鲜明的文章，学术刊物敢发表吗？我当即表示：要找敢发表的学术刊物发表。后来，我将此文投至《教学与研究》杂志。经陈翔云女士和主编审阅后，此文很快就在此杂志上发表。三是此杂志拥有较为庞大的高素质的作者群。长期以来，《教学与研究》杂志凭借其准确的办刊定位和享誉中外的名牌效应，拥有一大批高素质的作者。在经济学界，既有卫兴华、胡钧等在国内外有广泛影响的老一辈经济学家，也有程恩富、顾海良、白暴力、张雷声、张宇、孟捷等著名的中年经济学家，还有一些勇于创新、脱颖而出的经济学新秀。高素质的作者群与此杂志的办刊质量形成了一种良性互动关系，而其中的桥梁与纽带就是此杂志的主编、编辑及全体工作人员。

构建中国橄榄型个人收入分配新格局*
——访经济学家郭飞
朱奎等

朱奎（以下简称"朱"）：2012~2013年，央视经济生活大调查和光明网"两会"调查显示，收入分配问题连续两年在百姓关注的热点问题中位居榜首。您长期致力于社会主义经济理论与中国经济体制改革研究，对个人收入分配体制改革的研究有较深的造诣。您对改革开放以来特别是中国当前的个人收入分配状况怎么看？

郭飞（以下简称"郭"）：首先，必须看到改革开放以来我国个人收入分配取得了举世瞩目的重大成就。这主要表现为以下三个方面：

一是与我国现阶段的所有制结构相适应，基本建立起按劳分配为主体、多种分配方式并存的个人收入分配制度。从改革开放前与单一公有制相适应的按劳分配（实际上是平均主义色彩很浓的扭曲的按劳分配）与福利收入，转变为与我国现阶段公有制为主体、多种所有制经济共同发展的基本经济制度相适应的按劳分配为主体的多种分配方式。我认为，我国现阶段受法律保护的个人收入分配方式除按劳分配以外，还包括按生产要素分配、个体经济所得（或自劳自得）和福利收入。其中，按生产要素分配是一种综合性的收入分配方式，它既包括资本主义分配方式（即对资本家的按资分配和对雇佣工人的按劳动力价值分配），也包括按资金（或按资产）分配方式（即广大劳动者凭借股权、存款、债券等资金或资产获得股息、红利和利息等），还包括由管理要素获得的机会收入和风险收入，以及由租赁房屋、转让技术或提供信息获得的房租、技术收入和信息收入等。在个

---

* 本文系郭飞和朱奎合撰，原载《海派经济学》2013年第3期。朱奎，上海财经大学马克思主义研究院副研究员，经济学博士，博士生导师。

人收入分配制度所体现的效率与公平的相互关系上，我们在实践中不断探索，在认识上逐步深化，并针对不同时期的问题和任务提出不同的要求。中共十八大报告提出："初次分配和再分配都要兼顾效率和公平，再分配更加注重公平。"[①]

二是与社会主义市场经济的改革方向相适应，初步建立起微观自主与宏观调控相结合的个人收入分配新体制。在我国农村集体经济中，普遍实行了以家庭联产承包为基础的统分结合的双层经营体制，实行联系产量计算报酬的分配制度。在我国国有（含国有控股）企业和城镇、乡镇集体（含集体控股）企业中，企业拥有工资分配的自主权，职工收入主要与企业经济效益和个人劳动贡献挂钩。国家机关、事业单位工资制度经过1985年、1993年和2006年等几次重大改革，在贯彻按劳分配原则方面进行了长期有益的探索。在我国非公有制经济中，实行了相应的个人收入分配体制。与此同时，我国从实际出发，借鉴和吸收成熟市场经济国家的有益经验和做法，初步建立起个人收入分配的宏观调控机制。我国相继出台了一系列重要的法律法规，实行个人所得税和城镇职工住房公积金等制度，城乡基本养老保险制度全面建立，城镇基本医疗保险、失业保险制度初步建立，城乡新型社会救助体系基本形成。此外，我国还全面取消农业税，实行对农业的财政直接补贴，免除农村义务教育学杂费，初步实行了企业工资指导线制度，对年收入12万元以上居民实行纳税申报制度，并在个别城市进行了房产税试点。

三是在劳动生产率大幅提高和社会生产力迅速发展的基础上，广大人民的收入状况得到显著改善。1978～2012年，全国城镇居民人均可支配收入从343元增至24565元；农民人均纯收入从134元增至7917元；农村贫困人口从2.5亿减少到9899万（2012年按农村贫困标准年人均纯收入2010年2300元不变价计算）。城乡居民人均实际收入平均每十年翻一番。[②] 改革开放35年来，我国城乡居民的收入增长最快，得到的实惠最

---

① 胡锦涛：《坚定不移沿着中国特色社会主义道路前进 为全面建成小康社会而奋斗》，载于《光明日报》2012年11月18日。

② 国家发改委等：《关于深化收入分配制度改革的若干意见》，2013年2月。

多。我国广大人民的收入水平和生活状况，已经实现了从贫困向温饱再向总体小康的历史性跨越。

朱：的确，改革开放以来我国个人收入分配取得了很大成就。可是，社会上许多人对我国收入分配领域存在的问题反应强烈。您认为，我国近些年来特别是当前在个人收入分配领域存在的主要问题是什么？

郭：我认为主要存在五大问题：

一是权力寻租较为猖獗，黑色收入屡打不绝。寻租的经济学本义是指为维护既得经济利益，设法取得或维持垄断经济利益，或是对既得经济利益进行再分配的非生产性活动。① 我在这里所说的权力寻租是指握有行政、经济等权力的官员或工作人员通过非法或不正当途径获取经济利益的行为。近些年来，我国权力寻租行为愈演愈烈，呈现出四个特点：（1）权力寻租者的范围越来越广。"部门权力利益化，部门利益个人化，个人利益商品（货币）化"，已成为权力寻租者的"潜规则"。权力寻租者不仅包括某些握有行政、经济权力的政府官员和企事业单位负责人，甚至连某些握有非行政、经济权力的记者、编辑、教师、医生、评审（或评奖）专家等也深陷其中。后者利用其特殊权力向需求方公开或变相索要"版面费""赞助费""红包"或收受贿赂。（2）权力寻租者中官员的行政级别越来越高。原中共中央政治局委员、上海市委书记陈良宇是新中国成立以来因滥用职权、收受贿赂而被查处的最高级别的官员之一。他违规挪用社保基金10亿元，违规擅自决定某国有企业低价转让股权（给企业造成直接经济损失3.2亿元），违规为其弟陈良军征用土地（给国家造成直接经济损失3441万元，间接经济损失1.18亿元），他本人则从中索取或受贿239万元。（3）权力寻租的租金规模越来越大。中国石油化工集团原总经理、中国石油化工股份有限公司原董事长陈同海，从1999年到2007年6月，利用职务之便在企业经营、转让土地、承揽工程等方面为他人谋取利益，收受贿赂折合人民币1.9573亿元。（4）权力寻租的方式越来越隐蔽。其重要方式之一是间接寻租，主要表现形式有三种：①权力寻租者作为甲方满足或

---

① 邹薇：《寻租与腐败：理论分析与对策》，载于《武汉大学学报（哲学社会科学版）》2007年第2期。

实现了乙方提出的某种要求，乙方则通过丙方对甲方给予某种方式的"回报"；②寻租者并非掌权者本人，而是掌权者的亲属或其身边工作人员，后者利用与掌权人的特殊关系获得了大量"租金"，有些人甚至变成了"超级富豪"；③权力寻租者获得的非法收入由于规避查处等原因，大多落到了其亲属的名下。

我认为，权力寻租者攫取的非法收入，是我国当下黑色收入的主体。此外，我国还有"黄"（经营色情行业）、"蓝"（海上走私）、"白"（贩卖毒品）、"黑"（组织生产假冒伪劣商品与制造并贩卖假币、开设赌场及偷税骗税）等几种人，通过种种非法途径攫取了大量的黑色收入。

二是部分垄断性行业不合理的高收入问题相当突出。我在这里所说的部分垄断性行业，是指我国广播电视、烟草等某些带有浓厚行政垄断色彩的高收入行业和金融、水电、电信、石油、石化等某些兼具自然垄断与行政垄断性质的高收入行业。这些垄断性行业的高收入在较大程度上不是源于自身的贡献或绩效，而是取决于其对资源、市场的垄断与国家的政策保护。这些垄断性行业不合理的高收入，既是导致我国行业之间收入差距不断扩大的主要因素，也是我国当前收入分配不公的重要方面。其主要表现为：（1）行业平均收入明显偏高。2011 年，我国工资最高的行业为金融业，职工平均工资为 81109 元；工资最低的行业为农、林、牧、渔业，职工平均工资为 19469 元，两者的比例扩大到 4.17∶1。不仅如此，我国金融、电力、电信等部分垄断性行业统计外货币收入和非货币福利也相当可观。（2）行业内企业高管收入畸高。例如，2007 年，作为非国企的中国平安保险公司董事长兼 CEO 马明哲，领取了总计为 6621.1 万元的薪酬（含税前工资 489.1 万元和奖金 6132 万元），创下当年金融企业高管薪酬之最；2008 年，中国银行信贷风险总监詹伟坚的薪酬为 1181.1 万元；2011 年，中信证券副董事长年薪（税前）高达 1601 万元，为当年 A 股上市公司高管薪酬之最。应当指出，企业高管薪酬，通常只是其实际收入的一部分；企业高管掌控的金额较大的职务消费，通常也有相当数量通过各种形式转化为其实际收入。

三是在国民收入分配格局中劳动报酬和居民收入所占的比重明显偏低。（1）我国劳动报酬在初次分配中的比重明显偏低。2000～2010 年，我国劳动报酬在初次分配中的占比由 53.3% 降至 47.8%（2007 年甚至降至 39.7%）[1]，不仅低于当今发达市场经济国家劳动报酬在初次分配中所占的平均比重（50% 以上），也低于这些国家在与我国现阶段相似的人均国内生产总值 3000 美元阶段劳动报酬在初次分配中所占的平均比重。[2] 从全局和长远来看，劳动报酬在国民收入初次分配中占比过低对我国经济与社会发展极为不利。首先，它表明劳动者的经济地位相对下降，从而弱化了按劳分配方式的主体地位，这与我国社会主义制度的基本性质是相悖的；其次，它必然引起居民消费占 GDP 比重的下降，从而导致消费与投资的比例失调，不利于扩大国内消费需求和优化产业结构；再次，它易于忽视科技创新和节约资源，不利于转变经济发展方式；此外，它还不利于构建社会主义和谐社会。（2）我国居民收入在国民收入中的比重明显偏低。2000～2010 年，在我国国民收入分配格局中，政府收入占比由 14.5% 升至 18.0%，企业收入占比由 17.9% 升至 21.6%，居民收入占比则由 67.6% 降至 60.4%。[3] 尽管在统计口径上不完全一致，但与国际上一些发达或发展中国家相比，我国居民收入在国民收入中的比重明显偏低（见表 1）。有学者指出，1979～2011 年，我国国内生产总值年均增长 9.89%，城镇居民人均可支配收入年均增长 7.37%，农村居民人均纯收入年均增长 7.43%，城乡居民人均收入增长年均低于国内生产总值增长 2.5 个百分点。[4]

四是国家机关、事业单位新工资制度和不同类别退休人员养老金待遇存在某些明显缺陷：（1）国家机关公务员的基本工资错位。在公务员的工资结构中，本应作为基本工资的职务工资和级别工资占的比重较低，而名目繁多的津贴、补贴却占了较大比重。（2）国有事业单位专业技术人员基本工资中的岗位工资设置存在重大缺陷。我国相关文件规定，只有中国科

[1] 本书编写组编著：《十八大报告辅导读本》，人民出版社 2012 年版，第 300 页；本书编写组编著：《〈中共中央关于制定国民经济和社会发展第十二个五年规划的建议〉辅导读本》，人民出版社 2010 年版，第 210 页。
[2] 刘树杰、王蕴：《合理调整国民收入分配格局研究》，载于《宏观经济研究》2009 第 12 期。
[3] 本书编写组编著：《十八大报告辅导读本》，人民出版社 2012 年版，第 300 页。
[4] 刘树成：《不可低估居民收入翻番的难度》，载于《经济研究》2013 年第 2 期。

表1　　　部分国家居民可支配收入占国内生产总值（GDP）比重　　　单位：%

国家	年份	居民可支配收入占 GDP 比重	国家	年份	居民可支配收入占 GDP 比重
美国	2009	79.6	韩国	2010	57.3
英国	2009	67.5	南非	2010	58.3
日本	2008	63.8	巴西	2006	61.9
德国	2009	69.7	墨西哥	2009	72.4
法国	2009	70.1	印度	2009	81
意大利	2009	67.4	菲律宾	2008	72.7
俄罗斯	2009	62.9	埃及	2009	81.7

资料来源：《联合国国民核算统计年鉴》，转引自余芳东：《世界主要国家居民收入分配状况》，载于《调研世界》2012 年第 10 期。

学院、中国工程院两院院士才能进入专业技术人员一级岗位。这意味着除了像于光远、李京文等极个别在"文革"前获得中国科学院哲学社会科学学部委员或在"文革"后获得中国工程院院士头衔的专家之外，其他所有高校和科研机构的文科专业（管理学除外）中非常优秀的专家学者，统统不能进入一级教授（或研究员）岗位。[①] 显然，这是一个重大缺陷。这决不仅是 900 元工资差距的小问题，而是如何看待文科乃至整个社会科学的地位与作用、如何体现社会科学与自然科学同等重要的治国理念以及如何贯彻人才强国战略的大问题。近年来，中国社会科学院参照两院院士的规格评出了学部委员和荣誉学部委员，本应享受与两院院士包括专业技术一级岗位工资等相同的待遇，但至今未能落实。（3）事业单位的非基本工资——绩效工资和津贴、补贴也存在严重问题。其一，绩效工资的依据——绩效难以准确量化。例如，高校教师公开发表 1 篇科研论文，究竟应以什么标准作为量化打分计酬的依据？具体说来，是以论文发表期刊的他刊影响因子和被引次数为标准，还是以论文发表的期刊级别为标准，或是以论

① 2009 年上半年，教育部、人社部在中国人民大学文科专业进行了评聘一级岗位教授的试点，但并未在其他高校和科研单位推行。

文的质量为标准，抑或是以论文的学科与社会效益为标准，再抑或是以上述几种标准按一定的权重测算加总后的分数来衡量？如果对科研论文的质与量的关系处理不好，不仅会导致绩效工资失去正面激励作用，还会催生大量的学术垃圾和学术腐败。其二，绩效工资的主要（或重要）源头——我国事业单位的创收项目和创收渠道尚欠规范。在利益机制驱使下，我国有的高校在师生比严重失调的情况下继续扩招，有的博导一年竟带了几十名博士生，质量滑坡，学位贬值，令人担忧；更有些公立医院将医生收入与医院收费挂钩，小病大查，大病贵查，多开药，开贵药，过度治疗，令患者叫苦不迭。其三，我国不同事业单位（转企改制的事业单位除外）的津贴、补贴名目繁多，差距越来越大。

此外，国家机关与事业单位之间、事业单位与企业之间的退休金差别较大。一方面，国家公务员和事业单位职工之间的退休金差别相当明显。例如，2006年工资制度改革以后，作为事业单位的南京大学与作为国家机关的江苏省政府相比，同级别（或职务）人员的年退休金相差几千元至几万元不等（见表2）。在此应此指出：（1）此表中的南京大学职工的退休金中，还包括了相当一部分自筹资金（此校当时大约有2500名退休教师，年自筹资金达7000多万元）。（2）按照国家规定的工资标准，教授工资一般与司局级公务员的工资相对应（其中，一级岗位教授的工资与正部级公务员的工资相对应，二级岗位教授的工资略低于副部级公务员的工资），副教授工资则与正处级公务员的工资相对应。因此，此表中将教授、副教授的退休金分别与副处级、正科级公务员的退休金相比，并不妥当；若按国家规定的工资标准同级别相比，则两者之间退休金的差距会更大。另一方面，事业单位职工的退休金又明显高于国有企业职工的退休金。2005~2012年，我国连续8年以10%的平均增幅上调企业退休人员基本养老金，使企业退休人员月人均基本养老金由原来的700元增至1721元。今年，我国继续以10%的增幅提高企业退休人员基本养老金，并对企业退休高工、高龄人员和基本养老金偏低的企业退休军转干部实行政策倾斜。然而，与国家机关、事业单位相同级别（职务）退休人员的基本养老金相比，企业退休人员基本养老金水平仍然明显偏低。

表 2   南京大学与江苏省政府同级别退休人员退休金比较

南京大学 退休教职工	每月退休金 金额	江苏同级别 退休公务员	每月退休金 金额	二者年退休金 收入差
党委书记	4653 元	副省级	6970 元	27804 元
副校长	4180 元	副厅级	5568 元	16656 元
正处级职员	3255 元	正处级	5032 元	21324 元
教授	4346 元	副处级	4565 元	2628 元
副教授	3985 元	正科级	4225 元	2880 元

资料来源：王红茹：《事业单位退休金之争》，载于《中国经济周刊》2009 年第 19 期。

五是个人收入差距在较长时期内持续显著扩大，全国的基尼系数逼近（或进入）危险区，部分社会成员收入悬殊。改革开放以来，特别是 20 世纪 90 年代中期以来，我国个人收入差距总体上呈现显著扩大的态势：（1）不同地区个人收入差距持续扩大。其主要表现为各地区城镇居民人均收入差距、各地区农村居民人均纯收入差距和城乡居民收入差距均有明显扩大。就城乡居民收入差距而言，1978 年，城镇居民人均可支配收入为 343.4 元，农村居民人均纯收入为 133.6 元，两者的比例为 2.57∶1；2012 年，城镇居民人均可支配收入为 24565 元，农村居民人均纯收入为 7917 元，两者的比例扩大为 3.10∶1。（2）不同所有制经济单位职工工资差距明显扩大。1978 年，国有单位职工平均工资为 644 元，城镇集体单位职工平均工资为 506 元，两者的比例为 1.27∶1；2011 年，国有单位和城镇集体单位职工的平均工资分别为 43483 元和 28791 元，两者的比例扩大到 1.51∶1。（3）不同行业职工工资差距显著扩大。1978 年，我国工资最高的行业为地质普查和勘探业，职工平均工资为 809 元；工资最低的行业为农、林、牧、渔、水利业，职工平均工资为 486 元，两者的比例为 1.66∶1。2011 年，我国工资最高的行业为金融业，职工平均工资为 81109 元；工资最低的行业为农、林、牧、渔业，职工平均工资为 19469 元，两者的比例扩大到 4.17∶1。（4）不同群体个人收入差距急剧扩大。从微观来看，非公有制经济中私营企业和三资企业中的雇主和雇工的收入差距悬殊，某些公有制企业中的高管人员薪酬与普通职工工资也相差几十倍甚至上百倍。从宏观来看，畸高收入群体与贫困群体的收入差距非常悬殊。前面提到的个别企业高管收入只是畸高收入群体的一个缩影。2012 年 9 月，胡润公布了中国（大陆）1000 位顶级富豪名单，其平均财富高达 8.6 亿美元，名列榜首的是宗庆后，其财富约为 126 亿美元。[①] 与此形成鲜明反差的是，2012 年末，我国有 2422.5 万城市居民纳入政府最低生活保障，农村贫困人口为 9899 万（按 2300 元人均纯收入 2010 年不变价计算），总计有 12321.5 万人生活在贫困线之下，约占全国人口的 9.1%。

朱：郭教授，您引用的数据一般都来自国家统计局。您认为，凭借国家统计局公布的数据研究中国个人收入分配问题是否有局限性？

郭：肯定有局限性。对个人收入的调查和统计牵动着调查和统计对象的利益神经，实际收入越低的透明度越高，实际收入越高的透明度越低，而形形色色的隐性收入特别是黑色收入则更是统计部门无法调查清楚的。我认为，要深入考察我国个人收入差距的实际状况，仅仅根据国家统计局公布的相关数据是很不够的，必须进一步考察统计外收入，即考察统计外的货币收入（含"白""灰""黑"色货币收入）、实物收入（含显性实物收入和隐性实物收入）与福利收入。[②]

采用基尼系数来衡量我国个人收入差距，国内学者普遍认为从 20 世纪 90 年代中期以来我国的基尼系数不断攀升，明显偏高。岳希明、史泰丽、李实等根据中国社会科学院经济研究所 1995 年和 2002 年的住户调查数据，计算出我国当年的基尼系数分别为 0.458 和 0.461。[③] 陈宗胜、周云波根据南开大学经济研究所的调查和估算，提出如果包括非法和非正常收入，1994 年和 1995 年我国的基尼系数已分别达到 0.511 和 0.517。[④] 这些数据在我国学术界具有相当的代表性和权威性。著名经济学家赵人伟指出：对于全国的基尼系数，概括起来可以分为三种不同的估计，即低估为 0.4 左

---

① 《〈福布斯〉称中国富人达 1030 万》，载于《新华国际》2013 年 4 月 1 日。
② 郭飞：《我国当前个人收入差距实证考察》，载于《经济学动态》1998 年第 5 期。
③ 李实、史泰丽等主编：《中国居民收入分配研究》Ⅲ，北京师范大学出版社 2008 年版，第 85 页。
④ 陈宗胜、周云波：《非法非正常收入对居民收入差别的影响及其经济学解释》，载于《经济研究》2001 年第 4 期。

右，中估为 0.45 左右，高估为 0.5 左右。如果撇开计算方法的差异，三种不同估计的差别是：第一种估计主要考虑货币收入，而较少考虑实物收入特别是补贴收入；第二种估计则是较多地考虑了货币收入和实物收入；第三种估计则不仅考虑了货币收入和实物收入，也考虑了非法收入和非正常收入。[①]

我认为，尽管近些年来我国在建立农村居民低保制度、提高低收入者工资和改善社会公共福利等方面采取了不少新举措，使我国最低收入群体的收入水平明显提高，但我国最高收入群体的收入则主要由于财产性收入和经营性收入的双重叠加而增速更快。因此，赵人伟的上述概括仍较符合我国当前个人收入分配差距的实际状况。不久前，国家统计局也公布了2003~2012 年我国的基尼系数（见表3），与我国学者的相关研究成果大体吻合。总之，我国当前的基尼系数，若不考虑非法非正常收入，则是逼近了危险区（0.5）；若考虑非法非正常收入，则已经进入了危险区。

表3　　　　　　　　　　2003~2012 年中国居民收入基尼系数

年份	2003	2004	2005	2006	2007	2008	2009	2010	2011	2012
基尼系数	0.479	0.473	0.485	0.487	0.484	0.491	0.490	0.481	0.477	0.474

资料来源：中华人民共和国国家统计局网站。

朱：我国近些年来个人收入差距过大，这是社会共识。您如何看待这个问题？

郭：我的基本看法是：（1）我国在经济体制转轨的过程中个人收入差距持续显著扩大，既有合法和合理的因素在发生作用，也有非法和不合理的因素在发生作用，并不能一概否定。（2）我国自20 世纪90 年代中期以来个人收入差距扩大的速度与部分社会成员贫富悬殊的程度是超乎寻常的。其所以超乎寻常，主要源于权钱交易、侵吞公有资产、非法经营、偷税骗税等违法行为和经济体制转轨中的缝隙、漏洞与摩擦。（3）我国当前个人收入分配差距过大，在世界上已高居前列。根据世界银行和国际经合组织

[①] 赵人伟：《对我国收入分配改革的若干思考》，载于《经济学动态》2002 年第9 期。

（OECD）提供的数据，我国的基尼系数不仅高于美国、英国、日本、德国、法国等发达资本主义国家，也高于印度、马来西亚、菲律宾等发展中国家（见表4）。（4）我国正处于社会主义初级阶段，力争在21世纪中叶建设成为富强、民主、文明、和谐的社会主义现代化强国。如果不从根本上理顺个人收入分配关系，将个人收入差距控制在广大人民可以承受的区间，则必然会对我国全面建成小康社会和实现社会主义现代化强国的宏伟目标形成巨大威胁。

表4 部分国家基尼系数

国家	年份	基尼系数	国家	年份	基尼系数
美国	2010	0.378	俄罗斯	2009	0.401
英国	2010	0.342	南非	2009	0.631
日本	2010	0.329	巴西	2009	0.547
德国	2010	0.295	墨西哥	2008	0.483
法国	2010	0.293	印度	2005	0.334
意大利	2010	0.337	马来西亚	2009	0.462
韩国	2010	0.315	菲律宾	2009	0.430

资料来源：世界银行数据库和 OECD 数据库，转引自余芳东：《世界主要国家居民收入分配状况》，载于《调研世界》2012 年第 10 期。

朱：您既充分肯定了改革开放以来我国在个人收入分配领域取得的重大成就，又深刻分析了这些年来特别是当前我国个人收入分配领域存在的主要问题。现在，我国经济体制改革已进入攻坚阶段，个人收入分配体制改革仍是其中的一个重点和难点。请问郭教授，我国个人收入分配体制改革为什么如此艰难？

郭：这主要有两方面的原因。首先，个人收入分配体制改革，直接触动不同阶级、不同阶层、不同群体的经济利益。马克思曾经指出："人们奋斗所争取的一切，都同他们的利益有关。"[1] 利益可以从多种角度进行划

---

[1] 《马克思恩格斯全集》第 1 卷，人民出版社 1956 年版，第 82 页。

分，但其核心和基础则是经济利益。在当代中国，居民（或个人）经济利益在很大程度上表现为个人收入分配。因此，个人收入分配体制改革的过程，必然是不同阶级、不同阶层、不同群体反复较量和激烈博弈的过程。2013年3月，李克强在就任总理后答中外记者问中也指出，触动利益往往比触动灵魂还难。其次，我国是一个社会主义大国，在建立和完善与社会主义市场经济相适应的个人收入分配体制改革的过程中，我们是摸着石头过河，不断地进行探索和创新。由于没有其他类似国家的成功经验可供借鉴，这也增加了我国个人收入分配体制改革的难度。

朱：您认为，深化个人收入分配体制改革，构建中国橄榄型个人收入分配新格局，不断提高广大人民的收入水平，其基本路径是什么？

郭：构建中国橄榄型个人收入分配新格局，这是我们进行个人收入分配体制改革的直接目标。中国橄榄型个人收入分配新格局，主要包括两层含义。第一层含义是中国个人收入分配新格局。这一个人收入分配新格局既要体现我国所处的社会主义初期阶段国情的基本要求，也要体现我国社会主义市场经济改革方向的基本要求。就此而言，中国个人收入分配新格局与世界上许多资本主义国家个人收入分配格局具有本质区别。第二层含义是橄榄型个人收入分配新格局。国际经验表明，中等收入群体是社会经济和政治的"稳定器"；合理的个人收入分配格局是橄榄型格局，即低、高收入者占少数，中等收入者占多数。就此而言，中国橄榄型个人收入分配新格局与世界上某些发达资本主义国家个人收入分配格局也有相似之处。尽管我国对"中等收入者"尚无统一的界定，但国家统计局按世界银行的标准换算，已将年收入在6万~50万元的家庭列入中等收入家庭。中国社会科学院的相关研究认为，我国家庭年收入在6万~50万元的中等收入群体有3.1亿人，约占全国总人口的23%。目前，我国低收入群体比重偏大，中等收入群体比重偏小，畸高收入阶层与贫困阶层收入悬殊，个人收入分配体制机制还存在诸多突出的问题，与形成中国橄榄型个人收入分配新格局尚有相当大的差距。

我认为，深化个人收入分配体制改革，不断提高广大人民的收入水平，构建中国橄榄型个人收入分配新格局，其基本路径可以概括为以下四条：

一是以科学发展观为指导，促进国民经济持续健康较快发展。这是我国不断提高广大人民收入水平、构建橄榄型个人收入分配新格局的物质基础。为此，我国应重点做好八项工作：（1）将提高劳动者素质作为实施科教兴国、人才强国战略和实现民族振兴、经济发展和社会进步各项工作的基石。要全面实施素质教育，切实提高教育质量，着力培养学生的社会责任感、创新精神和实践能力。要加快发展现代职业教育，加强职业技能培训（特别是要加强对农民、农民工和失业人员的职业技能培训），积极发展继续教育，完善终身教育体系，不断提升劳动者的就业质量和劳动生产率。（2）以转变经济发展方式为主线，把经济发展的着力点真正转到提高经济增长的质量和效益上来。（3）实施创新驱动发展战略，走中国特色自主创新道路，加快构建和不断完善以企业为主体、市场为导向、产学研相结合的技术创新体系，不断提升我国的经济实力、综合国力以及在国际分工价值链中的地位。（4）大力推进经济结构的战略性调整。以扩大内需为战略基点，以发展实体经济为坚实基础，完善需求结构，优化产业结构。（5）实施区域发展总体战略，促进不同地区在充分发挥比较优势的前提下协调发展。（6）积极推进城乡发展一体化。一方面，要采取各种措施加快发展现代农业和加强社会主义新农村建设，逐步缩小城乡差距；另一方面，要大力推进城镇化建设。2002~2011年，中国城镇化率以每年1.35%的速度递增，城镇人口年均增长2096万。2012年，我国城镇化率已达52.57%。李克强总理指出：中国未来几十年最大的发展潜力在于城镇化。① 诺贝尔经济学奖获得者斯蒂格利茨则把"中国的城镇化"与"美国的高科技"并列为影响21世纪人类发展进程的两件最深刻的事情。② 我国的城镇化是以人为核心的城镇化，其实质不仅是几亿农民逐步转化为城镇市民的历史过程，也不仅是劳动力、土地等资源优化配置和就业方式、产业结构、人居环境、社会保障、城乡关系、思想观念深刻改变的历史过程，还是其提供的巨大市场需求和劳动力资源推动我国经济长期可持续发展的历史过程。（7）完善互利共赢、多元平衡、安全高效的开放型经济体系，

---

① 熊争艳：《李克强会见世界银行行长金墉》，载于《光明日报》2012年11月30日。
② 李钧德、梁晓飞等：《新型城镇化——中国未来发展的战略支点》，载于《半月谈（内部版）》2013年第1期。

全面提高开放型经济水平。我国应适当控制外资依存度，积极提升中外资本协调使用的效益；适当降低外技依存度，积极提升自主创新的能力；适当降低外国资源能源依存度，积极提升配置资源能源的效率；适当控制外贸依存度，积极提升消费拉动增长的作用；适当控制外汇储备度，积极提升使用外汇的收益，① 形成一批有较强竞争力和国际知名度的中国跨国公司。（8）长期保持较快的经济发展速度。按照中共十八大报告提出的到2020年实现城乡居民人均收入十年翻一番的要求，我国国内生产总值在今后八年（2013～2020年）中至少应保持年均7%的增长速度。

二是深化与完善个人收入分配及相关领域的经济体制改革，不断完善按劳分配为主体多种分配方式并存的分配制度，逐步理顺国家、企业与个人三者之间的分配关系，切实提高劳动报酬与居民收入在国民收入分配格局中的比重。为此，我国应重点做好九项工作：（1）适当降低企业所得税税率。目前，我国内外资企业所得税税率统一为25%。鉴于我国政府所得在国民收入初次分配中比重偏大等情况，我认为，近期可将我国企业所得税税率由25%降至23%。这既符合当今世界多数国家企业所得税税率下调、让利于企业的发展趋势，也有利于吸引外商直接投资，还能为企业提高职工工资提供较大的空间。（2）深化个人所得税税制改革。应继续调高个人所得税起征点，近年内可考虑将个人所得税免征额调至5000（或6000）元左右。改革现行的七级超额累进税率，减少纳税级别，调整纳税比率。逐步实行综合和分类相结合的个人所得税制度，切实减轻中低收入者税负，有效调节过高收入。"完善高收入者个人所得税的征收、管理和处罚措施，将各项收入全部纳入征收范围，建立健全个人收入双向申报制度和全国统一的纳税人识别号制度，依法做到应收尽收。取消对外籍个人从外商投资企业取得的股息、红利所得免征个人所得税等税收优惠。"②（3）建立公共资源出让收益合理共享机制，完善国有资本收益分享机制，将公共资源和国有资本收益重点用于保障和改善民生。特别是对部分收入

---

① 程恩富：《加快完善社会主义市场经济体制的"四个关键词"》，载于《经济研究》2013年第2期。
② 国家发改委等：《关于深化收入分配制度改革的若干意见》，2013年2月。

畸高的垄断性行业，应开征特殊行业税（可依据垄断与获利程度不同，设置若干档次的不同税率），将其由非企业贡献因素获得的超额利润收归国有。同时，应在目前对中央企业按5%和10%不同比例收取国有资本收益的基础上，扩大国有资本收益征缴企业范围，适当提高国有资本上缴比例。（4）改革并全面推开房产税，适时推出遗产税和赠与税，进一步完善财产税。不久前，媒体曝光的"房姐""房妹"等典型案例，凸显了我国全面推开房产税、适时推出遗产税和赠与税的必要性与迫切性。实际上，"房姐""房妹"等案例不过是我国体制转轨时期暴富群体通过各种途径（特别是非法途径）聚敛财富的冰山一角。不少学者认为，我国目前居民财产差距的基尼系数明显高于居民收入差距的基尼系数，而后者的真实状况又明显高于国家统计局公布的相关数据。财产和收入之间是存量与流量的关系，两者互相促进。为促进社会和谐与稳定，我国应将合理缩小居民收入差距与合理缩小居民财产差距结合起来。（5）持续显著提高最低工资标准。近年来，我国最低工资标准有了明显提高。然而，我国最低工资标准与社会平均工资的比例与国际平均比例（40%）相比尚有明显的差距。近期内应落实我国"十二五"规划和国家发改委等部门《关于深化收入分配制度改革的若干意见》的要求，到2015年实现绝大多数地区最低工资标准达到当地城镇从业人员平均工资的40%以上。（6）建立健全企业工资指导线和工资集体协商制度。企业工资指导线是政府对企业工资分配进行规范与调控，使企业工资增长符合经济和社会发展要求、促进生产力发展的企业年度货币工资水平增长幅度的标准线，应在已有实践的基础上进一步完善。工资集体协商制度是市场经济条件下完善企业工资管理制度、理顺企业内部分配关系、保障劳资双方合法权益、解决劳资矛盾与冲突的有效手段。应明确企业工会维护职工权利的主要内容是维护职工合理合规的工资权利，企业工会是代表职工与用人单位代表进行工资集体协商制度的主要依托。应通过舆论宣传、提高职工维权意识和加强立法与政策保障，逐步形成以劳资双方平等协商为基础、体现企业经济效益和劳动力市场供求关系的工资决定机制和正常增长机制。与此同时，我国应建立健全相关法律法规，转变许多企事业单位存在的按员工身份进行分配的做法，切实做到企业（或单位）内部不同身份员工同工同酬。（7）严格规范国有企业

（含国有金融企业）高管人员薪酬管理。近些年来，我国不少国有企业（特别是许多国有金融企业和某些垄断性行业央企）高管薪酬过高，实际上是作为国有企业出资人代表的国资委等部门"不作为"或"少作为"、部分国有或国有控股企业公司治理结构形同虚设特别是不少国企高管滥用企业自主权等多种因素综合作用的结果，已为社会各界所诟病。2009 年 9 月，人社部、财政部、国资委等部门联合下发了《关于进一步规范中央企业负责人薪酬管理的指导意见》，明确规定了央企负责人薪酬管理的基本原则和薪酬结构。我认为，这一文件仍存在一些缺陷，特别是没有明确规定央企高管基本年薪应与上年度国企职工年均工资保持适当的比例关系，没有明确规定央企高管薪酬的上限。[①] 2013 年 2 月，国务院转发的国家发改委等部门制定的《关于深化收入分配制度改革的若干意见》提出：建立与国有企业领导人分类管理相适应、选任方式相匹配的企业高管人员差异化薪酬分配制度，综合考虑当期业绩和持续发展，建立健全根据经营管理绩效、风险和责任确定薪酬的制度，对行政任命的国有企业高管人员薪酬水平实行限高，推广薪酬延期支付和追索扣回制度。国资委等相关部门应切实履行作为出资人代表对国有企业工资分配进行宏观调控的职责，在深入调研的基础上，尽早出台能够兼顾效率与公平原则，既有利于充分调动高管人员积极性与创造性，又能被广大人民所接受的国有企业（特别是国有金融企业和垄断性行业央企）高管人员薪酬管理的具体方案。同时，应进一步规范国有企业（特别是国有金融企业和垄断性行业央企）高管人员的职务消费和补充养老保险。（8）继续深化国家机关、国有事业单位工资制度改革，进一步完善国家机关、国有事业单位职工工资正常增长机制。应合理调整国家机关公务员的工资结构，降低津贴补贴所占比例，提高职务工资和级别工资所占比例；提高艰苦边远地区津贴标准，研究并出台地区附加津贴的实施方案。应设置国有事业单位文科专业技术人员一级岗位，进一步规范和完善国有事业单位绩效工资制度。2006 ~ 2012 年，我国国内生产总值年均增速超过 10%，财政收入年均增速超过 20%。与此同时，我

---

① 郭飞、王飞：《中国个人收入分配改革：成就、问题与对策》，载于《马克思主义研究》2010 年第 3 期。

国国家机关、国有事业单位许多职工的实际工资却出现了明显的负增长（即名义工资增长速度明显低于消费价格上涨幅度）。建议在国家机关和国有事业单位职工的工资结构中，增加由国家财政拨付的与国内生产总值增长速度和居民消费价格上涨幅度紧密挂钩的经济发展津贴和价格特殊津贴，以保证国家机关和国有事业单位职工的实际工资能随着经济发展而不断提高。（9）进一步完善再分配调节机制，大力推进基本公共服务均等化，多渠道增加居民收入。要调整财政支出结构，大力降低行政成本，严格控制"三公"经费，集中更多的财力用于保障和改善民生，重点加大对教育、就业、社会保障、医疗卫生、保障性住房、扶贫开发等方面的资金投入；要改革征地制度，提高农民在土地增值收益中的分配比例，切实保障农民的合法权益；要健全农业补贴制度，加大强农惠农富农政策力度；要完善基本养老保险制度，特别是要建立健全兼顾各类人员的养老保障待遇确定机制和正常调整机制；要深化改革，加强立法，完善制度，不断增加居民的财产性收入；要加快发展慈善事业，积极培育慈善组织，完善公益性捐赠税收优惠政策，进一步发挥"第三次分配"在调节个人收入分配中的积极作用。

三是加强惩治和预防腐败体系建设，强化税收征管，取缔非法收入，规范灰色收入。为此，我国应主要采取三项措施：（1）加强反腐败国家立法和反腐倡廉党内法规制度建设，形成不敢腐的惩戒机制、不能腐的防范机制、不易腐的保障机制，科学有效地防治腐败。其一，简政放权，积极推进政府职能转变。要通过深化改革，把属于市场和社会组织的权力交给市场和社会组织，激发市场和社会组织的活力和创造力。这有利于减少某些政府官员进行权力寻租的活动空间，是反腐倡廉的一项"釜底抽薪"之策。其二，切实加强对重点领域的监管。要加强对国企改制、矿产资源开发、土地出让、工程建设等重点领域的监管，严厉查处权钱交易、行贿受贿、侵吞公有资产等违法行为。其三，逐步实行官员财产申报和公示制度。官员财产申报制度已在世界近百个国家实行，其宗旨是使官员不想贪、不敢贪和不能贪。我国现行的《关于领导干部报告个人有关事项的规定》中尽管也包括了报告收入、房产、投资等内容，但报告不等于申报，更不等于公示，不具有公开性、透明性和相对于广大群众而言的可监督性。近年来，我国在个别地方进行了官员财产申报的试点，积累了一定的经验。我国应加快社会诚信和信息统计体系建设，尽早出台实行官员财产申报和公示的法律法规。为减少阻力，可率先从基层做起，从拟提拔的干部做起，逐步扩展到全体官员。其四，显著加大惩治腐败的力度。1952 年，石家庄市委原副书记刘青山、原天津地委书记张子善因贪污巨额公款被处以死刑，在社会上产生了深远的积极影响。有关研究表明，目前在中美两国进行同等数额的商业贿赂，美国给予的处罚是中国的 100 倍。① 我认为，应认真借鉴我国过去的成功经验和外国的有益做法，紧密结合我国实际重新修订相关法律法规，加大对腐败案件的惩治力度，大幅提高腐败官员的犯罪成本，强力推进反腐倡廉建设。（2）强化税收征管，取缔非法经营。要重点加强对企业所得税和畸高收入阶层个人所得税的征管，严厉打击偷税骗税，对造假账、报假数、开假发票的会计人员和幕后操纵者要依法惩处。同时，要切实加大工商执法力度，坚决取缔非法经营。（3）规范灰色收入。要取消不合法、不合理的行政事业性收费和政府性基金项目，把政府所有收入和支出都纳入预算，建立公开、透明、规范、完整的预算制度。要在党政机关、国有事业单位、国有控股企业中深入开展"小金库"治理工作，清理规范工资外收入和非货币福利。

四是不断巩固和发展社会主义公有制经济，大力弘扬社会主义意识形态。邓小平指出："社会主义有两个非常重要的方面，一是以公有制为基础，二是不搞两极分化。"② 从传统的计划经济体制转变为社会主义市场经济体制，由于多种所有制经济共同发展和多种分配方式并存，个人收入差距在一定时期内明显扩大是不可避免的。我认为，从经济制度角度分析，社会主义公有制基础上与市场经济相结合的按劳分配，不会导致两极分化；而市场经济条件下的资本主义分配方式和自劳自得等分配方式，则必然趋向两极分化。税收、社会保障和转移支付等再分配机制和宏观调控手段，只能调节市场经济条件下由非公有制因素导致的两极分化的速度和规模，并不能改变其两极分化的发展趋势。要避免整个社会出现两极分化，最终

---

① 《跨国公司在华行贿十条罪》，载于《人物周报》2009 年 9 月 10 日。
② 《邓小平文选》第 3 卷，人民出版社 1993 年版，第 138 页。

实现共同富裕，最根本的途径是坚持社会主义公有制的主体地位，不断巩固和发展社会主义经济。为此，我国应重点抓好两项工作：（1）充分发挥国有经济的主导作用。要深化国有企业和各类国有资产管理体制改革，不断增强国有经济的活力、控制力和影响力。特别是要打造一大批拥有自主知识产权和知名品牌、具有较强国际竞争力的国有（或国有控股）大型企业或企业集团，使其真正控制（包括完全控制、绝对控制和相对控制三种基本类型）我国关系国家安全和国民经济命脉的重要行业和关键领域。（2）坚持和完善家庭承包经营为基础、统分结合的双层经营体制，着力进行组织和制度创新。要依法维护农民土地承包经营权、宅基地使用权和集体收益分配权，重点发展专业合作、股份合作等多种形式的农民新型合作组织，不断壮大集体经济实力，提高农业生产的专业化、集约化、规模化和社会化水平。此外，我国应大力弘扬社会主义意识形态。要以发展着的马克思主义为核心，以爱国主义、集体主义、社会主义为主线，切实加强社会主义精神文明建设，使广大人民进一步树立正确的世界观、人生观和价值观，为改善我国个人收入分配营造良好的思想文化氛围。

朱：郭教授，在如何改善我国个人收入分配方面，您提出的对策建议相当全面。从发展经济到深化改革；从经济基础到上层建筑；从做大"蛋糕"，到切好"蛋糕"，再到尽可能地消除导致"蛋糕"隐性流失与非法攫取"蛋糕"的条件。中共十八大报告提出，到 2020 年要实现我国城乡居民人均收入比 2010 年翻一番。国家发改委等部门在不久前出台的《关于深化收入分配制度改革的若干意见》中，也重申了这一重大目标。对此，您有何新的看法？

郭：到 2020 年要实现我国城乡居民人均收入比 2010 年翻一番，这是改革开放以来中国共产党首次对我国中长期提高人民收入水平提出的重大量化目标，充分体现了民生优先、惠民富民的政策取向，顺应了广大人民过上更好生活的新期待。我认为，我国城乡居民人均收入十年翻一番，其实质意义是一个总量指标，并不意味着我国居民收入都是同步增长。基于我国现阶段的国情，遵循中共十八大报告中提出的必须坚持解放和发展社会生产力、维护社会公平正义、走共同富裕道路、促进社会和谐的基本要求和共同信念，我认为，在实现城乡居民人均收入十年翻一番重大目标的过程中，我国不同群体、不同行业、不同地区、不同岗位居民（或劳动者）的收入增长速度，应至少具有六个特征：（1）低收入群体人均收入增速明显超过中等收入群体，中等收入群体人均收入增速明显超过高收入群体。（2）低收入行业人均收入增速显著超过高收入行业。（3）农村居民人均纯收入增速明显超过城镇居民。（4）西、中部地区人均收入增速超过东部地区。（5）企业一线苦、脏、累、险岗位职工收入增速明显超过企业其他人员。（6）企业退休人员基本养老金增速明显超过国家机关、事业单位退休人员。中共十八大选举并产生了以习近平为总书记的新的中央领导集体，党风、政风、社情、民气等都出现了重大的积极变化。我相信，在中共中央的正确领导下，全国各族人民坚定不移地沿着中国特色社会主义道路前进，中国共产党提出的"两个一百年"的奋斗目标一定能如期实现，中国公正合理的橄榄型个人收入分配新格局一定能早日形成。

朱：据说，您在2011年就公开提出过我国居民收入十年（2011～2020年）倍增的对策建议。对此，您能否简单披露一下有关情况？

郭：是的。我和王飞教授在《教学与研究》2011年第12期发表了《中国低工资制度的阶段特征与中期对策》一文（我为第一作者，约1.6万字）。在此文中，我们针对"十二五"乃至更长时期内改革与完善我国低工资制度较为系统地提出了五方面的对策。其中，在第二方面对策的第四项，我们明确提出了制定并实施我国居民收入十年倍增计划，并进行了初步的论证（近600字）。在撰写此文之前直至此文发表，我和王飞教授在公开发行的报纸杂志和内部研究资料中从未见过有人（或单位）提出过相同或类似的对策建议。此文发表后，我迅速将刊发此文的杂志快递给国家发改委就业和收入分配司负责人，供他们在制定我国个人收入分配改革方案的过程中研究与参考。2012年3月2日，我在《中国教育报》理论版上发表的《我国个人收入分配怎样改？》一文（近4000字）中，重申了这一对策建议。中共十八大召开后，我国许多网络与媒体热议我国城乡居民人均收入十年翻一番这一话题，但未见有文章披露这一重大量化目标的形成过程，更未见有学者或部门声称他们是此量化目标的首倡者。

我和王飞教授在《教学与研究》杂志上提出的制定并实施中国居民收入十年倍增计划的对策建议，与2012年11月中共十八大报告中提出的到

2020 年要实现我国城乡居民人均收入比 2010 年翻一番这一重大量化目标高度契合。两者的相同之处在于：（1）遵循"居民收入增长和经济发展同步"的基本原则相同；（2）我国居民收入十年（2011 ~ 2020 年）翻一番的基本提法相同；（3）剔除消费价格上涨因素相同。我们发表的论文中明确提出居民收入是指居民实际收入，这表明必须剔除消费价格上涨因素；中共十八大报告中虽未明确提出居民收入是指居民实际收入，但在《十八大报告辅导读本》所载的国家发改委原主任张平对此问题的权威解读文章中，可以看出中共十八大报告的相关提法剔除了消费价格上涨因素。两者的区别之处在于：（1）中共十八大报告中使用了"城乡"和"人均"的概念，这种表述更为细腻，并且引入了 2011 ~ 2020 这十年中的人口增量因素，从而对 2020 年我国城乡居民实际收入应达到的总量指标要求更高；（2）按照中共十八大报告中的相关提法测算，2011 ~ 2020 年，我国经济年均增速和城乡居民人均实际收入年均增速是 7.17%（或 7.2%），而不是我们文中预计的 7%。《中国共产党第十八次全国代表大会关于十七届中央委员会报告的决议》指出：中共十八大报告"是全党全国各族人民智慧的结晶"。无论是我们提出的对策建议与中共十八大报告中的相关提法不谋而合，还是我们提出的对策建议曾对中共十八大报告相关提法起到了某种积极作用，我们都非常高兴。为将我国全面建成小康社会和实现中华民族伟大复兴，作为高校经济学教师和经济理论工作者，我们不仅要在理论创新方面作出应有的贡献，也要力争在有利于经济体制改革和经济发展的对策创新方面作出实实在在的贡献。

郭飞的学术贡献和经济思想[*]

邰丽华

　　郭飞教授，祖籍浙江东阳，1952 年 7 月 5 日生于吉林省长春市，中共党员。1969 年 2 月参加工作，先后当过插队知青、"八三工程"指挥部宣传干事和国企工人。毕业于东北师范大学政治经济学专业，经济学硕士。长期在高校任教，破格晋升副教授、教授。现任对外经济贸易大学中国经济发展研究中心主任，国际经济贸易学院经济学教授、博士生导师，兼任中国经济规律研究会副会长。主要讲授政治经济学、社会主义经济理论、中国经济体制改革专题等本科生、研究生课程，主要研究方向为社会主义经济理论、中国经济与经济体制改革、国际直接投资。独立或主持承担国家、部委、高校科研课题多项，在《中国社会科学》《经济研究》《马克思主义研究》《经济学动态》《人民日报》《光明日报》《经济日报》等权威或重要报刊上公开发表科研论文 148 篇（几乎全为独撰，其中有 40 篇被《新华文摘》或中国人大复印报刊资料全文转载），独撰、主编、合撰公开出版的专著、教材等二十余部。独立获得中共北京市委、北京市人民政府颁发的北京市第九、第十、第十一届哲学社会科学优秀论文二等奖、优秀著作二等奖（课题负责人、第一作者）、优秀论文二等奖等多项省部级科研与教学成果奖，9 次独立获得北京高校政治经济学优秀论文一等奖。1992 年 8 月，被评为北京高校首批（青年）学科带头人；1998 年 2 月，被国务院批准为享受政府特殊津贴的有突出贡献的专家。

---

　　* 原载《海派经济学》2014 年第 3 期。邰丽华，中国政法大学马克思主义学院教授、副院长，首都经济学家论坛秘书长，经济学博士后，主要研究方向为政治经济学、马克思主义经济学。

一、对马克思主义经济学基础理论问题的深入探索

（一）提出马克思主义政治经济学的研究对象是生产方式及其发展规律

流行的观点认为，马克思主义政治经济学的研究对象是生产关系及其发展规律。对此，国内外经济学界一直存有争议。郭飞提出，坚持解放思想、实事求是、与时俱进的思想路线，应将马克思主义政治经济学的研究对象界定为"生产方式及其发展规律"。他认为，将生产力纳入马克思主义政治经济学的研究对象，将极大地拓展马克思主义政治经济学的研究领域，有利于更为科学地探索和阐释社会主义制度取代资本主义制度的历史必然性和客观规律，有利于在生产力与生产关系的辩证统一中深入研究并积极促进我国所有制结构调整和经济体制改革，有利于发展社会主义社会的生产力。将生产力纳入马克思主义政治经济学的研究对象，并非否定而是继续保留了马克思主义政治经济学的原有特色。资产阶级政治经济学回避生产关系，片面地研究物与物的关系或人与物的关系，其根本目的在于维护和发展资本主义制度。马克思主义政治经济学则公然申明研究生产关系及其发展规律，其根本目的在于为无产阶级和广大劳动人民推翻旧世界、建设新世界服务。将生产力纳入马克思主义政治经济学的研究对象，并不表明马克思主义政治经济学应研究生产的工艺，并不影响我们在研究和阐释生产力规律的过程中可以偏重于基本或主要规律，也并不妨碍我们对资本主义政治经济学研究和阐释中可以偏重于生产关系及其发展规律。[①]

（二）明确区分按比例分配社会劳动规律与按比例分配生产要素规律

在诸多政治经济学论文、教材或专著中，往往把按比例分配社会劳动规律混同于按比例分配生产要素规律。郭飞提出，按比例分配社会劳动规律与按比例分配生产要素规律同属生产力规律，并在一切以社会分工为基础的社会生产中发生作用，但两者具有明显的区别：（1）含义不同。按比例分配社会劳动规律的基本含义是按照符合消费需要的社会再生产的比例

分配活劳动（或劳动力）和物化劳动（或凝结着人类劳动的生产资料），而按比例分配生产要素规律的基本含义则是按照符合消费需要的社会再生产的比例分配劳动力和全部生产资料。（2）作用范围不同。按比例分配生产要素规律不仅对分配社会劳动发生作用，而且对分配未凝结人类劳动的生产资料（如原始森林、未开垦的土地和待开发的矿产资源等）也发生作用，可见按比例分配生产要素规律比按比例分配社会劳动规律的作用范围更大。（3）在生产力规律体系中所处的地位不同。按比例分配生产要素规律体现了社会生产力发展最基本的要求，它与按比例分配社会劳动规律是整体和局部的关系，因而是更高层次的生产力规律。①

（三）进一步论证生产要素所有制是分配方式的主要决定因素

郭飞认为，作为分配方式的主要决定因素，采用生产要素所有制的提法比采用生产资料所有制的提法更为妥切。一是采用生产要素所有制的提法，更符合马克思的原意。马克思在其著作中曾提出过客观的生产条件和主观的生产条件，也曾提出过消费资料的分配取决于生产条件的分配，从而明确提出了生产条件所有制决定分配方式的思想。在资本主义社会，主要由于生产资料的资本主义私有制和劳动力的个人所有制，决定了资本主义分配方式是按资分配与按劳动力价值分配的统一。在社会主义社会，主要由于生产资料的社会主义公有制和劳动力的个人所有制，决定了社会主义的分配方式是按劳分配。二是采用生产要素所有制的提法，更符合经济生活的实际。生产资料固然属于生产要素，但生产要素决不仅仅包含生产资料。在经济实践中，生产要素主要包括劳动力、生产资料、科学技术、管理和信息等。生产要素涵盖的范围远比生产资料广泛，从而采用生产要素所有制的提法比采用生产资料所有制的提法更为全面和准确。当然，在最抽象、最综合的意义上采用生产要素所有制的提法，并不排除在较为具体的条件下采用生产资料所有制提法的独立意义。②

---

① 郭飞：《两个生产力规律辨异》，载于《争鸣》1988 年第 2 期。
② 郭飞：《试论分配方式的决定和制约因素》，载于《当代经济研究》2002 年第 10 期。

（四）深入探讨价值创造与价值分配之间的相互关系

针对国内经济学界在价值创造与价值分配相互关系探讨中的"无关论"和"统一论"，郭飞认为这两种观点都有一定的片面性。郭飞指出，价值创造与价值分配"无关论"的观点，虽然正确指出了价值创造与价值分配是不同的范畴，正确阐明了生产资料所有制在价值分配中的主要决定作用，但却忽略了价值创造与价值分配之间的内在联系。价值创造是价值分配的基础。从理论角度考察，马克思关于按劳分配的论述与他所创立的劳动价值论在理论逻辑上具有明显的共同或相似之处；从实践角度考察，社会主义商品经济中的按劳分配与马克思创立的劳动价值论之间的内在联系更为紧密。而价值创造与价值分配"统一论"的观点，虽然正确地指出了价值创造是价值分配的基础，但却忽略了价值创造与价值分配两者的区别。一是价值创造与价值分配是不同的范畴，价值分配不属于劳动价值论的内容。二是在资本主义社会中，由于生产资料掌握在资本家和土地所有者手中，价值创造与价值分配并不是统一的。三是在社会主义商品经济条件下，国有企业中劳动者的价值创造与价值分配也不是完全统一的。因此，价值创造与价值分配是既有联系也有区别的经济范畴。①

（五）进一步概括并论述社会主义市场经济中按劳分配的特点

国内经济学界对社会主义市场经济中按劳分配的特点有诸多探讨。郭飞将社会主义市场经济中按劳分配的特点概括为：（1）实行按劳分配的主体是企业；（2）按劳分配体现的利益多元性；（3）按劳分配的计量尺度具有非单一性；（4）按劳分配的非纯性；（5）按劳分配的媒介货币化；（6）按劳分配在个人收入分配中居主体地位。② 在社会主义市场经济中按劳分配的计量尺度问题上，郭飞既不同意将按劳分配的计量尺度归结为社会必要劳动时间，也不赞同将按劳分配的计量尺度归结为社会平均劳动时间与社会必要劳动时间两者的统一。他提出，就全民所有制企业而言，按

---

① 郭飞：《价值创造与价值分配》，载于《当代经济研究》2003 年第 2 期。
② 郭飞：《试论社会主义市场经济中按劳分配的特点》，载于《高校理论战线》1993 年第 2 期。

劳分配的计量尺度是社会平均劳动时间（指整个社会全民所有制企业范围内以有效劳动为基础的社会平均劳动时间）和企业平均劳动时间（指以有效劳动为基础的企业平均劳动时间）二者的有机统一。这是由全民所有制企业的根本性质和社会主义市场经济中全民所有制企业在按劳分配中的作用以及按劳分配的实现方式决定的。而在集体所有制企业中，按劳分配的计量尺度则仅仅是企业平均劳动时间，这是由集体所有制企业的根本性质决定的。①

（六）提出社会主义劳动力市场范畴

在党的十四届三中全会通过《中共中央关于建立社会主义市场经济体制若干问题的决定》之前，郭飞就撰文提出并论证了以"劳动力市场"范畴来取代"劳务市场""劳动市场"等范畴，在此基础上明确提出和论证了社会主义劳动力市场这一新范畴，并提出在社会主义社会中应逐步构建以社会主义劳动力市场为主体的多元化的劳动力市场。② 针对某些人将劳动力商品与劳动力市场"挂钩"，进而认为社会主义公有制经济中劳动力也是商品的观点，郭飞除联系所有制、劳动的社会性质和分配方式进行考察外，还明确提出应区分劳动力市场一般与劳动力市场特殊。劳动力市场一般，是指商品经济条件下通过劳动力供求双方的双向选择配置劳动力资源的一种机制（或商品经济条件下配置劳动力资源的市场运行方式及其形成的社会关系）；劳动力市场特殊，主要是指资本主义劳动力市场与社会主义劳动力市场。资本主义劳动力市场是资本主义基本经济制度与劳动力市场一般相结合，社会主义劳动力市场则是社会主义基本经济制度与劳动力市场一般相结合。社会主义劳动力市场与资本主义劳动力市场的本质区别在于劳动力不是商品。③

---

① 郭飞：《刍议按劳分配中的"劳"》，载于《经济研究》1993 年第 2 期。
② 郭飞：《略论社会主义劳动力市场》，载于《中国劳动科学》1993 年第 11 期。
③ 郭飞：《社会主义公有制经济中劳动力性质问题探讨》，载于《金融科学》1994 年第 4 期。

（七）提出"要素财富论"是我国现阶段实行按生产要素分配的重要理论基础

郭飞提出，我国现阶段在一定范围内实行的按生产要素分配，其理论基础除了生产要素所有制和"三个有利于"根本标准之外，还包括生产要素在使用价值或社会财富创造中的客观作用（从理论上概括，可简称为"要素财富论"）。郭飞阐述了"要素财富论"的基本内容，并论证了提出"要素财富论"与坚持和发展马克思主义的劳动价值论并不矛盾，也与资产阶级庸俗经济学家鼓吹的"生产三要素论"根本不同。[①]

（八）对当代国际贸易等价交换条件下是否存在剥削提出独到见解

郭飞认为，当代国际贸易中以垄断价格为主要形态的不等价交换严重存在，其体现的剥削性质毋庸置疑。当代国际贸易中等价交换条件下是否存在剥削，应根据不同情况进行具体分析。就发达资本主义国家与欠发达资本主义国家之间的国际贸易而言，必然存在资本主义剥削关系。一方面，流通或交换领域的关系是由生产领域的关系决定的。资本主义企业中雇佣工人创造的剩余价值要通过包括国际贸易在内的流通或交换领域来实现。另一方面，流通或交换领域的资本家也要攫取或瓜分商业职工创造或实现的剩余价值。资本主义剥削的基本特征之一是实行等价交换。马克思正是基于对可变资本与劳动力商品相交换符合等价交换规律的科学分析，揭示了商品生产所有权规律转变为资本主义占有规律。与一国内部资产阶级对无产阶级的剥削不同，发达资本主义国家对欠发达资本主义国家在实行等价交换的国际贸易中的剥削，从一个侧面体现了国际资产阶级对国际无产阶级的剥削。欠发达资本主义国家的无产阶级和劳苦大众，往往遭受国际国内资产阶级的双重剥削。就不同国度社会主义生产方式条件下提供的商品和服务之间的国际贸易而言，则不存在剥削关系。就社会主义生产方式条件下提供的商品和服务与资本主义生产方式条件下提供的商品和服务之间的国际贸易而言，其是否存在剥削须从实际出发进行具体分析，不能一

[①] 郭飞：《按生产要素分配若干观点辨析——兼谈"要素财富论"》，载于《经济学动态》2001 年第 11 期。

概而论。①

（九）全面深刻揭示当代国际投资的实质

郭飞提出，对当代国际投资的实质应结合实际进行深入考察。私人资本输出在当代国际投资中扮演主要角色，其根本动机仍是追求高额利润。公有资本输出（如我国大型国有石油公司的跨国直接投资）的动机就不能完全归结为追求高额利润，其中必有开发和利用国外资源和国外市场的战略考虑。无论资本主义国家或社会主义国家，向别国提供政府贷款侧重考虑的是政治和双边经济援助等因素，而不是逐利因素。国际金融组织向某些国家提供低息贷款，其基本宗旨是协调国际经济关系和经济发展，也不能简单归结为逐利。就世界资本主义经济内部而言，当代国际投资至少体现两方面的关系：一方面，在资本输出方与资本输入方之间，体现不同程度的剥削与被剥削、控制与被控制的关系；另一方面，在资本输出国与资本输入国之间，也体现主权平等国家之间不同程度的互利关系。②

二、对中国经济体制改革重大现实问题的深入探索

（一）提出"三个有利于"的根本标准是我国确立和完善社会主义初级阶段所有制结构的基本理论依据

郭飞提出，邓小平提出的"三个有利于"的根本标准，其核心是生产力标准，但也内在包含了坚持社会主义社会基本性质的客观要求即社会基本制度标准，贯穿和体现了"人民利益高于一切"这一社会主义社会的最高价值标准。③"三个有利于"的根本标准，是我国现阶段确立和完善公有制为主体、多种所有制经济共同发展的基本经济制度的基本理论依据。郭飞运用"三个有利于"的根本标准，对我国现阶段所有制结构与之相适应

---

① 郭飞著：《新世纪中国经济重大问题研究》，经济科学出版社 2010 年版，第 104～105 页。
② 郭飞：《马克思、列宁的资本输出理论与当代国际投资》，载于《马克思主义研究》2007 年第 6 期。
③ 郭飞：《正确认识和把握"三个有利于"的根本标准》，载于《中国教育报》1999 年 1 月 13 日。

和相矛盾的两个方面进行了具体分析,为深入研究和不断完善我国社会主义初级阶段的基本经济制度提供了新视角和新思路。[1]

(二) 对我国公有资产在社会总资产中是否占优势提出新颖观点

针对近年来国内经济学界围绕公有资产在社会总资产中是否占优势展开的激烈争论,郭飞提出,中共十五大报告中的资产概念有两个基本维度,一是从宏观经济角度;二是从生产资料所有制角度;从广义理解应包括经营性净资产和资源性资产,从狭义理解则仅指经营性净资产,其核心应指经营性净资产。郭飞运用较为翔实的相关权威数据,提出从广义来看我国公有资产在社会总资产中具有量的绝对优势,从狭义来看我国公有经营性净资产在社会经营性净资产中仍具有一定的量的优势。郭飞还深入分析了前些年我国公有经营性净资产在社会经营性净资产中所占比重明显下降的主要经济原因:(1)公有企业特别是国有企业为经济体制转轨付出了双重成本;(2)公有企业特别是国有企业中主要由以权谋私、权钱交易和管理漏洞引致的资产流失;(3)体制、机制缺陷对公有制经济特别是国有经济发展的负面影响;(4)外商直接投资持续大量增加;(5)许多非公有制企业具有"低成本优势"。[2]

(三) 全面论述我国国有企业改革理论与实践的六大创新

郭飞提出,改革开放以来,中国国有企业改革初步实现了性质创新、功能创新、形式创新、体制创新、布局创新和结构创新,成功开创了社会主义大国全民所有制与市场经济实行有机结合之先河。所谓性质创新,是指国有企业在全民所有制基本性质不变的前提下,由国家行政机构的附属物转变为独立的法人实体和市场主体;所谓功能创新,是指国有经济在国民经济中的作用由"主体"向"主导"转变,国有企业由"企社不分"向"企社分离"转变;所谓形式创新,主要体现在国有企业由国营企业转变为国有独资或国有资本控股公司;所谓体制创新,是指国有企业由政企不

---

① 郭飞:《深化中国所有制结构改革的若干思考》,载于《中国社会科学》2008 年第 3 期。
② 郭飞:《深化中国所有制结构改革的若干思考》,载于《中国社会科学》2008 年第 3 期。

分、排斥竞争、缺乏激励、行政隶属的国营企业旧体制向建立与完善现代企业制度和建立健全政企分开、政资分开、授权经营的国有资产管理新体制转变；所谓布局创新，是指国有企业布局由分布过宽、力量分散向"有进有退、合理流动"转变；所谓结构创新，是指国有企业结构由数量过多、企业平均规模偏小向"抓大放小"转变。①

（四）对社会主义市场经济条件下国有经济布局的特殊性作出新概括

郭飞提出，市场经济条件下资本主义国家与社会主义国家在国有经济布局方面存在显著差别，其根本原因在于两者国有经济具有不同的性质、比重和功能。前者国有经济布局相对较窄，一般局限于非竞争性领域（即所谓"市场失效"的领域）；后者国有经济布局相对较宽，不仅包括非竞争性领域，也包括相当广泛的竞争性领域。国有经济在关系国家安全和国民经济命脉的相当一部分竞争性领域中占控制地位，是我国与资本主义国家在国有经济布局方面的主要区别。国内极少数人主张国有经济应完全退出竞争性领域，实际上是企图误导我国国有经济的布局调整，使我国经济最终坠入"私有化"陷阱。②

（五）对科技人员的合理流向和最佳流向提出新见解

1983年7月，《国务院关于科技人员流动的若干规定》中提出：科技人员的合理流向是"从城市到农村，从大城市到中小城市，从内地到边远地区，从科技人员富余的部门和单位到科技力量薄弱而又急需加强的部门和单位。"郭飞等撰文提出，这种观点具有片面性。第一，"从城市到农村，从大城市到中小城市，从内地到边远地区"，都是从区域流向角度提出规定，并没有明确地从更好地发挥科技人员作用的角度提出要求。只要能更好地发挥作用，科技人员无论是遵循或悖逆上述地域流向实行流动，都属于合理流向。第二，"从科技人员富余的部门和单位到科技力量薄弱

---

① 郭飞：《中国国有企业改革：理论创新与实践创新》，载于《马克思主义研究》2014年第4期。
② 郭飞：《深化中国所有制结构改革的若干思考》，载于《中国社会科学》2008年第3期。

而又急需加强的部门和单位"，虽然就部门和单位流向而言原则上是正确的，但是落实到具体的科技人员则又不一定正确，因为按此方向流动的科技人员的作用并非都能得到更好地发挥。郭飞等提出：科技人员的合理流向，对于第一次参加工作的科技人员来说，应是能够发挥其专长或主要专长的流向；对于已参加工作并要求调动的科技人员来说，则不仅要求专业对口，而且还要求能够更好地发挥作用。实现科技人员和生产资料在国内的最佳配置，就是科技人员的最佳流向。科技人员的合理流向包括最佳流向，但不等于最佳流向。为最大限度地缓解我国科技人员供不应求的矛盾，加速社会主义现代化建设，我们不仅应支持和鼓励科技人员按照合理流向流动，更应支持和鼓励他们按照最佳流向流动。①

（六）提出我国失业现状的六大特征

郭飞认为，国内关于失业现状的三种统计口径各有缺陷，政府有关部门应严格按照国际通行的失业人口和失业率的统计口径定期发布相关数据，以真实反映我国失业现状。② 郭飞将我国失业现状概括为六大特征：（1）城镇失业人员达到较大规模；（2）总量矛盾、结构矛盾与素质矛盾并存；（3）"需求瓶颈"与"体制瓶颈"并存；（4）非自愿失业与选择性失业并存；（5）隐性失业与隐性就业并存；（6）经济高增长与城镇高失业并存。③

（七）对生产要素按贡献参与分配原则提出马克思主义的分析框架

针对中共十六大报告提出的生产要素按贡献参与分配原则及国内学术界展开激烈争论的主要症结，郭飞提出了一个新的马克思主义的分析框架。郭飞从区分不同的所有制经济切入，深刻揭示了生产要素按贡献参与分配原则中"贡献"的内涵。郭飞提出：在社会主义公有制经济中，该分配原则中的"贡献"，是指劳动者在创造价值中作出的贡献；在非公有制经济

---

① 郭飞等：《关于科技人员最佳流向及其机制的探讨》，载于《人才研究》1987年第4期。
② 郭飞：《当前我国失业现状及特征》，载于《经济纵横》2004年第1期。
③ 郭飞：《我国当前失业六大特征》，载于《中国改革报》2005年1月31日。

中，该分配原则中的"贡献"，则是指各种生产要素在社会财富（或使用价值）创造中的作用（或贡献）。他运用生产要素所有制决定论、劳动价值论和"要素财富论"，对生产要素按贡献参与分配原则作出了新的论证和阐释。[①]

（八）全面概括我国个人收入分配领域的六大问题

郭飞等认为，改革开放以来，我国个人收入分配取得了显著成就。然而，自 20 世纪 90 年代中期以来，我国个人收入分配存在的问题愈益突出，主要表现为：（1）权力寻租较为猖獗，黑色收入屡打不绝；（2）部分垄断性行业不合理的高收入问题相当突出；（3）利润侵蚀工资，劳动报酬在国民收入初次分配中占比过低；（4）城镇住房制度改革中低价出售公有住房助推城镇居民财产和收入分配差距急剧扩大；（5）国家机关、事业单位新工资制度和各类退休人员养老金待遇存在明显缺陷；（6）个人收入差距持续显著扩大，全国的基尼系数逼近（或进入）危险区，部分社会成员贫富悬殊。[②] 对此，郭飞等进行了深入探讨。

（九）深入探讨我国低工资制度的阶段特征与双重作用

新中国成立以来，我国一直实行低工资制度。郭飞等提出，我国计划经济时期低工资制度的主要特征是：（1）低工资与平均主义并存；（2）高度统一，缺乏弹性；（3）低工资与高补贴、泛福利并存。我国体制转轨时期低工资制度的主要特征是：（1）总体的低工资与局部的不合理的高工资并存；（2）白色收入、灰色收入与黑色收入并存；（3）广大职工的低工资与教育、医疗特别是住房制度改革导致的高支出并存；（4）贫富悬殊，两极分化。我国长期实行的低工资制度是把"双刃剑"。其积极作用主要是：（1）明显提高了积累率，促进了我国经济长期较快发展；（2）有利于吸引外商直接投资和民间投资，加快我国社会主义现代化建设。其消极作用主

[①] 郭飞：《生产要素按贡献参与分配原则新思考》，载于《马克思主义研究》2005 年第 2 期。

[②] 郭飞、王飞：《中国个人收入分配改革：成就、问题与对策》，载于《马克思主义研究》2010 年第 3 期。

要是：（1）严重挤压了消费特别是我国居民消费，不利于实现社会主义生产目的；（2）在较长时期助长了粗放型经济增长方式，不利于我国实现经济发展方式的根本性转变。①

（十）提出我国实现城乡居民人均收入十年翻一番的六大特征

郭飞等提出，中共十八大报告提出我国城乡居民人均收入十年翻一番，充分体现了民生优先、惠民富民的政策取向。根据中共十八大精神和我国国情，实现城乡居民人均收入十年翻一番应具有六个特征：（1）低收入群体人均收入增速明显超过中等收入群体，中等收入群体人均收入增速明显超过高收入群体；（2）低收入行业人均收入增速显著超过高收入行业；（3）农村居民人均纯收入增速明显超过城镇居民；（4）西、中部地区人均收入增速超过东部地区；（5）企业一线苦、脏、累、险岗位职工收入增速明显超过企业其他人员；（6）企业退休人员基本养老金增速明显超过国家机关、事业单位退休人员。②

（十一）提出区分统计内收入与统计外收入，深入阐述我国权力寻租四大特点

郭飞提出，要深入考察我国个人收入差距的实际状况，必须明确区分统计内收入和统计外收入。统计外收入主要包括统计外的货币收入、实物收入和福利收入。统计外的货币收入包括"白""灰""黑"色货币收入；统计外的实物收入分为显性实物收入和隐性实物收入；统计外的福利收入主要是指城镇职工在工资条之外获得的各种公共福利。③ 郭飞等提出，近些年来，我国权力寻租行为具有四个特点：（1）权力寻租者的范围越来越广；（2）权力寻租者中官员的行政级别越来越高；（3）权力寻租的租金规

---

① 郭飞、王飞：《中国低工资制度的阶段特征与中期对策》，载于《教学与研究》2011 年第 12 期。

② 郭飞、王飞：《城乡居民人均收入十年翻一番：基本指标、结构特征与实现路径》，载于《马克思主义研究》2013 年第 3 期。

③ 郭飞：《我国当前个人收入差距实证考察》，载于《经济学动态》1998 年第 5 期。

模越来越大；（4）权力寻租的方式越来越隐蔽。①

（十二）深刻揭示"以市场换技术"方针的内在缺陷与外商直接投资对中国经济的消极影响

20 世纪 80 年代中后期，我国提出并开始实施"以市场换技术"方针。郭飞提出，我国实行"以市场换技术"方针确实取得了某些成效，但其内在缺陷也相当明显，主要表现在：（1）市场与技术并不是同一层次的范畴，技术重于市场；（2）西方经济学者关于国际投资的相关理论和国际直接投资的基本实践，与我国实行"以市场换技术"方针的初衷大相径庭；（3）"以市场换技术"方针低估了外商直接投资对我国内资企业自主创新能力的抑制效应；（4）"以市场换技术"方针实际上是将外商直接投资带来的技术引进作为我国技术进步的主要途径，忽视了自主创新在我国技术进步中的关键作用。② 郭飞还提出，改革开放以来，外商直接投资在对中国经济产生重大积极作用的同时，也存在不容忽视的消极影响，其主要表现在：（1）明显削弱了中国内资企业的自主创新能力；（2）对中国民族经济形成强烈冲击；（3）对中国经济安全和基本经济制度构成较大威胁。③

（十三）对我国正确界定市场和政府在资源配置中的作用提出新颖见解

党的十八届三中全会通过的《中共中央关于全面深化改革若干重大问题的决定》提出："处理好政府和市场的关系，使市场在资源配置中起决定性作用和更好发挥政府作用。"对此，我国官方和经济学界均有不同解读。郭飞提出，在资源配置中，既发挥市场的决定性作用，也发挥政府的宏观调控（宏观经济管理）和市场监管（微观经济规制）作用，是第二次世界大战以后发达市场经济国家的通常做法，也是现代市场经济的一般规律。在我国社会主义市场经济条件下，需要正确界定市场和政府在资源配

---

① 郭飞、王飞：《中国个人收入分配改革：成就、问题与对策》，载于《马克思主义研究》2010 年第 3 期。

② 郭飞：《对"以市场换技术"方针与涉外税收超国民待遇的再思考——兼与赵中杰商榷》，载于《经济学动态》2006 年第 9 期。

③ 郭飞：《外商直接投资对中国经济的双重影响与对策》，载于《马克思主义研究》2006 年第 5 期。

置中发挥作用的边界和程度。可将我国的资源配置区分为公共产品和服务的资源配置与非公共产品和服务的资源配置两部分。在非公共产品和服务的资源配置中，由市场起决定性作用；在公共产品和服务的资源配置中，由政府起决定性作用。换言之，以充分发挥市场在非公共产品和服务的资源配置中的决定性作用来弥补政府失灵，以充分发挥政府在公共产品和服务的资源配置中的决定性作用来弥补市场失灵，实现"看不见的手"和"看得见的手"的优势互补，促进社会主义市场经济持续健康发展。[①]

（十四）对两种经济体制转轨方式的绩效及适用范围提出独到见解

原有和现今社会主义国家在经济体制改革中采取了"激进式"改革和"渐进式"改革两种转轨方式。郭飞对此进行了深入研究，提出以社会主义为基本方向的经济体制转轨，实行"渐进式"改革有较为成功的例证，而实行"激进式"改革则几无成功的先例；以资本主义为基本方向的经济体制转轨，实行"渐进式"改革和"激进式"改革都有较为成功的例证，而实行"激进式"改革也不乏失败的教训。在此基础上，郭飞得出三点结论：（1）选择何种经济体制转轨方式，如同选择何种经济体制改革的目标模式一样，从根本上来说取决于各国的国情，取决于转轨成本与转轨收益的比较，没有统一的固定不变的模式；（2）"激进式"改革并不是包医百病的"灵丹妙药"；（3）对以建立社会主义市场经济体制为目标的国家来说，积极的"渐进式"改革很可能是较为适宜的转轨方式。[②]

三、深化中国改革与发展重大问题的对策研究

郭飞教授运用发展的马克思主义经济学的立场、观点和方法，注重借鉴与吸收包括西方经济学合理成分在内的国内外经济理论研究的优秀成果，紧密联系中国经济发展与经济体制改革的实践，不仅着力于理论创新，而且着力于对策创新。在长期进行深入研究的过程中，郭飞教授在国内重要

---

① 郭飞：《使市场之手和政府之手优势互补》，载于《人民日报》2014 年 5 月 13 日。
② 郭飞：《论经济体制改革的基本性质与转轨方式》，载于《东欧中亚研究》1996 年第 3 期。

报刊上撰文提出了一些具有较高应用价值的对策建议。他曾提出"上缴税利、自主分配、双紧挂钩型"工资模式这一全民企业工资改革目标模式的新思路;① 提出加快实施中外企业所得税"两税合一"和在过渡期内对原有外资企业仍实行一定的税收优惠的对策建议;② 提出对部分垄断性行业征收特殊行业税,将其由非企业贡献因素获得的超额利润收归国有的对策建议;③ 提出应对国企高管薪酬标准的上限作出规定,并与上年度国企职工年均工资保持适当比例关系的对策建议;④ 提出应在全国高校、科研机构中设置文科专业技术人员一级岗位的对策建议;⑤ 提出在国家机关、事业单位职工的工资中,应增加由国家财政拨付的与国内生产总值增长速度和居民消费价格上涨幅度紧密挂钩的经济发展津贴和价格特殊津贴的对策建议;⑥ 提出应尽快启动国家机关、事业单位新一轮工资改革的对策建议;⑦ 提出 2012~2015 年我国对企业退休人员基本养老金年均提高 10% 的对策建议;⑧ 提出实施以人为本的"适度就业"的新的对策建议;⑨ 提出我国应努力构建以自主创新为基点五位一体(以创新获技术、以竞争获技术、以引进获技术、以市场换技术、以优惠换技术)的技术进步基本路径格局等对策建议。⑩ 特别是郭飞教授提出的下述三项对策建议,已经完全

---

① 郭飞:《全民企业工资改革目标模式新探》,载于《经济研究》1989 年第 11 期。

② 郭飞:《对"以市场换技术"方针与涉外税收超国民待遇的再思考——兼与赵中杰商榷》,载于《经济学动态》2006 年第 9 期。

③ 郭飞、王飞:《中国个人收入分配改革:成就、问题与对策》,载于《马克思主义研究》2010 年第 3 期。

④ 郭飞、王飞:《中国个人收入分配改革:成就、问题与对策》,载于《马克思主义研究》2010 年第 3 期。

⑤ 郭飞、王飞:《中国个人收入分配改革:成就、问题与对策》,载于《马克思主义研究》2010 年第 3 期。

⑥ 郭飞、王飞:《中国低工资制度的阶段特征与中期对策》,载于《教学与研究》2011 年第 12 期。

⑦ 郭飞:《构建合理有序收入分配新格局的基本路径》,载于《毛泽东邓小平理论研究》2014 年第 1 期。

⑧ 郭飞、王飞:《中国低工资制度的阶段特征与中期对策》,载于《教学与研究》2011 年第 12 期。

⑨ 郭飞:《以人为本与适度就业》,载于《光明日报》2005 年 8 月 23 日。

⑩ 郭飞:《外商直接投资对中国经济的双重影响与对策》,载于《马克思主义研究》2006 年第 6 期。

或基本转化为国家决策。

（一）关于大幅提高高校教师工资的对策建议

1993 年 7 月 7 日，郭飞在《中国教育报》上发表了《中国高校教师工资纵横谈》一文。该文针对我国高校教师工资严重偏低的状况，明确提出"应较大幅度地增加教师工资"，"对于有突出贡献的著名教授，其工资待遇应不亚于副总理的工资标准"，以及对国家财政拨付的高校教师工资实行"三七开"等对策建议，受到了高教界特别是国家有关部委领导的重视。《中国教育报》1993 年 8 月 18 日发表林夕撰写的文章《"忧患意识"赞——赠郭飞》，称该文"言之凿凿""有理有据，切中时弊""犹如一石激起千层浪""一文出而能产生如此之轰动效应，实为近年所少见"。在 1993 年秋季出台的我国事业单位工资制度改革方案中，郭飞提出的对策建议已经变为现实。①

（二）关于高校"三年扩招两翻番"的对策建议

1999 年 6 月 9 日，郭飞在《中国改革报》上发表了《高校扩大招生将拉动内需》一文。该文深刻分析了高校大幅扩招的必要性和可能性，明确提出"三年扩招两翻番"（即从 1999～2001 年，我国高校的招生人数每年比上年增长约 25%，到 2001 年我国高校的招生规模和在校生规模分别比 1998 年增长近 1 倍）的对策建议，并对高校大幅扩招后可能出现的教学质量下降和大学毕业生就业难问题提出了预防措施。该文在社会上引起较大反响，并被《新华文摘》全文转载。2002 年，教育部长陈至立撰文指出："1999～2001 年高校三年扩招后，普通高校招生数和在校生数均翻了一番"。②

---

① 人事部工资保险福利司编：《一九九三年机关、事业单位工资制度改革工作手册》，人民出版社 1994 年版，第 38、102 页。
② 陈至立：《切实落实教育优先发展战略地位》，见本书编写组编著：《十六大报告辅导读本》，人民出版社 2002 年版，第 323 页。

（三）关于"中国居民收入十年倍增"的对策建议

郭飞、王飞在《教学与研究》2011 年第 12 期上发表了《中国低工资制度的阶段特征与中期对策》一文，明确提出应抓紧制定并实施我国居民收入（指居民实际收入）十年（2011～2020 年）倍增计划，并将该文迅速递交国家发改委就业和收入分配司负责人参考。郭飞在《中国教育报》2012 年 3 月 2 日发表了《我国个人收入分配怎样改？》一文，重申了这一对策建议。郭飞等不仅深刻论证了实现我国居民收入十年倍增的必要性和可能性，还明确提出该计划若能实行，并不等于我国不同行业、不同群体的个人收入都是同步增加，而是应使广大农民和城镇农民工等低收入群体以及低收入行业职工的收入以更快的速度增长。2012 年 11 月，中共十八大报告明确提出到 2020 年要实现我国城乡居民人均收入比 2010 年翻一番。剔除 2011～2020 年人口增量因素，郭飞等率先提出的"中国居民收入十年倍增"的对策建议，与中共十八大报告提出的我国城乡居民人均收入十年翻一番的重大量化目标在实质上是一致的。

作者主要科研成果目录

（1984 年以来）

一、科研论文

1.《深化中国所有制结构改革的若干思考》（论文，25000 字，独撰），载于《中国社会科学》2008 年第 3 期（《中国社会科学（英文版）》2008 年第 4 期、《中国社会科学文摘》2008 年第 11 期、《新华文摘》2008 年第 16 期、中国人大复印报刊资料《社会主义经济理论与实践》2008 年第 7 期、《人民日报》2008 年 7 月 8 日理论版等全文或部分转载）。

2.《全民企业工资改革目标模式新探》（论文，9000 字，独撰），载于《经济研究》1989 年第 11 期。

3.《刍议按劳分配中的"劳"》（论文，6300 字，独撰），载于《经济研究》1993 年第 2 期。

4.《生产要素按贡献参与分配原则新思考》（论文，11000 字，独撰），载于《马克思主义研究》2005 年第 2 期（中国人大复印报刊资料《社会主义经济理论与实践》2005 年第 7 期全文转载）。

5.《外商直接投资对中国经济的双重影响与对策》（论文，27000 字，独撰），载于《马克思主义研究》2006 年第 5~6 期（中国人大复印报刊资料《外贸经济·国际贸易》2006 年第 8~9 期全文转载，《新华文摘》2006 年第 17 期部分转载）。

6.《马克思、列宁的资本输出理论与当代国际投资》（论文，12000 字，独撰），载于《马克思主义研究》2007 年第 6 期（中国人大复印报刊资料《理论经济学》2007 年第 9 期全文转载）。

7.《中国个人收入分配改革：成就、问题与对策》（论文，23000 字，第一作者），载于《马克思主义研究》2010 年第 3 期。

8.《城乡居民人均收入十年翻一番：基本指标、结构特征与实现路径》（论文，11000 字，第一作者），载于《马克思主义研究》2013 年第 3 期。

9.《中国国有企业改革：理论创新与实践创新》（论文，22000 字，独撰），载于《马克思主义研究》2014 年第 4 期。

10.《中国居民财产差距悬殊的基本成因与对策》（论文，22000 字，独撰），载于《马克思主义研究》2015 年第 12 期（中国人大复印报刊资料《社会主义经济理论与实践》2016 年第 3 期全文转载）。

11.《我国当前个人收入差距实证考察》（论文，6500 字，独撰），载于《经济学动态》1998 年第 5 期。

12.《区分社会主义初级阶段基本经济制度与社会主义基本经济制度刍议》（论文，4700 字，独撰），载于《经济学动态》1999 年第 11 期。

13.《按生产要素分配若干观点辨析》（论文，8000 字，独撰），载于《经济学动态》2001 年第 11 期（中国人大复印报刊资料《社会主义经济理论与实践》2002 年第 1 期全文转载）。

14.《我国失业的五大特征与对策》（论文，6000 字，独撰），载于《经济学动态》2003 年第 11 期。

15.《社会主义公有制与股份制若干问题探讨》（论文，10000 字，独撰），载于《经济学动态》2004 年第 7 期（中国人大复印报刊资料《社会主义经济理论与实践》2004 年第 9 期全文转载）。

16.《对"以市场换技术"方针与涉外税收超国民待遇的再思考》（论文，10000 字，独撰），载于《经济学动态》2006 年第 9 期（《中国社会科学文摘》2007 年第 1 期转载 0.7 万字，日本广岛经济大学《经济研究论集》2007 年第 29 卷第 4 号全文译载）。

17.《"经济全球化与中国经济科学发展高峰论坛"暨中国经济规律研究会第 21 届年会综述》（5500 字，独撰），载于《经济学动态》2011 年第 11 期。

18.《社会主义公有制经济中劳动力性质讨论综述》（6000 字，独撰），载于《中国工业经济研究》1994 年第 8 期（中国人大复印报刊资料

《劳动经济与人力资源管理》1994 年第 9 期全文转载）。

19.《论经济体制改革的基本性质与转轨方式》（论文，12500 字，独撰），载于《东欧中亚研究》1996 年第 3 期（中国人大复印报刊资料《社会主义经济理论与实践》1996 年第 11 期全文转载）。

20.《探微索隐　力抒新见》（书评，2000 字，第一作者），载于《金融研究》1994 年第 8 期。

21.《关于科技人员最佳流向及其机制的探讨》（论文，4000 字，第一作者），载于《人才研究》1987 年第 4 期。

22.《和平与发展是当代世界的主题》（论文，9000 字，独撰），载于《中国高等教育（社会科学理论版）》1988 年第 6 期（中国人大复印报刊资料《外国政治·国际关系》1989 年第 3 期全文转载）。

23.《搞好社会主义政治经济学教学的几点思考与尝试》（论文，4000 字，独撰），载于《中国高等教育》1993 年第 6 期。

24.《中国经济体制改革课程研讨型教学模式探索》（论文，4500 字，第一作者），载于《中国高等教育》2009 年第 23 期。

25.《也谈社会主义初级阶段的按劳分配》（论文，9000 字，独撰），载于《高校社会科学》1989 年第 5 期。

26.《试论社会主义市场经济中按劳分配的特点》（论文，7500 字，独撰），载于《高校理论战线》1993 年第 2 期（中国人大复印报刊资料《劳动经济与人力资源管理》1993 年第 5 期全文转载）。

27.《社会分配不公及对策》（论文，7500 字，独撰），载于《高校理论战线》1993 年第 5 期。

28.《培育与发展劳动力市场若干问题探讨》（论文，4500 字，独撰），载于《高校理论战线》1994 年第 3 期（中国人大复印报刊资料《劳动经济与人力资源管理》1994 年第 7 期全文转载）。

29.《公有制经济中劳动力性质问题近期讨论综述》（7500 字，独撰，署笔名郭鹏举），载于《高校理论战线》1995 年第 5 期。

30.《经济体制改革与基本经济制度》（论文，4500 字，独撰），载于《高校理论战线》1996 年第 3 期。

31.《正确认识和把握社会主义初级阶段》（论文，2000 字，独撰），载于《高校理论战线》1997 年第 8 期。

32.《我国当前个人收入差距与对策》（论文，7500 字，独撰），载于《高校理论战线》1998 年第 9 期。

33.《劳动价值论若干问题探讨》（论文，8000 字，独撰），载于《当代经济研究》2001 年第 10 期。

34.《试论分配方式的决定和制约因素》（论文，6500 字，独撰），载于《当代经济研究》2002 年第 10 期（中国人大复印报刊资料《理论经济学》2003 年第 1 期全文转载）。

35.《价值创造和价值分配》（论文，5000 字，独撰），载于《当代经济研究》2003 年第 2 期。

36.《坚持我国所有制结构改革的正确方向》（论文，7500 字，独撰），载于《当代经济研究》2007 年第 10 期。

37.《城市化进程中城乡收入差距的"倒 U 型"趋势与对策》（论文，10000 字，第二作者），载于《当代经济研究》2011 年第 8 期。

38.《应准确使用表述经济效益的经济范畴》（论文，1000 字，独撰），载于《中国劳动科学》1987 年第 3 期。

39.《按劳分配若干问题探讨》（论文，7500 字，独撰），载于《中国劳动科学》1990 年第 2 期（中国人大复印报刊资料《政治经济学》（社会主义部分）1990 年第 3 期全文转载）。

40.《略论社会主义劳动力市场》（论文，3200 字，独撰），载于《中国劳动科学》1993 年第 11 期。

41.《劳动力市场与"劳动力商品论"》（论文，8200 字，第二作者），载于《中国劳动科学》1994 第 11 期。

42.《市场经济与按劳分配》（论文，5000 字，独撰），载于《中国劳动》2003 第 11 期。

43.《关于全民企业工资改革目标模式的探讨》（论文，4000 字，独撰），载于《经济工作者学习资料》1989 年第 32 期。

44.《我国当前个人收入分配：问题、成因与对策》（论文，15000 字，独撰），载于《经济工作者学习资料》1993 年第 14 期（中国人大复印报刊资料《体制改革》1993 年第 6 期全文转载）。

45. 《对一种社会主义经济效益公式的商榷》（论文，2000 字，第二作者），载于《教学与研究》1984 年第 2 期。

46. 《按劳分配的综合计量尺度》（论文，3000 字，独撰），载于《教学与研究》1989 年第 4 期（中国人大复印报刊资料《政治经济学（社会主义部分）》1989 年第 10 期全文转载）。

47. 《社会必要劳动时间不是按劳分配的计量尺度》（论文，3700 字，独撰），载于《教学与研究》1993 年第 1 期。

48. 《关于我国劳动力市场若干问题的思考》（论文，6500 字，独撰），载于《教学与研究》1995 年第 1 期（中国人大复印报刊资料《劳动经济与人力资源管理》1995 年第 3 期全文转载）。

49. 《我国当前个人收入分配的主要问题与对策》（论文，12000 字，独撰），载于《教学与研究》2010 年第 2 期（中国人大复印报刊资料《社会主义经济理论与实践》2010 年第 6 期全文转载）。

50. 《中国低工资制度的阶段特征与中期对策》（论文，16000 字，第一作者），载于《教学与研究》2011 年第 12 期（中国人大复印报刊资料《社会主义经济理论与实践》2012 年第 3 期全文转载）。

51. 《良师益友绽新蕾》（征文，6500 字），载于《教学与研究》2013 年第 3 期。

52. 《社会主义劳动力非商品论》（论文，9000 字，主撰），载于《经济研究参考》1995 年第 9 期。

53. 《关于搞好国有大中型企业的若干思考》（论文，8000 字，独撰），载于《经济研究参考》1997 年第 13 期。

54. 《必须区分按比例分配社会劳动规律与按比例分配生产要素规律》（论文，1500 字，独撰），载于《经济纵横》1987 年第 2 期。

55. 《全民企业按劳分配计量尺度再探讨》（论文，6000 字，独撰），载于《经济纵横》1988 年第 11 期。

56. 《社会主义公有制经济中劳动力不是商品》（论文，7000 字，独撰），载于《经济纵横》1993 年第 11 期。

57. 《提高经济效益是我国新时期经济发展的主线》（论文，1500 字，独撰），载于《经济纵横》1996 年第 10 期。

58.《我国失业现状及其基本特征》（论文，7000 字，独撰），载于《经济纵横》2004 年第 1 期。

59.《关于繁荣和发展马克思主义政治经济学的两个问题》（论文，6500 字，独撰），载于《经济纵横》2005 年第 10 期。

60.《关于社会主义社会个人收入分配基本理论的若干思考》（论文，11000 字，独撰），载于《经济评论》2004 年第 2 期（中国人大复印报刊资料《社会主义经济理论与实践》2004 年第 5 期全文转载）。

61.《生产要素按贡献参与分配原则探析》（论文，3000 字，独撰），载于《经济学家》2003 年第 6 期。

62.《试论全民企业工资改革的目标模式》（论文，13000 字，独撰），载于《社会科学战线》1988 年第 4 期。

63.《构建合理有序收入分配新格局的基本路径》（论文，11000 字，独撰），载于《毛泽东邓小平理论研究》2014 年第 1 期。

64.《略论改革开放以来我国对社会主义公有制理论的新发展》（论文，7000 字，第一作者），载于《毛泽东邓小平理论研究》2016 年第 1 期。

65.《由假商品案引起的思考》（论文，2000 字，第一作者），载于《新长征》1987 年第 5 期。

66.《简谈供求异常不一致条件下社会必要劳动时间的内涵》（论文，2000 字，第一作者），载于《吉林社会科学》1986 年第 12 期。

67.《按劳分配若干问题争论综述》（12000 字，主撰），载于《中国人民大学学报》1991 年第 2 期。

68.《走效益兴国之路》（论文，4500 字，独撰），载于《理论前沿》1996 年第 17 期。

69.《两个生产力规律辨异》（论文，3000 字，独撰），载于《争鸣》1988 年第 2 期。

70.《科技人员流动若干问题新探》（论文，6000 字，第一作者），载于《长白学刊》1987 年第 6 期。

71.《对中国革命与世界革命关系的一个重要提法的商榷》（论文，3000 字，第一作者），载于《长白学刊》1988 年第 3 期。

72.《中国失业：特征与对策》（论文，9000 字，独撰），载于《江苏行政学院学报》2005 年第 6 期。

73.《苏联东欧国家的所有制改革》（论文，7500 字，独撰），载于《外国问题研究》1987 年第 3 期。

74.《商品经济意识与社会主义精神文明建设》（论文，8000 字，第一作者），载于《东北师大学报》1987 年增刊。

75.《社会主义商品经济中活劳动不是商品》（论文，2000 字，独撰），载于《长春市委党校学报》1987 年第 4 期。

76.《论确立全民企业工资改革目标模式的基本原则》（论文，7500 字，独撰）载于《金融科学》1989 年第 1 期。

77.《必须坚持社会主义公有制的主体地位》（论文，6500 字，独撰），载于《金融科学》1991 年第 4 期（中国人大复印报刊资料《政治经济学（社会主义）》1992 年第 1 期全文转载）。

78.《马克思的虚拟资本理论》（论文，9000 字，独撰），载于《金融科学》1992 年第 4 期（中国人大复印报刊资料《财政·金融》1993 年第 4 期全文转载）。

79.《略论我国当前个人收入分配中的主要问题》（论文，10500 字，独撰），载于《金融科学》1993 年第 2 期。

80.《社会主义政治经济学教海探珠》（论文，9500 字，独撰），载于《金融科学》1993 年第 4 期（中国人大复印报刊资料《政治经济学（社会主义）》1993 年第 12 期全文转载）。

81.《跨越资本主义卡夫丁峡谷的艰辛开拓》（论文，14500 字，独撰），载于《金融科学》1994 年第 2 期（中国人大复印报刊资料《理论经济学》1994 年第 8 期全文转载）。

82.《社会主义公有制经济中劳动力性质问题探讨》（论文，10500 字，独撰），载于《金融科学》1994 年第 4 期（中国人大复印报刊资料《社会主义经济理论与实践》1994 年第 12 期全文转载）。

83.《略论苏联传统经济发展战略》（论文，7000 字，独撰），载于《金融科学》1995 年第 2 期。

84.《苏联的"加速战略"及其主要缺陷》（论文，12000 字，独撰），载于《金融科学》1995 年第 4 期。

85. 《"激进式"改革与"渐进式"改革》（论文，9000 字，独撰），载于《金融科学》1996 年第 2 期。

86. 《中国金融学院代表团赴俄罗斯普列汉诺夫经济大学考察报告》（5000 字，主撰），载于《金融科学》1996 年第 2 期。

87. 《试论搞活搞好国有大中型企业的基本途径》（论文，10500 字，独撰），载于《金融科学》1996 年第 4 期（中国人大复印报刊资料《工业经济管理》1997 年第 3 期全文转载）。

88. 《略论我国企业技术改造的主要问题与对策》（论文，5000 字，独撰），载于《金融科学》1997 年第 2 期（中国人大复印报刊资料《工业经济管理》1997 年第 7 期全文转载）。

89. 《东方社会主义大国的正确抉择》（论文，9000 字，独撰），载于《金融科学》1997 年第 4 期（中国人大复印报刊资料《社会主义研究》1998 年第 2 期全文转载）。

90. 《我国当前个人收入差距与对策研究》（论文，11000 字，独撰），载于《金融科学》1998 年第 2 期（中国人大复印报刊资料《劳动经济与人力资源开发》1998 年第 6 期全文转载）。

91. 《社会主义政治经济学教学方法探索》（论文，7500 字，独撰），载于《金融科学》1998 年第 2 期（中国人大复印报刊资料《高等教育》1999 年第 1 期全文转载）。

92. 《社会主义社会基本经济制度与社会主义基本经济制度辨析》（论文，4000 字，独撰），载于《金融科学》1999 年第 2 期（中国人大复印报刊资料《社会主义经济理论与实践》1999 年第 8 期全文转载）。

93. 《科研之道探微》（学术综述，1500 字，独撰），载于《金融科学》1999 年第 2 期。

94. 《教学之道再探索》（学术综述，2800 字，独撰），载于《金融科学》1999 年第 3 期。

95. 《关于社会主义制度历史命运的思考》（论文，9800 字，独撰），载于《金融科学》1999 年第 4 期（中国人大复印报刊资料《社会主义研究》2000 年第 4 期全文转载）。

96. 《科研之道再探索》（学术综述，2800 字，独撰），载于《金融科学》2000 年第 1 期。

97. 《我国当前居民消费不足及对策研究》（论文，9000 字，独撰），载于《金融科学》2000 年第 2 期。

98. 《中国金融学院代表团赴美培训与考察报告》（9000 字，第一作者），载于《金融科学》2000 年第 4 期。

99. 《中国对外直接投资的逆向技术溢出效应——基于分行业面板数据的实证研究》（论文，11000 字，第一作者），载于《海派经济学》2012 年第 3 期（中国人大复印报刊资料《马克思主义文摘》2013 年第 1 期转载）。

100. 《构建中国橄榄型个人收入分配新格局》（19000 字，第一作者），载于《海派经济学》2013 年第 3 期。

101. 《全球价值链视角下 OFDI 逆向技术溢出效应的传导机制研究》（论文，9000 字，第一作者），载于《管理学刊》2012 年第 3 期。

102. 《切实加强农业在国民经济中的基础地位》（论文，11000 字，独撰），载于樊献征等主编：《实事求是是深化改革的法宝》（北京农业大学出版社 1993 年版）。

103. 《社会主义市场经济中按劳分配特点新探》（论文，10000 字，独撰），载于国家体改委经济体制与管理研究所编：《中国经济改革的理论与实践——改革开放十五年研讨会优秀论文集》（北京科学技术出版社 1994 年版）。

104. 《关于国际价值理论的两个问题》（论文，3000 字，独撰），载于郭飞著：《新世纪中国经济重大问题研究》（经济科学出版社 2010 年版）。

105. 《关于我国公有资产在社会总资产中是否具有数量优势的探讨》（论文，9000 字，独撰），载于柳思维等主编：《中国改革 30 年：经济理论发展与实践探索》（经济科学出版社 2009 年版）。

106. 《刘国光教授的分配思想与重大意义》（论文，11000 字，独撰），载于程恩富主编：《完善社会主义市场经济体制暨刘国光经济思想研讨会文集》（中国社会科学出版社 2014 年版）。

107.《日中市场经济比较研究》（论文，40000字，合撰），载于［日本］山形大学社会科学辑刊第 26 卷第 1 号（1995 年 7 月出版）。

108.《分配原则与分配制度的多维视角》（论文，3000 字，独撰），载于《人民日报》2003 年 7 月 8 日理论版。

109.《大学毕业生就业难与选择性失业》（论文，2000 字，独撰），载于《人民日报》2004 年 10 月 21 日理论版。

110.《政治经济学研究对象创新刍议》（论文，2800 字，独撰），载于《人民日报》2005 年 7 月 8 日理论版。

111.《探讨国际投资问题的新作——〈国际投资条约与协定新论〉简评》（1000 字，独撰），载于《人民日报》2009 年 6 月 10 日理论版。

112.《使市场之手和政府之手优势互补》（论文，1500 字，独撰），载于《人民日报》2014 年 5 月 13 日理论版（《红旗文摘》2014 年第 5 期全文转载）。

113.《社会主义公有制理论的创新发展》（论文，2000 字，独撰），载于《人民日报》2015 年 12 月 6 日理论版。

114.《"改革开放十五周年理论与实践研讨会"学术综述》（1000 字，第一作者），载于《光明日报》1993 年 11 月 16 日理论版。

115.《"要素财富论"与按生产要素分配》（论文，2000 字，独撰），载于《光明日报》2002 年 8 月 6 日理论版。

116.《以人为本与适度就业》（论文，3000 字，独撰），载于《光明日报》2005 年 8 月 23 日理论版。

117.《社会主义市场经济中的国有经济合理布局》（论文，3000 字，独撰）载于《光明日报》2008 年 9 月 23 日理论版。

118.《"经济全球化与中国经济科学发展高峰论坛"述要》（1500 字，独撰），载于《光明日报》2011 年 12 月 9 日理论版。

119.《中国低工资制度的阶段特征与对策》（论文，3000 字，独撰），载于《光明日报》2012 年 4 月 13 日理论版。

120.《如何看"城乡居民人均收入十年翻一番"》（论文，3500 字，第一作者），载于《光明日报》2012 年 12 月 28 日理论版。

121.《发展混合所有制经济与国有企业改革》（论文，2800 字，独撰），载于《光明日报》2014 年 4 月 2 日理论版。

122.《深化收入分配制度改革：意义与路径》（论文，2200 字，独撰），载于《光明日报》2015 年 9 月 16 日理论版。

123.《企业技改亟待四个转变》（论文，2000 字，独撰），载于《经济日报》1997 年 4 月 21 日理论版。

124.《社会主义政治经济学教学方法改革的初步尝试》（论文，2200 字，独撰），载于《中国教育报》1993 年 6 月 16 日理论版。

125.《我国高校教师工资纵横谈》（论文，6000 字，独撰），载于《中国教育报》1993 年 7 月 7 日理论版（《新华文摘》1993 年第 10 期部分转载，中国人大复印报刊资料《劳动经济与人力资源管理》1993 年第 9 期全文转载）。

126.《略论公有制经济中劳动力不是商品》（论文，3500 字，独撰，署笔名郭鹏举），载于《中国教育报》1993 年 12 月 8 日理论版。

127.《面向经济体制改革新阶段的思考》（学术综述，2400 字，第一作者），载于《中国教育报》1993 年 12 月 8 日理论版。

128.《切实把提高经济效益作为经济工作的中心》（论文，6200 字，独撰），载于《中国教育报》1996 年 3 月 15 日理论版（中国人大复印报刊资料《社会主义经济理论与实践》1996 年第 4 期全文转载）。

129.《正确认识与把握初级阶段理论》（论文，1000 字，独撰），载于《中国教育报》1997 年 8 月 1 日理论版。

130.《大胆探索和采用公有制的有效实现形式》（论文，6800 字，独撰），载于《中国教育报》1997 年 10 月 3 日理论版。

131.《研讨式与综合式教学法新探》（论文，4000 字，独撰），载于《中国教育报》1998 年 10 月 21 日理论版。

132.《正确认识和把握"三个有利于"的根本标准》（论文，6300 字，独撰），载于《中国教育报》1999 年 1 月 13 日理论版（中国人大复印报刊资料《邓小平理论研究》1999 年第 3 期全文转载）。

133.《社会主义是真正的历史大趋势》（论文，5200 字，独撰），载于《中国教育报》1999 年 10 月 13 日理论版（中国人大复印报刊资料《社会主义研究》1999 年第 11 期全文转载）。

134.《我国经济发展问题的新探索》（书评，1600字，独撰），载于《中国教育报》2001年4月11日理论版。

135.《三代领导集体对社会主义经济理论的重大贡献》（论文，5500字，独撰），载于《中国教育报》2001年5月30日理论版。

136.《科学技术与价值创造》（论文，3400字，独撰），载于《中国教育报》2001年9月12日理论版。

137.《高校文科教师科研之道探微》（论文，3500字，独撰），载于《中国教育报》2002年3月13日理论版（中国人大复印报刊资料《高等教育》2002年第4期全文转载）。

138.《全面建设小康社会的思考》（论文，3000字，独撰），载于《中国教育报》2002年12月4日理论版。

139.《实施经济发展和扩大就业并举的新战略》（论文，6000字，独撰），载于《中国教育报》2003年9月8日理论版（《新华文摘》2003年第12期部分转载）。

140.《坚持和完善我国基本经济制度》（论文，5500字，独撰），载于《中国教育报》2003年12月3日理论版。

141.《增长速度　自主创新　收入差距》（论文，2500字，独撰），载于《中国教育报》2005年10月18日理论版。

142.《坚持和完善我国现阶段基本经济制度》（论文，4500字，独撰），载于《中国教育报》2008年8月9日理论版。

143.《当前收入分配领域的四大问题》（论文，5000字，独撰），载于《中国教育报》2010年3月3日理论版。

144.《我国个人收入分配怎样改?》（论文，4000字，独撰），载于《中国教育报》2012年3月2日理论版。

145.《论社会主义市场经济中的按劳分配》（论文，4400字，独撰），载于《中国财经报》1993年9月7日理论版。

146.《高校扩大招生将拉动内需》（论文，3300字，独撰），载于《中国改革报》1999年6月9日理论版（《新华文摘》1999年第9期全文转载）。

147.《共和国乳汁哺育我成长》（理论界庆祝建国50周年征文，2000

字，独撰），载于《中国改革报》1999 年 7 月 21 日理论版。

148.《我国当前失业六大特征》（论文，5000 字，独撰），载于《中国改革报》2005 年 1 月 31 日理论版。

149.《我国涉外税收实行国民待遇利大于弊》（论文，5000 字，独撰），载于《中国改革报》2006 年 10 月 9 日理论版。

150.《当代国际投资的新变化》（论文，4500 字，独撰），载于《中国改革报》2007 年 7 月 5 日理论版。

151.《马克思金融理论研究的新进展》（书评，1300 字，独撰），载于《金融时报》1994 年 3 月 7 日理论版。

152.《企业技改亟待四个转变》（论文，3000 字，独撰），载于《金融时报》1997 年 5 月 18 日理论版。

153.《商品经济意识的共性与个性》（论文，2000 字，第二作者），载于《吉林日报》1987 年 2 月 5 日理论版。

二、主要著作

1.《郭飞文选——经济理论与经济改革重大问题研究》（论著，上、下卷，75 万字，独撰），经济科学出版社 2016 年版。

2.《中国经济改革若干问题研究》（论著，20 万字，独撰），东北师范大学出版社 1995 年版。

3.《经济理论与经济改革新思考》（论著，22 万字，独撰），吉林人民出版社 2001 年版。

4.《新世纪中国经济重大问题研究》（论著，26 万字，独撰），经济科学出版社 2010 年版。

5.《苏联演变与经济改革研究》（国家社会科学基金项目，专著，25 万字，主编、主笔），吉林教育出版社 1996 年版。

6.《中国经济规律研究报告（2011 年）》（35 万字，主编），经济科学出版社 2012 年版。

7.《贸易自由化与投资自由化互动关系研究》（国家"十五""211 工程"重点建设项目，专著，40 万字，项目负责人，第一作者），人民出版社 2006 年版。

后　记

　　我既是一名高校教师，也是一名经济理论工作者。本书汇集了 30 年来我在国内权威或重要报刊上公开发表的有代表性的科研论文，分上、下两卷，共六部分。除基于出版要求对论文的个别格式做了统一的技术处理及对个别论文中的个别文字有所调整外，其他均保持原貌。这是我以绵薄之力深入研究中国经济理论与经济改革重大问题的精心之作，也是献给伟大祖国和人民的一束理论之花。

　　在新中国成立后的 66 年中，我度过了既充满幸福又饱含艰辛的 63 个春秋。少先队员、老三届中学生、知识青年、八三工程指挥部宣传干事、国企工人、工农兵学员、大学教师、全日制硕士研究生、大学教师，这就是我坎坷不平的成长道路。还记得"文革"前我在东北师大附中五年制实验班一年学习两年课程的宝贵时光；还记得我"全禾婆娑舞银镰""麇师火线驰笔尖"的峥嵘岁月；还记得 1975 年夏我带领学生到辽宁朝阳实习时独自在荒山上头顶烈日啃读《资本论》；还记得我在教学工作之余从 ABC 起步自学英语并在较短时间内通过了全国硕士研究生的统一考试；还记得我日夜兼程用半年时间完成了硕士学位论文并于嗣后将其核心部分在《经济研究》杂志独立发表；还记得多年来我在讲台上大显身手和在书房中伏案钻研；还记得我经常与工人农民交流以了解他们的实际状况和利益诉求……改革开放之初，我曾在一篇短文中写道："以铮骨之坚不拔刚韧之志，以怀世之想不懈奋斗之心"；"能有不先苦涩的果实吗？被耽误了的中国，要由被耽误又奋起自救的中国人来改造"。近 40 年来，我经常想起这两句话，并以此来激励与鞭策自己。

在 41 年高校教师的岗位上，我经历了由教学型教师向教学研究型教师再向研究教学型教师的角色转变。我认为，作为一名高校教师，首要和根本的任务是搞好教学，立德树人；同时，要尽己所能地搞好科学研究。从事教学与科研有时存在一定的矛盾，但两者的基本关系是相互促进。搞好科学研究，不仅有利于显著提高教学质量，也有利于在更大舞台上更好地发挥奉献人民、服务社会的重要作用。三十多年来，我在进行科学研究的过程中，力求做到以下五点：

一、以最广大人民的根本利益为依归。马克思有句名言："为人类而工作"。这无疑是科学研究根本宗旨的最高境界。习近平指出："以人民为中心"是马克思主义政治经济学的根本立场。作为马克思主义的学习者、信仰者和践行者，作为曾当过工人农民的高校政治经济学教师，我与人民同呼吸共命运，力求以维护和增进最广大人民的根本利益作为进行经济理论与经济改革研究的根本出发点和落脚点。无论国内外的经济政治形势如何风云变幻，无论意识形态领域的斗争如何尖锐复杂，我都心系人民，独立思考，追求真理，维护正义，力求做到不趋炎附势，不随波逐流，不僵化，不西化，敢讲真话，激浊扬清，建言献策，利国利民。

二、以研究中国经济理论与经济改革重大问题为中心。改革与发展是当代中国的主旋律，也是我国广大理论工作者研究的不二主题。长期以来，我重点研究了中国所有制结构改革、国企改革与发展、个人收入分配制度改革、劳动就业体制改革、积极合理安全有效地利用外资和经济体制转轨的基本性质与转轨方式等经济理论与经济实践的重大问题。中国经济实践包含的经济改革和经济发展是互相联系的，我研究的重点往往是经济改革。在长期研究的过程中，我力求以发展的马克思主义政治经济学为指导，以辩证唯物主义和历史唯物主义为根本方法，注重借鉴与吸收包括西方经济学合理成分在内的国内外经济理论研究的优秀成果，紧密联系国内外特别是国内的经济实践。

三、恪守学术道德，锐意攻坚创新。创新是民族与国家进步之魂，也是经济理论工作者责无旁贷的神圣使命。理论和对策创新并不是脱离客观实际的"标新立异",也不是坐井观天的自我标榜,更不是欺世盗名的抄袭剽窃。除极少数原始创新之外,理论和对策创新都是对原有优秀成果的继承和发展,并须经得起核查和社会实践的检验。改革开放以来,我国经济体制改革和经济发展遇到诸多重大问题和尖锐挑战,也取得了举世瞩目的巨大成就,这为我们进行经济理论和经济对策创新提供了肥沃土壤和良好契机。我在较差的科研条件下艰难起步,苦学深钻,循序渐进,殚精竭虑,不懈登攀,对我国某些重大经济理论与经济改革问题提出了个人的观点和建议。本人提出的某些新的理论观点或对策建议,倘能得到学术界同仁的首肯或被政府有关部门所采纳,并在理论发展和社会实践中产生积极作用,我则感到莫大的欣慰。

四、质量为本,打造精品。文不在多而在于精,论不在玄而在于真。我从与人合写在《教学与研究》杂志上发表第一篇论文,到后来独立在《中国社会科学》等权威杂志上发表论文,都是力求秉持对社会负责、对读者负责、对刊物负责的态度,博读泛览,有的放矢,深入探讨,持之有故,突出新意,精益求精,以期经得起理论争辩和实践检验。

五、持之以恒,笃行不倦。马克思曾经说过:如果我们选择了最能为人类福利而劳动的职业,那我们就不会被它的重负所压倒。投身于中国经济理论与经济改革研究,是我一生中的主要工作和最大幸福。为此,我与仕途和经商擦肩而过,不羡权贵,不慕骄奢,不图虚名,甘于寂寞,艰辛探索,久久为功,不改初衷。

如果说我在经济理论与经济改革研究方面取得了一些有益的成果,那么,这既离不开党和人民的长期哺育,也离不开许多专家学者、良师挚友的悉心指教和热情帮助。除了将我带入经济研究殿堂的导师曹序教授,还要特别提及的是当今中国最杰出的经济学家、中国社会科学院原副院长(现特邀顾问)刘国光学部委员,杰出经济学家、世界政治经济学会与中国经济规律研究会及中华外国经济学说研究会会长、中国社会科学院马克思主义学院原院长(现马克思主义学部主任)程恩富学部委员，杰出经济学家、教育部社会科学委员会主任、北京大学原校长吴树青教授，杰出经济学家、中国经济规律研究会顾问、中国《资本论》研究会原副会长、中国人民大学经济系原系主任、荣誉一级教授卫兴华，杰出经济学家、全国马克思主义经济学说史学会会长、教育部社会科学委员会副主任顾海良教授，杰出经济学家、中国经济规律研究会原会长（现顾问）、中国社会科学院经济研究所原副所长项启源荣誉学部委员，杰出经济学家、中国经济规律研究会原会长（现名誉会长）、中国社会科学院财贸经济研究所原所长杨圣明学部委员，都曾以不同方式给我以宝贵的指导和帮助。张卓元、于祖尧、吴宣恭、张薰华、刘方棫、陈德华、胡钧、胡乃武、王振中、郭继严、黄泰岩、文魁、胡家勇、毛立言等著名经济学家，也曾给我以无私的帮助。尤为令我感动的是，年逾九旬的刘国光学部委员在百忙中应邀为本书作序。在此，我一并表示衷心的感谢。另外，我还衷心感谢 1948 年在复旦大学等高校就读时投身革命的父亲郭学洁教授、母亲郑海心副研究员对我的生身养育之恩和一心为民、锐意进取的精神导引，感谢夫人杨静对我多方面的鼎力支持，感谢对外经济贸易大学和原中国金融学院等高校的领导和同事多年来对我的热情帮助，感谢经济科学出版社范莹副编审为本书出版付出的辛勤劳动。

　　路漫漫其修远兮，吾仍上下而求索。人生有限，奋斗无期。我将为深入研究中国经济理论和经济改革重大问题，促进中国特色社会主义伟大事业健康发展，继续庶竭驽钝，笃实前行。囿于个人学识和历史局限，本书不足之处在所难免，敬希各位专家和读者批评指正。

郭　飞

2016 年 4 月 6 日于北京轩昂斋